Christian Carl Josias Bunsen

Das ewige Reich Gottes und das Leben Jesus

Bibelgeschichte

Christian Carl Josias Bunsen

Das ewige Reich Gottes und das Leben Jesus
Bibelgeschichte

ISBN/EAN: 9783743310285

Hergestellt in Europa, USA, Kanada, Australien, Japan

Cover: Foto ©Lupo / pixelio.de

Manufactured and distributed by brebook publishing software
(www.brebook.com)

Christian Carl Josias Bunsen

Das ewige Reich Gottes und das Leben Jesus

.

Bibelgeschichte.

Das ewige Reich Gottes und das Leben Jesu

von

Christian Carl Josias Bunsen.

Herausgegeben

von

Heinrich Julius Holtzmann.

(Besonderer Abdruck aus Bunsens Bibelwerk.)

Leipzig:

F. A. Brockhaus.

1865.

Bibelgeschichte.

Das ewige Reich Gottes und das Leben Jesu.

Vorwort des Herausgebers.

***

Zum vorliegenden neunten Bande des Bibelwerks möge man vor allem die „Vorerinnerungen", S. CXIX, CXXIII, CXXXII—CXXXIV, und Band V, S. XIII vergleichen. Man wird finden, daß das hier Gebotene fast durchgängig dem dort Verheißenen entspricht. Nur die Ausführung dessen, was dort als „die Zeit des Vaters" und „die Zeit des Geistes" auftritt, ist verhältnißmäßig kurz ausgefallen. Denn was über „die Zeit des Geistes" vorlag, mußte um seiner fragmentarischen Gestalt willen in den Anhang verwiesen werden, und die Materialien zur Darstellung der „Zeit des Vaters" sind vollständig in das schon S. CXXXIV der „Vorerinnerungen" als Ergänzung herbeigezogene Werk „Gott in der Geschichte" übergegangen. Ein Entwurf zu neuer, für das Bibelwerk bestimmter Fassung desselben Stoffs, wie er, geschrieben 1859 zu Cannes, mir vorliegt, ist zu skizzenhaft und unbestimmt, als daß er in diesem Bande irgendwo eine Stelle hätte finden können. Ich begnüge mich damit, das Schema desselben mitzutheilen:

    A. Die Anfänge der Menschheit.

    Die Flut — die Völkertafel — Nimrod.

    Geschichtliche und ethische Bedeutung.

    Gegenstück: Zendavesta.

    B. Abraham.

    That des Gewissens — Absonderung.

    Gegenstück: Zoroaster.

Obgleich sonach unvollendet, ist der Band, so wie er vorliegt, doch
ganz als ein Werk des seligen Verfassers zu betrachten. Der Heraus=
geber hat blos die hinterlassenen Papiere zurechtgelegt, die Stoffe vertheilt
und geordnet, Einzelnes geglättet und ausgeglichen, was im Ganzen
nicht aufgehen wollte. Vom Werke selbst aber gehört nichts dem Heraus=
geber an, der sich vielmehr gegenüber demselben seine freie Stellung gar
nicht mehr erst vorzubehalten braucht. Es gilt dies namentlich in Bezug
auf den interessantesten Theil des Ganzen, das „Leben Jesu“, welcher so
ganz Eigenthum des Verfassers ist, daß wir es fast als eine Arbeit be=
zeichnen können, welche denselben während seines ganzen Lebens begleitet
hat und auch in seiner jetzigen theilweisen Unvollendung die Seiten dar=
stellt, nach welchen derselbe bis zuletzt nicht mit sich abgeschlossen hat
und ein Mann der Sehnsucht geblieben ist.

Nach „Vorerinnerungen“, S. CXIX, ist das „Leben Jesu“ während
des zweiundzwanzigjährigen Aufenthalts in Rom, namentlich zwischen den
Jahren 1823 und 1834, entstanden, wenigstens im ersten Entwurf. Die
Grundlage der hier gegebenen Darstellung aber fand erst im Mai 1850
zu London ihre Abfassung. Doch erlitt auch das Londoner Manuscript
eine neue Umarbeitung in Nizza 1858 und besonders in Cannes seit
Januar 1859. So hat z. B. das fünfte Buch folgende Entwickelungs=
phasen durchgemacht: der erste Entwurf stammt aus den Jahren 1835—
40; die erste Umarbeitung fand im Juli 1850 zu London statt, die
letzte im Februar und März 1859 zu Cannes; und vom 2. bis 4. Mai
desselben Jahres finden wir den Verfasser abermal damit beschäftigt, an
die spätern Partien dieses Buchs die letzte Hand anzulegen. Ebenso hat

der Verfasser aber auch den andern Partien bis zuletzt Fleiß und Sorge genug zugewandt. Der Text des ersten Buchs wurde in seiner zweiten Abtheilung bereits Ende Januar 1859, in seiner ersten erst am 20. December desselben Jahres zu Cannes endgültig festgesetzt. Das zweite und dritte Buch ist auf Grund der londoner Arbeit gleichfalls zu Cannes im Februar 1859 niedergeschrieben worden. Schon im April desselben Jahres fand eine abermalige Durchsicht des Ganzen statt, Einzelnes wurde noch später hinzugefügt und während des zweiten und letzten Aufenthalts zu Cannes wurde das Ganze vom 20. December 1859 bis 21. Januar 1860 noch einmal durchgearbeitet. Ja selbst zu Bonn legte der Verfasser noch Hand an. Der Titel ist am 8. September 1860 geschrieben, die erste Vorrede (S. 167, 168) datirt vom 9. September.

Bunsen hatte übrigens außer der umfassenden Bearbeitung des Lebens Jesu noch ein „Lebensbild", d. h. eine, natürlich kürzer ausgefallene Skizze beabsichtigt, die er im April 1859 zu Cannes niederschrieb, beziehungsweise aus dem vorhandenen Stoffe ausschied. So weit diese neue Arbeit gediehen war, wurde sie nach dem Tode des Verfassers als Manuscript für Freunde gedruckt, unter dem Motto: „Die Kritik gibt mehr Christenthum, nicht weniger. — Wer eine göttliche Idee erfaßt und bewußt ausführt, wird ihr gleich im Tode: nur das Leben scheidet ihn." Eine Hauptaufgabe des Herausgebers bestand darin, die Abschnitte des „Lebensbildes" in den großen Zusammenhang des Ganzen einzureihen. Wie sehr auf ein derartiges ergänzendes Verhältniß zwischen der größern und kleinern Arbeit gerechnet war, ersieht man z. B. gleich aus dem ersten Buche, worin die vierte Nummer des sechsten Abschnitts erster Abtheilung den durch nichts Vorhergehendes irgendwie überflüssig gemachten Beitrag aus dem „Lebensbilde" darstellt. Aber auch, wenn der betreffende Abschnitt des Lebensbildes nur eine Zusammenfassung der vielfach auseinandergehenden Einzeluntersuchungen der größern Arbeit darstellt, wie dies im vierten Hauptstück des dritten Abschnitts im zweiten Buche der Fall ist, wird man eine solche Vereinigung der mannichfach divergirenden Strahlen in ein einheitliches Bild nicht überflüssig finden wollen. Hier sei nur noch bemerkt, daß das S. 169 fg. mitgetheilte „Vorwort zum Leben Jesu", geschrieben am 14. Januar 1859 zu Cannes, ursprünglich für das kleinere Werk bestimmt war.

Für die Besitzer des „als Manuscript" gedruckten Fragments, und auch sonst wol, dürfte es sich empfehlen, eine Uebersicht der sich entsprechenden Stellen des „Lebensbildes" und des „Lebens Jesu" zu geben:

Aber auch sonst mußte der Herausgeber es sich nicht selten angelegen sein lassen, Widersprüche zu beseitigen, welche sich (beispielshalber sei an die Vertheilung der Ereignisse der letzten Woche auf die einzelnen Wochentage erinnert) in dem, verschiedenen Perioden der Studien des Verfassers angehörigen Manuscript vorfanden. Insonderheit bezieht sich dies auf geographische und chronologische Bestimmungen. Hoffentlich wird man nunmehr in dieser Hinsicht durchgehende Einheit nicht blos im „Leben Jesu" selbst, sondern auch im ganzen Bibelwerke wahrnehmen und keinen Anstoß an Kleinigkeiten nehmen, wie wenn das Purimfest Joh. 5, 1 bald im Allgemeinen auf den Anfang März, bald bestimmt auf den letzten Februar verlegt wird. Auch wird man nicht unterlassen zu bemerken, daß die Anmerkungen des vierten Bandes vielfach auf die Ausführungen dieses neunten Bezug nehmen, durchweg aber in wenigstens stillschweigendem Einverständnisse damit gehalten sind. Nicht minder dient die S. 294 sich findende Bezugnahme auf die Erklärung des Alten Bundes dazu, die durchgängige Einheit des ganzen Werks am einzelnen Falle nachweisbar zu machen.

Uebrigens theilt sich das Manuscript des „Lebens Jesu", wie der Verfasser es hinterließ, nur in vier Bücher, das „Lebensbild" dagegen in sieben. Was die jetzige Anordnung des Stoffs in fünf Büchern räthlich erscheinen ließ, war besonders der Umstand, daß auf diese Weise die unverhältnißmäßig reichlich bedachten beiden ersten Bücher des „Lebens Jesu" in drei auseinander fielen, und so das Misverhältniß des kärglich ausgestatteten dritten weniger in die Augen fallend wurde. Sonst aber muß in Bezug auf dieses dritte, nach unserer Anordnung vierte Buch, welches übrigens im „Lebensbild" wieder den Stoff zu zwei Büchern, dem vierten und fünften, enthält, daran erinnert werden, daß sowol Uebersichten als

Anmerkungen des vierten, wie auch die Evangelienharmonie des achten Bandes als Ergänzungen herbeizuziehen sind. Was wir hier als Anhang und Nachtrag geben, sollte nach der Anlage des „Lebensbildes" die Hauptmasse des siebenten Buchs ausmachen.

Der Herausgeber kann nicht umhin zu gestehen, daß er eine Zeit lang zweifelhaft war, ob es wohlgethan sei, dieses hinterlassene Manuscript zu veröffentlichen. Auch innerhalb der Familie des seligen Verfassers hatten ähnliche Bedenken statt, da den Hinterbliebenen ja bekannt war, wie der Verfasser über mehr als einen Punkt noch bis Ende seines Lebens nachgedacht und Einreden für und wider gewissenhaft erwogen hat. Ohne Zweifel würde Vieles anders geworden sein, wenn ihm selbst die Heraus= gabe vergönnt gewesen wäre. Andererseits aber war nicht zu erwarten, daß Hauptfragen, über welche der Verfasser schon seit dreißig Jahren mit sich im Reinen war, eine wesentlich neue Beantwortung finden würden. Auch betrachtete er selbst ohne allen Zweifel sein „Leben Jesu" als der Hauptsache nach druckfertig und reif. Endlich ist von seinen Urtheilen über evangelische Geschichte bereits so Vieles in das Publikum gedrungen, daß man nicht einsieht, weshalb demselben authentische Mittheilungen hier= über vorzuenthalten sein sollten. Dazu kommt die ganze gegenwärtige Sachlage. Auf jeden Fall wird in einer Zeit, wo die Frage eben brennend ist, auch diese Bearbeitung des unermeßlich wichtigen Gegen= standes von hohem Interesse sein. Wissenschaftlich betrachtet ist sie auf jeden Fall ebenbürtig mit den kürzlich veröffentlichten Vorlesungen Schleiermachers, mit denen sie der Zeit ihrer ersten Entstehung, wie auch ihren allge= meinsten kritischen Voraussetzungen nach, eine besondere Gruppe bilden wird. Beide Bücher sind als Hinterlassenschaften ans Licht getreten; in beiden reden Todte, welche in der evangelischen Kirche unvergessen bleiben werden, mitten in die lebendigste Bewegung der Gegenwart hinein.

Eine besonders charakteristische Eigenthümlichkeit, vielleicht, vom Standpunkte der reinen Geschichtschreibung geredet, einen Mangel des Bunsenschen „Lebens Jesu" bildet das unlösbare Ineinander von erzäh= lender Darstellung und philosophischem Urtheil, von Geschichte und Ge= danken über die Geschichte. Schon die Ausführung S. 170 zeigt, wie bewußt und grundsätzlich der Verfasser in dieser Beziehung verfahren ist. In dieser Vorliebe des Verfassers für eine vom philosophischen Gedanken durchdrungene und getragene Geschichtsdarstellung liegt zugleich das tiefste

Motiv für die Stellung, die er zum johanneischen Evangelium einnimmt. Erst dieses vierte Evangelium ließ ihn erkennen, „was in der Geschichte Verwirklichung des Gedankens Gottes ist" (S. 171). Was somit den Verfasser so überaus günstig stimmt für das johanneische Christusbild, was ihn dasselbe bei seiner Darstellung zu Grunde legen heißt, das beruht ganz in denselben Wahrnehmungen und Beobachtungen, welche der neuern Kritik Anlaß wurden, dem johanneischen Berichte die eigentliche Geschichtlichkeit abzusprechen. Gerade in diesem Stücke bildet also unser „Leben Jesu" das genaueste Seitenstück zu den Vorlesungen Schleiermachers.

Am deutlichsten erhellt die angedeutete Stellung des Verfassers zu den Grundfragen der Kritik aus dem ersten Buche, dessen fein und kunstreich durchgeführte Gliederung in einer, zunächst als Erklärung des johanneischen Lehrbegriffs auftretenden Darlegung des tiefern Gedankeninhalts der evangelischen Vorgeschichten gipfelt (S. 225 fg.). Daran schließt sich dann wieder eine interessante Darstellung der Auffassung an, welche der Verfasser überhaupt von den Grunddogmen des Christenthums gewonnen hat — vielleicht die klarste und durchsichtigste unter seinen dahin einschlagenden Kundgebungen (S. 232 fg.). Ueberhaupt aber stellt dieses erste Buch offenbar den durchgearbeitetsten und ausgefeiltesten Theil des ganzen Werks dar, und wird auch Niemand der umsichtigen Vertheilung geschichtlicher und idealer Darstellung Beachtung versagen, wie dieselbe als Resultat der Erörterungen über die evangelische Vorgeschichte zu Tage tritt.

Im zweiten Buche kommt freilich noch mehr wie im ersten darauf Alles an, ob man eine Combination der johanneischen und synoptischen Berichte überhaupt für möglich hält. Indessen auch so wird man die chronologischen Untersuchungen der Einleitung mit Interesse und Belehrung lesen, wenngleich sowol die scharfsinnige Verwendung, welche S. 250 fg. der Reisebericht des Lucas erfährt, als auch die Zeitbestimmung des Todes des Johannes S. 259 fg. nach wie vor zweifelhaft bleiben werden. Was S. 260 fg. über den geistigen Standpunkt des Täufers gesagt wird, ist eine der unumgänglichsten Folgerungen, die sich aus der Anerkennung des johanneischen Berichts ergeben, freilich auch eine der beachtenswerthesten Instanzen gegen eine solche Anerkennung. Wie schmal der Pfad wird, auf welchen die Darstellung sich verwiesen sieht, wenn mit dieser unbedingten Bevorzugung des johanneischen Berichts vor dem synoptischen

sich vollends ein aus modernen Elementen gebildeter Wunderbegriff ver=
bindet, wie der S. 9 fg. vom Verfasser entwickelte, erhellt am über=
raschendsten aus der Erklärung, welche S. 276 fg. das johanneische Ge=
mälde der Verwandlung von Wasser in Wein erfährt: eine Partie, die
den äußersten Gegensatz gegen alle, auch gegen die berechtigte Allegori=
sation darstellt. Im Uebrigen dürfte insonderheit auch die Unterbringung
der synoptischen Versuchungsgeschichte in dem langen Aufenthalte Jesu
in der jüdischen Landschaft, dessen Johannes Erwähnung thut, ohne ihn
irgend auszufüllen, fernerer Beachtung werth erscheinen (S. 292 fg.); dann
wenigstens, wenn man jener synoptischen Erzählung ihre Stelle zu Beginn
des Berichts nicht aus rein idealen Gründen anweist.

Im dritten Buche, so sorgfältig es namentlich in seinen übersichtlichen
und zusammenfassenden Abschnitten gefertigt ist, finden sich schon einzelne
Partien, die offenbar die Arbeit der letzten Hand vermissen lassen. Ein=
zelne Erzählungen, wie die vom barmherzigen Samariter (Luc. 10,
25—37) sind so gut wie übersehen. Auch besteht an mehr als einem
Orte die Darstellung blos aus Kritik der Quellen und daran sich an=
schließender Zurechtlegung der betreffenden Abschnitte, die aber nicht mehr
gleichmäßig historisch ausgebeutet und verwerthet werden. So z. B.
S. 309—311. Ueberhaupt wirft das Ineinander von geschichtlicher
und literarischer Kritik in dieser Partie zuweilen störend auf Klarheit
und Durchsichtigkeit ein. Auf der andern Seite wird jeder Kenner
gestehen, daß gerade dieses dritte Buch für die Wissenschaft vom Leben
Jesu des Interessanten und weiterer Prüfung Würdigen sehr Vieles bietet.
Es ist hier die Eingliederung der synoptischen Erzählungsreihen in den
johanneischen Rahmen am sorgfältigsten und glücklichsten zu Stande
gebracht, und zwar vermöge einer Methode, der man Ueberlegung und
Folgerichtigkeit weder an sich noch in ihrer Anwendung auf das Einzelne
absprechen kann (vgl. die Uebersicht S. 324—326 mit den einzelnen
Ausführungen). Vollständiger als irgend anderswo tritt in diesem Theile
aber vor Allem die Quellenkritik des Verfassers zu Tage, und zwar in
ihren gesunden Grundlinien, für deren wesentliche Richtigkeit Brief und
Siegel auf alle Zeiten hinaus zu geben sind. Keinen Augenblick läßt
er sich täuschen durch die absichtsvolle Voranstellung des Auftritts in
Nazareth durch Lucas (S. 316). Aber auch bei aller, S. 322 ent=
schieden ausgesprochener Bevorzugung der Marcus=Ueberlieferung, ver=

schließt der Verfasser sich doch auch keineswegs der allmälig mit unwider=
stehlicher Kraft selbst den entschlossensten Marcus=Anhängern sich aufdrängen=
den Einsicht, daß unser kanonischer Marcus eine schon mit Rücksicht auf
die Redesammlung oder auf Matthäus (S. 320, 321) modificirte Gestalt
des ursprünglichen Berichts darstellt. Nicht minder ist dem Verfasser
klarer Einblick geworden bezüglich der Compositionsverhältnisse von Reden,
wie z. B. Matth. 5—7 (vgl. S. 313, 320) und 10 (S. 319), und wenn
auch die weitgehende Zuversicht zu dem Reiseberichte des Lucas (S. 328—
334) nur vorsichtige Nachfolge erheischt, so liegt doch eben dieser ganzen
Maßnahme, die in Bezug auf die Einschaltungen des Lucas getroffen
worden, wieder die richtige Erkenntniß zu Grunde, daß in demselben
Maße, als die Redecompositionen des Matthäus sich als ungeschichtlich er=
weisen, ihre einzelnen Fragmente bei Lucas an ‘Credit gewinnen.

Das vierte Buch hat, wie schon eine rein quantitative Betrachtung
lehrt, am wenigsten Durcharbeitung erfahren. Es stellt denjenigen Theil
des Ganzen dar, der am meisten einem Entwurfe ähnlich geblieben ist,
und dies ist um so mehr zu bedauern, als in den hier zu beschreibenden
Zeitraum die erfolgreichsten und tiefgreifendsten Krisen im Leben Jesu
fallen: des Petrus Bekenntniß, Verklärung, Abschied von Galiläa und Bruch
mit dem Volk in Jerusalem. Hierher würde eine umfassendere Erörte=
rung des messianischen Gedankens gehören, wie er im Bewußtsein Jesu
sich gestaltet und verklärt hat; hier würde also eine Darstellung, welche
zugleich den Ertrag der neuern Forschungen in sich aufnehmen wollte,
auch nicht umhin können, auf das Eigenthümliche seines Verhältnisses zu
Gott und Menschheit, auf den Schwergehalt, der in die Namen Menschen=
und Gottessohn verlegt ist, als welche den geschichtlichen Ausdruck des
einzigartigen Geisteswesens Jesu darstellen, und auf die Stellung Jesu
zum Gesetz und zur Heidenwelt einzugehen.

Dagegen ist mit eingehendstem Scharfsinn auch in diesem vierten Buche
die Quellenkritik behandelt, wenigstens in einer bestimmten Richtung. Es
ist nicht zu bezweifeln, daß wenn in Bezug auf die in Rede stehende
Periode (Ostern 781 bis Ostern 782) eine Verbindung johanneischer
(„apostolischer“) und synoptischer („evangelistischer“) Berichte überhaupt
möglich ist, dieselbe der Hauptsache nach nur auf dem S. 372—377
eingeschlagenen Wege zu erreichen ist. Weitere Versuche dürfte man sich
füglich sparen. Ja auch die S. 377 bestimmt gegebene, aber freilich

ohne alle Ausführung gebliebene Andeutung, wonach fast der ganze Redestoff, den die drei ersten Evangelien in die Darstellung der letzten Woche zusammendrängen, in Wirklichkeit sich vertheilte auf eine längere Zeitdauer, während deren Jesus sich laut Angabe des vierten Evangeliums nach dem letzten Abschied aus Galiläa noch in Judäa und Jerusalem aufhielt — auch diese Voraussetzung ist von der neuern Wissenschaft in schlagendster Weise bestätigt worden; und selbst in dem allerdings noch wie nur aus erster Hand auf uns gekommenen Abschnitte S. 378—383 dürfte der Hinweis auf den Fortschritt, welchen das öffentliche Auftreten Jesu in Jerusalem macht, über das zur Zeit der Abfassung errungene Maß von Einsicht in die innern Verhältnisse der johanneischen Lebensgeschichte Jesu weit hinausgehen. Ja auch jetzt noch, wo sich in dieser Beziehung die Beobachtung vielfach geschärft hat, mag dieser Abschnitt mit zur Belehrung solcher dienen, welche im vierten Evangelium durchaus nur das Gegentheil von Entwickelung und Fortschritt wahrnehmen zu können glauben.

Auf diese außerordentliche Sorgfalt, welche auf Gliederung und Anordnung der einzelnen Fragmente, aus denen wir das Leben Jesu zusammensetzen müssen, verwendet wurde, möchten wir in erster Linie verweisen, wenn gefragt wird, welchen Werth heutzutage ein derartiger Versuch haben könne, welcher nur erst die Arbeiten von Paulus, Hase, Strauß, Neander, Lange hinter sich (vgl. S. 346), alles Andere, was heute die Welt bewegt, noch vor sich hat. Nirgends aber läßt sich diese Zusammenschau synoptischer und johanneischer Berichte mit mehr Glück bewerkstelligen, als in der Leidensgeschichte, welche im fünften Buche zur Darstellung kommt. Gleich die Einleitung S. 387, 388 bringt uns den classischen Ausdruck für die Ansichten des Verfassers über das Verhältniß des im apostolischen Spiegel treu aufgefaßten Geschichtsbildes zu der evangelistischen oder katechetischen Ueberlieferung, in welcher es sich gerade so und nicht anders verschieben und abspiegeln mußte, wie es sich in den drei ersten Evangelien wirklich darstellt. Wie übrigens die beiden Werke „Leben Jesu" und „Lebensbild" ursprünglich gedacht waren, ergibt sich sehr klar aus dem Gegensatze der oft mühsamen und schwerfälligen Untersuchungen in der ersten Abtheilung dieses Buches zu der zusammenhängenden und gehobenen Darstellung in der zweiten. Eigentliche Wiederholungen bietet dieser Doppelbericht nicht, vielmehr bildet jede Kehrseite die nothwendige Ergänzung der andern; und der Leser, welcher durch

die Trockniß der die Thatsachen sichtenden ersten Abtheilung sich hindurch=
geschlagen, wird mit doppelter Erquickung auf so grünen und frischen
Stellen, wie z. B. S. 436 fg., 453, 457, verweilen. Wenn er aber
auch dieses Buch, wie so manches andere, demselben Gegenstande ge=
widmete, aus der Hand legen wird mit dem deutlich sich ankündigenden
Gefühle, daß das lösende Wort noch nicht gesprochen und das Leben
Jesu zumal in seinen Ausgängen ein heiliges Räthsel bis zur Stunde
geblieben ist, so ist dies eben dasselbe Bewußtsein um die große Schranke,
dasselbe Wissen um die Unmöglichkeit des Wissens, in welchem er sich,
wie mit den besonnensten und zugleich bescheidensten Forschern auf der
einen Seite, so mit der ganzen gläubigen Gemeinde auf der andern zu=
sammenfindet. Der Strom, aus dem das innerste, das religiöse Leben
unsers Geistes schöpft, ist dermalen nicht ausgemessen, und seine letzten
Quellen fließen aus einer Höhe, welche scheint, für die wirkliche Wissen=
schaft unbekanntes Land — vielleicht für immer — bleiben zu sollen.

Heidelberg, im September 1865.

Heinrich Julius Holtzmann.

Erste Abtheilung.

Die Weltgeschichte in der Bibel,

oder

Der weltgeschichtliche Bibelschlüssel und das Gemeindejahr in Bibeltexten.

Erstes Buch.

Der weltgeschichtliche Bibelschlüssel.

Erster Abschnitt.

Allgemeiner Begriff des weltgeschichtlichen Schlüssels,
oder
die Erklärung und Anwendung der Schrift als der heiligen Geschichte der Menschheit.

Was würden wir von Astronomen halten, welche da lehrten: „Die Gesetze der Bewegung der Himmelskörper, welche das Jahr regeln, sind nicht erkennbar: deshalb fordert und verdient der von den Astrologen verfaßte Kalender nicht allein gehorsame Annahme, sondern auch, als unfehlbar wahr, unbedingten Glauben?" Eigene Beobachtung von Sonne und Mond würden Misbrauch unbefugter Freiheit sein; Zweifel oder abweichende Lehren wären nicht erlaubt: aber die Behauptung, die Jahreszeiten und Sonnen= und Mondfinsternisse im Kalender entsprächen nicht der Wirklichkeit, müßte offenbar als Frevel, als todeswürdiges Verbrechen und Gotteslästerung angesehen werden. Was würden wir von solchen halten? Würden wir mehr ihre Thorheit verlachen oder ihre Tyrannei verabscheuen?

Oder was würde unser Urtheil sein von Männern, welche gegen solche Astrologen aufträten und als Lehrer der Weltweisheit so etwa lehrten: „Die Gesetze der Bewegungen der Himmelskörper sind aus den Regeln der Landvermessung zu erklären, und können mit Hülfe der dabei gebrauchten Berechnungen gefunden werden?" Da sie dabei die Erscheinungen, darauf es uns ankommt, jedenfalls unerklärt lassen müßten, so würden wir nichts von ihnen annehmen wollen, wenn sie uns auch Befreiung von jener Tyrannei versprächen.

Sollten aber endlich einige weise Männer und tiefe Denker alles Ernstes behaupten, jene Gesetze seien aus der reinen Vernunft vermittelst der Wissenschaft des Begriffs zu verstehen, eine Beobachtung der Bahnen der Gestirne und eine darauf gegründete Berechnung sei eine ganz unnütze Unternehmung und könnte nur eine empirische Kenntniß hervorbringen, würden wir da nicht glauben, es sei diesen weisen Männern an der Wirklichkeit und an unserm Bedürfniß, sie zu verstehen, gar wenig gelegen, und jene Astrologen seien doch noch vorzuziehen, da sie uns den Kalender gäben?

1 *

Jenes nun sagen auf dem Gebiet der Auslegung der Bibel die kirchlichen Theologen, dieses die Philosophen, sei es als Rationalisten oder als dialektische Metaphysiker.

Was die Beobachtung und die darauf gegründete Erklärung und Berechnung in der Welt der natürlichen Erscheinungen, ist die kritische Sichtung und philosophische Erörterung der geschichtlichen Thatsachen auf dem Gebiet der heiligen Geschichte, welche wir die Offenbarung nennen. Was ist Offenbarung im Allgemeinen? Was ist die uns gewordene Offenbarung? So fühlen wir uns gedrungen zu fragen. Alle dogmatischen oder philosophischen Systeme einer geschichtlichen Erscheinung setzen es sich zum Ziel, eine gegebene Wirklichkeit durch eine zusammenhängende begriffliche Auseinandersetzung zu erklären, und dadurch glaubhaft, vermöge des Glaubens an sie aber wirksam zu machen. Es muß also doch, sollte man denken, vor allem darauf ankommen, diese Wirklichkeit genau festzustellen, und nach den ihr einwohnenden Gesetzen zu forschen, um sie danach zu verstehen und auf unser eigenes und das gemeinsame Leben anzuwenden. Dergleichen thut auf dem Felde der Naturwissenschaft die Astronomie durch Beobachtung und Berechnung, nach den vermittelst solcher Beobachtung und Berechnung gefundenen Gesetzen. Ebenso thut es die Chemie und Physik durch Zersetzung und Versuche.

Sollten nun zwar die Erscheinungen der Natur nach erkennbaren Gesetzen sich von uns erklären lassen, die des Geistes in der Geschichte aber sich einer solchen Erklärung und Erkenntniß entziehen?

Man sollte denken, das könne keinem Besonnenen glaubhaft erscheinen, da ja der erkennende Geist hier gerade auf seinem eigenen Gebiet ist. In der Natur werden ihm feste, unabänderliche Gesetze erkennbar als vernünftig, aber doch als etwas ihm Fremdes. Denn der Geist findet in dem Stoffe etwas, das sich nicht in Begriffe auflöst, und überhaupt nicht auf dem Gebiet des Gedankens sich bewegt, sondern auf dem der Ausdehnung ihm selbständig zur Seite steht. In der Geschichte aber ist derselbe Menschengeist das einzig nachweislich Handelnde: was nicht von ihm, durch ihn geschieht, liegt eben außerhalb der Geschichte. Alles aber, was der Geist wirklich hervorgebracht hat, erweist sich als aus dem Gedanken und vernünftigen Willen hervorgegangen und danach zu verstehen und zu beurtheilen. So die Sprache, so Kunst und Wissenschaft, so die Anordnung der menschlichen Gesellschaft. Wie in der Natur, nach der uns vorliegenden vollendeten Gestaltung der Erde, wir nur eine räumliche Entwickelung entdecken, so erblicken wir hier zugleich eine zeitliche. Es zeigt sich in allen jenen Erscheinungen ein Zusammenhang nach der Folge der geschichtlichen Entwickelung, eine ursächliche Verbindung des Spätern mit dem Frühern. Durch diesen Zusammenhang und diese Verbindung bildet eine geschichtliche Reihe von Erscheinungen ein Ganzes, welches einen Anfang und Wachsthum zeigt, und durch Verfall zum Untergang gelangt. Jede solche Reihe hängt wieder mit einer andern, gleichmäßig gegliederten, als Ursache oder Wirkung zusammen. Ebenso bilden die einzelnen Menschen neben- und nacheinander ein Ganzes. Wir erkennen neben den einzelnen Menschen noch eine Einheit in ihrem Gemeinsamen, und dieses heißt uns in seiner größten Auffassung die Menschheit. Die Geschichte erhebt sich von der persönlichen zur Geschichte der Menschheit, und diese ist der eigentliche Gegenstand der in die Wirklichkeit eingehenden Philosophie des Geistes.

Wenn wir also auf dem Felde der Natur nur die Thatsachen als vollendete Erscheinungen zu betrachten hatten, nach ihren Gattungen und Arten, so werden wir auf dem Gebiet der Geschichte auch noch das Verständniß der Entwickelung suchen müssen, wie im einzelnen Menſchen, ſo in der Menſchheit. Wenn wir dort nur gewordenes, in ſich ſelbſt ſtarr und ausſchließlich verharrendes Sein nebeneinander vor uns ſahen; ſo haben wir hier ein Werden, eine Reihe der Entwickelung vor uns. Dieſe zu beobachten und das uns dadurch Vorliegende nach dem ewigen Geſetz von Urſache und Wirkung zu verſtehen, wird unſere höchſte Aufgabe ſein. Das was in dieſer Unter=ſuchung ſich entwickelt, die Menſchheit, kommt nicht zur Erſcheinung; aber es geſtaltet ſich nachweislich in und aus Stämmen und Völkern, die ſich aneinander reihen nach ihren Sprachen und Religionen, nach ihrer Kunſt und Wiſſenſchaft, nach ihren geſell=ſchaftlichen Ordnungen und Sitten.

Das weltgeſchichtliche Verſtändniß wird alſo hier bedingt ſein durch eine Anwendung der allgemeinen Geſetze des endlichen Geiſtes auf die beſondern Begriffe von Sprache, Religion, Kunſt, Wiſſenſchaft, Staat. Die Behandlung und Sichtung der Thatſachen wird ſich aber theils auf das Verſtändniß des Einzelnen richten, theils auf den Zu=ſammenhang der Entwickelung der ſich folgenden Erſcheinungen. Jenes nennen wir die philologiſche, dieſe die hiſtoriſche Sichtung: beides zuſammen die Kritik. Beiden ſteht die rein begriffliche Auffaſſung gegenüber. Die vollendete Darſtellung oder gleichſam Herſtellung des Geſchehenen wird aber immer die geſchichtliche Form haben müſſen. Geſchichte muß beides werden, Begriff und Thatſache, damit der Kosmos des Geiſtes hervorgehe, wie der Kosmos der Natur aus Gedanken und Stoff her=vorgeht.

Die Bibel nun ſtellt eine geſchichtliche Reihe dar, welche mit einer großen menſch=lichen Perſönlichkeit abſchließt. Die Bibel wird folglich als Geſchichte zu betrachten ſein, aber als eine ſolche, in welcher ſich Religion, d. h. Gottesbewußtſein, weſentlich entwickelt, alſo die wahre. Dieſes ſetzt voraus, daß ſie nicht allein etwas für gewiſſe Zeiten und Völker Wahres enthalte, ſondern etwas Menſchheitliches, Allgemeines, und daß darin ihre Einheit beſtehe.

Auch andere Religionsgeſchichten werden Gottesbewußtſein entwickeln, denn ſonſt hätten ſie weder beſtehen noch überhaupt entſtehen können. Allein es ſpiegelt ſich in ihnen nicht, oder nicht rein und ungetrübt das wahre, allgemeine, ewige Bewußtſein des Menſchen von ſich, von der Welt und von dem ewigen Gedanken beider, welches die Bibel darſtellt. Der Grund iſt ein vernünftig nachweisbarer.

Alle Religion ſetzt ein Verhältniß des Menſchlichen zur Gottheit voraus, als zu der erſten Urſache des Daſeins; und zwar wird von dieſer Gottheit geredet als einem nothwendig mit dem Menſchen als ſolchem Verbundenen. Dieſes Verhältniß kann aber als ein vermitteltes erſcheinen, ſei es, daß die Vermittelung durch Geſtirne oder höhere Weſen oder eine Gott und Menſchen erſt verbindende Körperſchaft bewerkſtelligt wird. Nun aber muß jenes Verhältniß des Menſchen zu Gott, ſeinem Begriffe nach, ein unmittelbares ſein, um ein wahres zu ſein, alſo ein weſenhaftes, in unſerer Natur begründetes. Die wahre Religion wird alſo ein ſolches unmittelbares Verhältniß im Auge haben. Folglich kann dieſe wahre Religion nie etwas vom natürlichen Sein und Denken des Menſchen Geſondertes ſein: nicht etwas Aeußerliches, alſo nicht etwas außer uns Geſchehenes und Geſchehendes. Es wird ſich das Gottesbewußtſein in ihr offenbaren, wie das Weltbewußtſein in der Sprache: ſie wird in ihrem weſentlichen Gehalte der weſentliche Ausdruck ewiger Wahrheit ſein; nicht trotz der geſchichtlichen, alſo perſönlichen, volklichen, zeitlichen, an Vergängliches, ja Zufälliges geknüpften Er=ſcheinung, ſondern vielmehr gerade durch dieſelbe. Gott offenbart ſich uns in der Schöpfung und im Menſchen, dort durch die ſichtbare Natur, hier durch die Geſchichte — und nicht anderswo oder anderswie.

In der Geschichte dieser endlichen Erscheinung des Gottesbewußtseins nun als einem Ganzen werden sich Gesetze der Entwickelung kundgeben, wie in der Entwickelung der Sprache oder irgendeiner andern jener Erscheinungen im Gebiete des Geistes.

Die Gesammtheit dieser Gesetze wird die sittlich-vernünftige Weltordnung darstellen, oder den Kosmos des Geistes, das Geistesall, wie die Gesammtheit der Erscheinungen und Gesetze der Natur das Weltall. Und zwar werden in diesem Kosmos Sprache und Religion, Religion und Sprache, als Darstellung des gesammten ungetheilten Gottes- und Weltbewußtseins den ersten Rang einnehmen, nicht bloß der Zeit nach, als die ältesten Geschichten, sondern auch wegen ihrer Ursprünglichkeit und Allgemeinheit. In beiden wird eine Wechselwirkung der einzelnen Persönlichkeiten und der Gesammtheit sich kundgeben, denn sie sind vorzugsweise auf gemeinsames Verständniß und allgemeine Annahme berechnet, und müssen doch, wie alles Menschliche, von Einzelnen ausgehen, welche ihr Einzelbewußtsein zum Gesammtbewußtsein ihrer Lebensgenossen machen, indem das Gesammtbewußtsein in ihnen Persönlichkeit gewinnt.

Der Glaube an eine solche sittlich-vernünftige Weltordnung wird die Grundlage jedes wahren religiösen Glaubens sein, welcher unter den Menschen sich findet.

Dieses kann auch in folgender Weise ausgedrückt werden: Aller religiöse Glaube sofern er rechter Art ist, ruht auf der Grundannahme, daß das Gute das Wahre und das Wahre das Gute sei.

Der Glaube an Gott ist dem frommen Bewußtsein, welches zur Anbetung treibt, und die Menschen zu einer heiligen Gemeinschaft verbindet, nicht die Annahme einer metaphysischen ersten Ursache, mit welcher er innerlich vielleicht ebenso wenig zu thun haben könnte, wie der Stein mit dem, welcher ihn wirft, oder der Pfeil mit dem, welcher ihn abschießt — die Religion ruht auf dem Glauben, daß der dem Menschen eingepflanzte vernünftig-sittliche Trieb wesenhaft eins sei mit der Ursache der Welt, und daß die Welt die Gesetze offenbare, welche in jener sittlichen Vernunft liegen, und keine andere; daß aber der Mensch selbst in das Weltall gesetzt sei als ein Theil desselben, nämlich als das endliche Bewußtsein von der Ursache des Weltalls.

Da nun dem Endlichen als solchem, schon seinem Begriffe nach, als dem Vergänglichen, die Unvollkommenheit einwohnt, und da dieses Gefühl sich sowol im Bewußtsein des Einzelnen findet wie in dem Bewußtsein der Gesammtheit, so muß das Unendliche sich offenbaren in dem Unendlichen, Unbedingten als eine fortschreitende Kraft und Macht jenes schöpferischen ewigen Gedankens des Guten und Wahren in der Menschheit als einem Ganzen, also in immer größerer Ausdehnung.

Die Grundbegriffe des biblischen Gottesbewußtseins sind nun wesentlich und nothwendig die drei: Gott, Mensch und Menschheit. Aber diese drei werden zur Erscheinung gebracht als Offenbarung (oder Enthüllung); die Verbindung und der Verkehr des Menschen mit der Gottheit wird bewerkstelligt durch Opfer und Sühnungen, verbunden mit Gebet, und für alles dieses wird Glauben gefordert.

Das Verständniß dieser Begriffe wird in der Bibel eigentlich vorausgesetzt: selbst im Evangelium werden sie nur gelegentlich und geschichtlich erörtert.

Die alte Theologie nun nimmt an, daß die biblische Offenbarung eben nicht in die Geschichte gehöre und also nicht durch die Vernunft erklärlich sei; ihre Vorzüglichkeit und Einzigkeit thue sich kund durch Wunder, welche den ursächlichen Zusammenhang der Erscheinungen aufhöben. Die rationalistische Philosophie sträubt sich gegen die Aufhebung der Ursachlichkeit, dagegen unterordnet sie das in der Bibel Gesagte dem Machtspruch einer rein begrifflichen Betrachtung des Endlichen. Erst die neueste Philosophie hat angefangen, eine Brücke zu schlagen von dem Begriffe zur Wirklichkeit, und sich um die Bibel zu bekümmern wie um die Gemeinde, welche in dieser Wirklichkeit lebt.

Das eben Entwickelte zeigt, daß wenn die eine oder andere jener beiden entgegengesetzten Ansichten die wahre wäre, die Religion der Bibel, also das Christenthum, nicht wahr sein könnte, oder wenigstens nur eine zeitliche, untergeordnete, vergängliche Bedeutung hätte.

Die Bibel nun weiß von einer besondern theologischen Auslegung jener Ausdrücke ebenso wenig als jene auf Erforschung und Erfahrung gegründete Philosophie der Weltgeschichte.

Sie spricht offenbar allenthalben aus der gemeinsamen Wirklichkeit heraus. Sie redet in der Sprache und nach der Vorstellungsweise derjenigen, welchen sie berichtet, belehrend und ermahnend. Sie wendet sich an das Gewissen, d. h. an die das Sittliche anerkennende Vernunft und an den allgemeinen Menschenverstand, nicht an eine besondere Weisheit, die von Gewissen und Vernunft der Menschen getrennt wäre. Ja indem sie die falsche Religion, das irregeleitete Gottesbewußtsein der ungeheuern Mehrheit der Zeitgenossen ebenso wohl Thorheit als Frevel nennt, nimmt sie offenbar an, daß wie das Böse unvernünftig, so das Vernünftige das Gute sei, das was Gott auf der Erde gefördert haben wolle und mit unwiderstehlicher Allmacht durchführen und herrschend machen werde.

Nun hat die Menschheit seitdem mehr als je Gewissen und Vernunft zu vereinigen und als Eins nachzuweisen gesucht, und ebenso Geschichte und Begriff, Glauben und Erkenntniß; ja das Christenthum und die Bibel sind die stärksten Hebel des daraus hervorgegangenen Bewußtseins der gesitteten Menschheit geworden. Diese Menschheit hat, in diesem Bewußtsein, größere Entdeckungen als je gemacht in Natur wie in Geschichte, und die Vernunft hat eine Herrschaft über die Welt und ihre Erscheinungen gewonnen, und eine Erkenntniß der Wirklichkeit und ihrer Gesetze selbst in den maßlosen Räumen des gestirnten Himmels, daß jene theologische Betrachtung jeden Tag mehr als einsame Trümmer vergangener Zustände erscheint. Endlich ist aber auch in unserm Jahrhundert wieder eine so allgemeine Sehnsucht erwacht nach dem Evangelium und dem von ihm, wie von der ganzen Bibel verkündigten Gottesreiche auf der Erde, daß Einzelne, Gelehrte und Ungelehrte, Familien, Gemeinden, Stämme, Völker, sich in der Annahme begegnen, es müsse eine vernünftige Religion geben, wie es eine religiöse Vernunft gibt. Der Mensch kann auf die Länge keine Doppelheit, keine Getheiltheit, keine innere Zerrissenheit ertragen.

Es gibt also entweder gar keine Lösung des Räthsels, oder die Bibel ist geschichtlich, und ihr Geschichtliches ist erkennbar durch die Gesetze aller Ueberlieferungen, und zwar erkennbar der Gemeinde mehr als irgendeine andere, ja in gewisser Hinsicht sie allein. Die Gemeinde ist aber die des Göttlichen in ihr sich bewußte und auf das Göttliche achtende Menschheit.

Weggeworfen also müssen werden jene nur theologischen Auffassungen und Systeme, niedergerissen muß werden die Scheidewand zwischen Glauben und Erkenntniß, wie zwischen Gottesdienst und Leben: nicht damit Glauben und Gottesverehrung aufhören, sondern damit sie erst recht lebenskräftig werden und das Verheißene und Geoffenbarte verwirklichen „in Geist und in Wahrheit". Der Unglaube soll vertilgt werden mit dem Aberglauben, nicht durch den Aberglauben; Gott soll verehrt werden nicht durch Zwang, sondern durch die Aufhebung des Zwangs als des Ungöttlichen: denn das

Ziel ist die Verklärung aller natürlichen Nothwendigkeit in die göttliche Freiheit des Geistes.

Und was hält die getrennten Theile der Menschheit gesondert? Was zerreißt den menschlichen Geist? Was verwirrt seine Vernunft? Was hemmt seine Freiheit? Was hat seit funfzehn Jahrhunderten die sogenannte christliche Welt bis auf den heutigen Tag mit Verfolgung, Mord, Scheiterhaufen und Blut erfüllt, mehr als alle Molochs= opfer und mehr selbst als die zerstörenden Kriege der Eroberer?

Fünf Worte und was daranhängt!

Diese fünf Worte und ihre Folgerungen werden also wol am füglichsten den Gegenstand unserer nächsten Betrachtung bilden.

Zweiter Abschnitt.

Die Bibel und die fünf Worte: Wunder, Eingebung, Glaube, Opfer, Versöhnung.

Nichts kommt so einzig dem innersten Gefühl der Menschenbrust, der tiefsten und höchsten Erkenntniß und Wissenschaft entgegen als die Bibel, wenn wir die drei ewigen Grundlagen aller Religion betrachten: Gott, Mensch, Menschheit! Wer redet erhabener, eindringlicher, allgemein verständlicher von ihnen als die Schrift! Worauf so viel als auf ihr ruht alles Gottesbewußtsein und alle Gesittung, welche die christliche Welt von den andern Völkern der Erde unterscheidet?

Sie spricht ebenso unverhohlen und unmisverständlich die Einheit jener drei Wesenheiten aus, wie ihre Verschiedenheit. Diese Auffassung ist die innere Einheit der in ihr herrschenden, ursprünglichen Weltanschauung, von Anfang bis zu Ende. Nur durch diese Anschauung sind sie verständlich, jene Blätter der Schöpfung, welche in kindlicher Erhabenheit melden, wie Gott den Menschen nach seinem Ebenbilde geschaffen, und wie dieser nur durch Selbstsucht und also Eigenwillen von dem göttlichen Wesen getrennt sei, immer jedoch unbeschadet des Unterschiedes zwischen dem Ewigen und Unendlichen und dem Zeitlichen und Endlichen: alles dieses in klarem und bewußtem Gegensatze gegen die Irrwege der Doppelheit (Dualismus), oder des blinden Verhängnisses (Fatalismus), oder der Getrenntheit (Deismus), oder der Vermischung (Pantheismus), oder der Welttrunkenheit (Atheismus), welche in der alten Zeit gerade ebenso die Gemüther der Menschen quälten und verwirrten und die einige Menschheit zerrissen in das Eigenthum feindlicher dämonischer Kräfte wie jetzt — ja noch mehr. Aus diesem Bewußtsein des Gegensatzes gegen die Verirrungen der Weltlichkeit und Sinnlichkeit geht die Persönlichkeit Abrahams hervor als wesentlich geschichtlich, und mit ihm die älteste urkundliche That des freien Gottesbewußtseins als in Gewissen und Vernunft wesentlich wohnend. Aus ihm entwickelt sich die Person und das Gottesbewußtsein Moses, welcher Abrahams in Sklaverei gesunkenen Stamm befreite vom Joch des Treibers und zu einem Gottesvolke bildete. Dies Volk erkannte sich als Gottes Volk, weil die Gesetzgebung Moses das geschriebene Sittengesetz war; sein Gottesdienst, obwol vorbildlich, den Geist abspiegelte, den Einen in Gott und Menschen, nicht die tausendfach wechselnden Erscheinungen der Natur und ihre vergötterten Kräfte und deren ungöttliche Macht über den Menschen. Aus diesem Gottesbewußtsein ging hervor die Geistesstimme der Propheten, jener Männer des Geistes und der Freiheit. Es steht endlich vollendet vor uns, auf den Trümmern jenes jüdischen Staats, in der Person Jesu von Nazareth, des einzigen aller Menschen, der nur „des Menschen Sohn" sein wollte, aber in diesem Gefühl der Menschheit sich als Gottes Sohn erkannte, und mit Bewußtsein und Freiheit in den Tod ging für die Befreiung der Menschheit vom Bösen und von der unrechtmäßigen Gewalt zur Gründung eines Gottesreichs der Wahrheit und Freiheit.

Also verkündigen seine Lehre und die Bedeutung seiner erlösenden That in bewußter, lebenskräftiger Erkenntniß seine Jünger, insbesondere der Mann von Tarsus, der da aussprach: „In Gott leben, weben und sind wir", und der Jünger der Liebe, der erkannte und lehrte, daß das geschichtliche Zeugniß eins ist mit dem Zeugniß des Geistes, das Zeugniß des Geistes aber das höchste, weil Gottes selbst (vgl. Vorerinnerungen, S. CLXXXVIII fg.). Und ist das etwa veraltete Weisheit? nicht durch bald zweitausendjährige Entwickelung des Geistes und seines Reichs der Freiheit bestätigte? nicht der Gegensatz von der unkräftigen, eiteln und hochmüthigen Weisheit des 18. Jahrhunderts? nicht weit erhaben über die Philosophie Lockes und Newtons, welche von Gott weder zur Natur noch zum Geiste kommen konnten, denen die Welt ein Uhrwerk war, ein geschwungener, schief geworfener Ball? Mit der Bibel erhebt sich dagegen alle tiefere Philosophie, und der große Seher der Neuzeit, der da singt:

> Was wär' ein Gott, der nur von außen stieße,
> Im Kreis das All am Finger laufen ließe!
> Ihm ziemt's, die Welt im Innern zu bewegen,
> Natur in sich, sich in Natur zu hegen,
> Sodaß was in ihm lebt und webt und ist,
> Nie seine Kraft, nie seinen Geist vermißt.

Und wir sollen bei Strafe der Absonderung von des Herrn Gemeinde glauben, daß dieser Gott der Bibel durch geflügelte oder ungeflügelte Engel zu den Menschen geredet habe? Sie, die geistig von der Bibel „Boten Gottes" genannt werden, und die in der Schöpfung waltenden Kräfte persönlich versinnlichen sollten? Oder daß „der Alte der Tage" auf Wolken reite und als Mensch rede? Er, den alle Welten nicht fassen, des Alls einwohnender Geist, der ewig wollende und wollend schaffende, allerhaltende Gedanke außer aller Zeit, vor aller Zeit, außer allen Fesseln der Endlichkeit in Raum und Zeit, und doch die Seele der Welt und das Licht im Menschen!

Ja, Gott hat sich offenbart und offenbart sich noch täglich durch zwei ewig unbegreifliche und doch mit des Menschen Vernunft übereinstimmend sich erweisende Wunder: die Schöpfung und die Geschichte, das Weltall und das Geistesall, den Kosmos der Natur und den Kosmos des Geistes.

Aber er hat sich nie anders dem Menschen offenbart als durch Menschen (geschichtliches Zeugniß) und im Menschen (das Zeugniß des Geistes), und wir legen jene Ausdrücke von Offenbarung und Wunder nur im Sinne der Bibel aus, wenn wir sie vernünftig auslegen. Wir müssen von unserm Standpunkte, um sie zu glauben und zu verstehen, sie geschichtlich fassen, aber weltgeschichtlich, also menschheitlich, also geistig. Was aber die sogenannten Zeichen und Wunder im Leben der Männer des Geistes betrifft, so ist es zuvörderst Sache der philologisch=geschichtlichen Kritik, auszumachen und festzustellen, was wirklich berichtet werde, und von wem, und in welcher Form: wir müssen wissen, ob wir etwas seiner Natur nach Ungeschichtliches, nur sinn-

bildlich Dargestelltes vor uns haben? oder ob, wenn es geschichtlich ist, etwas von einem
Augenzeugen Berichtetes, oder aus der Ueberlieferung des Volks und den kindlichen
Stimmen des Volksliedes Gemeldetes? Und da werden wir allenthalben die Bibel
wahr finden — wahr als Augenzeugniß, wahr als Ueberlieferung und Volkslied; ebenso
wahr als Sinnbild.

Die Wunder der Theologen, welche die Ursächlichkeit eines Dinges aufheben, heben
damit auch die Wirklichkeit eines Dinges auf. Sie gehören den Zeiten des jüdischen
Rationalismus an, und ebenso ist es mit dem Fallstrick, womit der jüdische Rationalis=
mus sich selbst erwürgt hat und mit welchem er jetzt wieder den Geist der Menschheit
und der Bibel ersticken möchte: die geistlose Lehre von der theologischen Eingebung
oder Inspiration. Schon wer von Eingebung eines Buchs spricht, beweist, daß er
nicht die ersten Blätter der Bibel gelesen oder verstanden hat! Anders war es doch
noch, als man noch redete von der Eingeistung in den Männern, sei es den Heroen
der Bibel selbst oder den Verfassern biblischer Bücher, die von ihnen reden. Da fiel
es doch noch manchem geistreichen und gebildeten Kirchenlehrer ein, zu bedenken und
auszusprechen, daß der Geist Gottes sich auch wirksam gezeigt habe in Sokrates und
Plato, als Kraft der Erleuchtung und Erkenntniß und als Kraft der sittlichen Reinheit
und Tugend! Der Grund aber von jenem jüdisch=mohammedanischen Irrthum ist, daß
die Bibel nichts von jener Eingebung weiß. Der Geist Gottes erfüllt heilige Männer
und solche, die mit Beruf über Göttliches reden und schreiben. Wol aber in sehr
verschiedenem Grade, je nach der Erhabenheit und Geistigkeit des Gegenstandes und
der Gesinnung. Die Apostel selbst unterschieden streng das Gotteswort, welches Glau=
ben und Gehorsam fordert, und das Menschenwort, welches Achtung verlangt. Wohl
weiß und redet die Schrift wie von dem Geiste Gottes, so im Geiste Gottes, und
regt deshalb unaufhörlich Geist an in den verwandten, gottsuchenden und die Wahrheit
und die Menschen liebenden Geistern.

Glauben fordert die Schrift für das Gotteswort in den Propheten und im Evan=
gelium; aber welchen? Den Glauben, „der da Alles prüft und das Beste behält":
d. h. das Geistige, Wesentliche festhält; den Glauben in dem Geiste Gottes, „der da
Alles erforscht, auch die Tiefen der Gottheit"; den Glauben endlich, welcher mit sitt=
lichem Ernst der Gesinnung verbunden ist und die Bewährung der Bibellehre sucht
im sittlichen, bewußten, selbstverantwortlichen Leben. Der Gegenstand des Glaubens
aber kann nur dieses Göttliche sein, als ein Thatsächliches, ein That und Leben
Gewordenes und als solches Bezeugtes oder sich selbst Bezeugendes, nicht die begriff=
liche Lehre darüber. Dieses Geschehene oder Geschehende kann auch nicht etwas uns
Aeußerliches sein: wie könnte es sonst mit unserm Leben, wie mit unserer Ueberzeugung
innig zusammenhängen und zusammenwirken? Nein, der Gegenstand des Glaubens
ist nach der Bibel weder etwas Abgezogenes, ein Begriff, den wir in eine logische
Fassung bringen und dann auflösen können, noch etwas Aeußerliches. Der Gegenstand
des Glaubens ist „das Unsichtbare, welches wir nicht sehen, das Zukünftige, was noch
nicht da ist, aber kommen soll": nämlich der Geist und das Ewige, in welchem wir
leben, dessen Reich gekommen ist, aber nur angefangen hat, und auch jetzt, nach acht=
zehnhundert Jahren, noch lange nicht vollendet ist, obwol über ebenso viel Welttheile
verbreitet wie damals über Städte und Bezirke.

Der Glaube an „Lehren", die aus wahren oder angenommenen Thatsachen gebildet
sind, an Glaubenssätze und an Lehrformeln, welche man falsch Glaubensformeln oder
Glaubensbekenntnisse nennt, ist also ebenso wenig biblisch als gemeinblich, sondern nur
kirchlich und theologisch. Er ist nicht blos unvernünftig und widersinnig für den

Philosophen, sondern unbiblisch und dem frommen Bewußtsein in der Gemeinde fremd oder nur äußerlich angeheftet.

Was aber endlich sollen wir sagen von den Opfern und Sühnungen, von welchen die Bibel redet, und was von den Bräuchen, Satzungen, Lehrformeln und Systemen, welche die Theologen daraus gezogen und die Rationalisten aus Bibel und Christenthum zu verbannen und zu beseitigen gesucht haben? Wir treten hier auf ein heiliges Gebiet, auf das der Anbetung. Aber nicht auf ein der Bibel eigenthüm= liches, denn die ganze vorchristliche Welt ist voll von Opfer und Sühnung. Aber nicht auf ein der Vernunft und dem vernünftigen Gottesbewußtsein fremdes. Denn in diesem Gottesbewußtsein erkennt eben der Mensch die willige Hingabe des Selbst als das heiligste Geheimniß seines Daseins: ja das Geheimniß der ewigen Liebe, welche sich in die Schöpfung senkte und als Gottheit, also bewußt, vor aller Zeiten Beginnen in den Schmerz des Daseins, in die Leiden der Menschenbrust einging. Dieses, nicht mehr und nicht weniger, ist's, was der biblischen Darstellung des Opfers und allen Opfergebräuchen und Lehren der Vorzeit zu Grunde liegt. Aber nur in der Bibel ist die Reinheit und Einheit der geistigen Bedeutung bewahrt, und das vollkommene Opfer, im Leben und Tode einer heiligen Persönlichkeit dargestellt, für alle Zeiten und Völker, ist, daß der Mensch sich selbst= überwinde in Liebe; aller Geheimnisse erhabenstes, daß dieses geschieht; aber den Schlüssel zu diesem Geheimniß hat jedes Menschenherz in sich.

Den leichtesten Weg von unserm jetzigen Bewußtsein zum Verständniß des Aus= drucks der biblischen Opferidee bietet das Gebet dar.

Es ist, auch nach biblischem Sprachgebrauch, eine sehr niedrige Ansicht des Gebets, wenn wir darunter das Erbitten irgendeines wirklichen oder vermeinten Gutes für uns verstehen und hierin das Ziel und Verständniß des Gebets suchen. Das Gebet ist, urwesentlich und schriftgemäß, der Ausdruck der Anbetung, als der Hingabe des Her= zens und Willens an Gott mit unsern selbstischen Wünschen, Hoffnungen und Anliegen. Die Begründung dieser That des Geistes aber ist in zwei einfachen, jedem christlichen Bewußtsein zugänglichen Begriffen und Wahrheiten zu suchen. Einmal in dem Bewußt= sein der Abhängigkeit unsers und alles endlichen Daseins von Gott und zugleich der Unvollkommenheit und Ungenügendheit, weil Ungöttlichkeit, alles Menschlichen in uns und außer uns. Dann aber in dem innern Triebe des menschlichen Gemüths, welcher dem Kunsttriebe der Thiere entspricht, und wonach der Mensch sich innerlich gedrungen fühlt, das Innere durch etwas Aeußerliches zu bethätigen, ihm Ausdruck zu leihen, Maß und Form zu geben. Nicht wie seichte Philosophen es ausgedrückt haben, weil der Mensch nicht blos eine geistige, sondern auch eine sinnliche Natur hat; denn der menschliche Kunsttrieb hängt mit dem Geist des Menschen aufs innigste zusammen. Viel= mehr deshalb, weil der Mensch nicht blos ein denkendes, sondern auch wesentlich ein wollendes Geschöpf ist: weil der Gedanke verwirklicht werden will durch die That.

Die Anbetung, deren Ausdruck das Gebet ist, ist eben die naturwüchsige, also mensch= heitliche, ursprüngliche That des gottbewußten Geistes. Der Geist bewahrt und erhält sich dadurch sein geistiges Gottesbewußtsein, wie der Leib durchs Athmen sich leben= dig erhält.

Was vom Gebet gilt, ist auch ganz auf das Opfer anwendbar. Das Opfer ist in einer äußern sichtbaren Handlung, was das Gebet in der lauten oder stillen Sprache. Beide sind Zeichen, naturgemäße, ursprüngliche. Sie vereinigen sich im Begriff der Gelübde, da sie immer ein Gelöbniß in sich schließen, mag nun das Dankgefühl vor= walten (Dankgebet, Dankopfer) oder das Gefühl der Getrenntheit (Bußgebet, Sühnopfer).

Die Sühnung ist also der eine der beiden Pole des auf Gott gerichteten unmittel=
baren Lebens des endlichen Geistes. Sie ruht auf dem Gefühl der Entfremdung von
Gott, welche aufgehoben werden soll. Aber diese Entfremdung von Gott ist und wird
mehr oder weniger klar erkannt als eine Entfremdung des Menschen in der Welt von
seinem eigenen, wahren Sein und Leben, als eine Empörung des Selbstsüchtigen, als
ein Abfall des Einzelwesens, welches sich selbst zum Mittelpunkt gemacht hat, statt den
wahren göttlichen Mittelpunkt zu verwirklichen in der Endlichkeit. Daher kommt es,
daß dabei auf Gott übergetragen wird, was im Menschen selbst ist, und diese Ueber=
tragung ist das Werk des Urtriebes der Menschheit, welchen sie zu bethätigen sich
gedrungen fühlt, wie die Spinne ihr Gewebe, der Seidenwurm sein Grab. Wie die
Sprache erfolgt diese Uebertragung des Göttlichen in uns auf Gott, den ewigen Gedanken
alles Daseins, nach einem allgemeinen Gesetze der menschlichen Natur. Es ist nicht
der ewige Gott, welcher jene Sühnung, jene Aufhebung der Getrenntheit verlangt,
sondern unser Gewissen, welches sich der Schuld bewußt ist gegenüber der unendlichen
Heiligkeit des Ewigen. Das in Gott versenkte Gemüth anerkennt nicht allein sein
Unrecht, sondern seine eigene Nichtigkeit, und es fühlt, daß es hierdurch der göttlichen
Gerechtigkeit genug gethan hat, welche unsere Schuld verletzt, beleidigt hat.

Das Gebet ist gerade ebenso gut eine äußere That, ein Zeichen oder Sinnbild der
wahren Bethätigung. Aber worin besteht diese wahre Bethätigung? Man sagt gewöhn=
lich: im Leben, und man sagt wohl daran, wenn man es recht versteht. Aber besser
doch, weil unmisverständlicher, sagt man: im innern Gelöbniß der Seele. Denn das
wahre Opfer liegt ebenso wenig in irgendeinem Werke des Lebens als in einer That
der Anbetung, sondern in der frommen Gesinnung, oder wie die Theologen sagen,
im Glauben. Opfer und Gebet, und Werk und sinnbildliche That erhalten ihren Werth,
ihre Kraft, den göttlichen Segen, wodurch Gott sie vollzieht, nur durch die innere
Wahrheit, die That des Willens, welche Gesinnung wird, wie sie Wort und Sinnbild
wird. Was alle Werke des Lebens ebenso wohl bezeichnen als Opfer und Gebet der
Andacht, ist diese Willensthat, dieses Gelöbniß, das erkannte Unrecht gut zu machen
innerlich, als Gesinnung. Das Leben erschöpft also keineswegs die Bethätigung, son=
dern nur die Gesinnung, nur der innerliche Glaube an die Wahrheit des Guten, an
die Güte des Wahren, an Gottes ewige Liebe.

Das Bewußtsein der Vereinigung mit Gott durch diese Gesinnung, diesen Glauben,
also bei erkanntem Unrecht durch Buße oder Reue, ist somit die wahre Sühnung.
Die Vollziehung dieses Opfers ist die wiedergewonnene Herrschaft des göttlichen Geistes
in uns über die selbstsüchtige Natur des Einzelwesens als solchem. Dieses in Gott zu
setzen, im gegenständlichen Sinne, und dann doch als menschliche Betheiligung aus=
zusprechen und auszubilden als Beschwichtigung seines Zorns, ist nichts als die
Mythologie der Scholastik, und der calvinistische Methodismus hat sie ausgebildet und
ausgebeutet als Furcht vor Moloch, wie das Papstthum im Ablaß. Hieran leidet also
die unverständige Lehre der alten und neuen Scholastik, und damit verdirbt sie sich
und der Christenheit das Verständniß des Erlösers und seiner höchsten That, seines
freien Entschlusses, für das Wohl der Menschheit zu sterben ebenso wohl, als den Rath=
schluß der ewigen Liebe selbst. Allein das siebzehnte Kapitel des Johanneischen Evan=
geliums genügt, diese Ansicht als das Misverständniß des Sinnbildlichen der Sprache
für die Wesenheit des Begriffs darzuthun und die eben angedeutete philosophische
Darstellung als christliche zu rechtfertigen.

Wohin also hat uns die Anwendung des weltgeschichtlichen Standpunktes auf die
Auslegung und das Verständniß der Bibel geführt? Ist uns die Heilige Schrift unter den

Händen verloren gegangen als das heilige Buch der Menschheit, als der Leitstern der Gemeinde, als die Auslegung des einfachen christlichen Volksbewußtseins? Oder sind wir zum Mysticismus getrieben und haben die fehlenden Glieder der begrifflichen Reihe ersetzen müssen durch Herbeiziehung und Vergeistigung sinnbildlicher Ausdrücke der semitischen Ueberlieferung? Ich meine, ebenso wenig als daß wir irgendeinen Grund gefunden hätten, um die Bibel von der Weltgeschichte zu trennen und ihren Glauben von der Vernunft. Wir haben weder die Vernunft gefangen genommen unter den Glauben an die Theologen und ihre Lehrmeister, die Synagogen der Rabbiner, noch die Bibel ausgeleert von ihrem arthaften religiösen Gehalt, um die ohnmächtige und ideenlose Vernunft der Rationalisten auf den Thron zu setzen.

Sollen wir nun noch hier wiederholen, was unser erstes Wort war und unser letztes Wort sein wird, daß wir diese Anwendung der Philosophie der Weltgeschichte auf die Bibel der Gemeinde gerade ebenso wenig auf den Thron setzen wollen, auf welchem der Geist Gottes in der Gemeinde allein sitzen soll? daß alles Andere Götze wird auf dieser Stelle?

Dieses also übergehend, wollen wir jetzt lieber einen Punkt ins Auge fassen, der für die Auslegung der Bibel von ganz besonderm Belang ist, und mit welchem auch ernste, christlich=gläubige und dabei vernünftig denkende Christen uns entgegentreten werden.

Dieses ist der Begriff der Eingebung und der Wunder.

Beide hängen viel inniger zusammen, als Theologen und Philosophen gewöhnlich annehmen.

Die sogenannten Wunder nämlich zerfallen bei näherer Betrachtung sogleich in zwei ganz verschiedene Klassen. Die eine sind Ereignisse und Thaten, welche im gewöhn= lichen Laufe der Dinge unmöglich sind oder scheinen. Unmöglich ist, daß, nach dem Buchstaben der Volksüberlieferung im Buche Josua, die Sonne stillstand in ihrem Lauf, oder im Buch der Könige, daß Elisa ein auf den Grund des Wassers gefallenes Eisen schwimmen machte. Wäre es nicht in beiden Stellen klar, daß wir nicht des Augen= zeugen oder gar des Helden und Propheten eigenes Zeugniß vor uns hätten, sondern daß die biblischen Bücher uns geben, was sie vorfanden, nämlich die Volksüberlieferung, so würden wir unsern Glauben an die Bibel oder unsere Vernunft aufgeben müssen. Denn, wie wir oben gesagt, wer die Ursächlichkeit aufhebt, hebt die Sache selbst in ihrem wesentlichen Begriffe auf, und wer die Naturgesetze aufhebt, hebt eben Gott selbst auf, der in diesen Gesetzen wohnt.

Anders ist es mit solchen Wundern oder Zeichen, welche nur unmöglich scheinen, aber nicht sind. Daß Moses mit zwei oder dritthalb Millionen Menschen und ihren Heer= den und andern Habseligkeiten in Einer Nacht durch das Rothe Meer zog, in dessen Flut die verfolgenden Aegypter ertranken, ist an sich nicht unmöglich, wenn man die Oertlichkeit untersucht und auf den Wink achtet, welchen die arglose biblische Erzählung selbst uns gibt, von dem die Ebbe verstärkenden Nordwinde. Allein wie die Begeben= heit uns erzählt wird, scheint es unmöglich, und würde auch unmöglich sein, wenn wir nicht die Natur der Fassung im Auge behielten, wonach das Natürliche nicht abgeleug= net und verwiesen, aber in den Hintergrund gestellt wird.

Wie die Sache steht, ist es jedoch eigentlich noch unvernünftiger, deshalb die Thatsache zu leugnen oder zu bezweifeln, als sie mit der Form der Erzählung in eins zu werfen. Die Mythologen sind am Ende die Irrationalisten und Unvernünftigen und die Theologen die Irreligiösen und Unfrommen.

Die Weltgeschichte weiß nichts anzufangen mit Ungeschichtlichem, seien es Persönlich=

keiten oder Begebenheiten, die Philosophie nichts mit dem Unvernünftigen. Der Theolog setzt sich über beides hinaus, ohne zu bedenken, daß er sich dadurch über den Gott in Natur und Geschichte hinwegsetzt, der Einzige, von welchem er etwas weiß, und der Einzige, an welchen die Menschheit glaubt.

Ganz anders verhält es sich mit gewissen Erweisungen der Kraft des Geistes eines Menschen auf die Seele und den Leib eines oder mehrerer andern, und mit dem Schauen in die Zukunft. Beides wird auch Wunder genannt, und steht in demselben Begriffskreise, wie die wahre Lehre von der Eingebung oder der göttlichen Begeisterung der in dem Geistigen und Heiligen wirksamen Menschen.

Hiervon müssen wir aber besonders reden.

––––––––––

Dritter Abschnitt.

Die Weissagung und das jüdische Prophetenthum.

Der Begriff der Weissagung muß aus zweierlei entnommen und ihr Verständniß von zwei Punkten aus angebahnt werden: einmal aus den Tiefen des Menschengeistes, durch eine besonnene Philosophie über die innern Thatsachen seines Gottesbewußtseins, und dann, rein historisch, aus den Thatsachen und Ausdrücken der Bibel.

Die Weissagung ist gerade so wenig als der Geist Gottes überhaupt eine ausschließlich jüdische Erscheinung. Sie hat aber in dem Prophetenthum Israels eine Reinheit bewahrt und eine Vermittelung mit dem besonnenen Leben des Geistes gefunden, welche einzig in der Weltgeschichte dasteht. Diese Erscheinung erklärt sich nur aus der Eigenthümlichkeit des jüdischen Gottesbewußtseins, wie wir dasselbe oben bezeichnet haben.

Die ältesten Propheten zeichneten ihre Schauungen nicht auf: sie hießen deshalb auch vorzugsweise „Schauer", während die schriftstellerischen „Begeisterte Redner" genannt werden. Aaron heißt deshalb der Prophet (der begeisterte Redner, Nabi) seines Bruders, gleichsam der Hypophet oder Dolmetscher, wie die Hellenen denjenigen nannten, welcher die Gesichte der Pythia in geordnete Rede und epische Form brachte. Nicht allein aber Moses, schon Abraham war ein „Schauender", also ein Prophet nach der Seite des weissagenden Schauens hin. Das hebräische Gottesbewußtsein wurzelt im Naturleben des Geistes, in jener Gemeinschaft mit dem Leben des Weltalls, von welchem die Vernunft und ihre Sinne im wachen Zustande uns absondern, welches aber im Traumleben und in krankhaften Zuständen oft hervortritt. Das biblische Gottesbewußtsein kennt zwei Arten von Schauungen: die in Träumen und die in Gesichten; diese letztern sind die Schauungen des Hellsehens. Aber die einzige Herrlichkeit des biblischen Schauens besteht darin, daß es aus diesem Naturgefühl hervorwächst zur Blüte des besonnenen Geistes, und zwar deshalb frei wird von der Leidentlichkeit dieses Naturgefühls, weil es sich des Gottes in der Brust, als des Geistes der Schöpfung und als sittliche Freiheit bewußt ist.

Abraham und Moses waren Propheten im strengsten Sinne des Worts, denn sie schauten das Göttliche in der geschichtlichen Entwickelung, die vor ihnen lag. Sie glaubten fest an dasjenige, was sie für ihren Stamm und ihr Volk als heilige Sitte und Vorschrift anordneten und einrichteten. Es war ihnen ja durch die innere Stimme klar geworden und hatte sich ihnen in schweren Prüfungen als göttlich bewährt. Daher auch war es fähig, ein lebenskräftiger Keim für die Menschheit zu werden. Die Propheten des Alten Bundes, deren Schriften auf uns gekommen sind, stehen in demselben Glauben, auf demselben Bewußtsein, und ihre seherischen Aussprüche und Thaten bilden die hellen Punkte des Geistes in jenen dunkeln Jahrhunderten des Zwiespalts, des Drucks von innen, der Gefahr von außen. Diese niedergeschriebenen Aussprüche beginnen bald nach der Spaltung des jüdischen Reichs und überleben seinen Untergang, ja sie nehmen ihren höchsten Flug mit der Zerstörung des sichtbaren Mittelpunktes des einheitlichen Gottesbewußtseins der Menschheit.

Da jene Männer des Geistes in Vergangenheit und Gegenwart das Ewige schauen, so haben sie nothwendig einen weissagenden Blick für das Zukünftige. Was sie von dem fortschreitenden Gottesreich auf Erden sagen, muß sich erfüllen im Geist, und also nicht einmal, sondern fort und fort: ja es muß sich steigend erfüllen, weil der geistige Kosmos als ein Ganzes, ebenso wohl als der natürliche in immerwährender Bewegung ist, fortschreitend und vorwärtsdrängend, selbst bei anscheinendem Stillstand oder Zurückweichen. Aber sie sagen und verkündigen nichts Zukünftiges und Geistiges, was nicht eine geschichtliche Grundlage in der Gegenwart und Wirklichkeit hätte, wie diese ihnen und ihren Hörern anschaulich vorlag. Das ist eine Thatsache, wenn man ihre Worte nach den allgemeinen Regeln der Auslegungskunst erklärt: es könnte auch leicht philosophisch, also aus dem Begriff der Prophetie gefolgert werden. Nichts wird geschaut, als was im Keim schon da ist: das ist das erste Gesetz in der Kritik des Hellsehens.

Da die Entwickelung des Göttlichen in der Zeit vor sich geht, so schauen die Propheten auch Zeitliches in der Zukunft vermöge jener Gabe der Fernsicht, welche in unserer Zeit wieder jeder, der will, selbst an Hellsehenden beobachten kann. Denn alle Weissagung aus Gesichten kann in ihrer natürlichen Wurzel nicht wesentlich verschieden sein von jenem Schauen. Das Eigenthümliche des gewöhnlichen Hellsehens ist, daß eine andere Person von der schauenden Seele erfragt oder abmerkt, was diese schaut, ohne selbst sich des Geschauten bewußt zu sein, und deshalb ohne sich dessen zu erinnern im wachen Zustande. Denn die Seele, welche also schaut und welche diesen Zustand erleidet, ist im geistigen Hellsehen oder dem prophetischen Schauen eine und dieselbe. Die Menschenseele hat diese Fähigkeit des Schauens gemein mit jedem lebenden Wesen: aber als Menschenseele, als die Welt im Kleinen, besitzt sie diese Fähigkeit nicht allein organisch in einem unendlich weitern Kreise, sondern es liegt auch in ihr die Fähigkeit, Ursache und Wirkung als solche, oder das Geheimniß des Werdens, zu erkennen. Dem Thiere ist die ursachliche Verknüpfung fremd, selbst das klügste beobachtet nur den Zusammenhang in der Zeit: es sieht nur Folgen, nicht Wirkungen. Das menschliche Schauen kann eben deshalb auch allein aus seinem Naturtriebe herausgehen, und sich auf dasjenige richten, was nicht zu seiner Selbsterhaltung gehört. In diesem Sinne also kann kein Wesensunterschied stattfinden zwischen dem Schauen des natürlichen, in seinem Selbst gefangenen Geistes und desjenigen, welcher auf das göttliche Ebenmaß in den Dingen und die Einheit des Guten, Wahren und Schönen gerichtet ist. Aber der natürliche Mensch schaut Natürliches, der geistige Geistiges: jener Thatsachen des natürlichen Zusammenhangs der Dinge in ihrer weltlichen, stofflichen Gesondertheit, dieser den Geist der Thatsachen: nämlich das Verhältniß von Personen und Ereignissen zum Reiche Gottes, d. h. zur geschichtlichen Entwickelung des Göttlichen im Menschen. Beide können also dasselbe Ereigniß als zukünftig schauen, aber wie die sinnliche oder selbstische Fernsicht nur die Ereignisse in ihrer thatsächlichen Aeußerlichkeit schaut und begreift; so richtet sich das Schauen zukünftiger Begebenheiten bei den Männern des

Geistes, den wahren Schauern, auf dasjenige, was diese Thatsachen zu einem Ganzen verbindet und dadurch fähig macht, zu Ideen erhoben zu werden und als wirksame, bedeutungsvolle Ereignisse im Reiche des Geistes begriffen zu werden. Es ist nichts in der Natur, was nicht im Geiste wäre, aber der gottbewußte Geist schaut in der thatsächlichen Natur den ewigen Gedanken, der sich in ihr kundgibt. Es ist der Geist, welcher die vorwärtstreibende Kraft bildet in der sich räumlich und zeitlich entwickelnden Erscheinung, und dieser Geist ist dem selbstischen Menschen verschlossen. Der selbstische (oder wie die Bibel sagt: natürliche) Mensch kann im Tode nur den Tod sehen, dieser (der geistige Mensch) schaut in ihm das aus Tod keimende Leben: aber ebenso um= gekehrt, im Leben den in ihm arbeitenden Keim des Todes.

Das Schauen des Geistes nun wird in der Bibel Weissagung genannt im weitesten Sinne, nämlich als ursprüngliche, nicht von außen, durch Gelehrsamkeit oder Vor= bedacht oder auch durch persönliche Rücksicht bedingte Wahrnehmung des Geistes.

Von diesen Weissagungen erscheinen die das Aeußerliche betreffenden dem unerleuch= teten Bewußtsein als die schlagendsten; sie sind aber nach ihrer wesentlichen Bedeutung gerade die niedrigsten und geringern. Die Weissagung ist in demselben Maße bedeuten= der und höher, als ihr Gegenstand ein innerlicher, über Raum und Zeit erhabener ist. Denn diese Weissagung wird sich erfüllen, nicht in diesem Volk oder Zeitraum oder in jenem, nicht in jener oder dieser Erscheinung, sondern in höherm oder niederm Maße durch alle Zeiten, durch alle Völker hindurch. Aber nach dem ewigen Gesetz der Ent= wickelung wird nichts das Erbtheil und Eigenthum der Menschheit, wenn es nicht in einem Einzelwesen Persönlichkeit, bewußtes Leben geworden ist, Fleisch und Blut, um bildlich zu reden. Wiederum wird nichts persönlich, als um im Geist, und durch den Geist dieser Persönlichkeit in immer weitern Kreisen Gemeinde zu werden: Jüngerschaft, Genossenschaft, Volk, Menschheit. Die Menschheit (das ist das letzte Wort der Philo= sophie der Geschichte) ist bestimmt, sich und ihr Geschick im Lichte des Göttlichen zu erkennen, und dieses Göttliche wiederum innerhalb der Schranken der Endlichkeit dar= zustellen. Dieses Gesetz wird geahnt im Schauen.

Es ist ein großer Mangel der neuen Forschung, daß sie dieses rein schauende Element, diese Unmittelbarkeit des prophetischen Bewußtseins, nicht erkannt und, von bildlichen Ausdrücken entkleidet und geläutert von kindischen Begriffen, in der Auslegung der Bibel offen und bewußt angewandt hat.

Aber es würde gleich einseitig sein, wollten wir verkennen, daß dieses Fernsehen des Geistes in seiner Gesundheit nothwendig nicht ein vom wachen Leben abgesondertes bleibt, wie das Traumleben meist, das Hellsehen immer. Es ist seine Bestimmung, mit dem wachen in Verbindung zu treten und zuletzt Wirklichkeit zu werden, vermöge der bewußten, vernünftigen, besonnenen, also begrifflichen Erkenntniß.

In dieser menschheitlichen Entwickelung bilden die Propheten des Alten Bundes ein höchst merkwürdiges Glied von allgemeiner Bedeutung und unvergänglichem, einzigem Werth. Sie selbst sind ebenso wohl Weise und Prediger als Schauer; denn sie sind sittlich besonnene, nicht sich, sondern das Gute, das Wohl der Menschheit suchende Geister.

Dieser Punkt ist nicht weniger wichtig als jener. Die biblische Weissagung ver= bindet durchgängig und ursprünglich Beides, obwol in verschiedener Mischung, und das Wort Prophetie selbst wird namentlich von Christus und seinen Aposteln nur in diesem allgemeinen Sinne gebraucht.

Hieraus folgt, daß man allerdings die Frage stellen kann: ob die Propheten in ihrem höchsten Fluge die Erscheinung Jesu von Nazareth als des Messias, des Gesalbten (Christus) schauten, ihn erkennend als den wahren Menschen=Sohn und Gottes=Sohn? Aber die Antwort muß zuvörderst keine scholastische, sondern eine geschichtliche sein. Es fragt sich, ob die hebräischen Propheten ihn in seiner historischen Erscheinung, in dieser oder jener Gestalt, in diesem oder jenem äußern Geschick geschaut haben. Und die Antwort auf diese rein thatsächliche Frage ist: Nein, in keiner einzigen Stelle. Alles hierher Gehörige ist nur als schwaches Bild, als Aeußerlichkeit zu betrachten; ernsthaft, also begrifflich durchgeführt ist's Spielerei oder Lüge. Aber es ist ebenso gewiß, daß die Propheten Jesum in der Idee geschaut haben, und mehr und anders als alle vorschauenden Geister der Völker. Denn sein Leben und seine erlösende Lehre und That ging naturwüchsig hervor aus der geistigen Entwickelung und Auffassung des Judenthums. Die Förderung des Reiches Gottes in der Hingebung des Lebens bis zum Tode für Wahrheit und Recht, zu der Brüder, der Gottesgemeinde Heil ist das Ziel alles Schauens und Predigens der Propheten. Sie schauten dieses Gottesreich nicht als etwas vom gemeinsamen Leben des Volks und der Völker Gesondertes, sondern als dessen Heiligung. Das Gottesreich ist in der Gemeinde, ist das Leben und Wirken des Volks. Nichts liegt den Propheten ferner, als daß das Gottesreich in einzeln stehenden Persönlichkeiten stehe und lebe, oder gar eine hierarchische oder obrigkeitliche Anstalt sei. Sie schauen und sie predigen es vielmehr als die Läuterung und Vergöttlichung aller wirklichen Verhältnisse, von dem häuslichen bis zum politischen, eine Verwirklichung, die bestimmt ist, nicht in einem unbestimmten Jenseits, sondern hier auf dieser Erde einzutreten als das Ewige im Zeitlichen, als das Unvergängliche, in welchem allein wir wahrhaft leben, und in welchem allein unser Geist als bewußte Persönlichkeit fortleben kann.

Ihre prophetische Bedeutung steht also nicht in diesen oder jenen Aeußerlichkeiten, mit welcher der Philosoph nichts anfangen, die der Historiker nicht nachweisen kann. Sie ist nicht begründet durch diese oder jene Stelle des Alten oder Neuen Bundes, nicht durch diese oder jene bestreitbare Auslegung; nein, sie ruht auf der ganzen Natur des Prophetenthums als eines Innerlichen und Geistigen, also Vernünftigen. Sie ist deutlich, klar, unbestreitbar in dieser ihrer Entwickelung für jeden Menschen, der über sein inneres Gottesbewußtsein zur Klarheit gekommen ist. Er wird unfehlbar an Christus glauben, wenn er ihm verkündigt wird. Der Gegensatz der sogenannten rationalistischen und der sogenannten spiritualistischen Ansicht und Schriftauslegung ist durchaus kein unbedingter, sondern ein fließender, selbst bei einem und demselben Menschen. Denn der wahrhafte Rationalist oder Vernunftgläubige kann und soll ja eben dadurch zum Glauben gelangen an das Göttliche, daß er an die sittliche Vernunft in der Wirklichkeit glaubt. Der Spiritualist aber kann sich unmöglich von der Vernunft lossagen, ohne die Vernünftigkeit des Geistes zu leugnen. Auch ist es nur scheinbar und auf der Oberfläche, daß dieser Gegensatz die Christen entzweit und die Menschen überhaupt. Die wahre Ursache der Entzweiung liegt auch nicht sowol im Mangel an redlichem und ernstem, also vernünftigem und besonnenem Auffassen des Geschichtlichen einerseits und an sittlichem Ernst andererseits. Sie liegt in der Selbstsucht der Menschen, die sich überwiegend auf der einen Seite als Tyrannei der Machthaber und Herrschsucht der Priesterschaft zeigt, auf der andern als gewaltthätiger Umsturz. Beide sind die großen Erzeuger des Unglaubens. Aber eine besonders große Verantwortlichkeit liegt auf Obrigkeit und Priesterschaft: die einen, wenn sie durch Gewaltthätigkeit den Glauben an die sittliche Weltordnung in den Gemüthern der Menschen zerstören, welche sie berufen sind zu stärken; die andern, wenn sie das Innerliche, statt in Gottes Namen zu wahren im Geist, tödten durch das Aeußerliche, und das Göttliche, statt es herrschend zu machen durch dienende Liebe, herrschsüchtig in das dunkle Gebiet der Selbstsucht herabziehen. Beide wollen oft kämpfen für Glauben, indem sie Aberglauben aufrecht halten als polizeiliche Zucht. Das nun ist gerade, was Christus bekämpft hat: das gerade Gegentheil von dem, was aller Religion zu Grunde liegt und aller Offenbarung in der Geschichte und im verwirklichten Reiche der großen Gemeinde Gottes.

Der wissenschaftliche Kampf des Rationalismus und Spiritualismus der sogenannten Philosophen und Theologen hat da, wo er geistig durchgekämpft wurde, die Wahrheit gefördert. Im Allgemeinen kann man sagen, daß in ihren besten Erscheinungen jener vorzugsweise die Freiheit betont hat, dieser den sittlichen Ernst; jener hat oft ein schönes Zeugniß abgelegt für die Freiheit des an die ewigen Ideen der Menschheit gläubigen Geistes, dieser oft sich von jener Ehrfurcht durchdrungen gezeigt, ohne welche nichts wahrhaft erkannt und geschafft werden kann. Vernunft und Gewissen sind eins: also gehören Vernunft, Erkenntniß und Gewissensfreiheit zusammen mit Gottesfurcht und mit Glauben, der in Liebe wirksam ist.

In diesem Sinne, in dieser Bedeutung wollte Christus das Gesetz und die Propheten verstanden wissen. Damit aber hat er uns den Schlüssel nicht allein für die Aus= legung der Bibel, sondern auch für das Verständniß der ganzen Weltgeschichte und der sittlichen Weltordnung gegeben, welche sich in derselben offenbart. Alle seine Aus= legungen prophetischer Stellen weisen auf die geistige Auffassung des Geschichtlichen hin: Johannes ist Elia und doch nicht Elia. „Er ist Elia, wenn ihr wollt", d. h. wenn ihr es geistig versteht. Die Juden „bilden sich ein, das ewige Leben in der Schrift zu haben", und sehen doch nicht den, welcher allein sie mit dem Ewigen in Verbindung setzen konnte. Sie erkennen das Göttliche nicht in der unscheinbaren menschlichen Per= sönlichkeit, weder in seiner eigenen hohen Gestalt, noch in der seiner Jünger, ihrer eigenen Kinder. Diese Anschauung auf ihr Wesen zurückgeführt und nach ihrer weltgeschicht= lichen Bedeutung verstanden, ruht auf der Annahme, daß das Reich Gottes (der ewige Gedanke der Liebe) in der Geschichte zur Verwirklichung strebt und diese Verwirklichung einmal finden muß in der das Göttliche wesenhaft darstellenden Persönlichkeit, damit durch sie das Gottesreich die Errungenschaft der Menschen, d. h. das freie Werk Gottes in der Menschheit werde. .

Die Jünger selbst glaubten Jesu, ohne ihn weltgeschichtlich, und also geistig und wirklich, zu verstehen. Doch erblicken wir in Petrus, Paulus und Johannes als Frucht ihres christlichen Lebens und Wirkens ein steigendes Verständniß, wie des Christus, so der Propheten, und in allen apostolischen Schriftstellern jenen leitenden Geist, wenngleich oft sehr unvollkommen angewandt auf das Geschichtliche.

Vierter Abschnitt.

Die Bibelsprache und die philosophische Sprache,
und
beider Vereinigung in der weltgeschichtlichen Betrachtung der Schrift.

Wir haben die Bibel übersetzt für die Gemeinde, ein semitisches Buch der Juden für ein germanisch-iranisches Volk, welches das geschichtliche Christenthum in sich aufgenommen und zu einem Theil seiner Volksthümlichkeit gemacht hat. Denn dieses Christenthum ist das dem nationalen Zwang entrückte Judenthum, dessen Menschliches frei geworden ist durch den Geist, aus dem es hervorgegangen. Wir haben in unserer Uebersetzung für jeden semitischen Ausdruck den wörtlich entsprechenden deutschen, germanischen gesetzt oder beibehalten, und in kurzen Worterklärungen das Frembartige in Begriffen und Auffassungsweise dem gemeindlichen Verständniß näher gebracht durch Uebertragung in unsere Begriffsweise.

Eine solche wörtliche und doch dem Volk verständliche Uebersetzung ist jetzt in mancher Beziehung eine leichtere Unternehmung, als sie es noch vor dreihundert Jahren war. Denn seitdem ist durch die Bibelübersetzung, Bibellehre, Bibellied und biblische Predigt unendlich viel mehr Semitisches in den volksthümlichen Kreis unserer iranischen Begriffe und Ideen eingegangen, als einem Griechen und Römer, selbst einem Clemens und Augustinus, je möglich scheinen konnte. Vorbereitet war diese Verschmelzung für das deutsche Volk ganz besonders durch die theosophisch-philosophische, aber volksmäßige Predigt und Betrachtung des Christenthums seitens der Gottesfreunde des 14. Jahrhunderts und den germanischen Meistergesang von Hans Sachs und seinen Vorgängern, den Dichtern des geistlichen Minneliedes und der vergeistigten Ritterpoesie Südeuropas. Aber die Luthersche Uebersetzung und Predigt der Bibel ist und bleibt der große Schritt auf dieser offenbar weltgeschichtlichen Bahn.

So groß und so tief ist die geistige Einheit der Bibel, des Alten und Neuen Bundes, und so richtig gegriffen ist die Luthersche Uebertragung der geistigen Ausdrücke der Bibel in das reine, volksmäßige, unvertilgbare und allein mustergültige Deutsch, daß wir dem allgemeinen Bedürfniß des Verständnisses in der Regel immer am leichtesten durch Rückweisung auf ähnliche, anders gewandte, deutlichere Stellen zu genügen vermochten.

Anders aber ist es mit einem Schlüssel zur Bibel, der sich an das begriffliche Verständniß wendet, also vollkommen oder unvollkommen, genügend oder ungenügend an jene dialektische Auffassung und Verknüpfung der Begriffe, welche die iranische Menschheit geschaffen und insbesondere der Hellene und Germane ausgebildet hat, und in welcher sich das allgemeine wissenschaftliche Bewußtsein über Geistiges bewegt.

Hier begegnen wir einer doppelten Gefahr. Wenn wir das Geschichtliche in der Form des biblischen Vortrags über die geistige Welt gänzlich aufzulösen versuchen in das Begriffliche, so erhalten wir wesentlich nichts anders als den Allegorismus der Gnostiker und der Alexandriner, welcher bei Clemens und Origenes in seiner geistreichsten Form erscheint: wir müßten denn zur Scholastik oder Mystik des Mittelalters zurückkehren wollen. Aber jener Allegorismus liegt uns zu fern, und unser besonnenes Forschen hat das philologische und dialektische Gewissen zu sehr ausgebildet, als daß er je wieder in irgendeinem Gemeindeleben Wurzel schlagen oder in der Wissenschaft sich ehrlich geltend machen könnte. Auch werden diejenigen nicht besser fahren, welche es mit Augustinus und dem kirchlichen Mittelalter versuchen. Denn es begegnet dem redlichen Forscher und dem unbefangenen Gemüth auch hierbei eine solche Willkürlichkeit, daß nicht einmal der Untergang aller Naturwissenschaft und alles geschichtlichen Gefühls und der Mangel aller dialektischen Methode die Erscheinung hinlänglich erklären können. Wir sehen im Mittelalter edle Geister und tiefe philosophische und theosophische Gemüther in einen solchen unfruchtbaren Weg eintreten, selbst Geister und Männer wie Dante und Tauler. Jener allerdings verklärte die Scholastik in Poesie, auf dem Grunde eines lebendigen Bewußtseins der Wahrheit der leitenden Ideen; dieser knüpft seine unhaltbaren mystisch-scholastischen Bibelerklärungen an eine so geistreiche biblische Anschauung und einen so tiefen sittlichen Ernst des christlichen Lebens, daß man bei ihrer Weglassung in jeder Predigt immer noch einen geistigen Kern behält, an welchem man sich erbauen kann. In ähnlicher Weise haben wir auch in unserm Jahrhundert geistreiche Männer jene scholastisch-mystische Bibelerklärung üben und anpreisen gesehen. Ungeachtet der Mangel an sittlichem Ernst und praktischem Christenthum hierbei nicht ersetzt werden konnte durch die von der Naturphilosophie erborgten speculativen Ideen, so kann man diese Bestrebungen doch nicht so ansehen und behandeln wie jenes grundlose und heillose Spiel, welches viele ihrer Jünger in Deutschland und Frankreich mit jener mittelalterlichen Romantik und jenem neumodischen, sentimentalen Katholicismus getrieben haben. Es lag jenen mystischen Spielereien bei Männern wie Görres und Friedrich Schlegel ein starkes Gefühl zu Grunde, daß das Geschichtliche in der Bibel und im Christenthum nicht zu erklären und zu halten und zum Grunde des frommen kirchlichen Bewußtseins zu machen sei ohne eine tiefere Schrifterklärung. Der Rationalismus hatte die Bibel nicht erklärt, sondern ausgeklärt und auserklärt, und nichts übrig gelassen als einen kalten Deismus, von dessen Falschheit ihre bessere Philosophie jene Männer überzeugte. Die Scholastik bot ihnen Ideen, sie war kirchlich und konnte, wo nicht verjüngt, doch aufgeputzt werden. Selbst in der Bibel zu forschen und sich zu einem selbstständigen Urtheil zu befähigen, dazu waren sie zu träge, oder auch, der immer eifersüchtiger und anmaßender werdenden Geistlichkeit gegenüber, zu furchtsam und unfrei. Ihre leichtfertigen und leichten französischen Nachahmer wagten sich noch weniger an eine solche Unternehmung. Aehnlich ging es den Männern, welche den Anglikanismus zum katholischen Mittelalter zurückführen wollten. Newman verstand gar kein Hebräisch und war durch das Lesen der Bibel zur philologischen Verzweiflung und zum geschichtlichen Unglauben gekommen; Pusey hatte in Deutschland gerade genug Hebräisch gelernt, um in England ein Licht zu scheinen, und bei unbedingter

Unfähigkeit zu kritischem Urtheil sich der ganz ungeschichtlichen Scholastik und einer durchaus geistlosen und gewissenlosen Exegese mit ebenso großem Hochmuth als Einfältigkeit ergeben. Mehr Ernst hatten allerdings die Lutheraner des 16. Jahrhunderts gezeigt, indem sie die zahme lutherische Scholastik bildeten, an welcher nie ein anderer Mensch als ein lutherischer Theolog oder Jurist hat Freude finden können. Die Tyrannei ihres von achtungswerthen Männern wie Bengel und von ernsten Mystikern wie Detinger getragenen Auslegungssystems brach in seiner eigenen Nichtigkeit zusammen, sobald die geschichtliche Philologie es beleuchtete, und noch mehr als zugleich die Ideen der neuen Philosophie mit Besonnenheit darauf angewendet wurden. Hermann Olshausen versuchte im Jahre 1824 in seinem achtungswerthen Büchlein: „Ueber tiefern Schriftsinn", einer tiefern Schriftauslegung auf ehrliche und besonnene Weise einen Platz zu gründen. Er verwirft die alte Ansicht, daß eine Bibelstelle einen doppelten Sinn haben könne, einen buchstäblichen und einen geistigen: was allerdings nur eine Taschenspielerei oder eine unwillkürliche Bankbrucherklärung ist. Aber er meint, weil offenbar im Alten Bunde Vieles nur als symbolisch gegeben und ihm ein geistiger Sinn ausdrücklich zugeschrieben werde (z. B. bei den Gottesschauungen und bei den mosaischen Opfern und andern gottesdienstlichen Gebräuchen): so müsse man bei aller Anerkennung der buchstäblichen, allein zulässigen Erklärung doch einen geistigen Sinn in dem äußerlich Geschichtlichen suchen, wie es ja auch die Schriftsteller des Neuen Bundes gethan. Hierüber nun sagt er vieles Geistreiche und Erbauliche, was aber weder dem Philosophen noch dem Philologen irgendetwas beweist; er bringt nichts vor, was uns klar machen könnte, nach welchen Gesetzen hierbei verfahren, wie Willkür ausgeschlossen und spielende Schwärmerei oder Pfäfferei ausgeschlossen werden solle.

Wir können das richtige Verständniß uns vielleicht dadurch am leichtesten anbahnen, daß wir auf das Gegenbild der Geschichte, die Natur und ihre Auslegung sehen. Nach Herders Anschauung, welche auch die der deutschen Naturforscher ist, sowie die von Cuvier, Agassiz und Richard Owen strebt alle Thierbildung nach dem Menschengebilde. Die niedern Bildungen stellen die Gegensätze der verschiedenen Systeme dar, deren harmonische Einheit im Menschen erscheint. Ansätze, die über jene gegensätzliche Bildung hinausgehen, finden sich schon in den untern Stufen. Diese aufsteigende Bildung haben besonders Blumenbach und Cuvier in die Wissenschaft eingeführt und sie in ihren Werken geltend gemacht. Ebenso haben andere philosophische Naturbeobachter die Aehnlichkeit und Verwandtschaft hervorgehoben, welche zwischen den Kunsttrieben und Ahnungen der Thiere und der Kunst und Wissenschaft der Menschen herrscht. Allein es ist ihnen deshalb nicht eingefallen zu sagen, daß der Fisch erst recht verstanden werde in seiner tiefern Bedeutung als Glied der Schöpfung, wenn man ihn als Vorbild des Seemanns betrachte. Noch hat man sich erlaubt zu sagen, der Biber bedeute einen Baumeister, oder die Spinne einen Meßkünstler, oder die Nachtigall einen Tonsetzer, und danach müßte ihre natürliche Bildung erklärt werden. Dergleichen Spielereien würden dem Ernst der Wissenschaft und dem gesunden Menschenverstande zu widersprechend erscheinen. Es ist etwas ganz Anderes, wenn Schelling sagt, daß in der Spinne Architektonik ist, daß sie unbewußt wirkt nach den Gesetzen, welche der Baukünstler erforscht und bewußt anwendet, oder daß die Thiere, welche in den Himmelsräumen schweben, in sich die Gesetze tragen, welche Keppler und Newton fanden und aussprachen. Jene symbolische Naturerklärung nun würde wesentlich dasselbe sein, was die alten jüdischen Rabbinen und Theosophen, unter welchen der alexandrinische Philo bei weitem als der größte erscheint, bei der Bibelauslegung versucht haben durchzuführen, und worin ihnen so viele christliche Lehrer gefolgt sind. Man kann diese

Analogie nicht dadurch abweisen, daß man sagt, die Erscheinungen in der Menschen=
geschichte ständen in einer nähern Verbindung untereinander, als Naturkörper und Thiere
zu dem Menschen. Es handelt sich bei jener Analogie nicht um diesen Unterschied,
es wird nur nebeneinander gestellt die falsche Methode in der Natur und in der Ge=
schichte, eine Sache nicht aus ihrem Begriff zu erklären, sondern aus etwas außer diesem
Begriff Liegendem.

Auch die richtige Methode auf dem biblischen Gebiet können wir uns anschaulich
machen durch dieselbe Analogie der Natur und Geschichte. Jene Grundannahme der
neuern Naturforscher und Naturphilosophen von einer Entwickelung in der Natur ist
auch vorbildlich für die allein rettende und haltbare Ansicht, welche wir bemüht sind
für die Bibel geltend zu machen, nämlich die weltgeschichtliche. Die Entwickelung, der
Fortschritt wird nicht durch die einzelnen Bildungen der Geschichte wie der Natur bewerk=
stelligt, sondern durch den ewigen Gedanken des Kosmos, der Ordnung des Alls, welche
durch das Einzelne hindurchgeht.

Die Natur ist vorbildlich: so ist die Geschichte; so ist die Bibel. Aber wie und
weshalb?

Die Bibel ist einmal vorbildlich, weil die Weltgeschichte ebenso vorbildlich ist im
Gebiete des Menschengeistes, wie die ganze organische Bildung der Geschöpfe in der
Geschichte der Erde. Die Vergangenheit bedingt nicht allein die Gegenwart und Zukunft,
sondern das Vorwärtsstrebende, das Geistige in ihr ist vorbildlich für das Folgende.

Die Bibel ist ferner in einem besondern Grade vorbildlich als Urkunde des Gottes=
bewußtseins, also des Mittelpunktes der geistigen Menschenbildung.

Die Bibel ist endlich im höchsten, in einem einzigen Grade vorbildlich, weil das
Innerliche, Unmittelbare des Gottesbewußtseins ihre Einheit ausmacht, im Gegensatz
des nur übereinkömmlichen Aeußerlichen, Mittelbaren, welches einem Volk, einer Zeit
zusagt, allen Andern fremd ist, den Meisten aber geradezu unverständlich, gleichgültig,
ja zuwider.

Die Frage ist nun, wie weit diese Vorbildlichkeit zur Auslegung gehört und nicht
zur erbaulichen oder geistreichen Ausbeutung? Solche Ausdeutungen sind an sich nicht
verwerflich, wenn sie sich nicht für Auslegung, also für Ausdruck des nothwendigen
einwohnenden Sinnes der Stelle oder des Worts geben; ihr jedesmaliger Werth oder
Unwerth wird offenbar vor allem davon abhängen müssen, ob die Idee, deren Vorbild
oder Vorspiel anschaulich gemacht werden soll, eine wahre und der Bibel eigenthümliche
sei oder nicht. Denn es wird auch hierbei noch zu unterscheiden sein, ob die angenom=
mene Vorbildlichkeit aus der allgemeinen Natur der Weltgeschichte fließe, also aus dem
allgemeinen, unendlichen, geistigen Factor, oder ob sie eine Folge der besondern, art=
haften, geschichtlichen Entwickelung der Bibel selbst sei. Wenn Jerusalem und Zion
Vorbilder des Heiligen in der Menschheit sind, so sind sie es nicht nach ihrer Oertlichkeit
und Zeitlichkeit, sondern nach der Idee, welche sie darstellten, und also auch (nach dem
Obigen) im Gedanken des Kosmos andeuteten. Daß das mosaische Gesetz im Vergleich
mit der Verheißung wie mit der Botschaft des erschienenen Heils unfrei sei, soll von
Paulus nicht dadurch bewiesen werden, daß das mosaische Gesetz vom Berge Sinai
gegeben wurde, dieser aber in Arabien liege, dem Vaterlande der Hagar, der Unfreien.
Der Beweis ist im ganzen Briefe durchgeführt, daß das Gesetz die Freiheit der ältern
Verheißung sowenig aufhebe als die des Evangeliums. Es ist aber eine Thatsache,
daß Sinai und Hagar, das Vorbild der unfreien Mutter, zu Arabien gehören, und
es ist bewiesen, daß dem Evangelium gegenüber das Gesetz das Unfreie sei, eben wie
Hagar gegenüber der rechtmäßigen Gattin. Dieses Beide wird nun zusammengestellt

für die christlich-jüdischen Rabbiner, welche das Gewissen der galatischen Christen ver= wüsten. Ihr haltet (sagt Paulus) viel auf Allegorien; hier ist eine für euch: Hagar ist das unfreie, dienende, irdische Jerusalem, das in Arabien gegebene Gesetz; Sarah ist das freie, himmlische Jerusalem. Ihr Juden aber seid nicht der Hagar Söhne, son= dern der rechtmäßigen Gattin Abrahams. Dieser Sinn geht ganz klar hervor aus der Stelle Gal. 4, 21—30, auch wenn man der im Text gegebenen Lesart folgt (s. z. Gal. 4, 25). Alles das ist nicht Auslegung, sondern Ausbeutung.

Mit dieser letztern hat die Bibelerklärung des Schlüssels so wenig etwas zu thun als die der Volksbibel.

Aber auf dem Felde der wirklichen Auslegung hat der weltgeschichtliche Sinn sein Recht, und zwar ausschließlich. Er ist die wahre geistige Auslegung, gegenüber sowol der scholastischen und mystischen als der speculativen, d. h. den Wortwitzen und Verstandes= spielereien neuerer Philosophen.

Wir werden vielleicht am kürzesten hier zu einer fruchtbaren Verständigung gelangen, wenn wir von einigen allgemeinen Punkten ausgehen und dann unsere Meinung durch Beispiele erläutern.

Es gibt zwei Arten, sich über die göttlichen Dinge zu äußern: die philosophische und die geschichtliche. Die Philosophie kennt keine für sie beweisende Geschichte dessen, was nach dem abgezogenen Begriffe außer aller Geschichte ist, sondern nur dialektische Verbindung von Begriffen, mit welchen sie das Sinnliche, die Erscheinungen, anfaßt und an das Uebersinnliche heranzukommen strebt, je von dem Punkte des begrifflichen Bewußtseins aus, zu dem sie gelangt ist. Diese begriffliche Lehre gibt Erkenntniß, aber nur von dem, was ist. Sie setzt den Glauben voraus, daß Erscheinungen nach Be= griffen geordnet werden können; also noch viel mehr die Welt der Erscheinungen selbst. Wo diese aufhört, geht sie in der Irre, sowie sie das System der begrifflichen Er= kenntniß anwenden will. Es findet sich, daß sie ebenso gut das Gegentheil sagen könnte von dem, was sie sagt, d. h. es würde auch keine sichere Erkenntniß ergeben.

Die Bibel dagegen bringt das Göttliche in den Fluß der Geschichte, oder mit andern Worten: sie macht das im Gemüth des Menschen Vorgegangene oder Vorgehende gegenständlich. Gott ist ihr kein Begriff, sondern ein Wesen, und zwar ein vollkom= menes menschliches Wesen. Aus dieser Auffassung folgt von selbst, daß Gott spricht, daß er empfindet und leidet, was das auf die göttlichen Dinge gerichtete Gemüth fühlt, erfährt, leidet. Hier ist zweierlei zu merken: einmal, daß dieses die Mythologie auch thut, dann aber, daß sie es in einer ganz andern Weise thut. Die Mythologie bringt die Gedanken und Empfindungen des Menschen in Verbindung mit den Erscheinungen der Natur und den Kräften, welche sich darin kundgeben oder scheinen kundzugeben. Das Gemüth des Menschen wird also nicht in unmittelbare Verbindung gebracht mit der Gottheit, sondern unter die Herrschaft und Vermittelung der Natur gestellt. Da= durch tritt das sittliche Element der Religion zurück hinter dem natürlichen, sinnlichen. Bräuche und symbolische Erzählungen, welche bald eine kosmische, astronomische Form annehmen, bald eine persönliche, menschliche, erscheinen als das Wesentliche der mythe= logischen Religion. Die Bibel allein hält die Unmittelbarkeit des sittlich=vernünftigen Gottesbewußtseins fest. Wie jede Religion, und mehr als alle mythologischen, geht dieses Gottesbewußtsein der Bibel aus von der Einheit dreier Betrachtungen Gottes, die alle den ewigen Gedanken zur Darstellung bringen sollen. Diese sind: der ewige Gedanke als Geist, oder Gott in seiner Unendlichkeit; der ewige Gedanke als Natur, oder Gott als Weltseele; der ewige Gedanke als Mensch, oder Gott als endliches Bewußtsein des Geistes und der Natur.

Das durchgängige Festhalten und die organische Durchbildung des Unendlichen und Ewigen als des wirksamen Wesengrundes alles Seienden ist eine ebenso einzelnstehende Erscheinung, als die Annahme jener Einheit allgemein ist. Sie ist eine That des sittlichen Geistes, der vom Gewissen geleiteten Gesinnung und ist deshalb Offenbarung des Ewigen im höchsten und wahrsten Sinne.

Die geschichtliche Darstellung der Bibel nun ist die einzige der Natur des Menschen gemäße, nicht blos weil sie allen zugänglich und verständlich ist, sondern auch, weil sie allein uns etwas Thatsächliches gibt, und nicht blos Gedanken, und weil sie durchaus geschichtlich ist, nicht sinnbildend oder allegorisch, nicht ersonnen, sondern erlebt. Sie ist aus dem Gottesbewußtsein frommer und erleuchteter Männer hervorgegangen, in welchen dieses Gottesbewußtsein eine persönliche Gestalt gewonnen hatte. Die Kraft der göttlichen Wahrheit in diesem Gebiet ist aber so groß, daß, einmal ausgesprochen und bethätigt, sie nicht untergehen kann. Vernunft und Gewissen müssen früher oder später Zeugniß dafür ablegen, und nur, was ihnen entspricht, kann Eigenthum der Menschheit werden. Hier kommt wirklich ein weltgeschichtliches, mit der vollendetsten, rein menschlichen Persönlichkeit schließendes Leben zur Erscheinung, das in sich zusammenhängt, für Leben und Tod begeistert und an der Spitze der menschlichen Bildung einherschreitet. Die mythologische Religion ist ein geistreiches, oft tiefsinniges Spiel und kann Naturbegeisterung hervorbringen und weltstürmenden Fanatismus, aber nicht sittlichen Ernst noch besonnenes Geistesleben.

Es muß also dieser biblischen Darstellung eine ewige und göttliche Wahrheit über die göttlichen Dinge einwohnen.

Eben deshalb aber muß dieser Gehalt sich auch begrifflich darstellen lassen. Also in derjenigen Ausdrucksweise, welche wir vorzugsweise die hellenisch=germanische nennen können oder die philosophische.

Jeder auf die Gottheit bezügliche Ausdruck muß einem philosophischen Ausdruck entsprechen, der als sein philosophischer Deuter (Exponent) angesehen werden kann, und zwar nicht allein auf dem ethischen Gebiet, sondern auch auf dem metaphysischen.

Die Bibelsprache kann nicht untergehen in der philosophischen; denn sie geht nicht auf in dieselbe, die Thatsache wird nicht erschöpft durch den Begriff; gleichwie die Anbetung der Gemeinde nicht untergehen kann in der philosophischen Betrachtung, obwol der Gegensatz beider, als unbedingt, aufhören kann, ja aufhören soll.

Aber die lebendige Verbindung des frommen biblischen Gottesbewußtseins mit dem philosophischen ist von der größten Wichtigkeit. Ohne sie wird das Schriftthum unbiblisch: die Philosophie und das staatliche Leben ungemeinblich, also unchristlich.

Wir werden immerfort sagen und predigen können, daß Gott zu Abraham sprach, daß Gott zürnte, daß es Gott gereute; aber wir werden die geeigneten Formen zu finden haben, um deutlich zu machen, daß hier von Gott im Menschen die Rede ist, um jene Lehre, jene Worte, jene Gemüthsbewegungen zu unterscheiden von dem Endlichen, Selbstsüchtigen, Zufälligen, was mit den betheiligten Persönlichkeiten verbunden war.

Ebenso werden wir die Engel (d. h. Boten) sein lassen, was sie sind: Anregungen des Göttlichen in uns, durch Vermittelung der Außenwelt, sei es der Natur oder der Menschen. Die Mittelbarkeit und die Göttlichkeit derselben ist das Wesentliche. Ob aber das zu Grunde liegende Geschichtliche ein Traum oder ein Gesicht oder nur eine Vorstellung, oder ob die Erzählung nur die Form der Ueberlieferung für eine göttliche Fügung, ein göttliches Geschick war, das hat die Auslegung bei einer jeden Stelle zu entscheiden — oder unentschieden zu lassen. Es kommt darauf auch wesentlich gar nicht an. Nur stelle man die Sache nicht so, daß entweder die biblische Erzählung zum Ammenmärchen, oder wir gezwungen werden, an Gespenster und gefiederte Jünglinge zu glauben. Auch müssen wir es als leere Mystik verwerfen, die verschiedenen Namen und 'Klassen der Engel anders aufzufassen, als was sie offenbar sein sollen: sinnbildliche Andeutungen der höhern und niedern Kräfte in der Schöpfung und Geschichte, welche auf kein gegenständlich wahres, speculatives Gedankensystem zurückgeführt werden können.

Wer nicht mit uns annehmen will, daß die Söhne der Elohim (Götter) die schönen Menschentöchter der Urwelt heiratheten, soll uns wenigstens nicht für Irrgläubige halten, wenn wir seinen Glauben an die Vermählung und Kinderzeugung geistiger Wesen mit menschlichen Mädchen für einen Wahnglauben halten.

Die Philosophie kann mit dem Falle der Menschen, als Ursache oder Veranlassung der Sünde und der Sinnlichkeit, sowie des geschlechtlichen Verhältnisses, in der äußerlichen, geschichtlichen Form nichts anfangen. Das Menschengeschlecht hat auf dieser Erde nie anders organisirt, noch anders gesinnt bestehen können als jetzt. Aber der Mensch in der ewigen Idee Gottes als endliche Darstellung der göttlichen Vernunft (Logos) kann der ursprüngliche Mensch heißen. Nach unserer Auslegung der Bibel heißt er in ihr wirklich so, und wir möchten glauben, es wäre besser, ein solches Verständniß anzubahnen, als es für gottlos auszuschreien. Wir wollen aber aus dieser geistigen Auslegung so wenig einen Glaubenssatz gemacht oder sie als solchen gefaßt sehen, als das Gegentheil. Daß die entgegenstehende Ansicht aber auf Misverständnissen beruht, ebenso wohl als sie unvernünftig und kindisch ist, das glauben wir beweisen zu können.

Dagegen hat, unserer Auffassung gemäß, Niemand ein Recht, an die sechs Schöpfungstage zu greifen, als Gegenstand einer geistigen Auslegung. Sie sollen und können offenbar nicht als Sinnbild von sechs Epochen oder sechs Ideen gemeint sein. Alle Versuche, die kindliche Darstellung der Idee der bis zum Menschen fortschreitenden Schöpfung innerhalb der sechs Wochentage als eine Symbolik zu deuten, sind ebenso fruchtlos als die, sie mit den Ergebnissen der Geschichte der Erde und den Lehren der Sternkunde in Einklang zu bringen. Die siebentägige Woche hängt vom Mondeslaufe ab und ist älter als jene Darstellung. Ebenso hängen Sabbath und Gottes Schöpferruhe zusammen.

Am wichtigsten ist für uns die andere, menschliche Hälfte sinnbildlicher Ausdrücke. Was ist in philosophischer Ausdrucksweise Rechtfertigung und Gerechtigkeit vor Gott? was Glaube? was Fleisch und Geist? was Erlösung und ewiges Leben?

Die einfachste Weise, anschaulich zu machen, wohin die weltgeschichtliche Betrachtung in dieser Beziehung führt, scheint ein semitisch=japhetisches Wörterbuch zu sein. Statt dessen geben wir hier wenigstens eine kurze Zusammenstellung des Verhältnisses beider Darstellungsweisen, der geschichtlichen, biblischen und der begrifflichen, dialektischen, nach den oben angedeuteten verschiedenen Sphären.

Auf der ersten Stufe erscheint Gott noch als gegenwärtig in dem Aeußerlichsten, im Zeitlichen, im Ereigniß und den dabei in Frage kommenden Kräften und Wirkungen. Dabei ist zunächst das Naturereigniß als solches (Sturm, Blitz, Donner, Feuer u. a.) ins Auge zu fassen. Die Naturerscheinung kann nämlich als göttlich (geistig) dargestellt werden

1) als Theil der durch die Schöpfung in Bewegung gesetzten Kräfte; vgl. Ps. 29;

2) als einem besondern göttlichen Gedanken und Zwecke dienend. So, wenn Gott Sodom und Gomorra zerstört, oder von Paran kommt u. s. w. Schon etwas Anderes

wieder ist es, wenn Gott als in das Menschenleben des Einzelnen äußerlich eingreifend dargestellt wird, sei es mittelbar, wie wenn er seinen Engel sendet, sei es unmittelbar (in Erscheinung und Rede), wenn er zu Noah, zu Abraham, zu Moses spricht.

Eine zweite Stufe ist erreicht, wo Gott im Gemüthsleben des Menschen gegenwärtig und wirksam erscheint. Das Göttliche im Menschen, im Gegensatz zu dem Sinnlichen oder dem bewußt Selbstischen in ihm wird Gott genannt und auf Gott zurückgeführt. Die allgemeine Berechtigung dazu liegt in jener Grundannahme der Einheit des göttlichen Gedankens und der menschlichen, geschichtlichen Verwirklichung. Die besondere ist aber das Bewußtsein des Göttlichen im Gemüthsleben. Dieses ist wiederum ein zweifaches: einmal das Bewußtsein des Berichterstatters, und das persönliche des Mannes Gottes selbst. Daher das Eintreten der bewußten Persönlichkeit in Abraham einen Wendepunkt in der Geschichte des hebräischen Gottesbewußtseins bildet. Sein Losreißen von dem herrschenden Dienst Molochs ist eine That, auf welcher alle weitere Entwickelung ruht; durch sie offenbart sich zuerst die Unmittelbarkeit des Verhältnisses der Menschen zu Gott, und es kann mit vollster Berechtigung der Gott im Menschen zum Deuter der Geschichte des Gottesbewußtseins gemacht werden.

Das ist Berechtigung und Sinn von Ausdrücken wie: Es gereuete Gott; Gottes Zorn entbrannte; Gott vergab ihm seine Sünde.

Es ist hier nichts zu entschuldigen, nichts zu verhüllen. Die Bibel konnte gar nicht anders sprechen, vom Standpunkte des weltgeschichtlichen Gotteslebens und seines Bewußtseins im Menschen aus. Was sie sagt, ist die vollste Wahrheit.

Man kann dieses nicht einfacher und tiefer aussprechen, als der gottselige Verfasser der „Deutschen Theologie" es vor 500 Jahren gethan hat, wenn er sagt (Kp. XXXV, sonst XXXVII):

„Gott, als er Gott ist, so mag weder Leid noch Betrübniß oder Mißfallen in ihn kommen, und wird doch Gott betrübet um des Menschen Sünde. Da nun dies nicht geschehen kann in Gott ohne Creatur, so muß es geschehen, da Gott Mensch ist, oder da Gott in einem vergotteten Menschen ist. Sieh, da ist Sünde Gott also leid, und mühet ihn also sehr, daß Gott daselbst gern wollte gemartert werden und leiblich sterben, auf daß er Eines Menschen Sünde dadurch vertilgen möchte."

Wir wollten dieses, nach dem Obigen, etwa so ausdrücken können:

Der Mensch erfährt, daß das Vorherrschen des selbstischen Wesens im Handeln das Göttliche im Gewissen verletzt, beleidigt, also Entfremdung hervorbringt vom Göttlichen, als dem mit Recht Erzürnten. Er erfährt auch, daß die Naturnothwendigkeit der sich immer fortpflanzenden Folgen der Sünde in seinem Bewußtsein gebrochen und aufgehoben wird durch die aufrichtige Anerkennung des Bösen als der Schuld. Durch den Glauben an dieses Bewußtsein entsteht neuer Muth und neue Kraft zum Guten; dieses Gefühl, abgespiegelt als unbedingtes Bewußtsein, gibt den Ausdruck: daß Gott die Strafe gereut — daß er die Sünde vergibt.

Ebenso ist es auf der Seite der Erkenntniß. Das im Kampf des Lebens bewußt erkannte und ausgesprochene Sittengesetz macht sich geltend als Gottes Gesetz. Es sind nicht übereinkömmliche Vorschriften der Menschen: es ist Gottes Stimme. Gott sprach: Du sollst keine andern Götter neben mir haben, und so das ganze Zehngebot.

Die Ausdehnung dieses Ausdrucks auf Aeußerliches, wie Formen des Gottesdienstes, gesellschaftliche Einrichtungen, Rechtsentscheidungen u. dgl. ist schon entfernter vom ursprünglichen Gottesbewußtsein. Die Berechtigung ist hier nicht mehr eine unmittelbare, sondern eine vermittelte. Jene Einrichtungen sind nicht an sich ein Nothwendiges, aber

es lebt im Gesetzgeber die Ueberzeugung, daß sie für die gegebenen Zustände zweck=
mäßige Anwendungen jener Gebote seien, d. h. des ausgesprochenen und angewandten
Sittengesetzes. Und mit dieser Stufe beginnt der Widerstreit des Aeußern und Innern,
der Form und des Geistes, und die Lösung liegt nur im fernern Wirken des Geistes
in der Gemeinde.

Auf einer dritten und letzten Stufe endlich erscheint Gott als ewiger Gedanke
der Welt und der Geschicke der Menschheit.

Hier begegnen wir zuerst der Abspiegelung des ewigen Gedankens des Alls als
zeitlicher Schöpfung. Der in die Welt gesetzte bewußte Menschengeist erkennt sich als
endlichen Grund der Welt, und dieser Gedanke führt ihn nicht zum Wahnsinn, solange
sich daneben das sittliche Bewußtsein der eigenen Unvollkommenheit und Unzulänglichkeit
erhält und der Mensch nichts als sein Eigenes anspricht, außer Sünde und Nichtigkeit.
In dem vernünftig=frommen Bewußtsein also, aus welchem die Bibel hervorgegangen,
wird der ewige Gedanke dargestellt als That des im Menschen wirklich gewordenen
Gottes. Die Bibel muß daher Gott sagen lassen: „Lasset uns Menschen machen",
nämlich insofern die Erscheinung der wirklichen Menschen seine Idee und die der
Naturkräfte in Gott voraussetzt. El, der Allmächtige, spricht zu den Elim oder
Elohim, und wird daher auch selbst Elohim, die Starken, d. h. die Stärke, Kraft
genannt.

Das Erwachen des Gewissens im Menschen muß also hier als Erkenntniß eines
Abfalls von Gott erscheinen, und dieser Ausdruck hat in jenem Bewußtsein und in der
Wesenheit des ewigen göttlichen Willens seine volle Begründung wie sein höchstes
Verständniß.

Aus dem Beachten jener Stimme des Gewissens als einer nicht menschlichen, son=
dern göttlichen, geht das hervor, was die Bibel Rechtfertigung oder Gerechtigkeit vor
Gott nennt. In dem fortdauernden Kampfe spiegelt sich das Selbstische, dem Geiste
Feindliche als Fleisch, als selbstische Sinnlichkeit oder als Natur; daher die Ausdrücke:
natürlicher Mensch, geistlicher Mensch.

Am Ende des Zeitlichen steht der Bibel nicht allein der natürliche Tod, sondern
Gericht, ewiges Leben, wie dessen Gegentheil, die Vernichtung oder Verdammniß. Die
Berechtigung hierfür liegt in dem Glauben, daß der Geist, als des Ganzen erste Ursache,
nicht untergehen kann, ohne daß Alles untergehe und nichts sei. Die Unsterblichkeit
des persönlichen Geistes ist der Ausdruck der Ewigkeit des Lebens in Gott, dem ewigen
Gedanken und Willen alles Seienden.

Die letzte Erscheinung der wirklichen Welt, der Tod, erscheint also in dieser Form
nothwendig als Rückkehr zu Gott oder zum Vater.

Denn das Verhältniß von Vater und Sohn ist die natürlichste und nothwendigste
Bezeichnung des Verhältnisses des Unendlichen zum Endlichen.

Die Sprache der Bibel ist also die Sprache des Geistes in göttlichen Dingen, wie
die Sprache im gewöhnlichen Sinne der naturgemäße, ja einzig für den gemeinsamen
Verkehr geeignete und berechtigte Ausdruck des Denkens der Außenwelt ist.

Wer sich anders ausdrücken will als die Bibel, fällt auf dem geschichtlichen Gebiet
oder dem Gebiet der Vorstellungen entweder in den mythologischen Irrthum oder in
einen vernichtenden Mysticismus. Dieses thun die buddhistischen Bücher, jenes alle
andern heiligen Bücher, Sagen und Gebräuche.

Der philosophische Denker, welcher zum Bewußtsein des Gedankens an sich, ge=
trennt von der Wirklichkeit, gelangt ist, hat dem gegenüber seine eigene Sprache.
Diese steht mit solchen mythologisch=mystischen Behandlungen des Gedankens in Wider=

ſtreit, nicht aber mit der Darſtellungs- und Ausdrucksweiſe der Bibel. Vielmehr wird die Vollendung der Wiſſenſchaft des Gedankens darin beſtehen, daß er ſeine Wirklich- keit in jener Darſtellung findet, als Weltgeſchichte des Gottesbewußtſeins, und die Wirklichkeit des auf Grund jener Wiſſenſchaft zum Bewußtſein gelangten Lebens in der Anbetung. Alſo im höchſten Sinne in der Gemeinde. Dadurch bethätigt der Denker naturgemäß ſein philoſophiſches Bewußtſein ebenſo wohl als jeder andere Menſch. Und ſo iſt das beiderſeitige Verhältniß zur Bibel im Weſentlichen daſſelbe.

Fünfter Abschnitt.

Die Eingebung und die weltgeschichtliche Kritik.

Wir haben erkannt, wie hoch das Gottesbewußtsein der Schrift in ihrer Ganzheit und Einheit erhaben sei über die Formeln der Theologen, welche die Fülle ihres geistigen Lebens eingeengt in ein Denk= und Gewaltsystem, und der Rationalisten, welche sie ausgeleert haben durch Verneinung oder Verkennung des Ewigen in der zeitlichen Erscheinung. Wir haben nichts zu verdrehen oder zu verhüllen, wir haben uns nicht in allegorische oder mystische Träumereien zu verlieren, um jedes Wort der Bibel über die göttlichen Dinge nachzusprechen und zu predigen, ohne dabei Vernunft und Gewissen zu verleugnen. Die Gemeinde spricht das Wahre und Höchste aus, wenn sie die Sprache der heiligen Ueberlieferung redet, die Sprache der heiligen Geschichte der Menschheit, ja Gottes in der Menschheit. Wer sich in diesem Bewußtsein erhält, mag er dabei auf jenem Standpunkte des weltgeschichtlichen Bewußtseins der Wissenschaft stehen oder nicht, der beugt sich ehrfurchtsvoll im Gefühl eigener Nichtigkeit vor der Herrlichkeit dessen, der Alles in Allem ist; aber in seiner Kraft schaut er im Glauben mit dem Apostel der Heiden das Versinken aller Tempel der Aeußerlichkeit und das Zerschlagen aller ihrer Götzen und das Zerbrechen ihrer Stützen. Wie der Apostel angesichts der Tempel Athens und Roms, kann er, die Heilsbotschaft von Christus in der Hand, auch auf den Untergang des Bestehenden sehen, denn das Leben Gottes hat den Sieg errungen über die Sklaverei der Welt und über den Tod der Natur.

Die weltgeschichtliche Kritik wird sich bewähren, wenn wir im festen und freudigen Glauben wegwerfen und zerschlagen alle die geistlosen und hohlen Redensarten von offenbarter Geschichte, von eingegebenen Erzählungen über Bileams Eselin und Josuas Gebot an die Sonne, und den wahren geschichtlichen Gehalt des uns Ueberlieferten mit denselben Augen und derselben vernünftigen und gewissenhaften Kritik aufsuchen und an seine Stelle in der Weltgeschichte zu setzen suchen, womit wir alle andern Urkunden des Menschengeschlechts prüfen und richten. Der vernünftige Forscher kann irren, aber nur, weil er die Vernunft nicht in aller Fülle und Sicherheit anwendet; aber die Gemeinde kann in nichts Wesentlichem irren, wenn sie dem ihr einwohnenden Geiste folgt. Wird sie irre an diesem Geiste, so sei der Fluch auf denen, welche sie durch Verleugnung des Göttlichen, durch Gewalt oder Trug oder beide zur Verzweiflung gebracht, welche der Wahnsinn der sittlichen Vernunft ist.

Wäre die Bibel ein „eingegebenes Buch", wie der Koran, so wäre sie Ein Buch, ein vom Himmel gefallenes, also ohne Lesarten und Geschichte, wie dieser. Sie könnte noch viel weniger als dieser geschichtliche Wahrheit geben oder ursprünglichem Gottes= bewußtsein entsprechen. Das ist eben der einzige Vorzug der Bibel und das Gepräge ihrer Göttlichkeit, daß sie eine Sammlung von Urkunden und Volksüberlieferungen der verschiedensten Zeiten ist, deren Einheit in der Einheit eines mehr als tausendjährigen nationalen Gottesbewußtseins besteht. Die Sammlung ist eine allmähliche; die uns vorliegende Fassung hat die letzte Hand erst im persischen Zeitalter erhalten und ist im großen makkabäischen Zeitalter nicht ohne Nachsprossen und Zusätze geblieben. Aber allenthalben ist das zu Grunde liegende Alte so treu und gewissenhaft bewahrt, daß wir allenthalben erkennen können und uns aufgefordert finden zu forschen, welcher Art und Zeit die ursprüngliche Erzählung sei. Also in den sogenannten geschichtlichen Büchern (dem Gesetz und den Berichten von den ältern Propheten): ob urkundliche, nackte Ver= zeichnung oder mündliche Ueberlieferung, ob Bericht eines Augenzeugen oder spätere Forschung und Meldung vorliege. Ebenso in den Schriften der Propheten: welches ihre Gegenwart, ihr Horizont war? Was darin ihr Eigenes, was des Sammlers oder Herausgebers sei?

Und so wird es uns möglich, aus den Schriften des Alten Bundes den Kern der Ueberlieferung herauszuschälen, seien es urkundliche Verzeichnungen oder Volkslieder und Sprüche, oder der geschichtlich geordnete Text einer Sammlung, wie z. B. beim Buche Jesaja, Sacharja, Jeremia.

Und was ist das Ergebniß, wenn wir dieses thun? Sehen wir da etwa, daß unser Tempel nicht auf Felsen, sondern auf Kohlen gebaut war, oder gar auf Sand? Daß der rücksichtslosen Forschung nichts übrig bleibt als ein Todtliegendes, ein Mythus oder ein uns unbedeutender Spruch oder uns gleichgültiges gewöhnliches Ereigniß?

Gerade das Gegentheil! Der Kern zeigt göttliches, ursprünglich menschheitliches Gepräge, seine Bearbeitung redliche, nur misverstandene Ueberlieferung und Sammlung.

Statt „eingegebener" Bücher, von Maschinen geschrieben, haben wir begeisterte Männer als die Helden und als die Seher und Schreiber der Bibel. Nicht mythische Abspiegelungen der Vorzeit in einem spätern Gemeindebewußtsein, sondern persönliche Menschen von unserm Fleisch und Blut.

Statt einer vom Leben der übrigen Menschheit abgeschlossenen jüdischen Geschichte haben wir ein Buch, welches als heiliger Mittelpunkt des Gottesbewußtseins der Mensch= heit dasteht — uns heilig, nicht weil unverständlich, sondern weil verständlicher als irgendeine andere Urkunde unsers Geschlechts. Wir finden hier geistiges Leben, aber in einer Wirklichkeit von Personen und gesellschaftlichem Zustande; wir haben Wirklich= keit vor uns, aber eine, deren bewußter Mittelpunkt das allgemeine Menschheitliche ist.

So schließt der weltgeschichtliche Schlüssel nicht alterthümelnde Gelehrsamkeit auf, sondern Volksmäßiges. Er hat es nicht mit einer Verhüllung zu thun, sondern mit einer Entpuppung; nicht mit einer Verflüchtigung, sondern mit einer Festigung; nicht mit einer Erstarrung in Formeln, sondern mit einem Flüssigmachen des Erstarrten und zur Puppe Gewordenen und zur Kinderei Herabgewürdigten.

Der weltgeschichtliche Standpunkt entfremdet die Bibel nicht der Gemeinde, sondern eignet sie ihr an: sowol das Geistige für den einzelnen Denker, als das Gemeinheit= liche für die Gemeinde.

Wie der Aberglaube nur Fanatismus hervorbringt und dann Verdumpfung und zuletzt Unglauben, so bringt der Glaube Begeisterung und Ehrfurcht hervor, weil er auf dem Glauben an Begeistertes hervorgegangen ist.

Der Glaube an die Bibel, an die Begeisterung in ihr hat schon an sich ein ver=
schiedenes Maß nach dem Gegenstande, den das biblische Buch behandelt und nach dem
Berufe des Schreibers selbst. Aber die Art der Behandlung darf der gewissenhaften
Beurtheilung nicht entzogen werden, weder bei den geschichtlichen, noch bei den prophe=
tischen Büchern.

Und da findet sich als Einheit des Ganzen nur zweierlei. Hinsichtlich des Gottes=
bewußtseins das Festhalten der Einheit Gottes. Es ist der Eine Gott Himmels und
der Erde, welcher sich Abraham und Moses offenbart, und von dem Glauben an wel=
chen sich sogar noch ein Bewußtsein findet in dem Buche Esther, welches alte Rabbinen
das „gottlose" Buch nannten, weil nicht einmal der Name Gottes darin vorkommt.

Hinsichtlich des geschichtlichen Gehalts ist schwerlich eine andere Einheit zu finden, als
in dem Festhalten des Geschichtlichen, gegenüber dem Mythischen. Dieser Vorzug hängt
mit jenem eng zusammen, ist aber nicht hoch genug anzuschlagen. Die Ausstellungen
gegen das zweite Buch der Könige fallen großentheils weg, wenn man die unrichtige
Vorstellung beseitigt, daß es beabsichtige ein Geschichtsbuch zu sein. Es ist eine (aller=
dings verwirrte) Erweiterung von Zeittafeln mit vergleichenden Regierungsangaben der
Könige von Juda und Israel, einzig behufs der Nachweisung der prophetischen Elemente
in dieser Königsreihe, also vom theokratischen Standpunkte. Die Chronik hält diesen
Standpunkt mit viel geringerer Geistigkeit fest und zeigt Unklarheit über die alte Zeit
und große Leichtgläubigkeit. Etwas Dürftigeres kann man sich allerdings nicht denken,
als die geschichtlichen Nachrichten jenes zweiten Buchs der Könige, und so sind einige
wirklich geschichtliche Nachträge des entsprechenden Buchs der Chronik eine dankenswerthe
Ergänzung.

Das Element der Begeisterung nun in der ganzen Sammlung dieser Schriften ist
in dem Glauben an den Gott des Geistes in allen Fügungen der Hebräer zu suchen
gegenüber den Religionen der Lüge und der Täuschung.

Die hohe Gestalt des Moses ragt über Allen hervor, wie sie auch in der Verehrung
des Volks lebte, wie die des Elia unter den ältern und des Jeremia unter den
jüngern oder schriftstellerischen Propheten. Aber auch die neben diesen drei hohen Ge=
stalten stehenden Persönlichkeiten sind von einziger Hoheit, wenn wir auf die Reinheit
und Höhe ihres Gottesbewußtseins sehen.

Diese Herrlichkeit aber tritt ganz klar erst aus der geschichtlichen Sichtung der
Bücher und der Herstellung des Kerns hervor.

Wir haben dabei zu unterscheiden die Gebiete, wo wir vollen geschichtlichen Zu=
sammenhang der Begebenheiten vor uns haben, von den bei weitem häufigern Fällen,
wo uns thatsächliche Geschichte gegeben wird, aber keine zusammenhängende.

Ebenso werden wir eigentliche Zeugenschaft nicht vom spätern Sammler erwarten.

Aber das werden wir zuletzt sagen müssen: es liegt auch bei geschichtlichen Misver=
ständnissen nie ein Betrug zu Grunde; das allgemeine Gottesbewußtsein hat das Volks=
gefühl und die Priesterschaft davon frei gehalten, und die allgemeine Wirkung des
göttlichen Geistes ist in diesem Punkte erkennbar.

———

Anhang.

Gedanken und Glossen über Offenbarung, Eingebung und Schrift.

I. Offenbarung und offenbarte Religion.

1) Offenbarung ist ein Offenbaren des Göttlichen: sie ist wahr, weil das Göttliche wahr ist. Gott ist die Wahrheit, und der Geist Gottes im Menschen macht sie dem Menschen so weit offenbar, als es dem in der Endlichkeit befangenen Geiste möglich ist sie zu fassen, und als die Entwickelung der Menschheit und des Einzelnen erfordert.

2) Der Geist Gottes offenbart sich dem Menschen in Vernunft und Gewissen, zuvörderst in dem Weltall, in welches er sich gesetzt findet, indem ihm dieses als ein nach ewigen und gütigen Gedanken geordnetes Ganzes erscheint, dessen Theil er ist.

3) Mit der Offenbarung durch die Natur stimmt die in der zeitlichen Entwickelung des Menschengeschlechts, in der Weltgeschichte, indem beide dem Menschen Wahrheit und Güte zeigen, als das Gesetz des Geistes, und daß das Wahre gut sei, sowie das Gute wahr. Die geschichtliche Offenbarung aber ist dem Menschen die nähere, da sie die Entwickelung seines eigenen Wesens, als des bewußten endlichen Geistes der Schöpfung darstellt, er also den Schlüssel zum Verständniß in sich selbst hat.

4) Jede äußere Offenbarung setzt aber die innere Offenbarung in des Menschen Geiste voraus. Dieser Geist aber ist wesentlich ebenso Vernunft wie Gewissen.

5) Es gibt durchaus nicht und hat nie gegeben eine geschichtliche Offenbarung, außer durch des Menschen Geist. Gott hat nie zu den Menschen geredet außer durch Menschen, d. h. durch den Geist, welcher im Menschen ist.

Der Unterschied ist nur dieser, daß wenige Menschen ihr Gottesbewußtsein anders haben als im Gefühl, und also nicht mittheilbar in vernünftiger Weise. Diejenigen nun, welche das Gottesbewußtsein als das Göttliche erkennen und als das Gemeingut aller Menschen und den Grund ihrer Gemeinschaft, werden sich daher dieses Göttlichen als einer unmittelbaren Offenbarung bewußt — sei es im gewöhnlichen, wachen Leben oder im Augenblick der darüber hinausgehenden innern Erregung, und werden dadurch fähig, ihren Mitmenschen das Göttliche zu offenbaren, das Gottesbewußtsein in ihnen zu wecken, zu heben, zu leiten.

6) Jede Offenbarung wird also die Wahrheit in dem Maße enthalten, als sie dem Geiste Gottes gemäß ist.

7) Dieses ist gleichbedeutend mit dem, daß sie die Wahrheit in dem Maße enthalten wird, als sie menschheitlich ist, d. h. nicht blos persönlich oder volklich), also unklar und zufällig.

In demselben Maße also wird eine geoffenbarte Religion fähig sein, Weltreligion zu werden.

Das geringste Maß folglich wird die Offenbarung und darauf gegründete religiöse Gemeinschaft haben, welche den Menschengeist betrachtet als gefangen in der Nothwendigkeit und den Zufälligkeiten der Natur, mithin die vollkommene Freiheit des Geistes verkennt.

8) Das größte Maß der Wahrheit und Allgemeinheit wird also derjenigen Offenbarung und Gemeinschaft beiwohnen, welche die sittlich-vernünftige Freiheit des Geistes als das Höchste setzt, und dieses nicht auf eine Lehre, noch weniger auf eine Form und andere Aeußerlichkeit baut, sondern auf die die göttliche Vernunft als die ewige Liebe bewußt darstellende Persönlichkeit gründet.

Ein solcher Stifter der allgemeinen religiösen Gemeinschaft unter den Menschen muß eine geschichtliche Persönlichkeit sein, und dies setzt schriftliche Ueberlieferung voraus.

Also wahre Offenbarung und Weltreligion setzen, um sich zu entwickeln und zu erhalten, eine heilige Schrift voraus.

II. Schrift und Eingebung.

1) Jesus Christus ist der wahre Sohn Gottes und fähig, ein ewiges Reich der Glaubensgemeinschaft zu gründen, namentlich verschieden von allen andern gewesenen oder künftigen Religionsstiftern, weil er sein Bewußtsein als die Einheit des Göttlichen und Menschlichen erkannt und diese Einheit durch sein Leben verwirklicht hat.

2) Die Persönlichkeit Jesu ist also der Mittelpunkt der religiösen Geschichte der Menschheit, das Ende der alten Welt und der Anfang der neuen.

3) Jesus war sich bewußt der Einheit des Gottesbewußtseins der hellenischen Welt und der jüdischen, als auf Einer innern Offenbarung ruhend, und erkannte die Unzulänglichkeit des jüdischen Gottesbewußtseins, eben wie die Verderbtheit des heidnischen.

4) Jesus erkannte aber sein Vorbild und das Vorbild der künftigen allgemeinen geistigen Gemeinschaft der Menschen in den heiligen Schriften seines Volks, als die in Gesetz und Propheten von ihm zeugten.

5) Diese Schriften ruhen auch auf einer Uroffenbarung und Ueberlieferung, aus welcher zuerst, absondernd und läuternd, das Gottesbewußtsein Abrahams und die von ihm gegründete Glaubensgemeinschaft seines Stammes hervorging, und weiterhin, vermittelst dieses abrahamischen Gottesglaubens in Vernunft und Sittlichkeit, das mosaische Gesetz als geschriebenes und mit Satzungen umzäuntes Sittengesetz.

Das Alte Testament enthält die einzige reine, wenngleich beschränkte und bruchstückweise überlieferte Kunde von den göttlichen Anfängen des Menschengeschlechts. Diese Ueberlieferung ruht aber auf einer weitverbreiteten Erinnerung der Urvölker Mittelasiens.

6) Wenn also die Schrift des Neuen Bundes uns die Geschichte Jesu und seiner Jünger gibt, und also die Gründung der christlichen Gemeinschaft, so erhält die Erscheinung Christi ihre weltgeschichtliche Stelle und Erklärung zunächst nur durch die Schrift des Alten Bundes, die Bibel Jesu und seiner Apostel.

7) Die Bibel bildet also eine Einheit in Christus, prophetisch vorbildend durch die frühere Entwickelung des Gottesbewußtseins im Alten Testament, und geschichtlich erzählend, lehrend, vordeutend im Neuen.

3*

8) Um verstanden zu werden, muß sie also in dieser Einheit, und zwar vom weltgeschichtlichen Standpunkte betrachtet und ausgelegt werden.

Dies ist bisjetzt so wenig geschehen, daß der größte Theil der Bibel, obgleich vollständig geschichtlich erklärbar und geistlich anwendbar im höchsten Sinne, entweder ganz unverstanden ist oder misverstanden, und zwar von den protestantischen Kirchen ebenso wohl wie von den römisch-griechischen, wenngleich in verschiedenem Grade und mit größerer Verschuldung der Protestanten.

9) Da der Geist Gottes sich in der Weltgeschichte offenbart, und da die Schrift die einzige geschichtliche Darstellung dieser Offenbarung ist in einer auf Jesus Christus führenden Entwickelung, so muß diese Schrift vom Geiste Gottes durchdrungen sein in demselben Maße, als sie von Christus zeugt und das allgemeine Gottesbewußtsein ausspricht und weltgeschichtlich darstellt.

10) Diese Eingebung bezieht sich zunächst auf die Helden des Gottesbewußtseins, dann auch auf ihre Geschichtschreiber, jedoch, da sie eine vernünftige und sittliche sein muß, nach dem Maße der persönlichen Erkenntniß; nach göttlicher Ordnung muß sie unter allen Bedingungen der geschichtlichen Erscheinung, in Sprache, Sitte, Gewohnheit und Bildung stehen.

11) Die gewöhnliche Inspirationslehre ist also nicht allein eine ganz rohe und ungeistige Auffassung, sondern auch eine ungeistliche, gegen Vernunft und Gewissen wie gegen Geschichte und Sprache streitende. Sie verwickelt in Widersprüche, nöthigt zu Lügen und erniedrigt die Religion Jesu Christi zu einem magischen Aberglauben, das Gottesbewußtsein der Menschheit zu einem misverstandenen Judenthum.

Dieses ist wiederum besonders klar geworden in den unwürdigen, sinnverwirrenden und Unglauben erzeugenden Auslegungen der Propheten und der Apokalypse unserer Zeit.

12) Die wahre geistliche Auslegung ruht auf der weltgeschichtlichen und ist die von Christus selbst gelehrte und geübte.

Zweites Buch.

Das Gemeindejahr in Bibelterten.

Einleitung.

Das Sonnenjahr ist das dem Menschen vorgestellte Sinnbild der Zeit, des Umschwungs der Dinge um ihren ewigen Ruhepunkt, Gott. Der Mittelpunkt dieser Zeit, der Geschichte, ist das Reich Gottes auf Erden. Des Reiches Gottes Mittelpunkt ist Christus. Die Geschichte der Menschheit ist also in ihrem Wesen die Geschichte Gottes: an den beiden Endpunkten der Zeit steht die Ewigkeit, und am Anfang und Ende der Geschichte steht Gott. Wir setzen also voraus, daß man die ganze Geschichte, insonderheit die biblische, als eine Einheit erkennt, und das Sonnenjahr als die Darstellung des Laufs der heiligen Weltgeschichte, deren Mittelpunkt Christus ist. Hiervon ausgehend kann man sich einen dreifachen Cyklus oder Kreis von weltgeschichtlicher geistiger Bibellesung aufbauen.

Dieses ist die von der ältesten Christenheit tief aufgefaßte und sinnreich für die feierlichen Gemeindeversammlungen ausgebildete Idee. Indem sie die weltgeschichtliche Bedeutung des Vollmondes der Frühlingsnachtgleiche (schon durch das Gedächtniß des rettenden Auszugs geheiligt) in Leiden und Auferstehung Christi fand und zum Mittelpunkte des Jahreskreises machte, gelangte die Kirche bald dahin, den ersten Theil des bürgerlichen Jahres der Darstellung des Lebens Jesu zu weihen, den andern der Vergegenwärtigung des Lebens des Geistes in der Gemeinde der Gläubigen, welches sich an Pfingsten anschloß. Der weltgeschichtliche Geist Christi und der Gemeinde fand sich aber weiter auch getrieben, eine solche geschichtliche Reihe des Zeitlichen, zu Anfang und zu Ende mit der Ewigkeit in Verbindung zu bringen, aus welcher die Zeit hervorgeht und in die sie wieder ausläuft. Demnach bestimmte man die ersten Wochen des christlichen Jahres zur Betrachtung der vorbereitenden Heilsanstalten und die letzten zur Verlesung derjenigen evangelischen und apostolischen, sowie der prophetischen Bibelstellen, welche sich auf die letzten Dinge, Tod, Gericht, ewiges Leben beziehen.

Das Gerüst dieses urgemeindlichen Gedankens ist uns in den sogenannten Perikopen oder evangelisch-apostolischen Abschnitten geblieben; die prophetischen Stellen sind verschwunden, und im Einzelnen ist sehr Vieles durch die spätere ungeistige und spielende Auffassung des Lebens Jesu, sowie durch eingeschobene zufällige Feste verdunkelt. Aber deshalb ist die Grundanschauung der Kirche nicht zu verkennen, noch weniger sind die Perikopen zu beseitigen. Umgekehrt wird man vielmehr wohlthun, diesen Sonn- und Festtagscyklus wieder aus der Idee aufzubauen, sich soweit als thunlich an die mehr als tausendjährige Sitte der westlichen Christenheit anschließend.

Um jedoch das Ewige und Weltgeschichtliche der im Jahreskreise betrachteten heiligen Geschichten zur gehörigen Geltung zu bringen, wird es räthlich und zweckdienlich sein, die leitenden Grundideen des Glaubens, wie sie sonntäglich angeregt werden, die Woche hindurch zu verfolgen: in sogenannten Leseabschnitten oder Lectionen. Dabei soll aber die Gemeinde nur lesen, was allgemein menschlich ist; denn nur das ist göttlich und ewig. Dieses allgemein Göttlichen hat der Alte Bund wie der Neue im Ueberfluß: beide zusammen sind ein göttlicher Kern in geweihter Schale, die aber doch Schale bleibt. An diesen Mittelpunkt kann sich dann, nach des Einzelnen Bedürfniß und Kräften, das Lesen des Uebrigen anschließen. Aber der Sonntag muß den Grundton der ganzen Woche angeben, sodaß jede Woche ein möglichst scharf in sich abgegrenztes Ganzes bildet.

Die Rüstzeit (Advent) wird in dieser Weise zu behandeln sein als weltgeschichtliche Darstellung der Heilsanstalten von der Schöpfung bis zur Verkündigung. Ebenso die einleitenden Wochen der Geschichte des Lebens Jesu und die stille Woche, sowie die Oster= und Pfingstwoche, und endlich die Schlußwoche des Jahres.

Für das Bedürfniß derjenigen Christen nun, welche Anleitung zum täglichen Bibel= lesen verlangen, bietet sich ein doppelter Cyklus dar.

Die Geschichte des Neuen Bundes kann in jenen Rahmen leicht eingetragen werden, indem man die Evangelien in der Zeit von Weihnachten bis Himmelfahrt liest, die apostolischen Sendschreiben und Geschichten in der zweiten Hälfte des Kirchenjahres nach der dreifachen Grundeintheilung: der Zeit des Petrus, des Paulus und des Johannes. Die letzten Wochen, welche der Erwägung der letzten Dinge geweiht sind, nimmt die Offenbarung des Johannes mit dessen Sendschreiben ein. So werden die Schriften des Neuen Bundes in ihrer natürlichen Ordnung vor die Augen geführt, die Hauptstellen aber kommen auch noch für sich, jede an ihrem Orte, vor.

Auf dieselbe Weise bildet sich leicht ein alttestamentlicher Kreis, welcher im Sonn= tagscyklus nur durch den Advent dargestellt wurde. Auch in der neutestamentlichen Lese= tafel sind einzelne alttestamentliche Stellen nicht zu umgehen. Auf der Tafel aber, die dem Alten Bunde als solchem gewidmet ist, nimmt die Geschichte bis zur Zerstörung Jerusalems, mit den prophetischen und dichterischen Betrachtungen dieses Zeitraums, die erste Hälfte des Kirchenjahres ein, der Rest die zweite. So erhält dort die Genesis den Advent, hier Maleachi und Daniel die Schlußwochen.

Anfang.

Die Rüſtzeit.

Dies iſt die Zeit des Vaters, die der Berufung und Erwählung, der ewigen und zeitlichen, der jüdiſchen und heidniſchen.

Sie umfaßt alſo, was zwiſchen Schöpfung und Verkündigung liegt, von Thaten Gottes am Menſchen und im Menſchen.

Dies iſt die Ehe (Familie, Staat, Kirche) — der Sündenfall, oder das Los= reißen vom göttlichen Mittelpunkte, zugleich des Bundes Gottes mit den Gefallenen Urſache — die Berufung der Zerſtreuten, oder der Bund Gottes — das Geſetz — die Propheten, oder die Seher vom Meſſias und ſeinem Reiche — der Täu= fer, oder die Bußpredigt.

Von den Perikopen der Kirche ſind daher ſchon hier alle am Platze, ſonderlich die auf den Täufer bezüglichen der beiden letzten Sonntage. Der Einzug in Jeruſalem, als Spitze des Ganzen, iſt eine unübertreffliche und lebendig gebliebene Idee der Kirche: das Ende der Dinge und das Gericht iſt im zweiten Advent=Evangelium vorgeſtellt, um das Kirchenjahr in ſeiner ganzen Bedeutung, in Anfang und Ende, zu zeigen; allein da das Gericht ſeinen nothwendigen Platz am Ende des Kirchenjahres findet, ſo kann dieſe Symbolik nicht als eine vollendete angeſehen werden. — Die altteſtamentlichen Lectionen umfaſſen gerade die Geneſis.!

Im Einzelnen wäre noch Folgendes zu bemerken: Gleich am erſten Adventſonntage ruft die Epiſtel zum ernſten Kampf auf, während das Evangelium den Einzug des Königs erzählt, in deſſen Reiche und für deſſen Reich wir ſtreiten ſollen.

Die Schöpfung der Welt, nach dem erſten Buch Moſes, und der ihr entſprechende Eingang des johanneiſchen Evangeliums eröffnen die Lectionen.

Der Grundton der johanneiſchen Verkündigung vom ewigen Wort klingt fort in dem Preiſe der Weisheit, die bei Gott war (aus den Sprüchen).

Grundgedanke bei dem Ganzen iſt die Schöpfung als das Sichtbarwerden des Reiches Gottes auf Erden, als Verklärung ſeiner Herrlichkeit und Liebe.

Die Einſetzung der Ehe iſt der erſte Act Gottes nach der Schöpfung; denn in ihr ſind nicht allein Staat und Kirche in ihrer irdiſchen Erſcheinung vorgebildet, ſondern auch das geheimnißvolle Band, das unſer jetziges geiſtiges Leben mit Gott verknüpft, die Einheit des Herrn mit ſeiner Gemeinde, ſowie des Schöpfers mit der Schöpfung, des Geistes mit der Natur. Die Ehe ist der menschliche Anfang des Reiches Gottes und der Schöpfung erstes Nachbild.

In dem weiter sich anschließenden großen Ereigniß des Sündenfalls ist das Thun Gottes weder zu verkennen noch zu erklären: Gott wollte durch des Menschen Freiheit verklärt werden, und im Falle ist die Erlösung. Zeuge dafür sind die sich anschließenden Lectionen, die Gottes ewigen Bund mit den Gefallenen behandeln. Der Bund Gottes auf der Erde mit Noah und den Erzvätern ist die Gewähr des Bundes mit den zerstreuten Menschenkindern. Darum steht in der Lection des zweiten Adventsonntags diesen alttestamentlichen Abschnitten die Rede des Paulus zu Athen gegenüber. Die Lectionen der Woche erläutern die ewige Bedeutung der Patriarchenbilder weiter durch Anführungen des Römer- und des Hebräerbriefs.

Dagegen gibt die Morgenlection des dritten Adventsonntages den Dekalog.

Das Gesetz vom Berge Sinai ist die als Gottes Wort heller gemachte Schrift im Gewissen des sündhaften Menschen, den Ruf zur Heiligkeit und die Strafe der Sünde verkündigend, damit die Erlösung gesucht und Gott gepriesen werde. Ihm entsprechen in der Geschichte der übrigen Menschheit die Anordnungen von Sühnungen, Reinigungen und Sühnopfern, und die Stimmen der Weisen von des Menschen Ehrfurcht vor dem Heiligen und Rechten.

In der Woche werden die Führungen Gottes und die sinnbildlichen Anordnungen beim auserwählten Volke erzählt und erklärt.

Auch hier muß als Mittelpunkt die Idee des Reiches Gottes festgehalten werden. Wie die Gebote das Sittengesetz in volksthümlicher Weise aussprechen, so sind die Ordnungen des levitischen Gottesdienstes und die ethischen Vorschriften und Sitten im menschlichen Verkehr das an die Einheit Gottes geknüpfte Bild der heiligen Gebräuche und der Rechte aller Völker, und Vorbild des Gottesdienstes in Geist und Wahrheit, den Christus dem Vater darbrachte und noch in der Gemeinde darbringt.

Wie aber Sünde und Gesetz, so sind allen Völkern die Weissagungen gemein: das Ahnen des Ewigen im Sichtbaren, der Glaube an die Lösung in der Verwickelung. Aber dem Volke Gottes ward verliehen das Ahnen schauender Männer von der allgemeinen Erlösung der Creatur und dem ewigen Reiche des Herrn. Ebenso ist alle Geschichte prophetisch, aber die Führungen des Volkes Israel sind es vorzugsweise. Diejenigen Weissagungen nun, die sich auf seine äußere Geschichte beziehen — wie die Gefangenschaft der siebzig Jahre — gehören nicht in den Kreis der kirchlichen Lesungen: sie sind da, aber nur für die Unmündigen und Fleischlichen sind sie bedeutend, im Vergleich mit den höhern. Jenem dagegen gehören zu die Verheißungen und Schauungen nach dem Gesetz, welche sich auf Christus und sein Reich beziehen, wie sie Moses und David zu Theil wurden und wie Joel sie verkündigte.

Die vierte Adventwoche ist daher mit Weissagungen der Seher des Evangeliums gefüllt, am Sonntage selbst aber eröffnet mit Perikopen und Lectionen, die sich auf den Täufer beziehen.

„Es ist Elia, wenn ihr es annehmen wollt", sagt der Herr, d. h. wenn ihr, wie bei aller Weissagung, den Geist und nicht den Buchstaben auffaßt, wie Christus selbst nur durch den Geist im Alten Bunde offenbar wird.

Johannes ist der Vorläufer des Sohnes Gottes bei den Juden; bei der Griechen Welt war es Sokrates, auch er mit schauender Kraft ausgestattet, auch er das Einkehren des Geistes in die eigene Brust predigend und die Heiligung des innern Menschen: Beide am Abend ihres Volks, Beide Märtyrer.

Den Schluß der vierten Adventwoche, oder vielmehr der Adventabschnitte überhaupt, auch wenn diese letzte Woche nicht voll ist, bildet immer die Lection der Verkündigung und des Lobgesangs der Maria.

Maria ist in der Geschichte die in gläubiger Ergebung harrende Menschheit, die unter dem Gesetz und dessen Fluche lebt, aber dem gütigen Gott vertraut; im Geiste ist sie jede fromme Menschenseele, welche das Wort Gottes in sich aufnimmt, daß es in ihr lebendig werde und Frucht bringe.

Mitte.

Die Christzeit.

Dies ist die Zeit der Menschwerdung Gottes im Einzelleben, oder die Zeit des persönlichen Lebens des Sohnes auf Erden, des Anfangs Ziel und des Endes Beginn und Vorbild, der Menschen Versöhnung und Rechtfertigung.

Die Grundidee der Kirche in der Anordnung des Kirchenjahres zwischen Weihnachten und Ostern ist nur durch verwirrende Einmischung der buchstäblichen Zeitrechnung des Lebens Christi verdunkelt. Sowie feststeht, daß das Leben Christi in ungefähr drei Monaten von Geburt bis Auferstehung vorgeführt werden soll, ist die Berücksichtigung von besondern Zeitepochen in diesem mehr als dreißigjährigen Leben unzulässig. Dahin gehört die Darstellung im Tempel, als am vierzigsten Tage nach Weihnachten (2. Februar), und die Verkündigung, als am 25. März.

Sowie die fremdartigen Rücksichten ausgeschieden werden, ergibt sich als Gedanke der Kirche klar folgende Abtheilung:

I. Die Christzeit: sie ist von Epiphanias begrenzt.

II. Die Epiphaniaszeit: ursprünglich der Betrachtung der Taufe Christi gewidmet, als der ersten offenbaren Theophanie, weshalb auch die Anbetung der Weisen, als erste Offenbarung an die Heiden, und das Wunder in Kana, als erster Beweis der göttlichen Kraft, hierher gezogen wurden. Da diese Zeit durch die Vorbereitung auf das Leiden (Fastenzeit) begrenzt wird, so ergibt sich als bleibender Grundgedanke für Epiphanias, Christi Leben als des lehrenden Propheten und somit die Taufe als der passendste Anfangspunkt.

III. Die Fastenzeit oder Leidenszeit: ursprünglich zehn Wochen, dann sechs vor Ostern (70 und 40 Tage), der Betrachtung des leidenden Messias gewidmet.

IV. Die Osterzeit: 40 Tage bis Himmelfahrt und 50 Tage bis Pfingsten, welche letzten zehn Tage die Vorbereitung auf die Ausgießung des Geistes bilden.

Die alttestamentlichen Lectionen für diesen Zeitraum umfassen die Geschichte der Juden von Moses bis zu dem Auftreten der großen Propheten, und zwar wird die Christ- und Epiphaniaszeit bis zu David führen und zugleich auch das Buch Hiob umschließen, während die Fastenzeit den geschichtlichen Bericht bis zum Falle des Reichs der zehn Stämme fortsetzt. Die eigentliche Osterzeit aber bringt die Geschichte zu Ende (Hiskia bis Zedekia) und verbindet damit die Lectüre der kleinen Propheten und der salomonischen Schriften.

I. Die Weihnachtszeit.

A. Die Weihnachtswoche (25.—31. December).

Hier muß Alles auf den Grundgedanken der Menſchwerdung des Wortes auferbaut werden, damit alles Zufällige und alles Spielende ausgeſchloſſen bleibe.

Daher iſt vom Weihnachtsfeſt (erſter und zweiter Feſttag) jede Erwähnung von Stephanus und Johannes dem Evangeliſten (als des erſten Blutzeugen und des geliebten Jüngers) zu entfernen.

Der Schluß der Woche iſt als der des Jahres mit Dankſagung zu begehen.

In dieſer Woche, ſowie in der Oſter- und Pfingſtwoche, müſſen alle Hauptstellen geleſen werden, welche die Perſon des menſchgewordenen und des auferſtandenen Heilandes, ſowie die Idee der Kirche und ihrer Geſchichte anſchaulich machen.

B. Die Neujahrswoche (bis zum 3. oder 9. Januar).

In jedem Falle, außer wenn Weihnachten auf einen Sonntag fällt, kommt ein Sonntag zwiſchen dieſem Feſte und Neujahr vor. Sein Evangelium iſt die Rede Simeons zur Maria und die Erzählung von Hanna: eine Perikope, die wir auf den Neujahrstag verlegen und hier durch die Geſchichte von der Geburt und Namengebung Jeſu nach Matthäus erſetzen.

Die Grundidee des Tags der Beſchneidung iſt die Unterwerfung unter das Geſetz, woran ſich auch aufs natürlichſte die Erwägung des Anfangs des bürgerlichen Jahres ſchließt.

Die Weihnachtszeit, und damit die Betrachtung der Menſchwerdung Gottes und des Verhältniſſes des Geſetzes zum Evangelium, dauert alſo wenigſtens acht volle Tage.

Der nächſte Sonntag nach Neujahr muß für die Feier des Epiphaniasfeſtes genommen werden, das vielfach nicht mehr am 6. Januar ſtatt hat. Das Feſt beginnt einen neuen Abſchnitt in der liturgiſchen Behandlung und darf deshalb nicht fehlen. So fällt alſo nothwendig der Sonntag zwiſchen Neujahr und Epiphanias weg.

II. Die Epiphaniaszeit.

A. Epiphaniasſonntag.

Der Gegenſtand, die Theophanie bei der Taufe, leitet auf zwei Grundideen: das Verhältniß der Taufe des Johannes zur Taufe Chriſti, und die Beziehung der chriſtlichen Taufe zu dem Gottesreiche und zum Glauben. Alle dieſe können am erſten Sonntage nach dem neuen Jahre erſchöpft werden. Dieſer alſo wird Epiphaniasſonntag.

Die Perikope des ſchönen Feſtes ſelbſt haben wir in der zweiten Tafel zuſammen mit der Flucht nach Aegypten, der alten Perikope für den ausgefallenen Sonntag zwiſchen Neujahr und Epiphanias, als Lection für den Neujahrstag beſtimmt.

B. Die Epiphaniaszeit.

(5—10 Sonntage, einſchließlich der Epiphaniaswoche. — 4—9 Sonntage, ausſchließlich derſelben.)

Die Erzählungen der apoſtoliſchen Sammler der Ausſprüche des Herrn zerfallen in zwei große Haupttheile: das Leben und Lehren des Herrn vor der Reiſe zum Leiden nach Jeruſalem, und ſein Lehren und Leiden von dem Antritt dieſer Reiſe bis zu seinem Tode. Dieser große Abschnitt ist allen drei Evangelisten gemein und entspricht den zwei entscheidenden Hauptepochen in Christi Leben und der Darstellung seiner Lehre. Offenbar ist es also wünschenswerth, daß jener erste Abschnitt möglichst anschaulich und vollständig zum Bewußtsein gebracht werde in der Epiphaniaszeit.

Man verwendet daher je drei Wochen auf Darstellung dieser Periode nach Matthäus und nach Lucas, eine auf den Bericht des Marcus. Dies die täglichen Lectionen für sieben Wochen.

Diesen Erzählungen nun entsprechen die ersten zehn Kapitel im Evangelium Johannes, welche das Leben des Herrn bis zur letzten Reise nach Jerusalem, kurz vor den Leidensostern, ergänzend und verbindend durchgehen. Diese Erzählungen sind, wie die meisten johanneischen Berichte, bisher nicht so allgemein in der Kirche benutzt, als die Herrlichkeit ihres Inhalts es erfordert: sie werden also in zwei Wochen zu zertheilen sein, wovon die zweite mit den Reden nach der Speisung, mit der Reise nach Jerusalem zum Laubhüttenfeste beginnt und mit den Reden in Jerusalem schließt.

Es ist nun ein wichtiger Punkt, das Verhältniß der Perikopen zu diesem Lectionenkreise ins Auge zu fassen. Im Allgemeinen ist ihre Auswahl in diesem Abschnitt höchst sinnvoll. Die evangelischen Abschnitte sind sämmtlich aus diesem ersten Theile der Geschichte des Herrn genommen und passen vortrefflich zu jenem Kreise.

III. Die Leidenszeit (Fasten).

Die gewählte Anordnung der Lectionen ist folgende:
Erste Woche. Erzählung nach Lucas.
Zweite Woche.   „   „   Marcus.
Dritte Woche.   „   „   Matthäus. 1) Bis zum Leiden.
Vierte Woche.   „   „   Matthäus. 2) Das Leiden.
Fünfte Woche.   „   „   Johannes (mit Ausschluß des Leidens).
Die Leidenswoche. Harmonie der Leidensgeschichte nach Johannes Anleitung, vertheilt zwischen Palmsonntag, Gründonnerstag und Charfreitag.

Hierdurch wird erreicht, daß das Leiden, und was ihm vorherging, nach der Darstellung jedes der Evangelisten einzeln in den ersten vier Wochen vorgeführt wird. Johannes Erzählung schließt das Ganze und liefert die eigentliche Leidensgeschichte ergänzt von den übrigen, soweit sie etwas Eigenthümliches berichten.

In der Leidenswoche ist zum ersten mal die johanneische Erzählung der letzten Tage vollständig zur Verlesung gebracht und zugleich die Harmonie der evangelischen Erzählungen mit Vermeidung der bisherigen Widersprüche und Wiederholungen anschaulich gemacht worden.

Auch der Ostersonnabend, als Uebergang vom Leiden zur Herrlichkeit, ist zum ersten mal mit Beseitigung aller unhaltbaren prophetischen und sinnbildlichen Anführungen liturgisch behandelt.

IV. Die Osterzeit.

Der ganze Zeitraum der funfzig Tage zwischen Auferstehung und Ausgießung des Geistes ward von den alten Christen als Einer betrachtet, als die Zeit der österlichen Freude im Herrn. Davon legen auch die Perikopen ein sicheres Zeugniß ab. Sehr sinnig sind die letzten Reden des Herrn bei Johannes hierher gezogen.

Wenn wir nun das Einzelne ins Auge fassen, so ergibt sich offenbar als Auf-

gabe für die Osterwoche die Darlegung der großen göttlichen Thatsache der Auf=
erstehung Christi nach allen ihren Beziehungen; ebenso für die Woche vor Pfingsten
die Sendung des Geistes, als Verheißung und Vollendung, sowie die Heiligung; end=
lich hat die Himmelfahrtswoche ihren Charakter durch das Fest. Es bleibt also
noch übrig, den Charakter der dazwischenliegenden vier Wochen nach Ostern festzustellen.
Dieser kann wol in Beziehung auf Christus kein anderer sein als seine Eigenschaft als
Hohepriester und König.

Es scheint also am natürlichsten, diese Zwischenzeit mit einer Vorausnahme des für
die letzten Dreifaltigkeitswochen bestimmten Hebräerbriefs einerseits, andererseits mit
einer Wiederholung des schon in einzelnen Partien gelesenen Johannes=Evangeliums aus=
zufüllen. Dieses schließt sich passend an jene Perikopen an, welche sich auf des Herrn
Verklärung und seine fortgesetzte Verbindung mit den Gläubigen beziehen. Sie erfor=
dern um so mehr eine sehr genaue Erwägung, als sie in der Leidenswoche gar nicht
näher konnten berücksichtigt werden. Insonderheit muß mit diesen Reden an den bei=
den Tagen nach Himmelfahrt übergeleitet werden auf den Tröster und die Heiligung.

In der Woche vor Pfingsten dient der erste Brief des Johannes dazu, um die
Idee der christlichen Gemeinschaft in ihrer ganzen Tiefe vorzubereiten.

Ende.

Die Kirchenzeit, oder die Zeit des Geistes.

Dies ist die Zeit des vollendeten Gnadenbundes und der unmittelbaren Bereitung des Reiches Gottes: die Zeit der Heiligung, die Zeit der streitenden Gemeinde Gottes, mit dem andeutenden Schlusse des Kirchenjahres und der Zeitlichkeit.

Die bisherige Ausbildung dieses großen Theils des Kirchenjahres ist unvollstän= diger und unbefriedigender als die irgendeines andern. Nicht daß die Grundidee des christlichen Bewußtseins nicht klar genug wäre, das Leben der Kirche darzustellen, an das Fest ihrer Gründung sich anschließend und mit den letzten Dingen endigend. Daher auch das Fest der Dreifaltigkeit höchst sinnvoll dem ersten Sonntage nach Pfingsten zugetheilt ist. Allein dabei ist's auch geblieben: die Aposteltage, mit dem Fest der Seligen und dem der Engel unmittelbar vorher, sind todt geblieben, schon weil uns die meisten Persönlichkeiten unbekannt sind, eben wie ihre Geschichte; die Heiligentage sind schon an sich verwerflich.

Von den etwa 25 Wochen dieses Zeitraums müssen die drei letzten den drei letzten Dingen: Tod, Gericht und ewiges Leben um so mehr vorbehalten werden, als das Kirchenjahr vielfach mit dem Todtenfeste schließt, welches nur so einen wahren göttlichen Gehalt gewinnen kann.

So stehen also die zwei ersten und die drei letzten Sonntage nach Trinitatis fest.

Die dazwischenliegende Zeit ist dem Leben und Bewußtsein der streitenden Kirche geweiht.] Der leitende Gedanke derselben ist das Leben der apostolischen Kirche, wie es aus der Apostelgeschichte und den apostolischen Briefen uns bekannt ist. Das Lesen derselben gehört also mit Nothwendigkeit in diese Zeit.

Dieses Lesen muß aber ein geschichtliches sein: es muß das Leben der Kirche in ihrer wirklichen Entwickelung uns vor die Seele führen.

Offenbar ist also, daß die Apostelgeschichte in dem unmittelbar auf die Geschichte der Ausgießung folgenden Theile beginnen, und daß die Offenbarung der zukünftigen Schicksale der Kirche den drei letzten Wochen zugetheilt werden muß.

Unter den Aposteln treten vier vor den übrigen hervor: Petrus, Paulus, Jacobus und Johannes. Der erste ist offenbar der Mund und das Bewußtsein der Kirche in ihrer ersten Epoche, und der letzte ist der Jünger, dem der Herr auf seine Zukunft zu bleiben geboten hatte. An Petrus Wirksamkeit schließt sich die von Paulus unmit= telbar an, und jene Ordnung ist also die geschichtliche. Die Folge von Petrus, Paulus

und Johannes stellt auch, nach Schellings geistvoller Entwickelung, die großen Haupt=
epochen der christlichen Kirche dar: Petrus die Epoche der Kirche, als des Leib gewor=
denen Glaubens an den Sohn Gottes — Paulus die des lebendigen und seligmachenden
Glaubens als des innern Lebens des Wiedergeborenen — endlich Johannes die der
Alles umfassenden und versöhnenden und heiligenden Liebe. Petrus ist also das Symbol
der alten Kirche; Paulus das der Reformation; Johannes der Kirche, die sich aus
den Trümmern beider bilden soll.

Was Petrus betrifft, so gehört ihm bekanntlich der erste große Theil der Apostel=
geschichte — die ersten zwölf Kapitel zu. Diese mit den Briefen des Apostels nehmen
also nothwendig die beiden ersten Sonntage nach Trinitatis ein. Die nächsten, etwa
siebzehn Wochen, bilden eine passende Zeit für das Verlesen des Restes der Apostel=
geschichte und der paulinischen Briefe.

Da sich diese fast mit unbestreitbarer Sicherheit so weit an die Erzählung der
Apostelgeschichte anreihen lassen, als zur Feststellung ihrer natürlichen Ordnung noth=
wendig ist; so werden die Briefe an diese Erzählung angeknüpft werden müssen.

Auch hier muß jede Woche eine gewisse Einheit darstellen und der Sonntag schon
dieselbe andeuten. Dies muß durch die Sonntagslectionen erreicht werden; denn die
Perikopen der Kirche zwischen Trinitatis und den drei letzten Sonntagen haben keine
Beziehung auf jene Entwickelung der Kirche, enthalten aber Reden und Thaten des
Herrn und Stellen der Briefe, welche in dem Bewußtsein eines großen Theils der
Kirche leben.

Von alttestamentlichen Lectionen werden die aus dem ersten Jesaja (assyrische Zeit)
vier Wochen, die aus Jeremia (babylonische Zeit) sieben, die aus Ezechiel (Zeit des
Falles von Jerusalem) vier, die aus dem zweiten Jesaja (Zeit der Gefangenschaft und
Rückkehr) vier Wochen einnehmen. Drei Wochen sind der persischen Zeit und ihren
Propheten zu widmen, und die drei letzten Wochen des Kirchenjahres füllen als Ueber=
blick über die ganze Geschichte Israels Psalmen und die letzten Propheten (Maleachi
und Daniel) aus.

Erste Abtheilung.
Der Kirche göttliche Gründung und göttliches Leben.
Pfingst= und Dreifaltigkeitswoche.

Die beiden ersten Sonntage der Kirchenzeit bedingen und ergänzen sich wechselseitig
und müssen also zusammen betrachtet werden.

Pfingsten stellt sich unverkennbar dar als die göttliche Gründung der Kirche
durch den heiligen Geist, dessen offenbares Wirken in der durch Christus versöhnten
Menschheit ebenso mit jenem Tage beginnt, wie das Leben des Sohnes mit der
Menschwerdung, und wiederum in der Taufe. Der Dreifaltigkeitssonntag bietet also
nichts Neues, sondern spricht nur das Bewußtsein der bisher erfahrenen und durch
den Geist vollendeten Offenbarung der Gottheit aus: des Vaters, der die Menschheit
gerufen und erwählt — des Sohnes, der sie versöhnt — des Geistes, der sie geheiligt
und immerdar heiligt, bis der Sohn sie als Kirche in seinen geistigen (zweiten) Leib
verklärt, dem Vater übergibt und die göttliche Entwickelung ihren Kreislauf vollendet
hat und nun ihre ewige Einheit allein darstellt.

Zweite Abtheilung.
Der Kirche apostolische Entwickelung.
I. Petrus (mit Jacobus und Judas).

A. Die erste Epoche der jungen Kirche schließt mit dem Märtyrerthum des Stephanus und der daraus hervorgehenden Verbreitung der Kirche außerhalb Judäa und
Samaria. Sie ist enthalten in den ersten acht Kapiteln der Apostelgeschichte vom Ende des
zweiten an, sodaß sie gerade den Lectionenkreis einer Woche ausfüllen. Die Geschichte
steht hier allein, denn es gehören in diese Zeit keinerlei apostolische Schriften. Diese
Lectionen dienen daher am besten zur Ausfüllung der Dreifaltigkeitswoche selbst.

B. Saulus Bekehrung eröffnet den Kreis der Lectionen der ersten Woche,
zugleich mit dem Anfange des ersten Briefes des Petrus. Die Apostelgeschichte geht fort
in den Lectionen und schließt mit der Befreiung des Apostels, von welchem Zeitpunkte an
Paulus Wirken der alleinige Gegenstand der Apostelgeschichte wird. Jenes apostolische
Schreiben aber vertheilt sich leicht mit dem (sogenannten) zweiten Briefe des Petrus
in die weitern Lectionen der Woche.

Petrus erscheint in beiden Lesungen als das Bewußtsein der Kirche als solcher.
Durch göttliche Offenbarung wird ihm klar, daß die Heiden ebenso gut als die Juden
berufen sind zum Reiche Gottes, und des Herrn wunderbare Gnade erzeigt sich ihm
sichtlich in dem Kerker. Paulus lebt in dieser Zeit seiner Vorbereitung theils in der
Einsamkeit Arabiens, theils unter den Brüdern in Asien.

C. Der leitende Grundgedanke in Petrus für das Reich Gottes ist die Heiligung
in Gottesfurcht und Gerechtigkeit. Dies mußte nothwendig zur möglichst hohen
Schätzung der jüdischen Theokratie und der Vorschriften des Gesetzes führen, im Geiste
Christi, aber äußerlich jüdisch. Diese Richtung tritt nun noch stärker hervor im Jacobus, dem Verfasser des Sendschreibens an die Judenchristen der Zerstreuung, und
in dem seines Bruders Judas. Beide Briefe füllen ungefähr eine Woche aus.

D. Ob nun diese Briefe des Jacobus und Judas in eine frühere oder eine spätere
Zeit gehören, in Vergleich mit Paulus, so müssen sie der innern Verwandtschaft
wegen mit Petrus zusammengestellt werden. Denn das Kirchenjahr soll auch in der
Betrachtung der apostolischen Zeit vor allem dasjenige anschaulich machen, wodurch diese
ein Urbild der ganzen weitern Geschichte und Entwickelung der Christenheit ist. Jener,
in Petrus, Jacobus und Judas ausgedrückte Charakter und die in ihnen vorherrschende
Richtung ist aber ein wesentlich in der menschlichen Natur und ihren ewigen Gegensätzen begründeter. Er stellt, wie Schelling so geistreich von Petrus nachgewiesen, das
Zeitalter der alten Kirche vor der Reformation in seinem echt christlichen apostolischen
Elemente dar.

II. Paulus (mit dem Hebräerbriefe).

Der zweite Theil der Apostelgeschichte, vom dreizehnten Kapitel bis zum Schluß
im achtundzwanzigsten Kapitel, gehört ganz dem Wirken des Apostels der Heiden zu.

A. **Paulus Missionsreisen bis zur Gefangenschaft in Rom.**

1. Aufenthalt in Korinth.

(Die Briefe an die Thessalonicher.)

Vierter Sonntag.

Paulus zwei erste Glaubensbotschaften heben an mit der großen Erklärung an die Juden Kleinasiens, die das Wort von sich stießen mit Lästerung: „Wir wenden uns zu den Heiden", und schließen mit der begeisterten Rede im Areopag, worauf er sich nach Korinth begibt. Hier läßt er sich nieder, seines Handwerks wartend, mit Juden und Heiden verkehrend, und schreibt während seines ungefähr zweijährigen Aufenthalts zweimal an die Gemeinde in Thessalonich, die er besucht hatte, ehe er nach Athen ging. In diese Epoche gehört die erste Berathung der Apostel, Jünger und Brüder in Jerusalem, welche der zweiten Missionsreise voranging.

2. Des Paulus Aufenthalt in Ephesus und dann wieder in Korinth.

(Briefe an die Galater, Korinther und Römer.)

Fünfte bis zwölfte Woche.

Dieser Zeitraum umfaßt Paulus ferneres Leben als reisender Glaubensbote vor der letzten Abschiedsreise durch Kleinasien nach Jerusalem und der Verhaftung, die ihn nach Rom führte, dem gewählten Ziele seiner irdischen Laufbahn im Westen. Die hierhergehörigen Abschnitte der Apostelgeschichte umfassen nur zwei Kapitel, das achtzehnte und neunzehnte. Um desto reicher ist dieser Zeitraum von etwa drei Jahren in den Schreiben des Apostels. Die vier hierhergehörigen Briefe sprechen eine bestimmte Epoche in Paulus innerm Leben und in dem der Kirche aus.

B. Die Briefe aus der Gefangenschaft.

(Epheser, Kolosser, Philemon, Philipper.)

Dreizehnte bis funfzehnte Woche.

Den Zeitraum eröffnet die reiche Beschreibung der Reise von Korinth über Milet nach Jerusalem und die Schicksale des Apostels bis zur Ankunft in Rom als Gefangener, woselbst er zwei Jahre in der Haft blieb. Bekanntlich schließt die Apostelgeschichte mit dieser Angabe.

Diese letzten acht Kapitel füllen die erste Woche aus: die herrliche Abschiedsrede an die Aeltesten in Milet fällt auf den Sonntag.

Die folgenden Sonntage bringen die drei innigen apostolischen Schreiben an die Gemeinden von Ephesus, Kolossä und Philippi zur Verlesung, nebst dem an Philemon, welches mit den beiden ersten gleichzeitig ist.

Diese Sendschreiben haben wieder einen gemeinschaftlichen Charakter und bezeichnen wieder einen bestimmten Punkt in der Entwickelung des paulinischen Geistes.

C. Die Schreiben an Timotheus und Titus, mit dem Briefe an die Hebräer.

Sechzehnte bis neunzehnte Woche.

Wenn wir eine zweite Gefangenschaft, welche mit dem Märtyrertode des Apostels endigte, annehmen, so ist das erste Schreiben an Timotheus während der Zeit der letzten Missionsreise geschrieben, die nun immer mehr eine Regierung der Kirchen wird, die er gegründet oder gestärkt: also zwischen zwei Haften; ebenso der Brief an Titus. Der zweite Brief an Timotheus ist dann aus der zweiten Haft in Rom geschrieben, nach Ephesus, wie der erste, und zwar nach der ersten Vertheidigung vor Gericht.

Ist der Brief an die Hebräer paulinisch, so gehört er nothwendig in die allerletzte Zeit. Timotheus ist unterdessen verhaftet und wieder in Freiheit gesetzt. Jerusalem steht noch mit seinem Tempel und Priesterthum; allein eine neue Zeit kündigt sich an. Die ersten Führer der Gemeinden sind dahingegangen und haben durch ihren Tod den Glauben besiegelt; es gilt jetzt Christum „gestern und heute und in alle Ewigkeit" zu verherrlichen. Dies Alles paßt nicht auf Paulus; aber das Schreiben selbst zeigt einen zwar verwandten, paulinisch gebildeten, echt apostolischen Mann, aber nicht Paulus — wahrscheinlich den von ihm hochgehaltenen und in gleichem Ansehen mit Petrus und Paulus stehenden Apollos.

Auch diese Briefe haben innerlich eine Einheit, und bezeichnen die dritte Epoche der apostolischen Kirche.

III. Johannes.

Der viertletzte Dreifaltigkeitssonntag.

(Die drei Briefe des Johannes.)

Johannes, der geliebte Jünger, reicht mit seinem irdischen Leben in die zweite große Epoche der Christenheit, die Zeit nach der Zerstörung Jerusalems hinein. Durch dieses Ereigniß ward die Kirche sich als der sichtbare Leib des Herrn und alleiniger Tempel Gottes bewußt und begann an ihre irdische Fortbildung und Einheit zu denken. Als die Briefe geschrieben wurden, waren die Apostel, die bedeutendsten wenigstens, schon heimgegangen, und aus apostolischen Abgeordneten wurden bleibende, persönliche Vorsteher der Gemeinden.

Aber die Lehre des Jüngers der Liebe reicht bis in die letzten Zeiten, als das Ziel der Kirche: die Lehre von der Liebe zu Gott in den Brüdern und zu den Brü= dern in Gott.

––––––––––

Dritte Abtheilung.

Der Kirche Vollendung.

Die drei letzten Sonntage des Kirchenjahres, oder die letzten Dinge.

(Tod — Gericht — Ewiges Leben.)

Die letzten Zeiten und des Herrn Erscheinung ist für jeden Christen, der nicht das Ende dieser Zeitlichkeit erlebt, der leibliche Tod: und so sind Jedem, wann er auch leben mag in der Kirche, drei Punkte der unsichtbaren, neuen Welt vorgestellt: das Ende — das Gericht — das ewige selige Leben.

Jeder dieser drei Punkte erheischt also eine eigene Betrachtung: jedem ist also einer der drei letzten Sonntage des Kirchenjahres, als des Bildes Gottes in der Zeit, zugewiesen.

––––––––––

Der Bibelleser.

Drei biblische Lesetafeln, nach dem Gemeindejahr eingerichtet.

Erste Tafel.

Der sonntägliche und Festkreis.   Die Perikopenordnung.

Erster Sonntag des Advents.

Evangelium. Matth. 21, 1—9.

Da sie nahe bei Jerusalem kamen gen Bethphage, auf den Oelberg, da sandte Jesus zwei seiner Jünger, und sprach zu ihnen, Gehet in den Flecken, der vor euch liegt, und alsbald werdet ihr eine Eselin finden angebunden, und ein Füllen bei ihr; löset sie beide ab, und bringet sie mir. Und so euch Jemand etwas sagen wird, so sprechet, Der Herr bedarf ihrer; alsbald wird er sie gehen lassen. Das geschah aber alles, auf daß erfüllet würde, was gesagt ist durch den Propheten, der da spricht, Saget der Tochter Zion, Siehe, dein König kommt zu dir sanftmüthig, und reitet auf einem Esel, und auf einem Füllen, dem Jungen der lastbaren Eselin. Die Jünger aber gingen hin, und thaten, wie ihnen Jesus befohlen hatte; brachten die Eselin und das Füllen, und legten ihre Kleider darauf, und er setzte sich auf dieselben. Das meiste Volk aber breitete seine Kleider auf den Weg; Andere hieben Zweige von den Bäumen, und streueten sie auf den Weg. Das Volk aber, das voranging und die welche ihm nachfolgeten, schrieen und sprachen, Hosianna! Heil dem Sohn Davids! Gesegnet sei, der da kommt im Namen des Herrn! Hosianna in der Höhe!

Epistel. Röm. 13, 11—14.

Ihr kennet die Zeit, daß die Stunde für uns nun da ist, aufzuwachen vom Schlafe. Denn das Heil ist uns jetzt näher, denn da wir gläubig wurden. Die Nacht ist vorgerückt, der Tag aber nahe gekommen. So lasset uns ablegen die Werke der Finsterniß, anlegen aber die Waffen des Lichts. Lasset uns anständig wandeln, als am Tage; nicht in Fressen und Saufen, nicht in Unzucht und Geilheit, nicht in Streit und Grimm; sondern ziehet an den Herrn Jesus Christus, und wartet des Leibes, nicht um seine Begierden zu erregen.

Zweiter Sonntag des Advents.

Evangelium. Luc. 21, 25—36.

Und es werden Zeichen geſchehen an der Sonne, und an Mond und Sternen; und auf Erden wird den Völkern bange ſein, und ſie werden nicht aus noch ein wiſſen über dem Brauſen des Meeres und ſeinem Wogen; indeß Menſchen ihren Geiſt auf= geben vor Furcht und Erwartung der Dinge, die über den Erdkreis kommen ſollen; denn die Kräfte des Himmels werden erſchüttert werden. Und alsdann werden ſie ſehen des Menſchen Sohn kommen in einer Wolke, mit großer Macht und Herrlichkeit. Wenn aber dieſes anfängt zu geſchehen, ſo richtet euch auf, und hebet eure Häupter empor, darum daß ſich eure Erlöſung nahet.

Und er ſagte ihnen ein Gleichniß, Sehet den Feigenbaum und alle Bäume an: wenn ſie ſchon ausſchlagen, ſo wiſſet ihr von ſelber, wenn ihr es ſehet, daß der Som= mer ſchon nahe iſt. Alſo auch ihr, wenn ihr dieſes geſchehen ſehet, ſo wiſſet, daß das Reich Gottes nahe iſt. Wahrlich, ich ſage euch, Dies Geſchlecht wird nicht ver= gehen, bis daß es alles geſchehe. Himmel und Erde werden vergehen, aber meine Worte werden nicht vergehen. Aber hütet ihr euch, daß eure Herzen nicht beſchweret werden mit Rauſch und Trunkenheit, und mit Sorgen um die Nahrung, und plötzlich euch jener Tag überfalle. Denn wie ein Fallſtrick wird er hereinbrechen über Alle, die auf dem ganzen Erdboden wohnen. Wachet aber allezeit und betet, daß ihr gewür= digt werden möget, zu entfliehen dieſem Allen, was geſchehen ſoll, und geſtellt zu werden vor des Menſchen Sohn.

Epiſtel. Röm. 15, 4—13.

Alles was zuvor geſchrieben iſt, das iſt uns zur Lehre geſchrieben, damit wir durch die Geduld und durch den Troſt der Schrift die Hoffnung hätten. Der Gott aber der Geduld und des Troſtes gebe euch, daß ihr einerlei Sinn habet untereinander, nach Jeſus Chriſtus; auf daß ihr einmüthig mit Einem Munde Gott und den Vater unſers Herrn Jeſus Chriſtus lobet. Darum nehmet euch untereinander auf, gleichwie Chriſtus euch aufgenommen hat zu Gottes Ehre. Ich ſage nämlich, daß Chriſtus ein Diener der Beſchneidung geworden iſt um der Wahrheit Gottes willen, die Verheißungen der Väter zu beſtätigen; daß aber die Heiden um der Barmherzigkeit willen Gott loben, wie geſchrieben ſtehet, Darum will ich dich preiſen unter den Heiden, und deinem Namen lobſingen. Und abermal heißt es, Jauchzet, ihr Heiden, mit ſeinem Volke. Und abermal heißt es, Lobet den Herrn, alle Heiden, und rühmet ihn, all ihr Völker. Und abermal ſpricht Jeſaja, Es wird da ſein die Wurzel Iſais, und der ſich erhebt über Heiden zu herrſchen, auf ihn werden die Heiden hoffen. Der Gott der Hoffnung erfülle euch aber mit aller Freude und mit allem Frieden durch den Glauben, auf daß ihr reich ſeid in der Hoffnung durch Kraft des heiligen Geiſtes.

Dritter Sonntag des Advents.

Evangelium. Matth. 11, 2—10.

Da aber Johannes im Gefängniß die Werke Christi hörete, sandte er zwei seiner Jünger, und ließ ihm sagen, Bist du, der da kommt, oder sollen wir eines Andern warten? Und Jesus antwortete und sprach zu ihnen, Gehet hin und verkündiget dem Johannes, was ihr höret und sehet: Die Blinden sehen und die Lahmen gehen, die Aussätzigen werden rein und die Tauben hören, und die Todten stehen auf, und den Armen wird das Evangelium geprediget; und selig ist, der sich nicht an mir ärgert. Da die weggingen, fing Jesus an zu reden zu dem Volk von Johannes, Was seid ihr hinausgegangen in die Wüste zu schauen? Wolltet ihr ein Rohr sehen, das vom Winde bewegt wird? Aber was denn seid ihr hinausgegangen zu sehen? Wolltet ihr einen Menschen in weichen Kleidern sehen? Siehe, die da weiche Kleider tragen, sind in der Könige Häusern. Aber was denn seid ihr hinausgegangen zu sehen? Einen Propheten? Ja, ich sage euch, der auch mehr ist als ein Prophet. Dieser ist's, von dem geschrieben stehet, Siehe, ich sende meinen Boten vor dir her, und er wird deinen Weg vor dir bereiten.

Epistel. 1 Kor. 4, 1—5.

Dafür halte man uns: für Christi Diener, und Haushalter über Gottes Geheimnisse. Sonach sucht man übrigens an den Haushaltern, daß einer treu erfunden werde. Mir aber ist es ein Geringes, daß ich von euch gerichtet werde, oder von einem menschlichen Tage; nicht einmal sogar richte ich mich selbst. Denn ich bin mir nichts bewußt, aber darum nicht gerechtfertigt; der mich aber richtet, ist der Herr. Also richtet nichts vor der Zeit, bis der Herr komme, welcher auch wird an's Licht bringen, was im Finstern verborgen ist, und den Rath der Herzen offenbaren; und alsdann wird einem Jeglichen von Gott das richtige Lob widerfahren.

Vierter Sonntag des Advents.

Evangelium. Joh. 1, 19—28.

Und dies ist das Zeugniß des Johannes, da die Juden von Jerusalem zu ihm sandten Priester und Leviten, daß sie ihn fragten, Wer bist du? Und er bekannte, und leugnete nicht; und er bekannte, Ich bin nicht der Christ. Und sie fragten ihn, Was denn? Bist du Elia? Er sprach, Ich bin es nicht. Bist du der Prophet? Und er antwortete, Nein. Sie sprachen zu ihm, Wer bist du denn? daß wir Antwort geben denen, die uns gesandt haben. Was sagest du von dir selbst? Er sprach, Ich bin eine Stimme deß der da rufet in der Wüste, Richtet den Weg des Herrn; wie der Prophet Jesaja gesagt hat. Und die gesandt waren, waren von den Pharisäern; und sie fragten ihn, und sprachen zu ihm, Warum taufest du denn, so du nicht der Christ bist, noch Elia, noch der Prophet? Johannes antwortete ihnen, und sprach, Ich taufe mit Wasser; mitten unter euch steht, den ihr nicht kennet, der hinter mir her Kommende, dem ich nicht werth bin, den Schuhriemen aufzulösen. Dies geschah zu Bethanien, jenseit des Jordan, wo Johannes damals taufete.

———

Epistel. Phil. 4, 4—7.

Freuet euch in dem Herrn allewege! Abermal sage ich, freuet euch! Eure Milde werde allen Menschen kund. Der Herr ist nahe. Sorget nichts, sondern in allen Dingen lasset in Gebet und Bitte mit Danksagung eure Anliegen vor Gott kund werden. Und der Friede Gottes, welcher höher ist als alle Vernunft, wird bewahren eure Herzen und Gedanken in Christus Jesus.

Erster Weihnachtstag.

Evangelium. Luc. 2, 1—14.

Es begab sich aber zu der Zeit, daß ein Gebot vom Kaiser Augustus ausging, daß alle Welt geschätzet würde. Dieses ist die erste Schätzung: sie geschah zur Zeit, da Quirinus Statthalter von Syrien war. Und Jedermann ging, daß er sich schätzen ließe, ein jeglicher in seine Stadt. Da machte sich auch auf Joseph aus Galiläa, aus der Stadt Nazareth, nach Judäa, zur Stadt Davids, die da heißt Bethlehem; darum daß er von dem Hause und Geschlechte Davids war; auf daß er sich schätzen ließe mit Maria, seiner Verlobten; die war schwanger. Und als sie daselbst waren, kam die Zeit, daß sie gebären sollte. Und sie gebar ihren erstgeborenen Sohn, und wickelte ihn in Windeln, und legte ihn in eine Krippe; denn sie hatten sonst keinen Raum in der Herberge.

Und es waren Hirten in derselbigen Gegend auf dem Felde, die hielten Wache des Nachts bei ihrer Heerde. Und siehe, ein Engel des Herrn trat zu ihnen, und die Herrlichkeit des Herrn umleuchtete sie; und sie fürchteten sich sehr. Und der Engel sprach zu ihnen, Fürchtet euch nicht; denn siehe, ich verkündige euch große Freude, die dem ganzen Volke widerfahren wird. Denn euch ist heute ein Heiland geboren, welcher ist Christus, Herr, in der Stadt Davids. Und das habt zum Zeichen: ihr werdet finden ein Kind, in Windeln gewickelt, und in einer Krippe liegend. Und alsbald war da bei dem Engel die Menge einer himmlischen Heerschaar, die lobeten Gott und sprachen,

Ehre sei Gott in der Höhe:
Und Friede auf Erden
bei den Menschen des Wohlgefallens!

Epistel. Tit. 2, 11—14.

Denn es erschien die allen Menschen heilsame Gnade Gottes, und züchtiget uns, daß wir verleugnen sollen das ungöttliche Wesen und die weltlichen Lüste, und besonnen und gerecht und gottselig leben in dieser Welt; und warten auf die selige Hoffnung und Erscheinung der Herrlichkeit des großen Gottes, und unsers Heilandes Jesus Christus, der sich selbst für uns gegeben hat, auf daß er uns von aller Ungerechtigkeit erlösete, und sich selbst ein Volk des Eigenthums reinigte, das eifrig wäre zu guten Werken.

Zweiter Weihnachtstag.

Evangelium. Luc. 2, 15—20.

Und es geſchah, da die Engel von ihnen gen Himmel fuhren, ſprachen die Hirten unter einander, Laſſet uns nun gehen nach Bethlehem, und die Geſchichte ſehen, die dort ſich ereignet, und die der Herr uns kund gethan hat. Und ſie kamen eilend, und fanden beide Maria und Joſeph, dazu das Kind, welches in der Krippe lag. Da ſie es aber geſehen hatten, breiteten ſie das Wort aus, welches zu ihnen von dieſem Kinde geſagt war. Und Alle, die es höreten, wunderten ſich deſſen, was ihnen von den Hirten erzählet ward. Maria aber behielt alle dieſe Worte, und bewegte ſie in ihrem Herzen. Und die Hirten kehreten wieder um, prieſen und lobeten Gott um Alles, was ſie gehört und geſehen hatten, wie zu ihnen war geſagt worden.

Epiſtel. Tit. 3, 4—7.

Als aber die Güte und Menſchenfreundlichkeit Gottes, unſers Heilandes, erſchien, hat er uns, nicht aus Werken der Gerechtigkeit, die wir gethan, ſondern nach ſeiner Barmherzigkeit ſelig gemacht, durch das Bad der Wiedergeburt und Erneuerung des heiligen Geiſtes, welchen er reichlich über uns ausgegoſſen hat, durch Jeſus Chriſtus, unſern Heiland; auf daß wir durch ſeine Gnade gerecht und Erben würden, nach der Hoffnung des ewigen Lebens.

Sonntag nach Weihnacht.

Evangelium. Luc. 2, 33—40.

Und sein Vater und Mutter wunderten sich deß, das von ihm geredet ward. Und Simeon segnete sie, und sprach zu Maria seiner Mutter,

Siehe dieser ist gesetzet zum Falle und zur Auferstehung
Vieler in Israel:
Und zu einem Zeichen, dem widersprochen wird.
Und auch durch deine Seele wird ein Schwert dringen:
Auf daß vieler Herzen Gedanken offenbar werden.

Und es war eine Prophetin Hanna, eine Tochter Phanuels, vom Stamm Asser; die war hoch betaget, und hatte gelebt sieben Jahre mit ihrem Manne nach ihrer Jung=fraufschaft; und war eine Wittwe bei vier und achtzig Jahren, die kam nimmer vom Tempel, dienete Gott mit Fasten und Beten Tag und Nacht. Diese nun trat auch hinzu um dieselbe Stunde, und pries Gott, und redete von ihm zu Allen, die auf die Erlösung Jerusalems warteten. Und da sie es alles vollendet hatten, nach dem Ge=setze des Herrn, kehreten sie zurück nach Galiläa, in ihre Stadt Nazareth.

Das Kind aber wuchs, und ward stark, voller Weisheit, und Gottes Gnade war auf ihm.

———

Epistel. Gal. 4, 1—7.

Ich meine aber, So lange der Erbe unmündig ist, so ist zwischen ihm und einem Knechte kein Unterschied, ob er wol ein Herr ist aller Güter, sondern er ist unter Vormündern und Verwaltern bis auf die vom Vater zuvorbestimmte Zeit. Also auch wir, da wir unmündig waren, waren wir geknechtet unter die Elemente der Welt. Da aber die Zeit erfüllet ward, sandte Gott seinen Sohn, geboren von einem Weibe und unter das Gesetz gethan, auf daß er die, so unter dem Gesetze waren, los=taufete, daß wir die Kindschaft empfingen. Eben weil ihr Kinder seid, hat Gott den Geist seines Sohnes gesandt in unsere Herzen, der da laut rufet, Abba, Vater! So bist du nun kein Knecht mehr, sondern Kind; bist du aber Kind, so auch Erbe durch Gott.

Neujahrstag.

Evangelium. Luc. 2, 21.

Und da acht Tage um waren, daß er beschnitten würde, da ward sein Name genannt Jesus, welcher angegeben war von dem Engel, ehe denn er im Mutterleib empfangen ward.

———

Epistel. Gal. 3, 23—29.

Ehe aber der Glaube kam, waren wir unter die Hut des Gesetzes beschlossen auf den Glauben hin, der da künftig sollte offenbaret werden. Also ist das Gesetz unser Zuchtmeister geworden auf Christus hin, daß wir aus Glauben gerechtfertigt würden. Nun aber der Glaube gekommen ist, sind wir nicht mehr unter dem Zuchtmeister. Denn ihr Alle seid Gottes Kinder durch den Glauben in Christus Jesus. Denn wie Viele euer auf Christus getauft sind, die haben Christum angezogen. Hier ist kein Jude noch Grieche, hier ist kein Knecht noch Freier, hier ist kein Mann noch Weib; sondern ihr seid allzumal Einer in Christus Jesus. Seid ihr aber Christi, so seid ihr ja Abrahams Same und nach der Verheißung Erben.

Feſt der Erſcheinung des Herrn (Epiphanien).

Evangelium. Matth. 2, 1—12.

Da nun Jeſus geboren war zu Bethlehem in Judäa, zur Zeit des Königs Herodes, ſiehe, da kamen Sternſeher vom Morgenlande gen Jeruſalem und ſprachen, Wo iſt der neugeborne König der Juden? Denn wir haben ſeinen Stern geſehen im Mor=genlande und ſind gekommen ihm zu huldigen. Da das der König Herodes hörete, gerieth er in Beſtürzung, und mit ihm das ganze Jeruſalem, und ließ verſammeln alle Hoheprieſter und Schriftgelehrten des Volkes und erkundigte ſich bei ihnen, wo der Meſſias ſollte geboren werden. Und ſie ſagten ihm, Zu Bethlehem im jüdiſchen Lande. Denn alſo ſtehet geſchrieben durch den Propheten, Und du Bethlehem, im Lande Ju=das, biſt mit nichten die Kleinſte unter den Fürſten Judas, denn aus dir wird aus=gehen ein Herrſcher, der mein Volk Israel weiden wird. Da berief Herodes die Sternſeher heimlich und erfragte genau von ihnen, wann der Stern erſchienen ſei; und wies ſie gen Bethlehem, und ſprach, Ziehet hin und forſchet fleißig nach dem Kindlein; und wenn ihr's findet, ſo ſaget mir's wieder, daß ich auch komme und ihm huldige. Als ſie nun den König gehöret hatten, zogen ſie hin. Und ſiehe, der Stern, den ſie im Morgenlande geſehen hatten, ging vor ihnen her, bis daß er kam und ſtand über der Stelle, wo das Kindlein war. Da ſie aber den Stern ſahen, wurden ſie hoch erfreut und gingen in das Haus und ſahen das Kindlein mit Maria, ſeiner Mutter, und fielen nieder und huldigten ihm und thaten ihre Schätze auf und brachten ihm Geſchenke dar, Gold und Weihrauch und Myrrhen. Und ſie empfingen göttliche Weiſung im Traum, daß ſie nicht ſollten wieder zu Herodes lenken; und zogen durch einen andern Weg wieder in ihr Land.

Epiſtel. Jeſ. 60, 1—6.

Mache dich auf, werde licht, denn dein Licht kommt:
   Und die Herrlichkeit des Ewigen erglänzt über dir.
Denn ſiehe, Finſterniß bedecket die Erde
   und Dunkel die Völker:
Aber über dir erglänzet der Ewige,
   und ſeine Herrlichkeit erſcheint über dir.
Und Völker wandeln deinem Lichte entgegen:
   Und Könige dem Leuchten deines Glanzes.
Erhebe ringsum deine Augen und ſiehe,
   dieſe alle kommen verſammelt zu dir:
Deine Söhne kommen aus der Ferne,
   und deine Töchter werden auf dem Arme getragen.
Dann wirſt du ſehen und heiter werden,
   und dein Herz wird beben und ſich weiten:
Denn des Meeres Reichthum wendet ſich dir zu,
   die Schätze der Völker kommen zu dir.
Der Kamele Menge bedecket dich,
   die jungen Kamele von Midian und Epha;
die von Saba kommen alle:
   Gold und Weihrauch bringen ſie
   und verkünden des Ewigen Lob.

Erſter Sonntag nach Epiphanien.

Evangelium. Luc. 2, 41—52.

Und ſeine Aeltern gingen alle Jahre gen Jeruſalem, am Paſſahfeſte. Und da er zwölf Jahre alt war, zogen ſie hinauf, nach der Sitte des Feſtes. Und da ſie die Tage vollbracht hatten, und wieder heim gingen, blieb der Knabe Jeſus zu Jeruſalem; und ſeine Aeltern wußten's nicht. Sie meineten aber, er wäre in dem Reiſezuge, und nachdem ſie eine Tagereiſe gemacht, ſuchten ſie ihn unter den Verwandten und Bekann= ten. Und da ſie ihn nicht fanden, kehrten ſie wiederum gen Jeruſalem, und ſuchten ihn. Und es begab ſich nach drei Tagen, daß ſie ihn fanden im Tempel ſitzend mitten unter den Lehrern, wie er ihnen zuhörte und ſie fragte. Alle aber, die ihm zuhörten, verwunderten ſich ſeines Verſtandes und ſeiner Antworten. Und da ſie ihn ſahen, ent= ſetzten ſie ſich; und ſeine Mutter ſprach zu ihm, Mein Kind, warum haſt du uns das gethan? Siehe, dein Vater und ich haben dich mit Schmerzen geſucht. Und er ſprach zu ihnen, Warum denn habt ihr mich geſucht? Wußtet ihr nicht, daß ich ſein muß in dem, was meines Vaters iſt? Und ſie verſtanden das Wort nicht, das er zu ihnen redete. Und er ging mit ihnen hinab, und kam gen Nazareth, und war ihnen unter= than. Und ſeine Mutter bewahrte alle dieſe Dinge in ihrem Herzen. Und Jeſus nahm zu an Weisheit und an Geſtalt und an Gnade bei Gott und den Menſchen.

Epiſtel. Röm. 12, 1—6.

So ermahne ich euch nun, Brüder, bei der Barmherzigkeit Gottes, hinzugeben eure Leiber zu einem lebendigen, heiligen, Gott wohlgefälligen Opfer, welches ſei euer vernünftiger Gottesdienſt; und euch nicht dieſer Welt gleichzuſtellen, ſondern euch durch die Erneuerung des Sinnes zu verwandeln, auf daß ihr prüfen möget, welches da ſei der Wille Gottes, das Gute und Wohlgefällige und Vollkommene. Denn ich ſage durch die Gnade, die mir gegeben iſt, Jedermann unter euch, daß er nicht höher von ſich denke, als es ſich gebühret zu denken, ſondern daß er auf beſcheidene Gedanken denke, ſowie einem Jeglichen Gott das Maß des Glaubens zugetheilet hat. Denn gleicher Weiſe, als wir an Einem Leibe viele Glieder haben, aber alle Glieder nicht einerlei Geſchäfte haben, alſo ſind wir, die Vielen, Ein Leib in Chriſtus, gegenſeitig aber je Einer des Andern Glied. Wir haben aber Gnadengaben, verſchieden nach der Gnade, die uns gegeben iſt.

Zweiter Sonntag nach Epiphanien.

Evangelium. Joh. 2, 1—11.

Und am dritten Tage war eine Hochzeit zu Kana in Galiläa; und die Mutter Jesu war da. Aber auch Jesus und seine Jünger wurden auf die Hochzeit geladen. Und als es am Wein gebrach, spricht die Mutter Jesu zu ihm, Sie haben keinen Wein mehr. Jesus spricht zu ihr, Weib, was habe ich mit dir zu schaffen? Meine Stunde ist noch nicht gekommen. Seine Mutter spricht zu den Dienern, Was er euch sagen mag, das thut. Es waren aber dort sechs steinerne Wasserkrüge aufgestellt, nach der Weise der jüdischen Reinigung; und gingen je in einen zwei oder drei Eimer. Jesus spricht zu ihnen, Füllet die Wasserkrüge mit Wasser. Und sie füllten sie bis oben an. Und er spricht zu ihnen, Schöpfet nun, und bringet's dem Speisemeister: Und sie brachten's. Als aber der Speisemeister kostete das Wasser, das Wein geworden war, und wußte nicht, woher es sei (die Diener aber wußten es, die das Wasser geschöpft hatten); rufet der Speisemeister den Bräutigam, und spricht zu ihm, Jedermann setzet zuerst den guten Wein vor, und wenn sie trunken sind, alsdann den geringern; du hast den guten Wein bisjetzt behalten. Dieses that als Anfang seiner Zeichen Jesus zu Kana in Galiläa, und offenbarete seine Herrlichkeit. Und seine Jünger glaubten an ihn.

Epistel. Röm. 12, 6—16.

Hat Jemand Weissagung, so sei sie im Verhältniß zum Glauben. Hat Jemand ein Amt, so sei er im Amte, lehret Jemand, so sei er in der Lehre, ermahnet Jemand, so sei er in der Ermahnung thätig. Gibt Jemand, so gebe er in Einfalt. Stehet Jemand vor, so thue er es mit Fleiß. Uebet Jemand Barmherzigkeit, so thue er es mit Lust.

Die Liebe sei ungefärbt. Hasset das Arge, hanget dem Guten an. In der brüderlichen Liebe seid untereinander herzlich. In der Ehrerbietung gehet einander voran. Seid nicht träge, wo es Fleiß gilt. Seid glühend im Geiste. Dienet dem Herrn. Seid fröhlich in Hoffnung; standhaft in Trübsal; haltet an am Gebet. Nehmet Theil an den Bedürfnissen der Heiligen. Befleißiget euch der Gastfreundschaft. Segnet, die euch verfolgen; segnet, und fluchet nicht. Freuet euch mit den Fröhlichen, weinet mit den Weinenden. Habt einerlei Sinn untereinander. Trachtet nicht nach hohen Dingen, sondern unterziehet euch dem Niedrigen.

Dritter Sonntag nach Epiphanien.

Evangelium. Matth. 8, 1—13.

Da er aber vom Berge herabging, folgete ihm viel Volks nach. Und ſiehe, ein Ausſätziger kam auf ihn zu, und fiel vor ihm nieder, und ſprach, Herr, ſo du willſt, kannſt du mich reinigen. Und Jeſus ſtreckte die Hand aus, rührete ihn an und ſprach, Ich will's thun, ſei gereiniget. Und alsbald ward er von ſeinem Ausſatze rein. Und Jeſus ſprach zu ihm, Siehe zu, daß du es Niemand ſageſt; ſondern gehe hin, zeige dich dem Prieſter, und opfere die Gabe, die Moſes geboten hat, zum Zeugniß für ſie. Da er aber nach Kapernaum gekommen, kam ein Hauptmann zu ihm, der erſuchte ihn und ſprach, Herr, mein Diener liegt zu Hauſe, und iſt gliederlahm, und hat große Qual. Er ſprach zu ihm, Ich will kommen, und ihn geſund machen. Der Haupt= mann aber antwortete und ſprach, Herr, ich bin nicht werth, daß du unter mein Dach geheſt; ſondern ſprich nur ein Wort, ſo wird mein Diener geſund. Denn auch ich bin ein Menſch, der unter den Befehlen Anderer ſteht, und habe Kriegsknechte unter mir; und ſage ich zu einem, Gehe hin, ſo gehet er; und zum andern, Komm her, ſo kommt er; und zu meinem Knechte, Thue das, ſo thut er's. Da aber Jeſus das hörete, verwunderte er ſich, und ſprach zu denen, die ihm nachfolgeten, Wahrlich, ich ſage euch, ſolchen Glauben habe ich in Iſrael bei Niemand gefunden. Aber ich ſage euch, Viele werden kommen vom Morgen und vom Abend, und mit Abraham und Iſaak und Jakob im Himmelreich zu Tiſche ſitzen: aber die Kinder des Reichs werden hinausgeſtoßen in die Finſterniß draußen; da wird ſein Heulen und Zähneklirſchen. Und Jeſus ſprach zu dem Hauptmanne, Gehe hin, dir geſchehe wie du geglaubt haſt. Und der Diener ward geſund von derſelbigen Stunde an.

Epiſtel. Röm. 12, 16—21.

Achtet euch nicht ſelbſt für klug. Vergeltet Niemand Böſes mit Böſem. Befleißiget euch des Guten vor allen Menſchen. Iſt es möglich, ſo viel an euch iſt, ſo habt mit allen Menſchen Frieden. Rächet euch ſelbſt nicht, Geliebte, ſondern gebet Raum dem Zorne; denn es ſtehet geſchrieben, Mein iſt die Rache, Ich will vergelten, ſpricht der Herr. Wenn aber deinen Feind hungert, ſo ſpeiſe ihn; dürſtet ihn, ſo tränke ihn. Wenn du das thuſt, ſo wirſt du feurige Kohlen auf ſein Haupt ſammeln. Laß dich nicht das Böſe überwinden, ſondern überwinde das Böſe mit Gutem.

Vierter Sonntag nach Epiphanien.

Evangelium. Matth. 8, 23—27.

Und er trat in ein Schiff, und seine Jünger folgten ihm. Und siehe, da erhob sich ein großes Ungestüm im Meer, also daß das Schifflein von den Wellen bedeckt warb; er aber schlief. Und die Jünger traten zu ihm, weckten ihn auf, und sprachen, Herr, rette, wir verberben. Und er sagte zu ihnen, Ihr Kleingläubigen, warum seid ihr so furchtsam? Alsbann stand er auf, und bedräuete die Winde und das Meer; da warb es ganz stille. Die Menschen aber verwunderten sich und sprachen, Was ist das für ein Mann, daß auch die Winde und das Meer ihm gehorsam sind!

Epistel. Röm. 13, 8—10.

Seid Niemand etwas schuldig, außer daß ihr einander liebet, denn wer den Andern liebet, der hat das Gesetz erfüllet. Denn jenes, Du sollst nicht ehebrechen; Du sollst nicht tödten; Du sollst nicht stehlen; Laß dich nicht gelüsten; und so ein anderes Gebot mehr ist, das wird in diesem Worte zusammengefasset, Du sollst deinen Nächsten lieben wie dich selbst. Die Liebe thut dem Nächsten nichts Böses. So ist nun die Liebe des Gesetzes Erfüllung.

Fünfter Sonntag nach Epiphanien.

Evangelium. Matth. 13, 24—30.

Er legte ihnen ein anderes Gleichniß vor, und sprach, Das Himmelreich ist gleich einem Menschen, der guten Samen auf seinen Acker säete. Da aber die Leute schliefen, kam sein Feind, und säete Unkraut dazu zwischen den Weizen, und ging davon. Da nun die Saat aufsproßte und Frucht brachte, da fand sich auch das Unkraut. Da traten die Knechte zu dem Hausvater und sprachen zu ihm, Herr, hast du nicht guten Samen auf deinen Acker gesäet? woher hat er denn Unkraut? Er aber sprach zu ihnen, Das hat ein feindlich gesinnter Mensch gethan. Sie sprachen aber zu ihm, Willst du denn, daß wir hingehen, und es zusammenlesen? Er aber sprach, Nein; auf daß ihr nicht zugleich den Weizen mit ausraufet, wenn ihr das Unkraut zusammenleset. Lasset beides mit einander wachsen bis zur Ernte; und um der Ernte Zeit will ich zu den Schnittern sagen, Sammelt zuvor das Unkraut, und bindet es in Bündlein, daß man es verbrenne; aber den Weizen sammelt in meine Scheune.

Epistel. Kol. 3, 12—17.

So ziehet nun an als Auserwählte Gottes, Heilige und Geliebte, herzliches Erbarmen, Güte, Demuth, Sanftmuth, Langmuth, und ertraget einander und vergebet euch, so Jemand wider den Andern einen Tadel hat; gleichwie der Herr euch vergeben hat, also auch ihr. Ueber dieses Alles aber die Liebe, welche der Vollkommenheit Band ist. Und der Friede Christi regiere in euern Herzen, zu welchem ihr auch in Einem Leibe berufen seid, und seid dankbar. Lasset das Wort Christi unter euch reichlich wohnen; lehret und ermahnet einander in aller Weisheit; singet dem Herrn in Psalmen und Lobgesängen und geistlichen Liedern in eurem Herzen, in Dankbarkeit. Und Alles, was ihr thut, mit Worten oder mit Werken, das thut Alles in dem Namen Jesu Christi, und danket Gott dem Vater durch ihn.

Sechster Sonntag nach Epiphanien.

Evangelium. Matth. 17, 1—9.

Und nach sechs Tagen nahm Jesus zu sich Petrus und Jacobus und Johannes, dessen Bruder, und führete sie beiseit auf einen hohen Berg. Und er ward verwandelt vor ihnen, und sein Angesicht leuchtete wie die Sonne, seine Kleider aber wurden weiß wie das Licht. Und siehe, da erschienen ihnen Moses und Elia, die redeten mit ihm. Petrus aber hob an zu reden und sprach zu Jesus, Herr, es ist gut daß wir hier sind; wünschest du es, so will ich hier drei Hütten machen, dir eine, dem Moses eine, und dem Elia eine. Da er noch also redete, siehe, da überschattete sie eine lichte Wolke. Und siehe, eine Stimme aus der Wolke, die sprach, Dies ist mein lieber Sohn, an welchem ich Wohlgefallen habe; den sollt ihr hören. Da das die Jünger höreten, fielen sie auf ihr Angesicht, und fürchteten sich sehr. Und Jesus trat zu ihnen, rührete sie an und sprach, Stehet auf und fürchtet euch nicht. Da sie aber ihre Augen aufhoben, sahen sie Niemand, denn Jesum allein. Und da sie vom Berge herabgingen, gebot ihnen Jesus und sprach, Ihr sollt dies Gesicht Niemand sagen, bis des Menschen Sohn von den Todten auferwecket ist.

Epistel. 2 Petr. 1, 16—21.

Denn wir sind nicht klug ersonnenen Fabeln gefolget, da wir euch die Kraft und Zukunft unsers Herrn Jesus Christus kundgethan haben, sondern wir sind seiner Hoheit Augenzeugen gewesen. Denn er empfing von Gott dem Vater Herrlichkeit und Ehre, indem solche Stimme zu ihm von der hocherhabenen Herrlichkeit geschah, Dies ist mein lieber Sohn, an welchem ich Wohlgefallen habe. Und diese Stimme haben wir gehöret vom Himmel kommen, da wir mit ihm auf dem heiligen Berge waren. Und noch fester ist das prophetische Wort, das wir haben, darauf ihr wohlthut zu achten, als auf ein Licht, welches an dunkelm Orte scheinet, bis der Tag anbreche, und der Morgenstern aufgehe in euerm Herzen; wobei ihr vor Allem bedenket, daß keine Weissagung der Schrift aus eigener Auslegung geschiehet. Denn niemals ist eine Weissagung durch menschlichen Willen hervorgebracht; sondern getrieben von dem heiligen Geist haben heilige Menschen Gottes geredet.

Dritter Sonntag vor den Faſten (Septuageſima).

Evangelium. Matth. 20, 1—16.

Das Himmelreich iſt gleich einem Hausvater, der früh Morgens ausging, Ar=
beiter zu miethen in ſeinen Weinberg. Da er aber mit den Arbeitern eins ward um
einen Denar, zum Tagelohn, ſandte er ſie in ſeinen Weinberg. Und er ging aus
um die dritte Stunde, und ſah andere am Markte müßig ſtehen; und ſprach auch zu
ihnen, Gehet ihr auch hin in den Weinberg; ich will euch geben was recht iſt. Sie
aber gingen hin. Abermal ging er aus um die ſechste und neunte Stunde, und that
gleich alſo. Um die elfte Stunde aber ging er aus, und fand andere daſtehen, und
ſprach zu ihnen, Was ſtehet ihr hier den ganzen Tag müßig? Sie ſprachen zu ihm,
Es hat uns Niemand gedungen. Er ſprach zu ihnen, Gehet ihr auch hin in den Wein=
berg. Da es nun Abend geworden war, ſprach der Herr des Weinbergs zu ſeinem
Schaffner, Rufe die Arbeiter und gib ihnen den Lohn, und hebe bei den Letzten an,
bis zu den Erſten. Da kamen, die um die elfte Stunde gedungen waren, und em=
pfingen ein Jeglicher einen Denar. Und da die Erſten kamen, meineten ſie, ſie wür=
den mehr empfangen; und ſie empfingen auch ein Jeglicher ſeinen Denar. Da ſie aber
den empfingen, murreten ſie wider den Hausvater, und ſprachen, Dieſe Letzten haben
nur Eine Stunde hier zugebracht, und du haſt ſie uns gleich gemacht, die wir des
Tages Laſt und Hitze getragen haben. Er antwortete aber und ſprach zu Einem unter
ihnen, Mein Freund, ich thue dir nicht Unrecht; biſt du nicht mit mir eins geworden
um einen Denar? Nimm was dein iſt, und gehe hin. Ich will aber dieſem Letzten
geben gleich wie dir. Habe ich nicht Macht zu thun, was ich will, mit dem Meinen?
Oder ſieheſt du darum ſo ſcheel, weil ich ſo gütig bin? Alſo werden die Letzten die
Erſten, und die Erſten die Letzten ſein. Denn Viele ſind berufen, aber Wenige ſind
auserwählt.

Epiſtel. 1 Kor. 9, 21—10, 5.

Wiſſet ihr nicht, daß die, ſo in den Schranken laufen, wol alle laufen, aber Einer
erlanget den Siegespreis? Laufet alſo, daß ihr ihn erlanget. Ein Jeglicher aber,
der da kämpfet, enthält ſich in jeder Weiſe; jene zwar, um eine vergängliche Krone
zu empfangen; wir aber eine unvergängliche. So laufe ich nun alſo, nicht als auf's Un=
gewiſſe; ich fechte alſo, nicht als der in die Luft ſchläget. Sondern ich zerſchlage mei=
nen Leib, und führe ihn gefangen, daß ich nicht Andern predige, und ſelbſt verwerf=
lich werde.

Denn ich will euch, Brüder, nicht verhalten, daß unſere Väter alle unter der
Wolke geweſen, und alle durch das Meer gegangen ſind, und alle auf den Moſes
getauft wurden in der Wolke und in dem Meere, und alle einerlei geiſtliche Speiſe
gegeſſen haben, und alle einerlei geiſtlichen Trank getrunken haben; denn ſie tranken
aus einem geiſtlichen Felſen, der nachfolgete; der Fels aber war Chriſtus. Aber an
der Mehrzahl derſelben hatte Gott kein Wohlgefallen; denn ſie wurden niedergeſtrecket
in der Wüſte.

Zweiter Sonntag vor den Fasten (Sexagesimä).

Evangelium. Luc. 8, 4—15.

Da nun viel Volks zusammenkam, und sie aus den Städten zu ihm hinzogen, sprach er durch ein Gleichniß, Es ging der Säemann aus zu säen seinen Samen; und indem er säete, fiel Etliches an den Weg, und ward vertreten, und die Vögel unter dem Himmel fraßen es auf. Und Etliches fiel auf den Fels; und da es aufging, ver= dorrete es, darum daß es keine Feuchtigkeit hatte. Und Etliches fiel mitten unter die Dornen; und die Dornen wuchsen mit auf, und erstickten es. Und Etliches fiel auf das gute Land; und es wuchs auf und trug hundertfältige Frucht. Da er das sagte, rief er, Wer Ohren hat zu hören, der höre! Es fragten ihn aber seine Jünger, was dieses Gleichniß wäre? Er aber sprach, Euch ist es gegeben, zu wissen die Geheim= nisse des Reiches Gottes; den Andern aber in Gleichnissen, auf daß sie nicht sehen, ob sie gleich sehen, und nicht verstehen, ob sie schon hören. Das ist aber das Gleichniß. Der Same ist das Wort Gottes. Die aber an dem Wege sind, das sind, die es hören; darnach kommt der Teufel, und nimmt das Wort von ihrem Herzen, auf daß sie nicht glauben und selig werden. Die aber auf dem Fels, das sind die das Wort mit Freuden annehmen, wenn sie es hören; und die haben nicht Wurzel, eine zeitlang glauben sie, und zur Zeit der Anfechtung fallen sie ab. Das aber unter die Dornen fiel, sind die, so es hören, und unter den Sorgen, Reichthum und Wollüsten des Lebens hingehen und ersticken und keine reife Frucht bringen. Das aber auf dem guten Lande, sind die das Wort hören und in einem feinen guten Herzen behalten, und Frucht bringen in Geduld.

Epistel. 2 Kor. 11, 19—12, 9.

Ihr ertraget ja gern die Narren, dieweil ihr klug seid. Ihr ertraget es ja, so euch Jemand in Knechtschaft bringt, so euch Jemand aufzehret, so euch Jemand das Eure nimmt, so sich Jemand aufwirft, so euch Jemand in das Angesicht schlägt. Zu unserer Unehre sage ich, daß wir dazu zu schwach gewesen sind. Worauf aber Je= mand es wagt — ich rede Thorheit — darauf wage ich es auch kühn. Sie sind Hebräer, ich auch. Sie sind Israeliten, ich auch. Sie sind Abrahams Same, ich auch. Sie sind Diener Christi — ich rede im Wahnsinn — ich noch mehr, durch viel mehr Arbeit, durch übermäßig viele Schläge, durch viel mehr Gefangenschaften, durch häufige Todesgefahren — von Juden habe ich fünfmal vierzig Streiche weniger einen empfan= gen. Ich bin dreimal gestäupet, einmal gesteiniget worden, dreimal habe ich Schiff= bruch erlitten, einmal habe ich Tag und Nacht zugebracht in der Tiefe des Meeres — durch häufige Reisen, durch Gefahren auf Flüssen, durch Gefahren unter Mördern, durch Gefahren unter meinem Volke, durch Gefahren unter Heiden, durch Gefahren in Städten, durch Gefahren in der Wüste, durch Gefahren auf dem Meere, durch Ge= fahren unter falschen Brüdern; in Arbeit und Mühsal, durch häufige Nachtwachen, durch Hunger und Durst, durch häufiges Fasten, durch Frost und Blöße. Außer dem was sich sonst zuträgt, ist mein tägliches Achthaben die Sorge für alle Gemeinden. Wer ist schwach, und ich bin nicht schwach? Wer wird geärgert, und ich brenne nicht? So ich mich rühmen soll, so will ich mich meiner Schwachheit rühmen.

Gott und der Vater unſers Herrn Jeſus Chriſtus, welcher gelobet ſei in Ewigkeit, weiß, daß ich nicht lüge. Zu Damascus ließ der Landpfleger des Königs Aretas die Stadt der Damascener bewachen, mich zu greifen; und ich ward durch ein Fenſter in einem Korbe durch die Mauer herabgelaſſen, und entrann aus ſeinen Händen. Ich muß mich rühmen. Es frommt freilich nicht, dennoch komme ich zu reden auf Geſichte und Offenbarungen des Herrn. Ich weiß von einem Menſchen in Chriſtus, der vor vierzehn Jahren — ob im Leibe, ich weiß es nicht, ob außer dem Leibe, ich weiß es nicht; Gott weiß es — derſelbige ward entrückt bis in den dritten Himmel. Und ich weiß von demſelben Menſchen — ob im Leibe, ob außer dem Leibe, ich weiß es nicht; Gott weiß es — daß er entrückt ward in das Paradies, und unausſprechliche Worte hörete, welche kein Menſch ſagen darf. Eines Solchen will ich mich rühmen, meiner ſelbſt aber will ich mich nicht rühmen, es ſei denn meiner Schwachheiten. Denn ſo ich mich rühmen wollte, wäre ich darum kein Thor; ich würde ja die Wahrheit ſagen. Ich halte aber zurück, auf daß Niemand von mir höher halte, als er an mir ſiehet, oder von mir höret. Und auf daß ich mich nicht der überſchwänglichen Offenbarungen überhebe, ward mir ein Dorn in's Fleiſch gegeben, ein Engel Satans, der mich mit Fäuſten ſchlage. Seinetwegen habe ich dreimal zu dem Herrn gefleht, daß er von mir wiche. Und er hat zu mir geſagt, Dir genügt an meiner Gnade; denn die Kraft wird in Schwachheit völlig. So will ich mich vielmehr am liebſten meiner Schwachheiten rühmen, auf daß die Kraft Chriſti bei mir wohne.

Erster Sonntag vor den Fasten (Quinquagesimä oder Estomihi).

Evangelium. Luc. 18, 31—43.

Er nahm aber zu sich die Zwölf, und sprach zu ihnen, Siehe, wir gehen hinauf gen Jerusalem, und es wird Alles vollendet werden, was geschrieben ist durch die Propheten auf des Menschen Sohn. Denn er wird überantwortet werden den Heiden; und wird verspottet, und geschmähet, und angespieen werden; und sie werden ihn geißeln und tödten; und am dritten Tage wird er auferstehen. Und sie verstanden nichts davon, und es war diese Rede ihnen verborgen, und sie begriffen das Gesagte nicht.

Es geschah aber, da er nahe gen Jericho kam, saß ein Blinder am Wege und bettelte. Da er aber das Volk vorbeiziehen hörte, forschete er, was das wäre. Da verkündigten sie ihm, Jesus von Nazareth gehe vorbei. Und er rief und sprach, Jesus, du Sohn Davids, erbarme dich mein! Die aber vorne an gingen, bedräueten ihn, er sollte schweigen. Er aber schrie viel mehr, Du Sohn Davids, erbarme dich mein! Jesus aber stand stille, und hieß ihn zu sich führen. Da er aber nahe herbeikam, fragte er ihn, Was willst du, daß ich dir thun soll? Er sprach, Herr, daß ich wieder sehend werde. Und Jesus sprach zu ihm, Sei sehend; dein Glaube hat dir geholfen. Und alsbald ward er wieder sehend, und folgte ihm nach, und pries Gott. Und alles Volk, das solches sah, lobete Gott.

Epistel. 1 Kor. 13, 1—13.

Wenn ich mit Menschen- und mit Engelzungen rede, habe aber keine Liebe, so bin ich ein tönendes Erz, oder eine klingende Schelle. Und wenn ich weissagen kann, und alle Geheimnisse weiß und alle Erkenntniß, und wenn ich allen Glauben habe Berge zu versetzen, habe aber keine Liebe, so bin ich nichts. Und wenn ich alle meine Habe ausgespendet, und wenn ich meinen Leib hingegeben habe zum Verbrennen, habe aber keine Liebe, so ist es mir nichts nütze. Die Liebe ist langmüthig, freundlich; die Liebe eifert nicht; die Liebe prahlt nicht, sie blähet sich nicht, sie thut nicht ungeberdig, sie suchet nicht das Ihre, sie läßt sich nicht erbittern, sie rechnet das Böse nicht an, sie freuet sich nicht über die Ungerechtigkeit, sie freuet sich aber mit der Wahrheit; sie erträgt Alles, sie glaubet Alles, sie hoffet Alles, sie duldet Alles. Die Liebe höret nimmer auf; seien es aber Weissagungen, sie werden vergehen, seien es Zungen, sie werden aufhören, sei es Erkenntniß, sie wird vergehen. Stückwerk aber ist unser Erkennen, und Stückwerk unser Weissagen. Wenn aber das Vollkommene gekommen ist, wird das Stückwerk vergehen. Da ich ein Kind war, redete ich wie ein Kind, war gesinnet wie ein Kind, und urtheilete wie ein Kind; da ich aber ein Mann ward, that ich ab, was kindisch war. Denn wir sehen jetzt durch einen Spiegel in ein Räthsel; dann aber von Angesicht zu Angesicht. Jetzt erkenne ich stückweise; dann aber werde ich erkennen, gleichwie auch ich erkannt wurde. So aber bleibet Glaube, Hoffnung, Liebe, diese drei; aber die Liebe ist die Größeste unter ihnen.

Erster Fastensonntag (Invocavit).

Evangelium. Matth. 4, 1—11.

Da ward Jesus vom Geiste in die Wüste hinaufgeführt, daß er vom Teufel ver=
sucht würde. Und nachdem er vierzig Tage und vierzig Nächte gefastet hatte, hungerte
ihn zuletzt. Und der Versucher trat zu ihm und sprach, Bist du Gottes Sohn, so sprich,
daß diese Steine Brod werden. Er aber antwortete und sprach, Es stehet geschrieben,
Der Mensch lebet nicht vom Brode allein, sondern durch jegliches Wort, das aus dem
Munde Gottes ergehet. Da nahm ihn der Teufel mit sich in die heilige Stadt, und
stellte ihn auf die Zinne des Tempels, und sprach zu ihm, Bist du Gottes Sohn, so
wirf dich hinab; denn es stehet geschrieben, Er wird seinen Engeln deinetwegen Befehl
thun, und sie werden dich auf den Händen tragen, auf daß du deinen Fuß nicht an
einen Stein stoßest. Jesus sprach zu ihm, Wiederum stehet auch geschrieben, Du sollst
den Herrn, deinen Gott, nicht versuchen. Wiederum nahm ihn der Teufel mit sich auf
einen sehr hohen Berg, und zeigte ihm alle Reiche der Welt und ihre Herrlichkeit, und
sprach zu ihm, Dies Alles will ich dir geben, so du niederfällst, und mich anbetest. Da
sprach Jesus zu ihm, Hebe dich weg, Satan; denn es stehet geschrieben, Du sollst an=
beten den Herrn, deinen Gott, und ihm allein dienen. Da verließ ihn der Teufel;
und siehe, es traten Engel zu ihm, und dieneten ihm.

Epistel. 2 Kor. 6, 1—10.

Als Mitarbeiter aber ermahnen wir auch, daß ihr nicht vergeblich die Gnade Gottes
empfanget (denn er spricht, Ich habe dich zur angenehmen Zeit erhöret, und habe dir
am Tage des Heils geholfen. Siehe, jetzt ist die angenehme Zeit, siehe jetzt ist der
Tag des Heils), indem wir Niemand irgendein Aergerniß geben, auf daß unser Dienst
nicht getadelt werde; sondern in allen Stücken uns empfehlen als Diener Gottes, in
großer Gebuld, in Trübsalen, in Nöthen, in Aengsten, in Schlägen, in Gefängnissen,
in Aufständen, in Arbeit, in Nachtwachen, in Fasten; in unbeflecktem Wesen, in Er=
kenntniß, in Langmuth, in Freundlichkeit, in heiligem Geist, in ungefärbter Liebe, in
dem Worte der Wahrheit, in der Kraft Gottes; durch die Waffen der Gerechtigkeit
zur Rechten und Linken; durch Ehre und Schande, durch böse Gerüchte und gute Ge=
rüchte; als Verführer, und doch wahrhaftig; als Unbekannte, und doch bekannt; als
Sterbende, und siehe, wir leben; als Gezüchtigte, und doch nicht ertödtet; als Trau=
rige, aber allezeit fröhlich; als Arme, die aber Viele reich machen; als die Nichts haben,
und doch Alles inne haben.

Zweiter Faſtenſonntag (Reminiſcere).

Evangelium. Matth. 15, 21—28.

Und Jeſus ging aus von bannen, und entwich in das Gebiet von Thrus und Sidon. Und ſiehe, ein kananäiſches Weib kam von derſelbigen Mark, ſchrie und ſprach, Herr, du Sohn Davids, erbarme dich mein! meine Tochter wird vom Teufel übel geplaget. Aber er antwortete ihr kein Wort. Da traten zu ihm ſeine Jünger, baten ihn und ſprachen, Entlaß ſie doch, denn ſie ſchreiet uns nach. Er antwortete aber und ſprach, Ich bin nicht geſandt, denn nur zu den verlorenen Schafen vom Hauſe Iſrael. Sie kam aber und fiel vor ihm nieder, und ſprach, Herr, hilf mir. Aber er antwortete und ſprach, Es iſt nicht recht, daß man den Kindern ihr Brod nehme, und werfe es vor die Hündlein. Sie aber ſprach, Ja, Herr; denn auch die Hündlein eſſen von den Broſamen, die von ihrer Herren Tiſche fallen. Da antwortete Jeſus und ſprach zu ihr, O Weib, dein Glaube iſt groß! Dir geſchehe, wie du willſt. Und ihre Tochter war geſund von derſelbigen Stunde an.

Epiſtel. 1 Theſſ. 4, 1—8.

Uebrigens nun, Brüder, bitten wir euch und ermahnen im Herrn Jeſus, gleichwie ihr von uns empfangen habt, welcher Art ihr wandeln ſollet und Gott gefallen, daß ihr immer völliger werdet. Denn ihr wiſſet, welche Gebote wir euch gegeben haben durch den Herrn Jeſus. Denn das iſt Gottes Wille, eure Heiligung, daß ihr die Hu=rerei meidet; daß ein Jeglicher unter euch wiſſe ſein Gefäß zu erwerben in Heiligung und Ehre, nicht in begehrlicher Luſt, wie die Heiden, die von Gott nichts wiſſen; daß Niemand zu weit greife und übervortheile ſeinen Bruder in dem Geſchäft; weil ja der Herr Rächer iſt über das Alles, wie wir euch auch zuvor geſagt und bezeuget haben. Denn Gott hat uns nicht berufen zur Unreinigkeit, ſondern in Heiligung. Darum wer verachtet, der verachtet nicht einen Menſchen, ſondern Gott, der ſeinen heiligen Geiſt in euch gibt.

Dritter Faſtenſonntag (Oculi).

Evangelium. Luc. 11, 14—28.

Und er trieb einen Teufel aus, der war ſtumm. Es geſchah aber, da der Teufel ausgetrieben war, da redete der Stumme. Und das Volk verwunderte ſich: Etliche aber unter ihnen ſprachen, Er treibt die Teufel aus durch Beelzebul, den Oberſten der Teufel. Andere aber verſuchten ihn, und begehreten von ihm ein Zeichen vom Himmel. Er aber, da er ihre Gedanken wußte, ſprach zu ihnen, Ein jegliches Reich, ſo es mit ſich ſelbſt uneins wird, das wird wüſte, und ein Haus fällt auf das andere. Iſt denn der Satan auch mit ſich ſelbſt uneins, wie mag ſein Reich beſtehen? weil ihr ja ſaget, ich treibe die Teufel aus durch Beelzebul. So aber ich die Teufel durch Beel= zebul austreibe, durch wen treiben eure Kinder ſie aus? Darum werden ſie eure Rich= ter ſein. So ich aber durch Gottes Finger die Teufel austreibe, ſo iſt ja das Reich Gottes zu euch gekommen. Wenn ein Starker gewappnet ſeinen Palaſt bewahret, ſo bleibet das Seine in Frieden. Wenn aber ein Stärkerer, denn er, über ihn kommt, und überwindet ihn, ſo nimmt er ihm ſeine Waffenrüſtung, darauf er ſich verließ, und theilet den Raub von ihm aus. Wer nicht mit mir iſt, der iſt wider mich; und wer nicht mit mir ſammelt, der zerſtreuet.

Wenn der unſaubere Geiſt von dem Menſchen ausgefahren iſt, ſo durchwandelt er dürre Stätten und ſuchet Ruhe, und da er ſie nicht findet, ſpricht er, Ich will wieder umkehren in mein Haus, daraus ich gegangen bin. Und wenn er kommt, ſo findet er es gekehrt und geſchmückt. Dann gehet er hin, und nimmt ſieben andere Geiſter zu ſich, die ärger ſind denn er ſelbſt; und ſie kommen hinein, und wohnen allda; und es wird zuletzt mit demſelben Menſchen ſchlimmer als es vorhin war.

Es begab ſich aber, da er ſolches redete, erhob ein Weib aus dem Volke die Stimme, und ſprach zu ihm, Selig iſt der Leib, der dich getragen hat, und die Brüſte, die du geſogen haſt! Er aber ſprach, Ja, ſelig ſind vielmehr, die Gottes Wort hören und bewahren.

Epiſtel. Eph. 5, 1—9.

Seid alſo Nachahmer Gottes, wie geliebte Kinder. Und wandelt in Liebe, wie ja auch Chriſtus euch geliebet und ſich ſelbſt für euch als Gabe und Opfer Gott dahin= gegeben hat, zu einem lieblichen Geruche.

Hurerei aber und jegliche Unreinigkeit oder Habſucht ſoll unter euch auch nicht ge= nannt werden, wie es Heiligen anſtehet; auch ſchandbares Weſen und thörichtes Schwätzen oder Witzeln, dergleichen ſich nicht ziemet, ſondern vielmehr Dankſagung. Denn das wiſſet ihr ja, daß kein Hurer oder Unreiner oder Habſüchtiger (welcher ein Götzendiener iſt) an dem Reiche Chriſti und Gottes Erbtheil hat. Niemand verführe euch mit leeren Worten; denn um dieſer Dinge willen kommt der Zorn Gottes über die Kinder des Ungehorſams. Werdet alſo nicht ihre Mitgenoſſen. Denn ihr waret einſt Finſterniß, nun aber ſeid ihr Licht in dem Herrn: wandelt alſo wie Kinder des Lichts (denn die Frucht des Lichtes beſtehet in gütigem Weſen und Gerechtigkeit und Wahrheit).

Vierter Fastensonntag (Lätare).

Evangelium. Joh. 6, 1—15.

Darnach zog Jesus weg nach dem jenseitigen Ufer des galiläischen Meeres, welches da ist das Meer von Tiberias. Und es zog ihm viel Volks nach, weil sie die Zeichen sahen, die er an den Kranken that. Jesus aber ging hinauf auf den Berg, und setzte sich daselbst mit seinen Jüngern. Es war aber nahe das Passah, der Juden Fest. Da hob Jesus seine Augen auf, und siehet, daß viel Volks zu ihm kommt, und spricht zu Philippus, Woher sollen wir Brod kaufen, daß diese essen? Das sagte er aber, ihn zu versuchen; denn er selbst wußte, was er thun wollte. Philippus antwortete, Für zweihundert Denare Brod sind nicht genug für sie, daß ein Jeglicher ein Weniges empfange. Spricht zu ihm einer seiner Jünger, Andreas, der Bruder des Simon Petrus, Es ist ein Knabe hier, der hat fünf Gerstenbrode und zwei Fische; aber was ist das unter so Viele? Jesus aber sprach, Lasset die Menschen sich lagern. Es war aber viel Gras an dem Ort. Da lagerten sie sich, an Zahl ungefähr fünftausend Mann. Da nahm Jesus die Brode, dankete, und theilte sie aus denen, die sich gelagert hatten; desgleichen auch von den Fischen, soviel sie wollten. Als sie aber satt waren, spricht er zu seinen Jüngern, Sammelt die übrigen Brocken, damit nichts verloren gehe. Da sammelten sie, und füllten zwölf Körbe mit Brocken von den fünf Gerstenbroden, die überblieben denen, die gespeiset worden.

Da nun die Menschen das Zeichen sahen, das Jesus that, sprachen sie, Das ist wahrhaftig der Prophet, der in die Welt kommt. Jesus merkte nun, daß sie kommen würden, und ihn haschen, daß sie ihn zum Könige machten, und so entwich er abermal auf den Berg, er ganz allein.

Epistel. Gal. 4, 21—31.

Saget mir, die ihr unter dem Gesetze sein wollt, höret ihr nicht auf das Gesetz? Denn es stehet geschrieben, daß Abraham zwei Söhne hatte, Einen von der Magd und Einen von der Freien. Aber der von der Magd ist nach dem Fleische geboren, der aber von der Freien ist durch die Verheißung geboren. Das hat einen bildlichen Sinn; denn diese Frauen bedeuten zwei Bündnisse, Eines nämlich von dem Berge Sinai, das zur Knechtschaft gebieret, welches ist die Hagar. Hagar aber heißet in Arabien der Berg Sinai. Sie entspricht aber der Stadt Jerusalem, die zu dieser Zeit ist; denn die ist in Knechtschaft mit ihren Kindern. Aber das Jerusalem, das droben, ist frei, und das ist unsere Mutter. Denn es stehet geschrieben, Jubele, du Unfruchtbare, die du nicht gebierest, brich aus und rufe, die du nicht kreißest, denn viel zahlreicher werden sein die Kinder der Einsamen als die der Vermählten. Ihr aber, Brüder, seid nach Isaaks Art der Verheißung Kinder. Aber gleichwie damals der nach dem Fleische geboren war, verfolgete den, der nach dem Geiste geboren war, also gehet es auch jetzt. Aber was spricht die Schrift? Stoß die Magd hinaus mit ihrem Sohne; denn nicht soll erben der Magd Sohn mit dem Sohne der Freien. Darum, Brüder, sind wir nicht der Magd Kinder, sondern der Freien.

Fünfter Faſtenſonntag (Judica).

Evangelium. Joh. 8, 46—59.

Welcher unter euch kann mich einer Sünde zeihen? So ich Wahrheit ſage, warum glaubet ihr mir nicht? Wer aus Gott iſt, der höret die Worte Gottes; darum höret ihr nicht, denn ihr ſeid nicht aus Gott. Die Juden antworteten und ſprachen zu ihm, Sagen wir nicht recht, daß du ein Samariter biſt, und haſt einen Teufel? Jeſus antwortete, Ich habe keinen Teufel; ſondern ich ehre meinen Vater, und ihr verun= ehret mich. Ich aber ſuche nicht meine Ehre; es iſt Einer, der ſie ſuchet und richtet. Wahrlich, wahrlich, ich ſage euch, So Jemand mein Wort hält, der wird den Tod nicht ſehen ewiglich. Die Juden ſprachen zu ihm, Nun haben wir erkannt, daß du einen Teufel haſt. Abraham iſt geſtorben, und die Propheten, und du ſprichſt, So Jemand mein Wort hält, der wird den Tod nicht ſchmecken ewiglich. Du biſt doch nicht größer, als unſer Vater Abraham, welcher geſtorben iſt? und die Propheten ſind geſtorben. Was machſt du aus dir ſelbſt? Jeſus antwortete, So ich mich ſelber ehre, ſo iſt meine Ehre nichts. Es iſt mein Vater, der mich ehret, von welchem ihr ſaget, er ſei euer Gott, und habt ihn nicht erkannt; ich aber kenne ihn. Und ſo ich ſagen würde, Ich kenne ihn nicht; ſo würde ich gleichwie ihr ein Lügner ſein. Aber ich kenne ihn, und halte ſein Wort. Abraham, euer Vater, ward froh, daß er meinen Tag ſehen ſollte; und er ſah ihn, und freuete ſich. Da ſprachen die Juden zu ihm, Du biſt noch nicht funfzig Jahr alt, und haſt Abraham geſehen? Jeſus ſprach zu ihnen, Wahrlich, wahrlich, ich ſage euch, Ehe denn Abraham ward, bin ich. Da hoben ſie Steine auf, daß ſie auf ihn würfen. Aber Jeſus barg ſich, und ging zum Tempel hinaus.

Epiſtel. Hebr. 9, 11—15.

Chriſtus aber iſt gekommen, ein Hoheprieſter der zukünftigen Güter, und iſt durch ein größeres und vollkommeneres Zelt, das nicht mit Händen gemacht iſt, das heißt nicht dieſer Schöpfung angehört, auch nicht mit der Böcke und Kälber Blut, ſondern mit ſeinem eigenen Blute, Einmal in das Heiligthum eingegangen, und hat eine ewige Erlöſung erfunden. Denn wenn der Böcke und Ochſen Blut, und die Aſche einer Kuh auf die Verunreinigten geſprenget, zur Reinigung des Fleiſches heiligt, um ſo mehr wird das Blut Chriſti, der durch ewigen Geiſt ſich ſelbſt ohne Fehl Gott zum Opfer dargebracht hat, unſer Gewiſſen reinigen von todten Werken, zu dienen dem lebendigen Gott. Und darum iſt er eines neuen Teſtamentes Mittler, auf daß, nach= dem ſein Tod zur Erlöſung von den Uebertretungen, ſo unter dem erſten Teſtament geſchahen, eingetreten war, die Berufenen des ewigen Erbes Verheißung empfingen.

Palmsonntag.

Evangelium. Die Leidensgeschichte.

Erste Abtheilung.

Sechs Tage vor dem Passah kam Jesus gen Bethanien, wo Lazarus war, welchen Jesus auferwecket hatte von den Todten. Daselbst machten sie ihm nun ein Mahl (im Hause Simons des Aussätzigen, Matth. 26, 6), und Martha dienete; Lazarus aber war deren einer, die mit ihm zu Tische saßen. Da nahm Maria ein Pfund Salbe von ungefälschter köstlicher Narde, und salbete die Füße Jesu, und trocknete mit ihren Haaren seine Füße; das Haus aber ward voll vom Geruch der Salbe. Da spricht seiner Jünger einer, Judas, Simons Sohn, Ischarioth, der ihn hernach verrieth, Warum ward diese Salbe nicht verkauft um drei hundert Denare, und Armen gegeben? Das sagte er aber nicht, weil er Sorge um die Armen trug, sondern weil er ein Dieb war, und den Beutel hatte, und entwendete, was eingelegt ward. Da sprach Jesus, Laß sie mit Frieden; auf daß sie solches behalte zum Tage meines Begräbnisses. Denn die Armen habt ihr allezeit bei euch; mich aber habt ihr nicht allezeit (Joh. 12, 1—8). Wahrlich, ich sage euch, wo nur in der ganzen Welt dieses Evangelium geprediget wird, da wird man auch sagen zu ihrem Gedächtniß, was sie gethan hat (Matth. 26, 13).

Da erfuhr viel Volks der Juden, daß er daselbst sei, und kamen, nicht um Jesu willen allein, sondern daß sie auch den Lazarus sähen, welchen er von den Todten erwecket hatte. Aber die Hohepriester rathschlagten, auch den Lazarus zu tödten. Denn um seinetwillen gingen viele Juden hin, und glaubten an Jesus.

Des andern Tages, da viel Volk, das auf das Fest gekommen war, hörete, daß Jesus nach Jerusalem komme, nahmen sie Zweige der Palmen und zogen hinaus, ihm entgegen, und schrieen, Hosianna, gesegnet sei, der da kommt im Namen des Herrn, der König von Israel (Joh. 12, 9—13). Jesus aber (Joh. 12, 14), als er nahe gen Bethphage und Bethanien kam, an den sogenannten Oelberg, sandte er der Jünger zwei, und sprach, Gehet hin in den Flecken dort gegenüber; und wenn ihr hineinkommet, werdet ihr ein Füllen angebunden finden, auf welchem noch nie ein Mensch gesessen hat; löset es ab, und bringet es. Und so euch Jemand fragt, Warum löset ihr es ab? so saget also, Der Herr bedarf sein. Und die Gesandten gingen hin, und fanden, wie er ihnen gesagt hatte. Da sie aber das Füllen ablöseten, sprachen seine Herren zu ihnen, Warum löset ihr das Füllen ab? Sie aber sprachen, Der Herr bedarf sein. Und sie brachten es zu Jesus, und warfen ihre Kleider auf das Füllen, und setzten Jesum darauf (Luc. 19, 29—35), wie geschrieben stehet, Fürchte dich nicht, du Tochter Zion, siehe, dein König kommt, sitzend auf einem Eselsfüllen. Solches verstanden seine Jünger zuerst nicht; sondern als Jesus verkläret ward, da dachten sie daran, daß solches war von ihm geschrieben, und sie solches ihm gethan hatten. Das Volk nun, das mit ihm war, bezeugete, daß er den Lazarus aus dem Grabe gerufen und ihn von den Todten auferwecket hatte. Darum ging ihm auch das Volk entgegen, weil sie höreten, er habe solches Zeichen gethan. Die Pharisäer nun sprachen untereinander, Ihr sehet, daß ihr nichts ausrichtet; siehe, alle Welt lief ihm nach (Joh. 12, 14—19).

Da er nun hinzog, breiteten ſie ihre Kleider auf den Weg. Und da er ſchon nahe dahinkam, wo man den Oelberg herabzieht, fing an der ganze Haufe der Jünger freudig Gott zu loben mit lauter Stimme, über alle Thaten, die ſie geſehen hatten, und ſprachen, Geſegnet ſei der König, der da kommt im Namen des Herrn! Friede ſei im Himmel, und Ehre in der Höhe! Und etliche der Phariſäer unter dem Volk ſprachen zu ihm, Meiſter, ſchilt doch deine Jünger. Und er antwortete und ſprach, Ich ſage euch, wenn dieſe ſchweigen, ſo werden die Steine ſchreien.

Und als er nahe hinzukam und die Stadt ſah, weinte er über ſie, und ſprach, Wenn doch auch du erkenneteſt, noch zu dieſer deiner Zeit, was zu deinem Frieden dienet! aber nun iſt es vor deinen Augen verborgen; denn es werden Tage über dich kommen, wo deine Feinde ein Bollwerk um dich aufwerfen werden, und dich umzingeln, und von allen Seiten einengen, und dich ſchleifen werden, und deine Kinder in dir zerſchmettern, und keinen Stein in dir auf dem andern laſſen: darum, daß du nicht erkannt haſt die Zeit deiner Heimſuchung (Luc. 19, 36—44).

Und als er zu Jeruſalem einzog, erregte ſich die ganze Stadt und ſprach, Wer iſt der? Das Volk aber ſprach, Das iſt Jeſus, der Prophet, der von Nazareth in Galiläa. Und Jeſus ging zum Tempel hinein. Da aber die Hoheprieſter und Schrift= gelehrten ſahen, wie die Kinder im Tempel ſchrieen und ſagten, Hoſianna dem Sohn Davids! wurden ſie entrüſtet, und ſprachen zu ihm, Höreſt du, was dieſe ſagen? Jeſus aber ſprach zu ihnen, Ja. Habt ihr nie geleſen, Aus dem Munde der Unmün= digen und Säuglinge haſt du Lob bereitet (Matth. 21, 10—12. 15. 16).

Es waren aber etliche Griechen unter denen, die hinaufgekommen waren, daß ſie anbeteten auf dem Feſt. Die traten nun zu Philippus, der von Bethſaida aus Galiläa war, baten ihn und ſprachen, Herr, wir wollen gern Jeſum ſehen. Philippus kommt und ſagt es dem Andreas; Andreas und Philippus kommen und ſagen es Jeſu. Jeſus aber antwortete ihnen und ſprach, Die Stunde iſt gekommen, daß des Menſchen Sohn verkläret werde. Wahrlich, wahrlich, ich ſage euch, Es ſei denn, daß das Weizenkorn in die Erde falle und erſterbe, ſo bleibet es allein; ſo es aber erſtirbt, bringet es viele Frucht. Wer ſein Leben lieb hat, der wird es verlieren; und wer ſein Leben auf dieſer Welt haſſet, der wird es erhalten zum ewigen Leben. Wer mir dienen will, der folge mir nach; und wo ich bin, da ſoll mein Diener auch ſein. Wer mir dienen wird, den wird mein Vater ehren. Jetzt iſt meine Seele betrübt; und was ſoll ich ſagen? Vater, rette mich aus dieſer Stunde! Doch darum kam ich in dieſe Stunde. Vater, verkläre deinen Namen! Da kam eine Stimme vom Himmel, Ich habe ihn verkläret, und will ihn abermal verklären. Da ſprach das Volk, das dabei ſtand und zuhörete, Es donnerte. Andere ſprachen, Es redete ein Engel mit ihm. Jeſus ant= wortete und ſprach, Dieſe Stimme iſt nicht um meinetwillen geſchehen, ſondern um euertwillen. Jetzt gehet ein Gericht über dieſe Welt; jetzt wird der Fürſt dieſer Welt ausgeſtoßen werden; und ich, wenn ich erhöhet werde von der Erde, ſo will ich Alle zu mir ziehen. Das ſagte er aber anzudeuten, welches Todes er ſterben würde. Da antwortete ihm das Volk, Wir hörten aus dem Geſetz, daß der Chriſt ewiglich bleibe; und wie ſagſt du denn, Des Menſchen Sohn muß erhöhet werden? Wer iſt dieſer Menſchenſohn? Da ſprach Jeſus zu ihnen, Es iſt das Licht noch eine kleine Zeit unter euch. Wandelt, da ihr das Licht habt, daß euch die Finſterniß nicht überfalle. Und wer in der Finſterniß wandelt, der weiß nicht, wo er hingehet. Glaubet an das Licht, da ihr das Licht habt, auf daß ihr des Lichtes Kinder werdet. Solches redete Jeſus, und ging weg und verbarg ſich vor ihnen (Joh. 12, 20—36).

Und Jeſus ging hinaus und hinweg von dem Tempel, und ſeine Jünger traten zu ihm; daß sie ihm zeigten des Tempels Bauten. Er aber hob an und sprach zu ihnen, Sehet ihr nicht dieses Alles? Wahrlich, ich sage Euch, Es wird hier nicht ein Stein auf dem andern bleiben, der nicht zerbrochen werde.

Und als er auf dem Oelberge sich niedergesetzt hatte, traten zu ihm die Jünger besonders und sprachen, Sage uns, wann wird das geschehen, und welches wird das Zeichen sein deiner Wiederkunft und der Vollendung der Welt (Matth. 24, 1—3).

Er aber sprach, Sehet zu, lasset euch nicht irre führen. Denn Viele werden kommen unter meinem Namen, und sagen, Ich bin es, und die Zeit ist herbeigekommen. Gehet ihnen nicht nach. Wenn ihr aber hören werdet von Kriegen und Empörungen, so entsetzet euch nicht; denn solches muß zuvor geschehen; aber das Ende ist noch nicht alsbald da. Da sprach er zu ihnen, Es wird sich erheben ein Volk wider das andere, und ein Königreich wider das andere; und werden geschehen große Erdbeben hin und wieder, und Seuchen und Hungersnöthe; auch werden Schrecknisse und große Zeichen vom Himmel geschehen.

Aber vor diesem Allem werden sie die Hände an euch legen, und euch verfolgen, und werden euch überantworten in Schulen und Gefängnisse, und vor Könige und Statthalter ziehen, um meines Namens willen. Das wird euch aber gerathen zu einem Zeugniß. So nehmet nun zu Herzen, daß ihr nicht zuvor darauf sinnet, euch zu verantworten. Denn ich will euch Mund und Weisheit geben, welcher nicht werden widerstehen noch widersprechen können alle eure Widersacher. Ihr werdet aber auch überantwortet werden von Eltern, Brüdern, Verwandten und Freunden; und sie werden euer Etliche tödten. Und ihr werdet gehasset sein von Jedermann um meines Namens willen. Und nicht ein Haar von euerm Haupt soll umkommen. Durch eure Ausdauer werdet ihr eure Seelen gewinnen.

Wenn ihr aber sehen werdet Jerusalem von Heerschaaren umzingelt, dann merket, daß herbeigekommen ist ihre Verwüstung. Alsdann fliehe auf die Berge, wer in Judäa ist; und wer in der Stadt ist, der weiche daraus; und wer auf dem Lande ist, der komme nicht hinein. Denn das sind die Tage der Rache, daß erfüllet werde Alles was geschrieben ist. Wehe den Schwangern und Säugerinnen in jenen Tagen; denn es wird große Noth auf Erden sein, und Zorn über dieses Volk. Und sie werden fallen durch des Schwertes Schärfe, und gefangen geführet werden unter alle Völker; und Jerusalem wird zertreten werden von den Heiden, bis daß der Heiden Zeiten erfüllet sind. Und es werden Zeichen geschehen an der Sonne, und an Mond und Sternen; und auf Erden wird den Völkern bange sein, und sie werden nicht aus noch ein wissen über dem Brausen des Meeres und seinem Wogen; indeß Menschen ihren Geist aufgeben vor Furcht und Erwartung der Dinge, die über den Erdkreis kommen sollen; denn die Kräfte des Himmels werden erschüttert werden. Und alsdann werden sie sehen des Menschen Sohn kommen in einer Wolke, mit großer Macht und Herrlichkeit.

Wenn aber dieses anfängt zu geschehen, so richtet euch auf, und hebet eure Häupter empor, darum daß sich eure Erlösung nahet.

Und er sagte ihnen ein Gleichniß, Sehet den Feigenbaum und alle Bäume an: wenn sie schon ausschlagen, so wisset ihr von selber, wenn ihr es sehet, daß der Sommer schon nahe ist. Also auch ihr, wenn ihr dieses sehet, so wisset, daß das Reich Gottes nahe ist. Wahrlich, ich sage euch, Dies Geschlecht wird nicht vergehen, bis daß es alles geschehe. Himmel und Erde werden vergehen, aber meine Worte werden nicht vergehen. Aber hütet ihr euch, daß eure Herzen nicht beschweret werden mit Rausch und Trunkenheit, und mit Sorgen um die Nahrung, und plötzlich euch jener Tag überfalle. Denn wie ein Fallstrick wird er hereinbrechen über Alle, die auf dem ganzen Erdboden wohnen. Wachet aber allezeit und betet, daß ihr gewürdigt werden möget, zu entfliehen dieſem Allen, was geſchehen ſoll, und geſtellt zu werden vor des Menſchen Sohn. — Und Jeſus blieb über Nacht am ſogenannten Oelberg (Luc. 21, 8—37).

Epiſtel. Phil. 2, 5—11.

Denn das ſei die Geſinnung in euch, wie ſie in Chriſtus Jeſus auch war, welcher, da er in göttlicher Geſtalt war, es nicht für einen Raub hielt, Gott gleich zu ſein. Aber er entäußerte ſich ſelbſt, und nahm Knechtsgeſtalt an, ward gleich wie ein anderer Menſch, und an Anſehen als ein Menſch erfunden. Er erniedrigte ſich ſelbſt, und ward gehorſam bis zum Tode, ja zum Tod am Kreuze. Darum hat ihn Gott auch erhöhet, und hat ihm einen Namen gegeben, der über alle Namen iſt, auf daß in dem Namen Jeſu ſich alle Knie beugen ſollen derer, die im Himmel und auf Erden und unter der Erde ſind, und alle Zungen bekennen ſollen, daß Jeſus Chriſtus Herr ſei, zur Ehre Gottes, des Vaters.

Gründonnerstag.

Evangelium. Die Leidensgeſchichte.

Zweite Abtheilung.

Vor dem Feſt aber des Paſſah, da Jeſus wußte, daß ſeine Stunde gekommen war, daß er aus dieſer Welt ginge zum Vater: wie er geliebt hatte die Seinen, die in der Welt waren, ſo liebete er ſie bis an's Ende (Joh. 13, 1). Und Jeſus ſprach zu ſeinen Jüngern, Ihr wiſſet, daß nach zwei Tagen das Paſſah kommt; und dann wird des Menſchen Sohn überantwortet werden zur Kreuzigung (Matth. 26, 1. 2). Und er ſandte Petrus und Johannes, und ſprach, Gehet hin, bereitet uns das Paſſahlamm, auf daß wir es eſſen. Sie aber ſprachen zu ihm, Wo willſt du, daß wir es bereiten? Er ſprach zu ihnen, Siehe, wenn ihr in die Stadt gekommen ſeid, wird euch ein Menſch begegnen, der einen Krug mit Waſſer trägt; folget ihm in das Haus, wo er hineingehet; und ſaget zu dem Hausherrn des Hauſes, Der Meiſter läſſet dir ſagen, Wo iſt die Herberge, darin ich das Paſſahlamm mit meinen Jüngern eſſen möge? Und er wird euch ein großes bepolſtertes Obergemach zeigen; daſelbſt bereitet es. Da gingen ſie hin, und fanden, wie er ihnen geſagt hatte, und bereiteten das Paſſah= mahl.

Und da die Stunde kam, ſetzte er ſich nieder, und die Apoſtel mit ihm. Und er ſprach zu ihnen, Mich hat herzlich verlanget, dieſes Paſſah mit euch zu eſſen, ehe denn ich leide: denn ich ſage euch, daß ich es nicht mehr eſſen werde, bis es vollendet ſein wird im Reiche Gottes. Und er nahm einen Kelch, dankſagete, und ſprach, Nehmet dieſen, und theilet ihn unter euch; denn ich ſage euch, Ich werde nicht trinken vom Gewächſe des Weinſtocks, bis das Reich Gottes gekommen iſt. Und er nahm Brod, ſprach die Dankſagung, brach es, und gab es ihnen, und ſagte, Das iſt mein Leib, der für euch gegeben wird; das thut zu meinem Gedächtniß. Deſſelbigen gleichen auch den Kelch, nach dem Mahl, und ſagte, Dieſer Kelch iſt der Neue Bund in meinem Blute, das für euch vergoſſen wird (Luc. 22, 8—20).

Und als eben zu Abend gegeſſen wurde, da ſchon der Teufel dem Judas, Simons Sohn, Iſkarioth in's Herz gegeben hatte, ihn zu verrathen; und Jeſus wußte, daß ihm der Vater Alles in ſeine Hände gegeben, und daß er von Gott ausgegangen war, und zu Gott hingehe: ſteht er vom Abendmahl auf, und legt ſeine Kleider ab, und nimmt ein Leintuch, und umgürtet ſich (Joh. 13, 2—4). Es erhob ſich nämlich ein Streit unter ihnen, welcher unter ihnen ſollte für den Größeſten gehalten werden. Er aber ſprach zu ihnen, Die Könige der Völker herrſchen über ſie, und die Gewalt über ſie üben, heißet man gnädige Herren. Ihr aber nicht alſo; ſondern der Größeſte unter euch ſoll ſein wie der Jüngſte, und der Angeſehenſte wie ein Diener. Denn wer iſt der Größeſte? Der zu Tiſche ſitzet, oder der da dienet? Iſt es nicht, der zu Tiſche ſitzet? Ich aber bin unter euch wie der Diener. Ihr aber ſeid es, die ihr aus= geharret habt mit mir in meinen Anfechtungen; und ich beſcheide euch, wie mir mein Vater das Reich beſchieden hat, daß ihr eſſen und trinken ſollt an meinem Tiſche in meinem Reich, und ſitzen auf Stühlen, und richten die zwölf Stämme Iſraels (Luc. 22, 24—30).

6 *

Darnach gießt er Wasser in ein Becken, und hob an den Jüngern die Füße zu waschen, und trocknete sie mit dem Leintuch, damit er umgürtet war. Er kommt nun zu Simon Petrus; und der spricht zu ihm, Herr, solltest du mir die Füße waschen? Jesus antwortete und sprach zu ihm, Was ich thue, das weißt du jetzt nicht; du wirst es aber hernach erfahren. Spricht Petrus zu ihm, Ewiglich sollst du mir nicht die Füße waschen. Jesus antwortete, Wenn ich dich nicht wasche, so hast du keinen Theil mit mir. Spricht zu ihm Simon Petrus, Herr, nicht meine Füße allein, sondern auch die Hände und das Haupt! Spricht Jesus zu ihm, Wer sich gebadet hat, braucht nichts, denn nur die Füße zu waschen; vielmehr ist er ganz rein. Auch ihr seid rein: aber nicht alle. Denn er kannte seinen Verräther; darum sprach er, Ihr seid nicht alle rein.

Da er nun ihre Füße gewaschen hatte, nahm er seine Kleider, und setzte sich wieder nieder, und sprach zu ihnen, Wisset ihr, was ich euch gethan habe? Ihr heißet mich Meister und Herr, und saget recht daran, denn ich bin's. So nun ich, der Herr und Meister, euch die Füße gewaschen habe: so sollt ihr auch einander die Füße waschen. Denn ein Beispiel gab ich euch, auf daß auch ihr also thuet, wie ich euch that. Wahrlich, wahrlich, ich sage euch, Ein Knecht ist nicht größer denn sein Herr, noch ein Apostel größer, denn der ihn gesandt hat. So ihr solches wisset, selig seid ihr, so ihr es thut. Nicht spreche ich von euch allen. Ich weiß, welche ich erwählet habe. Vielmehr daß die Schrift erfüllet werde, Der das Brod mit mir isset, hat seine Ferse wider mich erhoben. Jetzt sage ich es euch, ehe denn es geschiehet, auf daß, wenn es geschehen ist, ihr glaubet, daß ich's bin. Wahrlich, wahrlich, ich sage euch, Wer aufnimmt, so ich Jemand senden werde, der nimmt mich auf; wer aber mich aufnimmt, der nimmt den auf, der mich gesandt hat.

Da Jesus solches gesagt hatte, ward er betrübt im Geist, und zeugete, und sprach, Wahrlich, wahrlich, ich sage euch, Einer unter euch wird mich verrathen. Da sahen sich die Jünger untereinander an, und ward ihnen bange, von welchem er redete. Es war aber einer unter seinen Jüngern, der zu Tische saß an dem Busen Jesu, welchen Jesus lieb hatte. Dem winkt Simon Petrus, und spricht zu ihm, Sage an, wer ist es, von dem er spricht? Derselbige neigt sich nach der Brust Jesu, und spricht zu ihm, Herr, wer ist's? Jesus antwortet, Der ist's, dem ich den Bissen eintauche und gebe. Und er taucht den Bissen ein, und gibt ihn dem Judas, Simons Sohn, Ischarioth. Und nach dem Bissen fuhr der Satan in ihn. Da spricht Jesus zu ihm, Was du thust, das thue bald. Das aber merkte Niemand von denen, die zu Tische saßen, wozu er's ihm sagte. Denn etliche meineten, weil Judas den Beutel hatte, so sage Jesus zu ihm, Kaufe, was uns noth ist auf das Fest; oder er wolle den Armen etwas geben. Da nun jener den Bissen genommen hatte, ging er alsbald hinaus. Es war aber Nacht. Da er nun hinausgegangen war, spricht Jesus, Nun ist des Menschen Sohn verkläret, und Gott ist verkläret in ihm, und Gott wird ihn ver= klären in sich selbst, und wird ihn bald verklären. Kindlein, ich bin noch eine kleine Weile bei euch. Ihr werdet mich suchen; und wie ich zu den Juden sagte, Wo ich hingehe, da könnet ihr nicht hinkommen; also sage ich jetzt auch zu euch. Ein neues Gebot gebe ich euch, daß ihr euch untereinander liebet; wie ich euch geliebet habe, daß auch ihr einander lieb habet. Daran werden Alle erkennen, daß ihr meine Jünger seid, so ihr Liebe untereinander habt. Spricht Simon Petrus zu ihm, Herr, wo gehest du hin? Jesus antwortete ihm, Wo ich hingehe, kannst du mir jetzt nicht folgen; aber du wirst mir später folgen. Petrus spricht zu ihm, Herr, warum kann ich dir jetzt nicht folgen? Ich will mein Leben für dich lassen. Jesus antwortet, Dein Leben willſt du für mich laſſen? Wahrlich, wahrlich, ich ſage dir, Der Hahn wird nicht krähen, ehe du mich dreimal verleugnet haſt (Joh. 13, 5—38). Simon, Simon, ſiehe, der Satan hat ſich euch ausgebeten, um euch zu ſichten wie den Weizen; ich habe aber für dich gebeten, daß dein Glaube nicht aufhöre. Und du, wenn du dermaleins dich bekehreſt, ſo ſtärke deine Brüder (Luc. 22, 31. 32). Und er ſprach zu ihnen, Als ich euch ausſandte ohne Beutel und Taſche und Schuhe, habt ihr an etwas Mangel gehabt? Sie ſprachen, An nichts. Da ſprach er zu ihnen, Aber nun, wer einen Beutel hat, der nehme ihn, desgleichen auch eine Taſche. Und wer kein Schwert hat, verkaufe ſein Kleid, und kaufe ſich eines. Denn ich ſage euch, Es muß auch noch dieſes vollendet werden an mir, was geſchrieben ſtehet, Und er ward unter die Uebel= thäter gerechnet. Und was von mir geſchrieben iſt, das geht in Erfüllung. Sie ſprachen aber, Herr, ſiehe, hier ſind zwei Schwerter. Er aber ſprach zu ihnen, Es iſt genug (Luc. 22, 35—38).

Und er ſprach zu ſeinen Jüngern, Euer Herz erſchrecke nicht. Glaubet an Gott, und glaubet an mich. In dem Hauſe meines Vaters ſind viele Wohnungen. Wenn es nicht ſo wäre, ſo würde ich es euch ſagen. Denn ich gehe hin, euch eine Stätte zu bereiten. Und wenn ich hingegangen bin und euch eine Stätte bereitet habe, ſo komme ich wieder, und werde euch zu mir nehmen, auf daß ihr ſeid, wo ich bin. Und wo ich hingehe, da wiſſet ihr auch den Weg. Spricht zu ihm Thomas, Herr, wir wiſſen nicht, wo du hingeheſt; und wie wiſſen wir den Weg? Jeſus ſpricht zu ihm, Ich bin der Weg, und die Wahrheit, und das Leben; Niemand kommt zum Vater, denn durch mich. Wenn ihr mich kennetet, ſo kennetet ihr auch meinen Vater. Und von nun an erkennet ihr ihn, und habt ihn geſehen. Spricht zu ihm Philippus, Herr, zeige uns den Vater, ſo genüget uns. Jeſus ſpricht zu ihm, So lange bin ich bei euch, und du kenneſt mich nicht, Philippus? Wer mich geſehen, hat den Vater geſehen. Wie ſprichſt du denn, Zeige uns den Vater? Glaubeſt du nicht, daß ich im Vater, und der Vater in mir iſt? Die Worte, die ich zu euch rede, die rede ich nicht von mir ſelbſt. Der Vater aber, der in mir wohnet, thut ſelbſt die Werke. Glaubet mir, daß ich im Vater, und der Vater in mir iſt; wo nicht, ſo glaubet mir doch um der Werke ſelbſt willen. Wahrlich, wahrlich, ich ſage euch, Wer an mich glaubet, der wird die Werke auch thun, die ich thue, und wird größere denn dieſe thun, denn ich gehe zum Vater, und was ihr bitten werdet in meinem Namen, das will ich thun, auf daß der Vater verkläret werde in dem Sohne. Wenn ihr etwas bitten werdet in meinem Namen, ſo will ich's thun. Liebet ihr mich, ſo haltet meine Gebote. Und ich will den Vater bitten, und er ſoll euch einen andern Fürſprecher geben, daß er ſei bei euch ewiglich: den Geiſt der Wahrheit, welchen die Welt nicht kann empfangen; denn ſie ſiehet ihn nicht, und kennet ihn nicht. Ihr aber kennet ihn, denn er bleibet bei euch, und iſt in euch. Ich will euch nicht Waiſen laſſen; ich komme zu euch. Es iſt noch ein Kleines, ſo ſiehet die Welt mich nicht mehr. Ihr aber ſehet mich; denn ich lebe, und ihr ſollt leben. An demſelben Tage werdet ihr erkennen, daß ich in meinem Vater bin, und ihr in mir, und ich in euch. Wer meine Gebote hat, und hält ſie, der iſt es, der mich liebet. Wer mich aber liebet, der wird von meinem Vater geliebet werden, und ich werde ihn lieben, und mich ihm offenbaren. Spricht zu ihm Judas (nicht der Iſkarioth), Herr, was iſt geſchehen, daß du uns dich offenbaren willſt, und nicht der Welt? Jeſus antwortete und ſprach zu ihm, Wer mich liebet, der wird mein Wort halten, und mein Vater wird ihn lieben, und wir werden zu ihm kommen, und Wohnung bei ihm machen. Wer mich nicht liebet, der hält meine Worte nicht. Und das Wort, das ihr höret, iſt nicht mein, ſondern des Vaters, der mich geſandt hat.

Solches habe ich zu euch geredet, da ich noch bei euch bin. Aber der Fürſprecher, der heilige Geiſt, welchen der Vater ſenden wird in meinem Namen, derſelbige wird euch Alles lehren, und euch erinnern an Alles, was ich euch geſagt habe. Frieden laſſe ich euch, meinen Frieden gebe ich euch. Nicht gebe ich euch, wie die Welt gibt. Euer Herz erſchrecke nicht, und fürchte ſich nicht. Ihr habt gehöret, daß ich euch ſagte, Ich gehe hin, und komme zu euch. Hättet ihr mich lieb, ſo würdet ihr euch freuen, daß ich zum Vater gehe; denn der Vater iſt größer als ich. Und nun habe ich's euch geſagt, ehe denn es geſchiehet, auf daß, wenn es nun geſchehen wird, ihr glaubet. Ich werde hinfort nicht mehr viel mit euch reden; denn es kommt der Fürſt der Welt, und hat nichts an mir. Aber auf daß die Welt erkenne, daß ich den Vater liebe, thue ich alſo, wie mir der Vater ein Gebot gegeben hat.

Stehet auf, laſſet uns von hinnen gehen (Joh. 14, 1—31).

Und da ſie den Lobgeſang geſungen hatten, gingen ſie hinaus (Matth. 26, 30). Und Jeſus ſprach, Ich bin der wahrhaftige Weinſtock, und mein Vater der Weingärtner. Einen jeglichen Reben an mir, der nicht Frucht bringet, den nimmt er weg, und einen jeglichen, der Frucht bringet, den reinigt er, damit er mehr Frucht bringe. Ihr ſeid ſchon rein um des Wortes willen, das ich zu euch geredet habe. Bleibet in mir, und ich in euch. Gleichwie der Rebe keine Frucht bringen kann von ſich ſelbſt, er bleibe denn am Weinſtock: alſo auch ihr nicht, ihr bleibet denn in mir. Ich bin der Wein= ſtock, ihr die Reben. Wer in mir bleibet, und ich in ihm, der bringet viele Frucht; denn ohne mich könnet ihr nichts thun. Wer nicht in mir bleibet, der wird hinaus= geworfen, wie der Rebe, und verdorret, und man ſammelt und wirft ſie in's Feuer, und ſie müſſen brennen. So ihr in mir bleibet, und meine Worte in euch bleiben, bittet, was ihr wollt, und es wird euch widerfahren. Darin ward mein Vater geehret, daß ihr viele Frucht bringet, und meine Jünger werdet. Gleichwie mich der Vater liebte, alſo liebte ich euch auch: bleibet in meiner Liebe. So ihr meine Gebote haltet, ſo werdet ihr in meiner Liebe bleiben, gleichwie ich meines Vaters Gebote gehalten habe und in ſeiner Liebe bleiben werde. Solches habe ich zu euch geredet, auf daß meine Freude in euch ſei, und eure Freude vollkommen werde.

Das iſt mein Gebot, daß ihr euch untereinander liebet, gleichwie ich euch liebte. Niemand hat größere Liebe denn die, daß er ſein Leben läſſet für ſeine Freunde. Ihr ſeid meine Freunde, ſo ihr thut, was ich euch gebiete. Ich nenne euch hinfort nicht Knechte; denn der Knecht weiß nicht, was ſein Herr thut. Euch aber habe ich Freunde genannt; denn Alles, was ich von meinem Vater hörete, that ich euch kund. Nicht ihr habt mich, ſondern ich habe euch erwählet und habe euch geſetzet, daß ihr hingehet und Frucht bringet, und eure Frucht bleibe; auf daß, was ihr den Vater bitten möget in meinem Namen, er euch gebe. Das gebiete ich euch, daß ihr euch untereinander liebet.

So euch die Welt haſſet, ſo wiſſet, daß ſie mich vor euch gehaſſet hat. Wäret ihr von der Welt, ſo hätte die Welt das Ihre lieb; weil ihr aber nicht von der Welt ſeid, ſondern ich euch erwählte von der Welt, darum haſſet euch die Welt. Gedenket an das Wort, das ich euch ſagte, Ein Knecht iſt nicht größer denn ſein Herr. Wenn ſie mich verfolgten, werden ſie euch auch verfolgen; wenn ſie mein Wort hielten, wer= den ſie auch das eurige halten. Aber das Alles werden ſie an euch thun um meines Namens willen; denn ſie kennen den nicht, der mich geſandt hat. Wenn ich nicht gekommen wäre, und hätte zu ihnen geredet, ſo hätten ſie keine Sünde; nun aber haben ſie keinen Vorwand für ihre Sünde. Wer mich haſſet, der haſſet auch meinen Vater. Hätte ich nicht die Werke gethan unter ihnen, die kein Anderer gethan hat, ſo hätten ſie keine Sünde; nun aber haben ſie geſehen und gehaſſet beide mich und meinen Vater. Doch daß erfüllet werde der Spruch, in ihrem Geſetz geſchrieben, Sie haßten mich ohne Urſache. Wenn aber der Fürſprecher kommen wird, welchen ich euch ſenden werde vom Vater, der Geiſt der Wahrheit, der vom Vater ausgehet, der wird zeugen von mir. Auch ihr aber zeuget, weil ihr von Anfang an mit mir geweſen ſeid. Solches habe ich zu euch geredet, auf daß ihr euch nicht ärgert. Sie werden euch in den Bann thun. Ja es kommt die Stunde, daß, wer euch tödtet, wird meinen, er thue Gott einen Dienſt damit. Und ſolches werden ſie darum thun, weil ſie weder den Vater noch mich erkannten. Aber ſolches habe ich zu euch geredet, auf daß, wenn die Stunde dafür kommen wird, ihr daran gedenket, daß ich es euch geſagt habe. Solches aber habe ich euch von Anfang an nicht geſagt, denn ich war bei euch. Nun aber gehe ich hin zu dem, der mich geſandt hat; und Niemand unter euch fragt mich, Wo geheſt du hin? Sondern weil ich ſolches zu euch geredet habe, iſt euer Herz voll Trauerns geworden. Aber ich ſage euch die Wahrheit, Es iſt euch gut, daß ich hin= gehe. Denn ſo ich nicht hingehe, ſo wird der Fürſprecher nicht zu euch kommen. So ich aber hingehe, will ich ihn zu euch ſenden. Und wenn derſelbige kommt, wird er die Welt überführen von der Sünde, und von der Gerechtigkeit, und von dem Gericht. Von der Sünde, daß ſie nicht glauben an mich: von der Gerechtigkeit, daß ich zu meinem Vater gehe, und ihr mich hinfort nicht ſehet: von dem Gericht, daß der Fürſt dieſer Welt gerichtet iſt. Ich habe euch noch viel zu ſagen, aber ihr könnet es jetzt nicht tragen. Wenn aber jener, der Geiſt der Wahrheit, kommen wird, der wird euch in alle Wahrheit leiten. Denn er wird nicht von ſich ſelbſt reden; ſondern was er hören wird, das wird er reden, und was zukünftig iſt, wird er euch verkündigen. Der= ſelbige wird mich verklären; denn von dem Meinen wird er es nehmen, und euch ver= kündigen. Alles, was der Vater hat, iſt mein. Darum ſagte ich, Er nimmt es von dem Meinen, und wird es euch verkündigen. Ueber ein Kleines, ſo ſehet ihr mich nicht mehr; und wieder über ein Kleines, ſo werdet ihr mich ſehen.

Da ſprachen etliche ſeiner Jünger untereinander, Was iſt das, das er zu uns ſaget, Ueber ein Kleines, ſo ſehet ihr mich nicht, und wieder über ein Kleines, ſo werdet ihr mich ſehen, und, Ich gehe zum Vater? Sie ſagten alſo, Was iſt das, das er ſagt, über ein Kleines? Wir wiſſen nicht, was er redet. Da merkte Jeſus, daß ſie ihn fragen wollten, und ſprach zu ihnen, Darüber fraget ihr untereinander, daß ich ſagte, Ueber ein Kleines, ſo ſehet ihr mich nicht, und wieder über ein Kleines, ſo werdet ihr mich ſehen? Wahrlich, wahrlich, ich ſage euch, Ihr werdet weinen und klagen, aber die Welt wird ſich freuen; ihr werdet traurig ſein, doch eure Traurigkeit ſoll zur Freude werden. Das Weib, wenn ſie gebieret, hat Traurigkeit, denn ihre Stunde iſt gekommen; wenn ſie aber das Kind geboren hat, denkt ſie nicht mehr an die Angſt, um der Freude willen, daß ein Menſch zur Welt geboren wurde. Und auch ihr wer= det nun Traurigkeit haben; aber ich will euch wieder ſehen, und euer Herz ſoll ſich freuen, und eure Freude ſoll Niemand von euch nehmen. Und an demſelbigen Tage werdet ihr mich nichts fragen. Wahrlich, wahrlich, ich ſage euch, So ihr den Vater etwas bitten werdet in meinem Namen, ſo wird er's euch geben. Bisher habt ihr nichts gebeten in meinem Namen. Bittet, ſo werdet ihr empfangen, daß eure Freude vollkommen ſei. Solches habe ich zu euch durch Gleichniſſe geredet. Es kommt eine Stunde, da ich nicht mehr durch Gleichniſſe mit euch reden werde, ſondern euch frei heraus verkündigen von dem Vater. An demſelbigen Tage werdet ihr bitten in meinem

Namen, und ich sage euch nicht, daß ich den Vater für euch bitten will. Denn er selbst, der Vater, hat euch lieb, darum, daß ihr mich geliebet, und geglaubet habt, daß ich von Gott ausging. Vom Vater ging ich aus und bin gekommen in die Welt; wiederum verlasse ich die Welt und gehe zum Vater.

Sprechen zu ihm seine Jünger, Siehe, jetzt redest du frei heraus, und sagest kein Gleichniß mehr. Jetzt wissen wir, daß du alle Dinge weißt, und bedarfst nicht, daß dich Jemand frage. Darum glauben wir, daß du von Gott ausgegangen bist. Jesus antwortete ihnen, Jetzt glaubet ihr! Siehe, es kommt eine Stunde, und ist gekommen, daß ihr zerstreuet werdet, ein Jeglicher in das Seine, und mich allein lasset; und ich bin nicht allein, denn der Vater ist bei mir. Solches habe ich zu euch geredet, auf daß ihr in mir Frieden habet. In der Welt habt ihr Angst; aber seid getrost, ich habe die Welt überwunden!

Solches redete Jesus, und hob seine Augen auf gen Himmel, und sprach, Vater, die Stunde ist gekommen; verkläre deinen Sohn, auf daß dich dein Sohn verkläre; gleichwie du ihm Macht hast gegeben über alles Fleisch, auf daß er ewiges Leben gebe Allen, die du ihm gegeben hast. Das ist aber das ewige Leben, daß sie dich, den allein wahrhaftigen Gott, und den du gesandt hast, Jesum Christum, erkennen. Ich habe dich verkläret auf Erden, ich habe vollendet das Werk, das du mir gegeben hast, daß ich es thun sollte. Und nun verkläre mich, du Vater, bei dir selbst, mit der Klarheit, die ich bei dir hatte, ehe die Welt war. Ich habe deinen Namen geoffenbaret den Menschen, die du mir von der Welt gegeben hast. Sie waren dein, und du hast sie mir gegeben, und sie haben dein Wort behalten. Nun wissen sie, daß Alles, was du mir gegeben hast, sei von dir; denn die Worte, die du mir gegeben hast, habe ich ihnen gegeben; und sie haben es angenommen, und erkannt wahrhaftig, daß ich von dir ausgegangen bin, und geglaubt, daß du mich gesandt hast. Ich bitte für sie, ich bitte nicht für die Welt, sondern für die, die du mir gegeben hast, denn sie sind dein. Und Alles, was mein ist, das ist dein, und was dein ist, das ist mein; und ich bin in ihnen verkläret. Und ich bin nicht mehr in der Welt; sie aber sind in der Welt, und ich komme zu dir. Heiliger Vater, erhalte sie in deinem Namen, den du mir gegeben hast, daß sie Eins seien, gleichwie wir. Solange ich bei ihnen war, erhielt ich sie in deinem Namen. Die du mir gegeben hast, die habe ich bewahret, und ist keiner von ihnen verloren, außer das verlorene Kind, daß die Schrift erfüllet würde. Nun aber komme ich zu dir, und rede solches in der Welt, auf daß sie meine Freude vollkommen in sich haben. Ich habe ihnen dein Wort gegeben, und die Welt haßte sie; denn sie sind nicht von der Welt, wie auch ich nicht von der Welt bin. Ich bitte nicht, daß du sie von der Welt nehmest, sondern daß du sie bewahrest vor dem Bösen. Sie sind nicht von der Welt, gleichwie auch ich nicht von der Welt bin. Heilige sie in der Wahrheit; dein Wort ist Wahrheit. Gleichwie du mich gesandt hast in die Welt, so habe ich sie auch in die Welt gesandt. Und ich heilige mich selbst für sie, auf daß auch sie in Wahrheit geheiliget seien. Ich bitte aber nicht für diese allein, sondern auch für die, so durch ihr Wort an mich glauben; auf daß sie Alle Eins seien: gleichwie du, Vater, in mir, und ich in dir, daß auch sie in uns seien, damit die Welt glaube, du habest mich gesandt. Und ich habe ihnen gegeben die Herrlichkeit, die du mir gabst, daß sie Eins seien, gleichwie wir Eins sind. Ich in ihnen, und du in mir; auf daß sie vollendet seien in Eins, und die Welt erkenne, daß du mich gesandt und sie geliebet hast, gleichwie du mich geliebt hast. Vater, ich will, daß, wo ich bin, auch die bei mir seien, die du mir gegeben hast, daß sie meine Herrlichkeit sehen, die du mir gegeben hast; denn du hast mich geliebet, ehe denn die Welt gegründet ward.

Gerechter Vater, und die Welt erkannte dich nicht: ich aber erkannte dich, und dieſe erkannten, daß du mich geſandt haſt. Und ich habe ihnen deinen Namen kund gethan, und werde ihn kund thun, auf daß die Liebe, damit du mich liebteſt, ſei in ihnen, und ich in ihnen (Joh. 15, 1—17, 26).

Da Jeſus ſolches geredet hatte, ging er hinaus mit ſeinen Jüngern über den Gießbach Kidron; da war ein Garten, darein ging er ſelbſt und ſeine Jünger (Joh. 18, 1). Und der Ort hieß Gethſemane (Matth. 26, 36). Judas aber, der ihn ver= rieth, wußte den Ort auch; denn Jeſus verſammelte ſich oft daſelbſt mit ſeinen Jün= gern (Joh. 18, 2). Und als er an den Ort kam, ſprach er zu ihnen, Setzet euch hier, indeß ich bete. Und er nahm zu ſich Petrus und Jacobus und Johannes, und fing an, ſich zu entſetzen und zu zagen; und ſprach zu ihnen, Meine Seele iſt tief betrübt bis zum Tode; bleibet hier und wachet. Und er ging ein wenig voran, fiel auf die Erde und betete, daß, ſo es möglich wäre, die Stunde an ihm vorüberginge; und ſprach, Abba (Vater), es iſt dir alles möglich, laß dieſen Kelch an mir vorübergehen; doch nicht was ich will, ſondern was du willſt (Marc. 14, 32—36). Es erſchien ihm aber ein Engel vom Himmel und ſtärkete ihn. Und er rang ſchwer, und betete hef= tiger. Es ward aber ſein Schweiß wie Blutstropfen, die auf die Erde fielen (Luc. 22, 43. 44). Und er kam, und fand ſie ſchlafend; und ſprach zu Petrus, Simon, ſchläfſt du? Vermochteſt du nicht Eine Stunde zu wachen? Wachet und betet, auf daß ihr nicht in Verſuchung fallet. Der Geiſt iſt willig, aber das Fleiſch iſt ſchwach. Und er ging wieder hin und betete (Marc. 14, 37—39), und ſprach, Mein Vater, kann dieſer Kelch nicht vorübergehen, ich trinke ihn denn, ſo geſchehe dein Wille. Und er kam, und abermal fand er ſie ſchlafend; denn die Augen waren ihnen ſchwer. Und er ließ ſie, und ging abermal hin, und betete zum dritten Mal, dieſelbigen Worte ſprechend. Da kam er zu den Jüngern, und ſprach zu ihnen, So ſchlafet nun weiter und ruhet! ſiehe, die Stunde iſt herbeigekommen, und des Menſchen Sohn wird über= antwortet in der Sünder Hände. Stehet auf, laſſet uns gehen; ſiehe, er iſt nahe, der mich verräth (Matth. 26, 42—46).

———

Epiſtel. 1 Kor. 11, 23—32.

Denn ich habe es von dem Herrn empfangen, was ich euch auch überliefert habe, daß der Herr Jeſus in der Nacht, da er verrathen ward, Brod nahm, und die Dank= ſagung ſprach, es brach und ſagte, Das iſt mein Leib, der für euch gegeben wird; das thut zu meinem Gedächtniß. Deſſelbigen gleichen auch den Kelch, nach dem Mahle, und ſagte, Dieſer Kelch iſt der Neue Bund in meinem Blute; das thut, ſo oft ihr es trinket, zu meinem Gedächtniß. Denn ſo oft ihr dieſes Brod eſſet, und den Kelch trinket, ſo verkündiget ihr des Herrn Tod, bis daß er kommt. Welcher alſo unwürdig das Brod iſſet, oder den Kelch des Herrn trinket, der wird ſchuldig ſein an dem Leibe und an dem Blute des Herrn. Man prüfe aber ſich ſelbſt, und alſo eſſe man von dieſem Brode, und trinke von dieſem Kelche. Denn welcher nur iſſet und trinket, der iſſet und trinket Gericht für ſich ſelber, weil er den Leib nicht unterſcheidet. Darum ſind viel Schwache und Kranke unter euch, und nicht Wenige ſchlafen. So wir aber uns ſelbſt beurtheileten, ſo würden wir nicht geurtheilet. Wenn wir aber geurtheilet werden, ſo werden wir von dem Herrn gezüchtiget, auf daß wir nicht ſammt der Welt verurtheilet werden.

Charfreitag.

Evangelium. Die Leidensgeſchichte.

Dritte Abtheilung.

Da nun Judas zu ſich genommen hatte die Schaar, und der Hohepriester und Phariſäer Diener, kommt er dahin mit Fackeln, Lampen und Waffen. Da nun Jeſus Alles wußte, was ihm begegnen ſollte, ging er hinaus, und ſprach zu ihnen, Wen ſuchet ihr? Sie antworteten ihm, Jeſum von Nazareth. Jeſus ſpricht zu ihnen, Ich bin's. Judas aber, der ihn verrieth, ſtand auch bei ihnen (Joh. 18, 3—5). Der hatte ihnen ein Zeichen gegeben und geſagt, Welchen ich küſſen werde, der iſt's, den greifet. Und alsbald trat er zu Jeſus, und ſprach, Gegrüßet ſeieſt du, Rabbi, und küſſete ihn (Matth. 26, 48. 49). Jeſus aber ſprach zu ihm, Judas, mit einem Kuſſe verräthſt du des Menſchen Sohn (Luc. 22, 48). Als nun Jeſus zu ihnen ſprach, Ich bin's, wichen ſie zurück und fielen zu Boden. Da fragte er ſie abermal, Wen ſuchet ihr? Sie aber ſprachen, Jeſum von Nazareth. Jeſus antwortete, Ich habe euch ge=ſagt, daß ich es bin. Suchet ihr nun mich, ſo laſſet dieſe gehen. Auf daß das Wort erfüllet würde, welches er ſagte, Ich habe derer keinen verloren, die du mir gegeben haſt (Joh. 18, 6—9). Da aber die um ihn waren, ſahen, was geſchehen ſollte, ſpra=chen ſie, Herr, ſollen wir mit dem Schwerte dreinſchlagen (Luc. 22, 49). Da zog Simon Petrus, der ein Schwert hatte, es aus, und ſchlug des Hohepriesters Knecht, und hieb ihm ſein rechtes Ohr ab; der Knecht hieß aber Malchus. Da ſprach Jeſus zu Petrus, Stecke das Schwert in die Scheide. Soll ich den Kelch nicht trinken, den mir mein Vater gegeben hat (Joh. 18, 10. 11)? Und er rührete ſein Ohr an, und heilete ihn. Jeſus aber ſprach zu den Hohepriestern und Hauptleuten des Tempels, und den Aelteſten, die wider ihn gekommen waren, Ihr ſeid ausgezogen wie zu einem Räuber, mit Schwertern und mit Knütteln. Ich bin täglich bei euch im Tempel ge=weſen, und ihr habt keine Hand an mich gelegt; aber dies iſt eure Stunde, und die Macht der Finſterniß (Luc. 22, 51—53). Und die Jünger verließen ihn alle, und flohen. Und es war ein Jüngling, der mit ihnen ihm nachfolgete, der war mit Leinwand bekleidet auf der bloßen Haut; und ſie griffen ihn. Er aber ließ die Lein=wand fahren, und floh nackt von ihnen (Marc. 14, 50—52). Die Schaar nun und der Oberſte und die Diener der Juden nahmen Jeſum, und banden ihn, und führeten ihn auf's erſte zu Hannas; denn er war der Schwager des Kaïphas, welcher des Jahrs Hohepriester war. (Es war aber Kaïphas, der den Juden gerathen hatte, es wäre gut, daß Ein Menſch ſterben ſollte für das Volk.) Simon Petrus aber folgete Jeſu nach, und ein anderer Jünger. Derſelbige Jünger aber war dem Hohepriester bekannt, und ging mit Jeſus hinein in des Hohepriesters Hof. Petrus aber ſtand draußen vor der Thür. Da ging der andere Jünger, der dem Hohepriester bekannt war, hinaus, und redete mit der Thürhüterin, und führete Petrus hinein. Da ſagt die Magd, die Thürhüterin, zu Petrus, Du biſt doch nicht auch dieſes Menſchen Jünger einer? Er ſpricht, Ich bin es nicht. Es ſtanden aber die Knechte und Diener, und hatten ein Kohlenfeuer gemacht, denn es war kalt, und wärmeten ſich. Petrus aber ſtand bei ihnen, und wärmete ſich. Der Hohepriester nun fragte Jeſum um ſeine Jünger, und

um ſeine Lehre. Jeſus antwortete, Ich habe frei geredet zur Welt. Ich habe alle=
zeit gelehret in Schule und im Tempel, da alle Juden zuſammenkommen, und habe
nichts im Verborgenen geredet. Was frageſt du mich? Frage die, die es gehöret haben,
was ich zu ihnen geredet habe; ſiehe, dieſelben wiſſen, was ich geſagt habe. Als er
aber ſolches redete, gab der Diener einer, der dabei ſtand, Jeſu einen Streich, und
ſprach, Antworteſt du ſo dem Hoheprieſter? Jeſus antwortete ihm, Habe ich übel
geredet, ſo beweiſe, daß es übel ſei; wenn aber recht, was ſchlägeſt du mich? Hannas
ſandte ihn gebunden zu dem Hoheprieſter Kaïphas. Simon Petrus aber ſtand und
wärmete ſich. Da ſprachen ſie zu ihm, Du biſt doch nicht auch ſeiner Jünger einer?
Er leugnete und ſprach, Ich bin es nicht. Spricht einer von des Hoheprieſters Knech=
ten, ein Anverwandter deſſen, dem Petrus das Ohr abgehauen hatte, Sah ich dich
nicht im Garten bei ihm? Da leugnete Petrus abermal, und alsbald krähete ein Hahn
(Joh. 18, 12—27). Und der Herr wandte ſich, und ſah den Petrus an. Und Petrus
gedachte an des Herrn Wort, wie er zu ihm geſagt hatte, Ehe der Hahn krähet, wirſt
du mich dreimal verleugnen; und ging hinaus, und weinete bitterlich.

Und die Männer, die ihn hielten, verſpotteten ihn, und ſchlugen ihn; und verdeck=
ten ihn, fragten ihn und ſprachen, Weiſſage, wer iſt's, der dich ſchlug? Und viele
andere Läſterungen ſagten ſie wider ihn. Und als es Tag ward, verſammelten ſich
die Aelteſten des Volks, die Hoheprieſter und Schriftgelehrten, und führeten ihn vor
ihren Rath; und (Luc. 22, 61—66) ſuchten Zeugniß wider Jeſus, daß ſie ihn zum
Tode brächten; und fanden nichts. Denn Viele gaben falſches Zeugniß wider ihn, und
die Zeugniſſe ſtimmten nicht überein. Und Etliche ſtanden auf, gaben falſches Zeugniß
wider ihn und ſprachen, Wir haben ihn ſagen hören, Ich will dieſen Tempel, der
mit Händen gemacht iſt, abbrechen, und in drei Tagen einen andern bauen, der nicht mit
Händen gemacht iſt. Aber auch ſo ſtimmte ihr Zeugniß nicht überein (Marc. 14, 55—59).
Und ſie ſprachen, Biſt du Chriſtus, ſo ſage es uns. Er ſprach aber zu ihnen, Sage ich's
euch, ſo glaubet ihr's nicht; frage ich aber, ſo antwortet ihr nicht, und laſſet mich auch
nicht los. Aber von nun an wird des Menſchen Sohn ſitzen zur rechten Hand der Kraft
Gottes. Da ſprachen ſie alle, So biſt du denn Gottes Sohn? Er aber ſprach zu ihnen,
Ihr ſaget's, denn ich bin's. Sie aber ſprachen, Was bedürfen wir weiter Zeugniß?
Denn wir haben es ſelber gehöret aus ſeinem Munde (Luc. 22, 66—71). Da führeten
ſie Jeſum von Kaïphas in das Richthaus. Es war aber früh. Und ſie ſelbſt gingen
nicht in das Richthaus, auf daß ſie nicht unrein würden, ſondern das Paſſah eſſen
könnten. Da ging Pilatus zu ihnen heraus, und ſprach, Was bringet ihr für Klage
wider dieſen Menſchen? Sie antworteten und ſprachen zu ihm, Wäre dieſer nicht
ein Uebelthäter, wir hätten dir ihn nicht überantwortet. Pilatus ſprach zu ihnen, So
nehmet ihr ihn hin, und richtet ihn nach euerm Geſetz. Die Juden ſprachen zu ihm,
Wir dürfen Niemand tödten. Auf daß erfüllet würde das Wort Jeſu, das er ſagte,
da er andeutete, welches Todes er ſterben ſollte (Joh. 18, 28—32). Sie fingen aber
an ihn zu verklagen, und ſprachen, Dieſen haben wir befunden, daß er unſer Volk
verkehret, und ihm wehret dem Kaiſer Schoß zu geben, indem er ſagt, er ſei Chriſtus,
ein König (Luc. 23, 2). Da ging Pilatus wieder hinein in das Richthaus, und rief
Jeſum, und ſprach zu ihm, Du biſt der Juden König? Jeſus antwortete, Redeſt du
das von dir ſelbſt? oder haben dir Andere von mir geſagt? Pilatus antwortete, Bin
ich ein Jude? Dein Volk und die Hoheprieſter haben dich mir überantwortet; was
haſt du gethan? Jeſus antwortete, Mein Reich iſt nicht von dieſer Welt. Wäre
mein Reich von dieſer Welt, meine Diener würden darob kämpfen, daß ich den Juden
nicht überantwortet würde; aber nun iſt mein Reich nicht von hier. Da ſprach Pila=

tus zu ihm, Also bist du ein König? Jesus antwortete, Du sagst es, ich bin ein König; ich bin dazu geboren, und dazu in die Welt gekommen, daß ich für die Wahrheit zeugen soll. Ein Jeglicher, der aus der Wahrheit ist, höret auf meine Stimme. Spricht Pilatus zu ihm, Was ist Wahrheit? Und da er das gesagt, ging er wieder hinaus zu den Juden, und spricht zu ihnen, Ich finde keine Schuld an ihm (Joh. 18, 33—38). Sie aber hielten an, und sprachen, Er erreget das Volk, indem er lehret im ganzen jüdischen Lande, von Galiläa an bis hieher. Da aber Pilatus Galiläa hörete, fragte er, ob der Mensch ein Galiläer wäre. Und als er vernahm, daß er unter Herodes Obrigkeit gehörete, übersandte er ihn an Herodes, welcher in denselben Tagen auch zu Jerusalem war. Da aber Herodes Jesum sah, ward er sehr froh, denn er hätte ihn längst gerne gesehen, weil er von ihm gehöret hatte; und hoffte, er würde ein Zeichen sehen, das von ihm geschähe. Und er fragte ihn mancherlei; er aber antwortete ihm nichts. Die Hohepriester aber und Schriftgelehrten standen da und verklagten ihn hart. Aber Herodes mit seinen Kriegsleuten verachtete und verspottete ihn, legte ihm ein prächtiges Kleid an, und sandte ihn wieder zu Pilatus. An dem Tage wurden Pilatus und Herodes Freunde miteinander; denn zuvor waren sie einander feind.

Pilatus aber rief die Hohepriester und die Obersten und das Volk zusammen, und sprach zu ihnen, Ihr habt diesen Menschen zu mir gebracht, als der das Volk abwendig mache. Und siehe, ich habe ihn vor euch verhöret, und finde an dem Menschen der Sachen keine, deren ihr ihn beschuldiget; ja Herodes auch nicht; denn ich habe euch zu ihm geschickt, und siehe, er hat nichts gethan, das des Todes werth sei (Luc. 23, 5—15). Ihr habt aber eine Gewohnheit, daß ich euch Einen auf das Passah losgebe; wollt ihr nun, daß ich euch den König der Juden losgebe? Da schrieen sie wieder allesammt, und sprachen, Nicht diesen, sondern Barabbas! (Barabbas aber war ein Räuber.)

Da nahm Pilatus Jesum und geißelte ihn; und die Kriegsknechte flochten eine Krone von Dornen, und setzten sie auf sein Haupt, und legten ihm ein Purpurkleid an, und kamen an ihn heran und sprachen, Sei gegrüßet, der Juden König! und gaben ihm Streiche. Und Pilatus ging wieder hinaus, und spricht zu ihnen, Siehe, ich führe ihn heraus zu euch, daß ihr erkennet, daß ich keine Schuld an ihm finde. Also ging Jesus heraus, und trug die Dornenkrone und das Purpurkleid. Und er spricht zu ihnen, Siehe, da ist der Mensch! Da ihn nun die Hohepriester und die Diener sahen, schrieen sie, und sprachen, Kreuzige, kreuzige ihn! Pilatus spricht zu ihnen, Nehmet ihr ihn hin, und kreuziget ihn; denn ich finde keine Schuld an ihm. Die Juden antworteten ihm, Wir haben ein Gesetz, und nach dem Gesetz muß er sterben; denn er hat sich selbst zu Gottes Sohn gemacht. Da Pilatus das Wort hörete, fürchtete er sich noch mehr; und ging wieder hinein in das Richthaus, und spricht zu Jesus, Woher bist du? Aber Jesus gab ihm keine Antwort. Da sprach Pilatus zu ihm, Redest du nicht mit mir? Weißt du nicht, daß ich Macht habe, dich loszugeben, und Macht habe, dich zu kreuzigen? Jesus antwortete, Du hättest keine Macht über mich, wenn es dir nicht von oben herab gegeben wäre; darum, der mich dir überantwortet hat, der hat größere Sünde. Hierauf suchte Pilatus ihn loszulassen. Die Juden aber schrieen und sprachen, Lässest du diesen los, so bist du des Kaisers Freund nicht; denn jeder, der sich zum Könige macht, widerspricht dem Kaiser. Da nun Pilatus diese Worte hörete, führete er Jesum heraus, und setzte sich auf den Richtstuhl, an der Stätte, die da heißt Hochpflaster, auf Hebräisch aber Gabbatha (Joh. 18, 39—19, 13). Und da er auf dem Richtstuhl saß, schickte sein Weib zu ihm, und ließ ihm sagen, Habe du nichts zu schaffen mit diesem Gerechten; denn ich habe heute viel erlitten im Traume von seinetwegen (Matth. 27, 19). Es war aber Rüsttag vor dem Passah, um die sechste Stunde. Und er spricht zu den Juden, Siehe, das ist euer König! Sie schrieen aber, Weg, weg mit dem, kreuzige ihn! Spricht Pilatus zu ihnen, Soll ich euern König kreuzigen? Die Hohepriester antworteten, Wir haben keinen König, als den Kaiser (Joh. 19, 14. 15). Da aber Pilatus sah, daß er nichts ausrichtete, sondern ein viel größeres Getümmel ward, nahm er Wasser, und wusch die Hände vor dem Volk, und sprach, Ich bin unschuldig an diesem Blute; sehet ihr zu. Da antwortete das ganze Volk und sprach, Sein Blut komme über uns und über unsere Kinder (Matth. 27, 24. 25). Da nun überantwortete er ihn ihnen zur Kreu=zigung (Joh. 19, 16), und ließ den los, der um Aufruhrs und Mordes willen war in's Gefängniß geworfen, um welchen sie baten (Luc. 23, 25).

Und er trug das Kreuz für sich (Joh. 19, 17). Und als sie ihn fortführeten, er=griffen sie einen gewissen Simon von Cyrene, der vom Felde kam (Luc. 23, 26), den Vater des Alexander und Rufus (Marc. 15, 21), und legten das Kreuz auf ihn, daß er es Jesu nachtrüge. Es folgte ihm aber ein großer Haufe Volks, und Weiber, die klag=ten und beweineten ihn. Jesus aber wandte sich um zu ihnen, und sprach, Ihr Töch=ter von Jerusalem, weinet nicht über mich, sondern weinet über euch selbst und über eure Kinder. Denn siehe, es kommen Tage, in welchen man sagen wird, Selig sind die Unfruchtbaren, und die Leiber, die nicht geboren haben, und die Brüste, die nicht genähret haben. Dann werden sie anfangen zu sagen zu den Bergen, Fallet über uns! und zu den Hügeln, Decket uns! Denn so man das thut am grünen Holz, was wird am dürren geschehen (Luc. 23, 26—31)?

Und er ging hinaus zur sogenannten Schädelstätte, welche auf Hebräisch heißt Golgotha. Allda kreuzigten sie ihn, und mit ihm zwei Andere zu beiden Seiten, Je=sum aber mitten inne (Joh. 19, 17. 18). Jesus aber sprach, Vater vergib ihnen; denn sie wissen nicht, was sie thun (Luc. 23, 34). Pilatus aber schrieb eine Ueberschrift, und setzte sie auf das Kreuz; es war aber geschrieben, Jesus von Nazareth, der Juden König. Diese Ueberschrift lasen nun viele Juden; denn die Stätte, da Jesus gekreu=ziget ward, war nahe bei der Stadt; und es war geschrieben auf hebräische, griechische und römische Sprache. Da sprachen die Hohepriester der Juden zu Pilatus, Schreibe nicht, Der Juden König; sondern, daß er gesagt habe, Ich bin der Juden König. Pilatus antwortete, Was ich geschrieben habe, habe ich geschrieben (Joh. 19, 19—22). Und sie gaben ihm Myrrhenwein, aber er nahm ihn nicht (Marc. 15, 23). Die Kriegsknechte nun, da sie Jesum gekreuziget hatten, nahmen seine Kleider, und mach=ten vier Theile, einem jeglichen Kriegsknecht ein Theil, dazu auch den Rock. Der Rock aber war ohne Naht, von oben an durchweg gewebt. Da sprachen sie zu ein=ander, Lasset uns den nicht zerschneiden, sondern darum loosen, weß er sein soll. Auf daß erfüllet würde die Schrift, Sie haben meine Kleider unter sich getheilet, und über mein Gewand das Loos geworfen. Solches thaten nun die Kriegsknechte (Joh. 19, 23. 24). Und die Vorübergehenden lästerten ihn, schüttelten ihre Köpfe und sprachen, Ha! der du den Tempel abbrichst, und bauest ihn in drei Tagen, hilf dir selber, und steig herab vom Kreuz. Desgleichen spotteten auch die Hohepriester untereinander sammt den Schriftgelehrten, und sprachen, Er hat andern geholfen, sich selber kann er nicht helfen; Christus, der König von Israel! er steige nun vom Kreuze, damit wir es sehen und glauben (Marc. 15, 29—32). Er hat Gott vertrauet; der erlöse ihn nun, hat er Lust zu ihm. Denn er hat gesagt, Ich bin Gottes Sohn (Matth. 27, 43). Es verspotteten ihn aber auch die Kriegsknechte, traten zu ihm, brachten ihm Essig, und sprachen, Bist du der Juden König, so hilf dir selber (Luc. 23, 36. 37). Aber der Uebelthäter einer, die da gehenkt waren, lästerte ihn, und sprach, Bist du nicht Christus? hilf dir selbst und uns! Da antwortete der andere, schalt ihn und sprach, Und du fürchtest dich auch nicht vor Gott, da du doch in gleicher Verdammniß bist? Und zwar wir sind billig darinnen, denn wir empfangen, was unsere Thaten werth sind; dieser aber hat nichts Unrechtes gethan. Und er sagte, Jesu, gedenke an mich, wenn du kommen wirst in deinem Reiche. Und Jesus sprach zu ihm, Wahrlich, ich sage dir, heute wirst du mit mir im Paradiese sein (Luc. 23, 39—43). Es standen aber bei dem Kreuz Jesu seine Mutter und seiner Mutter Schwester, Maria, des Klopas Weib, und Maria von Magdala. Da nun Jesus seine Mutter sah, und den Jünger dabei stehen, den er lieb hatte, spricht er zur Mutter, Weib, siehe, das ist dein Sohn. Darnach spricht er zu dem Jünger, Siehe, das ist deine Mutter! Und von der Stunde an nahm sie der Jünger zu sich (Joh. 19, 25—27).

Und es ward eine Finsterniß über das ganze Land, bis zu der neunten Stunde; und die Sonne ward verfinstert, und der Vorhang des Tempels zerriß mitten entzwei (Luc. 23, 44. 45). Aber um die neunte Stunde schrie Jesus laut und sprach, Eli, Eli, lema, sabachthani, das ist verdolmetscht, Mein Gott, mein Gott, warum hast du mich verlassen? Etliche aber, die da standen, da sie das höreten, sprachen, Der rufet den Elia. Die Andern aber sprachen, Laß das, wir wollen sehen, ob Elia komme und ihm helfe (Matth. 27, 46. 47. 49). Darnach, als Jesus wußte, daß schon Alles vollbracht war, auf daß die Schrift erfüllet würde, spricht er, Mich dürstet. Es stand ein Gefäß voll Essig da. Sie fülleten nun einen Schwamm mit Essig, und legten ihn um einen Ysop, und hielten es ihm dar zum Munde. Da nun Jesus den Essig genommen hatte, sprach er, Es ist vollbracht! (Joh. 19, 28—30.) Und er rief laut und sprach, Vater, in deine Hände befehle ich meinen Geist (Luc. 23, 46). Und er neigte das Haupt und verschied (Joh. 19, 30). Da aber der Hauptmann sah, was geschehen war, pries er Gott und sprach, Fürwahr, dieser Mensch war unschuldig. Und alles Volk, das herbeigekommen war zuzuschauen, da sie sahen, was geschehen war, schlugen sie an ihre Brust, und kehrten zurück. Es standen aber alle seine Bekannten von ferne, und die Weiber, die ihm aus Galiläa nachgefolgt waren, und sahen das an (Luc. 23, 47—49).

Die Juden nun, weil Rüsttag war, daß nicht die Leichname am Kreuz blieben den Sabbath über (denn desselbigen Sabbaths Tag war groß), baten Pilatus, daß ihre Beine gebrochen, und sie abgenommen würden. Da kamen die Kriegsknechte, und brachen dem Ersten die Beine, und dem Andern, der mit ihm gekreuziget war. Als sie aber zu Jesus kamen, da sie sahen, daß er schon todt war, brachen sie ihm die Beine nicht; sondern der Kriegsknechte einer stieß in seine Seite mit einem Speer, und alsbald ging Blut und Wasser heraus. Und der das gesehen hat, der hat es bezeuget, und sein Zeugniß ist wahrhaftig, und derselbige weiß, daß er Wahres gesagt, auf daß auch ihr glaubet. Denn solches ist geschehen, daß die Schrift erfüllet würde, Man soll ihm kein Bein zerbrechen. Und abermal spricht eine andere Schrift, Sie werden sehen auf den, welchen sie durchstochen haben (Joh. 19, 31—37).

Und es war schon Abend geworden (Marc. 15, 42), da bat den Pilatus Joseph von Arimathäa (der ein Jünger Jesu war, doch ein heimlicher aus Furcht vor den Juden), daß er den Leichnam Jesu hinwegnehmen dürfte. Und Pilatus erlaubte es. Er kam also, und nahm den Leichnam Jesu hinweg. Es kam aber auch Nikodemus, der zuerst bei der Nacht zu Jesus gekommen war, und brachte Myrrhen und Aloe untereinander gemischt, ungefähr hundert Pfund. Da nahmen sie den Leichnam Jesu,

und bauben ihn in leinene Tücher mit den Spezereien, wie die Juden pflegen zu be=
graben. Es war aber an der Stätte, da er gekreuziget warb, ein Garten, und im
Garten ein neues Grab, in welches Niemand je geleget war. Dafelbft nun legten
fie Jefum hin, um des Rüfttags der Juden willen, weil das Grab nahe war (Joh.
19, 38—42). Es folgten aber die Weiber, welche mit ihm gekommen waren aus Ga=
liläa, und befchaueten das Grab, und wie fein Leib geleget warb; dann kehreten fie
um, und bereiteten Spezereien und Salben. Und den Sabbath über ruheten fie nach
dem Gefetz (Luc. 23, 55. 56).

Epiftel. Jef. 53.

Wer hat geglaubt unferer Predigt?
  Und wem warb der Arm des Ewigen offenbar?
Er fchoß ja auf vor dem Ewigen wie ein Reis,
und wie ein Wurzelfproß aus dürrem Erdreich:
  Er hatte keine fchöne Geftalt noch Hoheit, daß wir ihn anfehen mochten,
  und kein Ausfehen, daß wir fein begehrten.
Er war verachtet, verlaffen von den Menfchen,
ein Mann der Schmerzen, und mit Leiden vertraut:
  Und wie Einer, vor dem man das Angeficht verhüllt,
  fo verachtet, daß wir ihn für nichts rechneten.

Gleichwol trug Er unfere Leiden,
und unfere Schmerzen lud er auf fich:
  Wir jedoch hielten ihn für Einen, der von Gott geplagt,
  der gefchlagen und gebemüthigt wäre.
Er aber war um unferer Uebertretungen willen verwunbet,
um unferer Miffethaten willen zerfchlagen:
  Die Züchtigung zu unferem Heile lag auf ihm,
  und durch feine Striemen find wir geheilet.
Wir gingen Alle in der Irre wie Schafe,
ein Jeglicher wendete fich feines Weges:
  Aber der Ewige ließ ihn treffen unfer aller Schuld.

Er warb gequält, obwol er fich bemüthigte,
und feinen Mund nicht aufthat,
wie ein Lamm, das zur Schlachtbank geführt wird,
und wie ein Schaf, das verftummet vor feinen Scherern:
  Und feinen Mund nicht aufthut.
Durch Drangfal und Strafgericht warb er hingerafft,
und wer unter feinen Zeitgenoffen bedenkt es:
  Daß er weggeriffen warb aus dem Lande der Lebendigen,
  um der Uebertretung meines Volks willen gefchlagen?
Und man gab ihm bei den Gottlofen fein Grab,
und beim Frevler feine Grabhügel:
  Obwol er Niemandem Unrecht gethan,
  Noch Betrug in feinem Munde war.

Doch dem Ewigen gefiel's ihn zu zerschlagen, mit Leiden zu plagen,
wird gleich sein Leben zum Schuldopfer hingegeben,
so soll er doch Samen sehen und in die Länge leben:
Und des Ewigen Vornehmen soll durch seine Hand gedeihen.
Frei von seiner Seele Trübsal wird er seine Augen weiden,
durch seine Weisheit macht er, mein Knecht, der Gerechte, Viele gerecht:
Und ihre Missethaten trägt Er.
Darum will ich ihm sein Siegestheil geben in großer Schaar,
und mit Gewaltigen soll er Beute theilen,
darum daß er sein Leben in den Tod gab
und den Uebertretern beigezählt wurde:
Obwol er Vieler Sünde trug,
und für die Uebertreter Fürsprache einlegte.

Ostersonnabend.

Evangelium. Matth. 27, 62—66.

Des andern Tages aber, der da folget nach dem Rüsttage, kamen die Hohepriester und Pharisäer zusammen zu Pilatus, und sprachen, Herr, wir haben daran gedacht, daß dieser Verführer sprach, da er noch lebte, Ich werde nach drei Tagen auferstehen. Darum befiehl, daß man das Grab verwahre bis an den dritten Tag, auf daß nicht seine Jünger kommen, und stehlen ihn, und sagen zum Volk, Er ist auferstanden von den Todten; und werde der letzte Betrug ärger denn der erste. Pilatus sprach zu ihnen, Da habt ihr eine Wache; gehet hin, und verwahret's, wie ihr wisset. Sie gingen hin, versiegelten den Stein und verwahreten das Grab mit der Wache.

Epistel. 1 Petr. 3, 13—4, 6.

Wer ist, der euch schaden könnte, so ihr um das Gute eifert? Wenn ihr aber auch leidet um der Gerechtigkeit willen, so seid ihr selig. Doch vor ihrer Furcht fürchtet euch nicht, und lasset euch nicht schrecken. Den Herrn Christus aber haltet heilig in euern Herzen. Seid aber allezeit bereit zur Verantwortung gegen jeden, der Rechenschaft von euch fordert über die Hoffnung, die in euch ist, jedoch mit Sanft=muth und Furcht. Und habet ein gutes Gewissen, auf daß, wo sie von euch after=reden als von Uebelthätern, zu Schanden werden, die da euern guten Wandel in Christus schmähen. Denn es ist besser, wenn es der Wille Gottes sein sollte, daß ihr um Wohlthat willen leidet, als um Missethat willen. Denn Christus ist ja Ein=mal um unserer Sünden willen gestorben, ein Gerechter für Ungerechte, auf daß er uns Gott zuführete; getödtet dem Fleische, aber lebendig gemacht dem Geiste nach; in welchem er auch hinging und den Geistern im Gefängnisse predigte, die einst ungehor=sam waren, als Gottes Langmuth harrete, in den Tagen Noahs, da die Arche zube=reitet ward, in welcher Wenige, das ist acht Seelen, gerettet wurden, durch's Wasser; welches auch euch im Gegenbilde nun rettet, als Taufe, die nicht Abthun des Unflats am Fleisch, sondern Verlangen zu Gott nach einem guten Gewissen ist, durch die Auf=erstehung Jesu Christi; welcher hinging in den Himmel und zur Rechten Gottes ist, und sind ihm unterthan Engel, und Gewalten, und Kräfte. Da nun Christus dem Fleische nach für uns gelitten hat, so wappnet auch ihr euch mit demselben Sinn; denn wer am Fleische leidet, der hat Ruhe vor der Sünde, auf daß er die noch übrige Zeit im Fleische nicht den Lüsten der Menschen, sondern dem Willen Gottes lebe. Denn es ist genug, daß ihr die vergangene Zeit nach heidnischem Willen zugebracht habt, da ihr in Geilheit, Lüsten, Trunksucht, Schwelgerei, Säuferei, und gräulichen Abgöttereien wandeltet. Darum befremdet es sie, daß ihr nicht mehr mit ihnen in dieselben Pfützen liederlichen Wesens laufet, und sie lästern; welche Rechenschaft geben werden dem, der bereit ist Lebende und Todte zu richten. Denn dazu ist auch Todten das Evangelium verkündiget worden, damit sie auf Menschenweise dem Fleische nach gerichtet, auf Gottes Weise aber lebendig seien dem Geiste nach.

Erster Ostertag.

Evangelium. Marc. 16, 1—8.

Und da der Sabbath vergangen war, kauften Maria von Magdala, und Maria des Jacobus Mutter, und Salome, Spezereien, auf daß sie kämen und ihn salbeten. Und sie kamen zum Grabe am ersten Wochentag sehr frühe, da die Sonne aufgegangen war. Und sie sprachen untereinander, Wer wälzet uns den Stein von des Grabes Thür? Und da sie aufblickten, wurden sie gewahr, daß der Stein abgewälzet war; denn er war sehr groß. Und sie gingen hinein in das Grab, und sahen einen Jüngling zur rechten Hand sitzen, der hatte ein weißes Gewand an; und sie entsetzten sich. Er aber sprach zu ihnen, Entsetzet euch nicht; Jesum suchet ihr, den von Nazareth, den Gekreuzigten; er ist auferstanden, er ist nicht hier. Siehe da die Stätte, da sie ihn hinlegten. Gehet aber hin, und saget seinen Jüngern und dem Petrus, daß er vor euch hingehet nach Galiläa; da werdet ihr ihn sehen, wie er euch gesagt hat. Und sie gingen hinaus, und flohen von dem Grabe; denn es war sie Zittern und Entsetzen angekommen; und sagten Niemand nichts, denn sie fürchteten sich.

———

Epistel. 1 Kor. 5, 6—8.

Euer Ruhm ist nicht sein. Wisset ihr nicht, daß ein wenig Sauerteig den ganzen Teig versäuert? Feget den alten Sauerteig aus, auf daß ihr ein neuer Teig seiet, wie ihr denn ungesäuert seid. Es ist ja auch unser Passahlamm geschlachtet, Christus. Lasset uns also Festfeier halten, nicht mit altem Sauerteig, auch nicht mit Sauerteig der Bosheit und Schlechtigkeit, sondern mit ungesäuertem Brode der Lauterkeit und Wahrheit.

Zweiter Ostertag.

Evangelium. Luc. 24, 13—35.

Und siehe, Zwei von ihnen gingen an demselben Tage nach einem Flecken, der von Jerusalem sechzig Stadien weit ist, mit Namen Emmaus. Und sie redeten miteinander von allen diesen Geschichten. Und es geschah, da sie so redeten und sich untereinander besprachen, nahete sich Jesus selbst, und wandelte mit ihnen. Aber ihre Augen wurden gehalten, daß sie ihn nicht erkannten. Er sprach aber zu ihnen, Was sind das für Reden, die ihr zwischen euch wechselt unterweges, und seid traurig? Da antwortete der Eine, mit Namen Kleopas, und sprach zu ihm, Bist du der einzige unter den Fremdlingen zu Jerusalem, der nicht weiß, was in diesen Tagen darinnen geschehen ist? Und er sprach zu ihnen, Welcherlei Dinge? Sie aber sprachen zu ihm, Das von Jesus von Nazareth, welcher war ein Prophet, mächtig in That und Wort, vor Gott und allem Volk; wie ihn unsere Hohepriester und Obersten zur Verdammniß des Todes überantwortet und ihn gekreuziget haben. Wir aber hofften, er wäre es, der Israel erlösen soll. Aber nun ist über das Alles heute der dritte Tag, daß solches geschehen ist. Es haben uns aber auch erschreckt etliche Weiber aus den Unsern, die sind frühe bei dem Grabe gewesen, haben seinen Leib nicht gefunden, kommen und sagen, sie haben auch ein Gesicht von Engeln gesehen, welche sagen, er lebe. Und Etliche von den Unsrigen gingen hin zum Grabe, und fanden es also, wie die Weiber sagten, ihn aber sahen sie nicht. Und er sprach zu ihnen, O ihr Thoren, und die ihr träges Herzens seid, zu glauben alle dem, was die Propheten geredet haben! Mußte nicht Christus solches leiden, und zu seiner Herrlichkeit eingehen? Und fing an von Moses und dann von allen Propheten, und legte ihnen aus in allen Schriften, was von ihm gesagt war. Und sie kamen nahe zum Flecken, wohin sie gingen; und er stellete sich, als wollte er weiter gehen. Und sie nöthigten ihn und sprachen, Bleibe bei uns, denn es will Abend werden, und der Tag hat sich geneiget. Und er ging hinein, bei ihnen zu bleiben. Und es geschah, da er mit ihnen zu Tische saß, nahm er das Brod, sprach die Danksagung, brach es, und gab es ihnen. Da wurden ihre Augen geöffnet, und sie erkannten ihn. Und er verschwand vor ihnen. Und sie sprachen zueinander, Brannte nicht unser Herz in uns, da er mit uns redete auf dem Wege, da er uns die Schrift öffnete?

Und sie standen auf zu derselbigen Stunde, kehrten wieder gen Jerusalem, und fanden die Elf versammelt, und die sich zu ihnen hielten, welche sprachen, Der Herr ist wahrhaftig auferstanden, und dem Simon erschienen. Und sie erzähleten, was auf dem Wege geschehen war, und wie er von ihnen erkannt wäre beim Brechen des Brodes.

Epistel. Apg. 10, 34—41.

Petrus aber that seinen Mund auf und sprach, Nun erkenne ich in Wahrheit, daß Gott die Person nicht ansiehet, sondern in jeglichem Volke, wer ihn fürchtet und recht thut, ihm angenehm ist. Das Wort sandte er den Kindern Israel und ließ Frieden verkündigen durch Jesus Christus. Dieser ist Herr über Alle. Ihr kennet die Dinge, die geſchehen ſind durch ganz Judäa und angefangen haben in Galiäa, nach der Taufe, die Johannes predigte: wie Gott Jeſum von Nazareth geſalbet hat mit heiligem Geiſte und mit Kraft; der umhergezogen iſt, und hat wohlgethan und geſund gemacht Alle, die vom Teufel überwältiget waren, denn Gott war mit ihm. Und wir ſind Zeugen alles deſſen, was er gethan hat im Lande der Juden, und zu Jeruſalem. Den haben ſie getödtet und an ein Holz gehänget. Denſelbigen hat Gott auferwecket am dritten Tage, und ihn erſcheinen laſſen, nicht dem ganzen Volke, ſondern den von Gott zuvor erwählten Zeugen, uns, die wir mit ihm gegeſſen und getrunken haben, nachdem er auferſtanden war von den Todten.

Erster Sonntag nach Ostern.

Evangelium. Joh. 20, 19—31.

Am Abend aber desselbigen ersten Wochentags, da die Jünger versammelt, und die Thüren daselbst verschlossen waren, aus Furcht vor den Juden, kam Jesus, und trat in die Mitte, und spricht zu ihnen, Friede sei mit euch! Und da er das gesagt, zeigete er ihnen die Hände und die Seite. Da wurden die Jünger froh, da sie den Herrn sahen. Da sprach Jesus abermal zu ihnen, Friede sei mit euch! Gleichwie mich der Vater gesandt hat, so sende ich euch. Und da er das gesagt hatte, hauchte er sie an, und spricht zu ihnen, Nehmet hin heiligen Geist. Welchen ihr die Sünden erlasset, denen sind sie erlassen, und welchen ihr sie behaltet, denen sind sie behalten. Thomas aber, einer der Zwölf, der da heißt Zwilling, war nicht bei ihnen, da Jesus kam. Da sagten die andern Jünger zu ihm, Wir haben den Herrn gesehen. Er aber sprach zu ihnen, Es sei denn, daß ich in seinen Händen sehe das Nägelmal, und lege meinen Finger in die Nägelstelle, und lege meine Hand in seine Seite, will ich es nicht glauben. Und über acht Tage waren abermal seine Jünger drinnen, und Thomas mit ihnen. Kommt Jesus, da die Thüren verschlossen waren, und tritt in die Mitte und spricht, Friede sei mit euch! Darnach spricht er zu Thomas, Reiche deinen Finger her und siehe meine Hände! und reiche deine Hand her, und lege sie in meine Seite! und werde nicht ungläubig, sondern gläubig. Thomas antwortete und sprach zu ihm, Mein Herr, und mein Gott! Spricht Jesus zu ihm, Weil du mich gesehen hast, hast du geglaubt? Selig sind, die nicht sahen, und doch glaubten.

Auch viel andere Zeichen that Jesus vor seinen Jüngern, die nicht geschrieben sind in diesem Buch. Diese aber sind geschrieben, damit ihr glaubet, Jesus sei der Christ, der Sohn Gottes, und damit ihr durch den Glauben Leben habet in seinem Namen.

Epistel. 1 Joh. 5, 4—10.

Alles, was aus Gott geboren ist, überwindet die Welt; und das ist der Sieg, der die Welt überwunden hat: unser Glaube. Wer ist's, der die Welt überwindet, außer dem, der da glaubet, daß Jesus Gottes Sohn ist? Dieser ist's, der da gekommen durch Wasser und Blut, Jesus der Christ; nicht im Wasser allein, son=dern im Wasser und Blut; und der Geist ist's, der da zeuget; denn der Geist ist Wahrheit. Denn drei sind, die da zeugen, der Geist, und das Wasser, und das Blut: und die Drei gehen auf eins. Wenn wir der Menschen Zeugniß annehmen, so ist Gottes Zeugniß größer: denn das ist Gottes Zeugniß, daß er gezeuget hat von seinem Sohne. Wer da glaubet an den Sohn Gottes, der hat das Zeugniß Gottes in sich selbst; wer dem Sohne nicht glaubet, der hat Gott zum Lügner gemacht, weil er nicht geglaubet hat an das Zeugniß, das Gott von seinem Sohne gezeuget.

Zweiter Sonntag nach Oſtern.

Evangelium. Joh. 10, 11—16.

Ich bin der gute Hirte. Der gute Hirte läſſet ſein Leben für die Schafe. Der Miethling aber, der nicht Hirte iſt, deſſen die Schafe nicht eigen ſind, ſiehet den Wolf kommen, und verläßt die Schafe, und fliehet; und der Wolf erhaſchet ſie, und zerſtreuet die Schafe. Der Miethling aber fliehet; denn er iſt ein Miethling, und trägt um die Schafe keine Sorge. Ich bin der gute Hirte, und kenne die Mei= nen, und die Meinen kennen mich, wie mich der Vater kennet, und ich kenne den Vater. Und ich laſſe mein Leben für die Schafe. Auch andere Schafe habe ich, die ſind nicht aus dieſem Stalle. Auch ſie muß ich führen und ſie werden auf meine Stimme hören, und wird werden Eine Heerde, Ein Hirte.

Epiſtel. 1 Petr. 2, 21—25.

Denn dazu ſeid ihr berufen. Auch Chriſtus hat ja für euch gelitten, und euch ein Vorbild gelaſſen, daß ihr ſeinen Fußſtapfen nachfolgen ſollet; welcher keine Sünde gethan hat, iſt auch kein Betrug in ſeinem Munde erfunden; welcher nicht wieder ſchalt, da er geſcholten ward, nicht drohete, da er litt, ſtellete es aber dem anheim, der da recht richtet; welcher unſere Sünden ſelbſt getragen hat an ſeinem Leibe auf dem Holz, auf daß wir, der Sünde abgeſtorben, der Gerechtigkeit leben; durch deſſen Wunden ihr heil geworden ſeid. Denn ihr waret verirret, wie Schafe; aber ihr habt euch bekehret zu dem Hirten und Aufſeher eurer Seelen.

Dritter Sonntag nach Ostern.

Evangelium. Joh. 16, 16—23.

Ueber ein Kleines, so sehet ihr mich nicht mehr; und wieder über ein Kleines, so werdet ihr mich sehen.

Da sprachen etliche seiner Jünger untereinander, Was ist das, das er zu uns saget, Ueber ein Kleines, so sehet ihr mich nicht, und wieder über ein Kleines, so werdet ihr mich sehen, und, Ich gehe zum Vater? Sie sagten also, Was ist das, das er sagt, über ein Kleines? Wir wissen nicht, was er redet. Da merkte Jesus, daß sie ihn fragen wollten, und sprach zu ihnen, Darüber fraget ihr untereinander, daß ich sagte, Ueber ein Kleines, so sehet ihr mich nicht, und wieder über ein Kleines, so werdet ihr mich sehen? Wahrlich, wahrlich, ich sage euch, Ihr werdet weinen und klagen, aber die Welt wird sich freuen; ihr werdet traurig sein, doch eure Traurigkeit soll zur Freude werden. Das Weib, wenn sie gebieret, hat Traurigkeit, denn ihre Stunde ist gekommen; wenn sie aber das Kind geboren hat, denkt sie nicht mehr an die Angst, um der Freude willen, daß ein Mensch zur Welt geboren wurde. Und auch ihr werdet nun Traurigkeit haben; aber ich will euch wieder sehen, und euer Herz soll sich freuen, und eure Freude soll Niemand von euch nehmen. Und an demselbigen Tage werdet ihr mich nichts fragen. Wahrlich, wahrlich, ich sage euch, so ihr den Vater etwas bitten werdet in meinem Namen, so wird er's euch geben.

Epistel. 1 Petr. 2, 11—20.

Geliebte, ich ermahne euch, als Fremdlinge und Pilgrime: Enthaltet euch der fleischlichen Begierden, welche wider die Seele streiten; und führet euern Wandel unter den Heiden gut, auf daß, wo sie von euch afterreden, als von Uebelthätern, sie eure guten Werke ansehen und Gott preisen, am Tage der Heimsuchung. Seid unterthan aller menschlichen Ordnung, um des Herrn willen, es sei dem Könige, als dem obersten, oder den Landpflegern als seinen Gesandten zur Rache über die Uebelthäter, zu Lobe aber denen, die Gutes thun. Denn das ist der Wille Gottes, daß ihr mit Wohlthun der Unwissenheit der thörichten Menschen den Mund stopfet; als Freie, und nicht als hättet ihr die Freiheit zum Deckmantel der Bosheit; sondern als Knechte Gottes. Thut Ehre Jedermann. Habt die Brüder lieb. Fürchtet Gott. Ehret den König. Ihr Knechte, seid unterthan mit aller Furcht den Herren, nicht allein den gütigen und gelinden, sondern auch den wunderlichen. Denn das ist Gnade, wenn Jemand um des Gewissens zu Gott willen Trübsale verträgt, und Unrecht leidet. Denn was ist das für ein Ruhm, wenn ihr um Missethat willen Streiche erduldet? Aber wenn ihr um Wohlthat willen Leiden erduldet, das ist Gnade bei Gott.

Vierter Sonntag nach Ostern.

Evangelium. Joh. 16, 5—15.

Nun aber gehe ich hin zu dem, der mich gesandt hat; und Niemand unter euch fragt mich, Wo gehest du hin? Sondern weil ich solches zu euch geredet habe, ist euer Herz voll Trauerns geworden. Aber ich sage euch die Wahrheit, Es ist euch gut, daß ich hingehe. Denn so ich nicht hingehe, so wird der Fürsprecher nicht zu euch kommen. So ich aber hingehe, will ich ihn zu euch senden. Und wenn derselbige kommt, wird er die Welt überführen von der Sünde, und von der Gerechtigkeit, und von dem Gericht. Von der Sünde, daß sie nicht glauben an mich: von der Gerechtigkeit, daß ich zu meinem Vater gehe, und ihr mich hinfort nicht sehet: von dem Gericht, daß der Fürst dieser Welt gerichtet ist. Ich habe euch noch viel zu sagen, aber ihr könnet es jetzt nicht tragen. Wenn aber jener, der Geist der Wahrheit, kommen wird, der wird euch in alle Wahrheit leiten. Denn er wird nicht von sich selbst reden; sondern was er hören wird, das wird er reden, und was zukünftig ist, wird er euch verkündigen. Derselbige wird mich verklären; denn von dem Meinen wird er es nehmen, und euch verkündigen. Alles, was der Vater hat, ist mein. Darum sagte ich, Er nimmt es von dem Meinen, und wird es euch verkündigen.

Epistel. Jac. 1, 16—21.

Lasset euch nicht verführen, meine geliebten Brüder! Alle gute Gabe, und alle vollkommene Gabe, kommt von oben herab, von dem Vater der Lichter, bei welchem keine Veränderung, noch wechselnde Beschattung ist. Nach seinem Willen hat er uns gezeuget durch das Wort der Wahrheit, auf daß wir gleichsam Erstlinge seiner Geschöpfe wären.

Wisset, meine geliebten Brüder, ein jeglicher Mensch sei schnell zu hören, langsam zu reden, langsam zum Zorn. Denn des Menschen Zorn thut nicht, was vor Gott recht ist. Darum leget ab alle Unsauberkeit und Auswuchs der Bosheit, und nehmet mit Sanftmuth das eingepflanzte Wort an, welches eure Seelen selig machen kann.

Fünfter Sonntag nach Oſtern.

Evangelium. Joh. 16, 23—30.

Und an demſelbigen Tage werdet ihr mich nichts fragen. Wahrlich, wahrlich, ich ſage euch, So ihr den Vater etwas bitten werdet in meinem Namen, ſo wird er's euch geben. Bisher habt ihr nichts gebeten in meinem Namen. Bittet, ſo werdet ihr em= pfangen, daß eure Freude vollkommen ſei. Solches habe ich zu euch durch Gleichniſſe geredet. Es kommt eine Stunde, da ich nicht mehr durch Gleichniſſe mit euch reden werde, ſondern euch frei heraus verkündigen von dem Vater. An demſelbigen Tage werdet ihr bitten in meinem Namen, und ich ſage euch nicht, daß ich den Vater für euch bitten will. Denn er ſelbſt, der Vater, hat euch lieb, darum, daß ihr mich ge= liebet, und geglaubet habt, daß ich von Gott ausging. Vom Vater ging ich aus und bin gekommen in die Welt; wiederum verlaſſe ich die Welt, und gehe zum Vater.

Sprechen zu ihm ſeine Jünger, Siehe, jetzt redeſt du frei heraus, und ſageſt kein Gleichniß mehr. Jetzt wiſſen wir, daß du alle Dinge weißt, und bedarfſt nicht, daß dich Jemand frage. Darum glauben wir, daß du von Gott ausgegangen biſt.

———

Epiſtel. Jac. 1, 22—27.

Seid aber Thäter des Worts, und nicht Hörer allein, als die ſich ſelbſt betrügen. Denn ſo Jemand ein Hörer des Worts iſt, und nicht ein Thäter, der gleichet einem Manne, der ſein natürliches Angeſicht im Spiegel beſchauet. Denn er beſchauete ſich, und ging davon, und vergaß alsbald, wie er geſtaltet war. Wer aber hineinſchauete in das vollkommene Geſetz der Freiheit, und darin beharrete, und nicht ein vergeß= licher Hörer, ſondern ein Thäter des Werkes geworden iſt, derſelbe wird ſelig ſein in ſeinem Thun. Wenn Jemand meinet, er diene Gott, und hält ſeine Zunge nicht im Zaum, ſondern täuſchet ſein Herz, deß Gottesdienſt iſt eitel. Ein reiner und unbefleck= ter Gottesdienſt vor Gott und dem Vater iſt der: die Waiſen und Wittwen in ihrer Trübſal beſuchen, und ſich von der Welt unbefleckt erhalten.

Himmelfahrtsfeſt.

Evangelium. Marc. 16, 14—20.

Nachher offenbarete er ſich den Elfen ſelbſt, da ſie zu Tiſche ſaßen, und ſchalt ihren Unglauben und ihres Herzens Härtigkeit, daß ſie nicht geglaubet denen, die ihn geſchaut hatten, nachdem er von den Todten auferſtanden. Und er ſprach zu ihnen, Gehet hin in alle Welt, und prediget das Evangelium aller Creatur. Wer da geglaubt hat und getauft worden iſt, der wird ſelig werden; wer aber nicht geglaubt hat, der wird verdammet werden. Dieſe Zeichen aber werden folgen denen, die da geglaubt haben: in meinem Namen werden ſie Teufel austreiben, mit neuen Zungen reden, Schlangen aufnehmen, und ſo ſie etwas Tödtliches trinken, wird's ihnen nicht ſchaden; auf Kranke werden ſie die Hände legen, ſo werden ſie geneſen.

Der Herr Jeſus nun, nachdem er zu ihnen geredet hatte, ward aufgehoben in den Himmel, und ſetzte ſich zur Rechten Gottes. Jene aber gingen aus, und predigten an allen Orten, indem der Herr mitwirkte und das Wort bekräftigte durch die mitfolgenden Zeichen.

————

Epiſtel. Apg. 1, 1—11.

Den erſten Bericht gab ich von Allem, o Theophilus, was Jeſus anfing, zu thun und zu lehren bis zu dem Tage, da er aufgenommen ward, nachdem er den Apoſteln, welche er erwählet hatte, durch den heiligen Geiſt Befehl gethan hatte, welchen er ſich auch ſelbſt nach ſeinem Leiden lebend darſtellte durch mancherlei Erweiſungen, und ließ ſich unter ihnen vierzig Tage lang ſehen, und redete vom Reiche Gottes. Und da er mit ihnen aß, befahl er ihnen, nicht von Jeruſalem zu weichen, ſondern zu warten auf die Verheißung des Vaters, welche ihr, ſprach er, von mir gehört habt; denn Johannes hat mit Waſſer getauft, ihr aber ſollt mit heiligem Geiſte getauft werden nicht lange nach dieſen Tagen. Nachdem ſie nun zuſammengekommen waren, befragten ſie ihn und ſprachen, Herr, ſtellſt du zu dieſer Zeit das Reich wieder her für Iſrael? Er ſprach aber zu ihnen, Euch gebühret nicht zu wiſſen Zeit oder Stunde, welche der Vater ſeiner Macht vorbehalten hat, ſondern ihr werdet Kraft empfangen, wenn der heilige Geiſt auf euch kommen wird, und werdet meine Zeugen ſein in Jeruſalem und in ganz Judäa und Samaria und bis an das Ende der Erde. Und da er ſolches geſagt hatte, ward er aufgehoben vor ihren Blicken, und eine Wolke nahm ihn vor ihren Augen weg. Und als ſie unverwandt gen Himmel ſchaueten, wie er dahinfuhr, ſiehe da ſtanden zwei Männer bei ihnen in weißen Kleidern, welche auch ſagten, Ihr Galiläer, was ſtehet ihr und ſehet gen Himmel? Dieſer Jeſus, welcher von euch aufgenommen iſt gen Himmel, wird ebenſo kommen, wie ihr ihn geſehen habt gen Himmel fahren.

Sechster Sonntag nach Ostern.

Evangelium. Joh. 15, 26—16, 4.

Wenn aber der Fürsprecher kommen wird, welchen ich euch senden werde vom Vater, der Geist der Wahrheit, der vom Vater ausgehet, der wird zeugen von mir. Auch ihr aber zeuget, weil ihr von Anfang an mit mir gewesen seid. Solches habe ich zu euch geredet, auf daß ihr euch nicht ärgert. Sie werden euch in den Bann thun. Ja es kommt die Stunde, daß, wer euch töbtet, wird meinen, er thue Gott einen Dienst damit. Und solches werden sie darum thun, weil sie weder den Vater noch mich erkannten. Aber solches habe ich zu euch geredet, auf daß, wenn die Stunde dafür kommen wird, ihr daran gedenket, daß ich es euch gesagt habe. Solches aber habe ich euch von Anfang an nicht gesagt, denn ich war bei euch.

Epistel. 1 Petr. 4, 7—11.

So seid nun besonnen und nüchtern zum Gebete. Vor Allem aber habt untereinander innige Liebe; denn Liebe decket der Sünden Menge. Seid gastfrei untereinander ohne Murren. Dienet einander, ein Jeglicher mit der Gabe, die er empfangen hat, als gute Haushalter der mancherlei Gnade Gottes. Wenn Jemand redet, so rede er es als Gottes Wort. Wenn Jemand dienet, so thue er es als aus dem Vermögen, das Gott darreichet; auf daß in allen Dingen Gott gepriesen werde durch Jesus Christus, welchem die Ehre und die Gewalt ist von Ewigkeit zu Ewigkeit. Amen.

Erster Pfingsttag.

Evangelium. Joh. 14, 23—31.

Jesus antwortete und sprach zu ihm, Wer mich liebet, der wird mein Wort halten, und mein Vater wird ihn lieben, und wir werden zu ihm kommen, und Wohnung bei ihm machen. Wer mich nicht liebet, der hält meine Worte nicht. Und das Wort, das ihr höret, ist nicht mein, sondern des Vaters, der mich gesandt hat.

Solches habe ich zu euch geredet, da ich noch bei euch bin. Aber der Fürsprecher, der heilige Geist, welchen der Vater senden wird in meinem Namen, derselbige wird euch Alles lehren, und euch erinnern an Alles, was ich euch gesagt habe. Frieden lasse ich euch, meinen Frieden gebe ich euch. Nicht gebe ich euch, wie die Welt gibt. Euer Herz erschrecke nicht, und fürchte sich nicht. Ihr habt gehöret, daß ich euch sagte, Ich gehe hin, und komme zu euch. Hättet ihr mich lieb, so würdet ihr euch freuen, daß ich zum Vater gehe; denn der Vater ist größer als ich. Und nun habe ich's euch gesagt, ehe denn es geschiehet, auf daß, wenn es nun geschehen wird, ihr glaubet. Ich werde hinfort nicht mehr viel mit euch reden; denn es kommt der Fürst der Welt und hat nichts an mir. Aber auf daß die Welt erkenne, daß ich den Vater liebe, thue ich also, wie mir der Vater ein Gebot gegeben hat.

Stehet auf, lasset uns von hinnen gehen!

Epistel. Apg. 2, 1—13.

Und als der Pfingsttag sich erfüllete, waren sie Alle einmüthig beieinander. Und es geschah plötzlich ein Brausen vom Himmel, wie von einem daherfahrenden gewaltigen Wehen, und erfüllete das ganze Haus, wo sie saßen. Und es erschienen ihnen zertheilete Zungen wie Feuerszungen, und auf einen Jeglichen unter ihnen setzte sich eine; und wurden Alle voll heiligen Geistes, und fingen an zu reden mit andern Zungen, sowie der Geist ihnen auszusprechen gab. Es wohnten aber Juden zu Jerusalem, gottesfürchtige Männer, aus allerlei Volk, das unter dem Himmel ist. Da nun dieses Sausen gehört wurde, kam die Menge zusammen und wurde bestürzt; denn es hörete ein Jeglicher, daß sie in seiner eigenen Sprache redeten. Sie erstaunten aber, verwunderten sich und sprachen, Siehe, sind nicht diese Alle, die da reden, aus Galiläa? Und wie hören wir sie denn ein Jeglicher in unserer eigenen Sprache, darin wir geboren sind? Parther und Meder, und Elamiter, und die wir wohnen in Mesopotamien, und in Judäa, und Cappadocien, Pontus und Asien, Phrygien und Pamphylien, Aegypten und in den Gegenden von Libyen gegen Cyrene, und die römischen Fremdlinge, Juden und Judengenossen, Kreter und Araber: wir hören sie mit unsern Zungen von den großen Thaten Gottes reden. Sie erstaunten aber Alle und waren verlegen, und sprachen zueinander, Was mag das wol bedeuten? Andere aber sagten spottend, Sie sind voll süßen Weins.

Zweiter Pfingsttag.

Evangelium. Joh. 3, 16—21.

Also hat Gott die Welt geliebet, daß er seinen einigen Sohn gab, auf daß ein Jeglicher, der an ihn glaubet, nicht verloren gehe, sondern ewiges Leben habe. Denn Gott hat seinen Sohn nicht gesandt in die Welt, daß er die Welt richte, son= dern daß die Welt durch ihn selig werde. Wer an ihn glaubet, der wird nicht gerichtet; wer aber nicht glaubet, der ist schon gerichtet; denn er hat nicht geglaubt an den Namen des einigen Sohnes Gottes. Das ist aber das Gericht, daß das Licht in die Welt gekommen ist, und die Menschen liebten die Finsterniß mehr, denn das Licht; denn ihre Werke waren böse. Denn ein Jeglicher, der Arges thut, hasset das Licht, und kommt nicht an das Licht, auf daß er seiner Werke nicht überführt werde. Wer aber die Wahrheit thut, der kommt an das Licht, daß seine Werke offenbar werden; denn sie sind in Gott gewirkt.

————————

Epistel. Apg. 10, 42—48.

Und er hat uns geboten zu predigen dem Volke, und zu bezeugen, daß er der von Gott bestimmte Richter der Lebendigen und der Todten ist. Von diesem zeugen alle Propheten, daß durch seinen Namen Alle, die an ihn glauben, Vergebung der Sünden empfangen. Da Petrus noch diese Worte redete, fiel der heilige Geist auf Alle, welche die Rede höreten. Und die Gläubigen aus der Beschneidung, die mit Petrus gekom= men waren, entsetzten sich, daß auch auf die Heiden die Gabe des heiligen Geistes ausgegossen ward. Denn sie höreten sie mit Zungen reden und Gott preisen. Da antwortete Petrus, Mag Jemand das Wasser wehren, daß diese nicht getauft werden, die den heiligen Geist empfangen haben, gleichwie auch wir? Und er befahl sie zu taufen in dem Namen des Herrn. Da baten sie ihn, etliche Tage zu bleiben.

Dreifaltigkeitsſonntag.

Evangelium. Joh. 3, 1—15.

Es war aber ein Menſch aus den Phariſäern, mit Namen Nikodemus, ein Ober=
ſter unter den Juden. Der kam zu ihm bei der Nacht, und ſprach zu ihm, Rabbi,
wir wiſſen, daß du von Gott gekommen biſt als Lehrer; denn Niemand kann die
Zeichen thun, die du thuſt, es ſei denn Gott mit ihm. Jeſus antwortete und ſprach
zu ihm, Wahrlich, wahrlich, ich ſage dir, Es ſei denn, daß Jemand von oben her
geboren werde, ſo kann er das Reich Gottes nicht ſehen. Nikodemus ſpricht zu ihm,
wie kann ein Menſch geboren werden, wenn er alt iſt? Kann er auch abermal in
ſeiner Mutter Leib gehen, und geboren werden? Jeſus antwortete, Wahrlich, wahrlich,
ich ſage dir, Es ſei denn, daß Jemand geboren werde aus Waſſer und Geiſt, ſo kann
er nicht in das Reich Gottes kommen. Was aus dem Fleiſche geboren wird, das iſt
Fleiſch; und was aus dem Geiſte geboren wird, das iſt Geiſt. Laß dich's nicht wun=
dern, daß ich dir geſagt habe, Ihr müſſet von oben her geboren werden. Der Wind
wehet, wo er will, und du höreſt ſein Sauſen; aber du weißt nicht, woher er kommt,
und wohin er fähret. Alſo iſt ein Jeglicher, der aus dem Geiſte geboren iſt. Niko=
demus antwortete und ſprach zu ihm, Wie mag ſolches zugehen? Jeſus antwortete
und ſprach zu ihm, Biſt du der Meiſter in Iſrael, und verſteheſt das nicht? Wahr=
lich, wahrlich, ich ſage dir, Wir reden, was wir wiſſen, und bezeugen, was wir geſehen
haben; und ihr nehmet unſer Zeugniß nicht an. Glaubet ihr nicht, wenn ich euch von
irdiſchen Dingen ſagte, wie würdet ihr glauben, wenn ich euch von himmliſchen Dingen
ſagen würde?

Und Niemand iſt gen Himmel gefahren, denn der vom Himmel herniederkam, näm=
lich des Menſchen Sohn, der im Himmel iſt. Und wie Moſes in der Wüſte die
Schlange erhöhet hat, alſo muß des Menſchen Sohn erhöhet werden, auf daß ein Jeg=
licher, der an ihn glaubet, ewiges Leben habe.

Epiſtel. Röm. 11, 33—36.

O Tiefe des Reichthums, der Weisheit und der Erkenntniß Gottes! Wie gar
unergründlich ſind ſeine Gerichte, und unerforſchlich ſeine Wege! Denn wer hat des
Herrn Sinn erkannt? Oder wer iſt ſein Rathgeber geworden? Oder wer hat ihm
zuvor gegeben, daß ihm vergolten würde? Denn aus ihm, und durch ihn, und zu ihm
ſind alle Dinge. Ihm ſei Ehre in Ewigkeit! Amen.

Erster Sonntag nach Dreifaltigkeit.

Evangelium. Luc. 16, 19—31.

Es war aber ein reicher Mann, der kleidete sich mit Purpur und köstlicher Leinwand, und lebte alle Tage herrlich und in Freuden. Ein Armer aber, mit Namen Lazarus, lag vor seinem Thore voller Schwären; und begehrete sich zu sättigen von den Brosamen, die von des Reichen Tische fielen; doch kamen auch die Hunde, und leckten ihm seine Schwären. Es begab sich aber, daß der Arme starb, und ward getragen von den Engeln in Abrahams Schooß. Der Reiche aber starb auch, und ward begraben. Und in der Unterwelt hub er seine Augen auf, da er in Qualen stand, und sah Abraham von ferne, und Lazarus in seinem Schooß, und rief und sprach, Vater Abraham, erbarme dich mein, und sende Lazarus, daß er das Aeußerste seines Fingers in Wasser tauche, und kühle meine Zunge; denn ich leide Pein in dieser Flamme. Abraham aber sprach, Gedenke, Sohn, daß du dein Gutes empfangen hast in deinem Leben, und Lazarus wiederum hat Leiden empfangen, nun aber wird er hier getröstet, du aber wirst gepeinigt. Und über das Alles ist zwischen uns und euch eine große Kluft befestiget, auf daß, die da wollen von hinnen hinüberwandeln zu euch, es nicht können, und auch nicht die von bannen zu uns herüberfahren. Da sprach er, So bitte ich dich, Vater, daß du ihn sendest in meines Vaters Haus, denn ich habe fünf Brüder; daß er ihnen bezeuge, auf daß sie nicht auch an diesen Ort der Qual kommen. Abraham sprach zu ihm, Sie haben Moses und die Propheten; laß sie dieselbigen hören. Er aber sprach, Nein, Vater Abraham; sondern wenn einer von den Todten zu ihnen ginge, so würden sie Buße thun. Er sprach zu ihm, Hören sie Moses und die Propheten nicht, so werden sie auch nicht gehorchen, wenn Jemand von den Todten auferstände.

Epistel. 1 Joh. 4, 16—21.

Gott ist Liebe, und wer in der Liebe bleibet, der bleibet in Gott und Gott in ihm. Darin ist die Liebe vollendet bei uns, daß wir Freudigkeit haben am Tage des Gerichts; denn gleichwie er ist, so sind auch wir in dieser Welt. Furcht ist nicht in der Liebe, sondern die völlige Liebe treibet die Furcht aus; denn die Furcht hat Pein. Wer sich aber fürchtet, der ist nicht vollkommen in der Liebe. Lasset uns lieben, denn er hat uns zuerst geliebet. So Jemand spricht, Ich liebe Gott, und hasset seinen Bruder, der ist ein Lügner. Denn wer seinen Bruder nicht liebet, den er siehet, der kann Gott, den er nicht siehet, nicht lieben. Und dieses Gebot haben wir von ihm, daß wer Gott liebet, der auch seinen Bruder liebe.

Zweiter Sonntag nach Dreifaltigkeit.

Evangelium. Luc. 14, 16—24.

Er aber sprach zu ihm, Es war ein Mensch, der machte ein großes Abendmahl, und lud viele dazu, und sandte seinen Knecht aus zur Stunde des Abendmahls, zu sagen den Geladenen, Kommt, denn es ist schon Alles bereit. Und sie fingen Alle einstimmig an, sich zu entschuldigen. Der Erste sprach zu ihm, Ich habe einen Acker gekauft, und muß hinausgehen, ihn zu besehen; ich bitte dich, entschuldige mich. Und ein Anderer sprach, Ich habe fünf Joch Ochsen gekauft, und gehe hin, sie zu prüfen; ich bitte dich, entschuldige mich. Und ein Anderer sprach, Ich habe ein Weib genommen, und darum kann ich nicht kommen. Und der Knecht kam und sagte das seinem Herrn wieder. Da ward der Hausherr zornig, und sprach zu seinem Knechte, Gehe schnell hinaus auf die Straßen und Gassen der Stadt, und führe die Armen und Krüppel und Blinden und Lahmen hier herein. Und der Knecht sprach, Herr, es ist geschehen, wie du befohlen hast; und es ist noch Raum da. Und der Herr sprach zu dem Knechte, Gehe aus auf die Landstraßen und an die Zäune, und nöthige sie hereinzukommen, auf daß mein Haus voll werde. Denn ich sage euch, daß keiner von jenen Männern, die geladen waren, mein Abendmahl schmecken wird.

Epistel. 1 Joh. 3, 13—18.

Verwundert euch nicht, Brüder, wenn euch die Welt hasset. Wir wissen, daß wir vom Tode zum Leben übergegangen sind; denn wir lieben die Brüder. Wer nicht lieb hat, bleibet im Tode. Ein Jeglicher, der seinen Bruder hasset, ist ein Menschenmörder; und ihr wisset, daß kein Menschenmörder ewiges Leben in sich bleibend hat. Daran haben wir erkannt die Liebe, daß er sein Leben für uns gelassen hat; auch wir sollen das Leben für die Brüder lassen. Wenn aber Jemand dieser Welt Güter hat, und siehet seinen Bruder darben, und schließet sein Herz vor ihm zu; wie bleibet die Liebe Gottes in ihm? Kindlein, lasset uns nicht lieben mit Worten, noch mit der Zunge; sondern in That und Wahrheit.

Dritter Sonntag nach Dreifaltigkeit.

Evangelium. Luc. 15, 1—10.

Es naheten aber zu ihm alle Zöllner und Sünder, daß sie ihn höreten. Und die Pharisäer und Schriftgelehrten murreten, und sprachen, Dieser nimmt die Sünder an, und isset mit ihnen. Er sagte aber zu ihnen dies Gleichniß, und sprach, Welcher Mensch unter euch, der hundert Schafe hat und deren eines verlieret, lässet nicht die neun und neunzig in der Wüste, und gehet hin nach dem verlorenen, bis daß er's finde? Und wenn er es gefunden hat, so leget er's auf seine eigenen Schultern mit Freuden; und wenn er heimkommt, rufet er seine Freunde und Nachbarn zusammen, und spricht zu ihnen, Freuet euch mit mir, denn ich habe mein Schaf gefunden, das verloren war. Ich sage euch, Also wird auch Freude im Himmel sein über Einen Sünder, der sich bekehret, vor neun und neunzig Gerechten, die der Bekehrung nicht bedürfen. Oder welches Weib, die zehn Groschen hat, und deren einen verlieret, zündet nicht ein Licht an, und kehret das Haus, und suchet mit Fleiß, bis daß sie ihn finde? Und wenn sie ihn gefunden hat, rufet sie ihre Freundinnen und Nachbarinnen zusammen, und spricht, Freuet euch mit mir, denn ich habe den Groschen gefunden, den ich verloren hatte. Also sage ich euch, wird Freude sein vor den Engeln Gottes über Einen Sün=der, der sich bekehret.

Epistel. 1 Petr. 5, 6—11.

So demüthiget euch nun unter die gewaltige Hand Gottes, daß er euch erhöhe zu rechter Zeit. Alle eure Sorge werfet auf ihn; denn er sorget für euch. Seid nüchtern und wachet; euer Widersacher, der Teufel, gehet umher wie ein brüllender Löwe, und suchet, welchen er verschlinge. Dem widerstehet, fest im Glauben, und wisset, daß die=selben Leiden über eure Brüder in der Welt verhängt werden. Aber der Gott aller Gnade, der euch zu seiner ewigen Herrlichkeit berufen hat in Christus Jesus, derselbe wird euch, die ihr eine kleine Zeit gelitten habet, vollbereiten, stärken, kräftigen, grün=den. Ihm sei Gewalt von Ewigkeit zu Ewigkeit! Amen.

Vierter Sonntag nach Dreifaltigkeit.

Evangelium. Luc. 6, 36—42.

Seid barmherzig, wie euer Vater barmherzig iſt: und richtet nicht, damit ihr nicht gerichtet werdet; und verdammet nicht, ſo werdet ihr auch nicht verdammet. Sprechet los, ſo werdet ihr losgeſprochen. Gebet, ſo wird euch gegeben. Ein volles, eingedrück= tes, gerütteltes und überfließendes Maß wird man in euern Schoos geben. Denn eben mit dem Maß, damit ihr meſſet, wird euch wieder gemeſſen werden.

Er ſagte ihnen aber auch ein Gleichniß: Mag auch ein Blinder einem Blinden den Weg weiſen? Werden ſie nicht alle beide in die Grube fallen? Der Jünger iſt nicht über den Meiſter; wenn er ganz vollendet iſt, ſo wird er wie ſein Meiſter ſein. Was ſieheſt du aber den Splitter in deines Bruders Auge, und des Balken in deinem eigenen Auge wirſt du nicht gewahr? Wie kannſt du ſagen zu deinem Bruder, Halt ſtille, Bruder, ich will den Splitter ausziehen, der in deinem Auge iſt; und du ſelbſt ſieheſt nicht den Balken in deinem Auge? Du Heuchler, ziehe zuvor den Balken aus deinem Auge, und darnach wirſt du einſehen, wie du den Splitter auszieheſt, der in deines Bruders Auge iſt.

Epiſtel. Röm. 8, 18—23.

Ich halte dafür, daß die Leiden dieſer Zeit der Herrlichkeit nicht werth ſind, die künftig an uns geoffenbart werden ſoll. Denn das ſehnſüchtige Harren der Creatur wartet auf die Offenbarung der Kinder Gottes. Denn der Eitelkeit iſt die Creatur unterworfen, nicht mit Willen, ſondern um deß willen, der ſie unterworfen hat, auf Hoffnung, daß auch ſie, die Creatur, frei werden wird von dem Dienſte des Verder= bens zu der Freiheit der Herrlichkeit der Kinder Gottes. Denn wir wiſſen, daß die ganze Creatur gemeinſam ſeufzet und in Wehen liegt bis heute; nicht allein aber ſie, ſondern auch wir ſelbſt, die wir des Geiſtes Erſtlinge haben, auch wir ſeufzen bei uns ſelbſt, und warten auf die Kindſchaft, nämlich auf unſers Leibes Erlöſung.

Fünfter Sonntag nach Dreifaltigkeit.

Evangelium. Luc. 5, 1—11.

Es begab sich aber, da sich das Volk zu ihm drängete, zu hören das Wort Gottes, und er am See Genezareth stand, sah er zwei Schiffe am See stehen; die Fischer aber waren ausgetreten, und wuschen ihre Netze. Da trat er in der Schiffe eines, welches Simons war, und bat ihn, ein wenig vom Lande zu fahren; und er setzte sich, und lehrete das Volk aus dem Schiff. Als er aber aufgehört hatte zu reden, sprach er zu Simon, Fahre auf die Höhe, und werfet eure Netze aus, daß ihr einen Zug thuet. Und Simon antwortete und sprach zu ihm, Meister, wir haben die ganze Nacht gear= beitet, und nichts gefangen; aber auf dein Wort will ich das Netz auswerfen. Und da sie das thaten, beschlossen sie eine große Menge Fische; und ihr Netz zerriß. Und sie winkten ihren Gesellen im andern Schiff, daß sie kämen und hülfen ihnen ziehen. Und sie kamen und fülleten beide Schiffe voll, also daß sie sanken. Da das aber Simon Petrus sah, fiel er Jesu zu den Knieen, und sprach, Herr, gehe von mir hinaus, denn ich bin ein sündiger Mensch. Denn es war ihn ein Schrecken angekommen, und Alle, die mit ihm waren, über den Fischzug, den sie miteinander gethan hatten; desgleichen auch den Jacobus und Johannes, die Söhne des Zebedäus, Simons Genossen. Und Jesus sprach zu Simon, Fürchte dich nicht; von nun an wirst du Menschen fangen. Und sie führeten die Schiffe an's Land, verließen Alles, und fol= geten ihm nach.

Epistel. 1 Petr. 3, 8—15.

Endlich aber seid Alle einerlei Sinnes, mitleidig, brüderlich, barmherzig, demüthig. Vergeltet nicht Böses mit Bösem, oder Scheltwort mit Scheltwort; sondern dagegen segnet, denn dazu seid ihr berufen, daß ihr Segen ererbet. Denn wer Lust zum Leben haben will, und gute Tage sehen, der behüte die Zunge vor Bösem, und die Lippen, daß sie nicht Trug reden. Er wende sich aber vom Bösen, und thue Gutes; er suche Frieden, und jage ihm nach. Denn die Augen des Herrn merken auf die Gerechten, und seine Ohren auf ihr Gebet; aber das Angesicht des Herrn stehet wider die, so Böses thun. Und wer ist, der euch schaden könnte, so ihr um das Gute eifert? Wenn ihr aber auch leidet um der Gerechtigkeit willen, so seid ihr selig. Doch vor ihrer Furcht fürchtet euch nicht, und lasset euch nicht schrecken. Den Herrn Christus aber haltet heilig in euern Herzen.

Sechster Sonntag nach Dreifaltigkeit.

Evangelium. Matth. 5, 20—26.

Ich ſage euch, wenn eure Gerechtigkeit nicht viel beſſer iſt, als die der Schrift=
gelehrten und Phariſäer, ſo werdet ihr nicht in das Himmelreich kommen.
Ihr habt gehört, daß zu den Alten geſagt iſt, Du ſollſt nicht tödten; wer aber
tödtet, der ſoll dem Gerichte verfallen ſein. Ich aber ſage euch, Jeder, der mit ſeinem
Bruder zürnet, iſt dem Gerichte verfallen. Wer aber zu ſeinem Bruder ſagt, Nichts=
würdiger! der iſt dem hohen Rath verfallen. Wer aber ſagt, Du Gottloſer! der iſt
dem hölliſchen Feuer verfallen. Darum, wenn du deine Gabe zum Altar bringſt,
und wirſt allba eingedenk, daß dein Bruder etwas wider dich habe; ſo laß allba vor
dem Altar deine Gabe, und gehe zuvor hin und verſöhne dich mit deinem Bruder, und
alsdann komm und bringe deine Gabe dar. Sei willfährig deinem Widerſacher bald,
ſo lange du noch mit ihm auf dem Wege biſt: auf daß dich der Widerſacher nicht
etwa überantworte dem Richter, und der Richter dem Diener, und du werdeſt in den
Kerker geworfen. Wahrlich, ich ſage dir, du wirſt nicht von dannen herauskommen,
bis du auch den letzten Heller bezahleſt.

Epiſtel. Röm. 6, 3—11.

Wiſſet ihr nicht, daß ſo Viele wir auf Chriſtus Jeſus getauft ſind, ſind wir
auf ſeinen Tod getauft? So ſind wir denn mit ihm begraben durch die Taufe auf
den Tod, auf daß, gleichwie Chriſtus auferwecket ward von den Todten durch die Herr=
lichkeit des Vaters, alſo auch wir in einem neuen Leben wandeln. Denn ſo wir ein=
gewachſen ſind in die Aehnlichkeit ſeines Todes, ſo werden wir es auch in die der Auf=
erſtehung ſein; da wir dieſes wiſſen, daß unſer alter Menſch mit gekreuziget iſt, auf
daß der Leib der Sünde vergehe, damit wir hinfort der Sünde nicht dienen. Denn
wer geſtorben iſt, der iſt gerecht= und freigeſprochen von der Sünde. Sind wir aber
mit Chriſtus geſtorben, ſo glauben wir, daß wir auch mit ihm leben werden; da wir
wiſſen, daß Chriſtus, von den Todten auferwecket, hinfort nicht ſtirbt; der Tod herrſcht
hinfort nicht über ihn. Denn ſofern er geſtorben iſt, iſt der Sünde geſtorben Ein=
mal; ſofern er aber lebet, lebet er Gott. Alſo achtet auch ihr euch todt für die Sünde,
lebend aber für Gott in Chriſtus Jeſus.

Siebenter Sonntag nach Dreifaltigkeit.

Evangelium. Marc. 8, 1—9.

In jenen Tagen, da wieder viel Volks da war, und sie nicht zu essen hatten, rief er seine Jünger zu sich, und sprach zu ihnen, Mich jammert des Volks, denn sie haben nun drei Tage bei mir verharret, und haben nichts zu essen; und wenn ich sie unge= gessen von mir heim ließe gehen, würden sie auf dem Wege verschmachten; und Etliche von ihnen sind fern her gekommen. Und seine Jünger antworteten ihm, Woher könnte Jemand diese hier in der Wildniß mit Brod sättigen? Und er fragte sie, Wie viel Brode habt ihr? Sie sprachen, Sieben. Und er gebot dem Volk, daß sie sich auf die Erde niederließen. Und er nahm die sieben Brode, sprach die Danksagung, brach sie, und gab sie seinen Jüngern, daß sie dieselbigen vorlegten; und sie legten sie dem Volke vor. Und sie hatten ein wenig Fischlein; und er sprach das Dankgebet über dieselben und hieß auch sie vorlegen. Und sie aßen und wurden satt, und hoben die übrigen Brocken auf, sieben Körbe. Es waren aber bei Viertausend, die da gegessen hatten. Und er entließ sie.

Epistel. Röm. 6, 19—23.

Ich rede menschlich um der Schwachheit eures Fleisches willen. Gleichwie ihr nämlich eure Glieder hingegeben habt in den Dienst der Unreinigkeit und der Gott= losigkeit zur Gottlosigkeit, also gebet nunmehr eure Glieder hin in den Dienst der Gerechtigkeit zur Heiligung. Denn als ihr der Sünde Knechte waret, da waret ihr Freie bezüglich der Gerechtigkeit. Was hattet ihr nun damals für Frucht? Dinge, deren ihr euch jetzt schämet; denn das Ende derselben ist der Tod. Jetzt aber, von der Sünde befreit, dagegen Gottes Knechte geworden, habt ihr eure Frucht zur Hei= ligung, als das Ende aber ewiges Leben. Denn der Sold der Sünde ist der Tod, die Gnadengabe Gottes aber ewiges Leben in Christus Jesus, unserm Herrn.

Achter Sonntag nach Dreifaltigkeit.

Evangelium. Matth. 7, 15—23.

Hütet euch vor den falschen Propheten, die in Schafskleidern zu euch kommen, inwendig aber reißende Wölfe sind. An ihren Früchten sollt ihr sie erkennen. Kann man auch Trauben lesen von den Dornen, oder Feigen von den Disteln? Gleicherweise bringet ein jeglicher guter Baum gute Früchte: aber ein fauler Baum bringet arge Früchte. Ein guter Baum kann nicht arge Früchte bringen, und ein fauler Baum kann nicht gute Früchte bringen. Ein jeglicher Baum, der nicht gute Früchte bringet, wird abgehauen und in's Feuer geworfen. Darum, an ihren Früchten sollt ihr sie erkennen.

Es wird nicht Jeder, der zu mir sagt, Herr! Herr! in das Himmelreich kommen; sondern der den Willen thut meines Vaters im Himmel. Viele werden zu mir sagen an jenem Tage, Herr! Herr! haben wir nicht durch deinen Namen geweissaget? Haben wir nicht durch deinen Namen Teufel ausgetrieben? Haben wir nicht durch deinen Namen viele Thaten gethan? Und dann werde ich vor ihnen bekennen: Ich habe euch noch nie erkannt, weichet von mir ihr Uebelthäter.

Epistel. Röm. 8, 12—17.

Somit, Brüder, sind wir also Schuldner, nicht dem Fleische, um nach dem Fleische zu leben. Denn wenn ihr nach dem Fleische lebet, so werdet ihr sterben; wenn ihr aber durch den Geist die Geschäfte des Leibes tödtet, so werdet ihr leben. Denn wie viele durch den Geist Gottes getrieben werden, die sind Gottes Kinder. Denn ihr habt nicht einen Geist der Knechtschaft empfangen, um euch abermal zu fürchten; sondern ihr habt einen Geist der Kindschaft empfangen, durch welchen wir rufen, Abba, Vater! Der Geist selbst ist Mitzeuge mit unserm Geist, daß wir Gottes Kinder sind. Wenn aber Kinder, so auch Erben, nämlich Erben Gottes, Miterben aber Christi, wenn wir anders mit leiden, damit wir auch mit verherrlicht werden.

Neunter Sonntag nach Dreifaltigkeit.

Evangelium. Luc. 16, 1—9.

Er sprach aber auch zu den Jüngern, Es war ein reicher Mann, der hatte einen Haushalter; der ward vor ihm berüchtiget, als ob er ihm seine Güter durchbringe. Und er rief ihn, und sprach zu ihm, Wie höre ich das von dir? Thue Rechnung von deinem Haushalten, denn du kannst hinfort nicht mehr Haushalter sein. Der Haushalter aber sprach bei sich selbst, Was soll ich thun? Mein Herr nimmt das Amt von mir; graben kann ich nicht, zu betteln schäme ich mich. Ich weiß, was ich thun will, damit, wenn ich nun von dem Amt gesetzt werde, sie mich in ihre Häuser aufnehmen. Und er rief zu sich einen jeglichen Schuldner seines Herrn, und sprach zu dem ersten, Wie viel bist du meinem Herrn schuldig? Er sprach, Hundert Tonnen Oels. Da sprach er zu ihm, Nimm deine Handschrift, setze dich und schreibe flugs fünfzig. Darnach sprach er zu einem andern, Du aber, wie viel bist du schuldig. Er aber sprach, Hundert Malter Weizen. Er sprach zu ihm, Nimm deine Handschrift und schreibe achtzig. Und der Herr lobte den ungerechten Haushalter, daß er klüglich gethan hätte. Denn die Kinder dieser Welt sind klüger als die Kinder des Lichts gegen ihr eigenes Geschlecht. Und ich sage euch auch, Machet euch Freunde mit dem Mammon der Ungerechtigkeit, auf daß, wenn es damit ausgeht, sie euch aufnehmen in die ewigen Hütten.

Epistel. 1 Kor. 10, 6—13.

Solches aber ist uns zum Vorbilde geschehen, auf daß wir uns nicht gelüsten ließen des Bösen, gleichwie auch Jene gelüstet hat. Werdet auch nicht Götzendiener, gleichwie Etliche von Jenen wurden; wie geschrieben stehet, Das Volk setzte sich, zu essen und zu trinken, und standen auf zu tanzen. Auch lasset uns nicht Hurerei treiben, gleichwie Etliche von Jenen Hurerei trieben, und fielen auf einen Tag dreiundzwanzig tausend. Lasset uns auch den Herrn nicht versuchen, gleichwie Etliche von Jenen ihn versuchten, und von den Schlangen umgebracht wurden. Murret auch nicht, gleichwie Etliche von Jenen murreten, und durch den Verderber umgebracht wurden. Solches aber widerfuhr Jenen in vorbildlicher Weise; aber geschrieben wurde es uns zur Ermahnung, für welche das Ende der Welt herangekommen ist. Wer also meinet, zu stehen, der sehe zu, daß er nicht falle. Es hat euch keine denn menschliche Versuchung betroffen; Gott aber ist treu, der euch nicht über euer Vermögen wird versuchen lassen, sondern mit der Versuchung auch den Ausgang schaffen, daß ihr es ertragen könnet.

Zehnter Sonntag nach Dreifaltigkeit.

Evangelium. Luc. 19, 41—48.

Und als er nahe hinzukam und die Stadt sah, weinte er über sie, und sprach, Wenn doch auch du erkennetest, noch zu dieser deiner Zeit, was zu deinem Frieden dienet! aber nun ist es vor deinen Augen verborgen; denn es werden Tage über dich kommen, wo deine Feinde ein Bollwerk um dich aufwerfen werden, und dich umzingeln, und von allen Seiten einengen, und dich schleifen werden, und deine Kinder in dir zerschmettern, und keinen Stein in dir auf dem andern lassen: darum, daß du nicht erkannt hast die Zeit deiner Heimsuchung.

Und da er in den Tempel kam, fing er an die Verkäufer auszutreiben, und sprach zu ihnen, Es stehet geschrieben, Mein Haus ist ein Bethaus; ihr aber habt es zu einer Räuberhöhle gemacht.

Und er lehrete täglich im Tempel. Aber die Hohepriester und Schriftgelehrten und die Vornehmsten im Volk, trachteten, daß sie ihn umbrächten, und fanden nicht, was sie ihm thun sollten; denn alles Volk hörete ihn, und hing ihm an.

Epistel. 1 Kor. 12, 1—11.

Anlangend aber die geistlichen Gaben will ich euch, meine Brüder, nicht verhalten. Ihr wisset, daß ihr, da ihr Heiden waret, hingeführet wurdet zu den stummen Götzen, sowie ihr eben geführet wurdet. Darum thue ich euch kund, daß Niemand, der durch den Geist Gottes redet sagt, Verflucht ist Jesus, und Niemand kann sagen, Herr ist Jesus, außer durch den heiligen Geist. Doch sind mancherlei Gnadengaben, aber derselbe Geist. Und es sind mancherlei Dienste, und derselbe Herr. Und es sind mancherlei Wirkungen, und derselbe Gott, der da wirket Alles in Allen. Einem Jeglichen aber wird die Offenbarung des Geistes zum gemeinsamen Nutzen gegeben. Denn dem Einen wird durch den Geist gegeben zu reden von der Weisheit; einem Andern zu reden von der Erkenntniß, nach demselben Geiste, dem Andern Glaube, durch denselben Geist; einem Andern Gnadengaben, gesund zu machen, durch denselben Geist; einem Andern Wunderwirkungen; einem Andern Weissagung; einem Andern Geister zu beurtheilen; einem Andern mancherlei Zungen; einem Andern die Zungen auszulegen. Solches Alles aber wirket ein und derselbe Geist, welcher einem Jeglichen insonderheit zutheilt, so wie er will.

Elfter Sonntag nach Dreifaltigkeit.

Evangelium. Luc. 18, 9—14.

Er sagte aber auch zu Etlichen, die sich selbst vermaßen, daß sie gerecht wären, und verachteten die Andern, dieses Gleichniß. Es gingen zwei Menschen hinauf in den Tempel, zu beten; einer ein Pharisäer, der andere ein Zöllner. Der Pharisäer trat hin und betete bei sich selbst also, Gott, ich danke dir, daß ich nicht bin wie die andern Leute, Räuber, Ungerechte, Ehebrecher, oder auch wie dieser Zöllner. Ich faste zwei= mal in der Woche, ich gebe den Zehnten von Allem was ich erwerbe. Und der Zöll= ner stand von ferne, wollte auch seine Augen nicht aufheben gen Himmel; sondern schlug an seine Brust, und sprach, Gott, sei mir Sünder gnädig! Ich sage euch, Dieser ging hinab gerechtfertiget in sein Haus, mehr als jener. Denn Jeglicher der sich selbst erhöhet, wird erniedriget werden, und der sich selbst erniedriget, wird erhöhet werden.

Epistel. 1 Kor. 15, 1—10.

Ich thue euch aber kund, Brüder, das Evangelium, welches ich euch verkündiget habe, welches ihr auch angenommen habt, in welchem ihr auch stehet, durch welches ihr auch selig werdet; so ihr, welcher Gestalt ich es euch verkündiget habe, es festhaltet; es wäre denn, daß ihr umsonst gläubig geworden wäret. Denn ich habe euch zuvörderst überliefert, was ich auch empfangen habe, daß Christus gestorben ist für unsere Sün= den, nach der Schrift; und daß er begraben wurde, und daß er auferwecket ist am dritten Tage, nach der Schrift; und daß er erschienen ist dem Kephas, darnach den Zwölfen; darnach ist er erschienen mehr als fünfhundert Brüdern auf einmal, deren die meisten noch jetzt leben, etliche aber auch entschlafen sind. Darnach ist er erschienen dem Jacobus, darnach allen Aposteln. Zuletzt aber unter Allen ist er auch mir, als der unzeitigen Geburt, erschienen. Denn ich bin der Geringste unter den Aposteln, der ich nicht werth bin, ein Apostel zu heißen, weil ich ja die Gemeinde Gottes ver= folget habe. Aber durch Gottes Gnade bin ich, was ich bin, und seine Gnade an mir ist nicht vergeblich gewesen, sondern ich habe mehr gearbeitet, als sie Alle; doch nicht ich, sondern die Gnade Gottes mit mir.

Zwölfter Sonntag nach Dreifaltigkeit.

Evangelium. Marc. 7, 31—37.

Und da er wieder ausging von den Marken von Tyrus, kam er durch Sidon an das galiläiſche Meer, mitten in die Mark der Zehnſtädte. Und ſie brachten zu ihm einen Tauben, der ſchwer redete, und baten ihn, daß er die Hand auf ihn legte. Und er nahm ihn vom Volke weg bei Seite, legte ihm ſeine Finger in die Ohren, ſpützete und berührte ſeine Zunge. Und er ſah auf gen Himmel, ſeufzete, und ſprach zu ihm, Ephatha, das iſt, Thue dich auf. Und alsbald thaten ſich ſeine Ohren auf, und das Band ſeiner Zunge ward gelöſt, und er redete recht. Und er verbot ihnen, es irgend Jemand zu ſagen. Wie ſehr er ihnen aber verbot, um ſo mehr breiteten ſie es aus. Und über die Maßen erſtaunten ſie und ſprachen, Er hat Alles wohl gemacht; die Tauben macht er hören, und die Sprachloſen reden.

———

Epiſtel. 2 Kor. 3, 4—11.

Eine ſolche Zuverſicht aber haben wir durch Chriſtus zu Gott. Nicht als ob wir tüchtig wären etwas zu denken von uns ſelber, als aus uns ſelber; ſondern unſere Tüchtigkeit iſt von Gott; welcher uns auch tüchtig gemacht hat zu Dienern eines neuen Bundes; nicht des Buchſtabens, ſondern des Geiſtes. Denn der Buchſtabe tödtet, aber der Geiſt macht lebendig. Wenn aber der Dienſt des Todes, mit Buchſtaben in Steine gebildet, Herrlichkeit hatte, alſo daß die Kinder Iſrael das Angeſicht des Moſes nicht anſchauen konnten, wegen der Herrlichkeit ſeines Angeſichts, die doch vergänglich war, wie ſollte nicht vielmehr der Dienſt des Geiſtes Herrlichkeit haben? Denn wenn der Dienſt der Verdammniß Herrlichkeit hat, um ſo reicher iſt der Dienſt der Gerech= tigkeit an Herrlichkeit. Denn ſo gut wie nicht verherrlicht iſt das Verherrlichte in dieſem Stücke, nämlich wegen der überſchwänglichen Herrlichkeit. Denn wenn das Vergängliche herrlich war, um ſo mehr wird das Bleibende herrlich ſein.

Dreizehnter Sonntag nach Dreifaltigkeit.

Evangelium. Luc. 10, 23—37.

Und er wandte sich zu den Jüngern allein, und sprach, Selig sind die Augen, die da sehen, was ihr sehet. Denn ich sage euch, Viele Propheten und Könige verlangte es zu sehen, was ihr sehet, und haben es nicht gesehen; und zu hören, was ihr höret, und haben es nicht gehöret. Und siehe, da stand ein Gesetzeslehrer auf, versuchte ihn, und sprach, Meister, was muß ich thun, daß ich das ewige Leben ererbe? Er aber sprach zu ihm, Was stehet im Gesetz geschrieben? Wie liesest du? Er antwortete und sprach, Du sollst den Herrn deinen Gott lieben von ganzem Herzen, von ganzer Seele, von allen Kräften, und von ganzem Gemüth; und deinen Nächsten wie dich selbst. Er aber sprach zu ihm, Du hast recht geantwortet; thue das, so wirst du leben. Er aber wollte sich selber rechtfertigen, und sprach zu Jesus, Wer ist denn mein Nächster? Da erwiderte Jesus, und sprach, Es ging ein Mensch von Jerusalem hinab gen Jericho, und fiel unter Räuber; die zogen ihn aus, und schlugen ihn, und gingen davon, und ließen ihn halb todt liegen. Von ungefähr aber zog ein Priester dieselbige Straße hinab; und da er ihn sah, ging er vorüber. Desgleichen aber auch ein Levit, da er an die Stätte kam, ging auf ihn zu, sah ihn, und ging vorüber. Ein Samariter aber zog des Weges und kam dahin; und da er ihn sah, jammerte ihn sein; und er ging auf ihn zu, verband ihm seine Wunden, und goß Oel und Wein darauf; hob ihn auf sein Thier, und führete ihn in eine Herberge, und pflegete sein. Und am andern Morgen zog er zwei Denare heraus, gab sie dem Wirth, und sprach, Pflege sein; und was du mehr wirst aufwenden, will ich dir bezahlen, wenn ich wiederkomme. Welcher, dünket dich, war unter diesen Dreien der Nächste dessen, der unter die Räuber gefallen war? Er aber sprach, Der die Barmherzigkeit an ihm that. Da sprach Jesus zu ihm, So gehe hin, und thue du desgleichen.

Epistel. Gal. 3, 15—22.

Brüder, ich will nach menschlicher Weise reden. Hebt doch schon eines Menschen Bund Niemand auf, wenn derselbe rechtskräftig gemacht ist, und verordnet auch nichts dazu. Es sind aber dem Abraham die Verheißungen gesagt und seinem Samen. Er spricht nicht „Und den Samen" als von Vielen, sondern als von Einem „Und deinem Samen", welcher ist Christus. Ich meine aber dieses, Einen Bund, der zuvor von Gott rechtskräftig gemacht ist, macht das vierhundert und dreißig Jahr später entstandene Gesetz nicht unkräftig, daß es die Verheißung aufhöbe. Denn so das Erbe aus dem Gesetze käme, so käme es nicht mehr aus der Verheißung; dem Abraham aber hat's Gott durch Verheißung geschenkt. Was soll nun das Gesetz? Um der Uebertretungen willen ward es hinzugefügt, bis daß der Same käme, dem die Verheißung geschehen ist, und ward verordnet durch Engel, unter Handreichung eines Mittlers. Der Mittler aber ist nicht für Einen, Gott aber ist Einer. Ist denn nun das Gesetz wider Gottes Verheißungen? Das sei ferne! Denn wäre das Gesetz als ein solches gegeben, das da könnte lebendig machen, so käme die Gerechtigkeit wirklich aus dem Gesetz. Aber die Schrift hat Alles beschlossen unter die Sünde, auf daß die Verheißung aus Glauben an Jesus Christus gegeben würde denen, die da glauben.

Vierzehnter Sonntag nach Dreifaltigkeit.

Evangelium. Luc. 17, 11—19.

Und es begab sich, da er reisete gen Jerusalem, zog er zwischen Samaria und Galiläa hindurch. Und als er in einen Flecken ging, begegneten ihm zehn aussätzige Männer, welche von ferne stehen blieben; und die erhoben ihre Stimme und sprachen, Jesus, Meister, erbarme dich unser. Und da er sie sah, sprach er zu ihnen, Gehet hin, und zeiget euch den Priestern. Und es geschah, während sie hingingen, wurden sie rein. Einer aber unter ihnen, da er sah, daß er gesund worden war, kehrte um, und pries Gott mit lauter Stimme, und fiel auf sein Angesicht zu seinen Füßen, und dankte ihm. Und das war ein Samariter. Jesus aber antwortete und sprach, sind ihrer nicht Zehn rein geworden? Wo sind aber die Neun? Hat sich sonst keiner gefunden, der wieder umkehret, Gott die Ehre zu geben, denn dieser Frembling? Und er sprach zu ihm, Stehe auf, gehe hin, dein Glaube hat dir geholfen.

Epistel. Gal. 5, 16—21.

Wandelt im Geiste, so werdet ihr des Fleisches Gelüste nicht vollbringen. Denn das Fleisch gelüstet wider den Geist, den Geist aber wider das Fleisch; dieselbigen nämlich widerstreben einander, daß ihr nicht, was ihr wollet, auch thuet. Werdet ihr aber durch den Geist getrieben, so seid ihr nicht unter dem Gesetze. Offenkundig aber sind die Werke des Fleisches, als da sind Hurerei, Unreinheit, Geilheit, Götzendienst, Zauberei, allerhand Feindschaft, Streit, Grimm, Groll, Hader, Zwiespalt, Parteiungen, Neid, Mord, Völlerei, Schwelgerei und dergleichen, von welchen ich euch vorhersage, gleichwie ich's habe schon zuvorgesagt, daß, die solches thun, werden das Reich Gottes nicht ererben. Die Frucht aber des Geistes ist Liebe, Freude, Friede, Langmuth, Freundlichkeit, Gütigkeit, Glaube, Sanftmuth, Enthaltsamkeit; wider dergleichen ist das Gesetz nicht. Welche aber Christo Jesu angehören, die haben ihr Fleisch gekreuzigt sammt den Leidenschaften und Begierden.

Funfzehnter Sonntag nach Dreifaltigkeit.

Evangelium. Matth. 6, 24—34.

Niemand kann zwei Herren dienen: denn entweder wird er den einen hassen, und den andern lieben, oder er wird einem anhangen, und den andern verachten. Ihr könnet nicht Gott dienen und dem Mammon. Darum sage ich euch, Sorget nicht für euer Leben, was ihr essen oder trinken werdet; noch für euern Leib, was ihr anziehen werdet. Ist nicht das Leben mehr als die Speise? und der Leib mehr als die Kleidung? Schauet die Vögel des Himmels an: sie säen nicht, sie ernten nicht, sie sammeln nicht in die Scheunen, und euer himmlischer Vater nähret sie doch. Seid ihr denn nicht viel besser als sie? Wer aber ist unter euch, der seiner Lebenslänge eine Spanne zusetzen kann, ob er gleich darum sorget? Und warum sorget ihr für die Kleidung? Merket auf die Lilien auf dem Felde, wie sie wachsen: sie arbeiten nicht, auch spinnen sie nicht; ich sage euch aber, daß auch Salomo in aller seiner Herrlichkeit nicht bekleidet gewesen ist, wie derselben eine. So aber Gott das Gras auf dem Felde also kleidet, das doch heute stehet und morgen in den Ofen geworfen wird, sollte er das nicht vielmehr euch thun, ihr Kleingläubigen? Darum sollt ihr nicht sorgen und sagen, Was werden wir essen? Was werden wir trinken? Womit werden wir uns kleiden? Denn nach solchem Allem trachten die Heiden. Euer himmlischer Vater weiß ja, daß ihr deß Alles bedürfet. Trachtet aber am ersten nach dem Reiche Gottes, und nach seiner Gerechtigkeit, so wird euch solches Alles hinzugegeben werden. Darum sorget nicht für den andern Morgen, denn der morgende Tag wird für sich selber sorgen. Es ist genug, daß jeder Tag seine eigene Plage habe.

Epistel. Gal. 5, 25—6, 10.

Wenn wir im Geiste leben, so lasset uns auch im Geiste wandeln. Lasset uns nicht nach eitler Ehre geizen, weder einander herausfordern, noch einander beneiden. Brüder, so auch ein Mensch von einem Fehltritt übereilet würde, so helfet ihr, die ihr geistlich seid, einem solchen wieder zurecht im Geiste der Sanftmuth; und habe dabei Acht auf dich selbst, daß du nicht auch versuchet werdest. Traget Einer des Andern Lasten, und solchergestalt werdet ihr das Gesetz Christi erfüllen. Denn so sich Jemand läffet dünken, er sei etwas, so er doch nichts ist, der betrüget sich selbst. Ein Jeglicher aber prüfe sein eigenes Wirken, und alsdann wird er nur gegen sich selber zu rühmen haben und nicht gegen den Andern; denn ein Jeglicher hat seine eigene Last zu tragen. Der aber unterrichtet wird im Worte Gottes, der habe Gemeinschaft in allerlei Gütern mit dem, der ihn unterrichtet. Irret euch nicht, Gott läffet sich nicht spotten. Denn was ein Mensch säet, das wird er auch ernten. Denn wer auf sein eigenes Fleisch säet, der wird von dem Fleische Verderben ernten, wer aber auf den Geist säet, der wird von dem Geiste ewiges Leben ernten. Im Gutesthun aber lasset uns nicht müde werden, denn zu seiner Zeit werden wir ernten, wenn wir nicht lässig werden. So lasset uns denn nun, da wir Zeit haben, Gutes thun an Jedermann, allermeist aber an des Glaubens Genossen.

Sechzehnter Sonntag nach Dreifaltigkeit.

Evangelium. Luc. 7, 11—17.

Und es begab ſich am folgenden Tage, daß er in eine Stadt mit Namen Naïn ging; und ſeiner Jünger gingen viele mit ihm, und viel Volks. Als er aber nahe an das Stadtthor kam, ſiehe, da trug man einen Todten heraus, der ein einiger Sohn war ſeiner Mutter, und ſie war eine Wittwe, und viel Volks aus der Stadt ging mit ihr. Und da ſie der Herr ſah, jammerte ihn derſelbigen, und er ſprach zu ihr, Weine nicht! Und trat hinzu, und rührete die Bahre an; die Träger aber ſtanden ſtill. Und er ſprach, Jüngling, ich ſage dir, ſtehe auf! Und der Todte ſetzte ſich auf, und fing an zu reden. Und er gab ihn ſeiner Mutter. Und es kam ſie Alle Furcht an, und ſie prieſen Gott und ſprachen, Es iſt ein großer Prophet unter uns aufgeſtanden, und Gott hat ſein Volk heimgeſucht. Und dieſe Rede von ihm erſcholl in ganz Judäa, und in der ganzen umliegenden Gegend.

Epiſtel. Eph. 3, 13—21.

Darum bitte ich, nicht muthlos zu werden bei meinen Drangſalen für euch, welche ja euer Ruhm ſind.

Deswegen beuge ich meine Kniee zu dem Vater, von welchem Alles, was einen Vater hat, im Himmel und auf Erden, den Namen führet, daß er nach dem Reich= thum ſeiner Herrlichkeit euch geben möge, durch ſeinen Geiſt an dem innern Menſchen mit Kraft geſtärkt zu werden, daß Chriſtus durch den Glauben in euren Herzen wohne, auf daß ihr in Liebe gewurzelt und gegründet mit allen Heiligen zu begreifen ver= möget, welches da ſei die Breite und die Länge und die Tiefe und die Höhe, und zu erkennen die alle Erkenntniß überſteigende Liebe Chriſti, auf daß ihr zur ganzen Gottes= fülle erfüllet werden möget.

Dem aber, der über Alles hinaus zu thun vermag, überſchwänglich mehr, als was wir bitten oder verſtehen, gemäß der Kraft, die in uns wirkſam iſt, ihm ſei Ehre in der Gemeinde, in Chriſtus Jeſus, auf alle Geſchlechter, und in alle Ewig= keit! Amen.

Siebzehnter Sonntag nach Dreifaltigkeit.

Evangelium. Luc. 14, 1—11.

Und es begab sich, daß er kam in das Haus eines Obersten der Pharisäer, auf einen Sabbath, das Mahl einzunehmen; und sie lauerten auf ihn. Und siehe, da war ein Mensch vor ihm, der war wassersüchtig. Und Jesus hob an, und sagte zu den Gesetzeslehrern und Pharisäern, Ist es auch recht, am Sabbath zu heilen, oder nicht? Sie aber schwiegen still. Da ergriff er ihn und heilete ihn, und ließ ihn gehen, und sprach zu ihnen, Welcher ist unter euch, dem sein Sohn oder Ochse in den Brunnen fällt, und er nicht alsobald ihn herausziehet am Sabbathtage? Und sie konnten ihm darauf nicht Antwort geben.

Er sagte aber ein Gleichniß zu den Gästen, indem er darauf achtete, wie sie sich die ersten Plätze auswählten, und sprach zu ihnen, Wenn du von Jemand zur Hoch- zeit geladen bist, so setze dich nicht obenan, daß nicht etwa ein Angesehenerer, denn du, von ihm geladen sei; und dann komme, der dich und ihn geladen hat, und zu dir spreche, Mache diesem Platz; und du müssest dann mit Schande den untersten Platz einnehmen. Sondern wenn du geladen bist, so gehe hin und setze dich untenan, auf daß, wenn da kommt der dich geladen hat, er zu dir spreche, Freund, rücke höher hinauf! Dann wirst du Ehre haben vor denen, die mit dir zu Tische sitzen. Denn Jeglicher der sich selbst erhöhet, wird erniedriget werden; und der sich selbst erniedriget, wird erhöhet werden.

Epistel. Eph. 4, 1—6.

Ich ermahne euch nun, ich der Gefangene in dem Herrn, daß ihr des Berufes würdig handelt, zu welchem ihr berufen seid, mit aller Demuth und Sanftmuth, mit Langmuth einander ertragend, in Liebe eifrig, die Einheit des Geistes im Bande des Friedens zu halten. Ein Leib und Ein Geist, gleichwie ihr ja durch Eine Hoffnung eures Berufes berufen seid; Ein Herr, Ein Glaube, Eine Taufe; Ein Gott und Vater Aller, welcher ist über Alle und durch Alle und in Allen.

Achtzehnter Sonntag nach Dreifaltigkeit.

Evangelium. Matth. 22, 34—46.

Da aber die Pharifäer höreten, daß er den Sadducäern das Maul geſtopfet hatte, verſammelten ſie ſich. Und einer unter ihnen, ein Geſetzeslehrer, verſuchte ihn und fragte, Meiſter, welches iſt das größte Gebot im Geſetz? Er aber ſprach zu ihm, Du ſollſt lieben den Herrn deinen Gott von ganzem Herzen, von ganzer Seele, und von ganzem Gemüthe. Dies iſt das größte und vornehmſte Gebot. Ein zweites aber iſt ihm gleich, Du ſollſt deinen Nächſten lieben wie dich ſelbſt. In dieſen zwei Geboten hänget das ganze Geſetz und die Propheten. Da aber die Pharifäer bei einander waren, fragte ſie Jeſus, und ſprach, Was dünket Euch von Chriſtus? Weß Sohn iſt er? Sie ſprachen zu ihm, Davids. Er ſprach zu ihnen, Wie nennet ihn denn David im Geiſte einen Herrn? da er ſaget, Der Herr hat geſagt zu meinem Herrn, Setze dich zu meiner Rechten, bis daß ich lege deine Feinde unter deine Füße. So nun David ihn einen Herrn nennet, wie iſt er denn ſein Sohn? Und Niemand konnte ihm ein Wort antworten, und wagte auch Niemand von jenem Tage an hinfort ihn zu fragen.

Epiſtel. 1 Kor. 1, 4—9.

Ich danke meinem Gott allezeit um euch, wegen der Gnade Gottes, die euch gegeben iſt in Chriſtus Jeſus: daß ihr in ihm in allen Stücken reich gemacht ſeid, in jeglicher Rede und jeglicher Erkenntniß; wie ja das Zeugniß von Chriſtus in euch feſt geworden iſt; alſo daß ihr keinen Mangel habt an irgendeiner Gnadengabe, und harret auf die Offenbarung unſers Herrn Jeſus Chriſtus, welcher auch euch befeſtigen wird bis an's Ende, daß ihr unſträflich ſeid an dem Tage unſers Herrn Jeſus Chriſtus. Treu iſt Gott, durch welchen ihr berufen ſeid zur Gemeinſchaft ſeines Sohnes Jeſus Chriſtus, unſers Herrn.

Neunzehnter Sonntag nach Dreifaltigkeit.

Evangelium. Matth. 9, 1—8.

Da trat er in das Schiff, und fuhr wieder hinüber, und kam in seine Wohnstadt. Und siehe, da brachten sie zu ihm einen Gliederlahmen, der lag auf einem Bette. Und da Jesus ihren Glauben sah, sprach er zu dem Gliederlahmen, Sei getrost, mein Sohn, deine Sünden sind vergeben. Und siehe, etliche von den Schriftgelehrten sprachen bei sich selbst, Dieser lästert Gott. Und da Jesus ihre Gedanken wußte, sprach er, Warum sinnet ihr Arges in euern Herzen? Denn, was ist leichter, zu sagen, Dir sind deine Sünden vergeben; oder zu sagen, Stehe auf und wandele? Auf daß ihr aber wisset, daß des Menschen Sohn Macht hat auf Erden Sünden zu vergeben, so (spricht er alsdann zu dem Gliederlahmen) stehe auf, hebe dein Bette auf, und gehe heim. Und er stand auf, und ging heim. Da aber das Volk das sah, erschrak es, und pries Gott, der solche Macht den Menschen gegeben.

Epistel. Eph. 4, 22—28.

Daß ihr nach dem früheren Wandel ablegen sollet den alten Menschen, der durch trügerische Lüste verdarb, euch aber im Geiste eures Sinnes erneuert, und den neuen Menschen anziehet, der nach Gott geschaffen ist in Gerechtigkeit und Heiligkeit der Wahrheit.

Darum leget die Lüge ab, und redet Wahrheit, ein Jeglicher mit seinem Nächsten, da wir untereinander Glieder sind. Zürnet und sündiget nicht; die Sonne gehe nicht unter über eurem Zorne. Auch gebet nicht Raum dem Teufel. Der Stehler stehle nicht mehr; vielmehr gebe er sich Mühe, mit den Händen das Gute zu schaffen, auf daß er habe, dem Dürftigen mitzutheilen.

Zwanzigſter Sonntag nach Dreifaltigkeit.

Evangelium. Matth. 22, 1—14.

Und Jeſus hob an und redete abermal durch Gleichniſſe zu ihnen, und ſprach, Das Himmelreich iſt gleich einem Könige, der ſeinem Sohne Hochzeit machte. Und er ſandte ſeine Knechte aus, daß ſie die Gäſte zur Hochzeit riefen, und ſie wollten nicht kommen. Abermal ſandte er andere Knechte aus und ſprach, Saget den Gäſten, Siehe, mein Mittagsmahl habe ich bereitet, meine Ochſen und das Maſtvieh iſt geſchlachtet, und Alles bereit; kommet zur Hochzeit. Aber ſie verachteten das, und gingen hin, Einer auf ſeinen Acker, der Andere zu ſeiner Hantierung; die Uebrigen aber griffen die Knechte, höhneten und tödteten ſie. Der König aber ward zornig, und ſchickte ſeine Heere aus, und brachte jene Mörder um, und zündete ihre Stadt an. Da ſprach er zu ſeinen Knechten, Die Hochzeit iſt zwar bereitet, aber die Gäſte waren's nicht werth. Darum gehet hin auf die Kreuzwege der Straßen, und ladet zur Hochzeit, wen ihr findet. Und dieſelbigen Knechte gingen aus auf die Straßen, und brachten zuſammen, wen ſie fanden, Böſe und Gute; und der Hochzeitſaal wurde voll von Gäſten. Da ging der König hinein, die Gäſte zu beſehen, und ſah allda einen Menſchen, der hatte kein hochzeitliches Kleid an; und ſprach zu ihm, Freund, wie biſt du hereingekommen, und haſt doch kein hochzeitliches Kleid an? Er aber verſtummete. Da ſprach der König zu den Dienern, Bindet ihm Hände und Füße, und werfet ihn hinaus in die Finſterniß draußen; da wird ſein Heulen und Zähneknirſchen. Denn Viele ſind berufen, aber Wenige ſind auserwählt.

Epiſtel. Eph. 5, 15—21.

Sehet alſo zu, wie ihr vorſichtig wandelt, nicht als Unweiſe, ſondern als Weiſe, indem ihr die Zeit austaufet, denn es ſind böſe Tage. Darum ſeid nicht wie Unverſtändige, ſondern verſtehet, was des Herrn Wille ſei.

Auch berauſchet euch nicht mit Wein, woraus ein liederliches Weſen folget; ſondern werdet voll vom Geiſte, indem ihr zueinander redet in Pſalmen und Lobgeſängen und geiſtlichen Liedern, und dem Herrn ſinget und ſpielet in eurem Herzen, und allezeit dankſaget für Alles Gott und dem Vater im Namen unſeres Herrn Jeſus Chriſtus.

Seid einander unterthan in der Furcht Chriſti.

Einundzwanzigster Sonntag nach Dreifaltigkeit.

Evangelium. Joh. 4, 46—54.

Es war ein Königlicher, deffen Sohn lag krank zu Kapernaum. Diefer hörete, daß Jefus aus Judäa nach Galiläa gekommen, ging hin zu ihm, und bat, daß er hinabkäme, und heilete feinen Sohn, denn er wollte fterben. Und Jefus fprach zu ihm, Wenn ihr nicht Zeichen und Wunder fehet, fo werdet ihr nicht glauben. Der Königliche fpricht zu ihm, Herr, komm hinab, ehe denn mein Kind ftirbt. Jefus fpricht zu ihm, Gehe hin, dein Sohn lebet. Der Menfch glaubete dem Wort, das Jefus zu ihm fagte, und ging hin. Aber indem er fchon hinabging, begegneten ihm feine Knechte, verkündigten und fagten ihm, daß fein Kind lebe. Da er= forfchete er von ihnen die Stunde, in welcher es beffer mit ihm geworden war. Und fie fprachen zu ihm, Geftern um die fiebente Stunde verließ ihn das Fieber. Da merkte der Vater, daß es um die Stunde war, in welcher Jefus zu ihm gefagt hatte, Dein Sohn lebet. Und er felbft glaubte und fein ganzes Haus. Das ift nun das andere Zeichen, das Jefus that, da er aus Judäa nach Galiläa kam.

Epiftel. Eph. 6, 10—17.

Im Uebrigen erftarket in dem Herrn und in der Kraft feiner Stärke. Ziehet die Rüftung Gottes an, daß ihr beftehen könnet gegen die Ränke des Teufels; denn nicht haben wir wider Blut und Fleifch zu ringen, fondern wider die Mächte, wider die Gewalten, wider die Weltherrfcher diefer Finfterniß, wider die Geifter der Bosheit im Himmel. Darum nehmet die Rüftung Gottes auf, auf daß ihr an dem böfen Tage widerftehen könnet und Alles wohl ausrichten, und das Feld behalten möget. Stehet alfo, eure Lenden umgürtet mit Wahrheit, und angezogen mit dem Panzer der Gerech= tigkeit, und die Füße befchnüret mit der Bereitfchaft des Evangeliums des Friedens. Vor allem ergreifet den Schild des Glaubens, mit welchem ihr alle feurigen Pfeile des Böfen werdet erlöfchen können. Und den Helm des Heiles nehmet, und das Schwert des Geiftes, welches das Wort Gottes ift.

Zweiundzwanzigster Sonntag nach Dreifaltigkeit.

Evangelium. Matth. 18, 23—35.

Darum ist das Himmelreich gleich einem Könige, der mit seinen Knechten abrechnen wollte. Und als er anfing abzurechnen, wurde ihm einer vorgeführt, der war ihm zehn tausend Talente schuldig. Da er's aber nicht hatte zu bezahlen, hieß der Herr verkaufen ihn und sein Weib und seine Kinder und Alles was er hatte, daß die Zahlung geleistet würde. Da fiel der Knecht vor ihm nieder, und sprach, Habe Geduld mit mir, so will ich dir Alles bezahlen. Da jammerte den Herrn des Knechtes, und er ließ ihn los und die Schuld erließ er ihm auch. Da ging der Knecht hinaus und fand einen seiner Mitknechte, der war ihm hundert Denare schuldig; und er griff ihn an und faßte ihn beim Halse und sprach, Bezahle, was du schuldig bist. Da fiel sein Mitknecht nieder, bat ihn und sprach, Habe Geduld mit mir, und ich will dir's bezahlen. Er wollte aber nicht, sondern ging hin und warf ihn in's Gefängniß, bis daß er bezahlete, was er schuldig war. Da nun seine Mitknechte solches sahen, wurden sie sehr betrübt und kamen und legten ihrem Herrn Alles dar, was sich begeben hatte. Da forderte ihn sein Herr vor sich und sprach zu ihm, Du böser Knecht, alle jene Schuld habe ich dir erlassen, dieweil du mich batest; solltest du dich nicht auch erbarmen über deinen Mitknecht, wie ich mich über dich erbarmet habe? Und sein Herr ward zornig und überantwortete ihn den Peinigern, bis daß er bezahlete Alles, was er schuldig war. Also wird euch mein himmlischer Vater auch thun, so ihr nicht von Herzen vergebet, ein jeglicher seinem Bruder.

Epistel. Phil. 1, 3—11.

Ich danke meinem Gott, so oft ich eurer gedenke, indem ich allezeit in allen meinen Gebeten für euch Alle mit Freuden die Bitte thue, um eurer Gemeinschaft am Evangelium willen, vom ersten Tag an bis jetzt, in der Zuversicht darauf, daß, der in euch ein gutes Werk angefangen hat, es auch vollführen wird bis zum Tage Christi Jesu, wie es ja billig ist, daß ich Solches von euch Allen denke, weil ich euch im Herzen habe, euch, die ihr in meinen Banden, und in der Verantwortung, und Bekräftigung des Evangeliums Alle meine Mitgenossen der Gnade seid. Denn mein Zeuge ist Gott, wie mich nach euch Allen verlanget mit dem Herzen Christi Jesu. Und darum bete ich, daß eure Liebe an Erkenntniß und jeglicher Erfahrung immer reicher und reicher werde, zu billigen das Bessere, auf daß ihr lauter und unanstößig seid auf den Tag Christi, erfüllet mit Frucht der Gerechtigkeit, die durch Jesus Christus kommt, zur Ehre und zum Lobe Gottes.

Dreiundzwanzigster Sonntag nach Dreifaltigkeit.

Evangelium. Matth. 22, 15—22.

Da gingen die Pharisäer hin, und hielten einen Rath, wie sie ihn verstrickten in der Rede; und sandten zu ihm ihre Jünger sammt den Herodianern, und sprachen, Meister, wir wissen, daß du wahrhaftig bist und lehrest den Weg Gottes wahrhaftig und fragest nach Niemand; denn du achtest nicht das Ansehen der Menschen. Darum sage uns, was dünket dich, Ist's recht, daß man dem Kaiser Zins gebe, oder nicht? Da aber Jesus ihre Bosheit erkannte, sprach er, Ihr Heuchler, was versuchet ihr mich? Weiset mir die Zinsmünze. Und sie reichten ihm einen Denar. Und er sprach zu ihnen, Weß ist dieses Bild und die Aufschrift? Sie sprachen zu ihm, Des Kaisers. Da sprach er zu ihnen, So gebet dem Kaiser, was des Kaisers ist, und Gott, was Gottes ist. Da sie das hörten, verwunderten sie sich, und ließen ihn in Ruhe, und gingen davon.

Epistel. Phil. 3, 17—21.

Seid meine Nachahmer, Brüder, und sehet auf die, die also wandeln, wie ihr uns ja zum Vorbilde habt. Denn Viele wandeln, von welchen ich euch oft gesagt habe, nun aber auch mit Weinen sage, als Feinde des Kreuzes Christi; deren Ende Verderben ist, deren Gott der Bauch ist, und deren Ehre in ihrer Schande liegt; die nur auf's Irdische denken. Denn unser Wandel ist im Himmel, von dannen wir auch den Heiland erwarten, Jesus Christus, den Herrn; welcher den Leib unserer Niedrigkeit verwandeln wird, gleichgestaltet dem Leibe seiner Herrlichkeit, kraft der Wirkung, durch welche er auch alle Dinge sich unterwerfen kann.

Vierundzwanzigſter Sonntag nach Dreifaltigkeit.

Evangelium. Matth. 9, 18—26.

Da er ſolches mit ihnen redete, ſiehe, da kam einer, der Vorſteher der Schule war, und fiel vor ihm nieder, und ſprach, Meine Tochter iſt jetzt eben geſtorben; aber komm und lege deine Hand auf ſie, ſo wird ſie lebendig. Und Jeſus ſtand auf und folgete ihm nach, und ſeine Jünger. Und ſiehe, ein Weib, das zwölf Jahre den Blutgang hatte, trat von hinten zu ihm, und rührete ſeines Kleides Zipfel an. Denn ſie ſprach bei ſich ſelbſt, Wenn ich nur ſein Kleid anrühre, ſo werde ich geſund. Jeſus aber wandte ſich um, und ſah ſie, und ſprach, Sei getroſt, meine Tochter, dein Glaube hat dir geholfen. Und das Weib ward geſund von derſelbigen Stunde an. Und als Jeſus in das Haus des Vorſtehers kam, und ſah die Pfeifer und das Getümmel des Volks, ſprach er, Weichet, denn das Mägdlein iſt nicht todt, ſondern es ſchläfet. Und ſie verlachten ihn. Als aber das Volk ausgetrieben war, ging er hinein, und ergriff ſie bei der Hand; da ſtand das Mägdlein auf. Und dies Gerücht erſcholl in daſſelbige ganze Land.

Epiſtel. Kol. 1, 9—14.

Darum hören auch wir von dem Tage an, da wir's gehöret haben, nicht auf, für euch zu beten und zu bitten, daß ihr mit der Erkenntniß ſeines Willens durch jegliche geiſtliche Weisheit und Einſicht erfüllt werden möget, auf daß ihr des Herrn würdig zu aller Gefälligkeit wandelt, und Frucht bringet in jeglichem guten Werke und wachſet zu der Erkenntniß Gottes, und in jeglicher Kraft nach der Macht ſeiner Herrlichkeit geſtärket werdet zu aller Ausdauer und Langmuth, und mit Freuden dem Vater dankſaget, der uns zum Antheil am Erbe der Heiligen in dem Lichte tüchtig gemacht hat, welcher uns aus der Gewalt der Finſterniß errettet und uns in das Reich des Sohnes ſeiner Liebe verſetzet hat, in welchem wir die Erlöſung haben, die Vergebung der Sünden.

Fünfundzwanzigster Sonntag nach Dreifaltigkeit.

Evangelium. Matth. 24, 15—28.

Wenn ihr nun sehen werdet den Gräuel der Verwüstung, davon gesagt ist durch den Propheten Daniel, daß er stehet an der heiligen Stätte (Wer es lieset, der merke auf!), alsdann fliehe auf die Berge, wer in Judäa ist. Wer auf dem Dache ist, der steige nicht hernieder, seine Habe aus seinem Hause zu holen. Und wer auf dem Felde ist, der kehre nicht um, sein Kleid zu holen. Wehe aber den Schwangern und Säugerinnen in jenen Tagen. Bittet aber, daß eure Flucht nicht geschehe im Winter, oder am Sabbath. Denn es wird alsdann eine große Trübsal sein, wie nicht gewesen ist von Anfang der Welt bisher, und nimmer werden wird. Und so jene Tage nicht verkürzet würden, so würde kein Mensch gerettet; aber um der Auserwählten willen werden jene Tage verkürzet werden. Wenn alsdann Jemand zu euch wird sagen, Siehe hier ist Christus, oder hier; so glaubet es nicht. Denn es werden falsche Christus und falsche Propheten aufstehen, und große Zeichen und Wunder thun, daß sie, wo es möglich wäre, auch die Auserwählten irre machen möchten. Siehe, ich hab's euch zuvor gesagt. Darum, wenn sie euch sagen werden, Siehe, er ist in der Wüste; so gehet nicht hinaus; Siehe, er ist in der Kammer, so glaubet's nicht. Denn gleich= wie der Blitz ausgehet vom Aufgang, und scheinet bis zum Niedergang, also wird auch sein die Wiederkunft des Menschensohns. Wo das Aas ist, da sammeln sich die Adler.

Epistel. 1 Thess. 4, 13—18.

Wir wollen euch aber nicht verhalten, Brüder, von denen, die da schlafen, auf daß ihr nicht traurig seid, wie auch die Andern, welche keine Hoffnung haben. Denn wie wir glauben, daß Jesus gestorben und auferstanden ist, also wird Gott auch die Ent= schlafenen durch Jesum mit ihm führen. Denn das sagen wir euch als ein Wort des Herrn, daß wir, die wir leben und übrig bleiben auf die Zukunft des Herrn, denen nicht zuvorkommen werden, die entschlafen sind. Denn er selbst, der Herr, wird mit Zuruf und Stimme des Erzengels und mit der Posaune Gottes herniederkommen vom Himmel; und die Todten in Christus werden zuerst auferstehen. Darnach wir, die wir leben und übrig bleiben, werden zugleich mit ihnen entrückt werden in Wolken, dem Herrn entgegen, in die Luft; und werden also bei dem Herrn sein allezeit. So tröstet euch nun mit diesen Worten untereinander.

Sechsundzwanzigster Sonntag nach Dreifaltigkeit.

Evangelium. Matth. 25, 31—46.

Wenn aber des Menschen Sohn kommen wird in seiner Herrlichkeit, und alle Engel mit ihm, dann wird er sitzen auf dem Throne seiner Herrlichkeit; und werden vor ihm versammelt werden alle Völker; und er wird sie voneinander scheiden gleichwie der Hirte die Schafe von den Böcken scheidet, und wird die Schafe zu seiner Rechten stellen, die Böcke aber zur Linken. Dann wird der König sagen zu denen zu seiner Rechten, Kommt her, ihr Gesegneten meines Vaters, ererbet das Reich, das euch bereitet ist von der Grundlegung der Welt. Denn ich bin hungrig gewesen, und ihr habt mich gespeiset; ich bin durstig gewesen, und ihr habt mich getränket; ich bin ein Frembling gewesen, und ihr habt mich beherberget; ich bin nackt gewesen, und ihr habt mich bekleidet; ich bin krank gewesen, und ihr habt mich besuchet; ich bin gefangen gewesen, und ihr seid zu mir gekommen. Dann werden ihm die Gerechten antworten und sagen, Herr, wann haben wir dich hungrig gesehen, und haben dich genähret? oder durstig, und haben dich getränket? wann haben wir dich einen Frembling gesehen und beherberget? oder nackt, und haben dich bekleidet? wann haben wir dich krank oder gefangen gesehen, und sind zu dir gekommen? Und der König wird antworten und sagen zu ihnen, Wahrlich, ich sage euch, was ihr gethan habt einem unter diesen meinen geringsten Brüdern, das habt ihr mir gethan. Dann wird er auch sagen zu denen zur Linken, Gehet hin von mir, ihr Verfluchten, in das ewige Feuer, das bereitet ist dem Teufel und seinen Engeln. Denn ich bin hungrig gewesen, und ihr habt mich nicht gespeiset, ich bin durstig gewesen, und ihr habt mich nicht getränket; ich bin ein Frembling gewesen, und ihr habt mich nicht beherberget; ich bin nackt gewesen, und ihr habt mich nicht bekleidet; ich bin krank und gefangen gewesen, und ihr habt mich nicht besuchet. Dann werden auch sie antworten und sagen, Herr, wann haben wir dich gesehen hungrig, oder durstig, oder einen Frembling, oder nackt, oder krank, oder gefangen, und haben dir nicht gedienet? Dann wird er ihnen antworten und sagen, Wahrlich, ich sage euch, was ihr nicht gethan habt einem unter diesen Geringsten, das habt ihr mir auch nicht gethan. Und sie werden in die ewige Pein gehen, aber die Gerechten in das ewige Leben.

Epistel. 2 Petr. 3, 3—14.

Vor Allem bedenket, daß in den letzten Tagen Spötter mit Spott kommen werden, die nach ihren eigenen Lüsten wandeln, und sagen, Wo ist die Verheißung seiner Zukunft? Denn nachdem die Väter entschlafen sind, bleibet Alles so von Anfang der Schöpfung. Denen aber, die dies wollen, ist verborgen, daß ein Himmel längst war, und eine aus Wasser und durch Wasser entstandene Erde, kraft des Wortes Gottes; wodurch die damalige Welt mit Wasser überschwemmt, unterging. Der jetzige Himmel aber und die Erde sind durch dasselbe Wort aufgesparet und für's Feuer behalten auf den Tag des Gerichts und Unterganges der gottlosen Menschen. Dies Eine aber, Geliebte, sei euch nicht verborgen, daß Ein Tag vor dem Herrn wie tausend Jahre ist, und tausend Jahre wie Ein Tag. Es säumet der Herr nicht mit der Verheißung, wie Etliche es für Versäumniß achten; sondern er übt Langmuth an uns, und will nicht, daß Jemand verloren werde, sondern daß sich Jedermann zur Buße kehre. Es wird aber des Herrn Tag kommen wie ein Dieb, an welchem die Himmel mit Krachen zergehen, die Elemente aber vor Hitze zerschmelzen, und die Erde und die Werke auf ihr verbrennen werden.

Da nun dies Alles vergehet, wie groß müsset ihr sein in heiligem Wandel und Gottseligkeit, die ihr wartet und trachtet nach der Zukunft des Tages des Herrn, um deswillen die Himmel im Feuer zergehen und die Elemente vor Hitze zerschmelzen werden. Wir erwarten aber einen neuen Himmel, und eine neue Erde, nach seinen Verheißungen, darauf Gerechtigkeit wohnet. Darum, Geliebte, weil ihr darauf wartet, so thut Fleiß, daß ihr vor ihm unbefleckt und unsträflich erfunden werdet im Frieden.

Siebenundzwanzigſter Sonntag nach Dreifaltigkeit.

Evangelium. Matth. 25, 1—13.

Dann wird das Himmelreich gleich ſein zehn Jungfrauen, die ihre Lampen nahmen und hinausgingen, dem Bräutigam entgegen. Aber fünf unter ihnen waren thöricht, und fünf waren klug. Die Thörichten nahmen ihre Lampen, aber ſie nahmen nicht Oel mit ſich. Die Klugen aber nahmen Oel in den Gefäßen, ſammt ihren Lampen. Da nun der Bräutigam verzog, wurden ſie alle ſchläfrig, und entſchliefen. Zur Mitternacht aber ward ein Geſchrei, Siehe, da iſt der Bräutigam! gehet aus ihm entgegen. Da ſtanden jene Jungfrauen alle auf, und richteten ihre Lampen zu. Die Thörichten aber ſprachen zu den Klugen, Gebet uns von euerm Oel, denn unſere Lampen verlöſchen. Da antworteten die Klugen und ſprachen, Nicht alſo, auf daß nicht uns und euch gebreche; gehet vielmehr hin zu den Krämern und kaufet für euch ſelbſt. Da ſie aber hingingen zu kaufen, kam der Bräutigam; und welche bereit waren, gingen mit ihm hinein zur Hochzeit, und die Thür ward verſchloſſen. Darnach aber kamen auch die andern Jungfrauen und ſprachen, Herr, Herr, thue uns auf. Er antwortete aber und ſprach, Wahrlich, ich ſage euch, ich kenne euch nicht. Darum wachet, denn ihr wiſſet weder Tag noch Stunde.

Epiſtel. 2 Kor. 5, 1—10.

Wir wiſſen, daß wenn unſer irdiſches Hüttenhaus zerbrochen iſt, wir einen Bau von Gott haben, ein Haus nicht mit Händen gemacht, ein ewiges im Himmel. Darum ſeufzen wir ja auch und ſehnen uns, mit unſerer Behauſung, die vom Himmel iſt, überkleidet zu werden. Wenn wir nämlich wirklich bekleidet, nicht nackt ſollen erfunden werden. Denn ſo lange wir ja in der Hütte ſind, ſeufzen wir und ſind beſchweret, inſofern wir nicht entkleidet, ſondern überkleidet werden wollen, auf daß das Sterbliche von dem Leben verſchlungen werde. Der uns aber eben hierzu bereitet hat, das iſt Gott, welcher uns das Pfand des Geiſtes gegeben hat. So ſind wir nun allezeit getroſt, und wiſſen, daß, ſolange wir im Leibe daheim ſind, wir in Ferne wandeln von dem Herrn; denn wir wandeln im Glauben, nicht im Schauen. Wir ſind aber getroſt, und unſer Wohlgefallen iſt vielmehr, in die Ferne zu ziehen aus dem Leibe und daheim zu ſein bei dem Herrn. Darum befleißigen wir uns auch, wir ſeien daheim oder in der Ferne, daß wir ihm wohlgefallen mögen. Denn wir müſſen Alle offenbar werden vor dem Richterſtuhle Chriſti, auf daß ein Jeglicher empfange, nachdem er gehandelt hat bei Leibes Leben, es ſei gut oder böſe.

Zweite Tafel.

Der neutestamentliche Kreis, für jeden Tag, nach den Zeiten und Wochen.

Die

oder die heilige Geschichte der Menschheit

Die Zeit

	Erste Woche.	Zweite Woche.
	Die Urwelt. Schöpfung, Ehe, Fall, Neuer Bund. Christi Einzug in Jerusalem.	**Die Patriarchen.** Abraham und sein Glaube. Christi Zukunft zum Gericht.
So.	Gen. 1—2, 3. Die Schöpfung. Epistel. Röm. 13, 11—14. Stehet auf und wachet. Evangelium. Matth. 21, 1—9. Christi Einzug in Jerusalem. Joh. 1, 1—5. Das ewige Wort das Licht der Menschen.	Gen. 15, 1—6. Abraham gerecht erfunden durch Glauben. Röm. 15, 4—13. Der Gott der Hoffnung. Luc. 21, 25—36. Christi Zukunft zum Gericht. Apg. 17, 15—34. Der Heiden Suchen und Gottes Botschaft zu ihnen.
Mo.	Spr. 8, 12—36. Die Weisheit des Ewigen schafft und regiert die Welt, sich an der Menschheit erfreuend.	Gen. 22, 1—19. Abrahams Erleuchtung bei der Versuchung, Jakob zu opfern.
Di.	Gen. 2, 4—25. Die Einsetzung der Ehe. Matth. 19, 1—12. Christi Erklärung und Anwendung.	Joh. 8, 49—59. Abraham freute sich der Zukunft des Sohnes und Reiches Gottes.
Mi.	Eph. 5, 22—33. Der Mann und sein Weib und Christus und seine Gemeinde.	Röm. 4, 1—17. Der Glaube allein recht- fertigt und beseligt den Menschen.
Do.	1 Kor. 7. Die christliche Hauszucht.	Hebr. 11. Abrahams und aller Heiligen Glaube ist derselbe und bringt gute Werke hervor.
Fr.	Gen. 3. Der Sündenfall und seine Folgen.	Pf. 73. Der Glaube an die göttliche Füh- rung in der Weltgeschichte.
Sa.	Gen. 8, 13—9, 17. Des Herrn erneuter Bund mit der Menschheit durch Noah.	Luc. 1, 68—79. Des Zacharias Lobgesang.

Rüstzeit

von der Schöpfung bis zur Verkündigung.

des Vaters.

Dritte Woche.	Vierte Woche.
Moses und das Gesetz. Der Täufer.	Die Propheten und die Verheißung. Der Täufer.
Ex. 20, 1—17. Die zehn Gebote. Matth. 22, 34—40. 1 Kor. 4, 1—5. Christi Haushalt. Matth. 11, 2—10. Christi Zeugniß vom Täufer. Röm. 1, 18—2, 10. Der Heiden Verirrungen und Strafe, das Heil in Christus.	Joel 3. Die Zukunft des Geistes in der Menschheit. Phil. 4, 4—7. Freuet euch im Herrn. Joh. 1, 19—28. Des Täufers Zeugniß von Christus. Joh. 5, 31—40. Des Täufers und der Propheten Zeugniß von Christus.
Deut. 27. Der Fluch des Gesetzes.	Apg. 2, 14—39. Des Petrus Anwendung der Weissagung Joels auf Jesu Gemeinde.
Röm. 7. Sünde, Gesetz und Gewissen.	Jer. 23, 1—8. Der Herr, der unsere Gerechtigkeit ist, und seine Propheten.
Lev. 16. Das Sühnopfer. Joh. 17. Jesu freiwillige Hingabe für die gläubige Menschheit.	Jer. 31. Der neue Bund des Herrn mit seinem Volke.
Hebr. 9, 1—14. Christus der ewige Erlöser und Hohepriester.	Jes. 55. Der ewige Bund des Herrn mit Israel für die ganze Menschheit.
Ex. 12, 1—28. Das Passah, Dankfest des Auszugs. Luc. 22, 7—30. Das Mahl des Neuen Bundes.	Jes. 60. Mache dich auf! Werde Licht!
Joh. 3, 22—36. Demuth und Selbstverleugnung des Täufers gegenüber Christus.	Luc. 1, 26—56. Die Verkündigung und der Lobgesang der Maria.

Die Christzeit,

oder die heilige Geschichte der Menschheit im Leben Jesu von Nazareth, des Christs.

Die Zeit des Sohnes.

I. Die Epiphaniaszeit, oder die erste Erscheinung Jesu als Lehrer.

A. Einleitung.

Die Weihnachtszeit, oder die Zeit vom 25. des letzten Monats bis zum ersten Sonnabend im neuen Jahre (8—14 Tage).

1. Die Weihnachtswoche vom Weihnachtstage bis zum Ende des Jahres.

Der Weihnachtstag, 25. December.

Joh. 1, 1—18. Das Wort ward Fleisch und wohnte unter uns.
Tit. 2, 11—14. Es ist erschienen die heilsame Gnade Gottes.
Luc. 2, 1—14. Jesu Geburt in Bethlehem.
Hebr. 1. Gottes ewiger Sohn und Abglanz.

Zweiter Weihnachtstag.

Tit. 3, 4—7. Der seligmachende Heiland.
Luc. 2, 15—20. Die Hirten.
1 Tim. 3, 16—4, 10. Das große offenkundige Geheimniß.

Die übrigen Tage des Jahres, 27.—31. December.

Wenn ein Sonntag darunter: Gal. 4, 1—7. Die Kindschaft.
Matth. 1, 18—25. Jesu Geburt.
1 Joh. 1. Was da war von Anfang.
Für die Wochentage: 1) 1 Joh. 2, 1—17. 2) 1 Joh. 2, 18—3. 3) 1 Joh. 4.
4) 1 Joh. 5.
Zum Jahresschluß: Ps. 90; Ps. 103.

2. Die Neujahrswoche.

a. Der Neujahrstag oder das Fest der Beschneidung.

Epistel Gal. 3, 23—29. Das Gesetz der Zuchtmeister auf Christus.
Evangelium Luc. 2, 21—52. Die Beschneidung und Darstellung im Tempel, Simeon und Hanna, und der erste Gang des Knaben Jesus nach Jerusalem.
Matth. 2, 1—23. Die Weisen vom Morgenlande, die Flucht nach Aegypten, das Kindermorden in Bethlehem und die Rückkehr aus Aegypten.

b. Die Wochentage zwischen Neujahr und dem ersten Sonntage.

1) Eph. 3. Die Heiden, Christi Miterben.
2) Ps. 8. Die Hoheit der menschlichen Natur.
3) Ps. 33. Die Wiedervereinigung mit Gott.
4) Ps. 24. Der König der Herrlichkeit, das Göttliche in der Welt.
5) Ps. 98. Der Herr kommt den Erdkreis zu richten.
6) Ps. 145. Das ewige Gottesreich.

B. Die Epiphaniaszeit.

1. Die Epiphaniaswoche oder die Weihung des Lebens und das Lehramt.

So. Phil. 2, 5—18. Christus hat sich erniedrigt aus freier Liebe.

Joh. 1, 29—34. Jesus läßt sich taufen und weihet sich dem Gottesreiche für die Brüder.

1 Joh. 5, 1—12. Das Zeugniß des Geistes höher als das geschichtliche, von der Taufe bis zum Tode.

Mo. 1 Tim. 6, 11—16. Des Christen Verpflichtung, seinen Glauben zu bekennen und dem Gelöbniß gemäß zu leben.

Di. Röm. 6, 1—11. Die, welche das Christengelöbniß abgelegt, sind mit Christus leiblich gestorben und geistlich auferstanden.

Mi. Kol. 2, 6—15. Unsere Erlösung liegt in der Theilhaftigkeit an Jesu Leben der Selbstaufopferung.

Do. Kol. 3, 1—17. Das neue Leben derer, welche der Welt abgestorben sind mit Christus.

Fr. Eph. 2, 11—22. Die frohe Friedensbotschaft in Jesu Leben und Lehre.

Sa. 1 Tim. 2, 1—10. Der geistige Gottesdienst derjenigen, welche Jesu nach-folgen im Bekenntniß der Wahrheit.

Die 5 bis 9 Sonntage nach Epiphaniassonntag.

Der erste Theil des Lehramtes Jesu nach den vier Evangelisten:

Erster Sonntag.

Röm. 12, 1—6. Das christliche Selbstopfer, der vernünftige Gottesdienst.
Luc. 6, 20—49. Die Bergpredigt.
Marc. 1. Der Täufer und Jesu Taufe, die Berufung der Zwölf, die Heilungen in und bei Kapernaum.
In der Woche: Marc. 2, 3. 4, 5. 6, 7. 8, 9. 10, 1—31.

Zweiter Sonntag.

Röm. 12, 6—16. Der Christen Sittengesetz.
Joh. 2, 1—11. Die Hochzeit zu Kana.
Matth. 5. Der Bergpredigt Anfang.
In der Woche: Matth. 3, 4. 5, 1—12. 5, 13—32. 5, 33—48. 6. 7.

Dritter Sonntag.

Röm. 12, 16—21. Der Christen Sittengesetz. Schluß.
Matth. 8, 1—13. Der Aussätzige und der Hauptmann.
Matth. 6. Der Bergpredigt Fortsetzung.
In der Woche: Matth. 8. 9. 10. 11. 12. 13.

Vierter Sonntag.

Röm. 13, 8—10. Die Liebe, des Gesetzes Erfüllung.
Matth. 8, 23—27. Christus im Sturm.
Matth. 7. Der Bergpredigt Schluß.
In der Woche: Matth. 14. 15. 16. 17. 18. 19—20, 16.

Fünfter Sonntag.

{ Kol. 3, 12—17. Liebe zu den Brüdern und Lob Gottes.
{ Matth. 13, 24—30. Der Weizen und das Unkraut.

Luc. 9, 51—10, 24. Die Aussendung der Zwölf und der Siebzig.

In der Woche: Luc. 3. 4. 5. 6. 7. 8.

Sechster Sonntag.

{ 2 Petr. 1, 16—21. Die Weissagung, ein Licht in der Dunkelheit.
{ Matth. 17, 1—9. Die Verklärung Jesu auf dem Berge.

Luc. 11, 37—12. Des Herrn offener Bruch mit der jüdischen Hierarchie.

In der Woche: Luc. 9, 10. 11, 1—36. 11, 37—54. 12, 1—12. 12, 13—59.
13, 1—21.

Siebenter Sonntag.

{ 1 Kor. 9, 24—10, 5. Der geistliche Kampf.
{ Matth. 20, 1—16. Der Herr des Weinbergs.

Luc. 13, 22—35. Die Reise nach Jerusalem, die enge Pforte.

In der Woche: Luc. 14. 15. 16. 17, 1—19. 17, 20—37. 18, 1—30.

Vorletzter Sonntag.

{ 2 Kor. 11, 19—12, 9. Das Rühmen der Schwachheit.
{ Luc. 8, 4—15. Der Säemann.

Joh. 3, 1—21. Der Herr und Nikodemus.

In der Woche: Joh. 1, 19—52. 2. 3. 4. 5. 6, 1—21.

Letzter Sonntag vor den Fasten.

{ 1 Kor. 13, 1—13. Glaube, Hoffnung, Liebe.
{ Luc. 18, 31—43. Der Blinde zu Jericho.

Joh. 6, 22—71. Christus das Brod des Lebens.

In der Woche: Joh. 7. 8, 1—20. 8, 21—59. 9. 10, 1—21. 10, 22—42.

II. Die Fastenzeit oder des Lehramtes Jesu zweiter Theil.

Erster Sonntag.

{ 2 Kor. 6, 1—10. Standhaftigkeit im Kampfe.
{ Luc. 4, 1—13. Die Versuchung.

Joh. 12, 20—33. Die Todesweihe in der Stunde des Einzugs.

In der Woche: Das Leiden nach Luc. 18, 31—19. 20—21, 4. 21, 5—38.
22, 1—30. 22, 31—71. 23.

Zweiter Sonntag.

{ 1 Thess. 4, 1—8. Der heilige Wandel.
{ Matth. 15, 21—28. Das kananäische Weib.

Joh. 13, 1—17. Die Fußwaschung, die dienende Liebe.

In der Woche: Das Leiden nach Marc. 10, 32—11. 12. 13. 14, 1—52.
14, 53—15, 14. 15, 15—47.

Dritter Sonntag.

{ Eph. 5, 1—9. Leget ab alle Unreinigkeit.
{ Luc. 11, 14—28. Die Austreibung des bösen Geistes.

Joh. 15. Die Gemeinschaft der Gläubigen im Herrn.

In der Woche: Das Leiden nach Matth. (Anfang) 20, 17 — 21. 22. 23. 24, 1—31. 24, 32—51. 25.

Vierter Sonntag.

Gal. 4, 21—31. Die Kinder der Freiheit.
Joh. 6, 1—15. Die Speisung.
Joh. 16. Christi Leiden, der Gläubigen Trost.

In der Woche: Das Leiden nach Matth. (Schluß) 26, 1—35. 26, 36—56. 26, 57—27, 2. 27, 3—31. 27, 32—50. 27, 51—66.

Fünfter Sonntag.

Hebr. 9, 11—15. Christus der ewige Hohepriester.
Joh. 8, 46—59. Christus vor Abraham.
Joh. 17. Christi letzte Todesweihe und Bitte um Weihung der Jünger und aller Gläubigen.

In der Woche: Das Leiden nach Joh. 11. 12—13, 30. 13, 31—14. 15. 16. 17.

Die Leidenswoche.

Palmsonntag.

Phil. 2, 5—11. Ein Jeglicher sei gesinnet wie Jesus Christus.
Statt des evangelischen Abschnittes: Harmonie der Leidensgeschichte, erster Theil (Palmsonntag und die drei folgenden Tage).
Kl. 1. Die verwaiste Zion.

Montag.

Hebr. 8. Christus unser Heiland und ewiger Hohepriester.

Dienstag.

Hebr. 9. Fortsetzung.

Mittwoch.

Hebr. 10. Das ewige Opfer Christi.

Gründonnerstag.

1 Kor. 11, 23—32. Die Bedeutung des Bundesmahles.
Harmonie der Leidensgeschichte, zweiter Theil (die Geschichte der großen Nacht).

Charfreitag.

Jes. 53. Der Knecht des Herrn, sein Leiden und seine Herrlichkeit.
Harmonie der Leidensgeschichte, dritter Theil (Geschichte des großen Tags).

Ostersonnabend.

1 Petr. 3, 13 — 4, 6. Die Taufe, Sinnbild des Begrabens der Selbstsucht.
Matth. 27, 62—66. Jesu Begräbniß.

III. Die Osterzeit oder die Zeit der Verklärung.

Die Osterwoche.

So. Joh. 20, 1—18. Die Auferstehung.

{1 Kor. 5, 6—8. Christus unser Osterlamm.

{Marc. 16, 1—8. Die Auferstehung.

1 Kor. 15, 1—34. Christus Auferstehung unser Auferstehen.

Mo. {Apg. 10, 34—41. Petrus Rede von der Auferstehung.

{Luc. 24, 13—35. Die Jünger von Emmaus.

1 Kor. 15, 35—58. Unser Auferstehen mit Christus.·

Di. Apg. 2, 22—47. Des Petrus erste Predigt über den Auferstandenen.

Mi. 2 Kor. 12, 19—13. Das Leben der Gläubigen mit dem Auferstandenen.

Do. Röm. 6. Christi Auferstehung das Sterben der Sünde.

Fr. Röm. 8. Christi Auferstehung die Erlösung der Menschheit.

Sa. 1 Kor. 3. Einen andern Grund kann Niemand legen.

Die Osterzeit.

	Erste Woche nach Ostern.	Zweite Woche nach Ostern.	Dritte Woche nach Ostern.	Vierte Woche nach Ostern.
So.	1 Joh. 5, 4—10. Die drei Zeugnisse von Christus: Wasser, Blut und Geist.	1 Petr. 2, 21—25. Christus, Vorbild und Opfer.	1 Petr. 2, 11—20. Der Pilgerwandel.	Jac. 1, 16—21. Alle gute Gabe kommt von Gott.
	Joh. 20, 19—31. Die beiden sonntäglichen Erscheinungen im Jüngerkreis.	Joh. 10, 11—16. Der gute Hirt.	Joh. 16, 16—23. Ueber ein Kleines.	Joh. 16, 5—15. Amt des Geistes.
	Joh. 1. Das ewige Wort.	Joh. 7. Wer dürstet, der komme zu mir.	Joh. 13, 14. Erste Hälfte der Abschiedsreden.	Hebr. 1, 2. Der Gottes- und Menschensohn.
In der Wo-che.	Joh. 2. 3. 4. 5. 6,1—40. 6,41—71.	Joh. 8, 1—29. 8, 30—59. 9. 10. 11. 12.	Joh. 15, 16. 17. 18. 19. 20. 21.	Hebr. 3, 4. 5, 6. 7. 8. 9. 10.

Himmelfahrtswoche.

So.	{Jac. 1, 22—27. Seid Thäter des Wortes.
	{Joh. 16, 23—30. Vom Gebet im Namen Jesu.
	Hebr. 11. Des Glaubens Kraft und Zeugen.
Mo.	Hebr. 12. Die Gläubigen im himmlischen Jerusalem.
Di.	Hebr. 13. Christliche Weisheitsregeln.
Mi.	Joh. 14. Des scheidenden Christus Tischrede.
Do.	Himmelfahrtsfest.
	{Apg. 1, 1—11. Die Himmelfahrt.
	{Marc. 16, 14—20. Die Himmelfahrt.
	Kol. 2. Die Kraft des Auferstandenen.
	Eph. 4. Christi Auffahrt.
Fr.	Joh. 15. Christi Rede vom Fürsprecher.
Sa.	Joh. 16. Wirksamkeit des heiligen Geistes.

Pfingstvorwoche.

So.	{1 Petr. 4, 7—11. Der Christen Gebot.
	{Joh. 15, 26—16, 4. Der Fürsprecher.
	1 Joh. 1. Die Gemeinschaft im Licht.
In der Woche.	1 Joh. 2. 3. 4. 5. Joel 3. Joh. 17.

Die Gemeindezeit,

oder

die Zeit des Geistes.

	Die Pfingstwoche.
So.	Apg. 2, 1—13. Die Ausgießung des heiligen Geistes.
	Joh. 14, 23—31. Der Fürsprecher.
	Ex. 19. Die Gesetzgebung am Sinai.
	Gal. 3, 1—4, 7. Der Geist der Kindschaft.
Mo.	Apg. 10, 42—48. Der Geist und die Heiden.
	Joh. 3, 16—21. Also hat Gott die Welt geliebt.
	Gal. 5. Die rechte christliche Freiheit.
	1 Kor. 12. Mancherlei Gaben, Ein Geist.
Di.	Röm. 12. Der Christen fortgehende Heiligung.
Mi.	1 Kor. 13. Glaube, Hoffnung, Liebe.
Do.	Röm. 6, 15—7. Kampf der Heiligung.
Fr.	Röm. 5. Der Gerechtfertigten Kreuz und Trost.
Sa.	2 Kor. 5. Die Sehnsucht aus der Hütte.

	Die Dreifaltigkeitswoche.
So.	Röm. 11, 33—36. Welch eine Tiefe des Reichthums.
	Joh. 3, 1—15. Die Wiedergeburt.
	Apg. 1, 2. Die Apostel und die Gemeinde.
In der Woche.	Apg. 3. 4. 5. 6. 7. 8.

I. Die Zeit des Petrus.

Erste und zweite Woche nach Dreifaltigkeit.

	Erste Woche.	Zweite Woche.
Ev.	1 Joh. 4, 16—21. Gott ist die Liebe. Luc. 16, 19—31. Der reiche Mann und Lazarus. Apg. 9. Des Paulus Bekehrung. 1 Petr. 1—2, 10. Heiligung der Gläubigen.	1 Joh. 3, 13—18. Liebet die Brüder. Luc. 14, 16—21. Das Mahl und die Geladenen. 2 Petr. 1, 1—11. Festmachen der Erwählung. Jac. 1. Das vollkommene Gesetz der Freiheit.
In der Woche.	Apg. 10, 11, 12. 1 Petr. 2, 11—3, 7. 3, 8—4, 6. 4, 7—5.	2 Petr. 1, 12—3. Jac. 2. 3. 4. 5. Judas.

II. Die Zeit des Paulus.

Siebzehn Wochen, die dritte bis neunzehnte nach Dreifaltigkeit.

	Dritte Woche.	Vierte Woche.
Ev.	1 Petr. 5, 6—11. Werfet eure Sorgen auf den Herrn. Luc. 15, 1—10. Jesus nimmt die Sünder an. Apg. 13, 1—12. Paulus eröffnet seine Missionsreisen.	Röm. 8, 18—23. Das Harren der Creatur. Luc. 6, 36—42. Richtet nicht. 1 Theff. 1. Der Gemeinde Glaube und Hoffnung.
In der Woche.	Apg. 13, 13—52. 14. 15. 16. 17, 1—14. 17, 15—18, 11.	1 Theff. 2, 1—16. 2, 17—3. 4. 5. 2 Theff. 1—2, 12. 2, 13—3.

	Fünfte Woche.	Sechste Woche.	Siebente Woche.
Ev.	1 Petr. 3, 8—15. Vergeltet nicht Böses mit Bösem. Luc. 5, 1—11. Des Petrus Fischzug. Gal. 1, 1—10. Nur Ein Evangelium.	Röm. 6, 3—11. Sterben und Auferstehen mit Christus. Matth. 5, 20—26. Die wahre Gerechtigkeit. 1 Kor. 1. Das Wort vom Kreuz.	Röm. 6, 19—23. Die wahre und die falsche Freiheit. Marc. 8, 1—9. Die Speisung der Viertausend. 1 Kor. 10—11, 1. Warnung vor Gemeinschaft mit dem Heidenthum.
In der Woche.	Apg. 18, 12—19, 10. Gal. 1, 11—2, 10. 2, 11—3, 14. 3, 15—29. 4. 5, 6.	1 Kor. 2. 3—4, 5. 4, 6—5, 8. 5, 9—6. 7. 8, 9.	1 Kor. 11, 2—34. 12, 1—30. 12, 31—13. 14. 15, 1—34. 15, 35—16.

	Achte Woche.	Neunte Woche.
So.	Röm. 8, 12—17. Der kindliche Geist. Matth. 7, 15—23. Wölfe in Schafskleidern. Apg. 19, 11—20, 1. Abreise von Ephesus.	1 Kor. 10, 6—13. Wer da stehet, sehe wohl zu, daß er nicht falle. Luc. 16, 1—9. Der kluge Haushalter. 2 Kor. 8. Ermahnung zur Beisteuer.
In der Woche.	2 Kor. 1, 1—22. 1, 23—2. 3—4, 6. 4, 7—5, 10. 5, 11—7, 1. 7, 2—16.	2 Kor. 9. 10. 11. 12, 1—18. 12, 19—13. Apg. 20, 2. 3.

	Zehnte Woche.	Elfte Woche.	Zwölfte Woche.
So.	1 Kor. 12, 1—11. Mancherlei Gaben, Ein Geist. Luc. 19, 41—48. Jesus weint über Jerusalem. Röm. 1, 1—17. Willigkeit zum Evangelium.	1 Kor. 15, 1—10. Das Evangelium des Paulus. Luc. 18, 9—14. Der Pharisäer und Zöllner. Röm. 6. Früchte der Gerechtigkeit.	2 Kor. 3, 4—11. Der Buchstabe tödtet, der Geist macht lebendig. Marc. 7, 31—37. Hephata. Röm. 11. Unwandelbare Erwählung.
In der Woche.	Röm. 1, 18—32. 2. 3. 4. 5, 1—11. 5, 12—21.	Röm. 7. 8, 1—17. 8, 18—39. 9, 1—13. 9, 14—33. 10.	Röm. 12. 13. 14. 15, 1—18. 15, 14—33. 16.

	Dreizehnte Woche.	Vierzehnte Woche.	Funfzehnte Woche.
So.	Gal. 3, 15—22. Gesetz und Verheißung. Luc. 10, 23—37. Der barmherzige Samariter. Apg. 20, 4—38. Abschied des Paulus.	Gal. 5, 16—24. Kreuzigung des Fleisches. Luc. 17, 11—19. Die zehn Aussätzigen. Eph. 1, 1—14. Erwählung.	Gal. 5, 25—6, 10. Wandel im Geist. Matth. 6, 24—34. Die Lilien auf dem Felde. Kol. 1. Das Haupt der Gemeinde.
In der Woche.	Apg. 21. 22, 23. 24, 25. 26. 27. 28.	Eph. 1, 15—2, 10. 2, 11—3. 4, 1—16. 4, 17—5, 2. 5, 3—6, 9. 6, 10—24.	Kol. 2—3, 11. 3, 12—4. Philemon. Phil. 1, 1 —26. 1, 27—2. 3, 4.

	Sechzehnte Woche.	Siebzehnte Woche.
So.	Eph. 3, 13—21. Die Liebe Christi. Luc. 7, 11—17. Der Jüngling zu Nain. 1 Tim. 1. Gesetz und Evangelium.	Eph. 4, 1—6. Die Einigkeit im Geiste. Luc. 14, 1—11. Tischreden Jesu. Tit. 1. Person und Amt der Haushalter Gottes.
In der Woche.	1 Tim. 2. 3, 1—13. 3, 14—4, 10. 4, 11—5, 16. 5, 17—25. 6.	Tit. 2. 3. 2 Tim. 1. 2. 3. 4.

	Achtzehnte Woche.	Neunzehnte Woche.	Zwanzigste Woche.
So.	1 Kor. 1, 4—9. Gott ist treu.	Eph. 4, 22—28. Vom Ablegen des alten Menschen.	Eph. 5, 15—21. Vorsichtiger Wandel.
	Matth. 22, 34—46. Das vornehmste Gebot und die Frage nach Christus.	Matth. 9, 1—8. Heilung des Gichtbrüchigen.	Matth. 22, 1—14. Die königliche Hochzeit.
	Hebr. 1. Gottes ewiges Wort.	Hebr. 9, 1—14. Das innere Heiligthum.	1 Joh. 1. Die Gemeinschaft im Lichte.
In der Woche.	Hebr. 2. 3, 4. 5. 6. 7. 8.	Hebr. 9, 15 —28. 10, 1 —18. 10, 19—39. 11. 12. 13.	1 Joh. 2. 3. 4. 5. 2 Joh. 3 Joh.

III. Die Zeit des Johannes.

Die drei letzten Wochen des Gemeindejahres.

	Drittletzte Woche.	Vorletzte Woche.	Letzte Woche.
So.	1 Theff. 4, 13—18. Die Zukunft des Herrn. Matth. 24, 15—28. Zerstörung Jerusalems. Offb. 1. Das A und das O.	2 Petr. 3, 3—14. Ein Tag wie tausend Jahre. Matth. 25, 31—46. Das jüngste Gericht. Offb. 14, 1—13. Das Lamm und das ewige Evangelium.	2 Kor. 5, 1—10. Der Richterstuhl Christi. Matth. 25, 1—13. Die thörichten und die weisen Jungfrauen. Offb. 19, 1—10. Das Reich des allmächtigen Gottes.
In der Woche,	Offb. 2. 3. 4—6. 7—9, 12. 9, 13—11. 12, 13.	Offb. 14, 14—20. 15. 16,1—11. 16,12—21. 17. 18.	Offb. 19, 11—20, 6. 20, 7—15. 21, 1—8. 21, 9—22. Pf. 96. 145.

Dritte Tafel.

Der alttestamentliche Kreis, für jeden Tag, nach den Zeiten
und Wochen.

Advent.

Die Patriarchen.

Erste Woche. Adam bis Noah.
Gen. 1, 2. 3. 4. 5, 6. 7, 8. 9, 10. 11.

Zweite Woche. Abraham.
Gen. 12. 13. 14. 15, 16. 17, 18. 21, 1—21. 22, 1—19.

Dritte Woche. Isaak und Jakob.
Gen. 24—25, 11. 25, 19—26. 27, 28. 29. 30, 25—31. 32, 33. 35.

Vierte Woche. Joseph.
Gen. 37. 39, 40. 41, 42. 43, 44. 45, 46. 47, 48. 49, 50.

Die Christzeit.

1. Epiphaniaszeit.

Moses bis David (Hiob).

Weihnachtswoche. Moses in Aegypten und Auszug.
Ex. 1, 2. 3, 4. 5—6, 13. 6, 28—8. 9—11. 12, 13. 14—15, 21.

Neujahrswoche. Moses Zug zum Sinai und das Gesetz.
Ex. 15, 22—17. 18—20. 21—23. 24—26. 27—29. 30—32. 33, 34.

Epiphaniaswoche. Moses zieht durch die Wüste zum Jordan.
Num. 1—3. 4—6. 10—13. 14—17. 20, 21. 22—24. 31, 32.

Erste Woche nach Epiphanias. Moses Rede zum Volk am Jordan.
Deut. 1—3. 4—6. 7—9. 10—12. 13—15. 16, 17. 18, 19.

Zweite Woche nach Epiphanias. Moses Ende.
Deut. 27. 28. 29, 30. 31. 32. 33. 34.

Dritte Woche. Josua.
Jos. 1—3. 4, 5. 6, 7. 8, 9. 10—12. 13, 14. 23, 24.

Vierte Woche. Richter und Ruth.

Richt. 1—3. 4, 5. 6—8. 9—11. 13—16. Ruth 1, 2. 3, 4.

Fünfte Woche. Samuel und Saul.

1 Sam. 1, 2. 3, 4. 5, 6. 7, 8. 9—11. 12, 13. 14, 15.

Sechste Woche. Hiobs Prüfung. Erstes Gespräch.

Hiob 1, 2. 3—5. 6—8. 9, 10. 11. 12. 13, 14.

Siebente Woche. Zweites Gespräch.

Hiob 15. 16. 17. 18. 19. 20. 21.

Achte Woche. Drittes Gespräch.

Hiob 22. 23, 24. 25. 26. 27, 28. 29, 30. 31.

Neunte Woche. Elihu und Schluß.

Hiob 32, 33. 34, 35. 36, 37. 38. 39. 40, 41. 42.

II. Fastenzeit.

Von David bis zu Israels Fall.

Erste Woche. Davids Erhebung und Verfolgung.

1 Sam. 16—18. 19, 20. 21, 22. 23, 24. 25—27. 28, 29. 30, 31.

Zweite Woche. Davids Regierung.

2 Sam. 1, 2. 3. 4, 5. 6—8. 9—11. 12. 13, 14.

Dritte Woche. Davids Ende.

2 Sam. 15. 16, 17. 18. 19, 20. 21, 22. 23. 24.

Vierte Woche. Salomo.

1 Kön. 1, 2. 3, 4. 5, 6. 7. 8. 9, 10. 11.

Fünfte Woche. Getheiltes Reich. Elia und Elisa.

1 Kön. 12—14. 15, 16. 17, 18. 19, 20. 21, 22. 2 Kön. 1—3. 4.

Sechste Woche. Israels Fall.

2 Kön. 5, 6. 7—8, 15. 8, 16—10. 11, 12. 13, 14. 15. 16, 17.

III. Osterzeit.

Die kleinen Propheten bis zum Untergang Judas (die Salomonischen Schriften).

Osterwoche. Joel, Jona und Amos.

Joel 1—4. Jon. 1—4. Am. 1, 2. 3, 4. 5, 6. 7, 8. 9.

Erste Woche nach Ostern. Hosea, Sacharja, Micha, Nahum.

Hos. 1—3. 4—7. 8—11. 12—14. Sach. 9—11. Mich. 1—7. Nah. 1—3.

Zweite Woche nach Ostern. Fortsetzung der Geschichte.

2 Kön. 18, 19. Pf. 76. 2 Chron. 29, 30. 2 Kön. 20, 21. 2 Chron. 33. 2 Kön. 22, 23. 24, 25.

Dritte Woche nach Ostern. Zephanja, Habakuk, Sacharja, Obadja.

Zeph. 1—3. Hab. 1, 2. 3, 4. Sach. 12—13, 6. 13, 7—14. Obadja. Pf. 118.

Vierte Woche nach Ostern. Sprüche Salomos.

Spr. 1, 2. 3. 4. 5—6, 19. 6, 20—7. 8. 9.

Fünfte Woche nach Ostern. Sprüche Salomos.

Spr. 10, 11. 12, 13. 14, 15. 16, 17. 18, 19. 20—22, 16. 22, 17—24.

Sechste Woche nach Ostern. Sprüche und Hoheslied.

Spr. 25, 26. 27. 28, 29. 30, 31. Hl. 1—3. 4, 5. 6—8.

Die Zeit der Kirche.

I. Jesaja, Sohn des Amos.

Pfingstwoche.

Jef. 6. 1. 2. 3. 4. 5. 7—8, 8.

Dreifaltigkeitswoche.

Jef. 8, 9—9, 6. 9, 7—10, 4. 14, 24—16. 17, 18. 19, 20. 22. 23.

Erste Woche nach Dreifaltigkeit.

Jef. 24, 25. 26. 27. 28. 29. 30. 31.

Zweite Woche nach Dreifaltigkeit.

Jef. 32. 33. 34. 35. 10, 5—11. 12. 38, 39.

II. Jeremia.

Dritte Woche nach Dreifaltigkeit. Jeremia unter Josia und seinen beiden Söhnen.

Jer. 1. 2. 3. 4. 5. 6. 22, 1—23.

Vierte Woche nach Dreifaltigkeit. Jeremia unter Jojakim.

Jer. 7. 8. 9. 10. 11. 12. 13.

Fünfte Woche nach Dreifaltigkeit. Jeremia unter Jojakim.

Jer. 14. 15. 16. 17. 18. 19. 20.

Sechste Woche nach Dreifaltigkeit. Jeremia unter Jojakim.

Jer. 45, 46. 47. 48. 49. 25. 26. 35, 36.

Siebente Woche nach Dreifaltigkeit. Jeremia unter Jechonja.
Jer. 22, 24—23. 24. 29. 21. 27. 28. 50, 51.

Achte Woche nach Dreifaltigkeit. Jeremia in den letzten Jahren
Jerusalems.
Jer. 32. 33. 34. 37. 38. 39. 40, 41.

Neunte Woche nach Dreifaltigkeit. Jeremia in Aegypten. Klagelieder.
Jer. 42. 43. 44. 30, 31. Kl. 1, 2. 3. 4, 5.

III. Ezechiel.

Zehnte Woche nach Dreifaltigkeit. Ezechiel am Chaboras, vor der
Belagerung.
Ez. 1. 2, 3. 4, 5. 6, 7. 8, 9. 10, 11. 12.

Elfte Woche nach Dreifaltigkeit. Ezechiel während der Belagerung.
Ez. 13, 14. 15, 16. 17—19. 20. 21. 22. 23, 24.

Zwölfte Woche nach Dreifaltigkeit. Ezechiel zur Zeit des Falles
Jerusalems.
Ez. 25. 26, 27. 28. 29. 30. 31. 32.

Dreizehnte Woche nach Dreifaltigkeit. Ezechiel nach der Zerstörung.
Ez. 33. 34. 35. 38. 39. 36. 37.

IV. Der zweite Jesaja, am Ende der Gefangenschaft.

Vierzehnte Woche nach Dreifaltigkeit. Der Prophet vor Babels nahem
Fall.
Jes. 13—14, 23. 21, 1—10. 40. 41. 42. 43. 44.

Funfzehnte Woche nach Dreifaltigkeit. Der Fall Babels und Israels
Rückkehr.
Jes. 45, 46. 47. 48. 49, 1—12. 49, 13—50, 3. 50, 4—11. 51—52, 12.

Sechzehnte Woche nach Dreifaltigkeit. Der Knecht Gottes. Israel und
die Nationen.
Jes. 52, 13—53. 54. 55. 56, 1—8. 56, 9 - 57. 58. 59.

Siebzehnte Woche nach Dreifaltigkeit. Das neue Zion.
Jes. 60. 61. 62—63, 6. 63, 7—64. 65. 66. Ps. 137.

V. Die persischen Zeiten.

Achtzehnte Woche nach Dreifaltigkeit. Cyrus und Darius. Serubabel,
Josia, Haggai.
Esra 1. 2, 64—3. 4, 1—5. 24. 5. 6. Hag. 1. 2.

Neunzehnte Woche nach Dreifaltigkeit. Artaxerxes. Sacharja.
Sach. 1, 1—6. 1, 7—2. 3, 4. 5. 9 7. 8.

Zwanzigste Woche nach Dreifaltigkeit. Artaxerxes. Nehemia.
Esra 4, 6—23. 7, 8. 9, 10. Neh. 1—3. 4—6. 9. 12, 27—13.

VI. Die letzten drei Wochen des Kirchenjahres.
Die Weissagung vom Ende und die historischen Psalmen.

Drittletzte Woche. Die Lieder der Alten.
Pf. 90. 8. 18. 20, 21, 24. 23, 96. 32, 51. 2, 72.

Vorletzte Woche. Die Lieder der Neuen.
Pf. 91—93. 97—100 120—123. 124—126. 127—129. 130—133. 139.

Letzte Woche. Die Propheten Maleachi und Daniel.
Mal. 1—2, 16. 2, 17—3. Dan. 1, 2. 3, 4. 5, 6. 7—9. 10—12.

—————

Zweite Abtheilung.

Die Bibel in der Weltgeschichte,

oder

Jesus von Nazareth.

———

Ein Lebensbild,

in fünf Büchern kritisch geordnet und betrachtet nach den evangelischen
Berichten.

Die Bibel in der Weltgeschichte und das Leben Jesu.

Das göttliche Spiel der Weltgeschichte beruht auf dem geheimnißvollen Zusammen= wirken der Persönlichkeit und der Gemeinde. So ganz besonders in der weltgeschicht= lichen Entwickelung, welche die Bibel uns vorhält, und zwar sie allein vom Standpunkte einer Geschichte Gottes in der Zeit und seiner ewigen Liebe zur Menschheit. Die Bibel tritt mit ihrem ersten Blatte aus der Ewigkeit in die Zeit, und steht mit ihrem letzten Blatte vor dem Thore der Ewigkeit. Abraham ferner, ihre erste geschichtliche Persönlichkeit, steht erhaben da im Morgenroth der Weltgeschichte, durch Geltendmachung des ewigen Rechts des Gewissens gegen die gottlosen Ansprüche der äußern sogenannten Religion. Was er als Grundlage der sittlichen Zucht und Ordnung einschloß in den engen Kreis eines patriarchalischen Haushalts, erhob Moses zum Bewußtsein einer Nation der zwölf Stämme, welche er bildete. Er zuerst und allein von allen Gesetz= gebern beschloß, das Sittengesetz zum Staatsgesetz zu machen. Aber schon unter seinen Händen, mehr noch unter seinen Nachfolgern in Palästina, ward das Weltgeschichtliche jüdisches Sonderleben. Vergebens suchten die Propheten das Menschheitliche und also das Weltgeschichtliche und Geistige kräftig zu machen gegen das Sonderheitliche und Aeußerliche, den Buchstaben des Gesetzes. Auch ihr Lehren und Mahnen und Kämpfen und Zeugen ist, seinem Geiste nach, weltgeschichtlich für die Menschheit. Aber durch wen ist es das wirklich geworden? Durch den, von welchem der letzte der Propheten zeugte — Johannes der Täufer.

Jesus von Nazareth ist aber nicht allein die Persönlichkeit, in welcher sich alle Hoffnungen und Verheißungen des Volkes Israel vereinigen und erfüllen, sondern auch der Zielpunkt der verwandten Bestrebungen der andern Bildungsvölker der alten Welt, und daher geht das von ihm ausströmende Leben auch auf die ganze Mensch= heit über.

Wir haben sowol von den biblischen Vorläufern als von den Jüngern Jesu das Nöthige für Plan und Schranken des Bibelwerks gesagt, und in der ersten Abtheilung dieses Bandes im Rahmen des weltgeschichtlichen Gemeindejahres die anschauliche Darstellung der ganzen Entwickelung gegeben, deren Mittelpunkt die Erscheinung und das Leben Jesu von Nazareth ist. Um so mehr enthalten wir uns, hier weiter auf die Schilderung, sei es der Vorläufer oder der Jünger Jesu einzugehen. Diejenigen, welche diese ganze Entwickelungsreihe des Gottesbewußtseins der Menschheit urkundlich und im Zusammenhange kennen lernen wollen, verweisen wir auf die drei Bände von „Gott in der Geschichte".

Das Leben Jesu von Nazareth im Bibelwerke muß eine kritische Zerlegung und Anordnung sein, an der Hand der evangelischen Berichte und ihrer vergleichenden Zusammenstellung.

Ein darauf ruhendes, rein darstellendes Lebensbild, wobei das Gerüst der Kritik gänzlich verschwindet, liegt offenbar jenseit der Schranken dieses gemeinüblichen Bibel= werks. Niemand wird es gelingen, beides in Ein lesbares Werk zu verschmelzen: aber Niemand wird ein solches Lebensbild zu Stande bringen als ein geschichtliches Werk und nicht als theologischen oder mythischen Roman, ohne vorher Jesu Leben an der Hand der evangelischen Berichte mit geduldiger Kritik betrachtet zu haben.

Vorwort zum Leben Jesu.

Ein jeder Mensch lebt auf der Erde sein leibliches Leben, während der kurzen Frist, welche dem Sterblichen bestimmt ist: der Mensch des Geistes aber lebt sein geistiges Leben fort in der Menschheit. Das Leben des Thierischen oder Bösen stirbt mit ihm, und das Böse, welches er angeregt oder gefördert hatte, wird allmählich vom Strome der Weltgeschichte hinweggespült. Alles was nicht sittliche Persönlichkeit ist, wirkt nur fort als Dünger auf dem Fruchtboden der Geschichte. Nur der sittlichen Persönlichkeit ist ein Fortleben hier gesichert, und zwar nach dem Maße der Reinheit und Tüchtigkeit, welche sie errungen hatte. Da das Gute in Gott lebt, so kann es in der Entwickelung des Sittlichen auf der Erde nicht untergehen: erkannt oder nicht erkannt, durchströmt es die Menschheit. Die sittliche Persönlichkeit aber ist das Natur gewordene Göttliche im Endlichen: es ist Weltgesetz, daß der Geist dieser Persönlich= keit die Menschheit regiere. Das persönliche Leben ist der zündende Funke und das Musterbild: aber das Leben der Gemeinde ist das heilige Feuer der Menschheit und die Bewährung des Göttlichen in der Persönlichkeit.

Daraus folgt, daß die höchste sittliche, gottbewußte Persönlichkeit in ihrem geistigen Leben das Leben der Menschheit beherrschen muß, und zwar in immer weitern Kreisen. Denn das Fortschreiten des Göttlichen in der Menschheit ist der Fortschritt der Welt= geschichte.

Nun war aber Jesu Leben, erwachsen auf dem Boden des reinen abrahamischen Gottesbewußtseins, ein fortdauerndes reines Opfer der höchsten Liebe für die Mensch= heit: ein Bekenntniß der Wahrheit nach dem innersten Gottesbewußtsein, ein Besiegeln des Bezeugten und Gepredigten durch das Leben bis zum Tode. Kaum hatte das leibliche Leben lehrend und segnend aufgehört, so begann am ersten Pfingstfeste das geistige: die kleine Gemeinde in Jerusalem ward zur Gemeinde über die Grenzen Pa= lästinas und Syriens hinaus, ja überschritt die Grenzen des römischen Weltreichs. Alle Weisheit und alle Thorheit der alten Welt suchte sich mit dem einfachen Christen= glauben in Verbindung zu setzen: jeder neue Stamm, jede neue Nation läuterte ihr geschichtliches Gottesbewußtsein im Christenthum oder erstarb an der Berührung desselben. Nach dem Grade der Aneignung des Geistes Christi ward Christus in jeder Zeit, in jeder Nation geboren, und die christliche Gemeinde in ihr ward durch seinen Geist wiedergeboren. Das von ihm verkündigte Gotteswort weckte jederzeit neues Leben: seine Persönlichkeit erwies sich als das lebendige Wasser, welches in das ewige Leben quillt.

So hat denn Jesus in einem ganz eigenthümlichen Sinne ein doppeltes Leben: ein leibliches von etwa sechsundzwanzig Monaten in Palästina, vom vollendeten dreißigsten Lebensjahre an, und ein nun bald zweitausendjähriges geistiges in allen Theilen der Erde. Wie jenes, so ist dieses voll Leiden und Schmerzen; aber es wird, wie jenes, in Verklärung enden. Sein Fortschreiten nach diesem Ziele ist die Weltuhr der Menschheit, der Pulsschlag des Ewigen in der Zeit.

Ein Leben Jesu würde also dem Namen nicht entsprechen, wenn es nicht die Fortsetzung des leiblichen nachwiese im geistigen, das Persönliche der Erscheinung im Weltgeschichtlichen der Menschheit. Beides zusammen erst ist Jesu wahre Persönlichkeit, und daher heißt diese Menschheit den Aposteln Leib Christi (s. z. Eph. 1, 23), ja im höchsten Sinne Christus selbst (s. z. 1 Kor. 12, 12).

Gehen wir nun tiefer ein in den Gedanken einer solchen Darstellung, so finden wir sowol in dem persönlichen als in dem geistigen Leben des Menschen, und in einem besondern Grade in dem Leben Jesu, zwei Factoren, neben dem endlichen noch den ewigen. Jener erklärt nur die äußere Erscheinung, soweit sie auf dem ursachlichen Zusammenhange mit andern Erscheinungen beruht, als das äußerlich Thatsächliche; dieser herrscht auf dem Gebiete der freien sittlichen Selbstbestimmung als des bewußten Geistes im höchsten Sinne. Da nun die sittliche Persönlichkeit eben dadurch eine ewige ist, daß sie dem allein Ewigen, dem schöpferischen Gedanken entspricht, die reine Idee verwirklicht; so werden wir den ewigen Factor als denjenigen anerkennen müssen, welcher das eigentliche Verständniß des erscheinenden, endlichen gibt, nicht allein des geistigen Wirkens in der Menschheit, sondern auch des leiblich erscheinenden Einzellebens. Dieser göttliche Factor ist es, welcher den endlichen immer frisch und wirksam erhält. Er ist sein Unsterbliches: er hebt die Bedeutung der geschichtlichen Persönlichkeit nicht auf, sondern erschließt und verherrlicht sie, indem er sie von einer Erscheinung erhebt zur Verwirklichung des in ihr wahrhaft erscheinenden Ewigen. Er ist nicht der Gegensatz, sondern die Vollendung des endlichen Factors.

Wir wollen durch einige Beispiele anschaulich machen, wie wir dieses im Leben Jesu zur Darstellung zu bringen suchen. Die bei der evangelistischen Erzeugungsgeschichte Jesu zur Sprache kommenden Ueberlieferungen und Thatsachen werden zuvörderst geschichtlich geprüft und gesichtet werden müssen. Sie bedürfen aber zu ihrem vollen Verständniß und ihrer Aneignung der Vermittelung durch die Idee, auf welcher sie ruhen: und das ist die Menschwerdung Gottes. Ist sie nun eine lebendige und fruchtbare, weil im Wesen des Geistes begründete Idee, oder eine bloße Schulabstraction von angenommenen Thatsachen? Oder ist sie zwar nicht ohne innere Wahrheit, aber doch nur eine mystische Vorstellung, welche sich der dialektischen Behandlung entzieht? Auch in diesem Falle hätte sie für den Historiker und den Philosophen, so wenig wie jene dogmatische Annahme eine andere als rein übereinkömmliche und vorläufige Bedeutung. Denn die Wahrheit einer Idee wird nie durch Geschichtliches, sondern nur durch die dialektische Verbindung der Gedanken erwiesen. Nur im ersten Falle wird sie also in einer geschichtlichen Untersuchung und Darstellung zur Sprache kommen können. Auf alles dieses antwortet der Prolog des Evangeliums Johannes: denn er ist nicht mehr und nicht weniger als das geistige Seitenstück zu den Erzeugungs- und Geburtsgeschichten der Evangelisten und ruht auf den klaren Aussprüchen des innersten Gottesbewußtseins Jesu. Und diese Auffassung des Apostels sollte nicht zum Leben Jesu gehören? Bei uns ist sie schon nach der Anlage des Ganzen ein organischer Theil desselben. Aus diesen Gründen beschäftigt sich das erste Buch unsers Lebens Jesu zuerst mit der Kritik der evangelistischen Erzählungen von der Erzeugung und Geburt, und dann mit der Darstellung im Evangelium des Johannes. Dabei setzt unser Lebensbild die schon an den betref=fenden Stellen des vierten Bandes des Bibelwerks gefundenen und dem Nachdenken der Leser empfohlenen Ergebnisse voraus.

Die Menschwerdung Gottes in Jesus wird aber nicht getrennt werden können von der geistigen Menschwerdung Gottes in jeder vom Geiste erneuten, zur sittlichen Frei=heit erwachten Person und in der Menschheit, noch wird sie auf das leibliche Leben Jesu allein beschränkt bleiben dürfen. Sie muß sich als Idee Gottes und als wahrer Geist Christi in der Weltgeschichte bewähren und immer weiter offenbaren, eben wie sie dieser Geschichte ihr Muster und ihren Maßstab gibt. Erst das auf Grund des Johannes=Evangeliums gefundene Verständniß dieser Idee befähigt uns zu erkennen, was in der Geschichte Verwirklichung des Gedankens Gottes ist.

Auf ähnliche Weise verhält es sich nun mit jeder Idee, welche Christus zuerst aus=gesprochen hat. So namentlich mit dem, was er verordnete bei der Stiftung des Abendmahls, so mit der ewigen Bedeutung seines Todes. Da begegnen wir der Idee von Gemeinschaft und dem Gebot der Verkündigung des Todes Jesu: den Fragen über Opfertod und über die Versöhnung der Welt mit Gott. Was haben diese Worte und Thaten an sich zu bedeuten, und was haben sie in der Menschheit bewirkt? Wie ver=hält sich ihre bisherige kirchliche und staatliche Verwirklichung zu dem in jenen beiden großen Thaten liegenden Lebenskeime? Ebenso ist es auch mit der Bedeutung und der Geschichte der Wiedergeburt, welche sich an die Worte zu Nikodemus anschließen, in dem Leben der christlichen Menschheit, bis auf diesen Tag. Allenthalben aber werden wir dieses Leben der Menschheit als eine Einheit betrachten, deren Gesammtheit Kirche und Staat, Wissenschaft und Kunst einschließt. Denn alles dieses ist Eines durch die Einheit des Gottesbewußtseins und der Menschheit.

Die Wahrheit ist der Weg zur Wahrheit. Der Wegweiser auf unserer Bahn ist kein anderer als der Gegenstand unserer Darstellung. Wir haben hier nicht ein spe=culatives Lehrgebäude zu erfinden: es ist uns die ganze ideale Grundlage gegeben: und zwar im Evangelium selbst. Wir stehen ganz auf apostolischer Grundlage, wenn wir das Wirken des Geistes Christi in der Menschheit als eine Offenbarung des Lebens Jesu in seiner Gemeinde verfolgen und zu erkennen suchen. Namentlich gehen die letzten Reden Jesu zu seinen Jüngern unmittelbar vor dem Leiden geradezu auf dieses zweite Leben hin, das Leben des Geistes Christi in der Gemeinde, seinem Leibe, d. h. der erlösten Menschheit.

Gelingt eine solche Darstellung, die erste, welche mit wissenschaftlichem Bewußtsein in dieser Ausdehnung versucht wird, auch nur einigermaßen, so wird die Persönlichkeit Jesu uns so wenig eine blos vorübergegangene, geschichtliche Erscheinung sein, als eine gespenstische, oder auf Gefühlserregung beruhende Täuschung. Jesus wird vielmehr alsdann erst vor uns stehen als der uns immer in Vernunft und Gewissen Gegenwärtige. Wir werden mit freudigem Schauer der Ehrfurcht gewahr, daß er mitten unter uns ist, daß er uns auf jedem Schritte begleitet und mit liebevollem Ernst uns ins Auge schaut bei jedem ernsten Betrachten der Welt, bei jeder Einkehr in das eigene Gemüth. Und gewiß werden wir ihn nur in dem Maße verstehen, in seinem leiblichen Leben und in der Geschichte, als wir ihn in uns selbst und uns in ihm verstehen und erkennen. Das können wir aber nur, wenn wir seinem heiligen Leben nachzufolgen uns bestreben. Denn die wahre Erkenntniß ist nicht im Verstande, in der Forschung und Betrachtung, sondern im Gewissen, in der Gesinnung, in dem fortdauernden Opfer des Selbst.

Wohl aber ist jene Erkenntniß ein Bedürfniß des denkenden Geistes, und zugleich ein Schutz vor Unglauben, Mißverständniß und Täuschung.

Es ist in diesem Jahrhundert viel geredet worden von dem Gegensatze des „ge= schichtlichen" und des „idealen Christus". Dem Jesus der Erscheinung wird gegenüber= gestellt die Idee, welche sich in ihm kundgibt, unabhängig von dem Buchstaben der geschichtlichen Erzählung. Wir glauben, dieser Gegensatz sei nicht ganz glücklich. Es genügt nicht, die Aussprüche Christi aufzulösen in eine damit nach Belieben in Ver= bindung gesetzte Idee, sei sie nun eine rein empirische oder eine mystische oder auch eine speculative. Anders ist es, wo versucht wird, nach dem klaren Gehalte des Gottesbewußtseins Jesu in seinen Worten und Aussprüchen die ihnen zu Grunde liegende Idee zu erkennen, und sie hiernach in unsere Sprach= und Denkweise zu übersetzen. Nur wird auch so die Persönlichkeit Jesu nicht erschöpft, und es liegt die Gefahr nahe, daß, wie man sagt, jeder gestalte sich seinen Gott oder seine Götter nach seinem eigenen Selbst, so auch jeder sich seinen Christus zurechtmache, wie es ihm bequem ist, sei es für sein Leben, sei es für sein philosophisches System. Es ist dem Menschen leider nicht sehr schwer, in einer geschichtlichen Erscheinung, also auch in einer ge= schichtlichen Persönlichkeit, nur das zu sehen, was ihm darin zusagt, und alles Andere zu vernachlässigen und abzuweisen. Sind doch so die meisten theologischen Systeme ebenso wohl entstanden als die philosophischen.

Der ganze Gegensatz beruht eigentlich auf einem Mißverständniß: nämlich auf der Annahme des Gegensatzes des Geschichtlichen und des Idealen. Wenn das Geschicht= liche überhaupt verständlich werden soll, muß eine Idee sich in ihm offenbaren; und wenn die Idee eine lebendige, wirksame sein soll, und nicht eine bloße Abstraction, so muß sie Geschichte werden oder geworden sein. Man würde daher der Wahrheit näher kommen, wenn man sagte, daß der geschichtliche Christus der ideale sei und der ideale allein der geschichtliche: denn nur der geschichtliche Christus kann immerdar in der Menschheit Fleisch und Blut werden. Christus verflüchtigt sich sonst und der gesunde Christusglaube verliert allen festen Halt. Es ist allein der Glaube an die geschicht= liche Persönlichkeit, welchen die Pforten der Hölle nicht überwältigen können; aber dieser Glaube ist nur gesund, wenn er mit unserm ganzen übrigen vernünftigen und sittlichen Bewußtsein nicht in einem Widerspruche steht, der nur durch eine schwärmerische Erregung oder durch einen dogmatischen Machtspruch gehoben werden kann.

Wir werden uns deshalb dieses Ausdrucks ganz enthalten.

Der Ewige und seine wahrhafte Erscheinung in der höchsten sittlichen Persönlichkeit, und diese geschichtliche Persönlichkeit in der wesentlich und unmittelbar mit dem Gött= lichen verwandten Menschheit — das sind die drei Wesenhaftigkeiten, in welchen unser Glaube steht. „Jesus Christus, gestern und heute, derselbe auch in Ewigkeit" — das ist das allein Sichere und Unvergängliche, was unser Gottesbewußtsein in sich trägt und woran sich Groß und Klein, Alt und Jung, Weiser und Unmündiger halten kann. Denn „hier ist kein Jude noch Grieche, kein Knecht noch Freier, hier ist kein Mann noch Weib; sondern ihr seid allzumal Einer in Christus Jesus".

Erstes Buch.

Kritik der Berichte von der Menschwerdung Gottes in Jesus und von Jesu Kindheit und Jugend.

Erste Abtheilung.
Die Berichte der Evangelisten von Jesu Geburt und Kindheit.

Erster Abschnitt.
Allgemeiner Charakter dieser evangelistischen Berichte: vorläufige Nebeneinanderstellung.

Wer der Methode unserer Forschung über die Entstehung und das Verhältniß der drei evangelistischen Berichte gefolgt ist, wird schon von selbst zu der Annahme geführt sein, daß die Geburts- und Kindheitsgeschichte Jesu nicht in dem Kreise der ursprünglichen apostolischen Mittheilung enthalten gewesen sein könne. Diese Mittheilung war eine Bezeugung von Jüngern; sie setzt also deren Erwählung voraus, also für die ersten fünf die Zeit unmittelbar nach der Taufe durch Johannes. Diese Taufe selbst bildet den Eingang, also die Weihe zum Lehramt. Marcus sagt dieses ausdrücklich in dem ersten Satze seines Berichts (s. z. Marc. 1, 1):

> Anfang der Heilsverkündigung ward Johannes, als er in der Wüste taufte und die Taufe der Bekehrung predigte.

Aber die Einleitung des Lucas-Evangeliums führt zu der Annahme, daß bereits vor ihm Andere die Erzählungen über Jesu „von vorn an" gesammelt, also auch die, welche vor dem Lehramte liegen. Indem er den von ihm bearbeiteten und geordneten Berichten von des Herrn Lehren und Reisen, Leben und Sterben, die Erzählungen von Geburt und Kindheit als Einleitung voranschickt, verarbeitet er sie bereits mit dem eigentlichen Evangelium. Die entsprechende Einleitung des ersten oder paläsinischen Evangeliums hat jene Erzählung ganz einfach in den beiden ersten Kapiteln dem evangelischen Berichte vorgesetzt: schon deshalb muß Lucas als der Spätere erscheinen, da seine Darstellung beide ineinanderarbeitet. Auch deuten manche Spuren darauf hin, daß er, wie anderwärts, so auch hier, eine Kritik und Vervollständigung der gewöhnlichen paläsinischen Ueberlieferung geübt. Wenn nun diese beiden Evangelien in das letzte Viertel des ersten Jahrhunderts gehören und nicht früher gesetzt werden können, so folgt hieraus zweierlei. Erstens, daß es damals, also gegen das Jahr 80, rein unmöglich war, Nachrichten über die Zeit vor der Geburt Jesu aus der erſten Hand zu ſchöpfen. Lucas gibt ſich ausdrücklich als einen Mann des zweiten Geſchlechts, wenn man die Jünger und andere Augenzeugen als das erſte Geſchlecht ſetzt, welches 10—15 Jahre jünger war als Jeſus. Maria ſelbſt wäre damals etwa 100 Jahre alt geweſen; Eliſabeth etwa 120. Simeon und Hanna waren bei der Geburt ſiebzig- oder achtzigjährig, alſo gewiß ſchon 70 Jahre todt. Nun aber kann man ſich doch des Eindrucks nicht erwehren, daß alle dieſe Erzählungen, eben wie die der Geburt ſelbſt, den Horizont des bereits verherrlichten Chriſtus verrathen, alſo den des nächſten Geſchlechts früheſtens. Man könnte alſo annehmen wollen, unmittelbar nach Jeſu Auferſtehung und Verherrlichung ſeien jene älteſten Ueberlieferungen nach den Ausſagen der überlebenden Zeugen, insbeſondere aber der Maria, aufgezeichnet, mit Benutzung deſſen, was dieſe, und wieder insbeſondere Maria, als von den heim=gegangenen Zeitgenoſſen, wie z. B. von der Hanna vernommen, damals noch melden konnten. Daß dieſes jedoch nur etwa ausnahmsweiſe geſchehen ſei, daß es in den Jahren nach der Zerſtörung Jeruſalems keine ſchriftlichen Verzeichnungen gab, die aus jener längſt vergangenen erſten Zeit ſtammten, das läßt ſich durchaus nicht leugnen; denn ſonſt könnten die Berichte der Evangeliſten nicht ſo verſchieden lauten. Es konnte damals alſo nur eine mittelbare Forſchung ſtattfinden, und dieſe ruhte auf mündlichen Ueberlieferungen, welche, wie ein Blick auf die beiden Evangeliſten beweiſt, damals ſchon, ſelbſt in den apoſtoliſchen Kreiſen ſo abweichend waren. Was nun konnte gegen das Jahr 80 der Beruf der apoſtoliſchen Sendboten ſein, wenn ſie für die Gemeinden ſchriftliche Verzeichnungen anfertigen wollten? Sollten ſie die von Marcus bezeugte älteſte Form der evangeliſchen Berichte beibehalten und die Vorgeſchichte Jeſu der mündlichen Ueberlieferung und Volksdichtung überlaſſen? Das war weder räthlich noch möglich. Der Gegenſtand hatte die Gemeinden lebhaft beſchäftigt, und zwar, wie es natürlich anzunehmen iſt und wie auch thatſächlich nachgewieſen werden kann, in zwei Stufen: zuerſt in den judenchriſtlichen Gemeinden, und dann in den heidenchriſt=lichen, oder, örtlich ausgedrückt, zuerſt in Jeruſalem und überhaupt Paläſtina und in Babylonien, dann aber in Antiochien und dem helleniſirten Syrien und Phönizien. In dieſer Ueberlieferung waren nun offenbar geſchichtliche Elemente (ſo dachten die Evangeliſten und alle damaligen Chriſten) und daneben ſolche, welche aus der meſſia=niſchen Idee bei den Judenchriſten und aus der Idee der Menſchwerdung bei den Heiden=chriſten hervorgegangen waren. Sohn Davids und Sohn Gottes, Joſeph der Vater, und der heilige Geiſt als Vater — das waren Gegenſätze, die in Chriſti Per=ſönlichkeit ihre Einheit gefunden hatten und welche das Gottesbewußtſein der Chriſten=heit feſthielt und ſich gedrungen gefühlt hatte, in der ihnen naturgemäßen Weiſe geſchichtlich darzuſtellen, anſchaulich, eindringlich zu machen und zu überliefern: der Wahrheit des Kernes ſicher, weil in ihrem eigenen Gottesbewußtſein und in der Selbſt=offenbarung Chriſti begründet. Aber es galt, dieſe fließende Ueberlieferung feſtzuhalten, weil der nächſte Schritt die freie Dichtung war. Wem dieſes nicht als elementariſches Axiom für die Geſchichte der Ueberlieferung feſtſteht, der kann den Beweis in den wirklich alten Pſeudo=Evangelien und Apokryphen mit Händen greifen.

Eine eigentliche Kritik dieſer Ueberlieferungen zu unternehmen, lag alſo ebenſo wenig in Beruf und Abſicht als in der Bildungsſtufe der Evangeliſten. Das paläſti=niſche Evangelium, naturgemäß, ſeinem Kerne nach das älteſte, alſo in der Ueber=lieferung von dem Jahre 40 etwa bis 60 gegründet, bewegte ſich aller Wahrſcheinlichkeit nach vorzugsweiſe in der judenchriſtlichen Sphäre: Lucas forſchte (wie er ſelbſt ſagt) perſönlich und in Zuſammenſtellungen von Anfang an, und ging nicht allein der paläſtiniſch = apoſtoliſchen Ueberlieferung nach), ſondern auch der heidenchriſtlichen. Was er hier vorfand, beſtand großentheils aus poetiſchen Stücken, epiſchen und lyriſchen, großen= theils in der Form der jüdiſchen Pſalmodie und durchweht vom reinſten und erhabenſten judenchriſtlichen und heidenchriſtlichen Geiſte, wie wir ihn uns in dem Zeitraume vom erſten Pfingſtfeſte bis zur Zerſtörung Jeruſalems und Zerſprengung der Muttergemeinde nur denken können. Nun hätte er doch gewiß die rein geſchichtliche Form nicht ver= ſchmäht, wenn es eine ſolche gegeben hätte. Die Schwierigkeiten eine ſtreng geſchicht= liche Ueberlieferung im Zuſammenhange nachzuweiſen, ergeben ſich nun ſchon dem Inhalte nach als unüberwindlich, auch wenn man ſie nicht mit der Reihe bei Matthäus ver= gleicht, mit welcher ſie ganz zu verſchmelzen und zu Einer zuſammenhängenden Reihe zu vereinigen keinem redlichen Forſcher hat gelingen wollen. Die Berichte für ſich, als Geſchichte aufgefaßt, ſind haltlos: miteinander verglichen, decken ſie ſich nicht. Darin haben wir den großen Unterſchied dieſer Erzählungen und der Berichte vom Lehr= amte. Dort ruht die Darſtellung auf Zeugen und Zeugniſſen, wobei die Worte des Herrn die feſten Haltpunkte bilden. Hier werden wir, als auf das Früheſte, hingewieſen auf eine mündliche Ueberlieferung, welche das erſte Geſchlecht nach Chriſtus auffing und feſthielt. Die Erzählungen ſind hiernach zu betrachten als aus mündlichen Ueber= lieferungen über die poetiſchen Stücke frei niedergeſchrieben oder zuſammengearbeitet. Jeder Evangeliſt erzählt ſeine eigenen Geſchichten, und zwar wie aus Einem Guſſe. Es hatte ſich alſo, in mehr als Einer Form, aus Geſchichtlichem und Dichteriſchem im Fluſſe der lebendigen, mündlichen Ueberlieferung eine Darſtellung gebildet, welche es jetzt galt zu ſammeln und zu ſichten. Dabei konnten ſich apoſtoliſche Sagenkreiſe berühren, und zwar in den weſentlichen Punkten, und doch wieder ganz auseinander gehen. Die kritiſche Arbeit der Evangeliſten, insbeſondere des Lucas, konnte alſo nur das Fremdartige ausſcheiden, ohne die Scheidung des rein Geſchichtlichen und des Dichteriſchen zu unternehmen.

Dieſes iſt der Charakter der Erzählungen. Ihm entſpricht der Charakter des zweiten Beſtandtheils der einleitenden Berichte des Matthäus und Lucas, der Geſchlechtsregiſter. Die beiden Geſchlechtsregiſter decken einander in der Idee, aber nicht in der Aus= führung: alſo iſt auch hier das Ideale der Kern und nicht eine Urkunde. Wenn ſie folglich, als wirkliche Stammtafeln betrachtet, die hiſtoriſche Kritik nicht aushalten, ſo folgt daraus nicht, daß ſie Mythen ſeien, und noch weniger, daß ihre Idee für uns von keiner Wichtigkeit ſei.

Indem wir über ſie das Nähere der beſondern Betrachtung aufbewahren, gehen wir etwas weiter ein in den allgemeinen Charakter der übrigen Berichte, der eigent= lichen Erzählung von Erzeugung und Geburt Jeſu und in den Standpunkt der Kritik.

Schleiermacher hatte ganz richtig darauf hingewieſen, daß die bei Lucas eingelegten poetiſchen Stücke, wie die Lobgeſänge der Eliſabeth und Maria und die ebenfalls weiſſagenden Pſalmen des Zacharias und des Simeon, wol in den früheſten apoſtoli= ſchen Kreiſen durch eine begeiſterte Vergegenwärtigung jener älteſten Männer des Glaubens an das meſſianiſche Reich und ſeine unmittelbare Nähe entſtanden ſein möchten. Sind ja doch nachweislich mehrere der ſchönſten Geſänge des Alten Bundes aus ähn= lichen begeiſterten Dichtungen über eine große Vergangenheit hervorgegangen und erſt von den ſpätern Sammlern misverſtanden. Daneben aber anerkannte Schleiermacher die thatſächlichen Grundlagen und Beſtandtheile. Er wies nach (1817), daß die ſo= genannte „natürliche" Erklärung der Rationaliſten noch viel unnatürlicher ſei als die der Dogmatiker, ganz abgeſehen davon, daß ſie allen abſoluten, arthaftigen Charakter der evangeliſchen Geſchichte aufhob. Indem nun Strauß in ſeinem berühmten „Leben

Jesu" (1835) sich die Mühe gab, diesen Beweis bis ins Einzelne durchzuführen, namentlich auch mit Rücksicht auf den seitdem aufgetretenen letzten deutschen Koryphäen jener Ansicht, Paulus, dessen „Leben Jesu" 1828 erschien; so erwarb er sich dadurch ein in jeder Hinsicht anerkennenswerthes Verdienst. Auch darf nicht in Abrede gestellt werden, daß Strauß beim Nachweis der unauflöslichen, innern und äußern Widersprüche der Stockbuchstaben-Erklärung sich streng innerhalb der Formen und des Ernstes der kritischen Wissenschaft gehalten hat.

Auf der andern Seite aber haben sich die Mängel seiner eigenen Forschung schwer an ihm gerächt. Dahin gehört zuerst, daß er das von jenem großen Meister der dialektischen Forschung beobachtete Maß in Anwendung des Standpunktes, welchen Strauß den mythischen nennt, überschritten hat. Dadurch, daß er alles Wesentliche auf diesen Standpunkt zurückführt, sodaß, was uns bis dahin Geschichte Jesu geheißen hatte, man nun Geschichte der freien Dichtung des Geistes der Christenheit am Ende des ersten und bis in die Mitte des zweiten Jahrhunderts nach Christus nennen mußte, gelangt er am Ende zu Erklärungen, die ebenso gezwungen und unnatürlich sind als die des Paulus. Die Rationalisten gelangten dahin, aus der evangelischen Geschichte alles Eigenthümliche zu verbannen, um eine ebenso ungereimte und undenkbare als nichtssagende Geschichte an ihre Stelle zu setzen. Wenn aber Alles mythisch ist, Jesus aber doch nicht eine mythologische Idee ist, wie Zeus und Herakles, woher kommen denn die Anregungen eines so seltsame Dinge dichtenden Geistes, welche doch offenbar sämmtlich auf Anregungen der mythischen Person Jesu zurückgeführt werden müssen? Wenn die Erklärung des Lichts der Engel bei der Verkündigung als ein Meteor unzulässig sind, so ist doch die Erklärung des Entstehens der Flucht aus Aegypten aus dem Streben, Jesum als zweiten Moses darzustellen, eigentlich ebenso ungereimt, ohne gleich unterhaltend zu sein. Wenn der Schlagfluß, welcher den Zacharias beim Räuchern trifft, und mit welchem er unbefangen nach Hause geht, mit Recht schon von Schleiermacher verspottet wird, so ist doch die Abfertigung der ganzen Erzählung von dem vorgerückten Alter des Zacharias und der Unfruchtbarkeit seiner Gattin, und deshalb auch alles dessen, was daranhängt, durch die mythische Annahme, man habe hiermit die Geschichte Samuels nachahmen wollen, ebenso viel geistloser, als sie zerstörender heißen muß.

Allerdings ist die Behandlung der Vorgeschichte Jesu bei Strauß der bei weitem gelungenste Theil des Lebens Jesu. Der Verfasser ist nämlich dabei noch nicht verstrickt in die unglücklichste aller kritischen Hypothesen. Wir meinen jene ebenso unphilologische als unhistorische Annahme, das vierte Evangelium sei, statt vom Ende des ersten, aus der zweiten Hälfte des zweiten Jahrhunderts, wenigstens nach Justin und 150. Dann aber hat er auch bei diesen Vorgeschichten den Vortheil, daß hier das mythische Element allerdings seine Berechtigung findet. Doch zeigen sich auch hier schon die Folgen seiner Nichtunterscheidung von Mythus und Legende: denn so möchten wir sagen, statt philosophisch-dichterischem und historischem Mythus. Mythus bezeichnet unbestritten die Darstellung einer Idee als Geschichte, sei es als Persönlichkeit, sei es als Thatsache: davon ist aber nun die Umgestaltung einer Geschichte durch mehr oder weniger freie Dichtung in die Darstellung einer Idee zu unterscheiden, und dieses nennen wir nun doch Legende, wenn es nicht geradezu Fabel ist. Man wird sich also besonders bei so heiligen Gegenständen hüten müssen, diese Begriffe zu vermischen, indem man sich für beide des Ausdrucks Mythus bedient.

Ueberhaupt aber dürfte die Nachwelt Strauß nicht von dem Vorwurfe freisprechen, daß er das Leben Jesu ohne die gehörige Ehrfurcht vor der hohen Persönlichkeit und ohne Verständniß des innersten Gottesbewußtseins der Menschheit unternommen habe.

. Wir werden jedenfalls sagen müssen, daß die Schleiermacher'sche Kritik die einzig richtige Grundlage einer durchgeführten kritischen Behandlung der Vorgeschichte bildet, namentlich in Beziehung auf den eigentlichen Gegenstand des Buchs, die Erklärung des „Entstehens des Lucas-Evangeliums"; die Arbeit von Strauß aber in der Haupt= sache ein Rückschritt ist.

Bei Schleiermachers Annahme wird vorausgesetzt, Zacharias und Simeon seien wirklich Männer voll Glauben und Begeisterung gewesen, wie sie aufgeführt werden, und das poetische Element hat einen geschichtlichen Hintergrund. Bei der mythischen Ansicht hingegen soll man annehmen, es sei Alles rein erdichtet: diese Dichtung aber sei hervorgegangen aus dem Streben, alttestamentliche Sprüche und Ueberlieferungen und messianische Vorbilder auf Jesus anzuwenden. Es gibt aber, wie wir sehen werden, keinen schlagendern Beweis der Unhaltbarkeit der ganzen Annahme, als die von Strauß herbeigezogenen Parallelen. Das Ungenügende derselben kann dem scharfsinnigen Manne schwerlich entgangen sein, und so glauben wir ihm kein Unrecht zu thun, wenn wir als letztes Wort seiner Hypothese geradezu aussprechen: alle diese Erzählungen sind Zweck= Erdichtungen, aber der christliche Geist der ältesten Gemeinde spiegelt sich in diesen Erdichtungen, und wir haben nichts Anderes. — Das aber ist leichtfertig gesagt. Wie? Man sollte im Geschlecht der Apostel und Aposteljünger sich solche reine Er= dichtungen erlauben zur Verherrlichung einer hohen, ehrwürdigen, geschichtlichen Persön= lichkeit, welche Manche noch gesehen hatten und welche viele Gemeinden hofften, leiblich hier auf die Erde zurückkehren zu sehen? Und zwar sollten diese Fabeln in die mit apostolischem Ansehen auftretenden Evangelien kommen, die sich ebenso sehr durch ihr höheres Alter unterscheiden von Romanen über die Kindheit Jesu und ähnlichen so= genannten Pseudo-Evangelien des 2. Jahrhunderts, als sie innerlich einen Gegensatz mit unsern einleitenden Erzählungen bilden! Kurz, die erste Entstehung kann ebenso wenig durch jene leichtfertige mythische Hypothese erklärt werden, als die Aufnahme in die Gemeinden, wie sie durch die ältesten Handschriften (Origenes kannte solche, die bis zum Ende des 2. Jahrhunderts hinaufgingen) und durch die Zeugnisse der Väter, einschließlich Justins und Irenäus, beurkundet wird.

Allerdings aber läßt uns die Schleiermacher'sche Ansicht auch rathlos hinsichtlich der historisch = chronologischen Forschung des Lucas, und der Erzählungen bei Matthäus, vom Stern der Magier und von der Flucht nach Aegypten. Haben diese wirklich gar keine thatsächliche Begründung, und sind also rein erdichtet, um Messianität zu machen? Oder hat sich auch hier das Sinnbildliche messianischer Ideen gemischt mit Geschicht= lichem? Es scheint, daß jener wahrhaft große geschichtliche und philosophische Kritiker es aufgegeben hatte, dem Ursprunge dieser Erzählungen sorgfältig nachzugehen. Er begnügt sich zu zeigen, daß wie die Geschichten in den beiden Evangelisten nebenein= ander stehen, sie nimmermehr in eine Reihe geschichtlicher Erzählungen gebracht werden können. Jene Unmöglichkeit muß man ihm nun allerdings zugeben, wenn man nicht, einer theologischen Annahme zu Liebe, die Stimme des philologischen Gewissens (und des gesunden Menschenverstandes) überhören will. Allein wie wenn nun das sich etwa als Kern in den einzelnen Erzählungen des Lucas findende Thatsächliche ganz gut und in natürlicher Weise mit dem thatsächlichen Kerne bei Matthäus zu einer geschichtlichen Reihe vereinigt werden könnte? Wäre es nicht der Mühe werth, in eine solche Forschung unbefangen einzugehen?

Seit Schleiermacher und Strauß sind die hierhin schlagenden Punkte von würdigen und gelehrten Männern der geschichtlich-kritischen Schule in den Erklärungen der Evangelien (de Wette und Meyer insbesondere) und in Einzeluntersuchungen (von Wieseler, Anger u. a.) vielfach und gründlich behandelt worden, worüber in Hases „Leben Jesu" eine vollständige Aufzeichnung sich findet. Besonders aber hat Ewalds kühner und scharf eindringender Geist auch hier einen Wendepunkt im Leben Jesu bewirkt. Es dürfte sich aber doch noch eine kritische Nachlese finden, und es handelt sich außerdem darum, der gesammten Gemeinde eine klare Einsicht in den Sachverhalt zu verschaffen.

Um den Thatbestand selbst vorerst anschaulich zu machen, schließen wir diese allgemeinen Erörterungen mit einer übersichtlichen Zusammenstellung der beiden Erzählungen.

Matthäus.	Lucas.

A. Die Ereignisse vor der Geburt.

Maria, Josephs Verlobte, wird vor der Vermählung schwanger befunden vom heiligen Geiste: Joseph beschließt, sie in der Stille mit einem Scheidebriefe zu entlassen: er wird davon abgehalten durch ein Traumgesicht (1, 18—24).	Der Maria, einer dem Joseph, aus davidischem Stamme, verlobten Jungfrau in Nazareth, wird die Verkündigung, daß sie Mutter des Messias werden solle, durch die Kraft des heiligen Geistes, und daß Elisabeth, ihre Verwandte, im sechsten Monat ihrer Schwangerschaft stehe (1, 26—38).
Joseph wohnt ihr nicht bei, bis sie ihren ersten Sohn geboren, welchem er den Namen Jesus gab (1, 25).	Maria geht zur Elisabeth ins Gebirge Judas: die beiden Frauen werden vom Geiste ergriffen (1, 39—55).
	Nach drei Monaten kehrt Maria zurück (1, 56).

B. Die Geburt Jesu.

Jesus wird geboren in Bethlehem unter König Herodes (2, 1).	Jesus wird geboren in Bethlehem, wohin Joseph mit seiner Verlobten gegangen war wegen der Schätzung unter Kaiser Augustus (2, 1—7).
Magier vom Morgenlande, aufmerksam gemacht durch den Stern, erkundigen sich in Jerusalem, wo der König der Juden geboren werden solle, damit sie ihn anbeten möchten. Die vom erschrockenen Könige befragten Schriftgelehrten sagen, der Messias solle in Bethlehem geboren werden. Dorthin entsendet sie Herodes, mit dem Auftrage, ihm Nachricht zu geben, wenn sie den Messias · gefunden. Der Stern ging vor ihnen her und führte sie in das Haus, wo das Kind lag: sie traten hinzu, beteten es an und kehrten, durch ein Traumgesicht gewarnt, nicht über Jerusalem zurück (2, 1—12).	Engel verkünden den Hirten die frohe Nachricht (2, 8—20).

C. Ereignisse der nächsten Zeit nach der Geburt.

Ein Traumgesicht fordert Joseph auf, sich mit dem Kinde nach Aegypten zu flüchten. Dort bleibt er, bis Herodes gestorben ist (2, 13—15).

Als Herodes sieht, daß die Magier ihn getäuscht, befiehlt er, alle Kinder in Bethlehem und seiner Mark von zwei Jahren abwärts zu tödten (2, 16—18).

Acht Tage nach der Geburt empfängt das Kind den Namen Jesus (2, 21).

Vierzig Tage nach der Geburt bringen die Aeltern in Jerusalem das Opfer dar für den Erstgeborenen; Simeon und Hanna (2, 22—38).

D. Spätere Ereignisse der Kindheit.

Nach Herodes Tode belehrt ein Traumgesicht den Joseph, daß die Gefahr für das Kind vorüber sei; er kehrt nach Palästina zurück, aber nicht nach Bethlehem, weil dort Archelaus regierte, des Herodes Sohn, und läßt sich in Nazareth nieder (2, 19—23).

Nach Vollendung des vom Gesetz Vorgeschriebenen kehren Joseph und Maria nach Nazareth zurück (2, 39).

Das Kind wuchs leiblich und Gott und Menschen wohlgefällig auf, und begleitete, zwölf Jahre alt, die Aeltern zum Passahfest nach Jerusalem (2, 40—52).

Wir haben also in beiden vier parallel laufende Abschnitte; allerdings von sehr abweichendem Inhalt im Einzelnen.

Ereignisse vor der Geburt: Matth. 1, 18—24; Luc. 1, 26—56.

Die Geburt: Matth. 1, 25—2, 12; Luc. 2, 1—20.

Ereignisse der nächsten Zeit nach der Geburt: Matth. 2, 13—18; Luc. 2, 21—38.

Spätere Ereignisse der Kindheit: Matth. 2, 19—23; Luc. 2, 39—52.

Auf diese Reihen bitten wir den Leser bei den Einzeluntersuchungen immer zurückzugehen.

Zweiter Abschnitt.

Kritik der Geschlechtsregister.

Die beiden Geschlechtsregister haben bei aller Verschiedenheit eine gemeinsame juden=christliche Grundlage und denselben Zweck. Denn sie wollen die Messianität Jesu auch genealogisch anschaulich machen. Er soll als der erwartete Davidssohn durch sein Geschlecht nachgewiesen werden. Dabei kann man nun absteigend zu Werke gehen, wie Matthäus, der nach jüdischer Sitte sein „Sepher=Toleboth", Buch der Geschlechter, an die Spitze stellt, und dabei von Abraham anhebt; oder aufsteigend verfahren, wie Lucas es thut, welcher aus dem Geschlechtsregister den Uebergang zur Erzählung vom Lehramte macht und dabei bis auf Adam, „den Sohn Gottes", hinaufsteigt. In beiden Registern ist Alles gegeben von Abraham bis auf David, wenigstens sollte man denken; ja wir haben in der Chronik davidische Geschlechtsregister bis auf die Zeit Alexanders des Großen (Vorerinnerungen, S. CCCXX). Allein auch hier finden sich bedeutende Abweichungen. Bei Matthäus sind von David bis zur Gefangenschaft drei Glieder ausgelassen (Ahasja, Joas, Amazia), um die Zahl von 14 (2 × 7) Gliedern, welche durch die erste Reihe gegeben schien, auch für diese Abtheilung zu bewahren. Denn es heißt ausdrücklich, jede der drei Abtheilungen habe 14 Glieder, also

14 von Adam bis David;

14 von David bis zur Wegführung nach Babylon;

14 von der Wegführung bis auf Joseph, den Mann der Maria, aus welcher der Sohn Jesus erzeugt worden ist. Dieser Joseph ist aus Salomos Stamme, durch Jechonja (Jojachin) und Serubabel, und heißt Sohn Jakobs, des Sohnes Matthans, des Sohnes Eleasars u. s. w. Entweder die vorletzte oder die letzte Abtheilung hat aber (wie schon sehr früh bemerkt worden) nur 13 Glieder. Will man nicht den jedenfalls fehlenden Jojakim vor Jojachin, seinem Sohne und Nachfolger, als durch Fehler des Abschreibers übersprungen einsetzen, so bleibt nur übrig, den Schlüssel zur Rechnung in der zu Matth. 1, 17 gegebenen Erwägung zu finden. Es bleiben aber auch so noch kleine Abweichungen von der Bibel übrig, und blicken wir auf das Unhistorische der beiden ersten Abtheilungen zurück, so werden wir die hier verbrauchten Kunststücke und unglaublichen Erdichtungen als in die pathologische Geschichte des Geistes gehörig, ganz übergehen und sagen: das Ganze stellt sich dar als der Nachweis einer fest geglaubten und nach den jüdischen Stammregistern jener Zeit anerkannten Thatsache, daß Joseph aus davidischem Geschlecht

war. Dieser Nachweis schien aber Lucas und seinem Gewährsmanne so unhaltbar, daß Lucas einer andern Ueberlieferung den Vorzug gab, als wahrscheinlicher.

Es steht nämlich jener Herleitung von Salomo gegenüber bei Lucas die Herleitung von Nathan, einem der Söhne Davids von der Bathseba, Bruder Salomos. Dieses Aufgeben der königlichen Linie sieht wie eine Kritik aus, wenn man die ganze Auf=stellung als eine urkundliche ansehen will: allein Sealthiel und Serubabel sind doch wol die aus der Königslinie bekannten Namen, und stehen also bei Matthäus an ihrem Platze, nicht aber hier. Uebrigens ist bei beiden Serubabel nicht, wie in der Chronik, der Sohn Sealthiels, Jechonjas Erstgeborenem, sondern Phadajas (Vorerinnerungen, a. a. O.). Die übrigen Glieder sind wieder durchaus verschieden in den beiden Re=gistern, wie folgende Vergleichung der vier letzten Glieder zeigt:

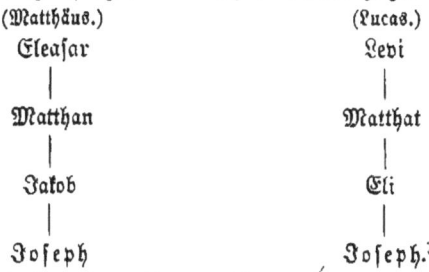

Auch hier ferner scheint die mystische Zahl 7 vorzuwalten: man hat nämlich 77 Glieder von Adam. Was endlich die Zahl der Geschlechter betrifft, so sind bei Matthäus von der Wegführung nach Babel bis auf Joseph 14 Glieder, in etwa 550—560 Jahren, was eine Durchschnittszahl von 40 Jahren ergibt. Bei Lucas haben wir von David bis Joseph einschließlich 42 Geschlechter, was in den etwa 1020 Jahren auf die Mittelzahl von 24 Jahren führt. Beide Verhältnisse sind nicht die gewöhnlichen und von uns gefundenen geschichtlichen: die bei Matthäus ist geradezu ungeschichtlich.

Wir betrachten hier nur genauer das Handgreiflichste, die oben veranschaulichte durchgängig abweichende Angabe des Vaters, Großvaters und Urgroßvaters, sowie der übrigen Vorfahren Josephs. Diese Schwierigkeit hat man schon früher dadurch wegräumen wollen, daß man das Geschlechtsregister des Lucas zu dem der Maria zu machen suchte. Alles, was wir wissen, führt uns vielmehr dahin, daß Maria aus dem Geschlecht Aarons, also aus priesterlichem Stamme war: denn 'Elisabeth heißt (1, 36) ihre Verwandte, und diese war aus aaronischem Stamme (1, 5). Aber ganz abgesehen davon, so muß in unserm Register, bei jener gänzlich grundlosen Annahme, der Ausdruck von Joseph: „Sohn Elis" übersetzt werden: Schwiegersohn des Eli, während man das Wort in den folgenden Gliedern, einschließlich des letzten, „Adams, des Sohnes Gottes", ehrlich als Sohn auslegt. Das ist der Anfang dieser thörichten oder unsaubern Aushülfen. Damit verbinden Manche andere Erdichtungen: die ein=schmeichelndste ist, Maria sei eine Erbtochter gewesen; ihr Gatte Joseph habe also in ihr Geschlecht eingetragen werden müssen. Diese Annahme steht durchaus in der Luft. Wir wissen gar nicht, daß Maria aus davidischem Stamme war: ebenso wenig, ob in jener Zeit das Erbtochtergesetz noch bestand. Nicht besser steht es mit einer andern An=nahme: Joseph stamme aus einer Leviratsehe, sodaß Jakob sein natürlicher Vater gewesen, Eli sein gesetzlicher, oder umgekehrt (Deut. 25, 5. 6). Nun aber haben Jakob und Eli offen=bar verschiedene Väter: jener Matthan, den Sohn Eleasars; dieser Matthat, Levis Sohn, und es kann uns also nichts helfen, daß wir Matthan und Matthat für denselben Namen annehmen; wir müssen, da die Väter verschieden sind, sogleich wieder das

Kunststück machen mit der Leviratsehe. Dadurch aber verschlimmern wir die Sache für Josephs zwei Väter, den natürlichen und den gesetzlichen. Denn wenn Matthan (bei Matthäus, also von der salomonischen Linie) und Matthat (bei Lucas, also von der nathanischen Linie) zwei Halbbrüder waren von verschiedenen Vätern, so waren die Väter Josephs also noch weniger volle Brüder, ja nicht einmal Vettern (väter= liche Verwandte). Das heißt, wir müssen eine Leviratsehe annehmen, die jenseit des mosaischen Gesetzes liegt, falls dasselbe damals hierbei noch in Uebung war. Wir veranschaulichen dieses durch folgende Tafel:

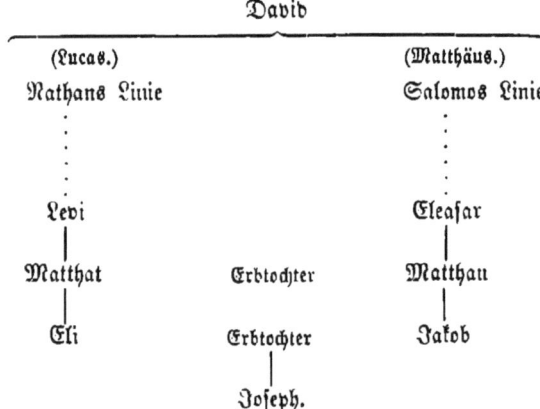

Das philologische Gewissen und der gesunde Menschenverstand können also nicht umhin zu fragen: würden die Evangelisten nicht durch ein einfaches Wort ausgedrückt haben, daß der als Vater Josephs Genannte nicht sein natürlicher Vater gewesen, was jeder Leser annehmen muß? Und warum sollte Lucas insbesondere nicht einfach gesagt haben, er gebe das Geschlechtsregister Jesu von der Mutter her, wenn das seine Ab= sicht gewesen wäre?

Wenn aber nun beide Geschlechtsregister durch Joseph vermittelt sind, so drängt sich dem denkenden und aufrichtigen Leser sogleich eine Frage auf, die wir allerdings erst später zu beantworten im Stande sein werden: Wozu konnte die Herleitung des Stammes Jesu von davidischem Geschlecht den Judenchristen irgendwie beweisend und wünschenswerth erscheinen, wenn Joseph nicht der Vater Jesu war, sondern nur dafür gehalten wurde? Das nehmen allerdings offenbar beide Evangelisten an. Nur zweierlei können wir von unserm jetzigen Standpunkte sagen. Erstens die Abfassung der Geschlechts= register muß in eine sehr frühe Zeit der judenchristlichen Gemeinde gehören, wo die Vaterschaft Josephs anzunehmen kein Bedenken fand. Zweitens in dieser frühen Zeit konnte daneben der Glaube feststehen, daß Jesus ideell der Sohn Gottes sei; ja dieser Glaube allein kann erklären, daß eine solche Aufstellung in die allgemeine christliche Ueberlieferung kam. Durch diesen Glauben allein wird auch erklärlich, daß bei Lucas bis Adam, den ersten Gottessohn zurückgegangen wird, was ohne jene Idee nicht allein zwecklos, sondern ungereimt sein würde, da ja alle Menschen, insbesondere aber Abraham, mit welchem Matthäus beginnt, von Adam herstammen.

Die Geschlechtsregister können also nach dem Vorhergehenden nur als Versuche eines genealogischen Nachweises, der davidischen Abstammung dienend, angesehen werden, als Zeugen des Alters dieses Glaubens; für die Nachweisung einer solchen aber fehlten bei einer armen und unbekannten Familie die Mittel: man half sich wie man konnte. Aber wir dürfen deshalb nicht die Thatsache bezweifeln, daß Joseph zum davidischen

Stamme gezählt wurde. Jeder Jude zählte in einem der Geschlechter der zwölf Stämme, auch nach der Rückkehr aus der Verbannung. Wir werden aber unten auch finden, daß die Abschätzung Josephs in Bethlehem, bei der von Lucas namhaft gemachten Volkszählung nach Stämmen und Geschlechtern, als geschichtliche Thatsache anerkannt werden muß (s. z. Luc. 2, 3).

Die Geschlechtsregister bezeugen also nicht allein den Glauben der ältesten Christengemeinden an die davidische Abstammung, sondern auch die Thatsache, daß Joseph, der Mann der Maria, zu den davidischen Geschlechtern gezählt worden.

Was war also natürlicher, als daß die palästinische Evangelisten=Ueberlieferung des Matthäus eine Urkunde dieser Art aufstellte, und daß Lucas seinem Evangelium ein anderes Geschlechtsregister einverleibte, welches größere Wahrscheinlichkeit für sich zu haben schien? Ja wir haben sie dafür um so mehr zu loben, weil die in jenen beiden Registern zu Grunde liegende Annahme von Josephs Vaterschaft nicht die ihrige war. Es war dieses ja auch noch später, im 2. Jahrhundert, eine offene Frage. Aber dieselben Evangelisten beziehen sich in ihren Evangelien so wenig auf eine solche Abstammung, als Jesus selbst irgendwo auch nur mit einem Worte darauf hinzielt, vielmehr offenbar jenen Standpunkt gänzlich verschmäht und abweist.

Unser letztes Wort wird also hier dieses sein müssen: Man würde das Wesen jener Genealogien verkennen, wenn man ihnen ein geschichtliches Gewicht beilegen wollte. Wir haben zwei Versuche, die messianische Idee vom davidisch=jüdischen Standpunkte an das Geschichtliche von Joseph zu knüpfen: diese Idee ist nicht die Tochter, sondern die Mutter der jüdischen Register.

———————

Dritter Abschnitt.

Die Geburt des Täufers und ihre Zeit.
(Lucas 1.)

I. Stand der Untersuchung über Lucas.

Johannes der Täufer ist eine scharfgezeichnete hohe Persönlichkeit, deren historische Bedeutung seinen jüdischen Zeitgenossen nicht entging. Sein öffentliches Leben war kurz, aber groß: er trat auf und redete freimüthig zu Volk, Priesterschaft und Fürst, wie die alten Propheten seines Volks, deren gewöhnliches Schicksal er in Leben und Tod auch theilte. Der wesentliche Unterschied des Johannes und jener Propheten ist, daß er sich als unmittelbarer Vorläufer des Messias und des Gottesreichs gab, und zurücktrat hinter die große Persönlichkeit, deren Aufgehen er zuerst erkannt hatte. Diese Thatsache steht fest durch das gemeinsame Zeugniß der vier Evangelien. Aber auch der jüdische Geschichtschreiber dieser Zeit, Josephus, erkennt ihn (wie wir unten anführen werden) als einen aufrichtigen und frommen jüdischen Patrioten an: er führt ihn auf als eine merkwürdige und ehrwürdige nationale Erscheinung, und sein Bericht stimmt nach Zeit und Inhalt ganz mit dem der Evangelisten und dieser mit dem des Schülers und Freundes des Täufers, des Apostels Johannes. Warum sollten von eines solchen Mannes Aeltern, Herkunft, Geburt, nicht glaubwürdige Familiennachrichten zur Kunde eines 70 Jahre später, einige und vierzig Jahre nach des Täufers Tode, über Christi erste Zeit forschenden Evangelisten kommen, der mit den apostolischen Kreisen innig vertraut war? Warum sollte es eine Erdichtung sein, d. h. eine Lüge, da gar keine Idee zur Sprache kommt, sondern eine ganz äußerliche Thatsache [vorliegt, daß der späte Kindersegen, und zwar infolge eines Gesichts, im ganzen Gebirge Juda der Gegenstand des Gesprächs geworden, eben wie der Aeltern Erwartungen und Gelübde (1, 65)? Unser vorläufiges Urtheil über den geschichtlichen Werth wird also eher ein günstiges sein müssen, wenn der Inhalt der Erzählung sich nicht entschieden als ungeschichtlich ergeben sollte. Alle Kritik hört auf, wenn ein Bericht schon deswegen für von Grund aus ungeschichtlich erklärt wird, weil die Angaben genau sind. Zacharias ist aus der Priesterordnung Abia, seine Frau aus aaronischem Geschlecht: es heißt, daß beide als ein frommes Ehepaar bekannt waren (1, 6; vgl. 65). Das klingt historisch und enthält nichts Wunderbares, Mythisches oder Nachbildliches; aber (sagt Strauß) das ist eben das Eigenthümliche des Mythus und der Volkssage, daß sie die wahre

Geschichte täuschend nachbilden. „Die Darstellung der gesetzlichen Gerechtigkeit der Aeltern (sagt Strauß I, 103) ist ja in jedem Falle blos auf den Schluß gegründet, daß nur ein so gottseliges Ehepaar mit einem solchen Sohne hatte begnadigt werden können." Stände im Evangelium, die Aeltern des großen Täufers seien ungläubig gewesen, so würde ohne Zweifel darin entweder eine große Unwahrscheinlichkeit oder eine Schlauheit der Sage entdeckt werden. Ist dergleichen historische Kritik, so ist sie wirklich sehr wohlfeil. Der große Kritiker der römischen Geschichte hat solche Grundsätze aufgestellt für die spätern Formen misverstandener Mythen, nachdem er sich überzeugt hatte, daß die ältere Form sich auf rein idealem Boden bewege. Hier aber sind die zu Grunde liegenden Persönlichkeiten nicht überirdische Wesen, die Geburten der dichtenden Phantasie der Vorzeit, sondern eine einfache Priesterfamilie, wo Vater und Mutter 60 Jahre höchstens todt waren, als die Erzählung entstand, welche Lucas vorfand und aufnahm.

II. Verhältniß zum Evangelium Johannes.

Es gibt nur einen Umstand, welcher unser günstiges Vorurtheil wankend machen könnte hinsichtlich der Ueberlieferungen, von Lucas bald nach dem Jahre 70 gesammelt, und zwischen 40 und 70 in apostolischen Kreisen ausgebildet, und dieses ist ein angeblicher Widerspruch derselben mit dem Zeugniß des johanneischen Evangeliums. Bestände ein solcher, so würde er uns allerdings schwere Bedenken erregen müssen, da uns dieses Evangelium nichts Geringeres darstellt als die feierliche Aussage des Augenzeugen, jenes Jüngers sowol von Johannes als von Jesus, welcher bei diesen Vorfällen gegenwärtig war.

Diese Aussage nun geht dahin, daß der Täufer den Abgesandten des Hohen Raths bestimmt erklärte, er habe Jesus nicht gekannt, aber der, welcher ihn gesandt mit Wasser zu taufen, habe ihm gesagt, der werde mit dem heiligen Geiste taufen, auf welchen er den Geist Gottes sehen werde herabsteigen und auf ihm bleiben (1, 33).

Dieses also soll es unmöglich machen, daß zwischen den beiden, durch die Mütter verwandten Familien schon vor der Geburt der beiden Kinder der Verheißung ein solches Verhältniß bestanden, wie wir es bei Lucas geschildert finden. Aber beruht dieser Schluß nicht auf einer ganz verkehrten Anschauung der wirklichen Verhältnisse? Die Augenblicke des begeisterten Glaubens an etwas dem Augenscheine Widersprechendes widerstehen selten den langen Jahren der ganz gewöhnlichen Wirklichkeit. Das erste Zeichen der Messianität und also auch der Verkündigung seiner unmittelbaren Nähe war ja nach den herrschenden Begriffen eine Beweisung göttlicher Kraft in Umgestaltung der traurigen Verhältnisse der Gegenwart, der immer härter werdenden Knechtschaft, der immer stärker hervortretenden innern Zerrissenheit und des überhandnehmenden Gefühls des Absterbens des alten Glaubenslebens. Nach übereinstimmenden Nachrichten entsprachen die ersten 30 Jahre des Lebens Beider, des Johannes und Jesu, durchaus nicht solchen Erwartungen. Johannes lebte (heißt es Luc. 1, 80) „in den wüsten Gegenden", d. h. in den öden Orten der Gebirge Südjudäas, in strengster Zurückgezogenheit. Jesus seinerseits wuchs in einem, selbst von den galiläischen Nachbarn verachteten Städtchen, dem abgeschlossenen Nazareth, des Zimmermanns Sohn, das Handwerk des Vaters treibend (Marc. 6, 3), als stiller Jüngling, kaum bemerkt zum Manne empor. Und das während die Tyrannei des Herodes und die Gräuel seines gottverhaßten, fremden Hauses immer entsetzlicher wurden, und der eiserne Arm Roms immer schwerer sich auf das Land legte, und griechische Ueppigkeit und Bildung immer stärker von der Sitte der Väter ablockte. Waren das Umstände, um jene begeisterten Hoff-

nungen festzuhalten, angenommen (was wir gar nicht wissen), daß Zacharias und Elisa=
beth die reifern Jahre ihres Johannes erlebten, wie denn, auf der andern Seite, Joseph
schon vor dem Auftreten Jesu gestorben zu sein scheint. Nur Mutter und Brüder,
bisweilen auch ungenannte Schwestern werden erwähnt. Dazu endlich kommt die örtliche
Trennung und die Abgeschlossenheit sowol des öden Südjudäa als des abgelegenen
Nazareth. Jerusalem hatte wol beim Feste einen Vereinigungspunkt dargeboten, aber
doch nur, so lange Zacharias am Leben war.

Nichts ist also begreiflicher, als daß Johannes bei der Taufe Jesum nicht von An=
gesicht kannte; mehr aber sagen die Worte nicht. Es steht nichts im Wege anzunehmen,
daß Beide die frühen Ahnungen und Hoffnungen ihrer Mütter kannten, welche jetzt so
unerwartet in Erfüllung gingen. Sehen wir also unbefangen, was uns davon bei
Lucas berichtet ist. Führt uns der Bericht zu einer Zeitbestimmung oder steht er ganz
in der Luft?

III. Die Zeitbestimmung des Tempeldienstes des Zacharias.

Durch eine Verbindung des Berichts bei Lucas mit anderweitigen urkundlichen
Nachrichten sind wir in den Stand gesetzt, den wunderbaren Vorfall, welcher uns
gemeldet wird, chronologisch zu bestimmen und dadurch einen Prüfstein zu gewinnen
für seinen geschichtlichen Kern. So auffallend es scheint, so gewiß ist es, daß wir, die
geschichtliche Wahrheit der evangelischen Erzählung nur vorläufig angenommen, im
Stande sind, Jahr, Monat und Woche jenes Ereignisses im Tempel zu berechnen.

Die Sache verhält sich folgendermaßen: Zacharias war, nach dem Evangelium,
ein Priester von der Ordnung Abias, der achten der 24 Priesterklassen, welche sich
beim Tempeldienst ablösten (1 Chron. 24). Die Regel bei diesem abwechselnden Dienste
war nun, daß jede neue Klasse ihren Dienst nach vollendetem Sabbath, d. h. am
Abend desselben, antrat. Da nun die Ordnung, in welcher diese Priesterklassen ihren
Dienst verrichteten, uns überliefert worden, so erkannte schon Scaligers Scharfblick in
jener Angabe des Lucas einen chronologischen Haltpunkt für die heilige Geschichte. Er
befolgte jedoch bei der Berechnung eine unbefriedigende Methode. Es ist klar, daß
wir, um eine solche Berechnung mit Erfolg machen zu können, zweier Punkte im voraus
sicher sein müssen. Zuerst der Zeit des Geburtsjahres des Täufers, und dann eines
sichern Ausgangspunktes für unsere Berechnung der Zeit jenes Tempeldienstes. Für
das Geburtsjahr nun haben wir einen Haltpunkt in der Zeit der Geburt Jesu, welche
bekanntlich im 5. Jahrhundert um einige Jahre zu spät angenommen ist. Daß sie in
das Jahr 750 falle und zwar in den Monat Februar, wird uns im nächsten Abschnitt
durch das Zusammentreffen durchaus verschiedener geschichtlicher Bestimmungen, besonders
aus dem Leben Herodes des Großen, mehr als wahrscheinlich gemacht werden. Wir
dürfen also wol diese Thatsache hier als gesichert vorweg annehmen. Die kritische Frage
steht dann so: Wie wenn nach jener Berechnung des Tempeldienstes Johannes wirklich
im Jahre 749 geboren wäre, und der Anfang der Schwangerschaft der Elisabeth ins
Jahr 748 fiele, wie unsere evangelistische Erzählung voraussetzt? Sollten wir dann ein
solches Zusammentreffen für zufällig halten? Das wäre doch fast ebenso unkritisch, als
wenn wir annehmen wollten, die Evangelisten oder ihre Gewährsmänner hätten die
passende Zeit für ihre Erzählung aus jener Folge der Priesterklassen berechnet. Nichts
kann sicherlich dem Geiste ihrer Erzählung ferner liegen, welche aller chronologischen
Rückweisungen ermangelt und sich ganz im erbaulichen Gebiete bewegt. Wir nehmen
ebenso unbedenklich den andern Fall an: wenn die Geburt des Johannes nicht in das

Jahr 749, und zwar in den Monat Juli fällt, so hat die ganze Erzählung vom Tempel keinen geschichtlichen Grund und Boden. Die zweite Frage ist: Haben wir wirklich einen festen Ausgangspunkt für jene Berechnung? Es gehört zu den großen Verdiensten Wieselers, für diese Untersuchung den von Bengel (in seinem „Ordo temporum") befolgten Weg, mit Rücksicht auf den jetzigen Stand der chronologischen und philologischen Wissenschaft wieder beschritten und die unanfechtbare Richtigkeit der Bengelschen Berechnung erwiesen zu haben (Chron. Synopse, S. 140 fg.). Wir wissen nämlich durch die über diesen Punkt doch wol urkundliche talmudistische Ueberlieferung, daß an dem Tage der Zerstörung Jerusalems — dem 9. des Monats Ab, 4. August des Jahres 70 — die erste jener 24 Priesterklassen ihren Dienst eben angetreten hatte. Daß diese Angabe wirklich geschichtlich sei, läßt sich aber astronomisch beweisen. Der 8. Ab findet sich wirklich als Sabbath, und am Abend desselben, dem Vorabend der Zerstörung, muß also die dienstthuende Klasse wirklich ihren Dienst angetreten haben. Es ist klar, daß man hiernach leicht rückwärts berechnen kann, an welchem Monatstage die achte Priesterklasse im Jahre 748 ihren Wochendienst angetreten habe. Wenn nun die evangelistische Erzählung nicht ganz ein Märchen, „eine freie Dichtung" oder, was doch selbst die wildesten Mythenjäger kaum behaupten werden, das Ergebniß einer astronomischen Berechnung ist, so muß hiernach Zacharias seinen Dienst im Tempel am 3. October jenes Jahres angetreten und am 9. beendigt haben.

Da nun Elisabeths Empfängniß als Erfüllung der ihm gewordenen Zuversicht unmittelbar nach der Rückkehr von Jerusalem nach seiner Heimatsstadt in Juda zu setzen ist, wie auch der Evangelist sagt, so ergibt jene Zurückrechnung die Mitte October 748 als Anfang der Schwangerschaft, und die Mitte Juli 749 als Geburtszeit des Johannes. Daß diese Zeitbestimmung wirklich zu den chronologischen Bestimmungen passe, welche wir für Jesu Geburt beibringen können, wird unten bewiesen werden. So viel darf aber doch schon hier als feststehend angenommen werden, daß Jesus vor dem Tode des Herodes geboren sein muß, dieser aber gegen Ostern des Jahres 750 fällt.

Wie seltsam, ja wie unbegreiflich für den unbefangenen Forscher, wenn durch einen bloßen Zufall die an der Spitze unsers Berichts stehende Angabe von dem Gesicht beim Räuchern im Tempel und der darauf erfolgten Schwangerschaft der Elisabeth auf eine so merkwürdige Weise mit einer unfehlbaren Berechnung zusammentreffen, und wenn diese wieder mit andern chronologischen Bestimmungen stimmen sollte, welche von jenem Umstande im Leben des Zacharias und der Zeitrechnung für denselben ganz unabhängig sind!

IV. Erste Folgerung aus diesem Umstande.

Wäre nun auch die Erzählung von dem Gesichte im Tempel in ihrem Kerne ungeschichtlich und nur des Zacharias Persönlichkeit und priesterliche Verrichtung geschichtlich, so dürften wir doch, ohne unkritisch und unredlich zu sein, Folgendes als geschichtlichen Grundbestandtheil der Erzählung annehmen:

Johannes wurde etwa neun Monate nach des Zacharias Rückkehr vom Tempeldienste (10. oder 11. October 748), also gegen den 10. Juli des Jahres 749, als ein Kind frommer Erwartung den bis dahin kinderlosen Aeltern geboren. Der sechste Monat der Schwangerschaft der Elisabeth fällt also in die Zeit vom 11. März bis 10. April des Jahres der Stadt 749.

V. Die Geschichtlichkeit des Gesichts des Zacharias.

Wo ist der Grund für die Anzweiflung der Geschichtlichkeit von jenem Gesichte des Zacharias? Die allgemeine Abweisung von Gesichten, d. h. von einer vorschauenden Kraft der menschlichen Seele über das, was sie und ihren Lebensmittelpunkt angeht, ist infolge besonnener Beobachtungen und tausendfältiger Erfahrungen des Hellsehens nun doch allmählich lächerlich geworden und muß als unwissenschaftlich beseitigt werden. Was aber unsern Bericht insbesondere betrifft, was ist darin mythisch? Zacharias hatte bei der feierlichen Handlung, die ihm im Tempel oblag, während des Gebets des Volks, auch inbrünstig gebetet, und dabei sich den ihm bisher versagten Kindersegen, und zwar einen Sohn erbeten. So schrieb er also das Zusammentreffen der Empfängniß der Elisabeth mit seiner Rückkehr vom Tempeldienste einer Erhörung jenes Gebets zu. Es war eine unglückliche Vermuthung von Paulus, in seinem Commentar, Zacharias sei beim Räuchern von einem Schlagflusse getroffen, mit welchem er nachher, wie Schleiermacher in seiner Weise sagt, sofort frisch und gesund nach Hause geht. Alles aber führt zu der Annahme, Zacharias sei beim Gebet in eine Ekstase oder Verzückung gerathen, und die Darstellung beim Evangelisten sei nur eine weitere dichterische Ausbildung der Familienüberlieferung von dem betäubenden Eindrucke eines Gesichts in jenem feierlichen Augenblicke. Es steht uns nämlich bei jener Annahme vollkommen frei, in dem Lobgesange des Zacharias nur einen später in Zacharias Geist gedichteten judenchristlichen Hymnus zu erkennen, der allerdings durch den Geist mit dem Geschichtlichen zusammenhängt. Denn das Gebet des räuchernden Priesters hatte, wie zuverlässige Angaben lehren, als besondern Inhalt die Bitte der baldigen Erscheinung des Messias und seines Reichs. Das aber ist der erste Grundgedanke des Hymnus. Wie natürlich knüpfte sich daran ein Wunsch, also ein Gebet, daß ihm ein Sohn möchte geboren werden, welcher der verheißene Vorläufer des Messias sei und seines Königreichs, und also das Gelöbniß, daß, sollte ihm ein Sohn geboren werden, er ihn als einen Gottgeweihten erziehen wolle! Das aber ist der zweite Grundgedanke des Lobgesangs. Als nun der Sohn geboren und seinerzeit als ein zweiter Elias und Verkündiger des nahen Gottesreichs erschienen war, konnte es kaum anders geschehen, als daß jene Grundgedanken des frommen Vaters vom Horizonte der Erfüllung aus in begeisterte Verbindung gebracht wurden.

Dieses nun mit Schleiermacher anzunehmen, scheint allerdings das Natürlichste. Ganz nach Analogie ähnlicher Bildungen im Alten Bunde ging unser Lobgesang aus einem Kreise christlicher Begeisterung im ersten Jahrhundert, ja in der apostolischen Zeit hervor, und zwar aus judenchristlichem Kreise. So finden wir in diesem Kreise die Töchter des Evangelisten (Sendboten) Philippus als Prophetinnen bezeichnet, d. h. als schauende Frauen und Dichterinnen (Apg. 21, 8. 9).

Was ist denn in jener Erzählung von einem Tempelgesichte widernatürlich und also unglaublich für den Historiker? Warum sollen wir denn die Engelerscheinung für etwas Anderes halten, als die jüdische Form, gleichsam das Wort der jüdischen Sprache, für ein Schauen des Zukünftigen im Geiste? für eine Schauung, wie wir deren auch zu unserer Zeit unbezweifelbare Beispiele besitzen?

Wir müssen allerdings entweder annehmen, daß Zacharias bei jener Amtshandlung oder unmittelbar nachher in einen jener ekstatischen Zustände gerathen sei, in welchem, wie viele Beispiele beweisen, sich dem Menschen oft ein ihm bevorstehendes Geschick offenbart. Aber weshalb sollten wir das nicht annehmen? Erzählt doch Josephus

(„Alterth.", XIII, 10, 3) von Hyrkanus, daß er während des Räucherns im Heiligthum ein Geſicht hatte. Das Amt war ein beſonders heiliges: es wurde jeden Tag unter den amtirenden Prieſtern verloſt. Es brachte den Gläubigen angeſichts der heiligen Symbole und des Altars ſelbſt, und das Gebet des ganzen Volks im Vordertempel begleitete ihn. Das Göttliche trat alſo dem fromm das Amt Verwaltenden beſonders nahe.

De Wette ſagt allerdings, Strauß nachredend, von einem innern Geſichte ſtehe im Texte nichts. Alſo glaubte jener treffliche Forſcher, daß die Geſchichtlichkeit eines ſolchen Vorfalls aufgegeben werden müſſe, wenn man nicht annehmen wolle, es ſei ein leibhafter Engel mit zwei, vier oder ſechs Flügeln, wie ſie beſchrieben und abgebildet werden, dem Zacharias in ſeinem gewöhnlichen Zuſtande erſchienen? Das Geſicht, welcher Art es nun auch geweſen, iſt uns der Beweis, daß Zacharias ſich in jenem feierlichen Augenblicke in einem ekſtatiſchen Zuſtande befand. Das entſchieden Reale dabei iſt die dem Zacharias gewordene überwältigende Schauung, daß ſein Gebet erhört ſei, und er Vater eines gottbegeiſterten Sohnes werden ſolle. Wie er nun von dieſem Schauen ſich und Andern in jüdiſchen Worten Rechenſchaft geben konnte, ſo vermochte er auch das Geſicht nur in den Bildern und Formen des ſpätern Judenthums zu ſchauen. Wie der Menſch nur in den Worten ſeiner Mutterſprache denkt, ſo ſchaut er auch nur in den Bildern ſeines Volksglaubens, d. h. er wird ſich des Innerlichen bewußt in dieſer Form. So konnte das Schauen und das Geſchaute bei Zacharias ſeine Realität haben, und er, der gläubige Jude und Prieſter des Ewigen konnte es unzertrennlich mit einer Engelerſcheinung, nach der Theologie und Engellehre der ſpätern Zeit verbinden. Wir haben dieſes Alles geſagt, als hätten wir hier die Erzählung des Zacharias vor uns. Aber wir ſehen in unſerm Berichte nur eine ſpätere Ueberlieferung, nachdem Johannes vollendeter heiliger Eiferer für das Geſetz und Märtyrer des jüdiſchen Volks geworden war. Wieviel alſo von dieſer Darſtellung auf Zacharias zurückzuführen ſei, wiſſen wir nicht, und iſt auch vollkommen gleichgültig.

Daß ſchon im Mutterleibe jenes Kind der Erwartung ſich ſoll vom heiligen Geiſte getrieben geregt haben bei der Erſcheinung der Maria', iſt doch nur eine Form, um die Begeiſterung der Eliſabeth auszudrücken, welche damals in jener Periode der Schwangerſchaft war, wo die Leibesfrucht ſich zu regen pflegt. Wenn der begeiſterte Pſalm ferner den Vater ſagen läßt: Wein und berauſchendes Getränke ſolle der Sohn, welchen er gläubig erwartete, nimmer koſten, ſo faſſen wir dieſes als Gelübde des Vaters für die Erziehung des Sohnes als eines Naſir, nicht als eine Vorherbeſtimmung des ſittlichen Selbſtentſchluſſes des Johannes, als er in reifere Jahre eintrat. Jener Umſtand konnte entweder nur als etwas Aeußerliches aufgefaßt werden, und dann war er ohne Bedeutung für das Reich Gottes und für die großen geiſtigen Thaten, welche der Erwartete verrichten wird; oder er war das Werk frommer Selbſtbeſtimmung, und dann iſt dieſer Zug aus der wirklichen Geſchichte entnommen.

Ebenſo werden wir hinſichtlich der Ausmalung des väterlichen Vorſchauens der geiſtigen Beſtimmung des Kindes urtheilen müſſen. Die ſpätere ſchriftliche Faſſung, welche Lucas aufnahm, ſpiegelt offenbar den Horizont der erſten judenchriſtlichen Gemeinden ab, in denen der patriotiſche Johannes ganz beſonders hochſtand, nachdem er ſeine irdiſche Laufbahn längſt vollendet hatte. Dieſe Auffaſſung iſt wenigſtens diejenige, welche der Hiſtoriker allein im Gedanken vollziehen kann. Sie wird nur denjenigen ſtören, welcher entweder gar keinen Glauben an den Geiſt und das Geiſtige hat, oder der da fürchtet, durch das Antaſten irgendeiner Buchſtäblichkeit die Glaubhaftigkeit der evangelischen Erzählung zu verlieren; das zweite ist eigentlich ebenso gut ein Unglaube und eine Untreue am Geiste, wie das erste.

VI. Weitere Folgerung für die Geschichte der Ueberlieferung.

Wir haben also bei der Annahme jenes Gesichts im Tempel eine doppelte oder dreifache Stufe der Ueberlieferung zu beachten: des Vaters, in jüdische Bilder geklei= detes Bewußtsein und seine Erzählung des Gesichts; dann eine mündliche Familien= überlieferung davon; endlich, was urkundlich vorliegt, einen darauf, nachdem Johannes und Christus ihre irdische Laufbahn vollendet, von einem an beide gläubigen Juden= christen gedichteten Hymnus. Denn die Sphäre ist die des jüdischen Messias, wenn= gleich in christlicher Verklärung.

VII. Das Verstummen des Zacharias.

In der übrigen Erzählung findet sich noch etwas, worin die Dichtung unverkennbar ist — die Stummheit vom Gesichte bis zur Geburt. Eine solche plötzlich eintretende Stummheit während einer langen Zeit und das plötzliche Wiederkehren der Stimme ist nach dem Zugeständnisse der Ausleger ohne alle Analogie: es kann also dem Historiker ebenso wenig zugemuthet werden, diesen Theil der Erzählung als thatsächlich anzu= nehmen, als dem Frommen, seine buchstäbliche Auffassung aufzugeben, falls ihm hier eben ein Wunder vorzuliegen scheint. Deshalb nun diesen ganzen Zug als rein mythisch zu beseitigen, heißt weiter nichts, als die geschichtliche Ansicht einem Systeme aufopfern, welches die Entstehung der ganzen Geschichte gar nicht erklärt. Wir glauben nicht in den Fehler der sogenannten natürlichen Erklärer zu fallen, wenn wir Folgendes wahrschein= lich finden. Das Außerordentliche, was in Zacharias vorgegangen war, schildert die Erzählung durch ebenso unzweideutige, wie unverdächtige, weil aus dem Leben gegriffene Züge: sein langes Verweilen im Heiligthum wurde vom Volke bemerkt, welches während des Räucherns des Priesters ihn mit seinem Gebete begleitete. Er antwortete nichts auf die an ihn gerichteten Fragen oder das ihm gezeigte ängstliche Erstaunen: man verstand durch seine Mienen und Zeichen, daß er ein Gesicht gehabt. Man hielt ihn für stumm; aber er war nur betäubt und mochte lange taub bleiben. Denn taub wird er auch jedenfalls bei der Beschneidung angenommen, wie wir sehen werden. Es war nun nicht unmöglich, daß aus der langen Taubheit eine ebenso lange Stummheit in der Ueberlieferung geworden sei, da aus begreiflichen Gründen er über jenen Vorfall stumm war. Er mußte in der That, um sich und das Göttliche nicht dem Spotte auszusetzen, aus jenem Gesichte ein Geheimniß machen, so lange dessen Wahrheit nicht durch die Erfüllung bewiesen war, nämlich nicht allein durch die Schwangerschaft der Elisabeth, sondern durch Geburt des verheißenen Sohnes. Die erste Zusammenkunft mit seinen Befreundeten nach der Geburt war aber am achten Tage nach derselben, beim Feste der Beschneidung. Daß der Knabe Johannes heißen sollte, war bereits zwischen ihm und der Mutter ausgemacht. Daß man nun, erstaunt über die Mit= theilung derselben, ihn durch Zeichen aufforderte, selbst den Namen anzuzeigen (durch Aufschreiben auf ein Täfelchen), setzt Taubheit voraus. Man war gewohnt, daß er nicht antwortete: wobei noch zu bedenken ist, daß im Hebräischen wie im Griechischen das Wort für Taubheit und Stummheit dasselbe ist. Zacharias antwortete schriftlich. Aber warum soll dieser Augenblick nicht zugleich die Veranlassung gewesen sein, daß er sein Schweigen brach und in lauten Preis Gottes ausbrach? Allerdings kann dieser Zug nur der ausgebildeten Ueberlieferung zugehören: was liegt daran? Eine thatsächliche Grundlage und Veranlassung anzunehmen, nöthigt uns der Charakter der Erzählung, in welche dieser Hymnus verwoben ist. Aber die Grenzen sind weder genau bestimmbar, noch ist dieses von irgendeiner Wichtigkeit, sobald nur beide Dinge, die Geschichtlichkeit des Kerns und die Fortbildung desselben in der Ueberlieferung, nach vollendeter Laufbahn des Johannes und Jesu, als berechtigte Factoren anerkannt werden. Unser Versuch einer geschichtlich möglichen Erklärung ist jedenfalls berech= tigt durch die Nachweisung, daß wir in der Hauptsache auf geschichtlichem Grund und Boden stehen, und daß wir mit einer frommen, ernsten, nicht phantastischen, und in apostolischen Kreisen gebilligten Ueberlieferung von höchstens 40 Jahren Dauer (35—75 n. Chr.) zu thun haben.

Als ursprüngliche Thatsache erscheint das Gesicht und dessen fromme jüdische Auf= fassung bei Zacharias, ebenso die Betäubung und das Verstummen; alles Andere mag der dichterischen Ausbildung der frommen Ueberlieferung zugehören, deren letzte Form der herrliche Hymnus wurde. Lucas aber überlieferte treu, was er vorfand, und wir sind berechtigt anzunehmen, daß er dies in apostolischen Kreisen vorfand.

VIII. Die Fassung unserer Erzählung.

Wie sehr die Sprache unsers Abschnitts, welcher mit der Verkündigung, dem Besuche der Maria bei Elisabeth und dem Lobgesange Marias das erste Kapitel, nach dem Eingange, bildet, von diesem Eingange abweicht, muß jeder anerkennen, der griechisch und hellenistisch zu unterscheiden versteht, und der weiß, welchen Theil der Apostelgeschichte Lucas in jedem Falle selbst geschrieben hat. Auch ist Schleiermachers Bemerkung ebenso 'gegründet als wichtig, daß dieses Kapitel einen entschiedenen Ab= schluß hat, eben wie das zweite.

Der Schluß des zweiten Kapitels oder der Vorgeschichte (ausschließlich des Geschlechtsregisters), nämlich die Anekdote aus dem 13. Jahre, mit einem Ausspruche Jesu, macht den Uebergang zum Lehramt.

Alles dieses bestätigt die Annahme, daß Lucas die Ueberlieferungen der beiden ersten Kapitel, eben wie die ins folgende eingeflochtenen Geschlechtsregister in beson= dern Berichten oder Aufsätzen bereits verzeichnet gefunden, wahrscheinlich sogar jedes der beiden Kapitel besonders. Joseph und Nazareth werden 2, 4 erwähnt, als wüßten wir noch nichts von ihnen.

Jene beiden Kapitel verrathen 'auch in der Fassung den Horizont der juden= christlichen Gemeinden aus der Zeit des Petrus und Paulus (also von 40 bis 65, oder wenigstens vor 70). Alle Formen sind hebräisch: so insbesondere die psalmodische Form der Lobgesänge.

Inwiefern sich nun in dem Berichte von Jesu Erzeugung und Geburt eine bereits doppelte Lage oder Schicht unterscheiden läßt, wie in den Geschlechtsregistern, einmal nämlich jene älteste judenchristliche, und dann die später, durch den Einfluß des heid= nisch=christlichen Elementes aufkeimende, und dann ausschließlich kirchlich gewordene der beiden Evangelisten, das werden wir im nächsten Hauptstücke zu betrachten haben.

Vierter Abschnitt.

Die Empfängniß und Geburt Jesu und ihre Zeit.

I. Chronologiſche Grundlegung.

Um einen feſten Punkt für die Herſtellung der rein geſchichtlichen Thatſachen zu gewinnen, müſſen wir zuerſt feſtſetzen, in welche Grenzen die Geburt Jeſu chronologiſch eingeſchloſſen ſei. Ich glaube, daß wir im Stande ſind, dieſe Grenzen ziemlich eng zu ziehen, wenn wir die evangeliſtiſchen Angaben mit der urkundlichen Geſchichte der letzten Monate des Herodes verbinden; denn es ſtehen uns dabei nicht allein die genauen Berichte des Joſephus, ſondern ſogar aſtronomiſche Beſtimmungen zur Seite. Herodes muß im letzten Drittel des März 750 geſtorben ſein. Die prachtvolle Todtenfeier, welche Archelaus veranſtaltete und welche Joſephus beſchrieben hat, dauerte ſieben Tage und fiel (wie ausdrücklich geſagt wird) noch vor dem Oſterfeſte. Dieſer Feier aber ging noch außer den nothwendigen Vorbereitungen die Verſammlung des Heers in Jericho vorher, und erſt nach ihr fand die Huldigung im Tempel von Jeruſalem ſtatt. Dies Alles ſetzt doch etwa 14 Tage voraus. Mehr aber auch kann der Zwiſchenraum nicht betragen haben. Die Mondfinſterniß, welche auf den Tag der Hinrichtung der verſchworenen Phariſäer und des Hohepriesters Matathias folgte, trat nach den Berechnungen der Aſtronomen und Chronologen in der Nacht vom 12. auf den 13. März ein: und dann erſt begann der furchtbare Todeskampf des Tyrannen, in welchem er fünf Tage vor dem Ableben (alſo um die Mitte März) ſeinen Sohn Antipater hinrichten ließ. Der Tod fiel hiernach gegen Ende März. Die Ernennung des Archelaus zum Tetrarchen muß alſo in den April 750 fallen. So weit laſſen ſich die Tage jenes ſchickſalsvollen Monats nach Joſephus beſtimmen. Knüpfen wir hieran nun einmal den geſchichtlichen Kern der zwei hierhergehörigen evangeliſchen Erzählungen.

Man könnte zuerſt an den bethlehemitiſchen Kindermord denken, was die Geburt jedenfalls noch in die letzten Zeiten des alten Herodes ſetzen würde. Allein die Geſchichtlichkeit dieſer Erzählung iſt in jeder Beziehung unſicher, beſonders auch wegen des Joſephus Stillſchweigen.

Dagegen dürfte die geſchichtliche Kritik wol einen Anhaltspunkt in der ſo beſtimmten Angabe des Lucas finden, daß die Geburt ſtattfand während des Aufenthalts in Bethlehem, wohin Joſeph ſich mit Maria begeben hatte infolge der Stammes-Volkszählung.

Denn so haben wir zu Luc. 2, 3 unbedenklich den griechischen Ausdruck Apographé erklärt; nicht minder haben wir zu Luc. 2, 2 die Gründe angegeben, weshalb wir den hergebrachten Text des Verses zwar überhaupt für unhaltbar erachten, nichtsbestoweniger aber die Thatsache selbst, d. h. schon vor des Quirinus Schätzung, welche ins Jahr 759 fällt, statistische Erhebungen im jüdischen Lande, annehmen. Indem wir daher im Allgemeinen auf IV, 138 verweisen, fragen wir nun noch genauer, als dort schon geschehen ist, nach der Zeit dieser statistisch-politischen Aufnahme. In dieser Beziehung aber liegt wol auf der Hand, daß eine solche Zählung zu Lebzeiten des Herodes vorzunehmen nicht die geringste Veranlassung war, ja nicht einmal politisch denkbar heißen kann. Herodes der Große nahm eine bevorzugte Stellung ein, und obwol das persönliche Verhältniß zu August in der letzten Zeit getrübt war, so blieb seine Würde doch unangetastet. Offenbar lag es aber im Plane Augusts, späterhin Palästina der Provinz Syrien einzuverleiben, unter einem besondern Landpfleger; Jerusalem, mit Gaza der feste Punkt für die militärische Straße nach Aegypten, war auch als Mittelpunkt der Juden des Reichs eine zu wichtige Stadt. Dagegen lag es ganz besonders nahe, eine Volkszählung bei Herodes Tode vorzunehmen. Sie gab die Basis für die Festsetzung des Zinses, welchen die Tetrarchen zu zahlen haben würden, und machte es überhaupt erst möglich, ihr künftiges Verhältniß zum Reiche festzustellen. Der Tod des Herodes erfolgte nicht unvorhergesehen, ebenso wenig war es der Zwiespalt im Fürstenhause und die Aufregung in der Priesterschaft und dem Volke. So ist es mehr als begreiflich, daß entweder Quirinus, wenn er damals mit Aufträgen des Kaisers in jenen Gegenden sich aufhielt, oder jedenfalls der Proconsul in Syrien (damals Saturninus) schon im voraus die nöthigen Verhaltsbefehle hatte. Es ist also zulässig anzunehmen, daß die Volkszählung in Judäa gleich nach dem Osterfeste, also in der zweiten Hälfte des April stattfand.

Nachdem wir diesen Punkt auf dem rein geschichtlichen Gebiete und nach einer geschichtlichen Angabe des Lucas festgestellt, wollen wir jedoch auch hier schon das Ergebniß der unten folgenden Untersuchungen über den Stern der Magier vorwegnehmen: nämlich die Thatsache,

daß in den Monaten Februar, März, April des Jahres 750 der Stadt ein von den Chinesen verzeichneter Komet am palästinischen Horizont sichtbar war, und daß es mehr als wahrscheinlich sei, dieser Komet sei eben der Stern, welcher den einzigen geschichtlichen Haltpunkt in der Erzählung des Matthäus bildet.

Das Zusammentreffen beider Angaben und Untersuchungen nicht allein für das Jahr, sondern auch für die Jahreszeit, ist an sich schon bemerkenswerth, da beide ganz unabhängig voneinander sind. Es wird noch überraschender dadurch, daß der Aufenthalt der Heerden im Freien in Judäa vor dem Monate März jetzt nicht stattfindet wegen der kalten Nächte, die sich bisweilen bis Ostern hinziehen.

Nehmen wir also dieses als die richtige Spur an — und wir werden in den anderweitigen Untersuchungen neue Bestätigung für dieselbe finden —, so ist auch gewiß, daß die Empfängniß Jesu nicht stattgefunden haben kann bei der Verkündigung. Denn die Verkündigung ward der Maria im sechsten Monate der Schwangerschaft der Elisabeth; dieser aber fällt in die Zeit von Mitte März bis Mitte April, also etwa um den 10. oder 15. März: also lag die Verkündigung etwa ein Jahr vor der wirklichen Geburt Jesu.

Dagegen stimmt die Geburt sehr gut zusammen mit der Vermählung der Maria. Diese blieb bei Elisabeth „ungefähr drei Monate", dann kehrte sie zurück und wurde von Joseph heimgeführt. Wenn also der sechste Monat der Elisabeth von Mitte März bis Mitte April 749 läuft, und Maria gegen drei Monate bei ihr blieb, so wird ihre Rückkehr nicht später als Ende Juni erfolgt sein, die Vermählung frühestens noch in diesem Monate oder im Laufe des Juli. Neun Monate von da, also etwa von Mitte Juli 749, bringen uns somit gegen Ende März oder Anfang April 750. Allerdings müssen wir nach dem Obigen annehmen, daß Jesus noch in den letzten Tagen des Herodes geboren sei, weil dahin so viele Zeugnisse oder Spuren führen. Anfang März wäre also wahrscheinlich eine um etwa einen Monat verfrühte Niederkunft. Aber werden wir nicht geneigt sein, eine solche Verfrühung anzunehmen, abgesehen von jenen Zeitumständen? Wie erklären wir sonst den, wie auch von Andern bemerkt worden, bei einem guten und sorgsamen Manne wie Joseph auffälligen Umstand, daß er seine schwangere Gattin am Ende ihres neunten Monats sollte nach Bethlehem geschleppt haben, wo sie doch bei der Schätzung (Volkszählung) gewiß entbehrlich war? So haben wir die Vermählung oder Empfängniß nur einige Wochen später zu setzen. Früher kann sie ja, wie wir gesehen, nicht fallen.

Damit sind denn auch die schmählichen Verleumdungen der spätern Juden hinsichtlich der Schwängerung der Jungfrau durch einen Priester ihres Geburtsorts auf ihr Nichts zurückgeführt. Doch die Nichtswürdigkeit dieser Märchen ist selbst von den jüdischen Kritikern längst anerkannt. Bei den Zeitgenossen und in Nazareth findet sich auch keine Spur des Verdachts unehelicher Abstammung. Aber wichtig ist, daß die gefundene Lösung hinsichtlich der Geburt uns den Ursprung des Verdachts erklärt, welcher sich in Josephs Seele eingeschlichen hatte. Denn daß ein solcher Argwohn stattgefunden, müssen wir doch wol annehmen, um jene Darstellung des Matthäus zu begreifen, welche wir nicht buchstäblich für geschichtlich halten können. Maria soll bei der Vermählung schwanger befunden sein. Das nun war sie nicht, aber woher kam der Argwohn? Von der arglosen Mittheilung der Jungfrau über das ihr gewordene Gesicht.

II. Die Verkündigung.

Man muß hier um so mehr die ältere Ueberlieferung der Worte des Gesichts oder der Engelverkündigung unterscheiden von der Auslegung des Evangelisten, da wir zwei parallellaufende Formeln vor uns haben. Wir sehen dabei ab von dem Umstande, daß die fragliche Ueberlieferung bei Lucas zu der, Maria gesprochene Worte des Engels sind, während sie bei Matthäus dem Joseph im Traume gesagt werden, als sich ein Argwohn in ihm regt. Wie die zusammenhängende Erzählung lautet, lassen sich diese beiden Darstellungen allerdings nicht in Eine Reihe bringen, sodaß zuerst die Verkündigung, dann der Traum stattgefunden. Denn man kann nicht leugnen, daß die Erzählung bei Matthäus (welche Lucas nicht hat) nichts zu wissen scheint von der Verkündigung, welche der Maria geworden. Man darf dem Matthäus nicht die Ansicht aufdrängen, er setze voraus, daß wir von jener Verkündigung bereits etwas wissen, denn nach seiner Ansicht wurde vor der Vollziehung der Heirath entdeckt, daß Maria schwanger sei; darauf gründet sich Josephs Entschluß, sie in der Stille zu entlassen. Schon die Geschlechtsregister zeigen, daß dieses keineswegs der Glaube der ältesten Gemeinden war, denn nach ihnen war die Messianität Jesu gerade auf die Vaterschaft Josephs gegründet. Dazu kommt, daß diese Erzählung von Anfang bis zu Ende verworren, ja unverständlich ist. Joseph heißt der Gemahl, nicht der Verlobte, sowie sie seine Frau: als eine Ehegattin denkt er sie durch einen harmlosen Scheidebrief (ohne Angabe des eigentlichen Grundes) zu entlassen: man „entläßt" aber eine Frau, nicht eine Verlobte. Ja sie heißt noch seine „Verlobte", als sie ihren Sohn gebiert, obwol dabei bemerkt wird, Joseph habe erst nach dieser Geburt mit ihr eheliche Gemein= schaft gepflogen.

Wir werden aber auch noch andere Beweise finden, daß die von Matthäus vor= getragene Erzählung nichts ist als die Frucht der unterdessen vor sich gegangenen Auf= nahme des idealen Factors — der Idee der Menschwerdung des Ewigen in Jesus als des wahren Gottessohnes: allerdings aber in der Form größter Veräußerlichung aus= gesprochen. Sie würde daher leicht misverständlich sein, wenn wir nicht den Bericht des Lucas vor uns hätten, und in den Worten über die bei Jesu Erzeugung wirksame Gotteskraft eine Fassung, deren Verschiedenheit im Wortlaute uns nöthigt, das Wesentliche und beiden Gemeinsame ins Auge zu fassen. Daraus ergibt sich folgender Parallelismus:

Traumgesicht Josephs (Matth. 1, 20).

Fürchte dich nicht, Maria, dein Gemahl, zu dir zu nehmen; denn das in ihr Ge= zeugte ist vom heiligen Geiste.

Verkündigung des Engels an Maria (Luc. 1, 30—32. 35).

Fürchte dich nicht, Maria; denn du hast Gnade bei Gott gefunden. Und siehe, du wirst empfangen im Leibe und einen Sohn gebären, deß Namen sollst du Je= sus heißen. Der wird groß sein, und ein Sohn des Höchsten genannt werden; und Gott der Herr wird ihm den Thron sei= nes Vaters David geben. .... Der heilige Geist wird über dich kommen, und die Kraft des Höchsten wird dich überschatten; darum wird auch das Heilige, welches geboren wird, Got= tes Sohn heißen.

Die Worte bei Matthäus selbst bedingen keineswegs die Ansicht, daß Maria schwan= ger war vor der Vermählung mit Joseph; die bei Lucas, unbefangen verstanden, widerstreben durchaus einer persönlichen Auffassung des Ausdrucks „Geist Gottes" (aramäisch weiblicher Renner, nicht männlicher), weil im parallelen Gliede Macht (Kraft) Gottes steht, was man denn doch wol nicht als männliche Person denken kann. Ja man kann nicht einmal sagen, daß Lucas, welcher die Ueberlieferung aufgenommen hat, ohne Zweifel wie er sie gefunden, die fleischliche Auffassung der Menschwerdung Gottes in dem verheißenen Sohne sich aneigne, oder wenigstens sie von uns fordere. Dagegen betont er noch stärker und geistiger als Matthäus die unmittelbare Kraft des göttlichen Geistes, welche sich in Jesus offenbaren werde. Der ideale Factor ist also hier noch als solcher im Bewußtsein, während er im Texte des Matthäus schon sehr verdunkelt erscheint. Uebrigens wäre Matth. 1, 20 wörtlich „aus dem heiligen Geiste" zu übersetzen, so daß Schleiermacher nicht mit Unrecht sagt, die Annahme der leiblichen Vaterschaft des heiligen Geistes sei ein grammatisches Misverständniß („aus" genommen für „von" dem heiligen Geiste).

Wir sind also durchaus nicht in dem Falle, uns zu der mythischen Theorie wenden zu müssen, welche außerdem nichts erklärt, da wir schon von vornherein darauf geführt werden, in der ältesten Ueberlieferung das für den Historiker Mythische als Misver= ständniß der naturgemäßen Verbindung eines idealen Factors mit dem geschichtlichen zu erkennen.

Wir treten also wohlberechtigt der positiven Erklärung jener Worte der Verkün=
bigung näher.

Daß die fromme Jungfrau ein solches Gesicht gehabt, ist unbedenklich als geschicht=
lich anzunehmen, denn alles andere rein Thatsächliche, ja auch die ideale Ausbildung
erklärt sich aus dieser Annahme von selbst; ohne sie durchaus nichts. Was denn ist
Unwahrscheinliches in der Angabe, worin die beiden Ueberlieferungen übereinstimmen,
nämlich von einem Gesichte, wonach die Verlobte des Zimmermanns durch göttliche
Allmacht die Mutter des allersehnten Messias werden solle? Ein solches Gesicht paßt
schon in den allgemeinen Ideenkreis der Juden nach ihrer spätern Ueberlieferung. Sie
glaubten, daß gottesfürchtige, der Heiligung nachstrebende Aeltern bei der Zeugung den
Geist der göttlichen Heiligkeit herabziehen auf das, was sie erzeugen, und daß es der=
gleichen Kinder seien, welche Söhne des Ewigen genannt werden. Aber ein Hoffen
auf diese baldige Erscheinung des Messias gehört ja insbesondere in den frommen und
in geistigen Ahnungen lebenden Kreis, in welchem wir Maria finden. Endlich ent=
spricht es ganz der Gemüthsstimmung gläubiger Erwartung, in welcher Maria während
des Lebens Jesu erscheint. Wir haben uns nur in die hohe weltliche Bedeutung dieser
Erwartungen hineinzudenken, um das Erschrecken der Maria zu begreifen, daß von
ihr, die sich bewußt ist, eine reine Jungfrau zu sein und die Verlobte eines Zimmer=
manns, der langersehnte Heiland des Volks geboren werden soll. Denn die Vorstellung
vom Messias war unzertrennlich verbunden mit großer Macht und davidischer Herrlichkeit:
wie paßt das auf die, wenn auch nicht ganz arme, doch in der niedrigen Sphäre des
Lebens geborene, auf eines Handwerkers Braut in einem abgelegenen und verachteten
Landflecken? In diesem Sinne erklärt sich auch vollkommen der Ausspruch der Maria,
wenn man auf diesen Wortlaut entscheidendes Gewicht legen will: „Ich kenne keinen
Mann", d. h. „Ich bin Jungfrau und eines armen Zimmermanns redliche Verlobte:
wie sollte der Herrscher Israels und Besieger der Völker von mir geboren werden?"
Aber sie unterwirft ihre Zweifel in gläubiger Demuth dem göttlichen Gesichte. „Mir
geschehe, wie du gesagt hast." „Warum sollte denn eines Zimmermanns Sohn nicht
der Messias werden können? Ist doch bei Gott kein Ding unmöglich!"

Diese Ansicht wird uns aber noch bestätigt durch eine nähere Betrachtung dessen,
was Matthäus von dem Argwohn Josephs erzählt.

III. Der Argwohn Josephs.

Es ist ein ganz nutzloser Streit, ob Maria von diesem Gesichte ihrem Verlobten
damals oder nach der Rückkehr von ihrem Besuche bei Elisabeth Mittheilung gemacht.
Das Eine ist sowol mit dem jungfräulichen Zartgefühl der Jüdin vereinbar, wie das
Andere mit ihrer Gewissenspflicht gegen den Verlobten.

Nur Eins würde nicht mit ihrer Aufrichtigkeit und aller der Achtung und
Liebe bestehen, welche sie offenbar genoß, und welche ihr blieb, wie die letzte
Erwähnung des sterbenden Sohnes beweist, nämlich: daß sie auch bei ihrer Rückkehr
von der Elisabeth dem Joseph das Vorgefallene verschwiegen hätte, ehe er sie heim=
führte. Eine solche, frühere oder spätere Mittheilung also erfolgte, und sie ward die
Ursache unverdienten Verdachtes und unbegründeter Zweifel im Gemüthe Josephs, von
welchen dieser (nach Matthäus) durch ein warnendes und beruhigendes Traumgesicht
befreit wurde. So gefaßt, erklärt sich uns die Erzählung aufs Natürlichste nach ihrer
Thatsächlichkeit.

Buchstäblich dagegen ist die jetzige Darstellung unsinnig. Maria soll schwanger befunden sein. Joseph soll sie deshalb in der Stille haben verlassen wollen, ohne sie als Ehebrecherin zu verklagen, aber er nahm sie doch auf jenen Traum zu sich. Der Glaube an eine physische Vaterschaft des heiligen Geistes konnte ja dem Joseph schon deshalb nicht zugemuthet werden, da sie für einen Hebräer ein Gräuel, ja sogar grammatisch sinnlos und unmöglich war: das aramäische Wort für Geist (ruach) ist weiblichen Geschlechts. Das Evangelium der Hebräer, welches Hieronymus noch in palästinensischer Fassung las und seiner Wichtigkeit halber ins Lateinische übertrug, und von welchem wir noch die in das Evangelium des Johannes ungeschickt eingeschobene Geschichte von der Ehebrecherin im Kanon besitzen, nennt deshalb auch ganz richtig den heiligen Geist „die Mutter Jesu". „Meine Mutter, der heilige Geist", sagt in ihm Jesus, „faßte mich beim Nacken (nach der Taufe) und trug mich in die Wüste." Die Idee der Vaterschaft ist auf hellenischem oder hellenistischem Boden aufgekeimt. Alle Heroen waren Gottessöhne. Dagegen konnte einem frommen Hebräer jener Zeit, dem im Gegensatze des Heidenthums die Scheidewand zwischen Gott und dem Menschen gerade das Eigenste seines Glaubens war, eine solche physische Vermischung der göttlichen Geisteskraft mit einem Weibe nur als empörender, gotteslästerlicher Unsinn erscheinen. Es ist aber auch, nach dem Wortlaute der aramäischen Ueberlieferung, dem Joseph gar nicht zugemuthet worden, jenen Unsinn zu glauben. Wohl aber möchte er aus der ihm gemachten vertraulichen Mittheilung in schwachen Augenblicken einen Verdacht gegen die Keuschheit seiner arglosen Braut geschöpft haben. Diese Annahme erklärt das obwol in verschiedener Form bei Matthäus und bei Lucas erwähnte rückhaltende Benehmen Josephs. Die gewöhnliche Annahme läßt sich dagegen schwer erklären. Es konnte einem Hebräer nichts Ehrenrührigeres zugemuthet werden, als eine Geschwängerte zu heirathen: dieses zu thun, war dem Gräuel gleich, eine überführte Ehebrecherin zu behalten oder wieder zu sich zu nehmen. Doch nimmt er sie zu sich, obwol er (nach des Matthäus Auffassung) nicht ehelich mit ihr lebte, bis sie ihren ersten Sohn geboren hatte. Das spätere eheliche Verhältniß aber sagen diese Worte entschieden aus, trotz alles aufgewendeten Scharfsinns, sie anders zu deuten. Auch haben wir durchaus keinen Grund, die von den evangelistischen Berichten erwähnten „Brüder des Herrn", mit Jacobus an der Spitze, anders zu fassen, als die Worte lauten.

Alles erklärt sich am leichtesten, die Entstehung der Sage und das Thatsächliche der Erzählung, sobald wir annehmen, daß Maria dem Joseph ihr Gesicht und ihre darauf gegründeten Hoffnungen mittheilte. Da mochte allerdings in ihm jener unwürdige Verdacht aufsteigen, und er konnte zweifeln, ob er sich von dem Verlöbnisse nicht losmachen sollte? Die Bescheidenheit des Handwerkers, die Furcht vor Nachrede, Spott, Verfolgung, der männliche Argwohn, konnten ihm die Idee widerwärtig machen, daß seine Verlobte des Messias Mutter werden sollte. Ein Traumbild aber, seines besseren Ich Abspiegelung, mochte ihm ein Preisgeben der geliebten Braut als unrecht, weil auf unbegründetem Verdachte beruhend, erscheinen lassen. Verdiente nicht die arglose Mittheilung ebenso wol Dankbarkeit, wie das gläubige Vertrauen des armen Mädchens, daß sie Mutter des erwarteten Heilandes werden sollte, ehrfürchtige Anerkennung? Er nahm sie also zu sich, d. h. er heirathete sie und vollzog die Ehe; jedoch schwanden ihm erst alle Zweifel in der letzten Periode der Schwangerschaft, wo es sich klar auswies, jenes Gesicht (ein volles Jahr nach der Reise zur Elisabeth) sei jedenfalls im geistigen und unverfänglichen Sinne zu verstehen. Daß seine Zweifel dadurch gänzlich gehoben wurden, beweist die weitere Frucht seiner ehelichen Verbindung. So sagt der Evangelist, wenn wir seine Worte nicht auf die Folter der Theologen spannen, nach welchen er dergleichen gar nicht hätte sagen sollen.

Sowie die geistige Erklärung jenes Schauens der Maria, die auch mit dem anderweitig Ueberlieferten am besten übereinstimmt, in der sehr materiellen und rohen Auffassung der göttlichen Persönlichkeit Jesu die Oberhand in der Gemeinde gewann, so mußte sich die schwebende Ueberlieferung im hellenistischen Geist mehr und mehr mythisch nach derselben Richtung hin ausbilden. Marcus, den wir als Darsteller der ältesten evangelistischen Ueberlieferung annehmen müssen, weiß nichts von der übernatürlichen Erzeugung zu erzählen: er konnte, wie die Ueberlieferung, welche er überkommen, die Geburt übergehen, wenn sie eine natürliche war, nicht aber wenn sie als eine so ganz von der Entstehung aller andern Menschen verschiedene berichtet und bezeugt wurde. Johannes spricht ebenso wenig davon, er, der Pfleger der ihm anvertrauten Maria, der Verkündiger der göttlichen Natur Jesu. Ja die dem Lieblingsjünger eigenthümliche Darstellung von Jesus, als dem fleischgewordenen Worte, schließt genau betrachtet die Annahme der übernatürlichen Erzeugung aus, sobald man zugibt, daß der Logos ewiger Geist und das Fleisch eben Fleisch ist, ein Gewordenes, welches die göttlichen Bedingungen seines zeitlichen Anfangs in sich trägt. Dasselbe gilt von den übrigen Aposteln und Jüngern, insbesondere von Paulus, der dazu berufen war, sich durch die geschichtlichen Apostel unmittelbar Nachricht von dem zu verschaffen, dessen Zeuge er selbst nicht gewesen war. Johannes ist der Augenzeuge von Anbeginn, ja vom Täufer her, und sein Evangelium beschließt zugleich die Reihe der Berichte. Die drei Messiasevangelien fallen in die Zeit von 75 bis 90: Paulus Zeugniß rechnet spätestens von der Zeit seiner Besprechung mit den Jüngern, namentlich auch mit Johannes in Jerusalem, ist also vielleicht 20 bis 40 Jahre älter als unsere Texte, und ist aus dem Munde der Apostel gezogen, sowie aus den damals schon niedergeschriebenen einzelnen evangelistischen Ueberlieferungen. Kein Apostel betont so stark den Gegensatz des davidischen, menschlichen und des unmittelbar göttlichen Elements in Jesu. Aber nicht allein sagt er niemals ein Wort von jenem Umstande, da wo er das durchaus Einzige in Jesu Natur darstellt, sondern in der merkwürdigen Stelle Röm. 1, 3. 4 schließt er die übernatürliche Erzeugung geradezu aus für den unbefangenen Leser. Denn der Gegensatz:

> geboren aus dem Samen Davids nach dem Fleische, kräftig bestimmt zum Sohne Gottes, nach dem Geiste der Heiligkeit, durch Auferstehung von den Todten,

macht physisch Jesus zum Nachkommen Davids, gegenüber der mit seinem heiligen Leben und der Auferstehung göttlich gegebenen höhern Sohnschaft Gottes. Sohn Davids aber war Jesus selbst nach den beiden Geschlechtsregistern nur, wenn Joseph sein Vater war: die Maria können nur Rabbinenkünste in den Text bringen, es ist von der männlichen Abstammung, der väterlichen, die Rede; ebenso sicher als die Worte des Petrus bei Lucas sagen (Apg. 2, 30):

> Einer von der Frucht der Lenden Davids.

Das gilt auch von dem Ausdrucke Röm. 5, 15:

> durch die Gnade des Einen Menschen Jesus Christus,

und von der Beweisführung 1 Kor. 15, 21:

> Weil nämlich durch einen Menschen der Tod gekommen ist, so auch durch einen Menschen die Auferstehung der Todten.

Nur kann, wer will, sich hier der Ueberführung entziehen durch die Stichworte von den beiden Naturen und ähnlichen Kunststücken, die in der Bibel keinen Grund haben, aber fein ausgesonnen sind, nachdem der lebendige Christus mit der Gemeinde untergegangen war in priesterliches Bewußtsein.

Paulus, der die Sünde aus dem Fleische ableitet, hätte die Sündlosigkeit Jesu, welche er lehrt (2 Kor. 5, 21) mit jenem Umstande in Verbindung setzen müssen. Das thut er aber so wenig, daß er das Gegentheil ausspricht (Röm. 8, 3):

Denn Gott hat, was dem Gesetz unmöglich war, weil es schwach war durch das Fleisch, indem er seinen eigenen Sohn in der Aehnlichkeit des sündlichen Fleisches und um der Sünde willen sandte, die Sünde in dem Fleische verurtheilt.

Dieselbe Ansicht tritt uns endlich auch aus dem Hebräerbriefe entgegen, wenn es 2, 14 heißt:

Da nun die Kinder Blut und Fleisch gemein haben, ist auch er gleichermaßen desselben theilhaftig geworden, auf daß er durch den Tod dem die Macht nehme, der des Todes Gewalt hat, das ist dem Teufel.

Aber auch das Wort bei Lucas (2, 50), in Beziehung auf Jesu Wort:

Wisset ihr nicht, daß ich sein muß in dem, was meines Vaters ist? Und sie verstanden das Wort nicht, das er zu ihnen redete,

nämlich zu Joseph und Maria.

IV. Lösung des Räthsels der Geschlechtsregister.

Unsere Forschung über den Inhalt der beiden Geschlechtsregister führte uns zu der Erkenntniß, daß in beiden die Messianität Jesu durch die Vaterschaft des davidischen Joseph anschaulich gemacht werden sollte. Dieses Ergebniß aber blieb uns damals unerklärlich: denn wie paßte dieser Beweis zu der Annahme, daß Joseph keineswegs der Vater Jesu sei? Jetzt verstehen wir diejenigen, welche jene Geschlechtsregister ursprünglich zusammenstellten, sich im Geiste des ältesten Gemeindebewußtseins bewegten, wenn sie davon ausgingen, daß Joseph der menschliche Vater Jesu sei. Sie knüpfen daran keinen Widerspruch mit dem Glauben an die geistige Vaterschaft Gottes, an Jesus als den Sohn Gottes, so wenig als die Apostel. Wenn also Lucas zu Anfang seines Geschlechtsregisters von Jesus sagt:

und war, wie dafür gehalten ward, Sohn Josephs u. s. w.

so sind diese Worte in ihrem vollsten Sinne zu nehmen. Nicht etwa die ungläubigen Juden, nein die frommen Christen, welche dem Geschlechtsregister von Jesus nachforschten, nahmen an, daß Joseph sein Vater sei. Lucas fand diese Annahme in vielen Gemeinden anstößig, weil der Glaube an die einzige Gottessohnschaft Jesu alleinige Herrschaft forderte unter den Heidenchristen. Man übersprang das Physische und nahm an, daß, wie die alten Heroen oder Göttersöhne, so auch Jesus keinen sterblichen Vater gehabt, sondern nur eine sterbliche Mutter. Ehe wir den religiösen und theologischen Werth dieser Ansicht, abgesehen davon, daß sie in der ältesten Ueberlieferung keinen genügenden Grund hat, näher ins Auge fassen, wollen wir erst die Sichtung der geschichtlichen Erzählungen durch eine Betrachtung der Erzählungen vollständig machen, welche dem Matthäus eigenthümlich sind.

Fünfter Abschnitt.

Die dem Matthäus eigenthümlichen vier Berichte: der Stern, die Anbetung der Magier, der bethlehemitische Kindermord und Flucht nach Aegypten.

Einleitung. Allgemeiner Charakter der Geschichten bei Matthäus.

Vergleichen wir die drei Geschichten, welche dem ersten Evangelium durchaus eigenthümlich sind, mit dem, was sich uns als geschichtlicher Kern der Erzählung des Lucas gezeigt hat, so finden wir uns in ein ganz neues Gebiet versetzt. Die volksmäßige Ausbildung des Idealen zum Geschichtlichen ist viel weiter fortgeschritten. Und zwar ist diese Ausbildung eine aus rein judenchristlichen Kreisen hervorgegangene. Die Idee, welche sich mit der geschichtlichen Grundlage verbunden hat, ist der tiefgewurzelte, specifisch nationale Glaube, der messianische. Der unmittelbare Zusammenhang der messianischen Idee mit dem Glauben an die Menschwerdung Gottes in Jesus, dem Menschensohne, war zum Durchbruch gekommen auch in jenen Kreisen; aber das nationale Gewand blieb, und was auf jenem nationalen Gebiete Erbauliches entsprossen war, wurde liebevoll gepflegt.

Ein größeres Fortschreiten volksmäßiger Dichtung zeigt sich schon in demjenigen Abschnitte, worin beide Darstellungen sich berühren. Die Idee der Menschwerdung Gottes im Messias erschuf mit Nothwendigkeit sich ein mythisches Gewand: die Nachricht von Marias Gesicht bildete des Gewebes Grund, den Zettel, die messianischen Weissagungen den Einschlag: das Ganze wurde dann als rein geschichtlich gefaßt und ausgebildet. Die übernatürliche Zeugung, also die menschliche Vaterlosigkeit, wird als feststehend angenommen, obwol die dafür angeführte überlieferte Grundlage und die Worte des Engels dazu nicht berechtigen. Die Ueberlieferung von Maria als Josephs Gattin wird nun zur Darstellung der Maria als „der Verlobten", das eheliche Verhältniß beginnt erst nach dem ersten Wochenbette. Nämlich Joseph ist nach der Darstellung des Matthäus-Evangeliums jetzt vollkommen beruhigt, weil der Engel ihm gesagt, der heilige Geist sei der leibliche Vater dieses Kindes. Eine andere Lösung konnte von jenem Gesichtspunkte der ins Fleischliche herabgesunkenen Auffassung nicht gefunden werden, als daß man den Vorgang so auffaßte, die Mittheilung der Maria habe sich bewährt, sie sei während der Verlobung schwanger geworden. Diese Umsetzung konnte aber nur auf heidenchristlichem Boden erfolgen; gehört also zur zweiten Schicht der Ueberlieferung. Denn nach jüdischen Nationalbegriffen konnte Joseph weder als Ehrenmann noch als gehorsamer Sohn des Gesetzes die der Ehebrecherin gleich geachtete verführte Jungfrau heimführen: „Er gedachte sie im Stillen zu entlassen", d. h. ihr einen Scheidebrief zu geben. Man sieht nicht, wie dieses sie hätte von der Schande befreien können: denn die Schwangerschaft nahm ja ihren Fortgang, die Verlobung war kundbar, also das Aufheben derselben unmisverständlich, brandmarkend.

Aber eben dieser ungeschichtliche Zug gehört ja, wie wir gefunden, der Zersetzung der Ueberlieferung durch die spätere Auffassung zu. Die älteste urkundliche Darstellung stimmt ganz mit den Verhältnissen zusammen, welche wir in der Zeit des Lehramtes vorfinden. Jesus galt allgemein in der Heimat selbst, im kleinen Nazareth, für Josephs Sohn, wie ja denn auch Maria den Joseph bei Lucas Jesu Vater nennt (2, 48). Ja bei Johannes (1, 46), dem Vertrauten der Familie, erzählt Philippus dem Nathanael, daß er den von den Propheten Angekündigten gefunden, „Jesum, Josephs Sohn von Nazareth". Und so in allen Evangelien.

Dahin gehört denn auch, daß Nazareth bei Matthäus vom messianischen Standpunkte ganz verdrängt ist, als Josephs und Marias Wohnort. Bethlehem mußte nach der messianischen Erklärung der bekannten Stelle des Propheten (Mich. 5, 1) die ursprüngliche Heimat sein, nicht blos der zufällige Geburtsort. Daß Matthäus Bethlehem als Heimat Josephs, des davidischen Mannes annimmt, haben zwar auch neuerdings wieder einige hochnothpeinliche Sachwalter des ersten Evangelisten ableugnen wollen — dieselben, die auch noch festhalten zu müssen glauben, daß dieser Verfasser ein Apostel, also Augenzeuge wie Johannes gewesen —; aber das allgemeine Gewissen der Urtheilsfähigen scheint doch anzuerkennen, daß dieses Evangelium den Flecken Nazareth nur als Aufenthaltsort Josephs nach der Flucht kennt, gewählt infolge der Furcht vor Archelaus. Die palästinische judenchristliche Ueberlieferung weiß auch Nazareth gar nicht anders in ihr messianisches System hereinzubringen als durch Anwendung einer recht jüdischen Auslegungsart der damaligen Zeit. Joseph, heißt es, ließ sich mit dem Kinde in Nazareth nieder, weil „die Propheten" gesagt, der Messias solle ein Nazaräer genannt werden. Die biblischen Propheten sagen aber nichts dergleichen, was sich auf Nazareth bezieht: wol aber fand man, wie zu Matth. 2, 23 dargethan wurde, in dem Nézer Jes. 11, 1 eine Anspielung auf Nazareth. Wer solchen Midrasch für ein Orakel nimmt, anstatt für ein den damaligen jüdischen Auslegern zulässig erscheinendes Spiel, muß eigentlich annehmen, daß die Stadt Nazareth von ihren Erbauern also sei benannt worden, weil der Prophet, oder gar die Propheten, Jesus einen Nezer Sprossen genannt hatten! Als der Evangelist schrieb, konnte dergleichen Verfinsterung der leitenden Ideen der Schrift manches gläubige Gemüth erbauen, und den Glauben an die Weissagungen stützen. Aber welche traurige Erscheinung, daß christliche Theologen nichts Besseres gelernt haben; daß sie sich an solche dunkle Irrlichter halten, während der Morgenstern doch in ihrem Herzen aufgegangen sein sollte, nachdem als Sonne der Wahrheit sich so viele Jahrhunderte bereits Bahn gebrochen hat durch alle jüdischen Wolken, ja nachdem das Christenthum die rabbinischen Windeln schon in Paulus abgeworfen und in Johannes vernichtet hat.

Fassen wir den gemeinschaftlichen Charakter jener Züge zusammen, so werden wir sagen müssen, die Geburtsgeschichten des Matthäus zeigen eine Verdunkelung des Geschichtlichen und eine etwas äußerliche Auffassung des Idealen, verglichen mit den Berichten des Lucas. Einen ähnlichen Charakter werden wir also auch bei denjenigen geschichtlichen oder als geschichtlich vorgetragenen Erzählungen des ersten Evangeliums in diesem Zeitraum zu erwarten haben, welche ihm ganz eigenthümlich sind.

I. Der Stern der Magier.

Die Flucht nach Aegypten hängt mit den Nachfragen der Magier in Jerusalem und dem Kindermorde in Bethlehem zusammen, und die Reise der Magier nach Nazareth wird durch den Stern veranlaßt. Unsere erste Sorge wird aber sein müssen, zu erforschen, ob der Stern der Magier nur einen mythischen Kern habe, Darstellung der Idee des damals in die Welt eintretenden göttlichen Lichtes sei. Das nämlich haben nicht allein Strauß und Weiße, dieser sogar mit phantasiereicher weiterer Ausschmückung gethan, sondern auch Schleiermacher neigt dahin. Aber doch ergibt sich auch hier die Spur als eine falsche. Warnung hätte jenen Männern der Umstand sein können, daß nirgends ein solcher Stern geweissagt ist: der früh messianisch gedeutete „Stern, der aufgeht von Jacob" im Liede Bileams ist wichtig, um zu zeigen, wie inmitten gesteigerter messianischer Hoffnungen und Erwartungen eine außerordentliche wirkliche Sternerscheinung, ja schon eine seltene Gestirnung die Aufmerksamkeit der Völker auf sich ziehen konnte. Aber dies reichte nicht hin, das Entstehen jener Erzählung und der beiden andern daranhängenden zu erklären. Ein ins Wasser geworfener Stein kann Wellen erzeugen, die im Glanze der Morgensonne für diamantene Ketten gehalten werden: aber die Wellen sind so unerklärbar als die Ketten ohne den Stein! Man wendet sich deshalb auch nach einer andern Seite, und nimmt den Stern für ein Anhängsel der Sterndeuter, welche eben nur die Huldigung der Heiden darstellen sollen: aber der Stern ist der Grundstein, nicht die Magier.

Nach aller Analogie muß also irgendeine Sternerscheinung den Anstoß gegeben haben, wenn nicht zur Reise der Magier, doch zur symbolischen Dichtung der ersten Hulbigung der Heiden. Und über eine solche Erscheinung im Jahre 750 haben wir in der That eine schon oben angedeutete astronomische Kunde, also ein geschichtliches Naturereigniß, dessen Zeit die Wissenschaft auf Monat und Tag bestimmen kann.

Am 1. October des Jahres 747 zeigte sich in Palästina die alle 794 Jahre 4 Monate wieder an demselben Orte des Thierkreises erscheinende Verbindung der beiden obern Planeten, Jupiter und Saturn. Sie erschien im Zeichen der Fische, in welchem sie zur Zeit der Geburt Moses erschienen sein soll. Beide Gestirne waren sich in jenem Zeitpunkte des Jahres 747 sehr nahe. Diese prachtvolle Gestirnung zeigte sich wieder um 5. December. Im März des nächsten Jahres 718 trat eine noch prachtvollere und seltenere Gestirnung ein, indem auch der dritte der obern Planeten, Mars, sich zu jenen gesellte. Kepler faßte zuerst den Gedanken, diese Erscheinung, welche er im Allgemeinen ganz richtig bestimmte, mit dem Geburtsjahre Jesu in Verbindung zu bringen. Erst in diesem Jahrhunderte ward dieser Punkt wieder zur Sprache gebracht und Keplers Berechnung noch schärfer bestimmt. So einladend diese Idee erschien, so konnte man sich doch nicht verhehlen, daß die Darstellung vom Sterne im Evangelium keine Andeutung auf eine Constellation enthält; auch sprach nichts sonst für 748 als Geburtsjahr Jesu; vielmehr ist die älteste christliche Ueberlieferung ebenso wol als die Angaben der Evangelisten dagegen.

Doch der einmal gegebene Anstoß führte auf eine andere astronomische Berechnung. Nach den chinesischen Beobachtungen, welche von dem französischen Astronomen Pingré untersucht sind, erschien dort im Jahre 750 der Stadt ein Komet von außerordentlicher Größe, den man 70 Tage am Himmel sah. Wieseler („Chronol.", S. 69 fg.) ist diesen Berichten mit historischer Kritik nachgegangen, und auf seine Bitte hat ein namhafter Göttinger Astronom die chinesischen Beobachtungen durchgeprüft und für den palästinischen Himmel berechnet. Da hat sich die Thatsache herausgestellt, daß jener Komet

in den Monaten Februar und März und auch im Monat April des Jahres 750
der Stadt sich am Südosthimmel befand, also des Morgens sichtbar wurde.
Hippolytus, des Irenäus Schüler, berichtet, daß Chalcidius, ein stoischer Philosoph,
diesen Stern schon als einen Kometen erklärt hatte. Auf die Erscheinung eines wirk=
lichen Sterns bei Jesu Geburt zielt aber Ignatius (115) am Schlusse seines achten
Briefs an die Epheser.*)

Da liegt es nun allerdings sehr nahe zu vermuthen, daß wenn der Stern der
Geburt der Komet des Frühjahrs 750 ist, jene Constellation aber gerade zwei Jahre
vorher die Sterndeuter beschäftigte, darin vielleicht eine Gewähr liegen könne für die
Geschichtlichkeit des Kindermordes. Denn wenn Herodes irgendwie durch Sterndeuter
auf jene Gestirnung, als eine möglich messianische aufmerksam und argwöhnisch gemacht
wurde, so mußte er allerdings im Frühjahr 750 die Knaben Bethlehems bis zum
Alter von zwei Jahren tödten lassen, um sicher zu sein. Allein diese Grundlage
ist denn doch zu unsicher, um darauf den Glauben an die Geschichtlichkeit einer
Erzählung zu fordern, welche einen so idealen Charakter trägt. Wir müssen sie also
näher ins Auge fassen, und werden dabei sogleich Gelegenheit finden, die Richtigkeit
des gewonnenen geschichtlichen Punktes zu erkennen.

II. Die Anbetung der Magier.

Die Schwierigkeiten der geschichtlichen Auffassung sind vielfache, auch wenn man
nicht auf den Charakter der beiden folgenden Erzählungen sieht, des Kindermordes und
der Flucht nach Aegypten, welche mit der uns vorliegenden unzertrennlich zu einem
Ganzen verbunden sind. Wir haben entscheidende Gründe gefunden, um die Geschicht=
lichkeit der Reise Josephs nach Bethlehem und der daran sich knüpfenden Berichte vom
achten und vierzehnten Tage nach der Geburt darzuthun, und hatten dem idealen
Gebiete judenchristlicher Dichtung nur die Erzählung von der Anbetung der Hirten zu=
zuweisen. Sowie nun die Anbetung der Magier dieser lieblichen Darstellung der göttlich=
weltgeschichtlichen Bedeutung der in Jesus erscheinenden Menschwerdung Gottes sich an
die Seite stellt, so ganz und gar entbehrt sie des historischen Charakters jener Geschichten.
Wie kann man sich auf dem geschichtlichen Gebiete die Führung des Sterns anschaulich
machen, welcher den in der Geburtsnacht ankommenden Magiern nicht allein Bethlehem,
sondern auch Haus und Krippe zeigt? Schon das ist in dieser Sphäre kaum begreif=
lich, daß die weisen und frommen Männer, welche nachher so vorsichtig das Geheimniß
bewahren, in Jerusalem die Sache mit so viel Aufsehen zur Sprache bringen und dem
forschenden Tyrannen, dessen Argwohn und Mordlust weltkundig war, so genaue Aus=
kunft geben über die Zeichen des gerade jetzt geborenen Königs der Juden.

Wie verständlich wird uns aber Alles, wenn wir annehmen, daß wir hier eine
uralte christliche Dichtung haben, welche an den geschichtlichen Stern sich so leicht an=
knüpft? Bei Strauß allerdings ist auch hier nichts erklärt, weil der Stern selbst ihm
eine Erdichtung ist, sodaß unsere Erzählung, mit Allem was an ihr hängt, vollkommen
in der Luft steht. Wir haben oben gesehen, wie er sich den Weg zur wahren Aus=
legung dadurch selbst verschlossen hat, daß er die ihm nicht unbekannte Forschung über
den Stern deshalb abweist, weil das Geburtsjahr Jesu so ungewiß sei. Aber weshalb
anders war es ihm ungewiß, als weil er, hier wie anderwärts, jede chronologische
Forschung vermeidet, gleichsam als fürchte er, dabei auf geschichtliche Felsen zu stoßen,

---

*) „Gott in der Geschichte", III, 75.

an welchen die Flut der Mythen sich brechen müsse, sobald der gesunde Menschenver=
stand der Gemeinde in Stand gesetzt wird, sein Urtheil geltend zu machen? Was hilft
es ihm anzuführen, wie die künftige Größe des Mithridates durch einen Kometen
vorherverkündigt sei und die schweren Folgen der Ermordung Cäsars dem Volke ebenfalls
durch einen bald nachher erscheinenden Irrstern angedeutet wurden? In diesen und
allen ähnlichen Fällen war also ein Stern wirklich da, aber hier ist keiner erschienen.
Ebenso ist es mit der (übrigens ganz unberechtigten) Hinweisung auf den Stern, der
nach der Weissagung im Bileamsliede aus Jakob aufgehen soll (Num. 24, 17), wenn
gerade bei Jesu Geburt keine solche Erscheinung da war, wodurch allein man doch
unsere ganze Erzählungsweise beglaubigen konnte, wenn auch die Anwendung idea=
lisch war?

　　Uns dagegen stellt sich die Sache leicht und natürlich so. Die Magier waren
erleuchtete Heiden, Chaldäer; sie standen allgemein im Rufe alter und geheimer Weis=
heit. Sie also waren die natürlichen Darsteller jener alten und im Volke lebendigen
Glaubenshoffnung der Propheten, daß bei Erscheinung des Gottesreichs die Heiden
nach Jerusalem wallfahrten und dem dort in Gerechtigkeit waltenden Könige huldigen
würden. Allerdings sind die Ausdrücke unserer Erzählung über die Huldigung der
Magier jenen Aussprüchen in den heiligen Schriften der Juden so ähnlich, daß sie
sich selbst als von ihnen absichtlich entlehnt geben. Die folgende Zusammenstellung
macht dieses anschaulich:

Jes. 60, 1—3. 6.	Matth. 2, 1. 2. 11.
Mache dich auf, werde Licht, denn dein Licht kommt: und die Herrlichkeit des Ewi= gen erglänzt über dir. . . . . Ueber dir er= glänzet der Ewige und seine Herrlichkeit erscheint über dir. Und Völker wandeln deinem Lichte entgegen: und Könige dem Leuchten deines Glanzes. . . . . Die von Saba kommen Alle: Gold und Weihrauch bringen sie und verkündigen des Ewigen Lob.	Da nun Jesus geboren war zu Beth= lehem in Judäa . . . . siehe, da kamen Sternseher vom Morgenlande gen Jeru= salem und sprachen, Wo ist der neugeborene König der Juden? Denn wir haben seinen Stern gesehen im Morgenlande und sind gekommen ihm zu huldigen.
Ps. 72, 10. 11. 15. (Vom gerechten König, der in Zion herrschen wird, ein Heiland der Armen.)	
Die Könige von Tarsis und den Inseln müssen Geschenke entrichten: die Könige von Saba und Seba Gaben darbringen. Und es müssen ihm huldigen alle Könige: alle Völker ihm dienen . . . . und ihm vom Golde Sabas geben.	. . . . Und fielen nieder und huldigten ihm und thaten ihre Schätze auf und brachten ihm Geschenke dar, Gold und Weihrauch und Myrrhen.

III. Der Kindermord in Bethlehem.

　　Hier steht der geschichtlichen Auffassung gleich von vornherein das Stillschweigen
des Josephus entgegen. Nirgends zeigt sich der gelehrte Geschichtschreiber so wohl unter=
richtet als in der Geschichte des Hofs des Herodes. Er geht bis ins Einzelne ein
auf die Gräuelthaten des Tyrannen: fern davon sie zu verstecken, enthüllt er sie offen=
bar mit besonderer Vorliebe, sei es aus aufrichtigem Hasse gegen den edomitischen

Unterdrücker seines Volks, sei es, um seine Landsleute durch jene Schilderungen über den Verlust dieses Scheins von Selbständigkeit zu trösten. Es ist schwer zu erklären, daß er von einem so gräulichen Morden unschuldiger Kinder einer Stadt nichts gewußt oder daß er absichtlich davon geschwiegen haben sollte. Ganz Jerusalem war ja, nach unserer Erzählung, durch jene Aussage aufgeregt, alle Schriftgelehrten waren versammelt worden. Was man darüber ausgeklügelt hat, hält nicht Stich: Josephus konnte den Gräuel erwähnen, ohne etwas über den Messias der Christen zu sagen.

Man hat einen geschichtlichen Haltpunkt in der Stelle der Saturnalien des Macrobius, eines belesenen Schriftstellers nach Theodosius, finden wollen, worin (II, 4) das witzige und boshafte Wortspiel Augusts erzählt werden soll bei der Nachricht von der Hinrichtung Antipaters, des Sohnes und Thronerben, kurz vor des Herodes Tode. Augustus rief in griechischer Sprache aus: „Es ist besser, des Herodes Schwein (hys) zu sein, als sein Sohn (hyios)." Das Schwein, wollte Augustus sagen, sei vor dem Judenkönige sicher, weil er kein Schweinefleisch essen dürfe; nicht aber der leibliche Sohn. Macrobius bringt bei dieser Anekdote mit verwirrter Gelehrsamkeit den Mord unmündiger Kinder „in Syrien" bis zum Alter von zwei Jahren aufwärts mit der Hinrichtung Antipaters zusammen, indem er sagt:

> Als Augustus gehört hatte, daß Herodes, der König der Juden, unter den Knaben, welche er in Syrien innerhalb des zweijährigen Alters ermordet, auch seinen Sohn Antipater habe hinrichten lassen, sagte er u. s. w.

Nichts kann ungeschichtlicher vorgetragen sein: Antipater war kein Kind, sondern ein erwachsener Mann; das bethlehemitische Ereigniß, von welchem er durch Christen oder aus christlichen Büchern etwas gehört hatte, ist hier zu einer Ermordung der Kinder in Syrien geworden. Der Kernpunkt der Stelle ist der Witz des Augustus, und dieser bezieht sich einzig und allein auf die Hinrichtung des Sohnes.

In unserer Auffassung des Ganzen werden wir einen dichterischen Parallelismus der Schicksale Jesu mit denen des Moses, als Kind, leicht erkennen. Wie der ägyptische Tyrann der damaligen Zeit das Leben des Kindes und seiner Altersgenossen durch ein unmenschliches Gebot des Mordens in die größte Gefahr setzte, so hier der jüdische Tyrann das Leben des Jesuskindes. Hier wie dort werden die Kinder der Verheißung gerettet, aber viele andere Kinder fallen unter der blutdürstigen Verfolgung der Unschuldigen. Dazu kommt, daß (wie Strauß aus Josephus, „Alterth.", II, 9, 2 beibringt) es eine alte jüdische Sage war, daß einer der ägyptischen Schriftgelehrten dem Pharao gesagt habe, es werde in jener Zeit den Israeliten Jemand geboren werden, welcher Aegypten demüthigen, die Israeliten groß machen, selbst aber an Tapferkeit und Ruhm Alle übertreffen werde. Das nun sei die Veranlassung jenes Gebots gewesen.

IV. Die Flucht nach Aegypten.

Diese Folge der Warnung des Joseph im Traume vor dem Kindermorde ist geradezu unvereinbar mit der von uns als geschichtlich befundenen Erzählung des Lucas. Nach ihr kehrt Joseph mit Frau und Kind, nach der Darstellung im Tempel, nach Nazareth zurück. Hier hingegen wird Joseph, wieder im Traumgesicht, gewarnt, nicht nach Bethlehem zurückzukehren (was also als das Natürliche und Beabsichtigte angenommen wird), wegen der Grausamkeit des neuen Herrschers, welcher ganz in des Vaters Fußstapfen getreten sei.

Dazu kommt wieder ein unverkennbarer Parallelismus der Geschichte des jungen Moses. Zwar schon erwachsener junger Mann, mußte Moses vor dem ihm drohenden

Verfolgung nach Midian fliehen: hier flüchtet Joseph, mit dem Kind aus Judäa nach Aegypten.

Ex. 1, 19.	Matth. 2, 20.
Gehe hin, kehre nach Aegypten zurück [bei den Al.: Mache dich auf, gehe weg nach Aegypten]: denn alle die Leute sind todt, die dir nach dem Leben trachteten.	Stehe auf, und ziehe hin in das Land Israel: denn es sind gestorben, die dem Kinde nach dem Leben standen.

Der Evangelist bildet aber die Ueberlieferung noch weiter aus, indem er auf ein altes prophetisches Wort hinweist (Hos. 11, 1), worin es geradezu heiße: „Aus Aegypten habe ich meinen Sohn gerufen." Also, wie dort das auserwählte Volk, so nach jener frommen Ueberlieferung den eigenen Sohn, im höchsten Sinne. Alle Anführungen von prophetischen Stellen bei Matthäus zeigen sich als Worte des Evangelisten, und so haben wir es auch hier als seine eigene Zuthat anzusehen.

Schluß: Unvereinbarkeit des Ganzen mit Lucas.

Das Ergebniß unserer kritischen Forschung erklärt nicht allein das Anknüpfen dieser ganzen Dichtung aus dem Erscheinen des Sterns, sondern löst auch die nur bei der Flucht nach Aegypten angedeutete Unvereinbarkeit derselben mit dem geschichtlichen Berichte des Lucas.

Will man beide in eine geschichtliche Reihe einordnen, so sind nur folgende drei Annahmen denkbar.

Entweder man läßt die Begebenheit so aufeinander folgen:

Anbetung der Magier	Flucht	Darstellung
in Bethlehem.	nach Aegypten.	in Jerusalem.

Diese Folge ist offenbar unmöglich, denn Joseph ging, nach Matthäus, von Aegypten nach Nazareth, aus Furcht vor Archelaus, also gewiß noch weniger nach Jerusalem, in den Rachen des Verfolgers, als nach Bethlehem, wo unterdessen der Kindermord stattgefunden. Außerdem ist bei der Darstellung des Kindes im Tempel gar keine Besorgniß seinetwegen sichtbar: die Aeltern reden frei über die messianischen Verheißungen, welche auf dem Kinde ruhen.

Oder zweitens, man läßt die Darstellung zwischen Anbetung und Flucht stattfinden, sodaß die Folge wäre:

Anbetung der Magier	Darstellung	Flucht
in Bethlehem.	in Jerusalem.	nach Aegypten.

Diese Annahme läuft geradezu gegen die Erzählung des Matthäus, insofern nach ihm Joseph bei dem Abzuge der Magier im Traume die Warnung empfängt, das Kind vor der Verfolgung zu retten und nach Aegypten zu fliehen (2, 13—15); nicht weniger aber gegen den Bericht des Lucas, wonach die Aeltern, unmittelbar nach der Darstellung im Tempel, sechs Wochen nach der Geburt, nach Nazareth zurückkehren.

Oder drittens, man setzt die Darstellung voran, wonach die Folge wäre:

Darstellung	Anbetung der Magier	Flucht
in Jerusalem.	in Bethlehem.	nach Aegypten.

Aber Joseph kehrt von der Darstellung nicht nach Bethlehem zurück, und ebenso wenig geht er nach Aegypten, sondern zieht nach seinem Wohnsitze Nazareth.

Es kann also eine solche Verbindung der beiden Erzählungen durchaus nicht vollzogen werden: folglich ist die geschichtliche Auffassung der Reihe bei Matthäus nicht möglich.

Um so willkommener also ist uns die Erkenntniß, daß die drei Stücke: die Reise der Magier unter des Sternes Leitung von Jerusalem aus; ihre Anbetung des neugeborenen Königs der Juden in der Wohnung der Wöchnerin in Bethlehem; endlich die Flucht Josephs nach Aegypten, für uns, nach ihrer Fassung wie nach ihrem Inhalt, eine dichterische Darstellung sind, welche an die geschichtliche Erscheinung des Kometen im Frühjahr 750 angeknüpft ist. Und zwar höchst sinnig, und im Geiste der Anschauung der ältesten judenchristlichen Gemeinden zur Veranschaulichung der beiden Glaubenssätze:

Erstens: Jesus ist der von Moses verkündigte große Heiland des Volks, er steht von Anfang da als Ebenbild Moses und des Volkes Israel selbst.

Zweitens: die Heiden huldigen dem Messias bei seiner Erscheinung.

Wir gehen nun daran, das Ergebniß unserer Forschung im Zusammenhange zu betrachten, sowol hinsichtlich des Verständnisses der evangelistischen Erzählungen über Jesu Geburt und Kindheit, als hinsichtlich der Glaubwürdigkeit der Evangelien und der Bibel überhaupt.

Sechster Abschnitt.

Ergebniß der historischen Kritik der Geschichte von den Anfängen Jesu.

I. Ergebniß für das Verständniß der evangelistischen Ueberlieferung von den Anfängen des Lebens Jesu.

Einleitung. Allgemeiner Charakter und Schichten der Ueberlieferung.

Wir haben keine apostolische Ueberlieferung von den Anfängen, wol aber eine evangelistische, vermittelst zweier Sendboten (Missionare), welche die Apostel gekannt und in apostolischen Kreisen gelebt haben.

Dieses ist der erste wichtige Hauptsatz. Er wird ergänzt durch drei andere.

In dem Berichte der beiden Evangelisten vermögen wir zu unterscheiden die von ihnen vorgefundene älteste Ueberlieferung, theils mündliche, theils bereits verzeichnete, und die Auffassung ihrer Zeit, welche sie sich angeeignet.

Jene älteste Ueberlieferung stammt aus judenchristlichen Gemeinden und muß ihre Form zwischen 40 und 50 n. Chr. erhalten haben: der Horizont der Evangelisten selbst ist mehr der heidenchristliche, und zwar im Jahrzehnt von 70 bis 80 nach Christi Geburt.

Die älteste Ueberlieferung hat bereits zwei gleich ursprüngliche Elemente, das rein geschichtliche und das ideale, als die Geschichte des Sohnes Josephs und des Sohnes Gottes; aber das ideale Element ist an das geschichtliche angeknüpft, durch die Vermittelung der Idee der Menschwerdung Gottes, nicht ist das geschichtliche gepfropft auf das ideale. Der älteste Boden, auf welchem wir stehen, ist also der geschichtliche. Er ist keineswegs vernichtet oder beeinflußt durch das Bewußtsein der ältesten Christenheit, daß der ideale Charakter der Persönlichkeit Jesu wesentlich sei für deren Verständniß; aber er ist mit ihm innig verbunden. Die Darstellung der Evangelisten steht dagegen auf dem Standpunkte des Glaubens, daß die Vaterschaft Gottes die Vaterschaft Josephs ausschließe, und hiernach ist eine ursächliche Verknüpfung jener beiden Elemente vorgenommen, wodurch der geschichtliche Zusammenhang bedeutend verdunkelt wird.

Wir glauben diese Sätze am besten durch eine dreifache Uebersicht zur Anschauung bringen zu können.

Erstens: Uebersicht der acht geschichtlichen Hauptpunkte, welche mit der Rückkehr der Aeltern von Bethlehem und Jerusalem endigen, im Rahmen der Zeitgeschichte.

Zweitens: Uebersicht der Verbindung jener geschichtlichen Hauptpunkte mit der Poesie der ältesten judenchristlichen Gemeinden und mit einem davidischen Stammbaum: Jesus, Josephs Sohn und Gottes Sohn.

Drittens: Ursächliche Verknüpfung beider Elemente zu einer scheinbar äußerlichen Geschichte: Jesus ohne menschlichen Vater, und seine Mutter eine Jungfrau.

1 **Die acht geschichtlichen Hauptpunkte der Anfänge Jesu im Rahmen der Zeitgeschichte.**

Zeitgeschichte.	Joseph, Maria, Jesus. (Zacharias und Elisabeth.)

747. Herodes der Große, König: Jahr 31 seiner Regierung. October und December: Conjunction von Jupiter und Saturn.

748. März: achthundertjährige Conjunction der drei obern Planeten (Mars, Jupiter, Saturn).

749.

    (a. 3.—9. October. Weihe des Tempeldienstes des Zacharias.)

    (b. Mitte October. Empfängniß des Johannes.)

    (c. Mitte Februar bis Mitte März, fünfter Monat der Schwangerschaft der Elisabeth.)

    A. Maria verlobt in diesem oder am Ende des vorigen Jahres mit Joseph in Nazareth.

    B. Gesicht der Maria; Verkündigung; im sechsten Monat (Mitte März bis Mitte April) der Schwangerschaft der Elisabeth.

    C. Reise der Maria zur Elisabeth (März oder April). Aufenthalt daselbst drei Monate (bis Ende Juni).

    (d. Geburt des Johannes, gegen Mitte Juli.)

    D. Vermählung der Maria mit Joseph (Juli) in Nazareth.

750. Februar, März, April: der große Komet am Himmel; 12. und 13. März; große Hinrichtung der Patrioten; große Mondfinsterniß in Jerusalem, in der folgenden Nacht. Ende März (Anfang April): Herodes stirbt, fünf Tage nach Hinrichtung seines Thronerben Antipater. Osterfest am 15. April. Schätzung (Volkszählung) auf römischen Befehl, April. Archelaus eingesetzt als Tetrarch für Judäa.

    E. Geburt Jesu im April in Bethlehem.

    F. Beschneidung und Namengebung.

    G. Reise nach Jerusalem zur Darstellung (Mai).

    H. Rückkehr nach Nazareth und Wohnen daselbst.

14*

2. Die Anknüpfung idealer Elemente an die geschichtlichen.
(40—50 n. Chr.)

Das Geschichtliche von 748—750.	Das Ideale von 40—50 n. Chr.
Die Anfänge des Lebens Johannes des Täufers (a. b. c. d.) bei Lucas.	(a. Die Stummheit des Zacharias bis zur Beschneidung des Sohnes. c. Der Gruß der Maria und die weissagende Erwiderung der Mutter und der Frucht. d. Lobgesang des Zacharias.)
A. Verlobung. B. Gesicht der Verlobten.	(Sämmtlich bei Lucas.) Erscheinung Gabriels zur Verkündigung des Sohnes Gottes, dessen Mutter sie werden soll. (Lucas.)
C. Besuch der Maria bei Elisabeth; Josephs Argwohn bei ihrer Rückkehr.	Lobgesang der Maria, infolge der weissagenden Ansprache der Elisabeth. (Lucas.)
D. Vermählung der Maria.	{ Fortgesetzte Verlobung. { Traumgesicht Josephs über Maria. (Matthäus.)
E. Geburt Jesu in Bethlehem, in der Herberge.	**Lucas.** Die Erscheinung des Engels bei den Hirten. — Lobgesang der Engel. | Die Anbetung der über Jerusalem dem Sterne nach gen Bethlehem gekommenen Magier.
F. Beschneidung am achten Tage.	Josephs Traumgesicht. Der Kindermord in Bethlehem.
G. Darstellung am vierzigsten Tage.	Die Flucht nach Aegypten. Josephs Traumgesicht, verbietend nach Bethlehem zurückzugehen.
H. Rückkehr nach Nazareth.	

3. Hiſtoriſche Verknüpfung des Geſchichtlichen und Idealen vom Standpunkte der
Idee der Menſchwerdung Gottes.
(70—80 n. Chr.)

Geſchichtlicher Zuſammenhang.	Zuſammenhang vom evangeliſchen Standpunkte.
A. Maria wird mit Joſeph vermählt als Jungfrau, ohne Schwangerſchaft.	A'. Maria iſt ſchwanger, ehe Joſeph ſie heimführt.
B. Maria iſt und bleibt Jungfrau bei ihrem Geſichte während der Verlobung.	B'. Maria iſt ſchwanger geworden durch den heiligen Geiſt, bei des Engels Verkündigung.
C. Maria kehrt nach dreimonatlichem Beſuch bei der Eliſabeth als Jungfrau, nicht ſchwanger, zurück nach Nazareth.	C'. Maria iſt alſo am Ende des dritten Monats ihrer Schwangerſchaft, als ſie von der Eliſabeth zurückkommt. (Lucas.)
D. Joſeph führt ſie heim, nachdem er von ſeinem grundloſen Argwohn befreit iſt.	D'. Joſeph führt Maria heim, ohne ſie zu berühren, auch nachdem er von ſeinem Argwohn befreit iſt. (Matthäus.)
E. Joſeph reiſt mit ſeinem Weibe auf Veranlaſſung der Volkszählung nach Bethlehem: Maria wird bei der Ankunft entbunden.	E'. Der in Bethlehem geborene Meſſias wird in der Nacht der heiligen Geburt von Engeln und Hirten auf dem Felde gefeiert (Lucas) und die Magier kommen, vom Stern geführt, dem göttlichen Kinde zu huldigen.
F. G. Die Aeltern gehen mit dem Kinde nach Jeruſalem zur Darſtellung im Tempel.	F'. G'. Weiſſagender Lobgeſang Simeons bei der Darſtellung des Kindes im Tempel. (Lucas.) Flucht nach Aegypten vor dem Kindermorde. (Matthäus.)
H. Die Familie kehrt zurück nach Nazareth, dem Wohnſitze Joſephs.	H'. Die Familie zieht [nicht nach Bethlehem, ſondern] nach Nazareth.

II. Ergebniß für die Glaubwürdigkeit der evangelistischen Berichte und der Bibel.

Es bedarf für den Historiker keiner Ausführung, um zu beweisen, die Glaubwürdigkeit der evangelistischen Erzählung könne dadurch nicht vermindert sein, daß man in Stand gesetzt werde über den Standpunkt der Evangelisten hinauszugehen und die Urkunden, welche sie aufbewahrten, von ihrer Auffassung derselben zu sondern. Umgekehrt wird der Umstand, daß wir in ihren Erzählungen die drei Schichten oder Stufen zu unterscheiden vermögen, welche wir in ihnen aufgezeigt, namentlich dem christlichen Historiker ein Beweis für die Göttlichkeit des Geistes sein, welche sie leitet und beseelt. Die beiden Factoren, der geschichtliche und der ideale, werden von den Evangelisten auch da festgehalten, wo sie die älteste Ueberlieferung einseitig auffassen: Jesus ist ihnen der wahre Mensch, der Sohn Davids, auch wo sie von seiner Gottessohnschaft einen in die Wirklichkeit physisch eingreifenden Gebrauch machen.

Diese Ansicht ist unabhängig von dem zweiten Umstande, daß nach dem Ergebnisse unserer durchgeführten Forschung die Geschichte der Anfänge des Lebens Jesu des Mirakulösen entkleidet wird. Allerdings aber ist dieses das Ergebniß, obwol nicht die Absicht der Untersuchung, und es möchten doch wol selbst unter den Theologen Wenige sein, welche das Mirakulöse um sein selbst willen, als Bezeugung des Göttlichen, aufnehmen, ja fordern. Denn gewiß ist nichts göttlicher als die Vernunft, also die Vernünftigkeit, Denkbarkeit; und die Gesetze des physischen Daseins sind ebenso wol ewige Gedanken Gottes und unverletzlich, als die Bedingungen des geistigen Lebens und der sittlichen Freiheit. Wir haben aber das höhere Alter der denkbaren, vernünftigen Vorstellung nicht als Heischesatz aufgefaßt, sondern wir haben es als eine rein thatsächliche Geschichtlichkeit gefunden. Denn so wie wir allenthalben für das nachweislich Mythische in jenen Erzählungen einen geschichtlichen Hintergrund finden, so fanden wir auch immer die supernaturalistische oder Mirakelansicht als Misverständniß einer geistigen Auffassung. Wollten wir jene Ansicht logisch vollziehen, sie uns als die Darstellung von etwas wirklich Geschehenem klar machen, so geriethen wir in Widersprüche: wir fanden die Lösung, sobald wir sie auf die ursprüngliche Darstellung zurückführten. Und wir hatten diese ursprüngliche Auffassung wo nicht in den Erzählungen desselben Evangelisten, so doch in dem Berichte eines andern: immer war es die Bibel, welche uns die Bibel erklärte, und der Geist der Gemeinde, welche uns diese innerliche Gewähr erhalten, erweist sich also dergestalt als wahrhaft von jenem Geiste Gottes erfüllt, welcher ihr verheißen war, dem Geiste der Wahrheit.

Dieses gilt auch von den messianischen Aussprüchen des Alten Bundes, auf welche besonders von Matthäus verwiesen wird. Gerade wo diese für eine leibliche und fleischliche oder wenigstens äußerliche Vorstellung des Evangelisten angeführt werden, finden wir, daß sie unrichtig verstanden sind. Aber auch in solchen Fällen liegt jedesmal, näher oder entfernter, eine richtige Anschauung zu Grunde, und weshalb? Weil die Evangelisten sich in der Grundidee der Offenbarung von einem sittlichen Gottesreiche auf der Erde und seinen Propheten bewegen. Je mehr dieses aber nachgewiesen und anerkannt wird, desto mehr ist nicht allein die Glaubwürdigkeit, sondern auch das Ansehen und die oberste Würde der heiligen Schrift in Glaubenssachen gesichert.

Man kann dagegen nur eine Einwendung machen, nämlich die Besorgniß oder den Vorwurf, es werde dann am Ende wol ein gesichteter Thatbestand übrig bleiben, wie von den biblischen Geschichten überhaupt, so von den evangelischen insbesondere, aber wo bliebe ihr absoluter Gehalt? Es werde Christus als Weiser, als Prophet, in vollem Lichte strahlen, aber wo bliebe der Heiland, der Erlöser? wo das specifisch Göttliche seiner Persönlichkeit und das durchaus Einzige unsers Verhältnisses zu ihm? Hierauf antworten wir nicht etwa vertheidigend, abwehrend, sondern wir fühlen uns gedrungen, angreifend zu verfahren. Wir wollen nicht weniger Göttliches in Christus, sondern mehr, und wir vermissen dasselbe in der kirchlich = theologischen Ansicht ebenso wol als die geschichtliche Wahrheit.

III. Die theologische Berechtigung der gewöhnlichen kirchlichen Ansicht von der Erzeugung Jesu.

Das Mysterium des Glaubens besteht nach der kirchlichen Ansicht in der Annahme, daß Jesus ohne menschliche Vaterschaft in Maria erzeugt, oder wie man sagt, in ihrem Leibe Mensch geworden sei. Wir haben oben geschichtlich nachgewiesen, daß die älteste christliche Ueberlieferung davon nichts weiß, und daß die spätere Auffassung allerdings die der Evangelisten ist, aber doch dem Historiker nur als Misverständniß des Glaubens an die Gottessohnschaft gelten kann.

Aber abgesehen hiervon, ist sie nicht eine sehr unvollkommene Form des Glaubens an die Göttlichkeit Christi? Wenn es nöthig wäre (wovon die Bibel nichts weiß, und die Vernunft nichts versteht), daß die physische Gemeinschaft Jesu mit der sündigen menschlichen Natur unverträglich sei mit seiner Gottheit, so mußte auch die Geburt von der Maria es sein, falls man nicht die Maria ebenfalls von der menschlichen Natur leibhaftig abschneiden, d. h. sie zur Göttin machen will. Und selbst da kann man nicht stehen bleiben, sondern man muß dieses auch (wie unter unsern Augen geschehen) auf ihre Aeltern ausdehnen, ja, folgerichtig, auf alle ihre Vorfahren, wodurch man auf Adam zurückkommt, dessen Sündenfall den bösen Keim in uns gepflanzt haben soll. Statt also Jesus von diesem loszutrennen, durch eine widernatürliche und vernunftwidrige Vorstellung, hebt man dasjenige auf, um dessentwillen man jene unvollkommene Fassung einer ewigen Wahrheit zum Ausdruck des wissenschaftlichen Glaubens gestempelt hat.

Aus dem Gesagten folgt bereits, daß eine Verneinung der dort unvollkommen ausgedrückten Idee die im Dogma verdunkelte Wahrheit aufheben würde. Ehe jene Form auf ihren wahren Sinn offen zurückgeführt und der ihr anklebenden Unwahrheit entkleidet werden kann, muß das, obwol offenkundige, doch dem gewöhnlichen Sinne verborgene Geheimniß zur Anerkennung gelangen. Die mythische Form einer ewigen Idee ist ihr berechtigtes zeitliches Abbild, solange sie im sittlich = geistigen Leben der Menschen und Völker das Verständniß jener Idee vermittelt. Sie soll nach göttlichem Rechte nur aufhören, um einem höhern Glauben Platz zu machen. Dieser tritt ein, sobald das geschichtliche Bewußtsein und die gewissenhafte Vernunft das Unwahre erkennt, welches der Form einwohnt, inwiefern ihr eine von der Idee unabhängige thatsächliche Wahrheit beigelegt wird. Es muß und wird immer ein Gegenstand des Christenglaubens bleiben, daß Jesus der Sohn Gottes ist, wie er selbst feierlichst bezeugt und betheuert hat. An diesen Glauben wird mit Recht sich die Ueberlieferung anschließen, daß Maria als reine Jungfrau dem Gesicht vertraute, welches ihr verkündigte, daß sie die Mutter werden sollte des großen davidischen Sprößlings, des verheißenen und sehnsüchtig erhofften Herstellers des jüdischen Gottesreichs. Dieser Glaube wird um so lebendiger werden, je mehr einerseits die Wahrheit des Ausspruchs verstanden wird: „Ich habe gesagt, Götter seid ihr: Söhne des Höchsten ihr Alle", und andererseits angeschaut, daß was der sittliche Mensch als bedingte Kraft

in sich fühlt, ihm in Jesus, dem Gesalbten, dem vorzugsweise als Gottes Sohn Erwie=
senen, unbedingt und unbeschränkt dargestellt ist. Ja, Johannes führt unsere Christo=
logie über den psychologischen Standpunkt hinaus, ohne daß die Gemeinde sich in den
Irrgang eines häretischen (d. h. selbstgewählten, nicht biblisch gemeindlichen) metaphy=
sischen Systemes zu verlieren in Gefahr kommt.

Es wird unten nachgewiesen werden, daß diese johanneische Anschauung auf Jesu
Selbstbewußtsein zurückgeführt werden kann, und daß sie die Menschheit Christi voll=
kommen unbetheiligt läßt von seiner einzigen, göttlichen Hoheit.

Das nun kann keineswegs gesagt werden von jener unvollkommenen, um nicht zu
sagen unrichtigen Auffassung oder Formulirung. Der sittlich=vernünftige Glaube an
die Göttlichkeit der Person Jesu schließt auch den Glauben an Jesu sittliche Freiheit ein,
also an Jesu ganze wahre Menschheit, und es ist ein großes Verdienst der geschicht=
lichen Kirche, diese Menschheit immer gegen phantasmagorische Vorstellungen und
begriffsverwirrende Bestimmungen, sei es der Gnostiker oder der Manichäer, festgehalten
zu haben. Leider glaubte man dieses nicht anders thun zu können, als durch eine
ebenso begriffsverwirrende Entgegensetzung der göttlichen und menschlichen Natur.
Man wollte eine Christologie haben ohne eine entsprechende Anthropologie. Dadurch
verlor Jesus den unberechenbar heilsamen Charakter des rein menschlichen Vorbildes
geistiger Kraftanstrengung, in heiligem Leben und liebender Aufopferung bis zum Tode.
Dadurch ferner ward das Christenthum mehr eine Religion des Leidens als des Thuns,
mehr des Duldens als handelnder sittlicher Kraft. Christus wurde ein Gespenst, und
seine Religion ein Mönchthum. Denn jene theologische Einseitigkeit konnte nicht ohne
Einfluß auf die Wirklichkeit bleiben. Das Christenthum trennte sich von dem nationalen,
bürgerlichen, häuslichen Leben, in welchem, und in welchem allein es als göttliche
Kraft die Menschheit erheben, läutern, heiligen sollte: ja es sank insofern unter das
Judenthum zurück. Nur die Bibel und die Kraft der Lehre von der ewigen Liebe
Gottes in Christus gab ihm seitdem noch die leitende Stellung in der Menschheit.

Nur die volle Erfassung des Geheimnisses der Menschwerdung Gottes in Jesus
kann uns aus diesem tiefen Verfalle erretten, und wir bedürfen dazu keines selbst=
gewählten Führers, sondern nur der Anwendung des von Johannes uns aus Jesu
Mund und Geist Ueberlieferten, ja höchst wahrscheinlich absichtlich, als Gegenstück der
evangelistischen Anschauung, im Evangelium des Apostels hervorgehoben. Dieses auszu=
führen ist aber erst Bestimmung der zweiten Abtheilung dieser Vorgeschichte.

**IV. Zusammenfassung des Bisherigen. Jesus im Jahre 762. Haus und Stadt.
Land und Leute. Der geistige Horizont Judäas in den Jahren 750—780.**

Ein ehrbares jüdisches Ehepaar zieht, vom Passahfeste kommend, im April des
Jahres der Stadt 762 in seine stille Heimat ein, den eben ins dreizehnte Jahr getre=
tenen ältesten Knaben mit sich führend. Das war Jesus, erstgeborener Sohn der
Maria, der Ehegattin Josephs, des Zimmermanns. Joseph war aus dem Geschlechte
Davids, und Bethlehem war also sein Stammort. Aber er lebte in jener Landschaft
am Galiläischen See und war dort ansässig. Maria war aus dem Stamm Levi und
zwar aus aaronischem Stamme. Sie hatten den Segen einer zahlreichen Nachkommen=
schaft: die Brüder Jesu, des Erstgeborenen Marias, waren vier: Jacobus, Joseph,
Simon und Judas: die Schwestern, welche ohne ihre einzelnen Namen, uns zwanzig
Jahre später als dort verheirathet und ansässig genannt werden, mögen also auch wol
schon geboren sein (Matth. 13, 56). Auch eine Schwester der Maria könnte unter

Umständen in Nazareth verheirathet gewesen sein (vgl. jedoch die gegentheiligen Bemerkungen z. Matth. 13, 55; Joh. 19, 25).

Jesus selbst war zum Handwerke und zur Kunst des Vaters bestimmt; denn er heißt später selbst „der Zimmermann", ebenso wol als „des Zimmermanns Sohn".

Das ist das rein Geschichtliche von den Anfängen Jesu, desselben, der im blühendsten Mannesalter starb, und doch mehr und anders als irgendein Sterblicher das Angesicht der Erde verändert und die Menschheit umgestaltet hat, und der durch seinen Geist jetzt und fernerhin die Zukunft beherrscht.

Sowie wer in ein Heiligthum tritt, zuerst in Vorhof und Vorhalle sein Gemüth sammelt, um nicht ganz unwürdig vor dem Göttlichen zu erscheinen, so gebührt es sich, ehe wir dem Heiligthum der reinsten und erhabensten Persönlichkeit näher treten, daß wir uns vorher nach den Umgebungen umsehen, Menschen und Natur, Vergangenheit und Gegenwart, zwischen welchen dieser Charakter und dieser Geist zum Selbstbewußtsein erwuchs. Nicht daß der Geist durch die Umgebungen und sein äußeres Geschick das wurde, was er, als das Ursprüngliche, im Kerne seines Wesens ist; aber die Außenwelt ist doch die Nahrung, welche er sich aneignet, der Stoff, aus welchem er sich sein äußeres Dasein webt. Der Funken des Geistes bedarf eines Steins, an welchem er sich entzündet, und eine Natur, welche ihm die Bilder darbietet, um seine Sprache zu bilden. Stille und Zurückgezogenheit sind oft noch wirksamere Bildungsmittel des Geistes in Kindheit und Jugend, wie in reifern Jahren Verkehr mit andern Menschen und Wirken unter anregenden Verhältnissen.

Sehen wir uns also zunächst nach den Aeltern Jesu etwas näher um.

Die Aeltern Jesu gehörten einem jener Familienkreise an, welche wir die Stillen im Lande nennen können: gläubige, das Heil Israels erwartende Männer und Frauen des Volks, in allen Theilen des Landes zerstreut, deren Dasein sich in der Vorgeschichte Jesu und in den evangelischen Berichten aus dem Lehramte kundgibt. Beide also, Joseph und Maria, waren ihrem Wohnorte nach Galiläer. Das nördliche Palästina erscheint früher, selbst in seinen äußersten Grenzpunkten, als ein Land der Begeisterung. Dort hatte Deborah mit Barak den stolzen König Jabin bekämpft. Elia gehörte dem nördlichen Reiche zu, ebenso andere Gottesmänner. Zu Hiskias Zeiten wird einer begeisterten Erhebung in jenen Gegenden erwähnt und eines geistigen Lichtes, welches ihnen bald anbrechen werde. Dabei wird namentlich Galiläa erwähnt. Diese Landschaft, einst das Erbtheil des halben Stammes Asser, das Land Naphthalis und Sebulons, erstreckte sich vom südlichen Abhange des Hermon bis zur Ebene Jesreel und zum Karmel, in einer Länge von ungefähr einem Grade, bei der Hälfte Breite: ein Land reich an Naturschönheiten und bedeckt mit großen Erinnerungen. Westlich war das nahe Mittelmeer, mit seinen Handelsstädten an den Gestaden des reichen und geschäftigen Phönizien, Thyrus und Sidon vor allen andern: den Juden heißt deshalb dieser nördliche Theil Galiläas die Grenzmark der Heiden. Oestlich wird das Land begrenzt vom Jordan, der zuerst durch den See Merom und dann durch den größten See des bewohnten Landes, den See von Kinnereth oder Genezareth fließt. Dieser See ist der Mittelpunkt der Landschaft. Am westlichen oder galiläischen Ufer zieht sich die große Weltstraße von Babylon und Damascus her, über Tiberias nach Cäsarea, dem Sitz des Landpflegers am samaritischen Gestade hin. Das Land senkt sich nach diesem See hin allmählich herab: der Spiegel des Sees ist etwa 650 Fuß unter dem Meeresspiegel. Das Innere ist zum Theil Steppe mit kahlen Berggipfeln, zum Theil aber auch voll wasserreicher Triften. Ueber zwei

Millionen Menschen lebten, wie man aus Josephus Angaben beweisen kann, damals in diesem jetzt fast veröbeten Landstrich. Wenig geachtet von den Judäern, wegen der Rohheit und Unwissenheit des Volks, hatten die Galiläer doch den Vortheil, von dem Verderben der Herodischen Höfe und dem Pfaffenthum Jerusalems weniger berührt zu werden: lauter Umstände, welche der Erhaltung eines innigen Familienlebens und kindlichen Glaubens förderlich sind; eine Persönlichkeit aber konnte sich leichter in ihrer Ursprünglichkeit dort entwickeln und für den Kampf mit dem Verderben der Zeit vorbereiten als um Jerusalem und im Striche der römischen Landstraßen. Um das Galiläische Meer wehte die Weltluft, Hellenen und Römer, romanisirte Vornehme und Beamte, neben echt hebräischen Fischern und Ackerleuten, kamen hier zusammen.

Nazareth selbst war ein durch seine Lage abgeschlossenes Landstädtchen, aber von großartiger Eigenthümlichkeit und erhabener Stille der Landschaft. Wahrscheinlich erzeugte diese Abgeschlossenheit eine gewisse Rohheit und Unwissenheit, welche die Nazarener selbst unter deren galiläischen Nachbarn verachtet machte. Denn der Sinn der raschen Worte Nathanaels von Kana, als Philippus ihm ankündigt, daß er in Jesus von Nazareth den verheißenen Messias gefunden: „Was kann von Nazareth Gutes kommen?" ist doch wol von der Unwissenheit seiner Einwohner zu verstehen, da von dem göttlichen Lehrer des Volks die Rede ist. Daneben aber muß man zwei Umstände nicht vergessen. Einmal daß jede Stadt, auch die kleinste, ihre Synagoge und Schule hatte, worin „Moses" gelesen ward, nebst den prophetischen Stellen zum Schlusse, die sich auf den vorgelesenen Abschnitt des Gesetzes bezogen, ja auch damals noch), wie es scheint, nach freier Auswahl. Also der Segen der Bibel. Dazu kamen würdige religiöse Feiern, wie die bei der Heirath, und dem Begräbnisse; ja die fromme Sitte führte auch den Vorsitz bei dem täglichen Familientische und dem geselligen Mahle. Das Priesterthum des Hausvaters ward dabei geübt, indem er beim Brechen des Brodes zu Anfang des Mahles, und wiederum beim Vertheilen des Weins zum Schlusse, die beiden Bescherungen Gottes segnete, das heißt den Dank aussprach für die Gabe der Frucht des Feldes und des Weinstocks. Aber zweitens, wie uns eben auch das Beispiel der Familie von Jesu zeigt, jede nicht ganz unbemittelte Familie ging, wenn irgend möglich, einmal im Jahre wenigstens, zu den hohen Feiern im Tempel des Ewigen. Dort kamen die Stämme, auch die entferntesten zusammen: die Freizügigkeit und Gastfreundschaft im Lande ließen Jeden dort Gefreundete und Bekannte finden. Angesichts der hohen Stadt und ihrer Geschicke und Feiern tauschte man dort Hoffnungen und Gedanken aus und empfand, trotz der schweren Zeit, den Segen der noch übrigen Einheit des auserwählten Volkes Gottes. Jerusalem war das Delphi und Olympia der Juden — und wieviel mehr noch!

In Nazareth also lebte der fromme Zimmermann Joseph, durch seine davidische Abstammung ein nach Bethlehem gehöriger Judäer. Es war in einem der verhängnißvollsten Zeitpunkte, im Jahre vor dem beispiellosen Blutvergießen des sterbenden Tyrannen und am Vorabende der Herrschaft der Römer, welche Judäa bereits umklammert hielt, daß Joseph sich mit einer Jungfrau aus priesterlichem Geschlecht verlobte, welche in Südjudäa eine Muhme oder ältere Verwandte aus den Töchtern Aarons hatte. Wo sie in der Geschichte Jesu vorkommt, erscheint Maria als eine fromme, und von der Achtung der Ihrigen umgebene Frau, wie denn auch die Sorge um sie der letzte irdische Gedanke des Herrn war. Insbesondere aber sehen wir, daß sie festhielt am Glauben an ihren Sohn, als an das Kind großer Verheißungen und göttlicher Hoffnungen. So kann es auch für den Historiker nichts Auffallendes haben, daß sie während der ersten Zeit ihrer Verlobung, in der Stille ihres einsamen Gemachs, sich im Gesichte als Mutter des Messias geschaut hatte, und darin nicht eine Täuschung, sondern eine sichere Wahrheit ihrer innersten Seele, also eine göttliche Offenbarung erkannte. Dabei mochten ihrem Geiste auch wol die Worte des Jesaja vorschweben, der da sagt — nach der Uebersetzung der Alexandriner und einer sehr alten jüdischen Auffassung (Jes. 7, 14) —:

> Siehe, die Jungfrau wird schwanger sein und einen Sohn gebären, und sie werden seinen Namen heißen Emmanuel u. s. w.

Jedenfalls war ihr der ersehnte Messias, wie allen Juden der Zeit, ein siegreicher Herrscher, welcher die Macht der Heiden brechen und Israel zum höchsten Ruhme führen werde. Wie konnte der von der Verlobten des Zimmermanns geboren werden? Doch „bei Gott ist kein Ding unmöglich". Sie glaubte der Schauung und vertraute das Geheimniß ihrem Bräutigam, wahrscheinlich nach der Rückkehr von der Elisabeth, welche selbst voll begeisterter Hoffnungen ihrer Niederkunft entgegenging.

Es scheint nun, daß in der Seele Josephs sich ein böser Argwohn geregt, ob nicht die Verkündigung etwas Ungebührliches verberge? Doch der bessere Geist in ihm siegte: er führte sie heim und die nächste Zeit lehrte, wie ungerecht jener unwürdige Argwohn gewesen sei. Die Geburt Jesu erfolgte ein Jahr nach der Verkündigung, in gewöhnlicher Zeit nach der Vermählung.

Die Ehe war in der That eine glückliche und gesegnete. Nirgends erhebt sich eine Stimme gegen Maria oder Joseph. Dieser selbst ist 18 Jahre später, zur Zeit des Auftretens Jesu, aus der Familie verschwunden, doch steht er in gutem Andenken bei den Einwohnern von Nazareth. Er wird also in jenem Zeitraume gestorben sein.

Die dreißig Jahre zwischen der Geburt und dem öffentlichen Auftreten Jesu waren Zeiten großer und schwerer Ereignisse. Wol mochte sich mancher Israelit geschmeichelt haben, daß mit Herodes dem Großen Elend und Demüthigung den höchsten Grad erreicht hätten. Allein Archelaus insbesondere war ein grausamer Tyrann wie der Vater, und der Tetrarch Galiläas und des gegenüberliegenden Ostjordanlandes (Peräa), Herodes Antipas, war ein schlauer Fürst, welcher seiner Sinnlichkeit Alles opferte. Neun Jahre nach Jesu Geburt ward Archelaus abgesetzt und das ganze Land einverleibt als römische Provinz. Der Landpfleger hatte seinen Wohnsitz in Cäsarea (Kaisarieh), der von Herodes dem Großen, 10 Stunden südlich von Ptolemais (Akko) erbauten blühenden Hafenstadt; er stand unter dem Proconsul Syriens. Nirgends war mehr Raum für die Freiheit: die Regierung des Tiberius, welcher im 19. Jahre des Lebens Jesu den Thron bestieg, begründete den vollen Militärdespotismus der alten Welt. Unter ihm erhob sich am Galiläischen See eine neue griechisch-römische Stadt, Tiberias, also eine von der Wurzel aus heidnische Bevölkerung. Die letzten Kräfte Judäas schienen sich in Verschwörungen und andern Thaten der Verzweiflung zu erschöpfen. Zwar lebten damals auch große Lehrer und Schulhäupter in Jerusalem: auf Simeon folgte Gamaliel, dessen Sohn: Männer von Geist und Milde, aber unfähig dem abgestorbenen Judenthum neues Leben einzuflößen.

Unterdessen setzte Jesus in der Vaterstadt das Handwerk des Vaters als Zimmermann fort, denn Zimmermann heißt er ausdrücklich bei Marcus (6, 3). Allein wo sein Geist war, das sagte er schon am Eingange ins dreizehnte Jahr stehend — was bei uns dem Eintritte ins sechzehnte gleichzustellen ist — als die besorgten Aeltern ihn in der Tempelschule mitten unter den Lehrern fanden. „Muß ich nicht sein im Hause meines Vaters?" ein Wort, welches uns einen tiefen Blick in das Innere des ins Jünglingsalter tretenden Knaben thun läßt. Das Wort, daß er Gott und Menschen lieb aufwuchs, also wahrscheinlich von gewinnendem Aussehen war, gilt gewiß auch von seinen spätern Jahren. Sonst aber werden die Menschen um ihn nichts Außerordentliches bemerkt haben. Wie die Zeit fortschritt, schienen sich die begeisterten messianischen Hoffnungen weniger und weniger bewähren zu sollen. Die Noth des Volkes Israel wuchs: der stille Jüngling war, dem Anscheine nach, der Letzte, welcher den Beruf hatte, der Erniedrigung ein Ende zu machen und Israel zu nie gesehener Höhe empor= zuheben. Aus der Weise, wie er späterhin sich über die messianischen Bibelforschungen der Juden aussprach, dürfen wir auch schließen, daß sein Glaube an die Weissagungen der Propheten über den Messias und dessen Reich gänzlich abwich nicht allein von den Vorstellungen des Volks, sondern auch von den Auslegungen der Schriftgelehrten und ihren Berechnungen der danielischen Jahreswochen und der Vorzeichen der Ankunft des Elia. Die Zeichen vom nahenden Sturm oder schönen Wetter (sagt ein früher Spruch) kennt ihr: warum könnt ihr die Zeichen dieser Zeit nicht verstehen? Was hilft euch (lautet ein anderer hierhergehöriger Spruch), daß ihr in der Bibel forschet, weil ihr wähnt das ewige Leben dort zu finden? Was kann euch alles Bibellesen helfen, wenn ihr Gottes Sohn nicht darin suchet und findet? Denn den Messias Davidssohn zu nennen, genügt nicht: er ist Gottes Sohn; seid ihr doch Alle berufen Gotteskinder zu sein, ja werdet in der Schrift (Pf. 82, 6) Götter genannt. Also über den todten Esraismus, das neue Judenthum, mit seiner unübersteiglichen Schranke zwischen Gott und Mensch, göttlicher und menschlicher Natur, muß Jesus schon lange hinausgekommen sein, ehe er auftrat, wenn es nicht richtiger ist, was die Worte des Zwölfjährigen andeuten, daß sein Gottesbewußtsein sich immer weit über dieser todten und tödtenden Ansicht vom „Alten der Tage" gehalten hat.

Was mögen also seine Gedanken und seine innern Leiden gewesen sein, wenn er von den stillen Höhen der Vaterstadt über das Land hinschaute, den Schauplatz so großer Thaten Gottes, so erhabenen Muthes und Gottesvertrauens, so hohen Ruhms, und nun, seit Jahrhunderten, solcher Schmach und Demüthigung! Es gibt nicht leicht einen schönern und ernstern Blick über das herrliche nördliche Land, als von dort. Ein Kranz von funfzehn weißen Berggipfeln erhebt sich über den grünen und einst blumen= reichen Kessel der Stadt, welche wahrscheinlich davon ihren Namen trägt (Nezer heißt eine Krone, ein Kranz); oder wie ein alter christlicher Beschreiber sagt, von dem Kranze der Blätter, welche den Kelch der Rose von Nazareth umgeben. Die mit Einsicht und Liebe entworfene Schilderung von Arthur Stanley setzt uns in Stand, jene Lage und Aussicht uns zu vergegenwärtigen. Nazareth selbst liegt am südwestlichen Abhange eines jener umkränzenden Berge, gerade über dem grünen Teppich des Kessels, mit Quelle und Brunnen. Nordwestlich emporsteigend gelangt man zu einer Kalkfelsspitze, deren Abhang schroff in die umherliegende Landschaft abfällt. Dort wollte später die fanatisch erregte Menge ihn hinabstürzen; da, oder auf einer ähnlichen Höhe schaute das Auge nördlich den schneebedeckten Gipfel des Hermon, östlich den in ehrwürdiger Einsamkeit sich erhebenden Kegel des Tabor und dahinter den Kessel des Galiläischen Sees mit dem Lande jenseit des Jordan; westlich das großartige Vorgebirge Karmel und das weite Mittelmeer; südlich endlich die Ebene Esdraelon, nach der Grenze Samariens zu. Die Landschaft wimmelte in den Thälern von Menschen, aber welchen! Sie waren (nach der spätern Bezeichnung Jesu) wie die Schafe ohne Hirten: „Jeder sah auf seinen Weg." Die Noth des Daseins lastete schwer auf dem Volke, der geistige Jammer noch mehr. Diese Abgestorbenheit des innern Lebens mußte Viele tiefer schmerzen als alles Andere, und wen mehr als den nun zum Manne gereiften, ganz allein dastehenden göttlichen Jüngling mit seinem klaren Blicke und seiner reinen

Begeisterung. Denn Niemand fühlte wie er dieses Leiden als die eigentliche Ursache alles andern Jammers und Unglücks. Nur von innen heraus hätte dem Volke geholfen werden können, ja vielleicht war dieses noch jetzt, in der letzten Stunde möglich. Denn Täuschungen über das Hoffnungslose der Zustände vom menschlichen Standpunkte hat sich der gewiß nicht hingegeben, der wenige Jahre darauf selbst= bewußt dem Tode entgegenging, um den verwirrten Sinn der Zeit zur Besinnung zu bringen.

In seinem Hause stand er offenbar allein, die Mutter ausgenommen, die an ihn glaubte, ohne ihn zu verstehen. Frische Herzen fand er nicht bei den gesetzlich Gerechten, sondern bei den Männern und Frauen des Volks und bei den jungen Fischern am See. Unfähig einen Geist wie den von Jesu zu verstehen, standen doch weder Amts= noch Standesdünkel, noch gesetzliche Aeußerlichkeiten ihrer Heranbildung zum Geistigen entgegen.

Da trat Johannes der Täufer auf, wahrscheinlich im Jahre vor Jesu Taufe: der letzte und größte aller Propheten, nach des Meisters Ausspruche. Er ruft zur Buße auf, zum würdigen Eintritt in das nahende Gottesreich, und verpflichtet darauf, mit feierlicher Eintauchung in die Gewässer des Jordan, diejenigen, welche dem Rufe zu folgen geloben. Form und Formel hatte er selbst erfunden.

Da schließt sich die stille, geheimnißvolle Zeit der Kindheit. Wir stehen an der Schwelle des Auftretens Jesu selbst.

Und siehe, schon wenige Jahrzehnde später webt Glaube und Dichtung ein unsterb= liches Gewebe über die Anfänge jenes einzigen und kurzen Lebens. Nicht als willkür= liche Dichtung, sondern als das volksmäßige Gewand des festen Glaubens, daß in Jesu nicht allein ein Prophet und ein König der Menschheit aufgetreten sei, sondern daß der Unendliche, Ewige, sich unmittelbar in ihm geoffenbart — daß sein schöpferisches Geisteswort in ihm Fleisch und Blut geworden sei. Diesen Sohn Gottes besingen die Chöre der Engel in der geweihten Nacht der Geburt; Gott wird verherrlicht auf Erden wie im Himmel; er ist herabgestiegen auf die Erde um Frieden zu bringen den Menschen des Wohlgefallens. Diesen Gottessohn noch mit Augen gesehen zu haben, erfreut sich der ehrwürdige Greis im Tempel, an der Maria Hoffnungen sich weis= sagenden Geistes anschließend:

Ein Licht zur Offenbarung für die Heiden:
Und ein Preis deines Volkes Israel.

Ihm huldigen, gleich nach seiner Geburt, die weisen Männer Chaldäas, welche der Wunderstern zur niedrigen Wohnung geführt hatte. Ja auf ihn hatte schon Zacharias seinen weitschauenden prophetischen Blick gerichtet, als er in den begeisterten Lobgesang über den hohen und heiligen Beruf seines Sohnes Johannes ausbrach, als des Vorläufers, der die Wege des Herrn bereiten solle.

Das Alles erklärt sich nicht aus einer nur dichterischen Begeisterung, ja auch nicht aus dem Anschauen oder der Betrachtung der äußern Erscheinung, welche in wenig mehr als zwei Jahren über die Erde gezogen war. Nein, die Gemüther hatten einen unauslöschlichen Eindruck empfangen, daß in Jesus sich nicht diese oder jene göttliche Eigenschaft kundgegeben, sondern das Wesen Gottes selbst nach seiner ewigen Liebe sich offenbart habe.

Daß die Stärke dieses Glaubens das Bewußtsein der Menschen so überwältigte, daß sie getrieben wurden, die menschliche Sohnschaft zu beseitigen, um jenem Glauben an die Gottessohnschaft unbeschränkten Ausdruck zu geben — wer will sich daran stoßen? Wer will Aergerniß daran nehmen oder Andern Aergerniß daraus bereiten? Wer das thut, zeigt sich weder als Weiser noch als Frommer.

Allerdings aber ist es als ein besonderer Beweis des waltenden göttlichen Geistes anzusehen, daß der Lieblingsjünger Jesu selbst noch in seinem hohen Alter sich getrieben fühlte, jenen kindlichen Misverständnissen gegenüber — ohne sie zu bekämpfen und den an sie gehefteten Glauben der Gemeinde zu stören —, den ebenso tiefen als im Lichte des Gottesbewußtseins Jesu allgemein verständlichen Gedanken der Menschwerdung Gottes in Jesus an die Spitze seiner Verkündigung der frohen Botschaft von dem fleischgewordenen Worte zu stellen.

Aber wir müssen, ehe wir auf die erste Erscheinung jenes Lichts hinblicken, vorher uns umschauen im Horizonte des jüdischen Lebens in jenen dreißig Jahren, welche zwischen Geburt und Auftreten Jesu liegen, von 750 bis 780, und zwar insbesondere im geistigen Horizonte.

Der Aufstand, welcher im Anfange des Jahres 750 der Stadt, des Todesjahres des verhaßten Thrannen, in Jerusalem unter der Leitung des von Herodes selbst eingesetzten Hohepriesters Matathias ausbrach, war durch eine weitverzweigte Verschwörung vorbereitet und konnte bei der damaligen Unvollkommenheit des polizeilichen Militärstaats nur durch ein rächendes Blutbad unterdrückt werden. Dasselbe gilt von dem Bunde der freien Pharisäer, welcher neun Jahre später den allgemeinen Aufstand gegen die Einverleibung Judäas zu leiten und dem Volke die alten Freiheiten wieder zu erkämpfen suchte.

Während so ein Theil der eifrigen Anhänger des Gesetzes und jener reinen Verehrung des einigen Gottes, welcher selbst viele Griechen und Römer als „Proselyten des Thores" huldigten, den alten Glauben durch patriotische Verschwörungen und Aufstände herzustellen bedacht waren, hatten manche Fromme, verzweifelnd an dem Heile des Staats, sich als eine rein beschauliche Sekte von dem gemeinsamen Leben fast ganz zurückgezogen — die Essäer.

Wie viele der Stillen im Lande aber in ihren Familien und Freundeskreisen hoffend und betend auf die Herstellung der alten Frömmigkeit und damit der Selbständigkeit und Freiheit des Vaterlandes harrten, das zeigen die gewiß aus dem Leben und der Wirklichkeit gegriffenen Erzählungen von Simeon und der frommen Hanna in unsern evangelischen Berichten.

Der Himmel selbst schien wundersame Ereignisse anzukündigen. Wir haben oben von der mitternächtigen Vereinigung der beiden größten Planeten und von dem Kometen des Jahres 750 gesprochen, und es ist höchst wahrscheinlich, daß beide Erscheinungen gerade damals, wo so viele Gemüther der Erwartung eines großen Umschwungs durch die Erscheinung des jüdischen Messias voll waren, eine ahnungsvolle Aufmerksamkeit auf sich zogen. Daß dergleichen Erwartungen nach Christi Erscheinung sich über Asien verbreiteten und selbst die Ruhe der Weltbeherrscher auf dem Palatin störten, berichten drei der bedeutendsten Schriftsteller des ersten Jahrhunderts. Bekannt und höchst merkwürdig sind die Stellen des Tacitus und Sueton über diese allgemeine Erwartung der Völker nach Neros Untergang und vor Vespasians Herrschaft. Beide Schriftsteller sagen (Tacitus, „Hist.", V, 13; Sueton, „Vespas.", 4) fast mit denselben Worten, es sei zur Zeit des jüdischen Kriegs unter Vespasian, und zwar auf Grund der heiligen Schriften der Juden, wie Tacitus noch ausdrücklich sagt, der Glaube verbreitet gewesen (ein im ganzen Morgenlande, sagt Sueton, alter und beständiger Glaube), daß aus Judäa diejenigen hervorgehen sollten, welche die Weltherrschaft an sich reißen würden. Diese Angabe ist also etwa aus dem siebenten Jahrzehnd des ersten christlichen Jahrhunderts

(Jahr der Stadt 810—820): ein Nachhall von der Erscheinung Christi, als des Königs der Juden, und eine Wirkung der zunehmenden Verbreitung der christlichen Gemeinden. Dahin führt auch, daß Domitian, durch diese Gerüchte beunruhigt, Nachforschungen nach der Familie Jesu in Palästina anstellen ließ.

Aber aus Josephus lernen wir, daß die Verbindung messianischer Gedanken mit einem Sterne bei den Juden vorchristliche Wurzeln hatte. Josephus („Jüd. Krieg", VI, 5, 4) führt jenen Glauben seiner Zeit auf einen prophetischen Spruch der heiligen Schriften der Juden zurück: höchst wahrscheinlich auf die früh messianisch gedeutete Stelle (Num. 24, 17) des Bileamschen Seherspruchs, daß aus Jacob ein Stern aufgehen werde, aus Israel ein Scepter über die ganze Erde. Was war natürlicher, als daß jene seltene und prachtvolle Gestirnung um die Zeit von Christi Geburt auf die nahe Erscheinung des Messias hinzuweisen schien: eine Deutung, welcher jener große Komet zwei Jahre später, im Februar, März, April des Jahres 750, eine noch größere Wahrscheinlichkeit geben mußte. Ist es also nicht wahrscheinlich, daß Josephus die unbestimmten und hinsichtlich der Zeit ganz bestimmungslosen messianischen Weissagungen der heiligen Bücher gerade mit jenen Sternerscheinungen in der Zeit des Augustus verband? Denn es findet sich nichts weder in der Vorzeit noch zur Zeit des Josephus weder von Erscheinungen noch von jüdischen Berechnungen, woran sich eine so bestimmte und doch nicht christliche Erwartung knüpfen konnte. Dies angenommen, haben wir in Josephus vielleicht einen geschichtlichen Beweis, daß die erwähnten astronomisch nachweisbaren Erscheinungen unter den Juden um die Zeit der Geburt Jesu ein großes Aufsehen und messianische Hoffnungen erregten; jedenfalls aber zeigt seine Angabe die jüdischen Wurzeln einer solchen Annahme.

Der Glaube an himmlische Anzeichen, besonders bei seltenen Sternen und unerwarteten Erscheinungen, zeigt sich allenthalben in großen kritischen Zeitläufen. Wenn die Völker Schwerter am Himmel stehen sehen und Kampfgetöse in den Lüften erschallen hören, so ist dies nur Widerschein des Kampfs und Kriegs in der Welt hienieden, und ein Widerhall des Gefühls der Zerstörung und banger Ahnungen, welche die Zustände erwecken. Und ebenso ist alle Hoffnung der Errettung aus günstigen Zeichen der Natur ein Abbild und Kind der ewigen Hoffnung im Herzen und ein Abbild des Glaubens an den endlichen Sieg der Wahrheit und des Rechts auf der verwirrten dunkeln Erde. Bei den gläubigen Juden war Beides, Furcht und Hoffnung, unmittelbar miteinander verbunden. Erst mußte die Noth aufs höchste steigen, dann kam dem auserwählten Volke die Hülfe des Allmächtigen. So war es bei den Urvätern in Aegypten gewesen, so war es in der entsetzlichen Noth der Blutherrschaft des Antiochus, wo die Errettung unter den Makkabäern eintrat. Aber der „Menschensohn" des Buches Daniel war noch nicht gekommen, er, dessen Erscheinung in den Wolken dort für der Tage Abend geweissagt war, und von welchem eine neue Weltordnung den Anfang nehmen sollte (7, 13). Der „Menschensohn" als Messias sollte Israel erlösen von allen seinen Leiden, von der Fremdherrschaft, von dem herandrängenden höhnenden Aberglauben der Heiden, von der eigenen Ungerechtigkeit.

Ueber die Fortbildung der messianischen Idee des Buches Daniel in den anderthalb Jahrhunderten zwischen seiner Abfassung und der Geburt Christi haben wir aber nicht verächtliche Zeugnisse und Ueberlieferungen.

Wie Vieles also hatte sich vom Geschichtlichen auf das Ideale wenden, wie viele irdische Erwartungen hatten vergeistigt werden müssen seit den Zeiten der Syrer! Alles drohte entweder phantastisch zu werden oder sich in Ritualismus und Werkheiligkeit zu verlieren.

Unter solchen wunderbaren Umständen müssen wir darauf gefaßt sein, daß die Gemüther der Frommen darauf gerichtet waren, in den zeitlichen Erscheinungen etwas Höheres, Wunderbares zu schauen und sie mit den Erwartungen des messianischen Reiches und den Formeln dieses Glaubens in Verbindung zu setzen.

Seitdem nun Jesus seine wunderbare Laufbahn vollendet hatte, seit seiner Aufer= stehung und der Verkündigung seiner Heimkehr zum Vater und künftigen Rückkehr, wandte sich jene Richtung mit großer Liebe auf die Anfänge des Lebens Jesu und spiegelte dabei nothwendig die Hoffnungen und Ahnungen ab, welche von jener Zeit berichtet werden. Dabei vermischte sich denn nothwendig Ewiges und Zeitliches. Die Dichtung lauscht an der Thür der hoffenden Ahnung, der mystischen Erforschung des Geschriebenen; wir haben untersucht, ob und wie weit sie mitgeredet in unsern Berichten. Ob wir aber hierbei ursprünglich auf thatsächlichem Boden stehen, oder auf dem der Dichtung, das können wir nur durch besonnene philologisch=geschichtliche For= schung erkennen, nach den allgemeinen Gesetzen der historischen Kritik und nach dem ganzen Charakter der Ueberlieferung. Die Annahme, daß in einer solchen Erzählung Alles nothwendig mythisch sein müsse, dürfte dabei vielleicht ebenso unkritisch erscheinen wie die entgegengesetzte, wonach wir entweder jene Berichte in allen ihren Theilen als Berichte geschichtlicher Thatsachen betrachten oder Ungläubige gescholten werden sollen, während der mit Vernunft nach Wahrheit Forschende vom Glauben ausgeht, und also eigentlich der wahre Gläubige ist, nämlich der sich und seinen Glauben versteht.

Zweite Abtheilung.

Die Menschwerdung nach Johannes.

Erster Abschnitt.

Das apostolische Gegenstück zu der evangelistischen Darstellung von der Menschwerdung Gottes in Jesus.

Einleitung. Methode und Schriftstellen.

Wir werden zweierlei zu zeigen suchen: erstens daß der Prolog des johanneischen Evan=
geliums nichts anders ist als die Zusammentragung der Aussprüche Jesu über das höchste
Gottesbewußtsein Jesu, und zweitens, daß er die Darstellung des Gedankens ist,
welcher den ältesten gemeindlichen Ueberlieferungen und dem Glauben der Evangelisten
dunkel zu Grunde liegt. Der Prolog steht sowenig allein im Evangelium des Apostels,
daß ganze Reden und Abschnitte (wie Kpp. 8 und 17) ohne denselben unverständlich
sind. Der Gegenstand der darin sich spiegelnden Selbstoffenbarung ist jedenfalls derselbe,
nämlich die geschichtliche Persönlichkeit Jesu als des Sohnes Gottes; ebenso der Gehalt
desselben, nämlich, daß das Göttliche in Jesus in ihm Natur geworden. Nur die
Form ist bei den Evangelisten und dem Apostel verschieden. Jene evangelistische Form
ist die mythische, die volksmäßige, diese, die apostolische, ist in der Gestalt, in welcher
sie von Heidenchristen nach der Zerstörung Jerusalems festgehalten ward, der vollkom=
menste Ausdruck des Gedankens aller Apostel, deren Worte uns überliefert sind. Wir
finden auch bei Petrus und Paulus, daß der Glaube an Jesus seinen tiefsten Grund
hatte in dem Glauben an das unbedingte Selbstbewußtsein Jesu von seiner Einheit
mit dem Vater, und zwar mit dem ewigen Selbstbewußtsein Gottes in seiner
Transcendenz, d. h. in seinem ewigen Selbstbewußtsein, ohne Beziehung auf das End=
liche, auf das räumlich=zeitliche Werden, also auf Schöpfung und geschichtliche Ent=
wickelung.

Wir hoffen aber nicht allein dieses zu erweisen, sondern auch es höchst wahrscheinlich
zu machen, daß Johannes, wie das ganze Evangelium, so insbesondere den Prolog als
Gegenstück der evangelistischen Ueberlieferung und des gemeindlichen Glaubens absichtlich

an die Spitze seines Evangeliums gestellt hat, und zwar in einer doppelten Absicht, einmal als Berichtigung des in jener Ueberlieferung enthaltenen Mißverständnisses; zweitens aber auch als Begründung des Wahren und Wesentlichen, weil aus Jesu höchstem Selbst = und Gottesbewußtsein Geflossenen, was in jener unvollkommenen Form enthalten ist.

Was wir hier aussprechen, werden wir jetzt vom Standpunkte der Menschwerdung als Lehre und Verkündigung des Apostels darzustellen haben: die volle Wahrheit dieser Ansicht wird aber unsern Lesern zur Gewißheit werden, wenn sie dieselbe Absicht und dieselbe doppelte Stellung im ganzen Evangelium durchgeführt finden: nämlich die der stillen Berichtigung und die der authentischen Begründung. Wir werden dann auch erst vollständig erkennen, daß hier nichts Späteres, sondern ein Früheres zur Dar= stellung kommt: nicht ein dem Johannes eigenthümlicher Lehrbegriff, sondern eine aus Jesu Munde und Erscheinung gewonnene Anschauung, die Abspiegelung eines einzig reinen Gottesbewußtseins, welche in dem Wesen Gottes und der Menschheit, wie in der Wirklichkeit der geschichtlichen Erscheinungen ihr Abbild und ihre innere Bewährung findet.

In diesem Allen werden wir rein den von uns betretenen Weg des historischen Auslegers befolgen, welcher dem Ueberlieferten horcht, aber als einer dem Menschen verständlichen Stimme des Geistes, nicht den Pfad des Dogmatikers oder Mystikers, welcher ein System zu vertreten hat und an die logischen Folgen der von ihm an die Spitze gestellten Begriffe oder Annahmen gebunden ist. Wir kümmern uns weniger darum, ob wir mit diesen Versuchen eine Theorie aufstellen von dem geschichtlich uns Vor= liegenden, als darum, daß unsere Darstellung möglichst treu die Worte der Schrift in ihrer geschichtlichen Bedeutung auf das Selbstbewußtsein Jesu als des Gottmenschen zurückführe.

Zu diesem Zwecke bedürfen wir einer zweifachen Betrachtung. Wir haben zuerst die Lehre des Apostels, und wir sagen getrost die Ueberlieferung des Apostels, mit besonderer Beziehung auf das göttliche Geheimniß der Menschwerdung zu betrachten; dann aber die darin uns thatsächlich gegebenen Gedanken weiter zu verfolgen. Am Schlusse des Ganzen werden wir die bisjetzt achtzehnhundertjährige Menschwerdung des Geistes Jesu, als das geistige Leben Jesu in der Weltgeschichte, darzustellen versuchen.

1, 1. Im Anfang war das Wort, und das Wort war bei Gott, und Gott war das Wort. ² Dasselbe war im Anfang bei Gott.

³ Alle Dinge wurden durch dasselbe, und ohne dasselbe ward nichts.

⁴ Was geworden ist, war in ihm Leben; und das Leben war das Licht der Menschen. ⁵ Und das Licht scheinet in der Finsterniß, und die Finsterniß hat es nicht ergriffen. . . . . . .

¹⁴ Und das Wort ward Fleisch, und wohnete unter uns, und wir sahen seine Herrlichkeit, eine Herrlichkeit als des einigen Sohnes vom Vater, voller Gnade und Wahrheit. ¹⁵ Johannes zeuget von ihm und hat laut gerufen, Dieser war es, von dem ich gesagt habe, Der hinter mir Herkommende ist mir zuvorgekommen, denn er war eher als ich.

¹⁶ Denn aus seiner Fülle haben wir Alle genommen Gnade um Gnade.

¹⁷ Denn das Gesetz ist durch Moses gegeben; die Gnade und Wahrheit ist durch Jesus Christus geworden. ¹⁸ Niemand hat Gott je gesehen; der einige Sohn, der an dem Busen des Vaters ist, der hat es verkündiget.

3, 13. Niemand ist gen Himmel gefahren, denn der vom Himmel herniederkam, näm=
lich des Menschen Sohn, der im Himmel ist.

* * *

8, 25. Da sprachen sie zu ihm, Wer bist du denn? Und Jesus sprach zu ihnen,
Ueberhaupt warum rede ich nur noch zu euch? [26] Ich habe noch viel von
euch zu reden und zu richten; aber der mich gesandt hat, ist wahr, und was
ich von ihm gehöret habe, das rede ich zu der Welt. [27] (Sie merkten aber
nicht, daß er ihnen von dem Vater redete.) [28] Jesus sprach nun, Wenn ihr
des Menschen Sohn erhöhen werdet, dann werdet ihr erkennen, daß ich es
bin, und von mir selbst thue ich nichts, sondern wie mich der Vater gelehret
hat, so rede ich . . . . . .
[58] Jesus sprach zu ihnen, Wahrlich, wahrlich, ich sage euch, ehe denn
Abraham ward, bin ich!

* * *

17, 5. Und nun verkläre mich, du Vater, bei dir selbst, mit der Klarheit, die ich
bei dir hatte, ehe die Welt war . . . . . [24] denn du hast mich geliebet, ehe
denn die Welt gegründet ward.

1 Joh. 1, 1—3. Was von Anfang war, was wir gehört, was wir gesehen haben mit
unsern Augen, was wir geschauet, und unsere Hände betastet haben, vom Worte
des Lebens — und das Leben ist erschienen, und wir haben gesehen, und
bezeugen und verkündigen euch das Leben, das ewig ist, welches bei dem
Vater war, und uns geoffenbaret wurde — was wir gesehen und gehöret
haben, das verkündigen wir euch.

Kol. 1, 12. Danksaget dem Vater, der uns zum Antheil am Erbe der Heiligen in dem
Lichte tüchtig gemacht hat, [13] welcher uns aus der Gewalt der Finsterniß
errettet und uns in das Reich des Sohnes seiner Liebe versetzet hat, [14] in
welchem wir die Erlösung haben, die Vergebung der Sünden; [15] welcher das
Ebenbild des unsichtbaren Gottes ist, der Erstgeborene jeglicher Creatur.
[16] Denn in ihm ist Alles erschaffen worden, das im Himmel und das auf
Erden, das Sichtbare und das Unsichtbare, seien es Throne oder Herrschaften
oder Mächte oder Gewalten, das Alles ist durch ihn und zu ihm geschaffen.
[17] Und er ist vor Allem, und Alles besteht in ihm. [18] Und er ist das Haupt
des Leibes der Gemeinde, der der Anfang ist, der Erstgeborene von den
Todten, auf daß er in allen Dingen der Erste sei. [19] Denn es gefiel Gott
wohl, daß in ihm die ganze Fülle wohne, [20] und er Alles durch ihn mit sich
versöhne, indem er durch das Blut seines Kreuzes Frieden machte, durch ihn,
es sei auf Erden oder im Himmel.

Hebr. 1, 1—4. Nachdem vor Zeiten Gott vielfältig und in vielerlei Weise zu den
Vätern geredet hat durch die Propheten, hat er am Ende dieser Tage zu uns
geredet durch den Sohn, welchen er zum Erben über Alles gesetzet hat, durch
welchen er auch die Welt gemacht hat; welcher als Abglanz seiner Herrlich=
keit und Abdruck seines Wesens, und als der alle Dinge mit seinem kräftigen
Worte trägt, die Reinigung unserer Sünden vollbracht, und sich gesetzet

15*

hat zur Rechten der Majestät in der Höhe; und ist um so viel besser gewor-
ten, als die Engel, als er einen viel höhern Namen vor ihnen ererbet hat.

———

I. Die beiden Hauptpunkte.

Indem wir hinsichtlich des Prologs uns auf das beziehen, was wir in den Vorerinnerungen (S. CLXXXII fg.) und in der Texterklärung gesagt, liegt uns hier nur
ob, den Punkt der Menschwerdung des ewigen Wortes in Jesu (Vs. 14) zu verknüpfen
mit dem, was über das ewige Wort selbst gesagt wird. Und da ergibt sich aus den
klaren Textesworten in ihrer so beständig fortschreitenden Entwickelung sogleich von selbst,
daß diese Menschwerdung nicht an das weltschöpferische Wort geknüpft werden will,
sondern an das über Raum und Zeit und alles Werden in ihnen erhabene innere
Selbstbewußtsein Gottes, das Wesen des ewigen Seins selbst. Das fordern aber auch
ganz entschieden die Worte Jesu im achten Kapitel des Evangeliums (8, 28) und noch
unmißverständlicher die seiner Weihegebete (17, 5).

Unvermittelt ist das leibhaftige Einwohnen Gottes in Jesu: unvermittelt nicht allein
durch die Geschichte der seinem Volke gewordenen Offenbarungen durch Abraham, Moses
und die Propheten, nein, auch durch die Schöpfung selbst. „Ehe die Welt war, hatte
ich Klarheit bei dir."

Aber ebenso gewiß ist es, wie aus dem Prolog, so aus den außerdem ausgezogenen,
in der That aus allen Stellen, worin Jesus jenes Gottesbewußtsein den Jüngern ausspricht, daß diese Unmittelbarkeit nicht im Wesen, aber unendlich im Grade verschieden,
dem Verhältniß jeder Menschenseele zum Ewigen zukommt, welche dem äußerlich und
innerlich bezeugten göttlichen Lichte sich nicht verschließt. Köstlich ist ihr das Zeugniß
der sichtbaren Schöpfung, köstlicher noch das Zeugniß Gottes in der Geschichte, seiner
Offenbarung durch die Menschheit; aber das köstlichste Zeugniß ist die Bekräftigung
beider durch den Geist Gottes in uns. So lehrt Johannes auch im Prolog. Denn
das in Jesus Mensch gewordene ewige Wort Gottes heißt ja dort auch das Licht der
Menschheit, nur daß die Menschen die Finsterniß dem Lichte vorgezogen haben (Vs. 4);
die aber den angenommen, in welchem dieses Licht leibhaftig wohnte, denen gab er
Macht, Gottes Kinder zu werden (Vs. 12). Noch stärker sind die Worte Jesu selbst
in dem Weihegebete (17, 20—23):

> Ich bitte aber nicht für diese allein, sondern auch für die, so durch ihr Wort an mich
> glauben; auf daß sie Alle Eins seien: gleichwie du, Vater, in mir, und ich in dir,
> daß auch sie in uns Eins seien, damit die Welt glaube, du habest mich gesandt. Und
> ich habe ihnen gegeben die Herrlichkeit, die du mir gabst, auf daß sie Eins seien,
> gleichwie wir Eins sind. Ich in ihnen, und du in mir; auf daß sie vollendet seien
> in Eins, und die Welt erkenne, daß du mich gesandt und sie geliebet hast, gleichwie
> du mich geliebet hast.

Der Vater, der Ewige, hat seinem Eingebornen die gläubigen Seelen gegeben;
denn wie Jesus Joh. 6, 44 sagt:

> Es kann Niemand zu mir kommen, es sei denn, daß ihn ziehe der Vater.

Wie Gott in Jesus wohnt, so Jesus in den Gläubigen aller Zeiten; und wieder sagt
er von dem wahrhaft Gläubigen (Joh. 14, 23):

> Ich und mein Vater werden zu ihm kommen und Wohnung bei ihm machen.

Das Verhältniß des Menschen zu Gott ist ein unmittelbares: wenn es bei dem
Gläubigen durch Jesus vermittelt ist, so wird jene Unmittelbarkeit nur dadurch erst eine
wahre, denn der Geist Christi ist der Geist Gottes.

II. Das Trinitarische in der Logoslehre.

Der Hauptpunkt bei der Grundlegung der Idee Jesu von der Menschwerdung Gottes ist das Verhältniß des Wortes in den drei Betrachtungsweisen, mit der Reihe von Vater, Sohn und Geist. Jene erste stellt sich so dar:

Das Wort als Gottes eigenes Selbstbewußtsein, als das Wesen Gottes von sich selbst: Gott in seinem ewigen, vom Werden geschiedenen Sein.

Das Wort als weltschöpferisches, oder das Wort als Wissen Gottes von dem Werden der Welt, also der Schöpfung.

Das Wort als Leben und Licht des Gewordenen, als physisches und geistiges Princip der Welt.

Das Wort als Natur in der menschlichen Persönlichkeit Jesu.

Diese Reihe beginnt also mit Gott dem Ewigen in sich selbst, und endigt mit dem vollkommenen Menschen Jesus.

In der zweiten Reihe nun wird der Ewige, die Voraussetzung des Gottesbewußt= seins Jesu, sogleich als das, wodurch er sich offenbart hat, als Weltschöpfer, als Urquell und Sein des Werdens und des Gewordenen gefaßt, an die Spitze gestellt, oder mit andern Worten, es werden die drei ersten Fortschreitungen jener Reihe in Eins gefaßt, als Vater. Der Sohn ist alsdann das Zweite, wesentlich Seiende in der geistigen Welt, der Mensch Jesus, in welchem das Wort Fleisch und Blut gewor= den, die vollkommene menschliche Persönlichkeit, der Adam (Mensch) nach Gottes Bilde, der ebenbildliche Mensch.

Das dritte Glied jener Reihe der Offenbarung ist, was im Berichte von Jesu Leben bei Johannes als noch in der Persönlichkeit Jesu ruhend betrachtet wird: das göttliche Wort leibhaftig in der gläubigen Menschheit.

Wir werden also offenbar die beiden Reihen getrennt halten müssen, um die Ver= schiedenheit der ihnen zu Grunde liegenden Auffassung zu bewahren; um so mehr da ihre Vermischung die Quelle unsäglicher Verwirrungen geworden ist. Denn es ist alsdann insbesondere eine Gleichstellung des Wortes und des Sohnes unvermeidlich, wodurch sogleich der Sinn verdunkelt, ja die klare biblische Offenbarung am Ende un= verständlich werden muß.

Allerdings liegt beiden Reihen eine Dreiheit zu Grunde und zugleich eine Einheit, aber in sehr verschiedener Weise.

Wir gelangen bei dem Gegensatze von Gott und Wort zur Dreieinheit des ewigen Seins, indem wir genöthigt sind denselben sogleich aufzulösen in das Bewußtsein des Seins und des Denkens oder Wissens des Seins: und wir werden dafür um so mehr das Wort Geist — im Sinne des bewußten ewigen Seins — gebrauchen, da Gott ja ausdrücklich „Geist" genannt wird von Jesus (Joh. 4, 24, „Geist ist Gott"). Und zwar werden wir nicht sagen können, daß die Reihe:

Sein — Denken — Bewußtsein (ihrer Einheit)

Gott — Wort — Geist

unserm, dem endlichen Bewußtsein als solchem entnommen, und deshalb nur vielleicht durch eine Täuschung auf den Ewigen angewandt werde. Denn erstlich setzt unsere Stelle die Einheit von Gott und Wort in dem angegebenen Sinne voraus, wie denn überhaupt Gott als Einer gesetzt wird, hier und in der ganzen Schrift, den Unter= schied von Gott und Wort spricht sie aber ebenso bestimmt aus wie ihre Einheit, die so stark betont wird. Zweitens kann ja auch die unendliche Vernunft nur da der endlichen entgegengesetzt werden, wo der Moment des Unterschiedes eben in dem

Gegensatz des Unendlichen und Endlichen besteht, wie Beschränkung nach Zeit und Raum, und Veränderung als Werden.

Dieses denn ist die Dreieinheit Gottes nach seinem ewigen Wesen, und es ist eine damit nicht streitende, höchst merkwürdige Thatsache unsers eigenen Bewußtseins, daß der ganze Organismus unsers Wissens und Denkens auf derselben Dreieinheit beruht. Indem der Mensch sich selbst denkt, denkt er zugleich Gegensatz und Einheit: er weiß sich seiend und denkend.

III. Das Trinitarische in der Reihe von Vater, Sohn und Geist.

Die zweite Reihe setzt die erste voraus, denn sie beginnt mit dem Verhältnisse Gottes zur Welt. Das Setzen des Vaters bedingt das Setzen des Sohnes, als des Correlats oder des Beziehungsbegriffs. Auch hier zeigt sich nun jene doppelte Auffassung: einmal die gottmenschliche Persönlichkeit in Jesus, in einer einzigen Bedeutung, dann aber auch die sittliche Persönlichkeit des gottsuchenden Einzelwesens; denn nicht allein heißen im Alten Bund wie im Neuen die Menschen Söhne und Kinder Gottes, sondern Christus selbst macht geltend, daß die Menschen in der Schrift „Götter" genannt werden (s. z. Joh. 10, 35). Der einzelne Mensch wird also hier, wie im zweiten Kapitel der Genesis aufgeführt als das Ziel der lebendigen Schöpfung in Gottes schöpferischem Gedanken. In welchem Sinne aber dieser von Gott gedachte, in Jesus wirklich erschienene vollkommene Mensch neben den Vater gesetzt werde, nämlich nach der Ebenbildlichkeit, in Wesensgleichheit, mit dem Unterschiede des Unendlichen und Endlichen, des Seienden und des Werdenden, beweisen nicht allein die oben aus Jesu Munde angeführten Stellen, sondern auch das dritte Glied, der Geist. Der Ausdruck Geist Gottes oder der heilige Geist wird im Neuen Testament nie anders gebraucht als mit Beziehung auf die Gemeinde; der Geist Gottes wohnt in den Einzelnen als Gliedern der Gemeinde, und also wesentlich in dieser Gesammtheit. Fassen wir nun den Begriff der Gemeinde in seiner vollen Ausdehnung, so haben wir bei dem dritten Gliede der göttlichen Gedanken, das Seiende, Wahre in der Menschheit, wie beim zweiten dieses Erleuchtende, Göttliche im Einzelnen. Es wäre ebenso schrift= als vernunftwidrig, bei Sohn und Geist an die menschliche Erscheinung zu denken, als solche; vielmehr ist das wahrhafte Sein derselben in Gott dadurch bezeichnet, welches sinnlich nicht erscheint. Daß das dritte Glied in beiden Reihen als Geist genannt oder verstanden wird, ist nicht blos äußerlich: denn in beiden bezeichnet es die Zusammenfassung der vorliegenden Gegensätze. Dort ist der Gegensatz des Seins und Denkens in Gott an sich: hier der Gegensatz der Einzelwesen, aufgehoben in dem Ganzen, dessen Einheit nicht persönlich sichtbar und doch in dem wirklichen Sein der verschiedenen Persönlichkeiten enthalten ist.

IV. Zusammenfassung.

Wir können hiernach die beiden Reihen nur als Darstellung des Göttlichen an= sehen, aber in zwei Sphären, welche wir im Denken zu trennen genöthigt sind, ohne jedoch einen andern als durch die Endlichkeit oder das Werden bedingten Unterschied zwischen ihnen anzunehmen.

Transcendente Reihe: a. Gott (Sein) — b. Wort (Denken) — c. Geist (Einheit des Gegensatzes).

Immanente Reihe: Vater (a. b. c.) — Sohn (Mensch) — Geist (Menschheit).

Die beiden letzten Glieder der zweiten oder gottweltlichen Reihe entsprechen dem Einwohnen Gottes, des Ewigen, als des ewigen Wortes, in Jesus von Nazareth, und durch ihn in der Menschheit, insofern sie das in ihm erschienene Licht aufnimmt, nicht sich ihm verschließt, um in der Finsterniß der Selbstsucht zu verharren.

Sollen wir nach dem Gesagten nun noch ausführlich reden über den Sinn des Ausdrucks „Himmel" in Verbindung mit diesen Gedankenreihen, welche nichts Anderes sind, als die göttliche Wirklichkeit? Kann Jemand wirklich denken, daß damit ein Raum in den Sternen oder über den Sternen gemeint sei, der doch aber immer ein Raum wäre, im Gegensatze des irdischen Raums? Bezieht sich die zweite Bitte im Vater=unser auf diesen Gegensatz? Will in der oben angeführten Stelle Jesus sagen, der Menschensohn sei von einem Sterne oder eine Sphäre herabgestiegen auf die Erde?

Wol aber steht darin eine andere Frage vor uns: ist dabei an Gott in seinem ewigen oder in seinem weltlichen Sein, dem ewigen Sein in sich, oder in dem Wer=den, zu denken? Der Ausdruck selbst schon führt auf das Zweite hin, auf den sich in der Endlichkeit offenbarenden Gott, wofür wir auch sagen können, an die der Schöpfung eingeprägten göttlichen Gedanken. Also der Mensch im Gedanken Gottes, in Gottes Ebenbildlichkeit, ist im Himmel, im Gegensatze zu dem Menschen in dem Kampfe des Lebens, welcher das irdische Dasein darstellt. Gottes Wille soll hier geschehen von und unter den Menschen, wie Gott Menschen und Menschheit gedacht hat, als Sohn und Geist. Und so allenthalben.

Dasselbe heißt auch die „Herrlichkeit" des einigen Gottessohnes (Joh. 1, 14), und diese Herrlichkeit wird dem irdischen Leben den Gläubigen ausdrücklich beigelegt, unter Jesu Vermittelung. Die Herrlichkeit (sagt Jesus Joh. 17, 22), welche du mir gegeben hast, habe ich ihnen gegeben, damit sie Eins seien, wie Wir eins sind; und darin, heißt es weiter, sind sie vollendet, d. h. entsprechen sie der göttlichen Be=stimmung.

Wenden wir das bisher, auf dem Felde der Auslegung Gesagte an auf die uns vorliegende Frage der Menschwerdung, so werden wir genöthigt, die Menschwerdung Gottes (als des ewigen Wortes) in Jesu zu betrachten in Verbindung mit dem Wer=den Gottes in der Welt, und insbesondere in der Menschheit. Und da wir gefunden haben, daß Jesus ebenso wol als sein Lieblingsjünger und Apostel eine geistige Wahr=heit uns in Geistesworten verkündigen, welche wir verstehen können, ja verstehen sollen, da ihr Verständniß das Räthsel des Daseins löst, so werden wir diese Spur wol vorerst noch etwas weiter im Felde des Gedankens zu verfolgen haben, um uns jener tröstlichen Verkündigung desto besser bewußt zu werden, und zugleich auch den Werth und die Berechtigungen der Systeme von Gedanken würdigen und prüfen zu können, welche Philosophen und Theologen darauf zu erbauen bemüht gewesen sind.

Zweiter Abschnitt.

Weitere Gedanken über die Menschwerdung, nach Anleitung der evangelischen Urkunden.

Die christliche Philosophie hat auf dem Gebiete der Thatsachen ihre Begriffe nicht an die Stelle der biblischen Geschichte zu setzen, und insbesondere nicht im Leben Jesu. Denn die geschichtliche Darstellung versagt sich dem Unbedingten des Begriffs: die Folgerungen des Begriffs sind noch keineswegs Thatsachen. Von der Wirklichkeit auf die Möglichkeit, nicht umgekehrt gilt der Schluß: vom Unbedingten aufs Bedingte, aber nicht vom Bedingten aufs Unbedingte. Allerdings hat die Wissenschaft des Ge= dankens eine größere Berechtigung auf dem Gebiete des geoffenbarten Gedankens, aber nur um das Denkbare und Vernünftige in ihm klar zu machen. Nachdem wir nun die entscheidenden Stellen über die Menschwerdung vernünftig aufzufassen gesucht haben, zu welchem Zwecke allein sie uns können gesagt und überliefert sein, dürfen wir uns für berechtigt halten, die philosophischen Folgerungen, welche man aus jenen und andern Stellen gezogen und mehr oder weniger als Glaubenspunkte für die christ= liche Theologie aufstellen wollte, etwas näher zu prüfen.

I. Die drei Personen der Trinität: der persönliche Gott; Sein und Werden.

Dabei stoßen wir denn zuerst auf die kirchlich gewordenen Formeln von der Drei= einigkeit. Wir müssen dabei zuvörderst die Richtigkeit des Abwehrens aller Formeln anerkennen, welche die Wesenseinheit Gottes und Jesu aufheben, und nur eine Aehn= lichkeit an die Stelle setzen. Denn diese macht gegen ihren Willen nothwendig Christus zu einem dämonischen und gespenstischen Wesen. „Wahrer Gott und wahrer Mensch" — diese Formel allein entspricht den evangelischen Texten, sie allein genügt unserm philosophischen Gottesbewußtsein.

Aber die Vermischung dieser Annahme mit dem Misverständnisse von der Vater= losigkeit Christi ist ein Beweis, daß jener Glaube an den Geist nicht so stark und rein war, wie der Apostel und wie Jesus selbst es fordern.

Noch weniger können wir die Gleichsetzung des ewigen Wortes bei Gott (Logos) mit dem Begriffe des Gottessohnes, des eingeborenen Sohnes gerechtfertigt finden. Der Logos ist bei Gott, ist Gott, ist das Lebensprincip Gottes in der geistigen wie in der

physischen Schöpfung; diese selbst, insbesondere ihr Ziel, der Mensch der Ebenbildlich=
keit, kann dem Gedanken Gottes nach als Sohn Gottes bezeichnet werden — aber der
Logos ist nicht der Sohn Gottes, und was von ihm gesagt wird nach seiner Ewigkeit
und Unbegrenztheit, gilt deshalb nicht von Jesus in seiner endlichen Beschränkung. Die
Annahme ist exegetisch grundlos, logisch nicht zu vollziehen: sie ist unbiblisch und
undenkbar.

Also ist auch die Darstellung von Vater, Sohn, Geist als dreier Personen
(griechisch: Angesichter) eine höchst unglückliche. Leider sind die innern Widersprüche,
welche sich bei Verfolgung dieses Gedankens ergeben, den Theologen der Geistlichkeits=
kirchen seit anderthalb Jahrtausenden ein Grund gewesen, ehrfürchtigen Glauben für
das sogenannte Mysterium zu fordern!

In Jesus ist die Gottheit, als Bewußtsein des Einzelwesens, Person; aber wir
können dieses Wort, wodurch das selbständige Einzelwesen in seiner sittlichen Voll=
kommenheit bezeichnet wird, nicht zugleich für die ewige, durch Raum und Zeit nicht
beschränkte Gottheit gebrauchen, ohne in die größten Widersprüche zu gerathen. Ja,
man kann sich nicht verhehlen, daß der Ausdruck des Glaubens an einen persönlichen
Gott uns gerade in der Gegenwart die größten Schwierigkeiten bereitet. Denn da
die Idee nach dem nun einmal doch feststehenden Begriffe der Persönlichkeit, im Denken
nicht vollziehbar ist, so geräth die Menschheit dadurch entweder in einen todten Deis=
mus, oder wirft sich in die Arme des Pantheismus oder gar des Materialismus, wo=
bei denn der bewußte Gott, und der Gedanke der Schöpfung, und die göttliche Per=
sönlichkeit unverständliche Worte werden. Denn es gibt in der Welt einen doppelten
Streit über die göttlichen Dinge: einen wirklichen und einen scheinbaren. Der wirk=
liche Streit ist, ob die jetzige Weltordnung aus dem Gedanken ihrer Entwickelung
hervorgegangen oder ein Werk des blinden Zufalls sei. Dieses ist der Streit zwischen
Gottesbewußtsein und Gottesläugnung, zwischen dem Glauben der Vernunft an sich,
und der bis zur Läugnung gesteigerten Verdumpfung dieses Glaubens.

Der scheinbare Streit aber beruht auf dem Unterschiede des reinen philosophischen
Begriffs und der Vorstellung, oder, wie man auch sagen kann, zwischen dem Gedanken
und seinem Ausdrucke in der Sprache. Auf dem Wege des Begriffs kann der
Gedanke des ewigen, unveränderlichen Seins nie als ein Wesen gefaßt werden,
„ein höchstes Wesen" als Bezeichnung Gottes ist dem folgerechten Philosophen ein
Widerspruch, ein Unsinn. Denn ein höchstes Wesen stellt Gott als eins der Wesen
der daseienden Dinge dar, welchem andere wenngleich unendlich tief untergeordnete
Wesen zur Seite stehen, also die Spitze der Wesenspyramide. Gott als höchstes Wesen
wäre also etwas, das eine Beschränkung in sich trägt, also auch eine Verneinung; der
Gottesbegriff wird beschränkt durch die andern Wesen, und es liegt in Gott, als dem
höchsten Wesen, die Verneinung aller andern Wesen. Wenn der Philosoph nun behauptet,
er könne ohne innern Widerspruch Beides nicht vereinigen, das Unbedingte, Unbeschränkte,
Alleserfüllende, Allgegenwärtige (und dieses Alles wird doch in Gott gesetzt), und das
Besonderheitliche, welches einem jeden Wesen anklebt, so ist es unmöglich, ihn zu
widerlegen und ihn zu zwingen, auf eine solche Vorstellung anders als auf eine vor=
läufige oder übereinkömmliche Ausdrucksweise einzugehen. Wollte er im Denken daran
festhalten, so würde er den Glauben an die Vernunft verlieren, welcher doch bei jedem
vernünftigen Streite vorausgesetzt wird. Aber die gewöhnliche Vorstellung, welche sich
trotz aller Vorbehalte von Gottes geistigem, unsichtbarem, unbeschränktem, allgegen=
wärtigem Wesen immer wieder in das Gemüth des Menschen einschleicht, hat offen=
bar ihre Berechtigung schon durch diese Thatsache und muß erklärt werden.

Man konnte zuerst versuchen, sie aus der Sprache erklären zu wollen. Und da findet sich denn wirklich die vielleicht nicht genug beachtete Thatsache, daß diese nicht ohne Einfluß auf jene Vorstellung der Gottheit sei. Die Chinesen wissen nichts von einem persönlichen Gotte, und ihre Sprache, welche keine Redetheile, also auch keine personificirenden Nennwörter hat, kann die Gottheit nicht anders bezeichnen als durch „Himmel", das Firmament, Weltall. In den Sprachen des weltgeschichtlichen Gottes= bewußtseins dagegen macht die Sprache Gott zur Person. Allerdings zeigt sich dieser Umstand als nichts beweisend. Der an dem Sprachbilde hängende Mensch bedenkt nicht, daß ja alle Nennwörter als Personen dargestellt werden; nicht allein Personen, sondern auch Dinge; ja es werden auch Eigenschaften der Dinge verpersönlicht, sogar in der Regel, männlich oder weiblich, oder rein eigenschaftlich persönlich (sächlich, neutrisch) gedacht.

Dasselbe gilt von dem Versuche, diese Vorstellung aus dem allgemeinen Dar= stellungstriebe des Menschen zu erklären, welchen wir den Kunsttrieb nennen, und von welchem die Sprache nur die erste Offenbarung ist. Wir fragen natürlich: woher kommt dieser? und weshalb beherrscht er in jener Weise unsere Vorstellungen? Dieses führt uns dann auf die Frage, ob der Grund jener Erscheinungen nicht etwa in der Unfähigkeit unsers begrifflichen Vermögens liegen möge, etwas Selbständiges uns anders als in endlicher Beschränkung vorzustellen? Wird uns danach nicht ein Gott, der nicht ein Wesen ist, also eine Person geradezu, oder eine als Ding verhüllte Persönlichkeit, als kein wirksamer, lebendiger Gott vorkommen? Sollen wir uns nicht damit begnügen, und etwa so sagen: das Gottesbewußtsein ist das des ganzen, ungetheilten Menschen, und schließt also auch jene Vorstellung ein; es hat kein anderes Werkzeug der Mittheilung als die Sprache, kein anderes Mittel der Darstellung als die Kunst, und zu jener Mittheilung und dieser Darstellung drängt es ein mächtiger Trieb des Daseins? Aber ferner ist ja auch das Vorstellungsvermögen der meisten Menschen an diese Form gebunden. End= lich aber beruht auf der Berechtigung dieser Darstellung die Möglichkeit des gemein= samen Lebens und seiner Fortbildung: also das Ziel der Menschheit ist nur auf diesem Wege zu erreichen.

So allerdings haben manche Philosophen gedacht, oder ihre Erklärungen gründen sich wenigstens auf die eine oder andere jener Annahmen. Uns aber sollte der leben= dige Begriff der Menschwerdung, wie wir ihn von Jesus und seinem Apostel lernen, doch etwas weiter führen. Wenn, wie jene Lehre sagt, die ganze Schöpfung die freie That der ewigen Liebe ist, welche vor aller Zeit aus der Seligkeit des ungetheilten Seins sich in die Kämpfe und Leiden des Werdens hingab, damit der Geist im End= lichen persönlich werden möchte, so muß dieser Trieb auch dem Menschengeiste einge= pflanzt sein. Mit andern Worten, jener Anthropomorphismus, dessen jüdische Form der Ewige als der Alte der Tage ist, hat seinen Grund darin, daß die ewige Welt= ordnung zur vollen Menschwerdung des Göttlichen treibt, also zur wahren, vollkom= menen Persönlichkeit.

Alle jene Erscheinungen der Sprache, der Kunst, des Vorstellungsvermögens, erklären sich dadurch allein. Die chinesische Unpersönlichkeit ist nicht ein Vorzug, son= dern ein Mangel, welcher dem mit dem Stoffe kämpfenden Sprachgeiste anklebt. Die bildende Kunst und Poesie sind nicht Sünde oder Verirrung, sondern organische Bil= dungstriebe im Sinne des ewigen Gedankens der Menschheit. Die bildliche Vor= stellung der ungeheuern Mehrheit des Menschengeschlechts ist endlich ebenso natur= gemäß — wenn richtig verstanden. Und das ist die weltgeschichtliche Bedeutung der Offenbarung, welche dem Selbstbewußtsein Jesu von der irdischen Seite zu Grunde liegt, daß sie den Menschen von jenen Irrwegen der Mythologie und Vielgötterei abgehalten und fortdauernd abhält, welche jenen Trieben sehr nahe liegen.

Wenn diese Gedanken auf dem Gebiete des reinen Denkens weiter ausgeführt werden, so dürfte sich zeigen, daß auch schon im Begriffbilden das Werden nicht ohne das Sein gedacht werden kann, das Endliche nicht ohne das Ewige, das Getheilte nicht ohne das Ungetheilte, das Bedingte und Beschränkte nicht ohne das Unbedingte, in sich Selbständige. Angewandt auf das Sittliche aber werden sie wol darthun können, daß Leben und Wissenschaft sich nicht als einander feindlich ansehen dürfen: die Wissenschaft gibt dem Leben Maß und Ziel, und ermöglicht die Verständigung im Denken. Das Leben, das Gottesbewußtsein der Vorstellung und die darauf gegründete Gottesverehrung wird andererseits die thatsächliche Wahrheit dieser Vorstellung und dieser That aufrecht erhalten, als die Bedingung der Verständigung mit sich selbst und mit andern und der Befriedigung eines göttlichen innern Triebes.

Aber ganz unmittelbar und sicher führt uns dahin der Prolog des Johannes. Denn das Werden wird darin ebenso bestimmt in die Gottheit gesetzt als das Sein: das göttliche Wort ist das Leben und Licht alles Gewordenen. Was kann dieses begrifflich anders bedeuten, als daß die bewußte Gottheit die Ursache des Wesens ist, daß das Werdende sein Leben und sein Verständniß nur im ewigen Sein hat. Nur so ist es erklärlich, wie Sohn und Geist dem Ewigen zur Seite gesetzt werden, ungeachtet dort das erscheinende Subject die höchste sittliche Persönlichkeit des Menschen ist, hier aber die Einheit der Vielen in dem Göttlichen, die Menschheit.

Die ewige Gottheit erschien persönlich in Jesus von Nazareth, nach ihrer Güte; denn das Gute, die Liebe, ist der Grund des göttlichen Wesens an sich, ihre Verwirklichung aber die Wahrheit. Ebenso thut sich die Gottheit nicht persönlich, aber als einigender Geist mehrerer Persönlichkeiten kund, als das Gute, Liebevolle.

Mit andern Worten, die Trinität von Vater, Sohn und Geist ist nur evangelisch-apostolisch, wenn sie so verstanden sein will, daß die sittliche Persönlichkeit und die sittliche Gemeinde in ihr wesentlich enthalten sei, das heißt, wie sie in dem Gedanken Gottes ewig ist und in der Zeit zur Verwirklichung innerhalb der Schranken der Endlichkeit gelangt.

So werden wir also wieder auf den Satz zurückgeführt, daß die Menschwerdung Gottes in Jesus nicht verstanden werden kann als durch Annahme des wahren Innewohnens und Verharrens der Gottheit im Menschen und in der Menschheit, als Endgedanke und Ziel der Schöpfung. Ebenso gewiß aber auch darauf, daß Gottes Einwohnen in Jesus nicht verstanden wird ohne den Glauben an das Einwohnen des Geistes Gottes und Christi in den Gläubigen, als Einzelnen, und in der Gesammtheit, zu welcher sie gehören. So gewiß als die Persönlichkeit, deren Erscheinen und Schicksale den Jüngern und durch sie der Menschheit einen so tiefen Eindruck zurückließ, und die Idee des Sohnes Gottes und der Menschwerdung des ewigen Wortes in dieser Persönlichkeit als den felsenfesten Glaubensgrund hervorrief, ebenso gewiß ist, daß Jesus die Herrlichkeit, welche der Vater ihm gegeben, den Gläubigen gegeben, und daß die Einheit des Vaters und des Sohnes ihr Abbild hat in der Einheit der Gläubigen untereinander, in der hülfreichen Liebe und der gemeinsamen Förderung des Gottesreiches in ihrem irdischen Berufe.

Was haben wir hiernach von der Präexistenz Jesu, oder von Annahme eines persönlichen, vorweltlichen Lebens bei und in Gott zu denken? Wir würden dieser Frage nicht im Leben Jesu zu gedenken brauchen, wenn sie, wie spätere scholastische Sätze, eine vielfach vermittelte Folgerung der systematischen Theologen wäre. Aber sie stützt sich unmittelbar auf die oben von uns angeführten Aussprüche Jesu und deren Ausführung und Anwendung durch den Apostel.

II. Das vorweltliche persönliche Sein Jesu oder die Annahme der Präexistenz.

Wenn wir von dem eben gewonnenen Begriffe der Persönlichkeit, als nach dem gegenwärtigen Sprachgebrauche nur auf Jesus von Nazareth seine Anwendung findend ausgehen, so müssen wir geradezu sagen, daß der Gedanke der ewigen Präexistenz dieser geschichtlichen Persönlichkeit schlechterdings nicht zu vollziehen, daß die Präexistenz irgend= eines geschichtlichen Menschen vor der Zeit nicht denkbar 'sei. Denn was geschichtlich, also zeitlich ist, kann nicht, in dem Sinne dieser zeitlichen Erscheinung, welche Persönlichkeit heißt, ewig, vorgeschichtlich, zeitlos sein. Es ist etwas ganz Anderes zu sagen, der Logos, das ewige Wort, welches in Jesus Mensch, in einer menschlichen Per= sönlichkeit Natur wurde, sei wesentlich das Wort, welches ewig bei Gott und Gott ist. Diese Wahrheit hebt unsere Auffassung des Prologs stärker hervor als irgendeine andere. So weit, aber auch nicht weiter, gehen alle andern Stellen, wenn wir sie auf dem Gebiete des Gedankens weiter verfolgen. Das Wort Jesu: „Ehe denn Abraham ward, bin Ich", sagt ja, auf die Ursprache zurückgeführt, schon sprachlich aus, daß Jesus sich bewußt war, die sich offenbarende Gottheit wohne in ihm leib= haftig, und hat ihr Gegengewicht, also ihre Ergänzung, in den Worten: „Der Vater ist größer als ich", und: „Der Sohn wird Alles sich unterthan machen, auf daß er Alles dem Vater übergebe, auf daß Gott sei Alles in Allem." Dort wird der gött= liche, ewige Factor hervorgehoben, hier der menschliche, zeitliche. Nicht anders ist der Ausdruck der Worte an Nikodemus von dem vorweltlichen Sein des Sohnes im Himmel zu fassen, ja der darauf zielende des Apostels im ersten Kapitel: „der einige Sohn, der an dem Busen des Vaters ist (nach seiner Verklärung), hat es (Gott) uns verkündiget", weist geradehin auf die Unterscheidung der beiden Factoren. Nach diesem Vorbilde Jesu und der genauesten und vollständigsten Abstrahlung desselben im Prologe des Johannes=Evangeliums, wird also auch die berühmte Stelle des Kolosserbriefs auszulegen sein. Paulus ringt offenbar mit dem Gedanken, wie schon die verwickelte Satzbildung zeigt, und er ist durch den Zweck des Sendschreibens genöthigt, dabei anzuknüpfen an die theosophischen Engeltheorien der kolossischen Irrlehrer, während Johannes, alles Irdische abstreifend, in der von ihm angeschauten Persönlichkeit Jesu, in dessen Gott offenbarendem Selbstbewußtsein seinen Standpunkt nimmt und aus dieser Anschauung auf dem Wege des reinen Gedankens bis zum Ewigen hinaufsteigt.

Wenn also ein neuerer geistvoller Theolog, Martensen, sein Kapitel von der Mensch= werdung Gottes in Christus so anhebt (§. 125): „Die Offenbarung des Sohnes Gottes in der Fülle der Zeit weist zurück auf seine Präexistenz, eine Vorstellung, welche nicht blos sein ursprüngliches Sein im Vater, sondern auch sein ursprüngliches Sein in der Welt ausdrückt", und dabei Joh. 1, 4 anführt, so müssen wir diese Be= hauptung ebenso wol philosophisch als exegetisch unbegründet finden.

Dasselbe gilt uns von der Postexistenz Jesu, welche jener Theologe auf die Präexistenz aufbaut, insofern darunter Jesu leibhaftige, persönliche Erscheinung am Ende der Welt verstanden werden soll, wie es offenbar in der Gegenüberstellung liegt. Doch werden wir diesen Punkt in den Reden Jesu bei dem Evangelisten am Schlusse des öffentlichen Lehramtes weiter zu behandeln und nach Johannes exegetisch festzu= stellen haben. Dabei wird dann jeder Schein einer evangelischen Begründung ver= schwinden: die Undenkbarkeit aber theilt diese Annahme reichlich mit der Hypothese der Präexistenz.

III. Die Lehre von der Entäußerung vom Standpunkte der Menschwerdung.

Phil. 2, 5—11. Das sei die Gesinnung in euch, wie sie in Jesus Christus auch war, welcher, da er in göttlicher Gestalt war, es nicht für einen Raub hielt, Gott gleich zu sein. Aber er entäußerte sich selbst und nahm Knechtsgestalt an, ward gleich wie ein anderer Mensch, und erniedrigte sich selbst, und ward an Ansehen wie ein Mensch erfunden. Er war gehorsam bis zum Tode, ja zum Tod am Kreuze. Darum hat ihn Gott auch erhöhet, und hat ihm einen Namen gegeben, der über alle Namen ist, auf daß in dem Namen Jesu sich alle Kniee beugen sollen derer, die im Himmel und auf Erden und unter der Erde sind, und alle Zungen bekennen sollen, daß Jesus Christus Herr sei zur Ehre Gottes, des Vaters.

2 Kor. 4, 14: „Das leuchtende Evangelium von der Herrlichkeit Christi, welcher ist das Ebenbild Gottes."

Und Kol. 1, 15 (s. oben) und 3, 10: „Und ziehet den neuen Menschen an, der zur Erkenntniß erneuert wird nach dem Ebenbilde deß, der ihn geschaffen hat.

In dieser Stelle des Philipperbriefs kann, bei richtiger Uebersetzung des Textes, kein Zweifel obwalten, daß das Subject des sich Entäußerns Jesus, der in Knechtsgestalt umherwandelnde Mensch ist.

Das Uebrige erklären wir so: In seinem Selbstbewußtsein wußte sich Jesus als Sohn Gottes, er war sich bewußt Gottes Ebenbild zu sein, als der wahre vollkommene Mensch in dem ewigen Gedanken Gottes. Aber diese Gottgleichheit betrachtete er nicht als etwas, was er sich erworben, an sich gerissen habe durch seine eigene Macht und Gewalt; nein, er entäußerte sich sein selbst, er gab seine ganze Eigenheit auf und that, was Gott ihm geboten hatte zu thun, und in dieser Entselbstung, in diesem vollkommenen Gehorsam und in dieser Gottergebenheit litt er selbst den schmählichsten Tod.

Aber wie man auch über Einzelnes streiten mag, der Text, den wir wiedergegeben, ist sicher, und Anfang und Ende zeigen uns ein und dasselbe handelnde Subject, Jesus von Nazareth, und daß es des Paulus Zweck war, seine Demuth und Gottergebenheit den Philippern als Muster und Vorbild vorzuhalten. Ist die doch ganze Ausführung von Jesus an diese ethische Ermahnung geknüpft und geht doch das Sendschreiben in demselben Sinne fort!

Nun ist auf diese Stelle hin eine ganz neue, weitschichtige scholastische Lehre aufgebaut, von der Selbstentäußerung — des Logos, und nach den neuesten Urkunden dieser Scholastik des 19. Jahrhunderts handelt es sich nur noch um die nähere speculative Bestimmung, wie es denn mit dieser „Kenosis" eigentlich zugegangen sei: denn zu besserm Verständniß oder des größern Ansehens willen benennt man es mit dem griechischen Ausdrucke des Apostels, der nur hier vorkommt. Ganz folgerichtig hat Liebner behauptet, die Kenosis könne nur aus dem innern Leben der Trinität erklärt werden; denn wenn einmal dem Logos Selbstentäußerung bei der Menschwerdung zugeschrieben wird, so muß der letzte Grund in das ewige Leben der Gottheit gesetzt werden. Dagegen nun und gegen die andern scholastischen Versuche, die selbstgeschaffene Schwierigkeit zu beseitigen, hat später der gelehrteste und geistreichste Historiker der Geschichte der philosophischen Ansichten über die Person Jesu und insbesondere der Berathungen und Entscheidungen der geistlichen Kirchenversammlungen vom 3. bis 6. Jahrhundert, Dorner, nicht umhin gekonnt, sich zu erheben. Er sucht nachzuweisen, daß durch jene Annahme die Lehre von der Unveränderlichkeit Gottes angegriffen werde.

Wie sich das nun auch verhalte, der Geschichtschreiber des Lebens Jesu, welcher von dem Johannes-Evangelium und Jesu eigenen Worten über sein Gottesbewußtsein ausgeht, kann nicht zugeben, daß dergleichen in die Darstellung der evangelischen Lehre von der Menschwerdung gehöre. Er wird aber auch große Bedenken über diese Richtung nicht verhehlen dürfen, daß man die Gemeinde, jenseit der Schulübungen, behellige mit Untersuchungen und Fragen, welche keinen exegetischen Grund und Boden haben, wenn man nicht vorher die scholastischen Formeln hineinträgt in den klaren Bibeltext, philosophisch aber doch am Ende als höchsten Beweis für die Richtigkeit des Systems die Unbegreiflichkeit des erpreßten Satzes anführen muß. Was sonst Beweis einer verfehlten Lösung heißt, gilt auf diesem Gebiete oft als Gewähr der Glaubenswahrheit.

Indem wir dabei bleiben, daß dem Philosophen nichts bewiesen werden kann, als auf dem Grunde der Gedankenentwickelung, dem Theologen nichts, als auf dem Grunde des Geoffenbarten, dem Historiker aber, auf dem ethischen Gebiete, jede Mischung beider verwerflich erscheinen muß, welcher nicht eine beiden Factoren gerechte Forschung vorhergeht, wenden wir uns ab von diesen Misch- und Mißforschungen der neuen Scholastiker, und fassen dagegen die wichtigste und höchste Anwendung der Idee und Lehre der Menschwerdung Gottes in Christus ins Auge — die Heiligung durch das Einwohnen des Geistes Christi oder die Geburt Christi in den Seelen.

IV. Der Zusammenhang der Menschwerdung mit der Heiligung, oder die Geburt Christi in den Seelen.

Da wir die Lehre von der Menschwerdung Gottes in Christus auf das Eingehen des ewigen Seins in das Werden haben stützen müssen, so muß auch die Seele des einzelnen Menschen von dieser göttlichen That berührt werden, und es ist der Glaube der Christenheit, daß hierbei die Vermittelung des Geistes Christi für die Gläubigen eintrete. Und so ist es denn offenbar ganz im Geiste der Worte Jesu und des Evangeliums gesagt, daß die Aneignung des Erlösungswerkes Jesu die Geburt Christi in der Seele voraussetze. Es ist also dieses Orts, den innern Zusammenhang der Menschwerdung Gottes in Christus und des Einwohnens des Geistes Christi in der Seele nachzuweisen, indem wir die leitenden Sprüche der Bibel als die geschichtliche Basis zu Grunde legen.

Die Hauptstellen finden wir auch hierfür bei Johannes, insbesondere in den letzten Reden Jesu zu den Jüngern vor dem Leiden.

Joh. 14, 23. Wer mich liebet, der wird mein Wort halten, und mein Vater wird ihn lieben, und wir werden zu ihm kommen und Wohnung bei ihm machen.

Joh. 15, 10. So ihr meine Gebote haltet, so werdet ihr in meiner Liebe bleiben, gleichwie ich meines Vaters Gebote gehalten habe und in seiner Liebe bleiben werde.

Joh. 17, 26. Ich habe ihnen deinen Namen kundgethan, und werde ihn kundthun, auf daß die Liebe, damit du mich liebest, sei in ihnen, und ich in ihnen.

Hebr. 3, 14. Wir sind Christi theilhaftig geworden, so wir anders den Anfang der Zuversicht bis ans Ende festhalten.

Eph. 4, 4—6. 12. 13. Ein Leib und Ein Geist, gleichwie ihr durch Eine Hoffnung eures Berufes berufen seid; Ein Herr, Ein Glaube, Eine Taufe; Ein Gott und Vater Aller, welcher ist über Allen und durch Alle und in Allen .... auf daß die Heiligen zum Werke des Dienstes, zur Erbauung des Leibes Christi zubereitet würden, bis daß wir Alle zur Einheit des Glaubens und der Erkenntniß des Sohnes Gottes, zum vollkommenen Manne, zum Maße des Alters der Fülle Christi gelangt sein würden.

Röm. 8, 8—11. 14. Die aber im Fleische sind, können Gott nicht gefallen. Ihr aber seid nicht im Fleische, sondern im Geiste, wenn anders Gottes Geist in euch wohnet. Wer aber Christi Geist nicht hat, der ist nicht sein. So aber Christus in euch ist, so ist der Leib zwar todt, um der Sünde willen, der Geist aber ist Leben, um der Gerechtigkeit willen. So aber der Geist deß, der Jesum von den Todten auferwecket hat, in euch wohnet, so wird, der Christum von den Todten auferwecket hat, auch eure sterblichen Leiber lebendig machen, durch seinen in euch wohnenden Geist . . . Denn wie viele durch den Geist Gottes getrieben werden, die sind Gottes Kinder.

1 Joh. 2, 20. 27. Ihr habt die Salbung von dem, der heilig ist, und wisset Alles. . . . Und die Salbung, die ihr von ihm empfangen habt, bleibet in euch. . . . .

1 Joh. 3, 9. Ein Jeglicher, der aus Gott geboren ist, thut nicht Sünde, weil sein Same in ihm bleibet, und er kann nicht sündigen, denn er ist von Gott geboren.

1 Joh. 5, 1. 4—10. Ein Jeglicher, welcher glaubet, daß Jesus der Christ ist, der ist aus Gott geboren. . . . Alles was aus Gott geboren ist, überwindet die Welt; und das ist der Sieg, der die Welt überwunden hat: unser Glaube. Wer ist's, der die Welt überwindet, außer dem, der da glaubt, daß Jesus Gottes Sohn ist? Dieser ist's, der da gekommen durch Wasser und Blut, Jesus der Christ; nicht im Wasser allein, sondern im Wasser und Blut: und der Geist ist's, der da zeuget, denn der Geist ist Wahrheit. Denn drei sind die da zeugen, der Geist und das Wasser und das Blut, und die Drei gehen auf eins. Wenn wir der Menschen Zeugniß annehmen, so ist Gottes Zeugniß größer: denn das ist Gottes Zeugniß, daß er gezeuget hat von seinem Sohne. Wer da glaubet an den Sohn Gottes, der hat das Zeugniß Gottes in sich selbst.

Vollkommen durchgehend und klar ist die Auffassung der evangelischen Urkunden, daß die Heiligung der Gläubigen das Werk des Geistes Gottes sei, der da ist der Geist Christi, und daß der Glaube an dieses innere Zeugniß, als das höchste, die unmittelbare Bezeugung der Gottheit, der allein lebengebende, seligmachende heißen könne.

Das Bild der Menschwerdung Gottes in den Gläubigen ist also das der Geburt Christi in der Seele, daher die im Anfange ihres Glaubenslebens Stehenden bei Paulus (1 Kor. 3, 1) „Unmündige in Christus" heißen. Das vorgesteckte Ziel der Heiligung aber ist, daß der innere Mensch (das geistige, unselbstische Leben) aufwachse zur Mannesreife Christi, folglich auch nicht als Leben des Einzelnen in seiner Vereinzelung, sondern als Glied und Diener der Gemeinde. Das sagt die merkwürdige Stelle des Epheserbriefs aber auch ganz ausdrücklich.

Wie die Menschheit das Ziel des Gedankens des Menschen in Gott ist, so ist sie auch das Ziel der Wirkung des Geistes Gottes im Menschen. Das Gottesreich ist höchster Zweck: nur die aufopfernde Liebe des Einzelnen führt dahin.

Zweites Buch.

Das erste Jahr des Lehramtes Jesu. Von der Taufe bis zur Einkerkerung des Täufers.

Vom März bis Ende December des Jahres der Stadt 780.

Einleitung.

I. Die Abschnitte des öffentlichen Lebens Jesu.

Hinsichtlich der Abschnitte im Lehramte Jesu ist Anfang und Ende der evangelistischen Ueberlieferung, wie Marcus sie am einfachsten darstellt, im vollkommensten Einklange mit der apostolischen Erzählung. Der katechetische Plan der Sendboten und der historische Rahmen des Augenzeugen haben gleichen Ausgangspunkt und gleiches Ziel. Anfangspunkt ist Johannes und die Taufe Jesu durch ihn: Ende, der Einzug in der Leidenswoche, das Leiden und die daran sich schließende Auferstehungszeit. Für den mittlern Theil aber haben wir zuvörderst nur eine durchlaufende Schicht in den beiden Darstellungen: die Speisung der Fünftausend. Zwischen diesem Ereignisse und der Gefangennahme des Täufers liegt aber eine Reihe von Erzählungen vom ersten Auftreten in Galiläa. Wenn also die evangelistische Ueberlieferung nicht in einem Zustande vollkommener Auflösung auf uns gekommen ist (was in einem so kurzen Zeitraum zwischen Ereigniß und Erzählung schwer anzunehmen, und bei Apostelschülern und apostolischen Gemeinden unglaublich sein würde), so werden die Erzählungen der Evangelisten nach der Speisung dem spätern Zeitraume des öffentlichen Lebens Jesu zugehören, welcher mit diesem großen Ereignisse zusammenhängt; die Erzählungen vor der Speisung aber werden dem frühern Abschnitte zugeschrieben werden müssen, welcher zwischen Taufe und Speisung sich bewegt. Dieses gibt uns also drei Abschnitte: einen ersten, einen ersten mittlern vor der Speisung, einen zweiten mittlern von der Speisung bis zur Leidenswoche. Der Fortgang unserer geschichtlichen Forschung wird uns nun in Stand setzen, besonders durch die Verbindung der Reiseberichte bei Lucas mit dem geschichtlichen Rahmen des Johannes, in diesem dritten Hauptabschnitt wieder eine Fuge zu erkennen. Wir erhalten also für den dritten Zeitraum eine sichere Unterabtheilung, und das Ganze gestaltet sich folgendermaßen:

I. Von der Taufe bis zur Gefangennehmung des Täufers und Rückkehr Jesu aus Judäa nach Galiläa: neun Monate, von Februar bis December 780.

II. Der Zeitraum zwischen Gefangennehmung und Enthauptung des Täufers: viertehalb Monate, von Ende December 780 bis kurz vor Ostern 781.

III. Von der Speisung der Fünftausend bis zur Ankunft Jesu in Jerusalem zum Laubhüttenfeste: sechstehalb Monate, Osterzeit bis September 781.

16*

IV. a. b. Vom Laubhüttenfeste 781 bis zum Eintreffen in Bethanien, Anfang der Leidenswoche, Ostern 782: 7 Monate, mit einem Einschnitte bei der Reise über Jericho nach Bethanien, und von da, späterhin, nach der Erweckung des Lazarus, Einzug in Jerusalem.

V. Die Leidenswoche (Ostern 782), die Auferstehung und die vierzigtägige Zeit des Auferstandenen.

Wir behaupten nun, daß in diesem durch Johannes uns gegebenen Rahmen die einzelnen evangelistischen Erzählungen sich so weit chronologisch einordnen, als es der praktische Zweck des evangelistischen Unterrichts zuläßt, und daß wir allenthalben dasselbe Gesetz der Projection oder Abspiegelung der chronologischen Ordnung auf die katechetische Reihe vorfinden. Der Beweis für diese Behauptung wird bereits durch unsere Evangelienharmonie im achten Bande geführt, welche nach jener Annahme durchgeführt ist, dann aber besonders durch die geschichtliche Prüfung und Sichtung eines jeden Abschnitts in der nun folgenden Darstellung.

Eine vorläufige Kennzeichnung der Abschnitte vor der Leidenszeit wird jedoch den Lesern einen Blick in die eben angedeutete Abtheilung geben.

Erster Abschnitt des öffentlichen Lebens Jesu.

Der Zeitpunkt der Taufe Jesu durch Johannes ergibt sich klar genug aus der Darstellung des Apostels als der Monat Februar des Jahres 780, etwa 7 Wochen vor Ostern. Die Taufe hatte im Ostjordanlande (Peräa) statt. Von da begab sich Jesus nach der Taufe mit seinen ersten fünf Jüngern nach Galiläa; dort verweilte er aber nur kurze Zeit, dann reiste er nach Jerusalem zum Osterfeste. Dieses war das erste Passah des Lehramtes. Nach dem Feste verließ er die Stadt und zog in die Wüste von Juda, wo er mehrere Monate verweilte. Endlich kehrte er durch Samarien nach Galiläa (Kapernaum) zurück, und mit dem zweiten Zeitraum beginnt erst das öffentliche Lehren in Galiläa; der Schauplatz der Thätigkeit Jesu im ersten war Judäa.

Die Kunde dieses Zeitraums verdanken wir fast ausschließlich dem Johannes; hat man ihn hier gefunden und den Rahmen erkannt, so entdeckt man vielfache Spuren dieser ersten Zeit des Lehramtes (780). Die Erzählung vom Austreiben der Wechsler und Händler aus dem Tempel, welche nach Johannes in diesen ersten Zeitraum gehört, beginnt in der That alle jerusalemischen Erzählungen der Evangelisten. Die Versuchung wird von diesen in die Wüste Judas versetzt, also auf den Schauplatz dieses Zeitraums. Das Auftreten in Galiläa heißt wenigstens im Evangelium des Lucas (4, 14) „ein Zurückkommen". Endlich finden wir einige der frühesten anekdotischen Erzählungen der Evangelisten, welche nur diesem ersten Zeitraume angehören können. Sie reihen sich also jenem zusammenhängenden Bericht nachweislich an, und vollenden so das Bild dieser höchst merkwürdigen ersten Epoche in Jesu öffentlichem Leben.

Zweiter Abschnitt.

Die Ueberlieferung von Jesu öffentlichem Leben nach Taufe und Versuchung beginnt mit dem ersten Auftreten Jesu vor dem Volke in Galiläa, und dieses fällt allerdings nach der ausdrücklichen Angabe der synoptischen Ueberlieferung, wie des Johannes, in die Zeit unmittelbar nach der Gefangennehmung des Täufers. Aber auch das erste Zeichen, welches in diesem Abschnitte bei Johannes erzählt wird, ist dasselbe: die rührende Aufforderung des Hauptmanns von Kapernaum, seinem Kinde zu helfen, und dessen Heilung. In der Ueberlieferung ist daraus der „Knecht" des Hauptmanns geworden, was bei der doppelten Bedeutung des aramäischen und griechischen Wortes sich gar leicht erklärt. Wir lernen nun aber weiter aus Johannes, daß Jesus, gegen das Ende December 780 nach Galiläa zurückgekehrt, sich in Kana niederließ. Daß Jesus nicht Nazareth zu seinem Aufenthalte wählte, sagen auch die Evangelisten, sie nennen Kapernaum als seine „eigene" Stadt, d. h. als seinen Wohnort. Dieses erklärt sich sehr leicht als Folge der Heilung des Sohnes des Hauptmanns; auch sagt Johannes nirgends ausdrücklich, daß er in Kana längere Zeit verweilte. Auch bei ihm wird vielmehr angenommen, daß Jesus seinen dauernden Aufenthalt in Kapernaum hatte (6, 59).

Nach dem Berichte von der Heilung jenes Sohnes begnügt sich Johannes zu sagen, daß Jesus wieder nach Jerusalem hinaufzog zu einem Feste der Juden, nämlich zum Purimfeste, welches im Jahre 781 auf den 1. März fiel. Die Speisung aber fiel unmittelbar vor dem Passahfeste desselben Jahres, was ausdrücklich gesagt wird. Unser zweiter Abschnitt umfaßt also volle drei Monate, indem er mit der Osterzeit des Jahres 781 oder mit der letzten Woche des Monats März endigt. In diesen Rahmen wird sich also die erste Hälfte der galiläischen Erzählungen der Evangelisten einreihen, wenn die geschichtliche Grundlage wirklich nur durch die übereinkömmliche Darstellung der Missionsüberlieferung verhüllt ist. Wir werden sehen, daß diese Einreihung in den johanneischen Rahmen sich aufs natürlichste und in merkwürdiger Zusammenstimmung der drei Erzähler gestaltet: bei allen nämlich ergeben sich neun Abschnitte, sobald nur ausscheidet, was augenscheinlich aus frühern oder spätern Epochen aus praktischen Gründen der katechetischen Unterweisung der Missionare in diese Reihe herübergezogen ist. Die erste Abtheilung des unschätzbaren Reiseberichts bei Lucas findet auch hier ihre Stelle aufs natürlichste.

Dritter Abschnitt.

Der dritte und vierte Abschnitt begreifen, wie wir gesehen, die Geschichte Jesu von der Speisung an bis zum Einzuge in der Leidenswoche, also den jährigen Zeitraum von der Osterzeit 781 bis zur Woche vor Ostern 782. Wir lernen nun aus Johannes, was den dritten Zeitraum betrifft, daß Jesus die Monate zwischen der Osterzeit 781 (in welche, unmittelbar nach der Rückkehr vom Purimfeste, die Speisung fällt) und dem Laubhüttenfeste, im September desselben Jahres, theils in Galiläa zubrachte, theils im Ostjordanlande, dem Gebiete des Philippus, Bruders des Herodes Antipas. Der evangelistische Bericht geht mit dem des Apostels von der Erzählung der Speisung der Fünftausend zu dem des Uebersetzens über den See im Sturme fort. Dann treten aber die den Evangelisten eigenthümlichen Erzählungen von Heilungen ein, und es erfolgt die Rückkehr nach Galiläa. Diese wird angeschlossen an die allgemeine Bemerkung des Apostels, Jesus sei nicht nach Judäa gegangen, als seine Brüder mit der Festkarawane zum Laubhüttenfeste zogen, sondern sei noch eine Zeit lang in Galiläa geblieben (7, 8. 9).

Vierter Abschnitt.

Der Zug in der Mitte September zum Laubhüttenfeste (welches in die letzten Tage unsers Monats September oder Anfang October fällt) ist die Scheide zwischen dem vierten und fünften Abschnitt. Mit jenem Zeitpunkte tritt der zweite Theil des Reiseberichts bei Lucas ein (13, 22 — 17, 10), welcher uns nach Jerusalem führt. Es folgt dann die lange zusammenhängende Erzählung des Apostels. Jesus hat sich in den zwei Monaten zwischen jenem Feste und dem der Tempelreinigung

(Anfang December) auf dem Lande aufgehalten, und in diesem Zeitraum gehören offen=
bar einige der evangelistischen Erzählungen. Dann kehrt er zu dem letztgenannten Feste
wieder in die Stadt zurück. Doch von Unglauben und Fanatismus zurückgewiesen,
zieht er nach Peräa, von wo ihn die Kunde von Lazarus Tode schnell nach Bethanien
zurückführt. Unmittelbar nach der Erweckung des Lazarus geht er an die Grenze der
Wüste in das Städtchen Ephraim, und kommt sechs Tage vor Ostern, Sonntag den 9.
Nisan (im April 782) nach Bethanien zurück. Hier treffen die Berichte der Evange=
listen auf demselben Punkte ein, und die Scheide ist unverkennbar.

Mit dem Einzuge von Bethanien in Jerusalem beginnt also der fünfte Abschnitt,
die große Leidenswoche, welcher die Auferstehungszeit folgt. Dieser

Fünfte Abschnitt,

die Leidenswoche und die Auferstehungszeit, bedarf keiner weitern Nachweisung an
dieser Stelle.

Jeder dieser Abschnitte hat also äußerlich seine scharf bestimmbaren Grenzen; aber
er trägt auch innerlich einen eigenthümlichen Charakter.

Der erste beruht großentheils auf Johannes. Dies ist begreiflich, da Jesus vorerst
nur fünf Jünger hatte und in Galiläa gar nicht öffentlich auftrat. Der lange Aufent=
halt in der Wüste war eine höchst bedeutende Zeit der innern Prüfung und Weihe, aber
auch tiefer Zurückgezogenheit. Es stellte sich in diesem Zeitraum heraus, was in Jerusa=
lem zu thun und was von Johannes zu erwarten war und was nicht: Jesus nahm
seine Stellung zur Gegenwart und zum Gesetze; aber die Welt erfuhr davon wenig,
selbst die Jünger durften ihm nicht in die Zurückgezogenheit folgen. Das Andenken
an diesen Zeitraum verschwand also hinter dem glänzenden Auftreten Jesu in Galiläa
nach des Täufers Gefangennehmung, welches deshalb auch die evangelistische Ueber=
lieferung als den Anfang des Wirkens Jesu annimmt.

Die Untersuchung wird verwickelter in dem folgenden (zweiten) Abschnitte. Hier
muß die Sichtung der ersten Hälfte der evangelischen Berichte von Jesu Leben und
Lehren ihre Probe bestehen. Es muß sich erstlich zeigen, ob wirklich, mit Ausnahme des
Reiseberichts bei Lucas, alle nicht offenbar später in die ursprüngliche Ueberlieferungs=
reihe eingeschalteten Erzählungen nur Ausführungen des bei Marcus viel einfacher erhal=
tenen gemeinsamen Stammes der ältesten verzeichneten evangelistischen Ueberlieferung sind.
Zweitens muß thatsächlich klar werden, daß die also geläuterte Reihe sich leicht einfügt
in den johanneischen Rahmen nach jenem einfachen Gesetze der Abspiegelung der Geschichte
in den praktischen Abschnitten der Ueberlieferung. Dasselbe gilt von dem dritten und
vierten Abschnitte, welche den zweiten Theil der galiläischen Berichte der Ueberlieferung
und die Reiseerzählungen enthalten. Diese Berichte, nach derselben geschichtlichen
Methode gesichtet, finden, wie unsere Annahme es fordert, ihre Ergänzung in Jo=
hannes. Nur ist dieser Bericht viel reichlicher als im vorhergehenden Abschnitte, und
die Scene wechselt häufig. Die Berichte aus dem letzten Abschnitte endlich haben die
Eigenthümlichkeit, daß hier Apostel und Evangelisten, nach Ausscheiden dessen, was bei
den letztern in die frühern Aufenthaltszeiten in Jerusalem gehört, ganz nebenein=
ander hergehen. In der Leidensgeschichte stellt sich jedoch das Verhältniß anders, als
in der Auferstehungsgeschichte und dem Schlusse, und dieses muß erklärt werden.

II. Die Methode der Untersuchung.

Aus dem bisher Vorgetragenen folgt von selbst, daß wir in jenen fünf Abschnitten die oben festgestellten Grundannahmen unserer Untersuchung bis in ihre letzten Er= gebnisse verfolgen müssen. Diese sind nun ganz besonders vier. Die erste ist, daß das johanneische Evangelium der späteste, und zwar in Kleinasien niedergeschriebene Bericht eines apostolischen Augenzeugen sei. Zweitens, daß die drei Evangelisten eine und dieselbe, ursprünglich mündliche, paläſtinische Ueberlieferung vortragen, welche auf einer übereinkömmlichen, aber praktisch in den damaligen Zeitläufen vollkommen ge= rechtfertigten, wenngleich aber ungeschichtlichen Zusammenfassung des Redens und Thuns Christi behufs der Unterweisung ruht. Die dabei zu Grunde liegende Anschauung ist die von einer etwa jährigen Dauer des Lehramtes Jesu. Drittens, daß diese katechetische Ueberlieferung so wenig eine geschichtlich ganz aufgelöste und verwirrte sei, daß sich dieselbe vielmehr nach einem erkennbaren und nachweisbaren Gesetze der Ab= spiegelung (Projection) gleichmäßig gestaltet hat. Viertens, daß Marcus am treuesten, weil am einfachsten, wenn auch weniger vollständig und ausführlich, die alte Ueber= lieferung darstellt.

Es scheint uns unzweckmäßig für die Forschung und für das Bedürfniß der Ge= meinde, diese Grundannahmen hier durch Hervorheben einzelner Umstände wahrschein= lich zu machen: denn wir glauben, sie für Jeden, welcher die heiligen Urkunden kritisch und geschichtlich lesen will, thatsächlich erweisen und anschaulich und fruchtbar machen zu können. Denn ohne Zweifel muß sich die Richtigkeit oder Unrichtigkeit derselben doch gewiß, wie am anschaulichsten so am sichersten, daraus ergeben, ob die vorliegenden Berichte sich danach durch eine redliche Auslegung gleichmäßig erklären und ordnen lassen oder nicht, und ob daraus zuletzt ein lebendiges Bild der Persönlichkeit Jesu hervorgeht oder das Gegentheil.

Wir stellen also keine Formel voran, wir suchen uns nur klar zu machen, wo die Beweiskraft für oder gegen diese Ansicht liegen müsse. Dadurch schneiden wir auch widerwärtige Weitläufigkeiten ab. Wozu durch langweilige Wahrscheinlichkeitsgründe, die, eben ihrer bekannten Wohlfeilheit wegen, niemals eine wahrhafte Ueberzeugung auf geschichtlichem Gebiete begründen, die eine oder andere der unzähligen entgegengesetzten Hypothesen bekämpfen, wenn wir hoffen dürfen, die wesentliche Wahrheit jener That= sachen jedem denkenden Leser, auf Grund der vorliegenden Urkunden, anschaulich zu machen? Gelingt dieses, so werden jene Widerlegungen unnütz, denn die entgegenge= setzten Annahmen müssen falsch sein, wenn jene sich als die richtige erweist. Gelänge es aber nicht, so würden jene Sachwaltergründe doch nichts fruchten.

Was nun wird für jeden anschaulichen Erweis der Richtigkeit jener Grundan= nahmen erforderlich sein? Wir antworten darauf mit Bezugnahme auf das zum Schlusse des ersten Buchs Gesagte folgendermaßen:

1. Hinsichtlich der Anordnung werden wir die oben angedeutete Zusammen= stellung und Einreihung als richtig nur dann erkennen dürfen, wenn sie ohne gewalt= thätige Mittel sich durchführen läßt, und wenn sich in den verschiedenen Abschnitten ein gleichmäßiges Verhältniß der Berichte zu unserer Annahme ergibt.

2. Was ferner die einzelnen Thatsachen, Begebenheiten, Aussprüche betrifft, so wird, wenn unsere Ansicht die richtige ist, die johanneische Darstellung uns immer das anschaulichere und geschichtlichere Bild geben müssen. Ein Augenzeuge kann eine Thatsache mit vorgefaßten Meinungen auffassen und ihr eine subjective Färbung geben, allein er wird immer den Hergang thatsächlich genauer und anschaulicher erzählen, als

wer den Bericht aus zweiter und dritter Hand und in einem nicht geschichtlichen Rah= men gefaßt überkommen hat. Er kann nicht immer so vollständig erzählen als Andere, er mag absichtlich übergehen, was Jeder weiß, wenn er eine gemeindliche Ueberlieferung vorfindet; aber er kann den allgemeinen Zusammenhang des Lebens Jesu nicht anders als geschichtlich darstellen.

3. Betreffend die Vergleichung der drei Evangelisten untereinander, so sind unsere Grundannahmen folgende: Marcus ist keineswegs Auszügler von Matthäus und Lucas, sondern stellt den Typus der gemeinsamen palästinischen Ueberlieferung reiner dar, als die beiden Andern, allerdings auch mit geringerer Eigenthümlichkeit, mit weniger scharfem Gepräge der Individualität. Doch fehlt auch diese nicht, und insbesondere ist erkennlich, daß das Marcus=Evangelium in Rom und für römische Christen verfaßt sei, nach des Petrus Tode.

Die Reiseberichte bei Lucas machen nur scheinbar eine Ausnahme, denn sie sind offenbar dem Lucas aus einer besondern Quelle zugeflossen, nicht aus einer bereits fort= geschrittenen Ueberlieferung. Matthäus dagegen, d. h. unser erstes Evangelium, wird uns die am weitesten fortgeschrittene palästinische, volksmäßige Erweiterung des gemein= samen Missionar=Cyklus oder Katechismus darstellen müssen. Als Schriftsteller wird er uns nur erscheinen in Gestaltung der Sprüche Jesu zu größern Reden, nach innerer Aehnlichkeit derselben. Alle vereinzelten Stellen, welche die ältesten Väter als evan= gelische anführen, sind aus diesem palästinischen Evangelium in derselben oder einer hier und da abweichenden Fassung entlehnt. Unser Matthäus ist eine der vielen Be= arbeitungen und Erweiterungen einer aramäischen Urschrift, welche ursprünglich dem Evangelium des Marcus mehr oder weniger ähnlich gewesen sein muß. Matthäus schloß diese palästinische Quelle für die außerpalästinische Christenheit gerade noch zu rechter Zeit ab, und er war es, welcher ihr das Gepräge der ältesten Zusammen= stellung der ethischen Aussprüche Jesu aufdrückte.

Lucas dagegen muß sich, nach unserer Annahme, als kritischer Sammler und im Ein= zelnen als Ordner zeigen. Wenn diese Voraussetzung die richtige ist, so wird er auch außer jenen Reiseberichten uns manches Einzelne in einer genauern Gestalt geben, wo nämlich die von ihm angestellten Forschungen ihn zu guten Quellen geführt hatten. Dagegen wird er auch Manches mittheilen, was neben der gemeinsamen Ueberlieferung auf nicht rein geschichtlichem Boden, aber doch in apostolischen Kreisen aufgewachsen war. Als ein hellenisch gebildeter, dialektischer Schriftsteller wird Lucas das persönliche Gepräge mehr hervortreten lassen als Marcus, der Enthaltsame und offenbar weniger Geist= reiche, und als Matthäus, der im Erzählen der Begebenheiten sich ganz mit der volks= mäßigen Ueberlieferung identificirt und als individueller Schriftsteller nur in jener Zusammenstellung der Aussprüche Jesu erscheint. Daraus folgt aber auch, daß die höhere oder niedere Stellung der drei Evangelisten zueinander, nach der Verschieden= heit des Gegenstandes und der Quellen, nicht immer dieselbe sein kann. Des Matthäus Gefahr wird in dem Neigen zur Legende, im Aufnehmen mythisirender Ausbildungen des Thatsächlichen liegen; die des Lucas im mißglückten Versuchen geschichtlicher Ver= knüpfung; die des Marcus endlich in dem überwiegenden Realismus, welcher ihm Jesu Reden weniger wichtig erscheinen ließ, als den beiden Andern.

Was nun endlich das Zeitverhältniß der drei Evangelisten und des Johannes betrifft, so muß sich aus der Durchführung unserer Ansicht Folgendes ergeben. Der johanneische Bericht ist später als die schriftliche Festsetzung der gemeinsamen palästi= nischen Ueberlieferung, die wir in dreifach beglaubigter, individueller Bearbeitung vor uns haben. Johannes mußte also den Umstand berücksichtigen, daß eine solche Ueber=

lieferung sich bereits in den Gemüthern und Gemeinden festgesetzt hatte. Daraus ging für ihn dreierlei hervor: er konnte ihre Kenntniß allgemein voraussetzen; er mußte suchen, da wo es wichtig und wesentlich war, sie durch das, was er selbst bezeugen konnte, zu ergänzen und zu berichtigen. Aber auch nur in solchen Fällen; denn sonst hätte er um äußerer Umstände willen, die der Gemeinde doch von geringerer Bedeutung waren, den Glauben an die Ueberlieferung unnöthigerweise geschwächt und die christlichen Gemüther irre gemacht. Solchen Rücksichten zu genügen, war gewiß keine Persönlichkeit geneigter als die, welche uns aus dem ersten Sendschreiben des Apostels entgegentritt, einer Schrift, welche dem Evangelium innigst verwandt ist. Der apostolische, ganz in Liebe und Glauben aufgehende Greis konnte die Sache gar nicht anders auffassen, als mit zarter Rücksicht auf den bestehenden gemeindlichen Glauben.

Was aber die Zeit der drei Evangelisten betrifft, so werden wir die Abfassung ihrer Berichte nicht vor die Zerstörung Jerusalems setzen können. Denn die ihnen zu Grunde liegende Ueberlieferung kann erst nach dem Ableben der beiden großen Apostel, Petrus und Paulus, niedergeschrieben sein, und dieser Epoche steht Marcus wol am nächsten, wenn unsere Grundannahme richtig ist. Wir werden Lucas aber auch entschieden in die nächsten Jahre nach jenem großen Ereignisse zu setzen haben, also zwischen 70 und 80 unserer Zeitrechnung, oder 44 und 50 Jahre nach dem Tode Jesu. Matthäus, als diejenige kirchlich gewordene Form der vollständigen palästinischen Ueberlieferung, welche der römische Clemens (gegen 85) und die Väter bis Justinus (150) in verschiedenen griechischen Uebertragungen vor sich hatten, kann wol nicht früher als das letzte Jahrzehnd des Jahrhunderts gesetzt werden. Die Geburtsgeschichte bei Lucas, mit dem Geschlechtsregister ist wol gewiß eine Kritik der gäng und geben palästinischen Texte. Daraus folgt jedoch keineswegs, daß er gerade unser Matthäus-Evangelium vor sich hatte. Aber gewiß war der ihm vorliegende Text nicht wesentlich verschieden von unserm.

Das Streben der Ueberlieferung, insbesondere heiliger Geschichten, ist, nach uns, immer das der Erweiterung; es liegt in ihrer Natur, lieber zehnmal das Erbauliche, wenngleich geschichtlich Zweifelhafte festzuhalten, als es einmal wegzulassen. Diese Erweiterung wirkt nothwendig als allmälige Auflösung des geschichtlichen Zusammenhangs und der ursachlichen Darstellung. Dadurch wird aber nothwendig das geistige Element der Ueberlieferung frei, und Ideen beginnen sich zu Mythen zu gestalten.

Wenn sich also diese Annahmen als natürliches Ergebniß der folgerechten Anwendung jener Grundansichten darstellten, so würde das eine thatsächliche Bewährung heißen dürfen.

Wir behaupten, es sei möglich, ein anschauliches, aus rein geschichtlichen Zügen zusammengestelltes Bild des Lebens Jesu zu gewinnen und die Entstehung der Erweiterungen des Thatsächlichen zu erklären. Zum Beweise dieser Behauptung genügt, daß wir im Stande seien, mit Zugrundelegung des johanneischen Evangeliums aus der durch Sprache, Sitte, Vorurtheile bedingten subjectiven Darstellung eine reine Thatsache zu gewinnen, welche dem Bilde Jesu als Heiland, dem Charakter der Apostel als redlicher Männer und Zeugen entspricht. Die Persönlichkeit der Evangelisten aber muß uns diese als fähige Berichterstatter darstellen, welche das, was ihnen die Schüler der Augenzeugen berichteten, redlich sammelten und niederschrieben.

III. Die Reiseberichte des Lucas als Haltpunkte der Chronologie der
evangelistischen Ueberlieferung.

Wir haben bereits im Obigen angedeutet, daß in Schleiermachers Studien über
Lucas die Würdigung der Reiseberichte des Lucas uns einer der glänzendsten Punkte
der Untersuchung zu sein scheint. Wir glauben jedoch, daß die Kritik der einzelnen
Bestandtheile dieses Schatzes von Nachrichten durch die Anwendung der von uns auf=
gestellten Methode noch um ein Bedeutendes dürfte gefördert werden können.

Wir verlangen zuerst weiter nichts, als daß zugegeben werde, es können jene
Reiseberichte ebenso wol abschnittlicher Natur sein, als nur anekdotischer. Das erste,
meinen wir, dürfte von vornherein dem Kritiker sogar wahrscheinlicher vorkommen,
da wir selbst in den entferntesten Theilen der Ueberlieferung von Jesu Lehramt noch
einen abschnittlichen Zusammenhang erkennen müssen.

Die sicherste Methode zu finden, ob eine solche, oder ob die entgegengesetzte An-
sicht sich bestätige, dürfte wol die sein, daß wir zuvörderst uns die Reihenfolge der
Reisen Jesu anschaulich machen, und dann sehen, ob und welche Abtheilungen sich im
Reiseberichte des Lucas bemerklich machen.

Die Reisen Jesu sind nach Johannes folgende:

780, Ende März. Reise zum Osterfeste — Rückkehr durch Samaria nach Galiläa.

781, Ende Februar. = zum Purimfeste — zurück nach Peräa am See, also durch Peräa.

= September. = zum Laubhüttenfeste — Aufenthalt bis nach dem Tempelreinigungsfeste im December.

782, Januar. = von Jerusalem nach Peräa am Jordan, wo Johannes taufte
(Joh. 10, 39—42, vgl. 1, 28).

= Februar. = von Peräa nach Bethanien zu Lazarus.

= Anfang März. = von Bethanien zur Stadt Ephraim, nahe bei der Wüste (11, 54).

= = April. = von Ephraim nach Bethanien, Einzug sechs Tage vor Ostern.

Es ergibt sich hieraus folgende chronologische Reihe der Reisen Jesu:

I. Drei Reisen von Galiläa nach Jerusalem (zwei mit Rückreise) von
März 780 bis October 781.

1. a. Erste Reise von Galiläa nach Jerusalem, März 780.

b. Rückreise von Jerusalem nach Galiläa, durch Samaria, December 780.

2. a. Zweite Reise nach Jerusalem, von Galiläa aus, zum Purimfeste, März 781.

b. Rückreise (durch Peräa) nach dem jenseitigen Ufer des Sees, kurz vor Ostern.

3. Dritte Reise nach Jerusalem, von Galiläa aus, zum Laubhüttenfest, September 781.

II. Reisen vom December 781 bis sechs Tage vor Ostern 782.

1. a. Erste Reise von Jerusalem nach Peräa, am Jordan, wo Johannes getauft hatte
(Joh. 10, 39—42; vgl. 1, 28), also nach Bethanien (gegenüber Bethsean?),
Aufenthalt daselbst Januar, Februar 782.

b. Rückreise von Bethanien in Peräa nach Bethanien in Judäa, auf die Nachricht
von des Lazarus Krankheit (Joh. 11, 6. 7).

2. a. Zweite Reise (von Bethanien bei Jerusalem) nach Ephraim (Ephron), Stadt nahe
bei der Wüste, nördlich von Jerusalem. Aufenthalt daselbst März 782.

b. Rückreise nach Bethanien, 8—9 Tage vor Ostern, Eintreffen in Bethanien 6
Tage vor Ostern (Joh. 12, 1).

Wir werden nun versuchen, die Reiseberichte des Lucas, in Verbindung mit den
Reisegeschichten, welche dem Lucas gemein sind mit den beiden Andern, der Reihe nach

an jene chronologische Reihe zu halten, um zu sehen, ob und wie die evangelische Ueber=
lieferung sich an dieselbe anschließe. Wir werden uns dabei die Thatsache vor Augen
halten müssen, daß die Ueberlieferung alle Reiseerzählungen so auffaßt, daß sie von
Galiläa ausgehen und in Jerusalem endigen, wo nach dieser Auffassung Jesus ein=
mal, und zwar zum Leiden einzog. Der Endpunkt wird also, wenn der geschichtliche
Faden nicht ganz verwirrt ist, der Einzug von Bethanien aus nach Jerusalem sein,
kurz vor dem Passah. Das aber ist er auch wirklich bei allen drei Evangelisten.

In diesen Einzug von Bethanien aus verläuft sich nun bei Lucas eine, gleichfalls
allen drei Evangelisten gemeinsame Reiseerzählung, deren letzte Angabe der Zug durch
Jericho ist, und die Heilung des Blinden am Wege, Bartimäus. Die Berührung
Jerichos auf einem Zuge von Galiläa her ist nur denkbar bei einer Reise durch
Peräa. Denn sei es, daß Jesus alsdann bei Bethsean (Scythopolis) in Judäa ein=
trat, oder erst Jericho gegenüber, diese Stadt war der nothwendige Knotenpunkt der
Landstraßen, welche nach Jerusalem — also auch nach Bethanien — führten. Sollte
dies also nicht das Ende der dritten Reise von Galiläa nach Jerusalem sein zum
Laubhüttenfest? Es war alsdann ein Zug, getrennt von der Festkarawane; Jesus hatte
diese vorherziehen lassen, und begab sich auf die Reise in der Stille mit seinen
Jüngern, als das Fest schon begonnen hatte.

Daß jene evangelistischen Reiseerzählungen nicht einer frühern Reise nach Jerusalem
zugehören können, ergibt sich aus dem feierlichen Berichte vom Antreten der Reise, wie
alle drei Evangelisten ihn haben. „Wir gehen hinauf gen Jerusalem, wo ich den Tod
erleiden werde", so sagt Jesus voranschreitend den Jüngern, welche erschrocken und
staunend ihm nachfolgen. Diese Stimmung paßt nur· auf den letzten aller Reisezüge,
den von der Stadt Ephraim aus nach Bethanien. Ephraim, Ephron, ist entschieden
die alte Stadt Hophra, im Stamme Benjamin, etwa sieben Wegstunden nördlich von
Jerusalem, dem jetzigen Hügel Tel Tajibeh entsprechend. Der beste und stillste Weg
aber, der über Jericho, beträgt fast 13 Wegstunden, oder wenigstens drei Tagereisen
für Fußgänger. Es paßt also Stimmung und Endpunkt; der Ausgangspunkt ist ganz
unbestimmt gelassen; es heißt, sie waren auf dem Wege nach Jerusalem.

Wir sind also keineswegs berechtigt, diesen gemeinsamen Reisebericht (Marc. 10, 32;
Matth. 20, 17; Luc. 18, 31), der von Jericho sich nach Bethanien und Jerusalem
verläuft, ohne Weiteres für die letzte Reise von Galiläa nach Jerusalem in Anspruch
zu nehmen. Erst die weitere Forschung kann darüber entscheiden. Es ist natürlich,
daß die gemeinsamen Erinnerungen der Evangelisten gerade diesen letzten Zug dar=
stellten, denn der Einzug in Bethanien, eine Woche vor Ostern, war ein lichter Punkt
der Ueberlieferung.

Wir wenden uns nun zuerst an den Reisebericht, welcher diesem Zug unmittelbar vor=
hergeht. Auch er findet sich bei Marcus und Matthäus, und hat bei ihnen einen
unverkennbaren Anfangspunkt als Zug nach Judäa durch Peräa hindurch. Marc. 10, 1;
Matth. 19, 1. Lucas hat diese Angabe und die darangeknüpfte Unterredung über die
Ehescheidung nicht in der Reihe seiner Reiseberichte; aber er tritt gleich mit der näch=
sten Anekdote (von den Kindlein) in die Erzählung der beiden Evangelisten ein.
Nun war allerdings die Rückreise von dem einen Bethanien in das andere, auf die Nach=
richt von des Lazarus Erkrankung, eine Reise von Peräa nach Judäa; allein die ganze
Episode von Lazarus fehlt bekanntlich den Evangelisten so sehr, daß nicht einmal der
Name desselben vorkommt, geschweige die Auferweckung. Noch weniger paßt der reiche
Inhalt der Erzählungen auf eine so eilige und stille Reise. Es ist also ganz natür=
lich, daß auf diese Episode in der Ueberlieferung keine Rücksicht genommen wird.

Vielleicht gibt uns des Lucas Reisebericht nähern Aufschluß. Bei ihm ist jene Erzählungsreihe nur die Fortsetzung eines Berichts, welcher 17, 11 mit der Angabe beginnt, daß Jesus „hindurchzog zwischen Samaria und Galiläa". Was heißt das? Es kann offenbar nicht die Rede sein von einem Zuge von Jerusalem nach Galiläa, denn wie könnte sonst Galiläa, das Ziel, neben Samaria gestellt sein? Anders ist es mit einer Reise aus Galiläa, nach Jerusalem hin, durch Peräa hindurch, um unten, Jericho gegenüber, in Judäa einzutreten. Wer sich im südwestlichen Theile von Galiläa befindet — die große Straße vom See nach Cäsarea führt dahin — kann von dort nach dem Jordan zu gehen, zwischen Samaria und Galiläa mitten hindurch, um bei Bethsean überzusetzen nach Jabes Gilead, und dann auf der großen Straße über Gerasa und Ramoth Gilead nach der Furt von Jericho zu gelangen, und von da nach Jerusalem. Dieses paßt auf die zweite Reise von Galiläa nach Jerusalem zum Purim= feste von 781, und es ist alsdann zu natürlich, anzunehmen, daß der Bericht von Marcus und Matthäus nur das Ende dieser Reise erzählt, während es Lucas gelang, den Bericht zu vervollständigen. Der Ausgangspunkt bei jenen beiden Evangelisten ist alsdann nur scheinbar der Anfang einer der geschichtlichen Reisen Jesu.

Dieses angenommen, müssen wir den vorhergehenden (ersten) Theil der Reisebe= richte des Lucas, von 9, 51—17, 10, als eine anekdotische Sammlung aus dem Zuge Jesu nach Jerusalem ansehen, welcher der Reise zum Laubhüttenfeste im September 781 vorherging. Dieses ist die zweite der jerusalemischen Reisen, die zum Purim= feste im März desselben Jahres. In der That paßt auf diese Epoche Alles. Die Worte des Eingangs:

> Da die Zeit sich erfüllte, daß er sollte von hinnen genommen werden, wandte er sein Angesicht gen Jerusalem zu ziehen —

schließen nicht die zweite Reise aus, wol aber die erste Reise, als er, fast ein Jahr vorher, nach Jerusalem wallfahrtete. Damals hatte er auch außerdem nur fünf Jünger, und hier erscheint er nicht allein an der Spitze der bereits im vorhergehenden Abschnitte der Reiseberichte, dem Anfang derselben, erwarteten Zwölf, sondern sendet außerdem die Siebzig aus. Zu sehr dürfen wir aber jene Worte nicht pressen: denn die Evangelisten kennen eigentlich nur Eine Reise nach Jerusalem, und diese zum Leiden. Der Inhalt des Berichts endlich stimmt mit dieser Auslegung vollkommen. Er zerfällt in zwei Abschnitte. Der erste (9, 51—13, 22) beginnt mit der Anekdote vom Zorneifer der Jünger über die schnöde Behandlung, welche die Sendboten in einem „Flecken der Samariter" gefunden (9, 52), also dem Anfange des Zugs, der hernach durch Galiläa ging. Bald darauf folgt (10, 38) eine Scene aus dem ver= trauten Kreise in Bethanien, welche uns aus der besten Quelle bekannt ist, mit Martha und Maria, die hier ausdrücklich genannt werden. Dieser Abschnitt des Berichts schließt endlich unverkennbar ab mit 13, 22:

> Und er zog durch Städte und Dörfer, und lehrete, und nahm seinen Weg gen Jerusalem.

In diesem ersten Abschnitte finden wir einen bedeutenden Theil der Sprüche Jesu, welche Matthäus in seine Bergpredigt verarbeitet hat, und wieder einige andere Sprüche aus Kpp. 11 und 12 des Matthäus; nur Einen Spruch aus den spätern Abschnitten (12, 56; vgl. Matth. 16, 3, von den Zeichen der Zeit).

Der zweite Abschnitt (13, 23—17, 10) hat nur drei Sprüche aus der Bergpre= digt des Matthäus und einen Spruch aus Kp. 11 (Luc. 16, 16). Nur in den letzten 10 Versen (17, 1—10) finden drei vereinzelte Verse ihren Parallelismus im 17. und 18. Kapitel des Matthäus.

Was die bisherige Zerlegung des Reiseberichts zur höchsten geschichtlichen Wahr scheinlichkeit erhebt, ist aber der oben angedeutete Anfangsabschnitt in Kp. 9. Hier haben wir zuvörderst wieder den Parallelismus der palästinischen Ueberlieferung, und zwar in Matth. 10, 1. 7—14; 14, 1. 2; 16, 13—17, 23 und einer Anekdote aus Matth. 18, 1—5. Der Inhalt ist entscheidend: Herodes Antipas wird aufmerksam auf Jesus, als den wiedererstandenen Täufer, Jesus sendet und weiht die Jünger, speist die Fünftausend, wird verklärt auf dem Berge, heilt den mondsüchtigen Knaben und beschämt den Ehrgeiz der Jünger durch ein Kind. Wir haben also eine Reise, aber nicht nach Jerusalem, sondern einen Ausflug nach Norden, Cäsarea des Philippus, dem Hermon der phönizischen Mark.

Also die Berichte des Lucas lösen sich in drei auf, von denen nur zwei die Reisen nach Jerusalem betreffen, und zwar die zweite und dritte der drei Reisen, welche Jesus nach Jerusalem von Galiläa aus unternahm. Diese beiden Züge folgen sich in ge= schichtlicher Ordnung; ihnen voran geht der Bericht des einzigen größern Reisezugs der frühern Zeit, des nach dem Nordlande. Allerdings gehört dieser, nach der geschicht= lichen Reihe in die Zeit nach dem Zuge zum Purimfeste, denn er fällt in den Anfang des zweiten galiläischen Aufenthalts, nach der Rückkehr vom Purimfeste, bald nach Ostern 781. Allein vom Standpunkte der Ueberlieferung ist Alles in Ordnung bei Annahme eines nicht verwirrten, sondern nur verschobenen Zustandes der Berichte. Nur die erste Reise, sehr bald nach der Taufe, fehlt also: und das mußten wir erwarten, da die Ueberlieferung von Jesu Treiben vor dem öffentlichen Auftreten in Galiläa so ganz verblaßt erscheint.

Geschichtlich gestalten sich also unsere Reiseberichte in Lucas zu folgender Reihe:

I. Der erste Zug mit den Zwölfen nach Jerusalem zum Purimfeste, März 781: Luc. 9, 51—17, 10, in zwei Abschnitten (9, 51—13, 21 und 13, 22—17, 10). Anekdotisch ganz eigenthümlich; sprachlich widerklingend in Matthäus Bergpredigt und einzelnen Kapiteln der frühern Zeit.

II. Der Ausflug nach dem Nordlande (Verklärung), Mai 781: Luc. 9, 10—50. Voller Parallelismus ist nur bei der Speisung (9, 11—17): die Parallelen für den Zug nach dem Nordlande sind jedoch sowol bei Matthäus wie bei Marcus ziemlich vollständig, und diese Parallelen haben den Vortheil, daß sie die Oertlichkeit angeben.

III. Der zweite Zug mit den Zwölfen nach Jerusalem: Ausgangspunkt ist die Reise zum Laubhüttenfeste im September 781 (17, 11—18, 30). Der zweite Abschnitt (18, 31—19, 48) enthält die Reise über Jericho und Bethanien nach Jerusalem. Das Stück schließt mit dem Zuge durch Peräa bis gegenüber Jericho, und verläuft sich in die Geschichte des Eintreffens in Bethanien sechs Tage vor Ostern, an welche sich dann sogleich der Einzug in Jerusa= lem am folgenden Tage anschließt. In diesem Berichte ist der erste Theil durchaus eigenthümlich; nur kurz vor Jericho treten die Parallelen ein.

Durch diese Zerlegung und Anordnung der Reiseberichte des Lucas haben wir aber auch den Schlüssel zur Anordnung der Berichte der beiden andern Evangelisten in dem zweiten Abschnitte des Lebens Jesu gefunden. Der feste Haltpunkt ist hier die Speisung; doch wir wissen durch Johannes, daß sie nach der Rückkehr vom Purim= feste statthatte, „als Ostern nahe war", also Ende März oder Anfang April 781. Es folgt dann der Ausflug nach dem Nordlande; diesen werden wir nach den Ge= schichten setzen, welche sich auf die Reise zum Purimfeste beziehen, aber vor die Anek=

roten, welche zur letzten Reise von Galiläa nach Jerusalem gehören, nämlich zum Laubhüttenfeste 781.

Die Epochen des Lebens des Johannes stellen sich hierzu folgendermaßen:

I. Taufe Jesu, Februar oder März 780.

II. Gefangennehmung, gegen Anfang 781, als Jesus, aus der Wildniß Süd-jubäas zurückgekehrt, in Galiläa als Lehrer auftrat.

III. Sendung aus dem Gefängnisse zu Jesus, Matth. 11, 1—6, wol noch vor der Reise zum Purimfeste, März 781.

IV. Enthauptung, Matth. 14, 1—12 (erwähnt als geschehen), vor der Spei-sung, welche Ende März fällt.

IV. Chronologische Bestimmung der Taufe Jesu und das Antreten des Lehramtes.

Der johanneische Bericht hat keine unmittelbare Zeitbestimmung für diese Punkte, wohl aber eine mittelbare, und diese erweist sich als eine sehr genaue. Wir wissen durch ihn, daß das Leidensostern auf einen Sabbath, d. h. Sonnabend, fiel, und das heißt, wie Ideler und Andere nachgewiesen, und wie wir vollständig zu erweisen hoffen, daß Jesus den Tod am Kreuze erlitt im Jahre 782 der Stadt, dem 29. der gewöhn-lichen christlichen Zeitrechnung. Dieses Jahr entspricht dem 15. Regierungsjahre Tiberius, welches genau sich vom 19. August 781 bis zum 18. August 782 erstreckt. Was mit dieser Angabe streitet, kann also nicht geschichtlich sein.

Bedenken wir, daß von allen geschichtlichen und chronologischen Punkten im Leben Jesu das Todesjahr dasjenige gewesen sein muß, welches sich am ersten und sichersten festsetzte, und daß wirklich jenes Jahr (das Consulat der Gemini) den Vätern des 2. und 3. Jahrhunderts das der Ueberlieferung ist; bedenken wir ferner, daß zur Zeit der Bildung der evangelistischen (Missions-) Evangelien das frühere geschicht-liche Bewußtsein so verdunkelt war, daß die Dauer des Lehramtes als einjährig ange-nommen wurde, eben wie die Feier des letzten Abendmahls auf den Tag des jüdischen Passahlamms verlegt wurde: so wird man in ihnen gar keine oder nur sehr unge-nügende Kunde von dem Zeitpunkte des Auftretens Jesu, also der Taufe, erwarten können. Wie sehr endlich alle Chronologie fehlt in den Geschichten von der Geburt, sehen wir ja daraus, daß Matthäus nur sagt: Jesus sei geboren unter Herodes dem Großen, Lucas aber nur von einer allgemeinen Volkszählung weiß unter Augustus, deren Vornahme in Judäa die Reise Josephs mit der Maria nach Bethlehem veran-laßt habe. Sowie er versucht, die Zeit dieser Volkszählung näher zu bestimmen, ver-wickelt sich unser Text in Widersprüche. Diese kann man allerdings durch eine leichte Verbesserung lösen, allein man erhält dann nur die Angabe, daß jene Schätzung vor die (allbekannte) des Quirinus fiel, was uns eine Ungewißheit von neun Jahren läßt.

Das dritte Kapitel des Lucas enthält allerdings zwei Zeitbestimmungen: eine über den Zeitpunkt des Auftretens des Täufers, und eine von Jesu Alter beim Antritte des Lehramts. Wir müssen nun beide hinsichtlich ihres chronologischen Werthes prüfen.

„Das Wort Gottes (heißt es) erging an Johannes im funfzehnten Jahre des Tiberius."

Hier nun stoßen wir sogleich auf eine große Schwierigkeit. Der Sinn der Angabe kann doch nur sein, daß in diesem Jahre, also zwischen August 781 und August 782,

Johannes als Bußprediger auftrat. Da nun das Leidensostern das von 782 ist, so muß Lucas folgende Chronologie vor Augen gehabt haben. Erstlich, daß das Lehramt Jesu im Jahre vor dem Leidensostern anfing; zweitens, daß es erst im August 781 begann, also schon hiernach nur acht bis neuntehalb Monate dauerte; drittens, daß die Taufe und das Auftreten Jesu unmittelbar auf die Erscheinung, Predigt und Er= klärung des Johannes folgte, denn seine Berufung wird ja eben ins funfzehnte Jahr des Tiberius gesetzt. Alles dieses ist, von Anfang bis Ende, schon innerlich unmög= lich, außerdem aber auch gegen das Zeugniß des Apostels und gegen den ganzen In= halt und die allergenauesten Zeitangaben seines Evangeliums. Man könnte also geneigt sein, anzunehmen, Lucas habe das Leidensostern erst in das sechszehnte Jahr Tiberius, also ins Jahr 783 gesetzt. Allein dieser (außerdem nicht einmal haltbaren) Annahme stellt sich wie die alte Ueberlieferung vom Consulat der Gemini, so auch noch die zweite chronologische Angabe des Evangelisten entgegen. Nach ihr war Jesus „ungefähr dreißig Jahre alt", als er sein Lehramt antrat. Diese Angabe erscheint ganz unabhängig von jener, eben wie von jeder andern Berechnung oder Annahme des Lucas und deshalb als thatsächliche Ueberlieferung höchst glaubhaft; um so mehr, da sie nicht geradezu dreißig volle Jahre nennt. Nun finden wir oben, daß Christus, nach den sichern Angaben über die letzten Monate des Tyrannen und andern leitenden Punkten, kurz nach Ostern 750 der Stadt geboren sein muß. Gegen Ostern 780 vollendete er also sein dreißigstes Jahr, und wir werden sehen, daß die Taufe nur sechs bis sieben Wochen vor Ostern fiel. Er hatte also bei der Taufe fast genau sein dreißigstes Jahr vollendet.

An dem Eingange nun in die Forschung über den Antritt seines heiligen und schweren Amtes begegnen wir der, nach ihm größten Persönlichkeit der jüdischen Ge= schichte, dem Täufer. Die Darstellung seines weitern Wirkens und seines Endes gehört dem folgenden Buche zu. Ebenso die Würdigung seiner erhabenen Gesinnung und Selbstentäußerung: ihre Gewähr liegt in dem vollendeten Leben. Aber die Be= trachtung des geistigen Vermögens, mit welchem er in das öffentliche Leben trat, und der Stand seines damaligen Gottesbewußtseins müssen noch eingehender zur Sprache gebracht werden und scheinen noch nicht ihre vollkommene Würdigung erfahren zu haben. Denn die Meisten haben die Herzensergießungen des Jüngers bei Gelegenheit der Anführung der Worte seines ersten Meisters über seinen zweiten, als Worte des Täufers fassen zu müssen geglaubt, und dann gerathen sie, ohne es zu wollen, zu dem Ergebnisse Straußens und Anderer, daß der Täufer des vierten Evangeliums ein Ab= bild des Jüngers und also eine ungeschichtliche Person geworden ist. Indessen ist an der betreffenden Stelle Joh. 3, 31—36 leicht das Gegentheil als die einzig mögliche Erklärung der Stelle zu erkennen.

V. Die 46 Jahre des herodischen Tempelbaus, berechnet für das Passah des Jahres 780.

Die Angabe des Johannes (2, 20) über die 46 Jahre des herodischen Tempel= baus am ersten Passah, welches Jesus in Jerusalem als Mann und Lehrer feierte, tragen so unverkennbar die Spur einer genauen Zeitbestimmung, daß sich alle geschicht= lich forschende Ausleger damit beschäftigt haben. Auf welches Jahr weisen sie hin? Auf 780 oder 781? Denn darauf beschränkt sich die Ungewißheit der vernünftigen Forscher.

Als Jesus, von den Juden damals zur Rede gestellt über das Austreiben der Händler aus dem Tempelvorhof, das selbst den Jüngern räthselhafte Wort aussprach, daß er den Tempel in drei Tagen wieder aufbauen wolle, hielten sie ihm die That= sache entgegen, daß die Herstellung und der Ausbau dieses Tempels nun schon 46 Jahre gekostet habe, wie er also eine so unsinnige Behauptung aufstellen könne. Es kam an sich im Streit mit Jesus wenig darauf an, ob der herodische Bau vor 46 oder 56 oder 36 Jahren begonnen habe: die Bestimmung muß also daher kommen, daß die Thatsache den Gebildeten vollkommen bekannt war, und man Jesu eine ganz bestimmte Angabe entgegensetzen wolle, um desto sicherer ihm die maßlose Prahlerei seiner drei Tage anschaulich zu machen.

Hier haben wir also eine Bestimmung der Zeit, welche alle Künste, mythische Zahlen zu finden, nicht verwerfen können. Sechsundvierzig ist weder eine runde Zahl, noch aus sieben oder drei oder zwölf zusammengesetzt. Da ist also ein greif= barer Probestein gegeben. Paßt die Bestimmung auf des Johannes unzweifelhafte Angabe des Passah des Jahres 782 als des Leidenspassah? Stimmt die Angabe zugleich mit seiner ebenso schwer verkennbaren Annahme, daß er vorher zwei Osterfeiern in Jerusalem gehalten, also ein Lehramt von etwas mehr als zwei Jahren geführt habe, und nicht ein noch nicht einmal einjähriges, wie Lucas und die beiden andern Evangelisten der Ueberlieferung annehmen? Wieseler hat zuerst diese Frage mit allen Mitteln der neuen Forschung gründlich erörtert; aber er gelangt dadurch zum Osterfeste 781, da ihm 783 das Leidenspassah ist. Das Richtige hat der scharfsinnige Anger gefunden; nämlich, daß jene Annahme uns wirklich auf 782 führt. Wir wollen hier nur die schlagenden Thatsachen möglichst anschaulich darstellen. Es ergibt sich dann, daß bei jenem ersten Einzuge in Jerusalem kurz vor Ostern 780, gerade 46 Jahre und drei, höchstens viertehalb Monate seit dem Beginne des Tempelbaus verflossen waren.

Des Josephus Handschriften sagen in einer Stelle seiner „Alterthümer" (XV, 11, 1.), daß Herodes der Große den Anfang des Tempelbaus im 18. Jahre seiner Regierung gemacht; an einer andern („Jüd. Krieg", I, 21, 1) im 15. Die letzte Zahl ist entschieden zu verwerfen, denn der Tempelbau begann erst, nachdem Augustus dem Herodes das Besitzthum des Zenodorus geschenkt hatte („Alterth.", XV, 10, 3). Diese Schenkung nun fällt nach Dio (54, 7) ins Jahr 734, welches dem 21. Jahre des Herodes entspricht, wenn man die Berechnung seiner Regierungszeit von dem Senatsbeschlusse beginnt, der ihn zum König ernannte (714). Zählt man aber von dem Zeitpunkte, wo er wirklich den Thron bestieg, also von der Hinrichtung des Antigonus (717), so ist es das 18. Jahr. Josephus führt bei der Erzählung des Todes des Herodes beide Berechnungen an und sagt („Alterth.", XVII, 8, 1): der Tyrann sei nach der ersten im 37., nach der zweiten im 34. Jahre seiner Regierung gestorben. Nun wird nicht allein ohne Grund, sondern gegen gute geschichtliche Gründe angenommen, daß die Zählungen der Regierungsjahre des Herodes im gelehrten Geschichtswerke von dem Senatsbeschlusse an gerechnet seien. Das Gegentheil ist aber an sich für den jüdischen Geschichtschreiber natürlicher, denn die edle Dynastie der einheimischen Hasmonäer gewiß so weit reichte, als sie noch Jerusalem innehatte, und das Heiligthum beschützte. Herodes war ein Ausländer und verhaßt als Römling. Josephus gibt aber ausdrücklich das Jahr der herodisch= römischen Eroberung als das Ende jener Dynastie und den Anfang der Regierung des Herodes an. Nachdem die Einnahme der Stadt erzählt, die am großen Versöhnungs= tage des Jahres 717 sich ereignete, fährt er fort („Alterth.", XIV, 16, 4): „Herodes beredete den Antonius, daß er Antigonus hinrichten ließe. So endigte die Geschichte des hasmonäischen Hauses, nach 126 Jahren .... und die Herrschaft ging über auf Herodes des Antipaters Sohn." Mußte ja doch (wie Strabo sagt) Antonius bald nachher den Antigonus wirklich in Antiochien enthaupten lassen, weil die Juden selbst nicht durch die Folter dazu bewogen werden konnten, den Herodes König zu nennen, so lange noch der rechtmäßige König lebte. Endlich kann nach Josephus Rechnung nur das 18. Jahr der Regierung des Herodes und nicht das 21. dem Jahre 734 entsprechen. In diesem fand nach Dio, wie schon gesagt, die Schenkung statt; Zenodorus starb bald nachher, im 18. Regierungsjahre des Herodes (Josephus, XV, 10, 3). Und nach der Schenkung unmittelbar begann der Bau.

Es ist also einzig und allein mit der Geschichte vereinbar, daß man annehme, Josephus zähle die Jahre des Herodes von dem wirklichen Regierungsantritt in Jerusalem, unmittelbar nach der Eroberung der Stadt. Diese selbst müssen wir philologisch und historisch mit Anger auf den 10. (September) Tisri (das Versöhnungsfest) jenes Jahres 717 setzen, im dritten Monate der Belagerung, nicht wie Wieseler in den dritten Monat des jüdischen Jahres (Mai oder Juni). Dazu zwingt uns zuvörderst das philologische Gewissen, welches uns nicht erlaubt, „den Tag des Fastens" von irgendeinem andern „möglichen" Fasttage zu verstehen, sondern nur von dem großen Fasttage, dem Versöhnungstage am 10. des siebenten Monats des jüdischen Jahres. Josephus selbst nennt diesen Tag an einer andern Stelle geradezu „den einzigen Fasttag" („Alterth.", XVII, 6, 4). Außerdem sagt er ausdrücklich: der Tag sei derselbe Tag, an welchem Pompejus die Stadt eingenommen. In der Erzählung von dieser Einnahme („Alterth.", XIV, 4, 3, Ciceros Consulat) ist es aber klar, daß die Berechnung, sie sei erfolgt im dritten Monate, die Belagerungsdauer ausdrücken soll; denn es steht ausdrücklich dabei. Aber dieser Sinn ist, wie der natürliche, so auch bei der Erstürmung durch Herodes der einzig passende. Denn Josephus erzählt, nachdem die beiden ersten Mauern und einige Tempelhallen nach 55 Tagen der Belagerung genommen seien, habe Herodes Sturm gelaufen auf den Tempel, und dieser und die untere Stadt seien in die Hände der Belagerer gefallen. Außerdem heißt es, die eigentliche Belagerung habe stattgefunden „im Sommer" (ebendas.). Allerdings begann der Feldzug im Anfange des Frühjahrs, aber große Vorbereitungen waren nothwendig, ehe man zur Belagerung schreiten konnte. Außerdem trat Herodes Hochzeit in Samaria dazwischen, und der Sommer mußte also herangekommen sein, als die eigentliche Belagerung anfing.

Nehmen wir nun mit Dio und Josephus das Jahr 734 als den Anfang des Tempelbaues, so ist klar, daß Ende 779 erst 46 Jahre des Tempelbaues verflossen waren, und daß es in den ersten Tagen des Nisan — Mitte März — des Jahres 780 richtig war zu sagen: „Dieser Tempel ist in 46 Jahren gebaut", d. h. es sind 46 Jahre unter seinem Bauen verflossen. Ostern 781 waren schon 47 Jahre verflossen.

Um dieses anschaulich zu machen, geben wir hier die Uebersicht der Jahre.

		Röm. Rechnung.	Jüd. Antigonus.
714	Herodes durch Senatsbeschluß zum Könige ernannt	1	—
715	Herodes im römischen Heere	2	—
716	(Nach Dio 49, 22 Einnahme Jerusalems, unter dem Consulat des Claudius und Notbanus) .	3	—
717	Dreimonatliche Belagerung und Einnahme Jerusalems durch die Römer unter Antonius, und mit Herodes Hülfstruppen, im Consulat von M. Agrippa und Caninius Gallus am großen Versöhnungstage: 10. Tisri (September) . .	4	Jüd. Herodes. 1
718		5	2

		Tempelbau	Röm. Rechnung.	Jüb. Herodes.
719			6	3
720			7	4
721			8	5
722			9	6
723			10	7
724			11	8
725			12	9
726			13	10
727			14	11
728			15	12
729			16	13
730			17	14
731	Unrichtige Angabe des Josephus („Jüb. Krieg", I, 21,1) vom Anfange des Tempelbaues des Herodes		18	15
732			19	16
733	Augustus bestimmt dem Herodes die Zenoborischen Herrschaften (Josephus, „Alterth.", XV, 10,1). Zenoborus reist dagegen nach Rom		20	17
734	Erweiterung jener Schenkung von Augustus, der nach Syrien kommt. Zenodorus stirbt. (§. 3.) Herodes in demselben 18. Jahr seiner Regierung (11,1) beginnt den Tempelbau. Da die erste Weihefeier nach 9 J. 6 Monaten, mit dem Feste des Regierungsantritts des Herodes fiel, „welches er zu feiern pflegte", nicht die Juden (11, 6), so muß der Bau begonnen haben im zweiten Monate des jüdischen Jahres, bald nach Ostern	1	21	18
735		2	22	19
736		3	23	20
737		4	24	21
738		5	25	22
739		6	26	23
740		7	27	24
741	Im zweiten Monate dieses Jahres Vollendung der acht Jahre: Säulengänge und Hallen, durch Herodes (XV, 11, 5).	8	28	25
742	18 Monate nach der Vollendung des äußern Baues wird der Tempel selbst, den die Priesterschaft baute, so weit fertig, daß man am Tage des Regierungsantritts des Herodes, das Fest des neuen Tempels feiern konnte			

	Tempelbau.	Röm. Rechnung.	Jüb. Herodes.
(§.6): also im 7. Monate Tisri (September)	9	29	26
743 „	10	30	27
744 „	11	31	28
745 „	12	32	29
746 „	13	33	30
747 „	14	34	31
748 „	15	35	32
749 „	16	36	33
750 Am 12/13. März Mondfinsterniß kurz vor Herodes Tod. Herodes stirbt Anfang April (Ostern 15. April) im Nisan	17	37†	34†
759	26		
769	36		
779	46	von Mitte des zweiten Monats	
780 Christus vor dem 14. Nisan, Anfang April.		(Ende Mai) an.	

Was nun folgt aus diesem für das vierte Evangelium? Erstlich, daß seine Angaben vollkommen miteinander stimmen. Das Todesjahr muß wegen Angabe des Wochentags, auf welchen damals Ostern fiel, das Jahr 782 gewesen sein; der erste Einzug in Jerusalem liegt aber der arglosen und nur nach Festangaben fortschreitenden Erzählung offenbar zwei Jahre vor dem Leidensostern, muß also hiernach ins Jahr 780 fallen. Bei den Berichten von jenem Einzuge kommt nun gelegentlich vor, daß damals 46 Jahre verflossen waren, seit man den Tempelbau begonnen, und diese Rechnung führt uns aufs bestimmteste ins Jahr 780.

Wir treten also auch in diesen letzten Theil des ersten Abschnitts des öffentlichen Lebens Jesu mit einem sichern Anzeichen ein, daß wir nicht einen Roman vor uns haben, sondern die gewissenhaften Berichte des Augenzeugen von Anfang und des Lieblingsjüngers Jesu.

VI. Bestimmbarkeit der Zeit für die Hinrichtung des Täufers durch die Chronologie des herodischen Festes (Genesia).

Es handelt sich darum, hierbei zweierlei darzuthun oder mindestens wahrscheinlich zu machen. Einmal, daß das Fest des Herodes Antipas, an welchem die Hinrichtung des Täufers beschlossen wurde, nicht eine Feier des Geburtstags gewesen sei, sondern der Thronbesteigung. Zweitens, daß diese von Antipas habe berechnet werden können als vom Tode des Vaters, Herodes des Großen an, also um die Zeit des Passahfestes.

Daß nun die Genesia, im Gegensatze von Genethlia (des richtigen Wortes, ausschließlich für Geburtstag) bei Griechen und Römern, ohne weitere Erklärung von der Erhebung zur fürstlichen Würde gebraucht werden konnte, wenn die Rede von einem

Fürsten war, läßt sich im Griechischen nicht beweisen; wol aber ist die römische Bezeichnung „Geburtstag" (natalis dies) für eine solche Erhebung durch einen Ausdruck des Plinius von Trajans Adoption durch Nerva bewiesen. Es war natürlich, daß ein solcher Sprachgebrauch, mit der Feier, auf das römische hellenistische Asien überging, und namentlich durch Herodes üblich wurde. Entscheidend aber für diese Annahme ist eine Stelle des Talmud (Wieseler, „Chronologie der Evangelien", S. 295), worin geradezu unter den „Feiern der Heiden" die Genesia (Genusia) als Feier des „Tages der Gelangung zur Herrschaft" erklärt, und dann erst die Geburtstagsfeier aufgeführt wird. Dazu kommt, daß die Feier des Geburtstags bei den Juden nur von fremden Tyrannen vorkommt (von Pharao, Gen. 40, 20, und von Antiochier Epiphanes, 2 Makk. 6, 7). Dagegen wurde der Tag der Thronbesteigung schon von alten jüdischen Königen gefeiert (Hof. 7, 5), ja Herodes der Große hatte nach Josephus diese Feier kurz vorher erneuert.

Hieraus geht hervor, daß die Wahrscheinlichkeit für die Annahme spricht, daß die evangelischen Stellen (Marc. 6, 21; Matth. 14, 6) von einem Feste verstanden werden müssen, wodurch der Regierungsantritt des Herodes Antipas gefeiert werden sollte.

Diesen Regierungsantritt, als Tetrarch von Galiläa, in Kraft der von August bestätigten letztwilligen Verfügung des Vaters, mußte Antipas vom Tage nach Herodes Tode berechnen. Also fällt die Hinrichtung gegen den 8. Nisan (23. März) des Jahres 781, kurz vor Ostern, und wurde also um Ostern Jesu durch die Jünger des Enthaupteten kund.

Unsere Anordnung der Begebenheiten ist von dieser Berechnung durchaus unabhängig, da sie lediglich auf die Annahme der Richtigkeit der johanneischen Anordnung begründet ist.

Wir nehmen aber Kenntniß von dem Ergebniß der Forschung über jene Genesia des Antipas, nämlich daß diese Feier wahrscheinlich gerade um die Zeit fiel, welche wir nach Johannes evangelischem Bericht für sie annehmen müssen, wie die jetzt folgende Kritik dieses Abschnitts im Leben Jesu darthun wird.

Nach der Darstellung des Josephus („Alterth.", XVIII, 5, 2) ließ Antipas den Täufer aus Furcht hinrichten; er besorgte nämlich, daß Johannes Predigten zu einem Aufstande gegen ihn oder die Römer führen möchten. Diese Angabe steht mit der evangelischen Nachricht durchaus nicht in Widerspruch; politische Furcht ist das Erbtheil aller Tyrannen, eben wie Verstellung, und Josephus Bericht über diesen tragischen Vorfall ist nur kurz und beiläufig.

Wenn die Fassung des Berichts bei Marcus und Matthäus streng gefaßt wird, so muß die Feier in Machärus selbst stattgefunden haben, wo nach Josephus Johannes gefangen saß. Machärus war eine Feste an der Südgrenze Peräas gegen Arabien hin. Antipas hatte sie als Mitgift seiner Gemahlin, der Tochter des arabischen Fürsten Aretas, erhalten. Hier war nach Josephus ein königlicher Palast mit anmuthigen Anlagen.

VII. Der geistige Standpunkt des Täufers, und die Geschichtlichkeit und Bedeutung seines Zeugnisses von Jesus.

Um unsere Haupturkunde, das Evangelium des Johannes, richtig zu verstehen, müssen wir uns die Folge der Begebenheiten deutlich machen, welche im ersten und zweiten Kapitel desselben zur Sprache kommen. Erst wenn man weiß, was Johannes wirklich den Täufer sagen läßt — worüber wir uns auf den Text und seine Aus= legung beziehen — und in welchem Zusammenhange, wird es erlaubt sein, sich die Frage vorzulegen:

War der Täufer nur ein eifriger, patriotischer jüdischer Bußprediger, oder war er ein Prophet voll theosophischen Gottesbewußtseins?

Schon nach den Evangelien der Ueberlieferung erscheint uns Johannes als eine der größten prophetischen Persönlichkeiten seiner Zeit, um nicht zu sagen der jüdischen Ge= schichte. Sohn einer jüdischen Priesterfamilie tritt er plötzlich in einer wüsten Gegend des Ostjordanlandes auf, Galiläa gegenüber, als ein in tiefster Zurückgezogenheit lebender Eiferer (Zelotes), der als Bußprediger und Prophet zugleich Alle aufruft, die gerettet werden wollen, zum Eintritt in das messianische Gottesreich. Ein begeisterter Einsiedler, in härenem Gewande, sich von dem nährend, was die Wüste darbietet, und doch mit den Leuten aller Stände verkehrend und ihnen unmittelbar praktische Pre= digten haltend, jedem nach seiner Stellung und seinem Bedürfniß. Und worüber? Ueber die nothwendige Umkehr von ihrem weltlichen, das heißt selbstsüchtigen Wandel. Und nicht umsonst ruft er: selbst die Zöllner und ausländischen Kriegsknechte kommen herbei und fragen eifrig: Was sollen wir thun? Nichts anders, als Lug und Trug ablegen und das thun, was ihr Gewissen von ihnen fordert! Dabei ist er ein strenger Beobachter des Gesetzes, wie eine Aeußerung seiner Jünger aus dem spätern Theile des Jahres von Jesu Taufe zeigt. Er tritt nicht als einer der Propheten auf, aber einen göttlichen Beruf fühlt er in sich und verkündet ihn, ja eine Gottesbotschaft für die nächste Zukunft. Ich soll (sagt er) biejenigen, welche sich als Sünder bekennen und nach der Erscheinung des verheißenen Messias und seines Reichs sich sehnen, auf den kommenden Messias verpflichten und ihr Gelübde besiegeln mit einer feierlichen Eintauchung in die Fluten des Jordan. Denn der mich geheißen hat zu taufen, hat mir gesagt, ich werde dabei den sehen und erkennen, der zum Messias bestimmt ist. Woher hat er diese innere Gewißheit? Denn er zeigt sich durchaus als ein inner= licher Mensch, weder als Demagog, noch Höfling oder aufstrebenden Politiker, weder Ratio= nalist, noch Sektirer. In keiner Weise ist sein Ich und sein System der Mittelpunkt seiner Weltanschauung, vielmehr weist er hin auf einen noch Ungekannten, der in seiner Zeit erscheinen wird. Das war noch nicht vorgekommen und kommt überhaupt sehr selten in der Weltgeschichte vor. Auch war es nicht etwas Vorübergehendes, um Auf= sehen zu erregen; wie streng und treu er sein Amt als Bußprediger auch den Mäch= tigen gegenüber ausübte bis an seinen Märtyrertod, wissen wir ja Alle. Der Ein= druck auf seine Zeitgenossen muß dieser Einzigkeit des Charakters entsprochen haben, denn Josephus erwähnt ihn in seiner Darstellung der Geschichte der Zeit mit höchster Auszeichnung und würdigt ihn vollkommen als Patrioten und als frommen Weisen. Er sagt in seinen „Alterthümern" (XVIII, 5, 2):

Der Täufer ermahnte die Juden, Tugend zu üben und Einer gegen den Andern Gerechtigkeit zu beweisen, und Frömmigkeit gegen Gott, und als solche sich ins Wasser einzutauchen. Denn so würde die Eintauchung Gott angenehm erscheinen, indem die Menschen sich ihrer nicht bedienten als Reinigung von der Schuld gewisser Fehl= tritte, sondern damit der Leib gereinigt werde, nachdem nämlich die Seele ihrerseits vorher durch Gerechtigkeit sei gereinigt worden.

Diese Worte über die Taufe sind von dem weltgebildeten jüdischen Manne mit großem Vorbedachte geschrieben, und sollten manche christliche Dogmatiker beschämen. Sie sind bestimmt, seinen vornehmen und mächtigen Gönnern in Rom und der alexandrinischen Welt die jüdischen Begriffe in die philosophische Sprache der Griechen zu übertragen, und wir erkennen darin leicht die Grundtöne der evangelistischen Ueberlieferung, aus welcher Josephus doch gewiß ebenso wenig schöpfte, als sie aus ihm.

Ein solcher Mann muß sich auf eine tiefe Ueberzeugung stützen, und die gibt nur eine mit der Gewißheit des Daseins erkannte unzerstörbare Idee, eine große Wirklichkeit in der Welt des Geistes. Praktischer Art war diese Stütze, dieser innerliche Halt offenbar nicht; er wäre dann nicht als Einsiedler aufgetreten, von allen bürgerlichen Verhältnissen sich persönlich fernhaltend, und in nichts Bürgerliches und Kirchliches eingreifend. Also muß es eine tiefe, rein geistige Anschauung gewesen sein: eine persönliche innere Schauung, die sich ihm in den innern Kämpfen des Lebens bewährt hat. Diese nun, dürfen wir voraussetzen, wird sich bei ihm mit einer der messianischen Stellen verbunden haben, an welche, da die Weissagungen des Buches Daniel sich buchstäblich nicht bewährt hatten, die gottsuchenden Gemüther sich hielten. Eine solche nicht dialektische, sondern theosophisch-prophetische Ausbildung des Gottesbewußtseins, mit Anlehnen an das Geschichtlich-Prophetische der Schrift, liegt in der ganzen spätern Zeit des Judenthums. Dabei darf man denn auch nicht vergessen, daß der Vater Priester, die Mutter aaronischen Stammes war und er ein Kind frommer Hoffnungen und hoher Erwartungen.

Aber es fehlt uns auch keineswegs an Zeugnissen für diese Richtung seines Gemüths, selbst wenn wir nur die katechetischen Evangelien hören. Zwei Aussprüche von ihm gehen (bei mancher Verschiedenheit im Uebrigen) durch die drei ersten Evangelien durch. Die erste ist sein Bekenntniß über sich selbst. Nachdem er denen, welche ihn um seine Berechtigung zu solchem unerhörten Auftreten als Prediger des kommenden messianischen Reichs befragten, geantwortet: Ich bin nicht Elias; ich bin nicht der erwartete Prophet (Jeremia oder ein anderer, nach verschiedenen Auslegungen); noch weniger bin ich der Messias, sagt er endlich:

Ich bin die Stimme, die da rufet: bereitet die Wege dem Herrn.

Das begeisterte Wort des Evangelisten unter den alten Propheten hatte also in seinem Geiste gezündet. Der Ewige selbst wird erscheinen, aber nicht wie den Vätern, in „dem Engel des Ewigen", welcher sein Angesicht ist, sondern in einem wirklichen Menschen. Den Gedanken hatte noch Niemand ausgesprochen, obwol er verhüllt im Buche Jesaja, wie bei Jeremia und Ezechiel steht. Daß aber Johannes den Sinn jener Stelle so faßte, beweist sein eigener Ausspruch, der in der einfachsten Form also lautet:

Es kommt Einer nach mir, der stärker ist als ich, dem ich nicht genugsam bin, den Riemen seiner Schuhe zu lösen.

Diese beiden Sprüche hatten in der evangelistischen Ueberlieferung Wurzel geschlagen; aber sie konnten unmöglich in dem Geiste des Mannes vereinzelt dastehen. Wer sein Leben daransetzte, die in beiden liegende Wahrheit zu bezeugen und zu bethätigen, der mußte in den tiefsten Sinn derselben eingeweiht sein, mußte sie als innerste Offenbarung empfinden.

Wenn irgendwoher, haben wir eine nähere Kunde hierüber von dem Jünger beider großen Meister zu erwarten, also im Evangelium des Johannes, wenn es sein Werk ist, wie die Christenheit mit Recht glaubt. Er faßt gleich zu Anfang (1, 15) des Täufers Zeugniß in die großen Worte zusammen, von welchen die Missionar-Ueberlieferung uns nur den volksmäßigen Theil gaben:

Der hinter mir Kommende ist mir zuvorgekommen, denn er war eher als ich.

Wer sich etwa sträubt, hier dem Täufer den Glauben an Jesu Einheit mit dem schöpferischen Worte Gottes beizulegen, wie der Prolog des Evangeliums ausdrücklich

thut, der wird doch schwerlich als Historiker einen wesentlich andern Sinn finden
können, in welchem ein Mann wie Johannes jene beiden Sprüche der Ueberlieferung
gefaßt haben könnte. Aber dieser theosophische Charakter des Ausspruchs steht nicht
vereinzelt da. Ihm ganz ebenbürtig ist die Fassung der Antworten, welche der Täufer
im johanneischen Evangelium auf die ihm gestellten Fragen gibt.

Diese Fragen kommen nach dem Apostel von einer Gesandtschaft des Hohen Rathes,
des Sanhedrin, an den Täufer. Nur der Rath hatte das Recht, einen prophetischen
Gottesmann, den Mann des Volks, den verehrten Heiligen, nach seiner Berechti=
gung zu fragen. Hätten wir nicht des Johannes Zeugniß dafür, wir müßten eine
solche Botschaft annehmen. Es bereitete sich etwas vor, was dem Hohen Rathe höchst
bedenklich erscheinen mußte: es ward etwas Nahes verkündigt und von Tausenden ge=
glaubt, eine Erscheinung, welche nach jüdischen Vorstellungen einen Aufstand gegen die
Römer früher oder später zur Folge haben würde. Man mußte sich also vor allem
mit dem Manne selbst verständigen und ihn zu einer entscheidenden Antwort bringen,
ohne doch zu einem gewaltthätigen Verfahren zu greifen.

Nun aber bedenke man einmal unbefangen den Unterschied der beiden Fassungen,
der evangelistischen und der des Johannes. Hier ist Alles scharf und bestimmt, nicht
in dichterisch=mythischer Form, sondern der einfachen Wirklichkeit nach. Was ist
Mythisches in einer Botschaft des Hohen Rathes, dessen Wachsamkeit und Thätigkeit
wir in der Geschichte Jesu so bestimmt erkennen? Hat sich der Verfasser oder die
Ueberlieferung des 2. Jahrhunderts damit groß machen wollen? Eins ist so einfältig
als das Andere; der Verfasser hat nichts von einer Aufschneiderei, welche der gelehrte
Professor ihm aufbürden will, und die Ueberlieferung über den Täufer starb sehr früh
aus. Ist uns nicht allenthalben bisher Alles, was man aus der Studirstube vorge=
bracht, vor der geschichtlichen Forschung zerronnen? Schon jetzt ist diese Hypothese vor
dem Gewissen des gesunden Menschenverstandes wie Gespenster vor der Sonne ver=
schwunden. Wie lautet die entscheidende, ebenso geistreiche als wahrhaftige und
ursprüngliche Antwort?

Ich taufe mit Wasser; mitten unter euch steht, den ihr nicht kennet, der hinter mir
her Kommende, dem ich nicht würdig bin, den Schuhriemen aufzulösen.

Denn so lautet der überlieferte Text (1, 26. 27), von seinen spätern Einschaltungen befreit.

Wenn der Täufer Solches den Abgeordneten des Hohen Rathes sagte, wie kann es
befremden, wenn er am Tage nachher (29), auf den herankommenden Jesus zeigend,
seinen Jüngern sagt:

Siehe, das ist Gottes Lamm, welches der Welt Sünde hinwegnimmt.

Hier haben wir den zweiten prophetischen Haltpunkt der messianischen Theosophie des
Täufers und zwar aus demselben prophetischen Worte: der Messias ist der Knecht
(Diener) des Ewigen nach dem 53. Kapitel des Buchs Jesaja. Also erstlich ein Mensch,
dann ein Dulder, ein Leidender; dann aber hat er den Schluß des Spruchs im Geiste
des Kapitels verallgemeinert: für die Menschheit, nicht für das Volk Israel allein
(wie der Text des Buchs Jesaja sagt) hat er gelitten. Es ist unnöthig, über den
Sinn des Wortes zu streiten, welches wir hier übersetzt haben: „hinwegnimmt".
Der Täufer sprach aramäisch und nicht griechisch, und führte den Vers wahrscheinlich
frei nach der hebräischen Urschrift an. Das in der Stelle gebrauchte biblische Wort
heißt aber „der da trägt", während das hier gebrauchte griechische Wort ebenso un=
zweifelhaft bedeutet „der hinwegnimmt". Beide Begriffe stehen keineswegs sich schroff
einander gegenüber; denn das „auf sich nehmen" setzt voraus das Hinwegnehmen einer
Last von einem Andern, um diese selbst zu tragen. Die Grundidee, welche wir anzu=

nehmen haben, muß eine solche sein, welche dem Texte nicht fremd ist, und welche sich dem anschließt, was wir als des Täufers Glauben über Jesus als Messias außerdem vernehmen. Die Sünde ist die Last der Menschheit; sie drückt ihn nieder, sodaß der Geist sich nicht zu Gott erheben und durch ihn frei werden kann. Der Messias wird dieses thun, indem er durch freiwilliges Leiden und den Sieg des Gottvertrauens der Menschheit eine neue Kraft gibt. Das Lamm kann nicht wohl, weder hier noch im Alten Bunde, den Sündenbock der mosaischen Gesetzgebung bedeuten; es ist das Friedens= und Heilsopfer. Der Prophet hat aber, nach des Täufers Ueberzeugung, die Erfüllung dieses sinnbildlichen Opfers in einem menschlichen Dulder gesehen, welchem zugleich eine göttliche Kraft einwohnt, durch welche das neue Leben der Menschen, das neue Herz, wie Jeremia und Ezechiel sagen, der Menschheit gegeben werden soll. Er begnügt sich deshalb auch am folgenden Tage, wieder auf Jesus zeigend, seinen beiden Jüngern, Johannes und Andreas, dem galiläischen Bruderpaare, die ersten Worte jenes Spruchs zuzurufen: „Siehe, das ist Gottes Lamm", das heißt der von Gott geheiligte Dulder.

Aus welcher Offenbarung des Geistes Gottes der Täufer nun diese Gewißheit geschöpft hatte, das werden wir bei der Erzählung von Jesu Taufe von ihm selbst näher vernehmen. Er hatte geschaut, was ihm im Geiste gezeigt war.

Fassen wir das Ergebniß unserer Untersuchung zusammen, so finden wir, daß, was die evangelistische Ueberlieferung schon andeutet, durch den Jünger und Augen= und Ohrenzeugen Johannes bestätigt und psychologisch erklärt wird. Der Täufer hatte ein ihm vollkommen sicher gewordenes (offenbartes) Gottesbewußtsein in sich, nach welchem er den zum Messias bestimmten Retter Israels, in der damaligen schweren, bösen Zeit, als kommend ankündigen und, wenn er ihm erschiene, erkennen würde. Dieses Gottes= bewußtsein war innig verbunden mit der messianischen Auslegung einiger prophetischen Stellen; aber das ihm dabei eigenthümliche Selbstbewußtsein, die persönliche Offenba- rung war, daß der Messias einfach als Mensch, und zwar als Dulder auftreten werde. Wie dieser Glaube sich mit den Zweifeln des Täufers im Gefängniß verträgt und wie er sich dazu verhält, können wir erst am Ende des ersten Zeitraums vom Leben Jesu anschaulich machen.

Gehen wir jetzt noch genauer ein in die Erzählung von der Botschaft an Johannes und des Täufers Antwort über seine Berechtigung zum messianischen Taufen und Predigen. Diese Berechtigung konnte er nach dem theologischen Systeme und kanonischen Rechte der Juden nur haben, wenn er entweder der Messias selbst war oder die zweite Erscheinung einer der beiden erhabenen prophetischen Gestalten, welche, wie man glaubte, dem Messias unmittelbar vorhergehen würden: Elia und Jeremia, „der Prophet". Alle Ansprüche auf messianische Aussprüche und Amtshandlungen schienen erschöpft. Was nun sagt der Täufer? Er sei weder der Messias, noch Elia, noch der Prophet, wohl aber die vom Propheten bezeichnete Persönlichkeit; er, der Sohn der Wüste Juda, sei nur eine Stimme eines Predigers in der Wüste, also Stimme eines durch äußerliche Hand- lung auf die Geistestaufe des Messias vorbereitenden Bußpredigers. Der Täufer fühlte sich als rein geschichtliche, menschliche Persönlichkeit, und so erkennt ihn auch Jesus an, wenn er von ihm, nach seinem Tode, aussagt: „Wenn ihr es fassen wollt (d. h. wenn ihr es geistig versteht, wie jene Ueberlieferung von Elia gemeint ist), so ist er wirklich der Elia, welcher dem Messias den Weg bereitet." Alles dieses stimmt zusammen; die Fragen sind positiv, die Antwort ist ursprünglich.

Aber die theosophische Ansicht gleicht so sehr den Aussprüchen und Berichten des Apostels?

Wir antworten darauf dieses. Man kann und soll redlicherweise nicht leugnen, daß der Sinn jenes Zeugnisses (Vss. 15 und 23, also auch in Vs. 27) kein geringerer sei, als daß der Täufer in dem jüngern Manne nicht allein den höhern Geist, sondern das Ewige selbst erkannt habe, welches sich als Mensch offenbare, verwirkliche. Aber warum sollte dem Täufer der Begriff des schöpferischen ewigen Wortes und des vollkommenen Gottesmenschen nicht innerlich klar und offenbar geworden sein? Die speculative Auffassung von Stellen, wie Pf. 33, 6: „Die Himmel sind gemacht durch des Ewigen Wort", findet sich doch schon im Buche der Weisheit und im echt paläftinischen Buche Jesus Sirach. Der größte Menschenkenner sagt von seinem Zeitgenossen, daß er der erste der Propheten sei. Dieses fällt doch schwerer in die Wagschale, als wenn Strauß sagt: „Wir kannten ja sonst den Täufer nur als einen praktischen Mann." Aber selbst die Ueberlieferung hat ganz andere Kernworte des Mannes und wir haben oben gesehen, daß diese Sprüche nur eine geistige, ja theosophische Auslegung zulassen. Der Historiker wird sich so wenig das Zeugniß Christi als das des Apostels durch solche verwegene Leichtfertigkeit nehmen lassen.

Es ist begreiflich, daß die Persönlichkeit des Täufers sehr bald in der evangelistischen Ueberlieferung, ja im Andenken der Christen zurücktrat. Hier verschwand seine hohe Gestalt hinter der des Heilandes, wie er selbst es vorhergesagt und mit Freuden gesehen hatte; allein der Ruf seiner Weisheit lebte bei den Johannesjüngern lange fort und ist eigentlich nie in der Christenheit des Morgenlandes ausgestorben. Wir wiederholen, daß es uns unmöglich scheint, die ganze Erscheinung anders zu erklären. Seine Thätigkeit ging hervor aus langer, ernster, beschaulicher Zurückgezogenheit: das deutet auf eine speculative Grundlage seines Charakters; endlich aber, wo ist eine große Persönlichkeit, die praktisch und mächtig als Glaubenslehrer oder Religionsstifter aufgetreten und nicht eine Grundlage ihres Glaubensmuthes in einem tiefen Gottesbewußtsein und einer Vertrautheit mit dem Gedanken des Unendlichen gehabt? Die Vergleichung mit Sokrates dürfte nicht ohne Belehrung über diesen Punkt sein. Gesetzt, wir kennten den größten Weisen und sittlichen Reformator des heidnischen Alterthums nur durch des seichten Xenophon Darstellung, und es brächte Jemand ein Bruchstück von Plato oder Aristoteles über sein speculatives System zum Vorschein, so wäre es gar wohlfeil zu sagen: die Angabe sei falsch, das Bruchstück unecht, denn „wir kennten ja den Sokrates nur als einen praktischen Mann", und nur ganz späte, namenlose Schwärmer hätten den Mann nach ihren eigenen subjectiven, ungeschichtlichen Vorstellungen umgeschaffen, offenbar um dadurch die Anhänger des ironischen Schulmeisters auf einen höhern Standpunkt zu heben: ein Jünger wie Plato, und ein gründlich forschender Geist, wie dessen Schüler Aristoteles, hätten unmöglich so etwas sagen können. Und doch ist es so. Denn wer sich auch unfähig erklärt, bei Plato den historischen Sokrates zu scheiden vom idealen Träger sokratisch-platonischer Ideen, der kann doch nichts Haltbares vorbringen gegen die bestimmte Nachweisung, die der ruhige, kritische Aristoteles gibt über den Unterschied des speculativen Systems des Sokrates und Plato. So ist es auch hier. Der Täufer war gewiß weder ein pharisäischer Formenmensch, noch ein Mann, der das Heil des Volks von neuerfundenen Aeußerlichkeiten erwartete. Es scheint, daß er die Taufe erfand als Symbol innerer Läuterung und Besiegelung eines Bekenntnisses; also im Wesentlichen das, was die urchristliche Taufe war und was jetzt die Taufe der Katechumenen ist. Das Bekenntniß war einestheils das der Sündhaftigkeit, also der Bedürftigkeit der Erlösung; aber damit war offenbar verbunden das Bekenntniß des Glaubens an den kommenden Erlöser. Wenn diese ungeheure Unternehmung nun nicht eine bloße Aeußerlichkeit sein konnte, so muß sie auf einer tiefen, also speculativen Ueberzeugung von der Wahrheit ruhen, deren Bethätigung und Symbol sie sein sollte. Von dieser psychologischen Nothwendigkeit wird sich Jeder noch mehr überzeugen, wenn er bedenkt, daß die politische Wiederherstellung des Volks und eine neue Belebung des geistigen Lebens der verworrenen, verderbten, zerrissenen und zerrütteten römischen Welt die Folge davon sein konnte. Und zwar gehen alle Anzeichen dahin, daß er die politische Befreiung des Volks hoffte. Wie konnte der Ascet der Wüste das unternehmen, ohne einen tiefen Unterbau des geistigen Erkennens und Wissens?

Wir fassen also das Gesagte so zusammen: Die ganze Erscheinung des Täufers ist unerklärlich ohne diese Annahme, verständlich mit ihr; diese Annahme ist aber außerdem auf unverwerfliches Zeugniß gegründet. Auf der andern Seite finden wir wieder den bodenlosen Schluß: das Evangelium ist unecht, weil es Unglaubliches als Aussage eines Augenzeugen berichtet, und die Charaktere Jesu und des Täufers sind ungeschichtlich, weil das Evangelium unecht ist.

Die Ueberlieferung kennt jenen ersten Wahlspruch des Täufers von der Stimme in der Wüste. Sie hat auch etwas vernommen von seinem tiefsinnigen und in seiner Demuth einzig großartigen Spruche in Beziehung auf sein und seiner Taufe Verhältniß zu Jesus und dessen Geistestaufe, die bei Matthäus und Lucas schon die Feuertaufe heißt, die Taufe der Sonderung, Läuterung, Strafe wie Mal. 3, 19. Aber die Veranlassung der Rede ist bei Marcus gar nicht klar angegeben, der auch nur jene beiden Sprüche kennt (1, 7. 8), bei Matthäus und Lucas sind die Andeutungen verworren und verschieden. Johannes tritt auf in der Wüste Juda und predigt. Damals (also dort) redet er zu den Pharisäern und Sadducäern, als sie zur Taufe kommen; an eine Strafrede knüpfen sich jene beiden Sprüche, ineinander gearbeitet (Matth. 3, 11) mit einer an Maleachis weissagende Aussprüche anklingenden Ausführung. Ungefähr dieselbe Rede legt Lucas dem Täufer in den Mund, der da „kam in die ganze Jordansau, und predigte die Taufe der Bekehrung". Jener Wahlspruch aus Jesaja wird eine ausgedehnte Anführung der Stelle. Die Strafrede ist an den zu ihm herausströmenden Volkshaufen gerichtet. Daran schließt sich die Lucas eigenthümliche Unterhaltung mit den Zöllnern und Kriegsleuten, die ganz das Gepräge geschichtlicher Wahrheit hat. Der Spruch über das Verhältniß zu dem, der da kommen soll, und seiner Taufe, wird zur Antwort auf die Zweifel und Meinungsverschiedenheiten des harrenden Volks über seine Person.

Alle Drei erzählen diese Reden und Zeugnisse des Täufers, wie Johannes, vor der Erwähnung der Taufe Jesu; aber sie setzten sie nicht nach, sondern vor dieselbe, was in der Ueberlieferung natürlich war.

Wer sieht nicht, daß das Gemeinsame verwischt ist, das von Johannes Abweichende aber eine verknüpfende Zuthat des Erzählers, je von seinem Gesichtspunkte und dem ihm vorliegenden Stoffe? Ebenso daß die zeitlichen und örtlichen Umstände den Verfassern unklar waren? Wer erkennt nicht bei beiden Evangelisten das Streben nach alttestamentlichen Anführungen, welche dem Redenden in den Mund gelegt werden?

Wir sind jedoch nicht gemeint, damit auszuschließen, daß in denjenigen Zügen, welche von den Evangelisten über den Täufer berichtet werden, abgesehen von den ihnen mit Johannes gemeinschaftlichen Aussprüchen und Thatsachen, wahre und genaue Ueberlieferung enthalten sein könne. Johannes will weder des Täufers Geschichte, noch den Hergang der Taufe Jesu erzählen; er setzt die beiden Thatsachen voraus, als jedem Christen im Allgemeinen bekannt. Aber es liegt ihm daran, des Täufers Zeugniß von Jesus in jenem Zeitpunkte nach seiner innern Bedeutung und aus eigener Kenntniß festzustellen. Wir haben schon die Erzählung des Lucas von den Zöllnern und Kriegsleuten als einen offenbar geschichtlichen Zug angeführt. Dahin gehört übrigens auch die allgemeine Angabe, daß der Täufer die Buße gepredigt. Doch sind hier die nähern Angaben theils abweichend, theils eines Einflusses christlicher Ideen verdächtig. So wenn es bei Marcus heißt: Johannes habe die Taufe der Buße geprebigt „zur Vergebung der Sünden", so kann man hierin eine Uebertragung aus der christlichen Glaubenslehre sehen wollen. Lucas hat jedoch dieselben Worte. Daß die sich zur Taufe Meldenden ihre Sünden bekennen mußten, sagen Marcus und Matthäus einstimmig. Das Eintauchen selbst hatte offenbar die symbolische Bedeutung des Läuterns, und dafür ist jener Ausdruck von der Sündenvergebung die entsprechende Lehrfassung, nach jüdischen Begriffen, wie sie in Gesetz und Propheten niedergelegt sind. Bei Matthäus findet sich als nähere Bestimmung zu der Ermahnung des Täufers: „Bekehret euch", hinzugefügt: „denn das Himmelreich ist nahe herbeigekommen". Auch dieses möchten wir keineswegs als erst von Jesus gepredigt hier ungeschichtlich finden. Umgekehrt treffen diese Züge mit den andern oben angedeuteten Zeichen zusammen, daß Jesu erstes Auftreten sich entschieden an die johanneische Verkündigung anschloß, nicht blos im Aeußerlichen der Taufe, sondern auch in der Grundanschauung der Heilsordnung. Aber ebenso bestimmt tritt auch der Fortschritt hervor. Der Täufer war der höchste gesetzliche jüdische Reformator: häusliches, bürgerliches, politisches Leben sollte von der Wurzel aus gebessert werden, als Vorbereitung für einen gottgefälligen Zustand; aber hier endete sein Beruf. Die Idee einer Weltreligion, auf den Trümmern des Judenthums, scheint ihm ebenso fern gelegen zu haben, als der Gedanke an den Untergang Jerusalems und des Volks. Wir werden sehen, daß dieser Gedanke auch in Jesus sich zeigt als ein sich entwickelnder; doch ist auch von Anfang an ein weiterer Gesichtskreis unverkennbar.

Wir können nicht aus den Angaben der Evangelisten schließen, daß Johannes das Herannahen des Himmelreichs, d. h. der messianischen Zeit, gleich damals, bei Jesu Taufe, aussprach oder später. Allein in seinem Glauben an Jesus als den Messias lag mit Nothwendigkeit der Glaube an dieses Herannahen.

Ebenso verhält es sich mit der Aeußerung, welche Matthäus dem Täufer bei jenem Zusammentreffen mit Jesus in den Mund legt, daß er vielmehr von Jesus solle getauft, also geweiht werden. Dies kann wegen des vierten Evangeliums nicht so gefaßt werden, daß er ihn schon vor der Taufe nicht allein persönlich gekannt habe (was nicht durch Johannes ausgeschlossen wird), sondern auch als Messias erkannt; allein er konnte es, leicht anders gewandt, unmittelbar nachher sagen, in demselben Sinne wie der allen Berichten gemeinsame Spruch über seine Stellung zu dem von ihm erwarteten und jetzt ihm gezeigten Messias. So in der That wird die Sache in dem Texte des Hebräer-Evangeliums dargestellt, welchen Epiphanius[*] als ein häretisches anführt. Nachdem (wie oben angeführt) die beiden Himmelsstimmen, geschieden durch das zwischen ihnen die Stätte umleuchtende Licht, erschollen waren, fällt der schon durch das himmlische Licht zur Frage: „Wer bist du?" aufgeregte Täufer zu Jesu Füßen nieder und ruft aus: „Ich flehe dich, Herr, taufe du mich." Strauß aber bemerkt ganz richtig, daß die vorliegende Fassung jedenfalls eine spätere sei, als die des ersten Evangeliums; nur folgt daraus keineswegs, daß die Stelle des Ausspruchs nicht die richtigere sein könne.

Als Schluß geben wir folgende Uebersicht der ganzen Laufbahn des Täufers. Auf die Bestimmbarkeit des Zeitpunktes seiner Hinrichtung aus der Geschichte des Herodes werden wir noch einmal zurückkommen.

---

[*] „Haeres.", XXX, 13.

749. Johannes, Sohn des Zacharias und der Elisabeth, wird geboren in einer Priester-
stadt Südjubääs, wahrscheinlich Juta.

779. Johannes, dreißigjährig, tritt auf am Jordan, als Bußprediger und Verkündiger des nahenden Gottesreichs für die Bekehrten. Er nimmt Jünger an,
unter ihnen befindet sich Johannes, der nachherige Lieblingsjünger Jesu.

780. Februar: Johannes tauft Jesus und erkennt in ihm den Messias (1, 32. 34).

= Am folgenden Tage: Johannes bezeichnet ihn als das Lamm Gottes (1, 29).

= Am Tage darauf: Johannes wiederholt den Ausspruch vor den Ohren zweier
Jünger, Johannes des Apostels und dessen Bruders, welche, dem Winke folgend,
Jesus aufsuchen (1, 35—37).

= Sommer: Johannes tauft in Südjubäa, während Jesu Jünger unweit davon
taufen (3, 23. 24).

⎰780. December.⎱ Johannes straft Herodes Antipas wegen seines ärgerlichen Lebenswandels
⎱781. Januar. ⎰ und wird ins Gefängniß geworfen.

= Er sendet eine Botschaft aus dem Gefängniß an Jesus.

781 kurz vor Ostern: Herodes Antipas läßt den Täufer enthaupten auf Veranlassung der Feier seines Regierungsantrittes.

Von der Taufe Jesu bis zur Einkerkerung des Johannes.

Neun Monate: vom März bis gegen Ende December des Jahres der Stadt 780.

Erster Abschnitt.

Die Taufe Jesu durch Johannes.

Der Aufruf des Täufers war, daß die Menschen, welche kamen, seine Predigt zu hören von der Buße, als dem Mittel zum Eingange in das Messiasreich, sich taufen lassen möchten „zur Vergebung ihrer Sünden", d. h. zum Glauben an die Möglichkeit ihrer Besserung und zur Erlangung des daraus hervorgehenden Seelenfriedens. Nehmen wir den Bericht des apostolischen Evangeliums nun als den des Augenzeugen und Jüngers an, folglich, wenn nicht rein erdichtet, als rein geschichtlich, so muß Jesus als einer der Vielen Johannes gehört und von ihm die Taufe verlangt haben. „Ich kannte ihn nicht", heißt es ausdrücklich, was mindestens heißt, nicht als Messias. Seine Taufe war also äußerlich bis zum Heraufsteigen aus dem Wasser, von allen übrigen nicht verschieden gewesen. Die Theophanie, d. h. die Erscheinung der Einwohnung des göttlichen Geistes in Jesus, beginnt folglich, nach des Johannes und des Täufers Zeugniß, mit dem, was sich ereignete, als die gewöhnliche Taufhandlung vollendet, das Gelübde abgelegt und besiegelt war. Bis dahin war es nur ein Zeugniß gewesen für die Wahrheit der Lehre des Täufers und für den Glauben an die Buße als Bedingung der Theilhaftigkeit an dem nahenden Gottesreiche.

Also was dem Historiker als das durch Umstände und Persönlichkeiten Wahrscheinliche erscheinen muß, tritt ihm als geschichtliche Wahrheit der Ueberlieferung entgegen.

Vergleichen wir nun einmal das Einzelne des apostolischen Berichts und der evangelistischen Ueberlieferung.

Johannes Erzählung ist so augenscheinlich die genauere, begreifliche und anschauliche, und die der Evangelisten die ungenaue, verwirrte und mythisirende, daß Strauß ohne die Fesseln des Irrthums seiner Grundannahme von dem spätern Ursprung des vierten Evangeliums dieses Verhältniß hier gewiß nicht verkannt haben würde. Die Taufe Jesu durch Johannes fand im Ostjordanlande statt, sagt Johannes, in Bethanien, offenbar einer Jordansfurt, im Sinne von „Schiffshausen". Den Abschreibern konnte dieses Wort anstößig sein, weil sie Bethanien nur als Name des durch Jesu Leben so anziehend gewordenen Fleckens bei Jerusalem kannten, welcher, da wir seine aramäische Schreibart nicht kennen, eine ganz andere Ableitung haben mag. So mochte es kommen, daß Origenes zu seiner Zeit in den meisten Handschriften bereits Bethabara fand, welches er und Hieronymus als eine Jordansfurt kannten, und wo, als dem Orte der Taufe Jesu, sich zu Hieronymus Zeiten viele Christen taufen ließen. Die genaue Lage kennen wir nicht; ebenso wenig können wir entscheiden, ob es wirklich ein Bethanien am Jordan gegeben, welches nachher Bethabara (Furthausen) benannt wurde, oder ob jener Name nicht am Ende auf einem Schreibfehler beruht, wie Origenes annahm. Es ist dieses durchaus von keinem Belang; denn keinem unserer Leser wird es wol einfallen, aus jenem Umstande sich den Roman zu machen: in der Unwissenheit des 2. Jahrhunderts habe man statt Bethabara, welches sonst nicht vorkommt, ein Bethanien am Jordan erfunden, damit recht sentimental = mythisch = episch Jesus seine Laufbahn von einem Bethanien aus beginne und von einem andern Bethanien den Todesweg nach Jerusalem antrete. Dergleichen würde selbst da befremden, wo Frivolität unbefugter Vermuthung nicht so von vornherein unziemlich erscheint. Jedoch hat Strauß diese Vermuthung aufgestellt: ganz natürlich nach seinem System, dessen grundlose Verkehrtheit darzuthun dieses Probestück genügen dürfte. Die Evangelisten geben nur an, daß Johannes im Jordan taufte, und daß hier Jesus getauft wurde. Der Ausdruck, daß er aus Galiläa kam, deutet aber schon darauf, daß Johannes sich auf dem linken Ufer, also im Ostjordanlande befand. Aber viel wichtiger ist der Unterschied in dem Berichte von der Taufe selbst.

Nach Johannes war es der Täufer, welcher das Herabfahren des Geistes auf Jesus schaute, als dieser aus dem Wasser emporstieg. Dies ist anschaulich und stimmt ganz mit dem, was der Täufer nach demselben Gewährsmann von der Quelle seiner Kunde von Jesu Person bei der Taufe und dem ihm gewordenen Zeichen des Messias sagt, die er schauen sollte. Dem Täufer war in einem Gesichte die Gewißheit geworden, der Geist, die Kraft Gottes, werde sich bei der Taufe des Messias ihm zeigen. Offenbar also durch etwas an seiner Person, in seinem Ausdrucke Vorgehendes. Nun aber kannte der Täufer Jesus nicht (wie er ausdrücklich sagt, Vs. 31), als er vor ihn trat, um getauft zu werden; er hatte ihn folglich wenigstens nicht als den von ihm erwarteten Messias erkannt. Dies that er also nothwendig, nach dem Eintauchen, als Jesus aus dem Wasser hervorstieg und sein Antlitz zum Gebete erhob. Dies Letztere sagt Lucas ausdrücklich (3, 21) und die beiden andern Evangelisten erwähnen wenigstens das Erste (Marc. 1, 10; Matth. 3, 16). Bei dem Uebertragen dieser palästinischen Ueberlieferung ins Griechische scheint jedoch ein Misverständniß vorgefallen zu sein. Marcus sagt ganz unbestreitbar, daß Jesus selbst den herabfahrenden Geist schaute, als er aus dem Wasser sich erhob, und Matthäus kann streng genommen auch nicht anders verstanden werden. Lucas hat die Sache so gewandt, daß man nicht wissen kann, wie er oder sein Gewährsmann es verstanden. Nur Johannes' Darstellung ist anschaulich. Daß Jesus, nachdem er aus dem Wasser gestiegen, sich zum Gebete gewandt, ist an sich das Natürliche; Lucas sagt es auch ausdrücklich. Jesus betete auch nach der Andeutung bei der Speisung, wie die Juden und die ältesten Christen, nach morgenländischer Sitte an, mit aufgehobenem Antlitz und ausgestreckten Armen und Händen; die natürlichste und edelste Geberde, als andeutend, daß die Seele sich nach Gott ausstreckt. So also konnte der Täufer sehen, wie sich dieses Antlitz und die ganze Gestalt Jesu verklärte und hob, und er bemerkte, daß dies nicht eine vorübergehende, augenblickliche Verzückung oder Gefühlsüberwältigung, sondern eine dauernde Begeisterung war. Jene hatte der Täufer ohne Zweifel bei manchem Gläubigen bemerkt, wenn sie, nach abgelegtem Gelübde, aus dem Wasser emporstiegen: es ist die gewöhnliche Aufregung eines religiös bewegten Gemüths, welchem das Ewige nahe getreten, und der mit ihm einen Bund gemacht. Aber hier war es anders: der Geist ergriff Jesus plötzlich und er blieb im Zustande der Verzückung (Ekstase) lange Zeit. Dieses Dauernde ist noch mehr ein wesentliches Merkmal des Außerordentlichen, Einzigen, als das Plötzliche. Und es ist gewiß bemerkenswerth, daß das Evangelium der Hebräer, welches Hieronymus für sich übersetzte, nach des Kirchenvaters Zeugniß, statt „auf ihn kommen" vielmehr las: „auf ihm ruhen". Dieses ist auch die Lesart der ältesten Uebersetzung der Kirche von Antiochien in dem Curetonschen Texte. Also auch hier scheint die älteste evangelistische Ueberlieferung die johanneische Darstellung zu haben.

Um nun das Plötzliche, Unmittelbare dieser Eingeistung darzustellen, wählte der Täufer die Vergleichung mit dem schnellsten Fluge, dem der Taube. Sie war dem Hebräer das anschaulichste und lieblichste Bild des Eilens und der zum Ziele geraden Wegs eilenden Sehnsucht. So sagt der Psalmist (Ps. 55, 7. 9):

> Darum spreche ich, o hätte ich Schwingen wie die Taube, fortfliegen wollte ich und zur Ruhe kommen.
> Durch eilige Flucht wollte ich mich sichern vor dem reißenden Winde, vor dem Wetter.

Und in derselben Anschauung der große Prophet des Evangeliums (Jes. 60, 8):

> Wer sind die dort fliegen wie Wolken, und wie Tauben zu ihren Gittern?

Die Wortstellung selbst zeugt bei Johannes dafür, daß er die Sache so auffaßte, sinnbildlich und geistig. Denn er vergleicht keineswegs den heiligen Geist mit einer Taube, sondern das Herabfahren des Geistes auf Jesus wird verglichen, also mit dem reißenden, pfeilgeraden Fluge der Taube. Das Herabfahren des Geistes aber ist die bekannte Bezeichnung des Begeistertwerdens, des außerselbstischen überirdischen Zustandes des Geistes und der Eingeistung. Was von Jesus ausstrahlte, war die höhere Weihe, die ihn erfüllte. Sie wurde jetzt offenbar, und zwar dem Manne des Geistes, dem sie in durchaus geistiger Weise, ohne alle persönliche Bezeichnung oder Aeußerlichkeit, offenbar war. Das geht aufs natürlichste aus der Erzählung desjenigen hervor, den wir für den damaligen Schüler des Täufers, den nachmaligen Lieblingsjünger Jesu und als solchen für den Verfasser des vierten Evangeliums halten.

Keineswegs läßt sich die Darstellung von den Erzählungen der Evangelisten eine anschauliche nennen; sie trägt die Spur der zweiten und dritten Hand. Bei Marcus schon neigt sich die Wortstellung zu der Annahme, als sei eine Taube gesehen, die Erscheinung des heiligen Geistes, welcher auf Jesus herabfuhr. Ebenso ist es bei Matthäus. Lucas aber setzt ausdrücklich hinzu: „in leiblicher Gestalt"; offenbar nach der damaligen herrschenden Auffassung und wahrscheinlich aus mündlicher Ueberlieferung. Also der ausgebildete Misverstand noch diesseits des Mythischen, dem Wortlaute nach; aber in ihm liegt schon eine mythische Vorstellung. Während nun so der sinnbildliche Ausdruck des Johannes buchstäblich genommen, und der Sinn des Ganzen aus dem Geistigen ins Körperliche, aus dem Thatsächlichen ins Mythische herabgezogen wird, zeigt sich derselbe mythisirende Charakter der Evangelisten, mit Johannes verglichen, in dem dichterischen Zusatze: „die Himmel öffneten sich ihm", ein sinnbildlicher Ausdruck, das Gegenstück für das Verzücktsein „bis in den dritten Himmel", mit dem Misverständniß des andern Bildes von der Taufe, bereits Anfang eines Mythus. Dieselbe Richtung

zeigt sich noch entwickelter in einem unserer palästinischen Ueberlieferung ganz eigen=
thümlichen Zuge. Sie weiß, daß eine Stimme vom Himmel vernommen wurde: „Du
bist mein geliebter Sohn, an dem ich Wohlgefallen habe.“

Dieser Zusatz muß bei Jedem, der so wenig an das Sprechen der Luft glaubt, als
an die Eingeistung durch eine Taube, welche den Geist vom Himmel bringt, für ein
Misverständniß gelten. Nicht Erdichtung. Nach aller Analogie liegt hier eine uralte
poetische Anwendung des messianischen Verses des zweiten Psalms auf jene Offenba=
rung Jesu als des von Gott zum Heiland ersehenen Messias zu Grunde. Es ist
auch möglich, daß dem Täufer selbst diese Worte in jenem feierlichen Augenblicke
gegenwärtig waren; aber was kann man nicht vermuthen? Der Augenzeuge weiß
nichts davon, und die andern Evangelisten ebenso wenig.

Daß wir uns überhaupt bei diesem Zusatze ursprünglich auf dem Boden symbo=
lischer Sprache und Dichtung der ältesten Christenheit befinden, zeigt die noch nach=
weisliche, über die griechischen Handschriften unsers Matthäus hinausliegende ver=
schiedene Fassung der ganzen Erzählung in andern Uebertragungen und Wendungen
derselben palästinischen Ueberlieferung, welchen wir ein hohes Alter nicht absprechen
können. Justin der Märtyrer und Clemens von Alexandrien führen unsere Stelle so
an, wie die Ebioniten (philosophische Judenchristen) sie lasen. Hiernach lautete die
Stimme vom Himmel wie bei uns, bald gerade so, bald mit geringer Veränderung,
bald endlich auch mit dem Zusatze des zweiten Theils jenes Psalmverses: „Heute
habe ich dich gezeuget.“ Es heißt, diese Worte habe eine andere Stimme vom Himmel
gebracht; was doch nichts als kindlicher Ausdruck für eine gleichlaufende andere alte
Ueberlieferung und Form jener Deutung ist.

Justin führt aus denselben Quellen auch die überlieferte Thatsache an (ohne sie zu
bezweifeln oder gar für unecht zu erklären), daß als Jesus aus dem Wasser stieg,
„ein Feuer sich im Jordan entzündete“.*) Wieder ein schöner Beitrag zur Geschichte
der ältesten christlichen Dichtung, wenn man sich auf diesen Boden stellt; aber als
Geschichte natürlich verwerflich. Eine ähnliche Ausbildung jener Ueberlieferung über
das Ausstrahlen des Geistes von Jesus, nach des Täufers Zeugniß, fand sich im
hebräischen (syrochaldäischen) Evangelium der Ebioniten, nach Epiphanius**), wo die
Worte also lauten:

Sogleich (beim Herabsteigen des Geistes als einer Taube) umleuchtete den ganzen Ort
ein großes Licht.

Auf das Feuer aber, welches Justin als Leuchten des Wassers im Flusse anführt,
spielt ein alter sibyllinischer Spruch an, worin es heißt, daß der Vater den Geist
als Taube herabgesandt auf Jesus, und daß durch dieses Feuer Jesus entzündet wurde.
Die ebenfalls sehr alte christliche Dichtung „Paulus Predigt“, wonach Jesus auch, wie
die Uebrigen, vor der Taufe seine Sünden dem Täufer bekannte, erzählte: „Bei dieser
Taufe habe man Feuer über dem Wasser erblickt“; während die alte syrische Litur=
gie weiß, daß beim Heraussteigen Jesu aus dem Wasser „die Sonne ihre Strahlen
neigte“.***)

Die Darstellung der kanonischen Evangelisten zeigt sich also auch hier bereits an
der Grenze des Mythus. Aber die Gemeinde hat eben durch den Geist, der den
letzten Apostel und seine Gemeinde beseelte, einen apostolischen Spiegel, an welchem
wir die Missionsüberlieferung prüfen können, wenn wir dem Augenzeugen, dem

*) Justinus, „Dialogus cum Tryphone“, S. 315 (Otto „Corp. Apol.“, I, 306).
**) „Haeres.“, XXX, 13.
***) Vgl. die Stellen bei Otto, a. a. O.

Lieblingsjünger des Herrn glauben. Was aber später aus jenem Keime wuchernd auf=
wuchs, wurde ein voller Mythus, eine mehr und mehr ausgebildete Dichtung vom
Geiste, der sichtbar auf Jesus herabschoß, wie er aus dem Flusse stieg unter dem Jubel
der ganzen Schöpfung. In allen diesen Dichtungen ist es auch immer Jesus, der das
Herabsteigen sieht; die Himmel öffnen sich ihm, und die himmlische Stimme oder
Stimmen erschallen mit den messianischen Psalmworten. Nichts ist natürlicher, als
wenn bei der ersten öffentlichen geistigen That einer so erhabenen Persönlichkeit der
Geist Gottes gleichsam sichtbar und faßbar in die Wirklichkeit eintritt und selbst die
umgebende Natur dadurch verklärt wird.

Ergebniß der Kritik der Taufüberlieferung.

Zunächst wird im Allgemeinen offenbar durch unsere Forschung die Grundannahme
bestätigt, daß der Apostel seinen Bericht erst niedergeschrieben, als der Ueberlieferungs=
glaube sich nach den paläſtiniſchen Berichten in den Gemeinden allenthalben feſtgeſetzt
hatte. Johannes erzählt die Taufe Jesu gar nicht; er ſetzt sie als bekannt voraus
bei allen seinen Lesern. Waren doch schon fast ein Menschenalter die Gemeinden im
Besitze der Ueberlieferung und zwar wirklich derselben, welche wir in den drei Evan=
gelisten vor uns haben. Es ist ihm nur darum zu thun, des Täufers Zeugniß von
Christus, welches sich an jene Taufe anknüpfte, genau und unmisverständlich zu
erzählen.

Gehen wir ins Einzelne ein, so finden wir über diesen Eintritt Jesu in die Welt,
die Weihe zu seiner Selbstoffenbarung als Erlöser, eine doppelte Kunde. Einmal die
der ältesten Ueberlieferung, wie sie sich bald nach dem Untergange Jerusalems gestaltet
hatte, und durch drei von den Aposteln gebildete oder in ihrem Dienste wirksam ge=
wesene Missionare individuell, und für besondere Zwecke jede, ausgeprägt worden war.
Dieses ist uns die evangelistische Ueberlieferung, und sie bietet uns geschichtlich That=
sächliches aus zweiter und dritter Hand, mit jener leichten ätherischen Färbung der
betrachtenden Dichtung der älteſten Chriſten, welche, richtig verſtanden, das Thatſächliche
nicht verhüllen, sondern nur verklären will.

Es muß aber anerkannt werden, daß unsere Berichterſtatter Thatſächliches und
Sinnbildliches, Geschichte und ideale Vorstellung nicht unterscheiden, wie wir es auf
unserm Standpunkt thun müssen; Reales und Ideales erscheint bei ihnen auf einer
und derselben Fläche.

Der apostolische Bericht des Augenzeugen setzt nun die von den Gemeinden ange=
nommene Ueberlieferung voraus, als wesentlich richtig, aber er gibt zugleich in zartester
Weise ihre Berichtigung. Die nähern Angaben über Zeit und Umstände heben das
Geschichtliche ab als thatſächlichen Kern, indem sie es seiner Umhüllung entkleiden.
Aber sie geben für das Unvollkommene, welches sie auf sich beruhen laſſen, das Voll=
kommene, welches in ihnen verhüllt liegt. Sie geben uns den idealen Schlüſſel für
das Selbstbewußtsein Christi und dessen Anerkennung vom Täufer. Sie führen uns
ein in die Tiefe der großen Persönlichkeit des Täufers, welche in der Ueberlieferung
noch weniger klar dastand und ausgeschöpft werden konnte, als die von Christus selbst.
Ein Jahr später, als die hier berichteten Ereignisse statthatten, lag der Täufer ent=
hauptet im Grabe, und keiner seiner Jünger ward sein Geschichtschreiber.

Für die Geschichte Jesu aber ist die überaus wichtige Thatsache gewonnen, daß
nicht allein der Täufer, sondern auch der Apostel Johannes die Offenbarung des gött=
lichen Geistes Jesu eben in jene vom Täufer beobachtete plötzliche und bleibende Be=
geisterung oder vielmehr Eingeistung und gleichsam Verklärung seines Wesens setzte.

Also wie einzig und hoch sie auch dasteht, sie wird uns vom Apostel als eine göttliche Lebensthat dargestellt, als eine Frucht des in ihm thätigen Geistes Gottes; und so verstanden können wir sagen eine gereifte Frucht sittlichen, gottgesegneten Strebens. Hüten wir uns, diesen Segen, diesen Trost uns und der Gemeinde durch scholastische Streitigkeiten zu verkümmern. Johannes war weder Pelagianer noch Augustinianer. Gern wüßten wir mehr über die ersten Besprechungen Jesu und des Täufers. Für den ersten Tag, den Tag der Taufe und der Bezeugung des Geistes in Jesus, ist eine solche Besprechung wahrscheinlich; für die beiden folgenden ist sie stark an= gedeutet. Bei allem Glauben an die ihm gewordene unmittelbare Erkenntniß ist das specifisch bezeichnende Aussprechen des Täufers über Jesus bei seinem Herannahen am zweiten und dritten Tage nicht wol denkbar ohne Besprechung. Wozu kam denn Jesus die beiden Tage hintereinander zum Täufer, wenn nicht um sich mit ihm zu besprechen?

Die Folge der Begebenheiten ist also die von Johannes, obwol nur vom Stand· punkte der Bezeugungen des Täufers gegebene.

I. Jesu Taufe: Februar 781, ohne nähere Bestimmung der Zeit, jedenfalls am oder gegen den Eintritt in das 31. Jahr. Erster Tag: erstes öffentliches Zeugniß des Täufers von Jesus (Joh. 1, 19—28).

II. Erste (oder zweite) Zusammenkunft nach der Taufe, und des Täufers Aus= spruch über Jesus, als er am Ufer stehend ihn auf sich zukommen sieht. Zweiter Tag: zweites Zeugniß, mit Angabe des bei der Taufe Jesu Vorge= fallenen (29—34).

III. Zweite (dritte) Besprechung, und des Täufers wiederholtes Zeugniß, gegen zwei seiner Jünger, Johannes und Andreas (35—52).

Zweiter Abschnitt.

Die Begebenheiten nach der Taufe bis zur Osterreise 780 nach Jerusalem.

I. Die ersten fünf Jünger Jesu.

Johannes, der, wie gewöhnlich, seinen Namen verschweigt, und des Petrus Bruder, Andreas, sind also die Ersten, welche auf des Täufers Wort von Jesus am nächsten Tage, als dieser vorbeigeht, sich ihm zugesellen und den Nachmittag bei ihm bleiben. Andreas führt seinen Bruder Simon heran, welchen Jesus Kephas (Petrus, Felsen), Felsenmann, nennt. Am folgenden Tage, im Begriffe über den Jordan zurück nach Galiläa zu ziehen, begegnet Jesus dem Philippus, einem Landsmanne des Petrus und Andreas, aus Bethsaida in Galiläa (vgl. 12, 21) am Westufer des Sees. Dieser bringt Nathanael, den der Herr für einen rechtschaffenen Israeliten erklärt und dann in begeistertes Erstaunen setzt, indem er ihm sagt, daß er ihn unter dem Feigenbaum gesehen (geschaut). Das ist die bekannte johanneische Erzählung; uns also die des Augenzeugen, des Jüngers selbst. Betrachten wir nun diese Ereignisse näher, mit Beziehung auf Uebereinstimmung und Verschiedenheit der Berichte.

Also die ersten vier Jünger sind in der geschichtlichen Ordnung: Andreas und Johannes; Andreas führt dann seinen Bruder Simon herbei, welchen Jesus sogleich als Felsenmann (Kephas, Petros) begrüßt und annimmt, den vierten aber, Philippus, aus Bethsaida, der Stadt des Andreas und Petrus, fordert Jesus selbst auf, ihm zu folgen, und dieser bringt die frohe Botschaft, daß der Messias gefunden sei, dem Nathanael, welcher also der fünfte Jünger wird.

In der Ueberlieferung erscheinen die zwölf Jünger als auf einmal erwählt, nämlich unmittelbar vor oder (Matthäus) nach der Bergpredigt. Jene drei ersten Apostel: Andreas, Johannes, Simon Petrus erscheinen auch hier an der Spitze; aber Petrus steht Allen voran. Marcus führt Johannes als britten auf, nämlich nach seinem (wahrscheinlich ältern) Bruder Jacobus. Matthäus hat dieselbe Ordnung; Lucas gibt je die Brüderpaare zusammen, zuerst das Fischerpaar von Bethsaida, dann die beiden Söhne des Zebedäus. In dieser Ordnung erkennt man leicht den Zweck des eichtern Behaltens für das Gedächtniß der Katechumenen, der geistigen Bedeutung wegen wird Petrus Allen vorangestellt. Da die Ueberlieferung überhaupt nichts von der bestimmten Oertlichkeit der Taufe weiß, sondern den Täufer nur am Jordan, in der Wüste (bei Matthäus in der Wüste Judas), wie predigen so taufen läßt, so mußte natürlich diese erste Berufung nach Galiläa und an den See, die Heimat Jesu

18*

wie der Jünger gelegt werden; und wirklich wird sie dorthin sowol bei Marcus als bei Matthäus, und zwar an die Spitze der galiläischen Geschichten nach der Gefangen-nehmung des Täufers gesetzt. Des Lucas Anekdote von Petrus Fischzug hat ganz das Gepräge einer lebendig bewahrten charakteristischen Thatsache, die wir geschichtlich machen, sobald wir sie in unsern Rahmen einfügen, also später als die Berufung der Vier setzen. Sie konnte sehr gut bald nachher stattfinden, als Petrus und seine Genossen bei einem Aufenthalte am See sich mit ihrem alten Berufe beschäftigten. Jesus wird sie dann, als er weiter ziehen wollte, abgerufen und dabei (ohne allen Tadel) jenes Wort gesprochen haben. Die ursächliche Verknüpfung mußte sich verdunkeln, sowie der allge-meine äußerliche Zusammenhang der Ereignisse der ersten Zeit des Auftretens Jesu nicht mehr bekannt war. Zwei Thatsachen, einander verwandt, und beide in die erste Zeit des Lehramts gehörig, verwachsen also miteinander, und die erste Berufung, wie die Ueberlieferung sie gab, ward an das schlagende Wort des Herrn zu ihnen und des Petrus begeistertes Wort angeschlossen.

Nathanael erscheint nur noch einmal wieder, im Schlußkapitel des Evangeliums (21, 2), wo Kana (gewiß geschichtlich) als sein Geburtsort genannt wird. Nun nennt die Aufzählung der Jünger in der Ueberlieferung nach den beiden Apostelpaaren zuerst Philippus, welches wieder ganz geschichtlich ist; nach ihm aber führen wiederum alle als sechsten Bartholomäus, welches Wort bedeutet Sohn des Tholmai, wie Barjona, Sohn des Jona. Da nun Barjona ein Nebenname des Simon Petrus ist, so liegt es sehr nahe, Bartholmai ebenso als Beinamen des Nathanael zu fassen.

Weit wichtiger ist die Auslegung des Wortes Jesu, welches einen so schlagenden Eindruck auf Nathanael macht. An eine Art von Fernsehen zu denken, erscheint geradezu lächerlich. Weshalb soll „sehen," das geistige Sehen, das Schauen ausschließen? Es bleibt ungewiß, ob hier ein geistiges Schauen gemeint sei oder nur ein Erkennen des Gedankens, welcher den über das Gottesreich und die Ankunft des Messias sinnen-den Mann beschäftigt. Das Zweite wird in der That durch Nathanaels rasch abwei-sende Frage: Was kann aus Nazareth Gutes kommen? wahrscheinlich. Gerade darin gab sich aber auch der aufrichtige, arglose Sinn des jungen Mannes kund.

II. Die Hochzeit zu Kana und das Ziehen nach Kapernaum.

Am dritten Tage (s. z. Joh. 2, 1) fand eine Hochzeit statt in Kana in Galiläa, etwa fünftehalb Stunden landeinwärts von Tiberias, wo Jesu Mutter war, und wo-hin man auch Jesus mit seinen Jüngern geladen hatte.

Das Zeichen selbst hat durchaus keinen mythischen Anstrich; wer es nicht für Be-trug hält, dem muß es als Thatsache gelten, daß etwas Außerordentliches geschah. Der Apostel, scheint es, hielt das Wunder für ein sachliches, für materielle Verwandlung des Wassers in Wein; aber man muß gestehen, daß was hier, wie immer, den festen, maßgebenden Mittelpunkt des Vorfalls bildet, das Wort des Herrn, dieser Ansicht nicht günstig ist. Das Wort zur Maria zeigt, daß Jesus als Hochzeitsgeschenk Wein mitgebracht hatte. Die Bedenken derjenigen, welche die reale Umwandlung zu-sammengesetzter Stoffe nicht zu glauben vermögen, sind ausdrücklich berechtigt. Aus der Mahnung der Mutter, welche unnöthig war, aber nicht aus der Luft gegriffen sein konnte, geht zuvörderst so viel hervor, daß Maria wußte, Jesus hatte etwas vorbereitet, um dem Hochzeitspaar die Bewirthung der Gäste zu erleichtern. Man sieht nun nicht wol ein, daß sie hierbei auf ein Mirakel, eine Verwandlung von Wasser in Wein rechnen konnte; denn es findet sich auch noch späterhin keine Spur von solchen Erwartungen in ihr. Also mußte sie wol wissen, daß Jesus eine Ueberraschung vorbereitet hatte durch einen mitgebrachten Vorrath guten, starken Weins. Die Frage war, wann man ihn verwenden und wie man ihn mischen sollte; denn daß die Juden beim Mahle gemischten Wein tranken, steht durch mannichfache Ueberlieferung fest, wie es denn selbst in Griechenland und Rom für Unmäßigkeit galt, den Wein beim Mahle ungemischt zu verzehren.

Eine Schwierigkeit bei dieser Annahme scheinen, beim ersten Anblicke, die großen Wassergefäße zu machen (s. z. Joh. 1, 6). Wenn man nun bedenkt, daß die Rede ist von der nachträglichen Beisteuer eines einzigen Hochzeitsgastes, von Wein für Gäste, welche bereits lange gezecht und den für sie berechneten Wein ganz verzehrt hatten, so war es doch unbegreiflich, daß der Zechmeister oder Vortrinker des Mahls nicht sein Er= staunen ausgedrückt hätte, als er die Aufwärter einen solchen Vorrath (mehr als eine starke Esellast) herbeitragen sah, damit er ihn koste und dann einschenken lasse. Aber nichts der Art! Er wundert sich nur, daß der zuletzt gebrachte Wein (also zum Ende des Festes) besser sei, als der zuerst gegebene, da der Geschmack schon abgestumpft war. Der Text wird daher dahin verstanden werden müssen, daß die sechs Wasser= krüge zusammen zwei oder drei Eimer enthielten. Es ist auch wahrlich schwer, sich die Aufstellung von sechs Wasserkrügen im Eßzimmer zu denken, deren jeder etwa fünf Eimer Wein halten konnte, bei einer so zahlreichen Gesellschaft als hier zum Festmahl vereinigt gedacht werden muß.

Also statt, wie die Wundersüchtigen oder die Märchenjäger zu thun pflegen, hier allenthalben das Abenteuerliche zu suchen, ziehen wir das Vernünftige und Denkbare vor, welches die Worte zulassen.

Die Lösung, welche sich auf diesem Wege darbietet, ist eine ebenso natürliche als befriedigende. Jesus suchte allenthalben das Edle, Gute, Vernünftige im Menschen auf, und so rechnete er auch hier darauf oder sah im göttlichen Schauen voraus, daß der Zechmeister, als der Führer des Mahls und der Stimmung der Gäste, weder den Bräutigam beschämen, noch die Gäste zu Säufern machen wollte. Nehmen wir an, was er ganz unzweideutig sagt, der Wein sei köstlich, viel besser als der bisher gegebene, und nehmen wir ferner an, wie der Text es zuläßt und der Maria Frage es andeutet, daß Jesus einen Schlauch besonders guten und schweren Weins in Bereitschaft gehalten, welchen er in die draußen ausgeleerten und ausgespülten Wasserkrüge vertheilte, und dann erst sie mit einer allerdings ungewöhnlich großen Masse Wassers bis an den Rand füllen ließ, so wird der Vorgang ungefähr folgender gewesen sein. Der Zech= meister kostete den Wein, als er, wie es im Mischkruge geschah, umgerührt war, um die Mischung des schwerern Weins mit dem leichtern Wasser gleichartig zu machen. Dann als er ihn kostete, pries er das Getränk, und rief dem (wahrscheinlich gegenüber= gelagerten) Bräutigam die bekannten rühmenden Worte zu, welche demselben ebenso erfreulich als überraschend sein mußten, und ohne Zweifel große Heiterkeit und bei näherer Nachforschung Dankbarkeit gegen den Meister von Nazareth hervorrufen mußten. Der Speisemeister hatte das Treffliche des Getränks hervorgehoben, und mit Recht; daß der köstliche Wein sehr verdünnt war, wurde ohne Zweifel von den Wohlgesinnten, Mäßigen mit Dankbarkeit empfunden, denn der Trank war erfrischend und wohlschmeckend zugleich, und sein Genuß erhöhte die heitere Stimmung der Gäste, ohne den Rausch zu vermehren. Mit einem Worte, das Gute siegte: Jesus hatte seinen menschenfreundlichen Zweck erreicht und das Fest hatte schön geendet.

Vom Erstaunen [irgendeines Anwesenden über das Wunder einer bis dahin noch nicht vorgekommenen Verwandlung von Wasser in Wein ist auch nicht die geringste Spur zu finden. Auch ging die Geschichte nie in den Kreis der evangelischen Ueberlieferung über. Allerdings haben wir nur erst fünf Jünger, und die Ueberlieferung wußte nicht viel zu erzählen zwischen Taufe und Bergpredigt; allein das erste Zeichen, und ein solches unerhörtes Wunderzeichen! Wie hätte die Kunde davon im apostolischen Kreise untergehen können, wenn Johannes und seine Genossen nicht erst bedeutend später diese ihnen allerdings denkwürdige Begebenheit, diesen ersten Beweis von der einzigen und immer wohlthuenden Wirkung ihres Meisters auf die Gemüther, in dem Schimmer des Mirakulosen erblickt hätten, wie sie seit der Auferstehung geneigt waren, jedes Wort und jede That des Meisters zu betrachten! Wir haben ein ausdrückliches Beispiel davon bei der Auslegung der Worte Jesu hinsichtlich des Wiederaufbaues des Tempels. Die Anschauung beherrscht aber offenbar namentlich den Johannes des Evangeliums, sie macht ihn nicht unfähig, Zeugniß abzulegen, denn er trennt immer deutlich genug für den Nachdenkenden die Worte des Herrn, die Thatsache überhaupt, und seine eigene Auslegung oder Anwendung; aber sie fordert zur Kritik des Thatsächlichen selbst auf.

Wenngleich also diese, gewissermaßen vereinzelt dastehende kurze Erzählung Schwierigkeiten darbietet, so ist doch die vernünftige Lösung entschieden leichter, als die unvernünftige; der Verdacht der Unechtheit der Stelle als eingeschoben aber nur ein unnöthiges Aufgeben ehrlicher Auslegung.

Die Worte Jesu zur Mutter:

Weib, was habe ich mit dir zu schaffen? meine Stunde ist noch nicht gekommen —

haben Veranlassung zu den seltsamsten Erklärungen gegeben. Sie werden zuvörderst dadurch schon begreiflicher, wenn man bedenkt, daß nach dem Tode Josephs — der um diese Zeit, wie schon oben bemerkt worden, jedenfalls erfolgt sein muß — Jesus an der Spitze des Hauses stand. Ihm lag also Maß und Weise des zu gebenden Geschenks ob, also auch die Bestimmung des rechten Augenblicks. Jesus beruhigt sie also, und macht sie aufmerksam, daß dieser Augenblick eben noch nicht gekommen sei. Die Mutter versteht den Wink und sagt also den Aufwärtern, ihr (dort wahrscheinlich zum erstenmale erscheinender) Sohn werde ihnen einen Auftrag wegen des Weins geben, sie möchten ihm nur Folge leisten.

Es heißt nun (2, 12), daß Jesus mit seinen Jüngern und der Mutter und den Brüdern nach Kapernaum am See zogen und dort sich „nicht lange Zeit" aufhielten. Von einem festen häuslichen Niederlassen daselbst wird hier nicht geredet.

Nehmen wir an, daß seit der Taufe zwei bis vier Wochen verstrichen waren, als Jesus von Kapernaum aufbrach, um nach Jerusalem zu ziehen, so sind wir jedenfalls im März angelangt, und es passen uns vollkommen die Worte des folgenden Verses (13):

Und der Juden Passah war nahe, und Jesus zog hinauf gen Jerusalem.

So bewährt sich also unsere Anordnung bis jetzt bis aufs Kleinste. Aber nicht weniger im nächsten Abschnitte.

Dritter Abschnitt.

Jesu erster Aufenthalt in Jerusalem, zum Osterfeste des Jahres 780; Sommer- und Herbstaufenthalt in der Wüste Judas.

Erstes Hauptstück.
Jesus in Jerusalem.

I. Die Vertreibung der Wechsler und Verkäufer aus dem Vorhofe des Tempels.

Das erste Osterfest nach dem Antritte des Lehramts war nahe. Jesus mit seinen zwei Jüngerpaaren und wahrscheinlich mit Nathanael als dem fünften, erschien vor Jerusalem. Da lag sie also vor ihm, die schicksalsvolle Stadt, auf deren geweihter Höhe Abraham einst angebetet und den wahren Gott, den Schöpfer Himmels und der Erde, erkannt hatte: die Stadt Davids, der Sitz des nationalen Heiligthums, des Tempels Salomos; dann der Schauplatz so großer Geschicke der Herrscher und des Volks, wo so viele Propheten gelehrt, gelitten und geblutet hatten, ehe Nebukadnezar sie schleifte, ihren Tempel zerstörte, ihre Einwohner gefangen wegschleppte nach Chaldäa; dann wieder emporgestiegen durch den Eifer und Glaubensmuth Nehemias, geschützt von den Persern, verschont vom macedonischen Eroberer, bald darauf von den Seleuciden angegriffen, von Antiochus frevelhaft entweiht, gerettet und wieder geheiligt durch die Makkabäer, endlich der Sitz eines idumäischen Fürsten, des verhaßten Edoms Sohn, und eines römischen Landpflegers.

Diese Stadt lag vor ihm. Wohl hatte er als heranwachsender Knabe sie gesehen, auch an einem Passahfeste, und hatte in des Tempels Vorhöfen geweilt, fragend und antwortend. Das waren nun achtzehn Jahre. Vieles hatte sich seitdem in Jesu Geist ausgebildet und gestaltet, Vieles um ihn her sich verändert. Wie stellte sich Jerusalems Hoher Rath, seine Priesterschaft, seine Lehrer zu der ernsten, großen Verkündigung des einzigen prophetischen Mannes, der seit den Zeiten der alten Propheten aufgetreten war? Waren die Pharisäer wirklich so ganz verstockt? War das judäische Volk, und insbesondere das in Jerusalem, wirklich nicht mehr für das Gottesreich zu begeistern? Das waren Fragen, die Jesus sich stellen mußte, und die Niemand als Jesus selbst beantworten konnte. Denn nur Er hatte den klaren Blick über die Verhältnisse der Wirklichkeit, wie in die einzelnen Persönlichkeiten. Er wußte, was im

Menſchen war. Die dogmatiſirenden Doketiſten, welche aus Jeſus ein Phantom ge=
macht, ohne Entwickelung und alſo ohne innere Geſchichte, ·bedürfen allerdings nicht
jener Beobachtung der Wirklichkeit: ihr Jeſus fragt und erkundigt ſich nur zum Schein
(denn daß er das gethan, bezeugen die Evangeliſten eben wie Johannes): er weiß
Alles voraus, wenn er gleich ſich umſieht nach der Perſon, welche ihn im Gedränge
berührt. Ein ſolcher Jeſus kann nun nach allen Naturgeſetzen Gottes nie gelebt haben,
und, was die Hauptſache iſt, es iſt nicht der, von welchem unſere Gewährsmänner
erzählen.

Gewiß alſo iſt's, Jeſus mußte, ehe er öffentlich, in ſeiner Heimat insbeſondere,
auftrat, in Jeruſalem zuerſt ſich geltend machen als die geiſtige Kraft der Zeit: das
allein hob ihn über die Nachtheile der galiläiſchen Herkunft und des Laienthums hin=
weg. Aber noch mehr: er kam zu urtheilen, zu richten, über Leben und Tod des
jüdiſchen Geiſtes; wie vermochte er das mit innerer Wahrheit und praktiſcher Sicher=
heit zu thun ohne den Mittelpunkt der jüdiſchen Nationalität, den Herd des hierarchi=
ſchen Getriebes perſönlich angeſchaut, ohne ſich mit der Prieſterſchaft, mit Phariſäern
und Sadducäern gemeſſen, und in einer ·Bevölkerung, welche nothwendig alle bekann=
ten Eigenſchaften einer heiligen und Wallfahrtsſtadt beſaß, Hochmuth, Müßiggang,
religiöſes Geſchwätz und Heuchelei den Pilgern gegenüber, inwendig voll Unglauben,
dabei doch aber auch gewiß manches fromme, auf den Meſſias harrende Gemüth in
ſich barg.

Mit ſolchen Betrachtungen und im klaren Bewußtſein über das Verhängnißvolle jener
Stunde mag ſich Jeſus alſo Jeruſalem zum Paſſahfeſte des Jahres 781 genähert
haben. Der Anblick der vollkommenen Weltlichkeit des Lebens in den Vorhöfen über=
wältigte ihn. Schnöde Gewinnſucht hatte ſie entweiht, zu Krämerbuden und Wechſel=
bänken umgewandelt. Statt ehrfürchtiger Stille, oder heiliger Geſänge einziehender
Pilger (wie Pſ. 120—134), klangen die Mistöne von Ausrufern und Feilſchern rings
umher. Der Spruch Gottes in dem Propheten (Jeſ. 56, 7): „Mein Haus ſoll
ſein ein Bethaus allen Völkern“, trat vor Jeſu Seele: und mit ihm und dem Gegen=
ſatze: „ihr aber habt es gemacht zu einer Mördergrube“ warf er die Wechſelbänke
um, und trieb die Verkäufer der Opferthiere heraus, mit göttlicher Machtvollkom=
menheit.

Die Abſicht war nicht, den Stand der Dinge zu verändern: denn ihm ſtand ja
keine Macht zur Seite, ſondern die Tempelpolizei, mit der römiſchen Beſatzung der
Burg im Hintergrunde, ſtand ihm gegenüber. Aber er wollte das unverjährbare
Recht des prophetiſchen Berufs geltend machen, die Dinge beim rechten Namen zu
nennen und die übereinkömmlichen Formeln eines nichtigen Lebens zu zerbrechen und
in ihrer Nichtigkeit bloßzuſtellen: durch ein ſchlagendes Gotteswort, und durch die
Unfähigkeit der Stützen jenes Nichtigen, anders als durch Gewalt oder Sophismen
zu antworten.

Jeſus trat mit göttlicher Machtvollkommenheit in der heiligen Stadt auf, nicht
allein als Reformator des Geſetzes, ſondern auch als der Stifter des erwarteten
Gottesreichs, aus unmittelbarer Ermächtigung, als Selbſtoffenbarung. Als Meſſias=
Gottesſohn war er anerkannt von dem großen Täufer; aber er trat auf unabhängig
von ihm. Zum erſtenmale betritt er als Lehrer und im Geiſte des Meſſias den
Tempel des Vaters. Für dieſen Augenblick nun paßt die Handlung offenbar am
beſten; für denſelben allein die ihm entgegentretende Frage der Prieſterpartei: „Aus
welcher Machtvollkommenheit thuſt du das?“ Es war lächerlich, dieſe Frage zwei
Jahre ſpäter an ihn zu richten, als er ſchon ganz andere Eingriffe in die Sitten und

Gebräuche der damaligen Juden gemacht und eine messianische Machtvollkommenheit in Anspruch genommen hatte, welche über die aller Propheten, ja über Moses und Abraham hinausging. Die Evangelisten aber konnten diese Begebenheit nicht an einem andern Orte vortragen, als wo wir sie bei ihnen lesen, denn sie kennen nur Einen Einzug in Jerusalem, den unmittelbar vor seinem Tode, und an der Spitze der Begebenheiten in Jerusalem steht ganz richtig diese Vertreibung. Es beweist also gerade diese Stellung, daß die evangelistische Ueberlieferung keineswegs in einem aufgelösten Zustande des Geschichtlichen auf uns gekommen ist.

Dasselbe Verhältniß der evangelistischen Berichterstatter zum Johannes zeigt sich nun auch in der Darstellung selbst. Die des Johannes allein ist anschaulich, durchsichtig und scharf; die evangelistische ist nicht ganz dieselbe bei den Dreien und entbehrt bei Allen der Durchsichtigkeit und Schärfe der johanneischen.

Die Tempelhallen und Vorräume des Tempels waren zum Markt und Wechselkram geworden. Jesus, erzählt Johannes, fand dreierlei Leute in ihnen: die, welche Ochsen und Schafe zum Opfer feil hielten; die, welche Tauben (Opfer der Armen und Wöchnerinnen) verkauften, und die Wechsler. Gegen die Ersten und Letzten war er sehr streng, und trieb sie hinweg nebst ihrem Vieh; er schwang selbst die Geißel, um wenigstens die Thiere auszutreiben, denn das „alle" ist dem Zusammenhange nach wol auf die Thiere zu beschränken (s. z. Joh. 2, 15). Er stürzte ebenso in eigener Person die Wechslertische um, daß das Geld auf den Boden fiel; denn nur er, als Gottesmann in den Augen Vieler, durfte dergleichen sich erlauben. Den Taubenverkäufern begnügte er sich zu sagen: „Traget das hinweg, und machet nicht meines Vaters Haus zum Kaufhause." Er mag dazu bewogen sein durch die Rücksicht darauf, daß die Armen ihre Opferthiere hier auf diese Weise vorfanden, oder auch nur diesen Unterschied gemacht haben, weil man das Geflügel nicht wegtreiben kann wie das große Vieh. Wir wissen es nicht, und es kommt auch nichts darauf an. In der Ueberlieferung werden nicht allein die Verkäufer, sondern auch die Käufer hinausgeworfen; das Umwerfen der Wechslertische ist geblieben; aber die Geißel, das persönliche Einschreiten des Herrn ist verwischt, vielleicht als anstößig erscheinend nach dem einseitigen Bilde von Jesus als einer Alles duldenden und tragenden, nie scharf auftretenden Persönlichkeit.

Bei der Auffassung der Evangelisten verschwinden nun auch die Viehverkäufer: von den Opferthierhändlern werden aber bei Matthäus und Marcus die Taubenverkäufer allein genannt, und erscheinen demnach als Hauptgegenstand des heiligen Zornes des Herrn, was jedenfalls unpassend ist. Der Ausspruch des Herrn, als Kern der Erzählung, ist allerdings geblieben, aber er ist übertrieben. „Ihr habt das Haus Gottes zum Kaufhause gemacht", heißt es bei Johannes; alle drei Evangelisten setzen hinzu: „und zur Räuberhöhle". Es ist in der Natur der Ueberlieferung, daß sie dergleichen Aussprüche verstärke und steigere. Dagegen fehlt bei den Evangelisten ganz der hochmerkwürdige Ausspruch Jesu, welcher doch selbst bei der Anklage später vor Gericht, natürlich entstellt, vorgebracht wurde. Sowie das Geißeln Jesu bei den Katecheten in den Hintergrund trat, als zu gewaltsam erscheinend, so der Ausspruch vom Wiederaufbau des Tempels in drei Tagen, als räthselhaft und mißdeutbar.

Nur die Befangenheit, in welche Strauß durch seine Grundannahme von der Entstehung des vierten Evangeliums gerathen war, kann erklären, wie ein so scharfsichtiger Kritiker es unternehmen konnte, das Gegentheil zu beweisen.

Die räthselhafte Antwort Jesu bei Johannes auf die (damals sehr natürliche) Frage, woher der unbekannte galiläische Rabbi seine Machtvollkommenheit habe, schließt sich aufs natürlichste unmittelbar an jenes Austreiben an. Dieser Ausspruch muß einen großen Eindruck auf das ganze Volk gemacht haben; er kommt, wie schon angedeutet, zwei Jahre später im Verhöre Jesu vor, als eine der Beschuldigungen der jüdischen Ankläger. Was aber wollte der Herr damit sagen? Die Jünger verstanden den Ausspruch erst nach der Auferstehung als eine Weissagung von dieser. Dies erklärt sich leicht aus dem Alles beherrschenden Eindrucke der Auferstehung. Allein konnte man ihn so verstehen, als Jesus die Worte sprach? Thaten es doch selbst die Jünger nicht! Die Worte: „dieser Tempel" konnten nur den jüdischen Tempel bedeuten, der vor ihnen stand, nicht Jesu Leib. „In drei Tagen" ist nachweislich eine jüdische sprüchwörtliche Redensart. Welchen Sinn nun haben wir mit dem Ausspruche zu verbinden, den Viele hörten und den die Jünger selbst treu bewahrten, ohne ihn zu verstehen oder den Herrn darüber zu befragen? Wie überhaupt, so erwarteten sie auch hier das Verständniß von dem Fortschritte und Ausgange der Laufbahn des Meisters, dem sie folgten.

Wir glauben am sichersten zu verfahren, wenn wir die Auslegung an Jesu spätere Reden über des Tempels Gebäu knüpfen. Hiernach dürfte ihr Sinn wol nur so zu fassen sein: „Ich habe einen viel höhern Beruf, eine viel größere Machtvollkommenheit, als den von mir eben geübten, die Schwellen des Tempels zu reinigen und diejenigen aus seinen Hallen zu vertreiben, welche durch unheilige Geschäfte den Tempel entweihen und die Stille des Hauses der Anbetung stören. Meine Machtvollkommenheit geht über den Tempel selbst und alles Aeußerliche hinaus. Ich bin nicht gesonnen, nur euern Tempel zu schmücken und eure Gebräuche zu läutern, sondern die Anbetung im Geist und in der Wahrheit an die Stelle euerer Aeußerlichkeit zu setzen, und das werde ich thun. Reißt diesen Tempel nieder mit seiner Pracht, woran nun fast ein halbes Jahrhundert gearbeitet ist. Seid ihr durch diesen Schmuck, durch diese Pracht besser und glücklicher geworden? Ich will eine herrlichere Stätte der Anbetung auf seinen Trümmern errichten, nämlich die Gemeinde der gläubigen Menschheit, Gottes lebendigen Tempel, und dann ist euch geholfen: ihr seid dann wirklich Gottes Volk." In diesem Sinne sprach er einige Monate nachher zu dem Weibe von Samaria, nach demselben Johannes.

So hatte denn Jesus sich als Messias erwiesen durch eine nur dem Gesalbten Gottes zustehende That heiligsten Eifers, und durch eine tiefe, die Gemüther erregende prophetische Rede. Die Jünger, sagt Johannes, verstanden erst nach der Auferstehung, daß Jesus hatte von der Auferweckung im Grabe am dritten Tage reden wollen. Aber Niemand konnte ein solches Wort so verstehen, weder Jünger noch Volk, und Jesus hätte es ihnen auch gar nicht erklären können. Beziehen wir das prophetische Wort dagegen auf den Gegensatz des äußerlichen, mit Händen gebauten Tempels, und den wahren, lebendigen, gottgebauten Tempel, die Gemeinde der Gläubigen, das wahre Volk Gottes, so ist dieser Gedanke in allen Propheten begründet, wie in Gesetz und Psalmen. Die Auslegung des Johannes gewährt diesen Vortheil nicht, und trifft nicht ganz den Gedanken, der bei jener Veranlassung das Wort des Herrn hervorrief, aber sie erhält den geistigen Sinn der tiefen Rede.

Nachdem wir so das Thatsächliche in seiner geschichtlichen Gliederung nachgewiesen, bedarf es wol an sich schon keiner weitläufigen Auseinandersetzung, um zu beweisen, daß die Erzählung bei den Evangelisten ein und dasselbe Ereigniß berichtet. Diejenigen, welche ihrem Systeme zu Liebe annehmen, Jesus habe dasselbe wiederholt, was er schon vorher gesagt und gethan, müssen natürlich annehmen, die Fragen und Antworten seien auch dieselben gewesen: etwas, das an sich ungereimt und rein unmöglich ist. Wir reden nicht davon, daß auch nicht mit einem Worte angedeutet wird, diese

Austreibung habe schon einmal stattgefunden; noch weniger, daß sie mit der Erzählung, namentlich des Johannes, von dem Einzuge in der Leidenswoche sich durchaus nicht vereinigen läßt. Wir überlassen also Diejenigen, welche dergleichen Unsinn noch jetzt vorbringen, dem Gerichte des gesunden Menschenverstandes und des Gewissens der Christenheit, wenn sie ihrerseits eine Ansicht, welche dem Augenzeugen den Vorzug gibt vor den Berichterstattern aus zweiter und dritter Hand, eine nicht evangelisch= gläubige schelten.

Wir bitten aber unsere Leser, noch einmal den bereits erwähnten Umstand in Erwägung zu ziehen hinsichtlich der Stellung des Berichts bei den Evangelisten. Nach dem von uns in der Einleitung vor der Synopsis auseinandergesetzten Verhältnisse der katechetischen Ueberlieferung zu der geschichtlichen Darstellung mußte die Erzählung von dem Austreiben der Verkäufer und Wechsler mit naturgemäßer Nothwendigkeit gerade an die Spitze der Ereignisse in Jerusalem gesetzt werden, wo sie steht. Wenn Jesus, wie hierbei angenommen wird, nur Einmal in Jerusalem war, so mußte der Katechet jenes Ereigniß da anbringen.

Dasselbe Gesetz der Abspiegelung werden wir, als ein stehendes, auch bei allen künftigen Zusammenstellungen johanneischer und evangelistischer Erzählungen finden.

An dem Feste selbst nun, sagt Johannes weiter, that Jesus viele Zeichen, sodaß Viele gläubig wurden; aber Jesus vertraute sich ihnen nicht an, offenbar weil er die Aeußerlichkeit ihres Glaubens erkannte. Und zwar erkannte er dies ohne Zweifel durch jenen zum Schauen gesteigerten tiefen Blick in das Innere und die Geschichte des Men= schen, mit dem er verkehrte. Der Eindruck, den Jesus in Jerusalem gemacht, muß sehr groß gewesen sein; die zurückkehrenden Galiläer breiten seinen Ruhm nun in der Heimat aus, wo man bis jetzt ihn nicht erkannt hatte. Nur war es ein sehr äußer= licher Glaube, der Glaube an den Wundermann. Das Aufsehen aber, welches er erregte, zog ihm den Haß der starr jüdischen Priesterpartei zu. Sie verfolgte ihn, bereits ohne Zweifel spürend, daß Johannes von ihm geredet, und daß er Großes vorhabe und noch weniger in ihrem Sinne handeln wolle als der Täufer. Ihre Stellung gegen ihn war eine doppelte. Als Priester fürchteten sie in ihm den Reformator und Bekämpfer ihrer Satzungen und heuchlerischen Aeußerlichkeiten; als Politiker sahen sie die Möglichkeit voraus, daß er das Volk zur Empörung aufrege und das harte Joch der Römer noch unerträglicher mache.

II. Nikodemus und die Wiedergeburt.

Es ist nach dem Gesagten vollkommen begreiflich, daß Nikodemus sich vor den Spähern und Nachreden seiner Amtsbrüder und Genossen fürchtete. Nikodemus war nach der Rede Jesu zu ihm nicht allein ein pharisäisches Mitglied des Hohen Raths, sondern ein großer Lehrer („der Meister") im Gesetze. Sein Name ist im Talmud richtig aufbewahrt (in aramäischer Umformung des griechischen Namens) als Nakdi= mon. Die Nachricht im Talmud, sein (jüdischer) Name sei eigentlich Bunni, und er sei ein Jünger Jesu gewesen und habe die Zerstörung Jerusalems noch erlebt, verdient gewiß Beachtung, wenn auch der letzte Umstand vielleicht auf einer Verwechselung mit dem Sohne des Nikodemus beruhen mag. Das Thatsächliche der Ueberlieferung selbst bleibt unverdächtig: die Juden konnten keine Neigung haben, etwas dieser Art zu erdichten, und gewiß schöpfte ihre Ueberlieferung nicht aus Johannes.

Das Gespräch mit ihm führt uns in den tiefen Verfall und die Verstocktheit der damaligen, rein äußerlichen jüdischen Religionslehre ein, aber auch in die Tiefen der welterlösenden Gedanken Jesu. Der Meister des Geistes spricht zu dem Meister der Schule. Die neue Geburt des Menschen ist die Kraft, welche der wahrhaft be=kehrte Mensch gewinnt, nicht das Selbst zur Richtschnur seines Denkens und Handelns zu machen, sondern den Willen Gottes, d. h. das Gute, die sittliche Weltordnung der ewigen Liebe. Dieses freiwillige Aufgeben des selbstischen Wesens aus Liebe zu Gott und zum Göttlichen ist in der That eine zweite Schöpfung und das höchste sichtbare Wunder. Die Wiedergeburt ist jedoch nicht der Belehrung Ziel, sondern ihr Anfang das Beginnen eines neuen durch die Wirklichkeit zu bewährenden heiligen Lebens.

Die von oben kommende Bekehrung weist nun den in die Endlichkeit versenkten Geist zuerst auf sich selbst zurück. Aber die Betrachtung des göttlichen Wesens selbst ist das Höchste. Davon nun, sagt Jesus, will ich dir nicht reden: wer wird daran glauben, der jenes, das Irdische, Endliche, das Geheimniß der eigenen Brust noch nicht versteht? Aber die Quelle der Belehrung ist die Erkenntniß des Höchsten, des Ewigen; nur wer die himmlischen Geheimnisse, die Natur und das Wesen des Ewigen versteht, vermag die Menschen zu lehren und von ihren Banden zu heilen.

So weit gehen die Worte Jesu: ein merkwürdiger Wink, daß Jesus den Jüngern, oder wenigstens einigen derselben, auch den Schlüssel zu den himmlischen Dingen gab, vor dem Scheiden.

Der Apostel nun wird von dem Gedanken fortgerissen, und führt ihn für seine Leser weiter fort. Das Aufsehen zu der Schlange in der Wüste heilte die Israeliten; ihre Krankheit schwand, sowie sie, alles Persönliche vergessend, Blick und Gedanken auf das Symbol der göttlichen Kraft wandten. Wie nun Moses jene heilende Schlange zu diesem Zwecke aufrichtete, ebenso (sagt der Apostel) muß jetzt, da Christus seine irdische Laufbahn vollendet hat und zum Vater zurückgekehrt ist, mit ihm in ewiger Seligkeit lebend, dieser Heiland der Welt aufgerichtet werden zum Heilszeichen für die ganze Welt. Er ist der von Gott Gesandte. Er lehrt euch, was er selbst in Gott geschaut hat. Sehet auf zu ihm, heftet euere Gedanken an ihn und seine Lehre, und er wird euch von den Banden der Sünde, von dem Zwange des Selbst befreien, wie die Schlange in der Wüste die vom Schlangenbisse Leidenden befreite. Als solcher Mittelpunkt des Geistigen muß der gottgesandte Lehrer Allen vorgestellt werden, vor Augen stehen, damit Alle am ewigen Leben, dem Leben in Gott und der göttlichen Weltordnung theilhaben, und die Erde zum Reiche Gottes aufblühe.

Vergleichen wir diesen Gedankengang im Ganzen und im Einzelnen mit der vor=gehenden Rede Jesu an Nikodemus, so ergibt sich sogleich die Verschiedenheit des Standpunktes. Jesus sieht die innere Hülflosigkeit des berühmten Lehrers in Israel, und zugleich die Redlichkeit seines Suchens nach Licht. Er faßt ihn also bei dem Punkte, wo der gottsuchende Mensch einmal in seinem Leben gefaßt werden oder sich selbst fassen muß, nämlich von der Einsicht, daß das Selbstische im Menschen nicht überwunden, daß der Friede der Seele nicht gefunden werden kann durch irgendetwas Aeußerliches, was man in das gewöhnliche Leben aufnimmt. Die ganze Umkehr des innern Sinnes ist nothwendig. Das ist das Geheimniß der Wiedergeburt. Bis du dahin gelangst, kannst du nichts verstehen von Gott und göttlichen Dingen. In der Wiedergeburt, in der Erneuerung der Ebenbildlichkeit Gottes liegt der irdische Pol des großen Geheimnisses, nach welchem du fragst: das eigentliche Verständniß, der Schlüssel der göttlichen Weltordnung ist aber in Gottes ewiger Selbstoffenbarung. Davon dir aber zu reden, ehe du Jesus verstanden hast, ist unnütz.

Damit ist des Nikodemus letzte Frage beantwortet: wie kann dieses geschehen? Nämlich, wie ist es möglich, daß ein ganz neues Leben durch den Geist geweckt werde im Menschen? Was nun aber von Vs. 13 an folgt, geht gerade auf dasjenige ein, was, wie der Meister hier eben gesagt hat, dem Nikodemus noch muß unerklärt bleiben, bis er weiter gefördert ist in seiner Erkenntniß durch die Umkehr des Willens, durch die sittliche Selbstbestimmung. Es wäre also ein greller Widerspruch, wenn Jesus ihn jetzt gerade in die Tiefen führen wollte, für welche er ihn noch nicht reif erklärt.

Zweitens, was jetzt folgt, mußte dem Nikodemus vollkommen unverständlich sein: es setzt die Fülle der Offenbarung durch Jesus voraus.

Drittens, das ganze Folgende (und darin stimmen Alle überein) ist in eine, Jesu Ausdrucksweise durchaus fremde Sprache eingekleidet. Niemals nennt sich Jesus den eingeborenen Sohn.

Endlich setzen nach der sich uns als allein haltbar ergebenden Auslegung diese johanneischen Ausführungen voraus, daß Jesus nicht mehr auf der Erde sei, sondern beim ewigen Vater, und daß sein Geist von dort das Leben der Gläubigen leite. Wir sehen nicht ein, wie wir gleich zu Anfang die Worte anders erklären können (Vs. 13):

Niemand ist gen Himmel gefahren, denn der vom Himmel herniederkam, nämlich des Menschen Sohn, der im Himmel ist.

Das ewige Wort Gottes ist bei Gott, als Gott, also im Himmel, wenn wir den bildlichen Ausdruck gebrauchen wollen für das Leben im Ewigen; aber des Menschen Sohn, der Mensch Jesus, in welchem das ewige Wort Fleisch und Blut ward, ist erst nach seinem Leiden zum Vater erhöht. So erklären ja auch Viele von denen, welche hier an den leiblichen Jesus denken, dieselben Worte „der im Himmel ist" (in den Himmel aufgestiegen ist) am Schlusse des Prologs (1, 18); wie denn nicht auch hier? Auch dort sagt der Apostel, daß der Sohn im Himmel sei, von dort (so sagt er weiter) wird Jesus einst kommen als Richter; seine erste Erscheinung war die als Heiland und Erretter. Aber die Welt (sagt der Prolog) richtete sich selbst durch ihren Unglauben „an den eingeborenen Sohn Gottes". Und weshalb liebten die Menschen (bei seinem Leben) die Finsterniß mehr als das Licht? Weil ihre Werke bös waren und ihr Gewissen ihnen sagt, daß ihr Wesen eine Lüge ist. Nur wer die Wahrheit liebt und ihr gemäß handelt, kommt zum Lichte; er allein thut die guten Werke, weil er allein sie in Gott (im Glauben) thut.

Alles dieses ist die evangelische Lehre Jesu und der Glaube seiner Apostel und Jünger aller Zeiten; aber sie setzt den verklärten Heiland voraus und die Wirkung seines Geistes; insbesondere ist es die Sprache des Johannes, im ersten Sendschreiben wie im Evangelium. Der Rückblick geht auf die verneinende und feindselige Stellung der bösen Welt auf den Heiland, als er in ihr leiblich wandelte; damals aber wie jetzt rührt sein Geist mächtig die Welt.

Man sage nicht, der Verfasser hätte es doch seinen Lesern leichter machen sollen, zu erkennen, wo Jesu Worte aufhören und wo seine, des Apostels Herzensergießungen anfangen. Wir müssen den Apostel und sein Evangelium nun einmal nehmen, wie sie sind. Die ganze Schrift ist eine lebendige Ansprache an die Gemeinde nicht weniger als das auf dasselbe hinweisende erste Sendschreiben. Es war dieses eine Gemeinde, welche die evangelistische Ueberlieferung vor sich hatte, und welche dem Jünger gewiß Dank wußte, daß er das, was (damals wie jetzt) noth that, noch besonders hervorhebt und ihr ans Herz legt. Er ist dabei für argwöhnisch lauschende Kritiker vielleicht zu arglos und fordert mehr Aufmerksamkeit auf den Inhalt, als zerstreute oder denkfaule Leser ihm schenken wollen; allein wer Christus und seinen Worten unbefangen aber ernst nachgeht, wird ihn dafür nicht schelten.

Dieses Wort von der Wiedergeburt ward nicht allein zu Nikodemus gesprochen, und wirkte nicht allein in ihm das Wunder des Geistes, sondern es erging an die Menschheit als eine ewige Verkündigung, und fand immerdar einen lebendigen Wiederhall in den Seelen der Gläubigen.

Welch einen tragischen Anblick gewähren dem Geschichtsforscher dagegen die Verfinsterungen, welche dieses Wort und diese ewige, heilbringende Idee im Laufe der Jahrhunderte in den Geistlichkeitskirchen und den Systemen ihrer Theologen erfuhr! Und in welche Schwärmereien und Geistesverwirrungen führte nicht das Ankämpfen gegen die falsche Kirchlichkeit, welche dem natürlichen Menschen den schweren Kampf der Wiedergeburt ersparen und eine äußerliche, kirchliche Handlung und deren magische Wirkung an die Stelle der Geistesthat Gottes im einzelnen Menschen und dessen lebendigmachende Kraft in ihm setzen wollte! Ja wie schwermüthig macht den Betrachter der menschlichen Geschicke die andererseits sich kundgebende Verdunkelung der Schlußworte Jesu an Nikodemus, daß der Mensch nicht weiter in die Geheimnisse der göttlichen Vorherbestimmung einzubringen versuchen soll, als das eigene sittliche Bedürfniß der Gottseligkeit es verlangt: daß aber der Schlüssel in der ewigen Liebe Gottes allein liegt.

Denn das ist doch, nach dem was vorhergeht, und nach des Apostels ausdrücklichem Ausspruche (Vs. 16: Also hat Gott die Welt geliebt u. s. w.) der Sinn des Ausspruchs, daß das Werk der Wiedergeburt im Menschen nur aus dem ewigen Wesen Gottes erklärt werden könne. Dieses Wesen aber ist eben die Liebe Gottes, der Rathschluß der Erlösung! Hinweg mit den Fragen nach dem Verhältnisse des Bösen in der Welt zu diesem ewigen Rathschlusse! Die Wolken, welche die ewige Sonne verfinstern, steigen eben aus dem endlichen Wesen und irdischen Treiben hervor, und sie sind da, um zerstreut, nicht um mit Gottes Rathschluß der Liebe in Widerspruch gesetzt zu werden.

Fassen wir nun die Bedeutung dieser großen Stelle zusammen. Was ist Jesu Stellung zu Nikodemus? Was die Tragweite der Ausführung, welche der Apostel in der begeisterten Ansprache an seine Gemeinde daranknüpft?

Jesus erkennt in Nikodemus einen Mann, der mit einfachem Herzen an den großen Wundermann als den gottgesandten Propheten oder auch Messias glaubte, dadurch aber auch schon das Verständniß vom Himmelreiche und ein Anrecht an dasselbe erworben zu haben vermeinte. Er war also ohne Zweifel geneigt, sich als Messias=Gläubiger von Johannes oder Jesus taufen zu lassen. Jesus wollte ihm sein Mißverständniß aufdecken, indem er ihm, dem Lehrer des Gesetzes, sogleich die tiefe Bedeutung des wahren Gottesreichs und des Eintritts in dasselbe aufschloß. Was ist die neue Geburt aus Wasser und dem Geiste, oder, wie Jesus es zum zweitenmale, zur Vermeidung alles Misverständnisses ausspricht, aus dem Geiste, anders als Jesu eigene Lehre von dem Verhältnisse des größten Werkes Gottes in jeder gläubigen Seele zu der christlichen Taufe? Das Bekennen, Anerkennen, also Erkennen der Hülfsbedürftigkeit, der eigenen Unfreiheit und Unkraft des selbstischen Willens, verbunden mit dem Glauben an die göttliche Errettung, also an die ewige Liebe Gottes, ist die nothwendige Bedingung des Eintritts in das göttliche Reich der Freiheit. Das Eintauchen des Leibes, als Siegel dieses Bekenntnisses, ist ein Bedürfniß der Menschennatur, welche, was erkannt worden, auch äußerlich aussprechen und darstellen will und soll. Es ist die Folge der Stellung des Einzelnen zur Gemeinde; aber mit der ewigen Natur des Menschen hat eine solche Handlung nichts zu thun. Es ist deshalb vor allem wichtig, daß dem Täuflinge früher oder später dieses klar gemacht werde. Die Kindertaufe läßt sich als Gelöbniß der dankerfüllten Aeltern vollkommen rechtfertigen, falls die von Christus verordnete oder zugelassene Taufe, das Siegel des Glaubens und seines Bekennens, nur nicht darüber vergessen oder in den Hintergrund gedrängt wird. Ein klares Verständniß des geistigen Wesens der höchsten That Gottes im Menschen, der Wiedergeburt, ist also die erste Bedingung jedes Zulassens zur symbo= lischen Einsenkung des Menschen in die reinigende Flut, aus welcher ein gereinigter, mit neuer göttlicher Kraft ausgerüsteter Mensch emporsteigt, würdig ein Jünger des neuen Reichs zu werden, welches die Erde verjüngen soll. Also predigte es Jesus dem Nikodemus: so hatte es der Täufer bereits geübt, und so übten und predigten es die Apostel.

Was nun haben vom 2. bis zum 19. Jahrhundert die „Lehrer in Israel" dar= aus gemacht? Haben sie nicht, trotz aller dieser Belehrung, das äußere Zeichen dergestalt an die Stelle des Wesens gesetzt, daß sie dem Besprengen eines neu= geborenen Kindes die Kraft der neuen Geburt aus dem Geiste beilegen, also was aus gläubiger Erkenntniß kommt, durch Wirkung des Geistes auf den Geist, einer äußerlichen leiblichen Handlung zuschreiben? Haben sie diesen Aberglauben nicht zur Bedingung des Heils gemacht und die Wirksamkeit jener magischen Kraft an priester= liche Machtvollkommenheit gebunden, welche dem Glauben die Pforten des christlichen Himmelreichs öffnen oder sperren will? Und doch haben jene Männer das Evangelium vor sich gehabt, und es sind unter ihnen Lehrer gewesen, welche den Nikodemus an Weisheit und Erkenntniß übertrafen! Wie denn ist diese Erscheinung zu erklären? Eben nur dadurch, daß zu allen Zeiten des Menschen Selbstsucht und das Kleben am Aeußerlichen, das die meisten Menschen gefangen hält, ihnen den Sinn verstockt und unzugänglich macht dem Wehen des Geistes um sich her, in dem sie doch leben, weben und sind. Es ist eben nur die Furcht des Menschen vor dem Geiste, der ihn frei macht, und wahrhaft belebt, indem er ihn zu tödten scheint: es ist der Mangel der Liebe, welcher für die befreiende Liebe unempfänglich macht. Nur aus dem Glauben an diese Liebe kommt aller andere lebendige Glaube. „Wer sein Leben erhalten will, der wird es verlieren, wer es darangibt, der gewinnt es." Aber auch das läßt sich dabei nicht verkennen, daß dieser Abweg erst recht gefährlich wird, wenn das Wort des Evangeliums untergeht in den Menschensatzungen und das Leben der Gemeinde erstarrt in dem Gebäude der Kirche: wenn die Geistlichkeit sich und ihr Amt zwischen Christus und die Seele stellt, zwischen den Geist Gottes und den Geist des Menschen, welcher geschaffen ist, ihn zu suchen und zu finden.

Zweites Hauptstück.

Jesu Aufenthalt in Judäa von der Zeit nach Ostern bis gegen Ende December 780; nach Johannes.

---

1. Allgemeiner Charakter des Zeitraums und die Oertlichkeit.

Dieser Zeitraum von acht bis neuntehalb Monaten ist der stillste in Jesu öffentlichem Leben: die Zeit der innern und äußern Zurückgezogenheit, der eigentlichen Geistes= enthaltung, zugleich Weihe und unmittelbare Zurüstung für das große Werk selbst. Gerade ein solches inneres Zurückziehen stimmt am besten mit dem eigenthümlichen

Charakter der Aussprüche Jesu in Jerusalem. Das Austreiben der Wechsler aus dem Tempel und die Rede zu Nikodemus sind Blitze von Thaten und Gedanken, welche aus der dunkeln Stille des betrachtenden Lebens in Gott aufleuchtend und zündend hervorbrechen. Aber wir haben auch in der Ueberlieferung eine nur für diesen Zeitraum passende Erzählung, welche uns einen tiefen Blick in das innere Geistesleben Jesu eröffnet. Endlich ist dieser Zeitraum auch für das Verhalten des Täufers zu Jesus bedeutungsvoll. Der Täufer lebte und wirkte noch, und Jesus weilte mit seinen Jüngern — vier oder fünf, Petrus und Johannes an der Spitze — in dessen Nähe. Es ist also wol der Mühe werth, zu versuchen, ob die Oertlichkeit sich nicht näher bestimmen läßt.

Was nun diese Oertlichkeit betrifft, so scheinen die Forschungen von Robinson, Groß, Ritter und Andern es wahrscheinlich zu machen, daß Enon (verstärkte Form von Ain, Quelle) und Salim uns in zwei nahe beieinanderliegenden Orten unweit Juta, der Levitenstadt und Heimat des Täufers in Südjudäa, erhalten sind: el Ghuwein (Verkleinerungsform von Ain = Enon) und Rudscheim Selameh = Salim. Die Gegend daselbst ist einzig wasserreich, gerade wie der Evangelist es angibt. Des Eusebius und Hieronymus Vermuthung, Salim entspreche der Stadt Salumias, ist unglücklich, ja abenteuerlich. Salumias wird angegeben als 8 Millien südlich von Scythopolis liegend, in Samaria, an der Grenze Galiläas. Nicht allein wird dabei Enon ganz außer Acht gelassen, sondern es widerspricht der Angabe des Johannes geradezu. Wie konnte da Jesus, der doch in Judäa sich aufhielt, dem Täufer nahe sein, wenn dieser in Samarien taufte? Endlich aber, wie sollte der Täufer darauf kommen, Judäa und die Juden zu verlassen, und zu den Samaritern ziehen, er, der jüdische Priestersohn und der Apostel der Juden?

Anmerkung. Mein verehrter Freund Ritter schreibt mir unterm 5. März 1850 Folgendes zur Bestätigung der ihm geäußerten Ansicht über Juta, und zur Beantwortung meiner Anfrage wegen Enon und Salim: „Mein Band von Palästina berührt schon den Punkt, den Sie in Ihrem Schreiben in Beziehung auf Juta, die Levitenstadt, als Heimat Johannes des Täufers anführen, was ich (mit Robinson, «Palästina», III, 1, 189 und 193, deutsche Ausgabe) auch in meinem Bande (XX, 641) bestätigen konnte. Der Ort Enon ist identisch mit Ain (s. bei Eusebius im «Onomasticon») der Civitas sacerdotalis, die ganz nahe im Süden von Juta, in el Ghuwein (einer Diminutivform von Ain) durch Robinson wieder aufgefunden zu sein scheint, und auch in Kieperts Karte von Palästina als identisch mit Ain eingetragen ist. (Robinson, «Palästina», III, 1, 189, Note.) Nur allein die reiche Wasserquelle zu «Al-boib», welche in derselben Richtung von Juta gegen Südosten liegt (nach Irby und Mangle, «Travels», S. 348), könnte dieser Identität streitig machen, aber diese letzte scheint nicht den Anklang des Namens wie jene beibehalten zu haben. Beiden liegt aber gleichmäßig gegen Süd Rudscheim Selameh (Robinson, «Palästina», III, 1, 13 u. 14), worin Salim schwerlich zu verkennen ist. Die große Nähe dieser drei Ortschaften beieinander, die jedesmal nur etwa zwei Stunden voneinander abstehen, macht Ihre Ansicht von der Taufe Johannes in dieser seiner Heimat sehr wahrscheinlich."

II. Jesu Wirken und Aussprüche, und des Täufers großer Ausspruch über Jesus.

Johannes sagt ausdrücklich, daß Jesus selbst nicht taufte, sondern die Jünger taufen ließ. Er nahm also ganz die Stellung des Messias ein, dessen Vorläufer auf ihn hin tauft: so nun thun jetzt seine eigenen Jünger.

Jesu persönliche Stellung haben wir uns also, wenn er bei den Jüngern weilte, als eine beobachtende zu denken, wobei er sich mit den Fähigern und Geförderten unter den Getauften in nähern Verkehr setzte. Wie es in Jerusalem stand, mit Volk, Schriftgelehrten und Priesterschaft, das hatte er persönlich sehen und erfahren wollen; aber wie sah es im Lande Judäa selbst aus?

Ueber besondere Lehraussprüche Jesu aus dieser Zeit meldet Johannes so wenig Einzelnes, als von den „Zeichen", die er in Jerusalem gethan. Alles führt also dahin, anzunehmen, daß diese Monate einerseits der Anfangspunkt waren für die Bildung einer gläubigen Schaar unter den Einwohnern Judäas, und zwar anscheinend kein erfolgloser, da der Zulauf zu Jesu Taufe bald größer war als zur johanneischen; andererseits für Jesus persönlich aber eine Zeit tiefer, beschaulicher Zurückgezogenheit und seines endgültigen Abrechnens mit der Gegenwart.

Mehr sagt der apostolische Bericht über den Täufer und seine Wirksamkeit. Seine Jünger (heißt es) hatten einen Streit mit einem offenbar pharisäisch gesinnten Juden, welcher die Taufe (die „Reinigung") Jesu für eine wirksamere Reinigung gehalten, oder auch jene Jünger durch Hinweisung auf den größern Zulauf zu Jesu Taufe aufgereizt haben mochte. Die Johannesjünger beklagten sich offenbar in diesem Sinne gegen den Täufer, welcher darauf die weltbekannte großartige Antwort gab.

III. Der große Ausspruch des Täufers.

Dieser Bescheid des Johannes an seine Jünger (3, 27—30) schließt nämlich mit den Worten:

Er muß wachsen, ich aber muß abnehmen.

Straußens Wort über diese Darstellung des Täufers im Evangelium des Johannes („Leben Jesu", I, 347 fg.) ist zu bezeichnend, um nicht hier abgedruckt zu werden:

> Wir geben zu, diese Darstellung mag schön sein, aber wahr ist sie nicht. Es wäre das einzige Beispiel in der Geschichte, daß ein welthistorischer Mann dem, welcher nach ihm kommt, um ihn zu verdunkeln und überflüssig zu machen, die Zügel des Theils der Geschichte, den er bis dahin regiert hatte, so gutwillig abgetreten hätte. Es geht bei Individuen dieser Schritt nicht minder hart als bei Völkern, und dies nicht blos infolge eines Fehlers, wie Egoismus und Ehrgeiz, sodaß man (aber auch dann nur aus Vorurtheil) bei einem Manne wie der Täufer eine Ausnahme statuiren zu müssen glauben könnte, sondern es hängt mit der unverschuldeten Beschränktheit zusammen, welche, wie schon bemerkt, jedem niedrigern Standpunkte im Verhältnisse zum höhern eigen ist und um so hartnäckiger festgehalten wird, je mehr das auf demselben stehende Individuum, wie der Täufer, von herber und schroffer Natur ist. Wenn daher neuestens gewichtige Stimmen anerkennen, daß in Bezug auf die Zeichnung des Täufers zwischen den Synoptikern und Johannes eine auf Rechnung des letztern kommende Differenz obwalte, so bestimmt und verstärkt sich dieses Urtheil durch das bisherige dahin, daß uns der vierte Evangelist den Täufer zu einem ganz Andern gemacht hat, als er bei den Synoptikern und Josephus erscheint: aus einem praktischen Bußprediger zu einem speculirenden Christologen, aus einer harten und unbeugsamen Natur zu einem weichen, resignirenden Charakter.

Entweder man leugnet von vornherein, daß alle vier Evangelisten sagen, der Täufer habe in Jesus den von ihm erwarteten unmittelbar Gesandten Gottes erkannt, dessen Vorläufer zu sein er berufen war, oder man nimmt dies an und beurtheilt das vorige nach dieser Annahme. Strauß thut aber weder jenes noch dieses. Er will den Bericht des Johannes — denn als ein rein geschichtlicher Bericht gibt er sich;

nicht als eine Schilderung — in Widerspruch setzen mit denen der Evangelisten, und nimmt diesen als den richtigen an. Sein Machtspruch, eine solche Resignation, wie sie ja schon in jener Anerkennung Jesu als des Messias liegt, könne nicht geschichtlich sein, geht aber sowol gegen die drei Evangelisten als gegen den Jünger. Was Josephus betrifft, so haben wir schon oben bemerkt, daß dieser Historiker den Johannes ebenso wol als einen denkenden und edeln Mann und tiefen Denker auffaßt, wie großen Mann muthigen Handelns und patriotischen Lebens und Strebens. Die philosophische Darstellung seiner Lehre bei Josephus mußte dessen römisch-griechischen Lesern den Eindruck machen, der Mann sei ein philosophirender Reformator gewesen, gleich frei von Gefühlsschwärmerei als von Volksaberglauben, vielleicht ein patriotischer und streng ethischer Rationalist, wie Sokrates, aber sicherlich ein denkender Mann, mitten unter einem in Formalismus und Aberglauben versunkenen Volke, wie die Juden den Römern erschienen.

Und ist die niedrige, ja trostlose Weltansicht, welche Strauß bei dieser Gelegenheit ausspricht, wirklich die Lehre der Weltgeschichte? Kennt sie keine Beispiele, daß ein Mann die Idee, für welche er begeistert war, höher geachtet als sich selbst? Denn das ist ganz einfach die Frage. Muß der Sokrates Platos den ihn überfliegenden Geist des geistvollen Jüngers beneidet und bekämpft haben? Die alten Berichterstatter sagen das Gegentheil. Wir sagen umgekehrt: wo ist ein großer Meister der Kunst und Wissenschaft, der, wenn er einmal in einem jüngern Geiste seinen Meister erkannt hat (das aber hatte der Täufer anerkanntermaßen gethan), sich dann nicht seines Emporsteigens gefreut? Sind Sickingens Worte an Luther ein Roman oder ein alleinstehender Zug?

Drittes Hauptstück.

Spur der berichtigenden Absicht des Apostels, und Reste der Ueberlieferung von den ersten neun Monaten des Lehramtes bei den Evangelisten.

1. Die Zeit der Gefangennehmung des Täufers.

Johannes Bemerkung zu Anfang der Erzählung, wie Jesus aus Jerusalem ins jüdische Land gezogen, ist ohne Zweifel gemeint als Berichtigung der damals schon verbreiteten evangelischen Ansicht, daß Jesus seine Predigt vom Reiche Gottes erst angefangen habe, als der Täufer bereits ins Gefängniß geworfen war (Matth. 4, 12).

Sie ist aber an diesem Orte auch gewiß eine Andeutung, daß die Gefangennehmung bald darauf wirklich erfolgte, als Jesus (im December 780) nach Galiläa zurückkehrte. Nicht schon bei Jesu Abreise; denn nicht unabsichtlich steht wol ausdrücklich bei Johannes: Jesus habe sich deshalb entschlossen, Judäa zu verlassen, weil er wußte (was schon aus jener Erzählung von dem Streite der Juden mit den Johannesjüngern hervorgeht), daß die Pharisäer ihm auflauerten, als dem jetzt einflußreichern und nach höhern Zielen strebenden Manne der Zeit.

Da jedoch die Evangelisten einstimmig sagen, daß das öffentliche Lehren Jesu in

Galiläa erst nach jener Gefangennehmung anhub — also im Januar 781 — so ist jene Andeutung des Johannes im April, „der Täufer war damals noch nicht ins Gefängniß geworfen", in Verbindung mit der zweiten Bemerkung wol ein sicherer Fingerzeig, daß die Gefangennehmung bald nach Jesu Abreise stattfand, und daß sie also ungefähr mit Jesu Eintreffen in Galiläa zusammenfiel. Denn das ist klar: Jesus trat in Galiläa alsbald nach seiner Rückkehr öffentlich auf.

So weit also führt uns das Johannes-Evangelium: wir haben einen geschichtlichen Rahmen, der in seinen Einzelheiten vollkommen zusammenstimmt. Aber der Zeitraum hat auch Spuren in der Ueberlieferung zurückgelassen, und diese wollen wir jetzt näher betrachten, nachdem wir ihre Aufnahme in unsern Rahmen gerechtfertigt haben. Wir haben nämlich bei sämmtlichen drei Evangelisten zwei wichtige Nachträge zu den Geschichten des Johannes als hierhergehörig an ihre Stelle zu setzen und zu erklären: **das Aehrenraufen und die Versuchung.**

Die Erzählungen der Evangelisten, welche in diesen Zeitraum gehören.

II. Evangelistische Anekdoten aus diesem Zeitraum.

1. Das Aehrenraufen der Jünger am Sabbath.

Die Erzählung vom Aehrenraufen der Jünger am Sabbath gehört nothwendig in den Zeitraum des Aufenthalts Jesu in Jerusalem. Der Vorfall muß sehr früh fallen, weist nach Jerusalem, und paßt durchaus nicht in den Zeitraum und in die Jahreszeit der frühern galiläischen Erzählungen. Die Geschichte steht unter den ersten Erzählungen aus Galiläa; bei Marcus und bei Lucas vor der Jüngerwahl und der Bergpredigt, bei Matthäus gleich nach derselben. Aber bei allen Dreien folgt auf sie die Erzählung von dem Heilen der verdorrten Hand am Sabbath und dem Streite darüber, ob dies recht sei? Dieser Vorfall aber fällt in eine frühe Zeit des galiläischen Wirkens, und unsere Anek- dote ist also eine in die früheste Zeit gehörige. Sie kann bei den Evangelisten nicht an ihrer geschichtlichen Stelle stehen, nach dem ausdrücklichen Zeugnisse des Lucas. Der Text desselben bezeichnet nämlich, vermittelst eines durch alte Gewähr geschützten Zu- satzes, daß das Ereigniß vorgefallen sei: „am zweit=ersten Sabbathe". Eine solche absonderliche Bezeichnung kann, um ihrer Dunkelheit, ja ihrer Unverständlichkeit für Heidenchristen willen, ausgelassen sein in manchen alten Handschriften; aber man sieht nicht ein, wie sie erdichtet und später eingefügt sein könnte. Das Raufen der Aehren und Zerreiben der Körner war nämlich erlaubt in der Zeit von Ostern zu Pfingsten, von dem 16. Nisan an. So sagen alle rabbinischen Berichterstatter. Der Ausdruck: „der zweit=erste Sabbath", läßt zwei Erklärungen zu: es kann damit der 16. Nisan selbst gemeint sein. Er war ein großer Feiertag; von ihm nämlich wurden die sieben Wochen gezählt bis zum Erntefest, die Pfingstzeit, d. h. die Funfzigtagezeit. Oder es wurden die ersten Sabbathe jeden Monats nach dem Osterfeste bezeichnet, als der zweit=erste, dritt=erste, viert=erste u. s. w. Beides paßt nur für jene erste Zeit nach Ostern, und diese brachte Jesus nur im ersten Jahre in Judäa zu. Dahin aber versetzt die Erzählung der Umstand, daß die Pharisäer es sind, die ihm über das Aehrenraufen Vorwürfe machen. Dahin führt aber auch die oben angedeutete Stellung der Geschichte bei den Evangelisten. Als die anekdotische Gruppirung der

Aussprüche des Herrn eintrat — im evangelistischen Zeitraume — wurden unter andern auch Sabbath=Anekdoten zusammengestellt, welche in einen gegebenen Zeitraum gehörten oder zu gehören schienen. So ist es hier. Aber unsere Erzählung, als die älteste, steht voran. Höchst wahrscheinlich haben wir an einen Spaziergang gleich nach dem Feste in der Nähe von Jerusalem zu denken, wo ja der Formalismus der Pharisäer zu Hause war.

Daß demnach auch hier die Ueberlieferung noch nicht weiter aus ihren Fugen gewichen erscheint, als die Uebereinkömmlichkeit der allgemeinen katechetischen Ordnung es mit sich brachte, kann uns nach der durch so viele Beweise beglaubigten Natur der evange= listischen Ueberlieferung sicherlich nicht verwundern, sondern ist eine Bestätigung der innern Gründe für diese Anordnung der fraglichen Erzählungen.

Was den Vorgang selbst betrifft, so zeigt er einestheils den trostlosen Formalis= mus der Gesetzlichen, dann aber auch, daß Jesu Jünger ganz darüber hinaus waren.

2. Die Versuchung.

Es ist unmöglich, in der allen Evangelisten gemeinsamen Ueberlieferung von Jesu Versuchung in der Wüste nicht eine vom Meister selbst herrührende Mittheilung an die Jünger zu sehen. Und zwar insofern eine geschichtliche, als darin ein Ereigniß aufbe= wahrt ist, welches in einer gewissen Zeit und in einer bestimmten Oertlichkeit unter= gebracht werden muß.

Uns nun fällt er schon von selbst, nach der Natur unserer Herstellung sowol in die passende Zeit, wie in die nicht allein passende, sondern entschieden angedeutete Räumlichkeit. Unser Zeitraum ist die Zeit der stillen Vorbereitung Jesu, der sich in eine stille, wasserreiche Gegend Judäas, in des Täufers Nähe zurückgezogen, nachdem er in Jerusalem aufgetreten war. Dort hatte er den Jammer und Tod eines abster= benden Religionssystems und eines zerrütteten Volkslebens angeschaut; er hatte in tiefer Seele empfunden, was er berufen wäre für die Rettung des Volks zu thun, wenn es sich noch in der elften Stunde aufrichtig bekehren und innerlich herstellen wollte. In diesen Zeitpunkt nun, und in die Wüste des südlichen Judäa, fällt offenbar die Versuchungsgeschichte. Darauf weisen nicht allein die oben entwickelten allgemeinen Gesetze der Projection oder Abspiegelung hin, sondern die ausdrücklichen Angaben der Ueberlieferung, von Zeit und Ort jener geheimnißvollen Vorgänge in Jesu Gemüthe. Der Geist, so erzählen alle Drei, führte Jesus unmittelbar nach der Taufe „in die Wüste", d. h. nach gewöhnlichem Sprachgebrauch, in die Wüste Judas. Wir wissen nun, daß Jesus wirklich, fast unmittelbar nach der Taufe mit den fünf ersten Jüngern nach Jerusalem und von dort nach dem Feste ins Land zog. Die felsigen Triften Judäas heißen „die Wüste"; sie ziehen sich in der Nähe des Jordan entlang bis ans Todte Meer. Nach der Versuchung tritt aber ferner, laut jener Erzählungen, Jesus wieder in Galiläa auf, mit verstärkter Kraft, ja Lucas sagt ausdrücklich:

> Und Jesus kam in der Kraft des Geistes nach Galiläa zurück, und das Gerücht von
> ihm erscholl durch die ganze umliegende Gegend, und er lehrte in ihren Schulen und
> ward von Jedermann gepriesen.

Dies entspricht ganz der vom Apostel selbst gegebenen Schilderung der Umstände jenes Zeitraums. Die Galiläer waren in Jerusalem gläubig an ihn geworden; sie nahmen ihn jedoch auch in der Heimat mit Begeisterung auf, da sie seine mächtigen Geistesbeweisungen in der heiligen Stadt selbst gesehen hatten; denn vorher hatte Jesus durch sein Beispiel die Wahrheit seines Ausspruchs bewährt, „daß ein Prophet in seiner Heimat nichts gilt" (4, 44), ein Ausdruck, den von Judäa zu verstehen, als Zeugniß von der Geburt in Bethlehem, ein unglücklicher Versuch Gieseler's ist, es den Altorthodoxen recht zu machen und doch ein Kritiker zu bleiben.

Man kann hiernach nur zweifelhaft sein, ob man die vierzig Tage des Fastens in der Wüste nicht überhaupt als den mythischen Nachhall der Kunde von jenem dunkeln Aufenthalte Jesu in Judäa überhaupt fassen soll, oder als die Darstellung eines Ab= schnitts dieses Zeitraums, während dessen Jesus sich von den taufenden Jüngern und dem Schauplatze ihrer Thätigkeit zurückgezogen hatte. Das Zweite bietet sich als das Natürlichere dar: denn Jesus kann nicht wol den ganzen achtmonatlichen Zeitraum zum beschaulichen Leben in der Einsamkeit der Wüste angewandt haben. Was wäre unterdessen aus den Jüngern geworden, die offenbar noch so wenig von dem eigentlichen Zwecke Jesu verstanden? Wir nehmen also jene Erzählung als Erinnerung einer Mitthei= lung Jesu an die Jünger von seinen geistigen Kämpfen in diesem geheimnißvollen Zeit= raume, während dessen sie von ihm getrennt waren. So allein wird die sehr magere Gestalt derselben bei dem realistischen Marcus verständlich. Sie setzt das Fasten vor= aus und gibt nur Grundzüge; die gänzliche Zurückgezogenheit in der Wüste, wohin der Geist ihn führt; er lebte da, wo nur die wilden Thiere hausen; dann die Ver= suchung, endlich der Sieg. Die ausführlichere Erzählung der beiden andern Evan= gelisten ist genügender, jedoch mit Neigung zu leiblicher Auffassung der Geisteskämpfe. Der Versuchungen sind bei Beiden drei, aber nur zweierlei Art, was auf die Anord= nung bei Lucas einen Einfluß gehabt haben kann. Denn die Versuchung, durchaus sich nicht nach Nahrung umzusehen, weil Gott ja ihm das Leben erhalten könne, indem er für ihn die Steine in Brod verwandle, und ebenso die andere, sich von des Tempels Zinne zu stürzen, damit Gott ihn von seinen Engeln gestützt und gehalten zeigen möchte, haben den Grundgedanken gemein: wenn Jesus wirklicher Sohn Gottes sei, werde auch etwas gegen die Gesetze der menschlichen Natur geschehen, damit Gott sich an seinem Sohne zu verherrlichen Gelegenheit habe; dort in der nahrungslosen Wüste, hier vor den Augen der staunenden, ungläubigen Welt. Diese beiden Ver= suchungen sind bei Matthäus die erste und dritte, bei Lucas die erste und zweite. Dagegen zielt die dritte Versuchung, welche bei Matthäus die zweite ist, auf die politische Macht und Herrschaft über die Welt hin. Diese mag Gott dem Messias geben, in seiner Weise, zu seiner Zeit, aber doch nur für das Gottesreich, folglich als Mittel für einen göttlichen Zweck. Die Versuchung ist, weltliche Gewalt dafür anzu= wenden; denn alsdann wäre Jesus auf das Gebiet „des Herrn dieser Welt" getreten, hätte dessen Mittel gebraucht, also ihn anbeten, ihm dienen müssen. Bei allen Dreien begegnet Jesus dem Versucher mit Berufung auf ein klares biblisches Gotteswort.

Wer nun nicht vermag, diese Darstellung als ein Zwiegespräch zwischen Satan und Jesus aufzufassen, wird darin einen innern geistigen Kampf erkennen, ohne des= halb genöthigt zu sein, bei Jesus ein Eingehen in solche Gedanken anzunehmen. Der= gleichen rein leidende Vorstellungen sind Krankheitszufälle, eben wie jeder Fiebertraum. Ein zum Aeußersten getriebenes Fasten bringt dergleichen mit physischer Nothwendigkeit hervor. Zahllose Erfahrungen und ärztliche Beobachtungen bezeugen dieses. Auch in Jesus war vermittelst des Leibes ein natürlicher, der Krankheit ausgesetzter Mensch, und dieser konnte sich als Selbstbewußtsein geltend machen wollen in solchem krankhaften Fieberzustande, während das wahre Gefühl der innern göttlichen Kraft in Jesus davon frei war, so sehr er sich auch, gerade während des Aufenthalts in Jerusalem, der einzigen Macht seines Geistes und des Berufs der Erlösung des Volks und der Menschheit aus ihrem Elende und ihrer Argheit bewußt geworden war. Mit diesem

Gottesbewußtsein war in ihm untrennbar verbunden das volle, nüchterne Gefühl der Schranken des irdischen Daseins und der Verantwortlichkeit bei dem Gebrauche solcher Macht über die Geister. So konnte daraus sich ein Kampf des vom Hungerfieber niedergeworfenen Geistes mit jenen Vorspiegelungen entspinnen, ohne alle wirkliche Sünde.

Da die Satanologie keinen rationellen Theil der Psychologie oder der Ethik bildet, so kann ein vernünftiges christliches Gottesbewußtsein nicht auf die Erklärung der Versuchungsgeschichte vom Standpunkte der buchstäblichen Auffassung eingehen. Es wird jedenfalls gut sein, sich zu erinnern, daß die ältesten Darstellungen des Alten Bundes von dem Geiste des Bösen in der Welt rein geistig-poetischer Natur sind, wie wir schon I, 12, 198 nachgewiesen haben. Aber, davon abgesehen, wird die psychologische Erklärung der Geschichte nicht übergangen werden können, wenn man auch, mit der mittelalterlichen Dogmatik, auf jener Buchstäblichkeit bestehen will.

Es ist und bleibt ein innerer Vorgang im Leben Jesu, der sich in einer bestimmten Zeit desselben ereignete, und den er allein erzählen konnte. Wir können uns die Ausdrücke der Ueberlieferung bei diesem Berichte nach ihrer großen ethischen Bedeutung mit der Sicherheit ursprünglicher Aussprüche näher bringen durch zwei Aeußerungen Jesu über das Verhältniß der Menschen zu außerordentlichen Geisteskräften. Der eine ist die Antwort Jesu an die Kinder des Zebedäus, als diese ihn fragten, ob sie nicht über die ungläubigen Einwohner eines samaritischen Dorfs, welche Jesus als Wallfahrer nach Jerusalem nicht hatten aufnehmen wollen, Feuer und Schwefel sollten regnen lassen? Jesus sah, daß sie der ihnen gewordenen Macht über die Geister sich überhoben, und rief ihnen zu: „Wisset ihr nicht, welches Geistes Kinder ihr seid?" (Luc. 9, 55.) Der andere Ausspruch ist in jenen tiefen Worten enthalten, welche Jesus den siebzig Jüngern zurief, als diese freudig von ihrer ersten Sendung zurückkamen und sprachen: „Herr, es sind uns auch die Teufel unterthan in deinem Namen." Jesus aber sprach (Luc. 10, 20): „Darüber freuet euch nicht, daß die Geister euch unterthan sind; freuet euch aber, daß eure Namen im Himmel angeschrieben sind." Keine Erleuchtung und Macht des Geistes gibt die Theilhaftigkeit am Reiche Gottes, sondern nur das Bewußtsein der Gemeinschaft mit Gott, dem Gerechten und Heiligen, dem allein Guten.

Der Kampf dauerte vierzig Tage und Nächte, d. h. eine unbestimmbar lange Zeit, einen bedeutenden Theil jener sieben Monate. Die göttlichen Kräfte offenbarten sich stärker, als je vorher, in Jesus nach dem Kampfe. „In der Kraft des Geistes", wie Lucas (4, 14) sagt, ging er seinem Berufe der reinen Predigt des Gottesreichs entgegen, indem er nach Galiläa zurückkehrte. Es war dieses der wahrhaft göttliche Beruf, die allein freimachende Wahrheit zu verkünden, den Gläubigen für die Entwickelung des nahenden Gottesreichs Trost zu spenden; er war sich bewußt, daß er dadurch dem Todesleiden entgegenging. Aber das große Opfer war gebracht: das Selbst hatte vergebens das göttliche Leben bekämpft.

Viertes Hauptstück.

Zusammenfassung des Bisherigen. Gesammtbild der neun Monate in Judäa.

Unbekannt und unerkannt trat im Februar 780 der Stadt der dreißigjährige galiläische Mann aus der Dunkelheit seines Nazareth hervor. Wenn er gleich, nach der evangelischen Ueberlieferung, Gnade gefunden vor Gott und den Menschen, und wenngleich die Mutter die ihr gewordenen Gottesworte und Manches, was sie daran erinnerte, nicht vergessen hatte, sondern im Herzen bewahrte, so schien doch die Wirklichkeit den messianischen Hoffnungen nicht zu entsprechen, und diese selbst gingen nicht über die Befreiung des Volkes Gottes von seinem Joche und etwa von der Bedrückung seiner Mächtigen und von der Heuchelei der Pharisäer und Priester hinaus.

Unterdessen war der ernste Bußprediger in der Wüste aufgetreten und verkündigte das herannahende Gottesreich des Messias. Er war es, der diesen als den Weltheiland erkannte, und zwar nach der Taufe, durch die verklärende Begeisterung, welche plötzlich wie auf ihn hinabfuhr und auf ihm ruhte als stille umfassende Gottesmacht, das sanfte Säuseln um Elia, jene stille Stimme, in welcher Gott selbst erscheint (1 Kön. 19, 12).

Jesus tritt nun seinen eigenen Weg an. Er wählt sich einen Kreis von Jüngern, fünf, von denen zwei Jünger des Täufers waren. Seine Lebensweise ist eine ganz andere als die des Täufers; sie hat nichts Absonderliches an sich: statt sich von den Menschen abzusondern, gesellte er sich sogar ihren frohen Festen zu. Bei einer Hochzeit geschieht es, daß er zum erstenmale die Gemüther überrascht und mit heiligem Staunen und dankbarer Anerkennung seiner liebevollen Fürsorge und seiner Macht über die Menschen erfüllt.

Aber er tritt nicht öffentlich als Lehrer auf in dieser seiner galiläischen Heimat. Der Geist zieht ihn nach Jerusalem: dort ist sein Schauplatz, in und am Hause Gottes. Die zum Fest anwesenden Galiläer gewahren mit Erstaunen, welche Kraft des Geistes in dem Sohne Josephs und der Maria wohnt: er tritt auf mit der Kraft und Macht der Propheten. Das Volk sieht und hört auf ihn, die regierenden Priester und Schriftgelehrten lassen ihn gewähren. Er thut auch Zeichen, von denen uns jedoch nichts Einzelnes berichtet wird. Aber nach jener Machterweisung im Vorhofe des Tempels tritt er nicht öffentlich auf, wie er später thut.

Innerhalb des Kreises seiner Jünger wirkt er jedoch unablässig, und gewiß auch in andern engen Kreisen. Es kommt ihm viel Neugier und Beachtung entgegen: aber Jesus durchschaute die Menschen, und vertraute sich ihnen nicht an, sagt der Apostel.

Nur ein Schriftgelehrter, und der ein großer Lehrer der Zeit, kommt in stiller Nacht ängstlich zu ihm, treuen Herzens, Gottes Frieden suchend, aber noch im Vorhofe der Aeußerlichkeit und der guten Werke umherirrend. Soll er sich taufen lassen von Johannes oder von Jesus? Wird ihm dadurch geholfen werden? Da zertrümmert ihm Jesus auf einmal das ganze mühsam zusammengezimmerte Gebäude der Werkgerechtigkeit. In dein Herz mußt du gehen, in dir selbst einkehren, da Gott suchen mit neuer Seele, da ihn finden durch Aufgeben deines Selbst. Damit wird dir das ewige Leben zu Theil werden, damit auch der Schlüssel zur Erkenntniß Dessen, den du bis

dahin vergebens im Endlichen gesucht hast. Das Geheimniß der Gottheit ist zu erkennen, aber nur vom innern sittlichen Leben des Wiedergeborenen aus.

So im Verborgenen lehrend, entging Jesus den Nachstellungen der Priesterschaft.
Nur hier und da wurde er wegen der Gesetzlosigkeit seiner Jünger angegriffen; die Ueberlieferung hat einen solchen Vorfall, das Aehrenraufen, bewahrt, vermöge der Kraft
des schlagenden Wortes, womit Jesus die engherzigen Tadler abwies.

Die Festzeit ging vorüber: Jerusalem vereinsamte; wohin sollte Jesus ziehen?
Man könnte denken, er habe noch nicht in die Heimat zurückgehen wollen, weil er
erkannt, der auf die Galiläer in Jerusalem gemachte Eindruck sei noch nicht tief genug,
oder auch weil er in Johannes Nähe bleiben wollte, der während jenes Sommers
auch mit seiner Jüngerschaft in der quellenreichen Gegend von Südjudäa sich aufhielt.
Aber gewiß ist, daß der Geist ihn in die stillste Zurückgezogenheit trieb, denn das
deutet einstimmig die Ueberlieferung an. Dort ließ er seine Jünger die herzuströ-
mende Menge taufen, das heißt ihre Sündhaftigkeit und Heilsbedürftigkeit anerkennen,
und sich darauf hin zur Treue gegen den Messias beim Erscheinen seines Reichs verpflichten. Daß er der Messias sei, verhehlte er sogar der Samariterin nicht: wie
hätten seine taufenden Jünger es der heilsbegierigen Menge verbergen sollen? Aber
die Bedeutung des Wortes „Gottessohn" verstanden sie nicht.

Jesus selbst taufte nicht. Der Geist trieb ihn zur stillen Betrachtung des leidens-
vollen Werks der Erlösung an. Er hatte nun Jerusalem gesehen: die ihm einwoh-
nende Gotteskraft hatte sich dabei auch äußerlich nicht verleugnet; die Geister ver-
stummten oder beugten sich vor ihm wie auf dem Lande, das Volk sah auf den Mann
der Kraft.

Aber es hatte sich ihm auch der ganze Abgrund der Versunkenheit des Volks und
des Verderbens seiner Regierung unverkennbar kundgegeben, keine Täuschung duldend.
Die heilige Stadt war mehr als je die Stadt der Sünde. Von den dort regierenden
Mächten konnte keine Lebenserneuerung kommen.

Schlummerte noch wirkliches Leben in Südjudäa, in welchem das alte Hebron
stand, wo einst Abraham gezeltet hatte? Konnte aus ihnen und den bekehrten Gali-
läern eine Schaar gebildet werden, welche das wahre Gottesreich wollte, also die es
vor allem verlangte, den Frieden ihrer Seele zu finden? Sollte er dafür noch besondere Offenbarungen des Geistes erwarten? Er ging in die eigentliche menschenlose
Wüste, und ließ eine geraume Zeit selbst seine Jünger nicht zu sich kommen, nicht
einmal um ihm Brod zu bringen: Wasser fand er ja in den Quellen und Bächen,
Speise an den Wurzeln und an den Heuschrecken und am wilden Honig. So viele
Wochen hindurch der Betrachtung lebend, begnügte er sich mit dem, was die Wüste
bot, Gottes Speisung aus erster Hand, aber alles von Menschen Zubereiteten sich
enthaltend, im Glauben an den Spruch Deut. 8, 3. Da forderte die Natur ihre
Rechte: die Lebenskräfte drohten zu schwinden; wirre Gedanken durchzogen seine
Seele. Aber Jesus sah den Abgrund; die innere göttliche Lebenskraft gab ihm die
volle Besinnung wieder. Er ermannte sich und kehrte zu den harrenden Jüngern zurück.

Der Ruf seines wachsenden Anhangs hatte sich unterdessen bis nach Jerusalem
verbreitet: Reibungen hatten begonnen mit den Johannesjüngern: Kundschafter mochten
nicht fehlen. Jesus beschloß die Rückkehr.

Vierter Abschnitt.

Die Durchreise durch Samaria auf der Rückkehr nach Galiläa.

(December 780.)

Jesus in Samaria.

Die chronologische Bestimmung, welche sich in der Erzählung von Jesu Verweilen in Sychar (Sichem) befindet, ist genau bezeichnet und scharf begrenzt im apostolischen Evangelium. Jesus (heißt es unmittelbar nach dem Abschlusse des Berichts über die Begegnung mit Nikodemus, 3, 22) kam mit seinen Jüngern in das jüdische Land, d. h. in die Landschaft Judäa, und taufte daselbst, und zwar in der Nähe des Ortes, wo Johannes auch taufte, „Denn (heißt es Vs. 24 ausdrücklich) Johannes war noch nicht in das Gefängniß geworfen." Als nun Jesu steigender Erfolg, durch den größern Zu= lauf des Volks Aufmerksamkeit erregte in Jerusalem, und zugleich an Ort und Stelle Veranlassung gab zu Fragen, die Streitigkeiten werden konnten, zwischen den beider= seitigen Jüngern und Anhängern, verließ er Judäa und zog wieder nach Galiläa (4, 1—3). Und zwar durch das sonst von den Festkaravanen vermiedene Samaria (4). Auf dieser Durchreise nun sagt Jesus, als er vor Sichem auf die gesegneten Fluren des Landes schaut, zu den Jüngern:

Es sind noch vier Monate, so kommt die Ernte (4, 35).

Die Weizenernte aber (von welcher doch nach unserer Bemerkung zu der Stelle diese Bestimmung verstanden werden muß) fällt in jenen Gegenden in die Mitte des April: also zog Jesus durch Samaria etwa um die Mitte December im Jahre der Stadt 780.

Wie sehr aber diese Bestimmung nicht allein für das Vorhergehende, sondern auch den Fortgang der evangelischen Geschichte paßt, werden wir bei dem nächsten Zeit= raum mit Händen greifen.

Dieser streng geschichtlichen und aus dem Leben gegriffenen Zeitbestimmung ent= spricht nun auch das Ursprüngliche der Worte Jesu selbst und das Frische der ganzen Erzählung.

Die Wanderung scheint ihm angreifend und ermüdend gewesen zu sein, was nach jenem Fasten in der Wüste nicht zu verwundern ist. Am Jakobsbrunnen angelangt, fast angesichts der Stadt Sichem, zwischen den Bergen Garizim und Ebal, setzte er sich am Brunnenrande nieder, gegen die Mittagsstunde, während die Jünger nach Speise in die Stadt gingen.

Da erschien die Samariterin: er erschloß ihr besseres Herz und bald zogen die von ihr aufgerufenen Sichemiten aus der alten Jakobsstadt nach dem Brunnen hin, wo Jesus gleichsam als der Säemann den Samen ausstreute auf der fruchtbaren Flur. Und siehe! plötzlich ist die Ermattung verschwunden: ohne die ihm gebotene Speise genossen zu haben, wallt sein Mund über von den lieblichsten und geistvollsten Worten, und er nimmt es an, bei diesen judenfeindlichen Samaritern einige Tage zu verweilen.

Die Weissagungen aber im Gespräche Jesu mit der Samariterin sind eben wirk= liche Schauungen. Wir müssen hier, wie oben bei Nathanael, den im Allgemeinen aufgestellten Grundsatz festhalten, daß Alles, was der natürlichen Seele möglich ist in ihrem bewußtlosen Hellsehen, der geistig erhobenen Seele zukommt in jener bewußten Erleuchtung, welche wir Offenbarung nennen.

Welches Absterben des gesunden Sinnes, und welchen leidenschaftlichen Gegen= schwung wider anderthalbtausendjährige Verknöcherung der Ansicht von Jesus und vom Evangelium spricht sich in dem Anzweifeln der Geschichtlichkeit einer solchen Erzählung aus! Wo ist hier mythischer Anklang? wo gnostischer Anflug, oder welche andere Stichwörter man aus der Vorrathskammer einer ebenso unphilologischen als für die Bekämpfung der Buchstabenansicht unnöthigen und untüchtigen Hypothese hervorholen mag, um diese Geschichte mit unerhörter Leichtfertigkeit zu verdächtigen.

Die ganze Erzählung strahlt von geschichtlicher Anschaulichkeit. Es war gegen Mittag, als er sich beim Brunnen Jakobs niedersetzte, die schönste Zeit des Winter= tags. Denn bei der „sechsten Stunde" an sechs Uhr Nachmittags zu denken (nach einer überhaupt nicht zulässigen Annahme der Stundenzählung), ist hier um so un= glücklicher, da es in der winterlichen Jahreszeit dann schon Abend und Zeit zum Ein= kehren gewesen wäre. Davon ist aber hier so wenig die Rede, daß die Jünger in die Stadt geeilt sind, dem ermüdeten Meister Speise zu holen; auch zieht die ganze Scene sich offenbar noch mehrere Stunden hin.

Es ist schon an sich erhebend zu sehen, wie Jesu das Herz aufging beim An= blick der paradiesischen Gegend; in seinem Herzen war kein feindseliges Gefühl gegen die Bewohner, und er selbst sah nichts Unfreundliches von ihrer Seite. Im Vollge= fühle des wahren, innern Gottesbewußtseins wirft er unbedenklich alle Vorurtheile und kleinlichen Vorschriften des Sekten= und Nationalhasses der Juden gegen die Sama= riter zur Seite, die nun mehr als vier Jahrhunderte hindurch gedauert und alle Lebensgemeinschaft der Kinder Israels zerstört hatten. Er nimmt nicht allein die Gast= freundschaft der Samariter an, sondern läßt sich auch in ein ernstes Gespräch ein mit einem Weibe, worüber sogar die Jünger sich wundern. Er sucht das Menschliche und weiß in dem Menschlichen das Göttliche hervorzurufen aus der Dumpfheit des Alltags= lebens und der Gemeinheit des sündigen Lebens. Er vergißt, ermattet wie er ist, seinen Durst wie seinen Hunger, als er menschliche Züge und redlichen Glauben erkennt, die einzigen wahren Grundlagen für eine einstige Schlichtung der unglückseligen Trennung.

Aber er redet auch Worte, welche einen weltgeschichtlichen Nachhall haben durch alle Jahrhunderte, und die Geschichte und ewige Bedeutung dieser Worte müssen wir noch näher betrachten. Wir meinen den Ausspruch von der Anbetung Gottes in Geist und in Wahrheit.

Dieser ganze Gedanke ist von Jesus in der Menschheit angeregt. Er kann dabei nicht die eine oder andere Form des Gottesdienstes gemeint haben; auch die beste der bestehenden soll ja untergehen, ja sie ist schon in diesem Augenblicke dem Tode ver= fallen, da es Menschen gibt, welche Gott in Geist und in Wahrheit anbeten. Diese

Anbetung, welche nun nicht mehr untergehen wird, kann auch nicht von der neuen gemeinsamen Anbetung der Christen verstanden werden. Denn erstlich ist sie noch gar nicht da: Jesus und seine Jünger halten sich an die Vorschriften des Gesetzes und feiern die Feste des Tempels in vorgeschriebener Weise. Und doch ist die Zeit der wahren Anbetung nicht allein kommend, sondern bereits erschienen und erscheinend.

Wir sind also genöthigt, dieses Gebiet der gottesdienstlichen Anbetung ganz zu verlassen, und an jene Anbetung im wirklichen Leben, an jenen Gottesdienst des Lebens zu denken, welcher die Frucht der gemeinsamen Betrachtung im äußerlichen Gottesdienste ist. Die alten Propheten hatten allerdings auf diesen thätigen Gottesdienst hingewiesen, aber doch nur als auf werkthätige Bezeugungen der Wahrheit des äußerlichen Bekenntnisses, welche die Juden damals „den Glauben" (die Pistis, Fides) nannten. Aber was war daraus geworden? Scheinheilige, zur Schau getragene sogenannte gesetzliche Werke, strenge Beobachtung der Vorschriften der gesetzlichen Beisteuern und Zehnten, und mildthätige Gaben oder Stiftungen. Der Pharisäismus heiligte aber ebenso wenig die Gemüther als der levitische Gottesdienst.

Also tiefer mußte man gehen, auch hier noch an der Hand prophetischer Sprüche; die Gesinnung mußte, wie im Gottesdienste, so in dem Handeln, im Leben geheiligt werden zur wahren Gottesverehrung. Das einzig wahre Opfer mußte gebracht werden, das des Herzens, des selbstischen Willens, des ganzen creatürlichen Daseins. Das war aber eben jene Wiedergeburt, von welcher wir Jesus soeben haben reden hören zu Nikodemus. Diese begannen seine Jünger und auch wol manche andere bekehrte Herzen zu verstehen, denn es ist ja eben nichts als das eigentliche, wahre Verlangen der Seele, die Befriedigung der Vernunft wie des Gewissens, weder Gelehrsamkeit noch Philosophie erfordernd, noch durch die eine oder andere schon gegeben.

Darauf zielen auch alle tiefern Reden Jesu zu der Samariterin von jenem Wasser, dessen Kosten auf immer vom Durste befreit, und welches mit ursprünglicher Kraft hineinfließt (s. z. Joh. 4, 14) in das ewige Leben. Aehnliche Worte der höchsten Weihe und des tiefsten Sinnes sprach im folgenden Jahre derselbe göttliche Meister an dem großen Feste der Reinigung, als der Hohepriester das Wasser der Quelle Siloah aus goldener Schale ausgoß (Joh. 7, 37 fg.). Was sagen beide anders, als daß die wahre Religion das Gottesbewußtsein, und daß dieses ein unmittelbares ist, keiner vermittelnden Form als Bedingung bedarf, wohl aber des Glaubens an die Güte und Liebe Gottes und des Entschlusses, demgemäß zu leben. Dieses Gottesbewußtsein wird angeregt in der Seele durch die Betrachtung Gottes in Jesus und für das Gottesreich, und erweckt in ihr das schlummernde Bewußtsein, daß es ein Wahres gibt, das ewige Heil, und daß dieses „das ewige Leben" ist (Joh. 17, 3).

Damit ist allem Ritualismus und Satramentalismus für alle Zeiten die tödtliche Spitze abgebrochen, ebenso wol als allem Beicht- und Ablaßkram, und aller Abgötterei kirchlicher guter Werke.

Aber wie wenig ist davon während unserer anderthalbtausendjährigen Tragödie verwirklicht? Wie wenig ahnen davon gerade jetzt die, welche das Heil — wenn nicht der Menschen, doch wenigstens der Regierungen — im Aufbauen oder Aufrechthalten mittelalterlicher Kirchlichkeit und verbrauchter Formen suchen?

Die Aussprüche Jesu an jenem ewig denkwürdigen Decembertage in Samaria haben auch nach der andern Seite ihre bleibende weltgeschichtliche Bedeutung.

Die Tragweite des Ausspruchs Jesu ist also keineswegs beschränkt auf die vorchristliche Zeit. Sie tritt vielmehr erst recht hervor, wenn wir den Gegensatz des innerlichen und äußerlichen Gottesdienstes näher betrachten. Das Hervorheben des

Gottesdienstes im Leben hebt den gemeinsamen Gottesdienst nicht auf — die Anbetung im Gebet, in Betrachtung und lebendiger Anwendung des geoffenbarten Gotteswortes. Jesus und seine Jünger sagen sich nicht los vom Tempeldienste, bis man sie ausschließt, und dann auferbaut sich aus dem innern Leben derer, welche „ihren Gott in sich tragen", und aus dem Mahle der Liebe und den Bezeugungen des Geistes in Wort und Predigt, ein neuer Gottesdienst, welcher die lebendige Sprache des neuen göttlichen Lebens ist. Das war eben der Gottesdienst der apostolischen Gemeinden. Er erscheint den Juden als eine verstümmelte Synagoge, den Heiden als gar kein Gottesdienst. Aber er erhält sich nicht allein in der Verfolgung und Verachtung, sondern auch sogar noch einige Zeit in der Hofluft des byzantinischen Kaiserreichs. Das Bedürfniß des christlichen Herzens ist nicht die Verneinung des Natürlich=Menschlichen, sondern nur dessen Verständniß und Läuterung, das Verklären des Natürlichen in den Geist. Es bedurfte der gänzlichen Vernichtung der Gemeinde und der Anbetung im Geiste, durch den Doppeldespotismus von weltlicher und geistlicher Gewalt, um jene Dumpfheit möglich zu machen, welche die Anbetung des größten Theils der Christenheit jetzt beherrscht und niederdrückt. Das Opfer, das Gelübde des in seinen Ursprung sich versenkenden Gemüths ist entweder in das Aeußerlichste des Aeußerlichen gesetzt, oder ganz verschwunden. Nur das lebendige Wort der Predigt zündet noch, und Gotteswort ist Predigt geworden.

Ob dieses in Jesu Plan lag und das Werk seines Geistes in uns ist, wird uns der Fortgang seines Lebens Gelegenheit geben näher zu betrachten.

Drittes Buch.

Von des Täufers Einkerkerung bis bald nach dessen Hinrichtung. Die drei ersten Monate des zweiten Jahres des Lehramtes Jesu.

Von Ende December 780 bis kurz vor Ostern (30. März) 781.

———

Einleitung.

Die kritischen Fragen und die Methode ihrer Beantwortung.

Dieser ungefähr hunderttägige Zeitraum des öffentlichen Lebens Jesu umfaßt das letzte Viertel des ersten Jahres seines Lehramtes, von dem letzten Drittel des December des Jahres der Stadt 780 bis kurz vor Ostern (30. März) des Jahres 781. Er schließt nach unserer Auffassung drei inhaltreiche Abschnitte in sich:

1) Jesu erstes öffentliches Auftreten in Galiläa: von Ende December 780 bis Mitte Februar 781;
2) Jesu Reise nach Jerusalem zum Purimfeste (28. Februar);
3) Rückkehr nach Galiläa kurz vor Ostern 781 (Passahfest am 30. März).

Die große Masse evangelistischer Berichte, welche in diesen Zeitraum gehört, bildet, wie wir in der allgemeinen Uebersicht an der Spitze des zweiten Buchs auseinander= gesetzt, die erste Hälfte der ganzen überlieferungsmäßigen Darstellung der Evangelisten von Jesu Lehramt vor der Leidensreise. Die Speisung beginnt die zweite Hälfte. Der Abschnitt hat, nach unserer Herstellung, eine überlieferungsmäßige Zeitbestimmung, und wird vollkommen geschichtlich bestimmbar durch das Zusammenhalten mit der histo= rischen Reihe in Johannes und der Erzählung über des Täufers Hinrichtung bei Jo= sephus. Der Einschnitt, welcher als erste geschichtliche Fuge sich in der Ueberlieferung erhalten hat, ist noch sichtbar. Das älteste Stück der Ueberlieferung nach der Taufe ist nämlich die Berufung von Jüngern am Ufer des Sees. Marcus nun führt diese letzte ein durch die Erklärung (1, 14. 15): Jesus sei nach Galiläa gekommen, um dort die frohe Botschaft zu verkündigen, daß die Zeit erfüllt und das Himmelreich nahe herangekommen sei. Dasselbe bei Matthäus. Zu Anfang heißt es bei allen drei Evangelisten (obwol weniger deutlich bei Lucas): daß das Auftreten des Herrn in die Zeit nach der Gefangennehmung des Täufers fiel. Wie endlich der Abschnitt schließt mit der Erwähnung des Todes des Täufers, so hebt der nächste bei allen dreien gleichmäßig an mit der Geschichte der Speisung. Da diese Speisung nun sich auch bei Johannes findet, so gewinnen wir dadurch unmittelbar einen geschichtlich und chronologisch bestimmbaren Haltpunkt.

Wir ziehen also daraus zunächst den Schluß, daß der Tod des Täufers das Ende der galiläischen Erzählungen vor der Reise Jesu zum Purimfeste bildet, von welcher wir durch Johannes wissen: das Fest aber fällt im Jahre 781 auf den letzten Tag des Februar. Es fragt sich dann weiter, ob wir nicht in den Reiseberichten, welche dem Lucas eigenthümlich ſind, einen Abſchnitt nachweiſen können, welcher ſich als dieſer Reiſe zugehörig kundthut?

Dieſes iſt bis jetzt nur eine Annahme, obwol, wie es ſcheint, eine ſehr natürliche. Wir würden danach in dieſem Zeitraume vier Abtheilungen beſetzen:

1) die Lehren und Thaten in Galiläa: nach den drei ſynoptiſchen Evangelien;
2) die Berichte von der Reiſe (zum Purimfeſte) nach Jeruſalem: nach Lucas Reiſebericht;
3) die Reden und Thaten Jeſu in Jeruſalem beim Purimfeſte und unmittelbar nachher: nach Johannes.
4) die Rückkehr durch Samaria, Ankunft am See gegen 20. März: nach Jo-hannes.

Wir wollen nun verſuchen, unſern Leſern die Methode anſchaulich zu machen, welcher wir in jeder dieſer Abtheilungen zu folgen gedenken.

Wir werden vor Allem eine Methode aufzufinden haben, um zu erforſchen, ob die Reiſeberichte des Lucas wirklich mehrern Reiſen zugehören, und ob ſich darunter einer befindet, welcher unſerm Zeitraume angehört, alſo die Reiſe zum Purimfeſte dar-ſtellt.

Ehe wir in dieſe Unterſuchungen eingehen, werden wir die Anhaltspunkte betrachten, welche der Inhalt der johanneiſchen Erzählungen aus dieſem Zeitraume — von der Rückkehr aus Samaria bis unmittelbar vor der Speiſung der Fünftauſend — uns für die Einverleibung der Erzählungen aus den Ueberlieferungs-Evangelien in jenen ge-ſchichtlichen Rahmen darbietet.

In der erſten Abtheilung müſſen wir, um weiter zu kommen, zuvörderſt eine kritiſche Sichtung der überlieferungsmäßigen Erzählung der Evangeliſten in dieſem Abſchnitte vornehmen, indem wir unterſuchen, ob nicht in die urſprüngliche Reihe Anekdoten eingeſchaltet ſind, welche wir ausgeſchieden haben, um die geſchichtliche Folge herzuſtellen.

Durch dieſes Ausſcheiden des ſpäter (als dem Inhalte nach verwandt oder der-ſelben Oertlichkeit angehörig) Eingefügten, bleibt uns eine überraſchend gleichartige Reihe der drei Berichte übrig. Wir werden dadurch in Stand geſetzt, nachzuweiſen, daß die Ueberlieferung nicht allein jene Punkte feſthielt, ſondern auch im Einzelnen keines-wegs eine Auflöſung des geſchichtlichen Stoffs in unzuſammenhängende Anekdoten dar-ſtellt. Vielmehr werden wir ein entſchiedenes geſchichtliches Bewußtſein in der An-ordnung finden. Dieſe geſchichtliche Reihe enthält nicht allein in allen Evangeliſten dieſelben Hauptereigniſſe, ſondern gibt ſie auch in derſelben Ordnung innerhalb gewiſſer Gruppen. Dieſe Reihe würde allerdings zunächſt geſtört durch Einſchiebungen, die ſich bei fortſchreitender Auflöſung der geſchichtlichen Ordnung und Vermehrung der anek-dotiſchen Ueberlieferung in dieſelbe eindrängten, und dann noch unkenntlicher gemacht durch die kurzen einleitenden, überleitenden und abſchließenden Worte, deren ſich die Evangeliſten jeder in ſeiner Weiſe bedienten, um die einzelnen Erzählungen zu ver-knüpfen und die Reihe zuſammenzuhalten. Doch blieb auch ſo noch eine gewiſſe Gleich-artigkeit maſſenhafter Abſchnitte übrig, welche ſich von ſelbſt herausſtellten, ſobald die Reihe auf die noch nachweisbare urſprüngliche Einfachheit zurückgeführt iſt und die Gründe der ſpätern Eigenthümlichkeit jedes der drei Evangeliſten erkannt wurden.

Erster Abschnitt.

Johannes Bericht über Jesu Aufenthalt in Galiläa nach der Rückkehr aus Judäa.

(Joh. 4, 43—5, 1. Ende December 780, Anfang Januar 781.)

---

1. Die Heilung des Sohnes des Hauptmanns von Kapernaum und die Gestaltung dieses Vorfalls bei den Evangelisten.

Jesus, nach Galiläa zurückkehrend, wo er mit Achtung aufgenommen wird, läßt sich in Kana nieder, dem Schauplatze seines ersten Zeichens. Hier empfängt er den Besuch eines „Königlichen", das heißt eines Beamten des Vierfürsten Herodes Antipas, der am frühen Nachmittage („um die siebente Stunde") eines kurzen Wintertags, sich Jesu in dem acht Wegestunden von seinem Wohnorte Kapernaum entfernten Kana mit der flehentlichen Bitte nahte: Jesus möge zu ihm kommen und sein schwer erkranktes Kind heilen. Als dieser darauf die Zeichen= und Wundersucht tadelt, weil die Menschen, ohne dergleichen gesehen zu haben, nicht glauben wollten, wiederholt der Königliche seine Bitte mit dringender Erwähnung der nöthigen Eile, weil die Hülfe sonst leicht zu spät kommen könnte. Jesus sagt ihm: „Gehe hin, dein Sohn lebt." Der Königliche geht zurück in festem Glauben an die nicht gesehene, aber verheißene Hülfe. Seine Diener eilen ihm voraus, um die Verheißung noch am Abende den Harrenden zu verkündigen; sie finden, daß das Fieber ihn zu der Stunde verließ, da Jesus zum Vater gespro= chen, und melden diesem die frohe Botschaft. Es ist begreiflich, daß unterdessen, bei aller ersinnlichen Eile, der kurze Wintertag lange vergangen war. So konnten also die Diener ihrem Herrn sagen: „Gestern um die siebente Stunde verließ ihn das Fieber." Denn jener Tag endigte um fünf Uhr Nachmittags. So erledigen sich die in der Anmerkung zu Joh. 4, 52 angedeuteten Schwierigkeiten leicht, wenn man Jahreszeit und Zeitrechnung beachtet.

Johannes nennt dies ausdrücklich das zweite Zeichen, welches Jesus in Galiläa that; es war also das erste nach der Rückkehr aus Judäa. Nun findet sich bei Matthäus (8, 5—13) und Lucas (7, 1—10) an der Spitze der Berichte von Kapernaum die Erzählung von der Heilung des Dieners eines Hauptmanns aus jener Stadt, der gläubig um Heilung gebeten hatte. Jesus sagt ihm diese um seines Glaubens willen zu, und sie erfolgt zu derselben Stunde. Bei Lucas ist eine bedeutende Ausführung der Nebenumstände. Der Hauptmann sendet die Synagogen-Aeltesten zu Jesus, damit sie seine Bitte empfehlen; diese stellen Jesu vor, wie der Hauptmann ihnen viel Gutes erzeigt und die Synagoge gebaut habe; Jesus ist auf dem Wege zum Hause (die Scene ist auch hier in Kapernaum), als ihm Freunde des Hauptmanns begegnen, durch welche er ihm sagen läßt: er möge sich nicht zu seinem Hause bemühen, sondern nur das Wort sprechen, und sein Diener werde geheilt sein. Diese richten die Botschaft aus, und wie sie nach Hause kommen, ist der Diener wohl. In dem letzten Zuge erkennt man wieder die Thatsache, daß die königlichen Diener wirklich zuerst die Kunde der Heilung brachten. Das Uebrige ist, wie es hier als Ganzes steht, in der mündlichen Ueberlieferung erst fest geworden, als sich diese schon sehr weit ausgebildet hatte, ihrem natürlichen Streben nach. Die Botschaft der Synagogen-Aeltesten allein kann ganz streng geschichtlich sein. Aber auch bei Matthäus zeigt sich, daß diese Erzählung eine große Anziehungskraft geübt hatte. Es hatte sich in der von Matthäus gesammelten und verzeichneten palästinischen Ueberlieferung ein prophetischer Kraftspruch Jesu darangehängt, von dem bevorstehenden Eingehen der Heiden in das Himmelreich und dem Verstoßen der Juden: ein Ausspruch, den wir bei Lucas (13, 28. 29) an seiner geschichtlichen Stelle, im Reiseberichte finden.

An der Einhaftigkeit der evangelischen Erzählung mit der johanneischen und an der Ursprünglichkeit dieses apostolischen Berichts, kann eine unbefangene Kritik nicht zweifeln. Die Vergleichung beider ist eine der lehrreichsten. Zuerst das Mißverständniß des hebräischen und aramäischen Wortes, welches Kind und Diener zugleich bedeutet (s. z. Matth. 8, 6). Johannes wußte, daß es der Sohn war, für welchen der Hauptmann gebeten; in der Uebertragung der palästinischen Ueberlieferung ins Griechische war die andere Bedeutung des Wortes vorgezogen worden. Dann sehen wir klar die weitere Ausbildung der Geschichte auf Grund dieses Mißverständnisses. Als man die Anekdoten der ersten Zeit ordnete, war es ganz natürlich, daß der Vorfall in die Zeit verlegt wurde, wo Jesus in Kapernaum wohnte; die Annahme war unrichtig, aber in der Erzählung sehr natürlich, da Jesus wirklich eine Zeit lang in Kapernaum lebte. Daraus aber folgt wiederum die Umwandlung des Reisegefolgs in empfehlende Botschafter, welche dann wirklich die erste Kunde erfahren und bringen.

Will man die Sache umkehren, wie Strauß natürlich es versuchen muß, und den johanneischen Bericht als den entferntesten erklären, so muß man alles auf den Kopf stellen. Es erklärt sich weder Uebereinstimmung noch Verschiedenheit, und es bleibt am Ende nichts übrig, als die ganze Erzählung als geschichtliche Thatsache leugnen, und einen Mythus erdichten, für welchen auch nicht der entfernteste Keim in einer so einfachen, thatsächlichen Darstellung aufgezeigt werden kann. Darum fühlt Jedermann, daß das Angelegentliche, die Inbrunst der Bitte besser für den Vater des Kindes, als für den Herrn eines Dieners paßt.

II. Die Abreise nach Jerusalem zum Purimfeste.

Nachdem Johannes nun jenen Vorfall als das zweite Zeichen in Galiläa berichtet hat, fährt er fort (5, 1):

> Darnach war ein Fest der Juden, und Jesus zog hinauf gen Jerusalem.

Es ist zugestanden, daß die Worte „ein Fest" nicht das Osterfest bezeichnen können;

es ist ebenso klar, daß das hier angedeutete Fest vor Ostern gefallen sein muß, denn erst als Jesus von dieser Festreise zurückkehrt nach Galiläa (6, 4) heißt es:

Es war aber nahe das Passah, der Juden Fest;

d. h. das jüdische Osterfest zur Unterscheidung vom christlichen. Da wir uns nun bei der Rückkehr von der ersten Festreise am Ende unsers bürgerlichen Jahres finden, so bleibt von den großen jüdischen Festen zwischen Neujahr und Ostern nur das Purim= fest übrig (jetzt gewöhnlich Hamansfest genannt), die Feier der Errettung der Juden durch Esther: ein Fest, welches recht eigentlich ein jüdisches, ausschließlich nationales und spätes Fest war und mit großer Pracht gefeiert wurde. Dieses Fest fiel auf den 14. des Monats Adar, auf welchen unmittelbar der Nisan folgte. Mit dem 15. Tage des Nisan (im Jahre 781, dem 30. März, vom Abend des 29. an) begann das große Osterfest; also fiel das Purimfest in jenem Jahre auf den letzten Februar, sonst in den Anfang März. Wir haben also für den gesammten zweiten Aufenthalt Jesu in Galiläa während des Lehramts oder das erste öffentliche Auftreten Jesu in seiner Heimat weniger als zwei Monate.

Nach unserer Grundannahme müssen in diesen Zeitraum alle galiläischen Erzäh= lungen der Evangelisten fallen, welche vor der Speisung erzählt werden.

Füllen diese Erzählungen nun wirklich einen solchen Zeitraum aus und verlangen nicht einen größern? Passen sie ferner in den damaligen Stand der Verhältnisse Jesu und der Entwickelung seiner Lehre? Endlich, bilden sie überhaupt eine geschichtlich zusammenhängende, in jener angenommenen Richtung fortschreitende Reihe?

Sollten diese drei Fragen sich aus der unbefangenen Kritik jener Erzählungen befrie= digend beantworten, so würde dies schwerlich für etwas Zufälliges gehalten werden können, sondern müßte als Bestätigung der Annahme gelten, von welcher wir aus= gegangen sind.

Zweiter Abschnitt.

Die galiläischen Erzählungen der Evangelisten in der Zeit zwischen der Gefangennehmung und der Hinrichtung des Johannes.

Erstes Hauptstück.

Sichtung der Berichte des Marcus, verglichen mit der Darstellung bei Matthäus und Lucas.

Allgemeine Uebersicht.

Wir haben im Bibeltexte den drei Evangelien eine Uebersicht des Inhalts vorgestellt, entsprechend den Abtheilungen des Textes selbst. Diese Uebersicht ist so eingerichtet, daß sich sogleich die Uebereinstimmung der einzelnen Evangelien ebenso wol heraus= stelle, als ihre Verschiedenheit. Es sind die großen Abschnitte und Fugen jener evan= gelistischen Ueberlieferung hervorgehoben, welche sich bei allen drei vorfinden, und es ist bei jedem derselben auf das Verhältniß zu der Reihenfolge in den beiden andern aufmerksam gemacht. Es ergibt sich daraus auf den ersten Blick, daß diese in fünf Abschnitten fortschritt, und zwar rein geschichtlich, wenn man zwei Umstände berück= sichtigt. Einmal, daß das Jahr 780, jenseit der Taufe, bis zur Rückkehr Jesu aus Judäa, am Ende desselben, den Katecheten, bis auf einen ungenauen Nachhall, was sehr begreiflich ist, gänzlich fehlt, da sie die Aussprüche des Herrn erst mit dem Auftreten Jesu in Galiläa anfangen. Zweitens, daß infolge dieser Unkunde und der praktischen Anordnung der Reden und Thaten Jesu für die Katechisation eine Ab= weichung von der chronologischen Reihe eintreten mußte. Wenn vereinzelte Aussprüche aus dem ersten Jahre, zwischen Taufe und Auftreten in Galiläa, sich erhalten hatten, so war es am natürlichsten, wenn man sie den analogen Aussprüchen aus Galiläa zur Seite setzte.

Jene Uebersicht macht aber auch ferner anschaulich, daß dieser Ueberlieferung der Missionare ein Bewußtsein der geschichtlichen Ordnung uranfänglich zu Grunde gelegen haben muß. Es wäre sonst unerklärlich, wie sich eine so große Uebereinstimmung er= halten haben sollte, nicht allein zwischen den drei Evangelisten untereinander, sondern auch mit der nothwendig und absichtlich chronologisch eingerichteten Darstellung des Johannes.

Wie weit diese Uebereinstimmung gehe, haben wir geglaubt, am besten dadurch anschaulich machen zu können, daß wir in unsern Unterabtheilungen bis ins Einzelnste hinabgegangen sind, und bei jedem der drei für diese einzelnen Züge und Reden die Zahl nach der Reihenfolge der Berichte bei den beiden andern Evangelisten angegeben haben.

Es geht daraus hervor, daß Lucas die Reihenfolge des Marcus beibehalten, aber aus dem Schatze eigener Erkundigungen und Forschungen nach bestem Wissen vervoll= ständigt hat. Dagegen weicht die Anordnung des galiläischen Abschnittes in Matthäus sehr bedeutend ab. Sehr bald jedoch zeigt sich, daß diese Abweichungen die natürliche Folge von dem besondern Zwecke waren, welchen der Verfasser sich offenbar bei der Erweiterung und Durcharbeitung des überlieferten Katechisationsstoffs vorsetzte. Er wollte ja die Reden des Herrn nach ihrem Inhalte zusammenstellen, für die großen Hauptpunkte: das Sittengesetz des Neuen Bundes, das Verhältniß Jesu zum Täufer, seine Stellung zu Pharisäern und Schriftgelehrten, und seine Weisungen an die Jünger. So stellte er die bedeutendste Redebildung, die Bergpredigt, an die Spitze, und zog sämmtliche ihm bekannte Weisungen für die Jünger in die Geschichte der ersten Aus= sendung hinein.

Schwieriger scheint auf den ersten Blick für unsere Grundannahme die Abweichung des Lucas zu sein bei der Darstellung des Berichts über den Vorfall in Nazareth. Dieser Vorfall hatte allerdings eine große Bedeutung für das Leben Jesu: es war die Katastrophe des Verhältnisses zur Vaterstadt. Nazareth und das Wirken in und um Kapernaum, am See, bildeten hiernach einen Gegensatz. Es kann wol nicht zu= fällig heißen, daß Matthäus sowol als Marcus jenen Vorgang gerade nach den Er= zählungen der Reden und Thaten am See stellen. Lucas nun stellte ihn vor diese Erzählungen. Es ist sehr möglich, daß er dieses gethan, weil er im Bruche mit Nazareth eine Veranlassung des Uebersiedelns nach Kapernaum sah. Er konnte jedoch diese Anordnung auch deswegen vorziehen, weil die letzten Abschnitte der galiläischen Aussprüche ihm den natürlichsten Uebergang darboten für die beiden Schlußabtheilungen (IV, V). Daß aber der Bericht von Nazareth ein selbständiges Stück bildet (III, A bei Lucas; III, B bei den zwei Andern), werden wir bei der folgenden nähern Betrach= tung leicht darthun können.

A. Reden und Thaten am See.

Erste Gruppe: Die vier ersten Jünger; das Predigen in der Synagoge und die Heilungen (Marc. 1, 14—2, 12).

2. Jesus predigt und ruft die beiden Jüngerpaare von ihren Fischerbooten weg (Marc. 1, 14—20).

Gleich vom Anfange ist es schwer zu verkennen, daß der Ueberlieferung eine Uebereinstimmung zu Grunde liegen muß, wie sie nur aus einem wirklich geschichtlichen Bewußtsein der ersten Gewährsmänner hervorgehen kann. Dieses zeigt sich schon beim Eingange. Marcus und Matthäus heben damit an, daß sie sagen, Jesus habe be= gonnen die Heilsbotschaft zu predigen, als Johannes ins Gefängniß geworfen war. Alle Drei aber sagen, daß er nach Galiläa kam „aus der Wüste"; der stehende Aus= druck für die Wüste von Judäa, wo die Versuchung stattfand. Also klare Hinweisung auf den sonst für die Ueberlieferung dunkeln Aufenthalt in Judäa!

Matthäus fügt sogleich hinzu (4, 13), daß Jesus, Nazareth verlassend, seinen Wohnsitz in Kapernaum aufschlug.

Marcus und Matthäus dagegen reihen unmittelbar an jene Einleitung die Anekdote von der Berufung der zwei ersten Jüngerpaare. Wir wissen jetzt, daß dieses buch= stäblich nicht genau ist. Die vier (fünf) Jünger waren ja schon berufen vor dem Zuge nach Judäa, also vor neun Monaten. Aber diese Berufung konnte ja nach dem Rah= men der Ueberlieferung nicht früher als jetzt erfolgen. Doch haben wir hier keineswegs den bloßen Nachhall der Thatsache, vielmehr ist der Kern etwas Eigenthümliches: ein Ausspruch des Herrn, der am See in jener Zeit jene vier ersten Jünger von ihrem Handwerk abrief. Wir brauchen ja keineswegs anzunehmen, daß sie dasselbe ganz auf= gegeben, sie erwarben sich dadurch ihren Unterhalt und übten es auch noch später.

Lucas macht den Uebergang von der Versuchungsgeschichte (dem stillen Aufenthalte in Judäa), welcher bei allen Dreien diesem ganzen Abschnitte unmittelbar vorher= geht, durch einfache Erwähnung seines erfolgreichen Auftretens in Galiläa. Daß er hierbei des Täufers Gefangennehmung nicht erwähnt, erklärt sich dadurch leicht, daß er eben dessen Geschichte vorweggenommen.

b. Jesus heilt in der Synagoge (am Sabbath) einen Besessenen (Marc. 1, 21—28).

Aus den ersten Wochen in Kapernaum wird nur erzählt, auch bei Lucas, daß Jesus in den Sabbathversammlungen mit nie gehörter Kraft predigte. Dann folgen drei namhafte Heilungen, von denen die des Besessenen die erste ist. Es geschah dieses an einem dritten oder spätern Sabbath; ganz gleichmäßig bei Lucas.

c. Jesus heilt des Petrus Schwiegermutter; zieht sich zurück (Marc. 1, 29—34).

Auch bei Lucas geht er, aus der Synagoge kommend, in des Petrus Haus und heilt dessen Schwiegermutter vom Fieber. Hier werden ausdrücklich die zwei Jünger= paare als seine Begleiter genannt. Matthäus aber geht sogleich zu der dem Marcus fremden Bergpredigt über und hat die beiden folgenden Heilungen erst nachher mit der Heilung des Sohnes des Hauptmanns zwischen beiden.

d. Jesus bricht am Morgen auf in die Umgegend und predigt (Marc. 1, 35—39).

Auch bei Marcus folgt das Predigen, aber im Umherziehen. Die verbindende Ueberleitung ist, daß Jesus sich nicht nach Kapernaum zurückführen lassen will, weil er die Heilsbotschaft auch den übrigen Städten und Flecken (der Umgegend) predigen müsse. In dieser Absicht hatte er also in der Frühe des ersten Wochentags sich in einen wüsten Ort unweit der Stadt zurückgezogen, wo er im Stillen betete. So hat auch Lucas. Die Jünger (nach Lucas eine ganze Menschenmenge) suchen ihn auf und finden ihn. Er zieht dann mit den (vier) Jüngern ab.

e. Jesus heilt den Aussätzigen (Marc. 1, 40—45).

Die nächste Heilung erfolgt also an einem der benachbarten Orte, ist das erste Zeichen außerhalb jener Stadt. Diese Heilung des Aussätzigen, mit dem vergeblichen Verbote, davon zu reden, folgt nun auch bei Matthäus und Lucas. Alle bis auf Einen, dem Marcus eigenthümlichen Zug, vollkommen gleich: offenbar Uebersetzungen einer und derselben aramäischen Ueberlieferung. Jener dem Marcus eigenthümliche Zug ist, daß Jesus den Aussätzigen zürnend herausweist, wodurch angedeutet wird, daß der= selbe sich Jesu nicht etwa in einer Einöde genaht hatte, sondern zu ihm in das Haus gekommen war, wo Jesus sich aufhielt. Dieses war ebenso sehr dem Gesetze und der bestehenden Ordnung entgegen, als wenn er, von Jesus geheilt, die vorgeschriebene

Darſtellung beim Leviten hätte vernachläſſigen wollen. Jeſus zieht hierauf weiter umher und predigt das Reich Gottes in der Umgegend.

Beſeitigt man bei Matthäus die Bergpredigt, deren ungeſchichtliche, aber praktiſch zweck-
mäßige Vorausſtellung aus ſeinem Plane folgt, ſo ſteht die bei Marcus fehlende und
bei Lucas ans Ende gebrängte Erzählung vom Hauptmann in Kapernaum ganz an
ihrer Stelle; denn nach Johannes war ſie das erſte Zeichen in Galiläa bei der Rückkehr aus Judäa nach Jeruſalem. Sie fällt alſo gerade in jene erſten zwei oder drei
Wochen, welche der Heilung in der Synagoge vorangingen.   Während alſo Marcus
einer Ueberlieferung folgte, welche mit einer öffentlichen Heilung in der Synagoge begann, hatte Matthäus eine andere vor ſich, welche mit der Heilung des Knechtes (Sohnes)
eines Beamten im Dienſte des Herodes anhob.

f. Jeſus kommt zurück in ſeine Wohnung; heilt dort den Gelähmten
(Marc. 2, 1—12).

Die nächſte Erzählung bei Marcus ſpielt wieder in Kapernaum. Damit ſchließt
die erſte Gruppe. Sie findet ſich weſentlich bei Matthäus und Lucas als eine Einheit, inſofern die Heilungen ſich an die Berufung der Jünger anſchließen; in der
einzelnen Anordnung erſcheint Marcus Vortrag als der einfachſte und bietet einen
eigenthümlichen, anſchaulichen Zug dar.

Auch bei dieſer letzten Geſchichte iſt die Ueberleitung „nach einigen Tagen“ das
Natürliche, und Lucas ſcheint dieſen Ausdruck misverſtanden zu haben.

Der Vorfall ſelbſt zeigt eine merkwürdige Steigerung. Das Wort Jeſu: „Deine
Sünden ſind dir vergeben“, gewährt einen tiefern Einblick als die vorhergehenden Ausſprüche in den Gedankengang Jeſu und entſetzt die Zuhörer.

Zweite Gruppe: Der fünfte Jünger; Predigen im Freien, am Seeufer bei
Kapernaum (Marc. 2, 13—3, 12).

Zug zum Seeufer, Levis Berufung; Mahl bei ihm; Faſten; alte Schläuche und
friſcher Wein.

Zwei neue Elemente treten ein: das Predigen im Freien, angeſichts Kapernaums,
am Ufer des Sees, und das Heranziehen der Zöllner. Die römiſchen Zollbeamten
waren Juden, beim Volke natürlich nicht beliebt, den Phariſäern aber verhaßt, weil
ſie mit den Heiden vertraulich verkehrten, ohne Zweifel auch mit ihnen aßen, und überhaupt das Ritualgeſetz, das Bollwerk der damaligen Religion, ſchlecht beobachteten.
Ein Zöllner wird Jünger, und Jeſus ſpeiſt bei ihm, zugleich mit andern Zöllnern.
Welch ein Unfug!

Auch hier haben Marcus und Lucas dieſelbe Folge; bei Beiden heißt der bekehrte
und zum Jünger angenommene Zöllner Levi; im erſten Evangelium, wo dieſe Erzählung
ſich ebenfalls an die Heilung des Gelähmten anſchließt, wird der Zöllner Matthäus
genannt: alſo ſind Inhalt und Folge voll bezeugt. Dem Marcus ſind noch eigenthümlich die Angaben, daß Levi Sohn des Alphäus, und daß die Zahl der Jeſu Nach-
folgenden groß war. Die Frage wegen des Faſtens wird von ihm ſo eingeleitet:

Die Jünger des Johannes und die Phariſäer faſteten viel, und ſie kamen und ſprachen
zu ihm, Warum faſten die Jünger des Johannes und der Phariſäer, deine Jünger
aber faſten nicht?

Bei Matthäus ſind es (ungeſchickt und ganz unpaſſend, wenn man einen Zuſammenhang mit dem Vorhergehenden annimmt) die Jünger des Johannes, welche die Frage stellen mit den Worten:

Warum fasten wir und die Pharisäer so viel, und deine Jünger fasten nicht?

Dieses liegt also offenbar weiter ab von der ursprünglichen Ueberlieferung. Marcus ist ausführlich hier; er schrieb für Römer, die gar nicht wußten, daß das Fasten von den Johannesschülern und den Pharisäern streng beobachtet wurde. Lucas wollte demselben Bedürfnisse entsprechen, that es aber in freierer Form, wie das seine Sitte ist. Er macht aus der Belehrung einen Theil der Rede der murrenden Pharisäer und Schriftgelehrten:

Johannes Jünger fasten so oft, und beten so viel, desgleichen auch die Jünger der Pharisäer; aber deine Jünger essen und trinken!

Gehen wir nun in den Inhalt ein. Es zeigt sich in diesem Ereigniß ein großer Fortschritt des Werkes Jesu, und eine Epoche in der Entwickelung seiner Lehrmethode. Die Stammjünger (die beiden Brüderpaare) waren aus dem niedern Stande, und auch auf diese sahen die sehr aristokratischen Pharisäer und die Lehrer mit Verachtung; sie beobachteten das Gesetz nicht, wie die damalige Orthodoxie es verlangte und womit sie sich begnügte. Gerade deswegen nahm sich Jesus, der Freund der Menschen und des Volks, selbst ein Mann des Volks, wenngleich aus einer höhern Schicht, dieser Klassen an, und richtete sein Augenmerk auf frische, empfängliche Gemüther unter ihnen. Aber nun ging Jesu Wirkung weiter. Ein Zollbeamter war seinem Rufe gefolgt, und die Geschichte beweist, daß er ein treuer Jünger blieb und ein Apostel wurde. Damit war die Scheidewand niedergerissen zwischen den strengen Juden, die sich (wie jetzt ihre Sinnesgenossen) abschlossen von dem menschlichen Verkehr, und denen, welche sich zum Gesetze hielten, aber mit den Römern und Griechen verkehrten und aßen. Sie waren schon dadurch, nach dem Urtheile der Orthodoxen, Sünder. Jesus trat durch Vermittelung des Matthäus mit dieser Klasse überhaupt in Verbindung, wie er durch die Heilung des Sohnes des herodischen Beamten sich eine Anerkennung gesichert hatte unter den angesehenen Familien, die in Kapernaum ansässig waren. Bei Beiden hatte Jesus ein redliches Gottesvertrauen und einen Sinn für das Höhere erkannt, und darauf hin zog er sie an sich. Die Antwort Jesu beim Mahle, hinsichtlich des Fastens, ist ganz dem erhabenen Standpunkte gleich, welchen das große Wort zum Gliederlahmen ausspricht, und der hohen Stellung, die Jesus bereits im Frühling dieses Jahres in Jerusalem eingenommen hat. Jesus wollte kein Flickwerk des Alten und Neuen, kein verbessertes Judenthum.

Das Predigen und Heilen am Seeufer unweit Kapernaum war aber ebenso ein bedeutender Fortschritt, als Zeichen des Volkszulaufs. Da konnten ihn die Bewohner der Ufer hören, wenn sie, durch ihre Geschäfte veranlaßt oder angezogen von seinem Rufe, zusammenströmten, um Hülfe und Trost bei ihm zu suchen. Dieses Predigen am Ufer des galiläischen Sees zieht sich nun ununterbrochen fort bis zum Predigen auf dem Berge unweit Kapernaum, und bis zu diesem Grenzpunkte geht also unsere Gruppe. Wir hören von jenem Predigen und Heilen am See zweimal; die erste Predigt geschah am Tage der Berufung des Levi, die zweite nach der Sabbathheilung in der Synagoge des Wohnortes.

Diese Verbindung bei Marcus erscheint an sich schon sehr natürlich, sie tritt noch mehr als eine im Wesentlichen geschichtliche hervor, wenn wir sie mit der Stellung dieser Geschichten bei Lucas und Matthäus vergleichen. Bei Lucas schließt sich die Erzählung von der verdorrten Hand ebenfalls unmittelbar an die Geschichte des Tags von der Berufung des Matthäus an; auch die Erwähnung des steigenden Zulaufs findet ſich bei ihm, aber erſt nach dem Beſteigen des Bergs (Anfang der vierten Gruppe bei Marcus), und zwar als Einleitung zur Bergpredigt.

Matthäus hat dagegen die Ordnung des Marcus inſofern beibehalten, als er die Erwähnung des ſteigenden Zulaufs an die Heilung der verdorrten Hand anſchließt. Dieſe Heilung aber bringt er erſt bedeutend ſpäter (12, 9—13). Ebenſo zeigt er eine Spur der ältern Ueberlieferung hinſichtlich des Eintretens der geſchichtlichen Berg= predigt, inſofern er die Berufung der Jünger und ihre Namen ſchon früher gibt (10, 1—4).

Alles dieſes iſt weniger einfach und verſtändlich als die Ordnung des Marcus, welcher hier alſo die mehr geſchichtliche Folge der Ueberlieferungen dieſes Zeitraums treu wiedergibt.

Dritte Gruppe: a) **Jeſus zieht ſich zurück auf den Berg unweit Kapernaum;** b) **erwählt dort die zwölf Jünger;** c) **er geht dann mit ihnen in ſein Haus, wo der Zudrang ärger wird als je; die Phariſäer und** d) **die Verwandten** (Marc. 3, 13—35).

Marcus verbindet dieſe Begebenheiten: er geht „in's Haus“, in ſein eigenes Haus; die Volkshaufen ſtehen draußen, und er geht, gedrängt von ihnen, heraus, vor die Thür; ſeine Verwandten, welche ihn von der Menge losmachen wollen, müſſen deshalb „hinausgehen“, nämlich vor die Hausthür. Hier iſt kein Widerſpruch, ſondern nur eine gedrängte Erzählung.

Das Zurückziehen auf den Berg fällt bei Marcus zuſammen mit der Erwählung der Zwölf, als ſeiner nächſten, ſtehenden Umgebung und Geſellſchaft bei ſeinen Zügen. Und dieſes iſt ſicherlich hiſtoriſch. Jeſus mußte mit ſeinen eigentlichen Jüngern auch allein, ohne Beiſein der Volkshaufen, reden können. Sie bedurften nicht allein einer beſon= dern Unterweiſung für ihren Beruf, ſondern auch einer tiefer eingehenden Erklärung der Gleichnißreden, in welcher er ſich dem Volke gegenüber oft ausſprach. Dieſes iſt keine Vermuthung, ſondern wird ausdrücklich in den Evangelien geſagt, wie wir bald ſehen werden.

Zu dergleichen Mittheilungen war das Haus zu eng, der Strand zu öffentlich und unruhig. Ein Berg war das Richtige. Und dieſer Berg findet ſich unverkennbar noch jetzt; in der ganzen Ebene iſt nur Eine hervorſtehende Höhe, welche man „den Berg“ nennen konnte, wie die Stätte bei allen drei Evangeliſten heißt. Es iſt die Höhe von Tell Hatin. Die Bezeichnung dieſer Höhe in der Ueberlieferung, als „Berg der ſieben Seligkeiten“, vor dem Eingange der Bergpredigt bei Matthäus und Lucas, iſt alſo richtig.

Es iſt ſchon an ſich klar, aus der oberflächlichſten Vergleichung dieſer beiden Dar= ſtellungen, daß die ſogenannte Bergpredigt des Matthäus eine Zuſammenſtellung von Ausſprüchen Jeſu iſt, die ſich auf das Sittengeſetz beziehen, und die hier, ohne Rück= ſicht auf ihre urſprüngliche Veranlaſſung, nach dem Inhalte der einzelnen Beſtandtheile und Sprüche, ſinnreich und in wahrhaft evangeliſchem Geiſte zuſammengeſtellt ſind. Wir werden dieſes Verhältniß unten ausführlich betrachten, und machen es in der Synopſis jedem anſchaulich. Aber auch die Bergpredigt des Lucas trägt dieſen Charakter, wenngleich in beſchränkterm Umfange. Es ſind theils Worte an die Jünger allein, theils Reden an das Volk. Marcus wollte die Begebenheiten gedrängt vortragen; dieſe Zuſammenſtellungen mußten ihm daher fremd bleiben, ſelbſt im Falle daß er unsern Matthäus vor sich gehabt hätte. Warum auch sollte er dem Matthäus nehmen, was ihm gehörte? Die evangelistischen Berichte konnten nicht geschrieben werden, um einander zu verdrängen und auszuschließen, sondern um einander zu er= gänzen, zu vervollständigen und, vom Standpunkte einer neuen Forschung und berech= tigten Auffassung, auch im Einzelnen zu berichtigen.

Wir vermögen also weder in dem Mangel einer Bergpredigt eine Oberflächlichkeit oder gar Unwissenheit des Marcus anzuerkennen, noch anzunehmen, daß Marcus sie ge= geben (welche?), aber daß sie später ausgelassen sei. Man muß zuerst erdichten, daß Marcus eine Bergpredigt gegeben habe, und dann daß ein ebenfalls zu erfindender Unbekannter sie weggelassen! Das ist keine historische Kritik.

Wenn nun Jesus auf einem Berge die Zwölf erwählte, und dann etwa in stillen Frühstunden unterwies, so zog er natürlich dann wieder nach dem gemeinsamen Wohn= sitze. Und so wird es hier erzählt.

Die letzte Scene, hinsichtlich der Verwandten, ist bei Marcus mit einer Anschau= lichkeit erzählt, welche sehr für die Geschichtlichkeit seiner Anordnung spricht. Jesus zieht sich zurück in sein Haus. Aber die Menge erfährt es, und läßt ihm keine Ruhe. Er und die Jünger (jetzt vollzählig, die Zwölf) haben nicht einmal Zeit zu essen. Und wo war der Haufen? Natürlich nicht im kleinen, engen Wohnhause, sondern draußen vor dem Hause. Jesus wurde also herausgerufen, um zu heilen und um zu sprechen, und Rede und Antwort zu stehen. Die Aufregung stieg. Er redet gewaltiger und rückhaltloser als je. Da wissen seine Verwandten ihn nicht zu retten vor dem Ge= dränge und sich und ihn vor immer größerer Aufregung und Gefahr zu bewahren, als indem sie sagen: „er ist außer sich" (Vs. 21).

Jesus aber fuhr fort zu reden. Seine Zuhörer saßen im Kreise um ihn her und lauschten seinen gewaltigen und lieblichen Worten (Vs. 34). Die Verwandten waren auch „draußen", außerhalb des Hauses und des dichten Kreises; sie wollten zu ihm ohne Zweifel besänftigend und warnend reden, aber sie konnten nicht bis zu ihm bringen. Doch wurden sie bemerkt, und man ließ Jesus wissen, daß Mutter und Brüder ihn sprechen wollten. Er aber schaute umher und auf die um ihn versammelten Anhänger, und sprach jenes ewige Seitenstück zu dem prophetischen Worte an die Samariterin:

Siehe, das sind meine Mutter und meine Brüder. Wer Gottes Willen thut, der ist mein Bruder, und meine Schwester, und meine Mutter.

Der innere Zusammenhang dieser Erzählung mit dem Zudrange des Volks vor dem Hause Jesu ist also jedenfalls nicht abzuleugnen; Alles führt dahin, ihn auch zeitlich und örtlich als einen geschichtlichen anzunehmen. Die Fassung bei Marcus aber hat mehr anschauliche Züge, als die bei Lucas und Matthäus. Im Allgemeinen jedoch ist Erzählung und Zusammenhang bei allen drei Evangelisten gleich.

Ganz anders verhält es sich mit dem ersten Theile der Erzählung, das ver= dammende und gotteslästerliche Urtheil der Pharisäer und der Bescheid Jesu. Dieser Vorfall war jedenfalls ein höchst bedeutender, ja kritischer. Er wird auch von Lucas in den Reiseberichten erzählt (11, 14—23; vgl. 12, 10) und von Matthäus an einer spätern Stelle (12, 22—32); Beide geben als Veranlassung die Heilung eines taub= stummen Besessenen an; nach Matthäus war er zugleich blind. Matthäus sagt (12,23), das Volk habe ausgerufen: Dieses ist doch nicht Davids Sohn (der Messias)? Nach Marcus waren Pharisäer und Schriftgelehrte absichtlich von Jerusalem nach Kapernaum ge= kommen, um ihn zu beobachten und womöglich ins Netz zu locken (Vs. 22; vgl. Matth. 12, 14—21). Diese boshaften Gegner nun lassen in der Hitze der Aufregung das schwere Wort fallen: „Er ist selbst ein Besessener, und treibt Teufel aus durch Beelze=

bul." Und da spricht Jesus seinerseits eins der schwersten und tiefsten Worte aus, die er je geredet: die Lästerung des Geistes Gottes als des bösen Geistes wird nicht vergeben; oder wie Matthäus (12, 32) hat: die Lästerung wider den Sohn des Menschen wird vergeben, nicht aber die wider den heiligen Geist; ein Spruch, den auch Lucas hat, aber an einer andern Stelle seiner Reiseberichte (12, 10). Es kam also zu einem offenen Bruche. Geschah dieses nun damals in Galiläa, oder nicht vielmehr auf der nächsten Reise nach Jerusalem? Dahin versetzt es Lucas, also nur einige Wochen später, nach unserer Annahme.

Die Entscheidung liegt zwischen Marcus und Lucas. Denn Matthäus hat die Erzählung an einem ganz andern Orte der galiläischen Geschichten, mit eingemengten einzelnen Sprüchen wider jene Gegner: vom guten und bösen Baume und ihren Früchten; dann den Spruch vom Zeichen des Jonas. Alles dieses zeigt auf Zusammenstellung nach dem Inhalte, dem durchgehenden Zwecke des Matthäus: die Geschichte vom taubstummen Besessenen, der zu reden beginnt, kommt bei ihm (und ihm allein) noch einmal vor (9, 32—34) und zwar als Anhang an die Erzählung von der Heilung zweier Blinden. Daß also die galiläische Anknüpfung des Vorfalls mit den Pharisäern eine sehr schwankende sei, läßt sich nicht leugnen. Dazu kommt nun zweitens, daß die Reiseberichte des Lucas uns nicht allein überhaupt eine ältere Schicht zeigen, einen frühern Zustand der Ueberlieferung bewahren als die beiden andern Evangelisten, welche in diesem Zeitraum nur Galiläisches annehmen, sondern auch gerade hier einen offenbar viel passendern. Keine Spur von der Gegenwart ausspähender Sendlinge des Hohen Rathes, die aus Jerusalem nach Galiläa gekommen wären. Ganz anders stand Jesus da, als er sich mit den Zwölf und den Siebzig auf das Purimfest begab, und die Bevölkerungen mächtig aufregte, auf dem Wege nach Jerusalem.

Vierte Gruppe: Die Schiffpredigt, oder die Predigt vom Gottesreiche in den Gleichnissen; a) der Säemann; b) das Licht und der Leuchter: wer hat, dem wird gegeben; c) das stille Keimen der Saat; d) das Senfkorn (Marc. 4, 1—34).

Der Zulauf am Strande wurde immer größer; Jesus ward von den Massen so gedrängt, daß er sich in ein Schiff setzte, und von diesem aus sprach, angesichts des Strandes und des Volks. Also wieder ein Fortschreiten in seiner Wirksamkeit; die Zuhörerschaft und die Theilnahme wird größer: aber auch ein inneres Fortschreiten der Mittheilungen, das Heilen tritt in dieser letzten Epoche des ersten galiläischen Aufenthalts zurück; Jesus lehrt, und zwar in jenen unsterblichen Gleichnissen, welche die Gemüther seit bald zwei Jahrtausenden bewegen, weil sie den Menschen in sein innerstes Bewußtsein zurückversetzen, sodaß Gott und seine ewige Weltordnung sich darin spiegeln. Das Wort des Räthsels ist in allen die göttliche Ordnung der menschlichen Dinge, deren Bewußtsein oder Ahnung der Mensch in seinem Gemüthe trägt, und von welcher Gesetz und Propheten reden oder welche in ihren Aussprüchen vorausgesetzt wird.

Alle Drei haben die Schiffpredigt, mehr oder weniger vollständig, in dieser Epoche. Bei Lucas geht sie dem Spruche über Mutter und Bruder (8, 19—21) unmittelbar vorher (8, 4—18), und enthält die beiden ersten Gleichnisse; das dritte hat weder er noch Matthäus; das vierte (vom Senfkorn) liefert Lucas in den Reiseberichten (13, 18.19). Matthäus schließt die Gruppe an den Vorfall im Hause an, wie Marcus, und

gibt zuerst (13, 1—23) das Gleichniß vom Säemann, dann hat er statt des Gleich=
nisses von Licht und Leuchter das ihm eigenthümliche von dem Unkraut unter dem
Weizen und dessen Ausrottung durch Gott (VSs. 24—30); hierauf folgt das letzte
Gleichniß des Marcus, das Himmelreich ein Senfkorn; er gibt endlich das vom Reiche
Gottes als dem Sauerteige der Welt, welches Lucas in den Reiseberichten liefert
(13, 20. 21).

Matthäus sowol (VSs. 34. 35) als Marcus (VSs. 33. 34) schließen die Reihe ab
mit der ausdrücklichen Bemerkung, daß Jesus zum Volke nur in Gleichnissen redete,
den Jüngern aber (setzt Marcus hinzu) erklärte er den Sinn, wenn sie allein waren;
wie denn auch Matthäus (VSs. 36—43) die Erklärung des Gleichnisses ‚vom Säe=
mann für die Jünger erst nach Aufzählung der Gleichnisse selber gibt.

Nach Matthäus geht Jesus von hier sogleich nach Nazareth; bei Marcus aber
kommt erst der Zug nach Gabara über den See, welchen Matthäus unmittelbar nach
den ersten Heilungen in Kapernaum berichtet.

**Fünfte Gruppe: a) Zug über den See nach Gadara; der Sturm, die Besessenen
und die Schweineheerde; Rückkehr; b) Jairus und das blutflüssige Weib**
(Marc. 4, 35—5, 43).

Lucas hat diese Gruppe an derselben Stelle und in derselben Vollständigkeit
(8, 22—56); bei Matthäus findet sich die erste Abtheilung, wie eben bemerkt, schon
früh (8, 18—9, 1); die Geschichte von Jairus Töchterlein und dem blutflüssigen Weibe
(9, 18—26) wird von jener nur durch die hierher verschlagenen Erzählungen von der
Heilung des Gichtbrüchigen und von der Berufung der Zöllner (9, 2—17) getrennt.
Also die Spur der alten einfachen Ueberlieferung fehlt auch hier nicht.

Auch in dieser Gruppe ist ein Fortschritt sichtbar; Jesus geht zum erstenmale aus
Galiläa in das jenseitige Land, die Landschaft der zehn Städte (Dekapolis), wo neue
Elemente waren, nämlich eine von Alters her dort eingebürgerte heidnische Bevölkerung.
Daraus erklären sich auch die Schweineheerden, und die Wuth der Besessenen (die
wol Juden waren, da das Gegentheil nicht erwähnt wird) gegen dieselben.

So wären die Elemente, welche das Land um den See darbot, erschöpft; würde
Nazareth jetzt sein Kind als Propheten anerkennen? Das jüdische Sprüchwort ließ
daran zweifeln; aber es war Jesu Pflicht, es zu versuchen, ob sein Wort nicht ihre
Herzen rühren würde.

B. Das Auftreten in Nazareth.
(Marc. 6, 1—6; Matth. 13, 53—58; Luc. 4, 14—30.)

Daß geschichtlich die Anordnung bei Marcus und Matthäus die richtige sei, bezeugt
Lucas selbst. Denn obgleich er den Vorfall voranstellt (als A), aus Gründen, die
wir oben bereits entwickelt haben, so gibt er, nach seiner Treue, doch den Bericht
von der Forderung der nazarether Bürger, wie er ihn fand, nämlich daß Jesus sich
durch Zeichen beglaubige, wie er in Kapernaum gethan.

Aber nicht minder wichtig ist, daß bei allen drei Evangelisten der Gegensatz fest=

gehalten ist zwischen Kapernaum und Nazareth; der Bericht jenes tragischen Vorfalls steht gegenüber der Gesammtheit der Erzählung vom See.

.. Diese Selbständigkeit nun tritt bei Lucas ganz besonders hervor. Um dieses zu erkennen, muß man den Abschnitt nicht, wie Lachmann gethan, erst mit Vs. 16 anfangen; die beiden vorhergehenden Verse bilden vielmehr den wahren Eingang. Die letzten Worte (Vs. 15) lauten:

Und er lehrete in ihren Schulen, und ward von Jedermann gepriesen.

Es wird also nicht allein vorausgesetzt, daß der Ruf von seiner wunderbaren Geisteskraft sich durch ganz Galiläa verbreitet habe (Vs. 14) bei seiner Rückkehr (aus Judäa), obgleich auch dieser schon das Auftreten in Kapernaum voraussetzt; denn das Gerücht von dem in Jerusalem beim Osterfeste 780 Vorgefallenen ging ihm allerdings vorher, konnte aber doch nicht einen so starken und allgemeinen Eindruck in Galiläa machen, wenn nicht Zeugnisse derselben Kraft in Galiläa hinzukamen. Und diese Bezeugungen waren eben aus Kapernaum, und zwar begannen sie, nach Johannes, mit der Heilung des Sohnes des herodischen Beamten. Aber die eben angeführten Worte lassen keinen Zweifel Raum, und machen allen andern Beweis überflüssig, daß Lucas die allgemeine Kunde der Vorfälle in Kapernaum voraussetzt.

Der Bericht des Vorfalls selbst ist bei ihm ungleich reichhaltiger als bei Marcus und Matthäus, und im Wesentlichen, besonders was den Ausspruch des Herrn betrifft, ohne Zweifel geschichtlich. Die beiden Andern kennen nur Einen Ausspruch: „Kein Prophet ist geehrt in seiner Heimat!" und die Geschichtlichkeit desselben ist durch Johannes selbst bezeugt, indem er sich darauf, als einen bekannten Spruch bezieht (4, 44), und zwar gerade da, wo er Jesu Rückkehr aus Judäa nach Galiläa erzählt. Dieser Umstand ist doppelt merkwürdig, weil er zugleich einer der klarsten Beweise dafür ist, daß Johannes die Kenntniß der evangelistischen Unterweisung (Katechese) bei den Gemeinden voraussetzt. Er ist ohne diese Voraussetzung nicht allein an sich schwer zu verstehen, sondern wegen der gleich darauffolgenden Aeußerung, die Galiläer hätten ihn gut aufgenommen, da sie seine Thaten am Feste angesehen, geradezu unverständlich und sinnstörend, wie ihn auch manche Ausleger gefunden haben.

Jene beiden Evangelisten ergehen sich nun in ihren Berichten über die Aeußerung der Verwunderung der Bürger, wie des Zimmermanns Sohn, selbst Zimmermann, so große Weisheit gelernt haben könne. Lucas dagegen hat noch zwei ihm eigenthümliche Aussprüche, die Jesus in der Synagoge gethan (Vs. 21 und Vss. 23—27). Beide tragen das geschichtliche Gepräge der Persönlichkeit Jesu. Aber die dazwischenliegende Erzählung des Lucas ist verwirrt. Man kann sich allerdings vorstellen, daß die großen Worte Jesu:

Heute ist diese Schrift erfüllt vor euern Ohren

der Anfang einer geistvollen Predigt gewesen seien über die Zeichen der Nähe des Reiches Gottes in der damaligen Zeit, und daß diese Ausführung, diese Unmittelbarkeit und Ursprünglichkeit seiner „holdseligen Reden" die stumpfen Gemüther im ersten Augenblicke begeisterte, bis die Verwunderung über des Zimmermanns Weisheit, dessen Familie und Erziehung doch nichts Besonderes war, sie zu der allerdings wol ziemlich allgemeinen Ansicht der Gelehrten brachte: aus Nazareth kommt kein Prophet — am wenigsten ein Zimmermann. Erst die scharf auf sie eindringenden, ihre Gemeinheit durchschauenden und ihre Gedanken errathenden Worte Jesu machten sie wüthend. Ihr habt durchaus kein Recht, Wunderzeichen zu fordern; Gott gibt sie nach seiner eigenen Wahl, wie die Geschichten von Elia und Elisa bewiesen. Aber man muß gestehen, daß dieser Verlauf nicht sehr geschickt und klar erzählt ist: Vs. 22 stellt den Gegensatz der ersten und der folgenden Stimmung so unvermittelt dar, daß manche Kritiker an der ganzen Darstellung irre geworden sind. Ewald glaubt annehmen zu müssen, daß sie aus der Verschmelzung zweier verschiedenen Berichte durch Lucas entstanden sei. Gewiß hatte er einmal die gewöhnliche Ueberlieferung vor sich, wie wir sie bei Marcus und Matthäus lesen, dann aber eine eigene. Diese war aber eben nur eine ausführlichere, nicht eine widersprechende. Auch Lucas Bericht setzt Kapernaum voraus, und dieses kann nicht auffallen, sobald man erkannt hat, daß der Nazarethbericht selbständig für sich bastand. Köstlin zerhaut den Knoten, indem er annimmt, Lucas habe die Beziehung der Nazarether auf Kapernaum aus Versehen stehen gelassen. Meyer verwirft mit Recht einen solchen Machtspruch; doch dürfte seine eigene Annahme, der Bericht von Lucas beziehe sich eben auf einen frühern Vorgang, der bei Marcus und Matthäus auf einen ganz andern spätern, sich schwerlich Bahn brechen. Es spricht zu stark dagegen, daß Lucas jenen Ausspruch Jesu ebenso hat wie seine beiden Vorgänger, eben wie die Frage der Nazarether, und daß die Beziehung auf „Alles, was Jesus in Kapernaum gethan", doch nicht durch die erdichtete Thatsache weggeschafft werden kann, Jesus könne bei der Durchreise durch Kapernaum Aufsehen erregt haben.

Wir nehmen also mit Schleiermacher und de Wette an, daß Lucas denselben Vorfall erzähle, wie die beiden Andern; wir glauben aber auch die Stellung bei Lucas rechtfertigen zu können, indem wir die Selbständigkeit des nazarethischen Berichts, im Gegensatze zu den Geschichten vom See, nachgewiesen haben.

Lucas Bericht nun zeigt uns offenbar erst den Ernst des Vorfalls nach beiden Seiten. Einmal Jesu eindringliche, auf Biegen oder Brechen gestellte Rede an die Philistermenschen, welche die Macht des Geistes an sich selber erfahren, dann aber durch einfältige, eitle und gemeine Erwägungen sich davon zu befreien suchen, weil der Geist ihnen unbequem und seine Anforderungen verhaßt sind. Dann aber auch die Wuth derselben Menschen. Nicht zufrieden, ihn aus Schule und Stadt herausgetrieben zu haben, waren sie im Begriff, ihn nach der jähen Bergspitze über der Stadt zu schleppen, um ihn von dort herabzustürzen und zu tödten. Er machte sich aber los von ihnen, wahrscheinlich durch einen Blick und rasche Wendung, und wanderte weiter.

Aber wir dürfen es uns nicht verhehlen, daß die Anführung des prophetischen Textes (Vss. 18. 19) ganz auffallend ungenau ist. Wir begreifen, daß Lucas die Worte der bekannten Stelle nach den Siebenzig gab, deren Text hier bedeutend abweicht von dem Urtexte, welchen Jesus vorlas; auch daß er hierbei frei verfuhr. Aber wie sollen wir es uns erklären, daß mitten in dem Anfangsworte des 61. Kapitels des Buches Jesaja ein halber Vers aus dem 58. Kapitel eingeschoben ist, den ja Jesus damals entschieden nicht gelesen hat? Ich glaube, gerade wie die vorhergehende Einschiebung „zu heilen die zerschlagenen Herzens sind", welchen die Mehrheit der ältesten Zeugen nicht haben. Es ist eine Glosse. Der Unterschied ist nur dieser: jene Worte aus Kapitel 58 finden sich bei allen uns bekannten Gewähren, und sie haben nicht die Berechtigung jenes ersten Zusatzes. Jesus hatte jene Worte ohne allen Zweifel vorgelesen, denn sie stehen im Texte des 61. Kapitels; aber diese gehören nicht hierher. Darin kann ich jedoch nur einen desto größern Grund sehen, sie für unecht zu halten, nämlich für eine in den Text eingedrungene Randglosse, welche nur als Parallele gemeint war, aus Gedankenlosigkeit aber eingefügt ward.

Darauf, mit Köstlin, die durchaus unbegründete Annahme einer spätern Bearbeitung des Lucas-Evangeliums stützen zu wollen, scheint mir jedenfalls nicht zulässig.

Marcus und Lucas beschließen die Reihe der galiläischen Erzählungen vor der

Speisung (oder, geschichtlich zu reden, bis zur Purimreise Jesu nach Jerusalem) mit zwei Abschnitten, welche beide auf die ernsten Vorgänge des zweiten Jahres des Lehramts überleiten: die Aussendung und Anweisung der Apostel und die Anfeindung Jesu seitens der Landesregierung, des Herodes, und stellen also die vollkommene Uebereinstimmung der evangelischen Ueberlieferung dar in ihren fünf Hauptkapiteln dieses Abschnitts.

Daß Matthäus von der Aussendung und Anweisung der Jünger bereits im Laufe der kapernaitischen Berichte oder der Seeerzählungen redet (10) mit einleitendem Spruche von der Ernte und dem Herrn der Ernte, ist doch wol dadurch bei ihm bedingt gewesen, daß er die Bergpredigt vorweggenommen, als die Zusammenfassung der evangelischen Sittenlehre in ihrem Verhältnisse zum Gesetze. Denn durch diese Vorwegnahme wurde das Kapitel von den Zwölfen und ihrer Erwählung auf dem Berge zu sehr geschwächt, und so schaltete er die Weisungssprüche Jesu an seine Jünger hier ein. Sehen wir die Erwählung und die Namen der Zwölf als den Stamm an, so ist die Reihenfolge bei Matthäus wesentlich dieselbe wie bei Marcus und Lucas, wie wir bald noch anschaulicher machen werden.

Matthäus hat die Weisung an die Zwölf verschmolzen mit der an die Siebzig, den weitern Kreis der Jünger. Seine Zusammenstellung löst sich, bis auf einige vereinzelte Sprüche, in diese beiden Bestandtheile auf, und stellt eine seiner eigenthümlichen Bildungen von Spruchganzen dar. Lucas war der erste, welcher die ältere Schicht uns bloßlegte in seinen unschätzbaren Reiseberichten.

Hinsichtlich der Erzählung von Herodes unterscheidet sich Lucas von Marcus und Matthäus wesentlich nur dadurch, daß er hier nicht die Hinrichtung des Täufers berichtet, sondern sie nur von Herodes als bereits geschehen erwähnen läßt. Dieses ist sehr begreiflich, denn Lucas hatte den ersten Theil dieser Geschichte, die Gefangennehmung, im Eingange, wo er vom Täufer handelte, bereits angebracht (3, 19. 20), mit ihrer Veranlassung, seinem kühnen Tadel der gesetzwidrigen Heirath der Herodias, welche er dem leiblichen Bruder wegnahm, nachdem er seine eigene, rechtmäßige Gemahlin, des Aretas Tochter, verstoßen hatte. Sie war also jedenfalls deshalb blutschänderisch, insofern Herodias thatsächlich die Frau zweier lebender Brüder war. Antipas durfte sie also schon deshalb nicht heirathen, auch wenn der Bruder sie freiwillig entlassen hätte. Insofern fiel also die Verbindung unbestreitbar unter das Verbot des Gesetzes (Lev. 18, 16; 20, 21), wie man dasselbe auch in Beziehung auf die Ehe mit des verstorbenen Bruders Schwester auslegen mag.

Unter diesen Umständen konnte Lucas ganz füglich hier die wohlbekannte Erzählung von der Hinrichtung und ihrer Veranlassung weglassen, wenngleich sie der ursprünglichen Ueberlieferung zugehört zu haben scheint.

Zweites Hauptstück.

Die Bergpredigt bei Matthäus und Lucas und die Uebersicht des Ergebnisses der bisherigen Kritik der evangelistischen Berichte.

A. Die Entstehung der Bergpredigt.

Der Hauptunterschied zwischen der Bergpredigt des Lucas und der des Matthäus besteht darin, daß jene eine Ansprache Jesu an die Jünger ist, diese eine Predigt an

das mit den Jüngern um ihn versammelte Volk. Es bedarf nach dem oben nach=
gewiesenen Organismus der einfachen alten Ueberlieferung keines weitern Beweises, daß
schon deshalb die durch Matthäus Bearbeitung und reichere Ausstattung in den Hinter=
grund getretene kürzere Form des Lucas allein dem geschichtlichen Vorgange entspricht.
Der Berg (s. z. Matth. 5, 1) war der Ort, wo Jesus die berufenen zwölf Jünger
über ihren Beruf unterrichtet, und über den geistigen Sinn der Gleichnisse und ge=
legentlichen räthselhaften Aussprüche aufklärte.

Dieser Umstand ist entscheidend. Aber zu demselben Ergebniß gelangt der Forscher,
wenn er sich die Frage stellt: ob Lucas einen Auszug aus Matthäus gemacht oder ob
Matthäus die von Lucas wieder geltend gemachte Darstellung erweitert habe? Das
Zweite erklärt sich aufs natürlichste; das Erste setzt eine Veruntreuung oder wenigstens
eine Leichtfertigkeit voraus, die weder dem Charakter des Evangelisten und seiner
Stellung zu Paulus entspricht, noch dem Zwecke seiner Schrift, wie der Eingang ihn
ankündigt.

Noch entscheidender ist eine dritte Betrachtung. Daß der Redebildung des Matthäus
der von Lucas aufbewahrte Rahmen zu Grunde liegt, wird dadurch unwiderleglich
bewiesen, daß alle wesentlichen Theile der Rede des Lucas sich in Matthäus wieder=
finden, und zwar in derselben Ordnung. Es fehlen in dem Eingange (den Seligkeits=
und Weherufen) nur die drei letzten Weherufe (Luc. 6, 24—26), und in den Sitten=
geboten nur Vs. 36: „Seid barmherzig, wie euer Vater im Himmel barmherzig ist."
Die beiden Verse 39 und 40 (der Blindenführer, und: der Jünger ist nicht über
seinen Meister) fehlen zwar in Matthäus Bergpredigt, stehen aber vereinzelt an zwei
spätern Stellen bei ihm.

Dagegen können wir nachweisen, daß bei weitem die meisten der Bergpredigt bei
Matthäus eigenthümlichen Sprüche sich bei Lucas in einer vereinzelten, anekdotischen
und im Allgemeinen entschieden schärfern Gestalt finden. Dieses Verhältniß aber folgt
mit Nothwendigkeit aus dem von uns oben aufgestellten naturgeschichtlichen Gesetze der
Ueberlieferung, wonach die Anekdotenbildung der gnomologischen oder Redebildung vor=
hergeht.

Marcus hat auch nicht einen einzigen Vers im ganzen Evangelium, welchen Lucas
und Matthäus in ihrer Bergpredigt anführen; wohl aber findet sich bei ihm in der
spätern Zeit ein von Matthäus in seine Bergpredigt sinnvoll verarbeiteter Spruch (5, 13),
welcher anekdotisch bei Lucas vorkommt, im Reiseberichte ebenfalls aus der spätern
Zeit, in der zweiten Abtheilung der galiläischen Erzählung. Für diese auffallende
Erscheinung bieten sich uns nun zwei Erklärungsarten dar für die Auslassung bei
Marcus. Entweder er kannte sie nicht, oder er ließ sie aus, weil sie der ältesten
Ueberlieferung fremd war.

Die erste Annahme streitet nicht allein wider die Voraussetzung, daß Marcus
unser erstes Evangelium, also das Werk des Matthäus kannte, als die vollständigste
Form der palästinischen Ueberlieferung, sondern ist auch nicht vereinbar mit der That=
sache, daß Marcus doch andere vereinzelte Aussprüche Jesu kennt und berichtet. Wie
also nicht auch die der Bergpredigt eigenthümlichen, hochwichtigen ethischen Sprüche?
Dagegen erklärt es sich aufs natürlichste, daß Marcus einestheils sich an die älteste
Form des evangelistischen Vortrags von Jesu Leben hielt, wegen der ethischen Spruch=
sammlung aber die Kenntniß anderer Werke voraussetzte.

Suchen wir der Entstehung der Bergpredigt aus dem vorgetragenen Thatsächlichen
nahe zu kommen. Wir befinden uns hier im ersten Anfange des Jahres 781, in
welchem Zeitpunkt erst die Berufung der sieben Jünger vorfiel, und also die Belehrung

ter Zwölf für die Mehrzahl erst begann. Die evangelistische Erinnerung reicht, bis auf jene schwachen Nachhalle, die wir oben gesammelt, nicht in das Jahr 780 hinein. Das Verkündigen des Himmelreichs beginnt für die Evangelisten, wie sie selbst es sagen, erst mit der Zeit, als Jesus, nach des Täufers Gefangennehmung, in Galiläa mit begeistertem Munde und wunderbaren Krafterweisungen auftrat. Es ist begreiflich, wenn damals noch nichts aufgezeichnet wurde und wenn später nicht viel genaue Erinnerung zurückblieb. Es ist aber durchaus unmöglich, daß aus jener geistesvollen Zeit nur Wunderthaten und einzelne daranhängende Aussprüche Jesu aufbewahrt sein sollten, und gar keine rein belehrenden Predigtworte. Einzelne derselben müssen sich in das Gedächtniß der Hörer eingegraben, und von den Jüngern späterhin vielfach und in größerm oder geringerm Zusammenhange erzählt worden sein. An der Spitze solcher Reden standen die Seligkeits= und Weherufe, die sich mehr oder weniger im Geiste des hebräischen Parallelismus symmetrisch gestalteten, und die Grundlage der später gebildeten Bergpredigt ausmachten. Dann folgten die in der Erinnerung ver= bliebenen Sprüche über das Verhältniß der wahren geistigen Sittenlehre zu den zehn Geboten und den Satzungen, Sitten und Lehren der Schriftgelehrten und Pharisäer. Dazu treten endlich die ältesten Parabeln oder Gleichnisse: eine Lehrform, deren sich Jesus auch in jenem frühesten Zeitraume der galiläischen Verkündigung oft bedient haben muß. Wir werden also wol sagen dürfen, daß Lucas Bergpredigt die frühere, Matthäus die spätere Bearbeitung gibt, aber daß auch diese erste Form schon eine absichtlich unternommene Zusammenstellung enthält.

Auf dem Berge erhielten auch nach Marcus die Zwölf ihre Berufung als Ver= kündiger des Gottesreichs. Also doch wol auch ihre Unterweisung für diesen Beruf. Und von dieser Unterweisung sollten sich keine alten Ueberlieferungen erhalten haben? Was war natürlicher, als daß man daran anknüpfte, damit schloß, als man die ethischen Sprüche Jesu und die Lehren vom Verhältnisse des Gottesreichs zum Gesetze und zur priesterlichen Ueberlieferung zusammenstellte?

B. Uebersicht des Ergebnisses.

Wir fassen das Ergebniß unserer Kritik in folgende Sätze zusammen:

Erstlich. Die drei Evangelien sind in der Ordnung geschrieben, in welcher wir sie lesen. Die Gemeinden haben sie also in ihre Evangelienbücher nach rein geschicht= licher Ordnung aufgenommen.

Zweitens. Marcus hatte folglich unser Matthäus=Evangelium vor sich, Lucas beide, den Matthäus und Marcus; aber Beide kannten auch die frühere, einfachere Ueberlieferung, welche Matthäus zuerst veränderte, indem er für die paläſtinischen Gemeinden eine mehr sachliche vorwalten ließ, innerhalb natürlich des Missionar= rahmens.

Drittens. Marcus ging darauf aus, den römisch=griechischen Christen, neben dem vielfach übersetzten paläſtinischen Evangelium des Matthäus, diese alte einfache Darstellung der Begebenheiten des Lehramtes von der Taufe bis zur Auferstehung in die Hände zu geben. Sein eigenes Werk dabei besteht aus einzelnen anschaulichen Zügen, welche sich am leichtesten aus seinem Verhältnisse als Begleiter und Dolmetscher des Petrus erklären, und denselben persönlichen Charakter des Achtens auf persönliche und örtliche Umstände tragen.

Viertens. Lucas unternahm eine neue Forschung, im ganzen Umfange, welchen Matthäus der Evangelisation über Jesu Leben und Sprüche gegeben hatte. Die schriftstellerische Ausprägung wird im Eingange genau bezeichnet, nach Quellen, Umfang, Anordnung. Auch diese Arbeit ruht auf der ältesten palästinischen Ueberlieferung, welche Matthäus bearbeitete und welche selbst nichts Anderes war, als Verzeichnung der ursprünglichen mündlichen Lehre der Missionare. Die Anordnung der Geschichten am See folgt fast ganz genau der Ordnung des Marcus, nur daß sie diejenigen Erzählungen wegläßt, welche nach den von Lucas uns bewahrten Reiseberichten nicht nach Galiläa gehören konnten.

Fünftens. Die Ueberlieferung hat einen praktischen Zweck, den der Belehrung der Katechumenen über Jesu Lehren und Leben innerhalb der vier durch 'alle drei Evangelisten durchgehenden Abtheilungen, von Taufe bis Auferstehung, kurz vor Ostern 780 bis Ostern 782.

Sechstens. Daß sie ihre einfachste Form in Marcus bewahrt hat, beweist auch der Umstand, daß bei ihm die Folge die natürlichste ist. Sobald man die, offenbar dem Jahre 780 zugehörigen Anekdoten ausscheidet, gewinnt man eine Basis für das Verständniß der Anordnung in den beiden erweiterten Evangelien, des Matthäus und des Lucas.

Siebentens. Ein anderer Beweis dafür ist, daß bei Marcus Darstellung sich von selbst ein natürlicher Fortschritt der Wirksamkeit Jesu kundgibt: der Umfang und die Bedeutung dieser Wirksamkeit erweitern sich gleichmäßig und doch ohne alles Systematische, ohne Absicht des Verfassers.

Achtens. Wenn des Lucas galiläische Darstellung hiernach der des Marcus nachsteht, so gibt dagegen der erste der drei oben charakterisirten Reiseberichte, welche Lucas nach den galiläischen Erzählungen vorbringt, die sichere Handhabe einer Kritik einzelner Sprüche, welche nicht allein bei Matthäus, sondern auch bei Lucas in die galiläische Reihe übergegangen sind, da die Erzählungen jener Reiseberichte bei ihnen schon vereinzelt dastehen, und jene Anekdoten sich den galiläischen Berichten nach Analogie ihres Inhalts angeschlossen haben.

Neuntens. Der ganze Zeitraum der galiläischen Erzählungen muß, nach Johannes, auf etwa zwei bis dritthalb Monate beschränkt gewesen sein, und darauf lassen sie sich auch alle zurückführen, durch Beachtung der Angabe der Sabbathe. Vor der ersten Heilung, welche in der Synagoge, also an einem Sabbathe, vorfiel, lehrte Jesus an den Sabbathen, also während einiger Wochen. Ein Sabbath wird erwähnt in der Gruppe von Levis Berufung, einer nach der Rückkehr von Gabara. Dadurch haben wir als kürzeste Zeit nur etwa 6—7 Wochen. Das genügt zur Ausfüllung jenes Zeitraums, schließt aber eine bedeutend größere Ausdehnung des Zeitraums aus.

Zehntens. Die Einschaltungen und Zusätze, welche die ursprüngliche Ueberlieferung erfahren hat, finden sich theils bei allen Dreien, und kommen alsbann auf Matthäus oder seine Quelle zurück; theils bei zwei, theils bei einem Evangelisten.

A. Uebersicht der Einschaltungen.

I. Einschaltungen, die sich bei allen Dreien finden, sind nur zwei, und beide gehören ins Jahr 780, in jenen dunkeln Zeitraum vor dem Auftreten in Galiläa.

Februar. Berufung der zwei Jüngerpaare (der Anekdote vom See vorgesetzt, welche unmittelbar vor die erste Reise nach Jerusalem gehören wird):

bei Marcus und Matthäus unmittelbar nach der Einleitung; bei Lucas nach dem ersten Auftreten in Kapernaum.

April. Aehrenraufen, eine vereinzelte Anekdote, welche hierhergesetzt wurde, vor die Sabbathheilung der verdorrten Hand, wegen Aehnlichkeit des Inhalts. Sie findet sich:
bei Marcus und Lucas nach dem Mahle bei Levi; bei Matthäus als Anhang zur Bergpredigt.

Also nur Einordnung vereinzelter Vorfälle aus dem ersten Jahre (780), welche der Ueberlieferung abhanden gekommen war.

II. Einschaltungen bei zwei Evangelisten.

1) Bei Matthäus und Lucas: die Geschichte vom Hauptmann in Kapernaum; sie gehört natürlich in die ersten Tage der Rückkehr von Judäa, vor dem Auftreten in Kapernaum, und wahrscheinlich vor die Gefangennehmung des Täufers.

2) Bei Matthäus und Marcus: aus den bei Lucas aufbewahrten Reiseberichten (8, 19—21) vom März 781, Scene im Hause beim Gedränge (Verwandte), Gleichniß vom Senfkorn (unter andern Parabeln eingeschaltet).

III. Einschaltungen, die sich nur bei Einem finden:

1) Bei Matthäus allein (aus den Reiseberichten).
   a. Die ihm eigenthümlichen Theile der Bergpredigt, fast ohne Ausnahme.
   b. Als Anhang zum Abschnitte von der Bergpredigt das Wehe über Chorazin nebst Dankgebet und Ansprache nach der Botschaft des Johannes; Spruch über Ernte und Arbeiter (9, 37. 38).

2) Bei Lucas allein:
   Die Geschichte vom salbenden Weibe (die Andern haben eine ähnliche Geschichte aus dem Jahre 782).

B. Uebersicht der Zusätze.

Zusätze zu der ursprünglichen Ueberlieferung finden sich nun unverkennbar sowol bei Lucas als bei Matthäus. Sie sind folgende:

I. Bei Lucas und Matthäus:
1) Grundlage der Bergpredigt, aus Sprüchen, die vom Jahre 780 oder Anfang 781 berichtet waren.
2) Sendung des Täufers zu Jesus aus dem Gefängnisse.

II. Bei Lucas allein:
1) Auferweckung des Jünglings von Nain (angehängt an die Heilung des Knechtes des Hauptmanns).
2) Die dienenden Weiber.

III. Bei Matthäus allein:
1) Bei den Parabeln der Schiffpredigt;
   Parabel von Saat und Unkraut;
   =   vom Sauerteig, und Erklärung der Parabel vom Unkraut;
   =   von den Perlen; vom Netz.
2) Beim Zuge nach Gerasa:
   der Schriftgelehrte, der den Vater begraben will.
3) Bei dem Wege zum Jairus:
   die beiden Blinden und der Taubstumme (9, 27—34).

Aber auch bei Marcus selbst können wir Stücke nachweisen, welche in einer ursprünglichern Reihe dieser galiläischen Geschichten nicht enthalten waren. Außerdem gehören ihm als Schriftsteller einige seinem Evangelium eigenthümliche, einleitende und überleitende Verbindungen oder abschließende einzelne Bemerkungen. Durch ihre Aus= scheidung wird die Uebereinstimmung der drei Reihen noch größer, und die ursprüng= liche Anordnung noch durchsichtiger.

Fassen wir nun diese Thatsachen zusammen, so können wir das Ergebniß nicht anders als sehr günstig ansehen für die Grundannahme unserer kritischen Darstellung, welche wir in der Einleitung zu diesem Abschnitte vorgelegt haben. Wir haben keine verwirrte Ueberlieferung, sondern nur die organische Abspiegelung einer historischen Reihe von Begebenheiten nach den praktischen aber historisch ungenauen Annahmen der Unter= weisung der Katechumenen, wie sich die Methode dieser Katechese in den ersten Jahren nach Jerusalems Zerstörung ausgebildet hatte. Ebenso unmöglich hat sich die Hypo= these gezeigt, daß Marcus den Lucas und Matthäus ausgezogen; anderer ganz will= kürlicher Hypothesen nicht zu gedenken.

Drittes Hauptstück.

Vorläufige übersichtliche Einreihung der gesichteten evangelistischen Erzäh= lungen in den johanneischen Rahmen.

Erst die Sichtung der evangelistischen Berichte aus dem ganzen Zeitraum des ersten Jahres des Lehramtes, also alles vor der Speisung Liegende, setzt uns in Stand, die geschichtliche Reihe aufzustellen, welche aus der kritischen Verbindung des johanneischen Rahmens und seiner Landmarken mit den Erzählungen der Evangelisten dem Historiker hervorgeht, und also einzig die sichere Grundlage einer geschichtlichen Darstellung des Lebens Jesu bildet.

Zu leichterm Verständnisse des Gewinns, welchen wir aus der Sichtung der galiläischen Berichte der Evangelisten ziehen, geben wir hier eine vorläufige Uebersicht, wobei die johanneischen Elemente durch größern Druck von den evangelistischen unter= schieben sind.

Unser Führer bei den evangelistischen Berichten wird Marcus sein; wir werden uns bei den galiläischen Erzählungen der Uebersichtlichkeit wegen nur auf die sechs Hauptabschnitte beschränken, und nur kurz den Inhalt jedes einzelnen derselben angeben, mit Auslassung derjenigen Anekdoten, welche wir, entweder des Johannes oder der Reiseberichte des Lucas wegen, bei der Sichtung haben ausscheiden müssen.

Erster Abschnitt.

Die Zeit vor dem ersten Passah (Februar bis December 780).

I. 1) Die Taufe (in Peräa) und der Täufer.
   2) Die ersten Jünger: Andreas und Johannes, Petrus und Philippus (und Nathanael).
   3) Rückkehr nach Galiläa: Hochzeit in Kana.
   4) Aufenthalt in Kapernaum, einige Tage.
   5) Erste Reise nach Jerusalem, kurz vor Ostern, mit den fünf Jüngern.

Februar, März.

II. Der Aufenthalt in Jerusalem und Judäa (Versuchung in der Wüste) und Rückkehr durch Samarien;

April. 1) Aufenthalt in Jerusalem; das Zeichen vom Tempel; Niko= demus; das Aehrenraufen der Jünger.

Mai bis November. 2) Aufenthalt in Südjudäa, unweit von dem Orte, wo Jo= hannes taufte (Wüste und Versuchung).

December. 3) Rückreise durch Samarien; Gefangennehmung des Täufers.

Zweiter Abschnitt.

Januar bis gegen Ende Februar 781. Das Auftreten in Galiläa bis kurz vor dem Purimfeste.

I. Jesus, zuerst in Kana, dann in Kapernaum wohnend, tritt am See auf; heilt den Sohn des Königlichen.

1) Worte zu den vier ersten Jüngern an ihren Schiffen — Predigen in den Synagogen — Heilungen.

2) Der neue Jünger (Levi) und die Zöllner — Predigen am Seeufer; Heilung der verdorrten Hand.

3) Die Erwählung der Zwölf; die Unterweisung an sie (Bergpredigt).

4) Jesus in seinem Hause; wer ihm Mutter und Bruder ist.

5) Die Schiffpredigt; vom Reiche Gottes, in Gleichnissen.

6) Zug über den See nach Gadara; der Tobsüchtige; Jairus.

II. Jesus tritt in Nazareth auf, und wird nicht anerkannt.

Ende Februar. III. Jesus bricht auf, um nach Jerusalem zum Purimfeste zu ziehen.

Wir erkennen sogleich, daß die Einfügung der Evangelistenerzählungen in den johanneischen Rahmen sich als eine Einrenkung und als Herstellung des wirklichen, geschichtlichen Verlaufs darstellt. Denn in jedem einzelnen Falle erklärt sich die Ver= schiedenheit aus einem und demselben Gesetze der Abspiegelung auf den katechetischen Lehrgang, der praktisch, aber nicht geschichtlich war.

Danach müßten also die Worte an die beiden Brüderpaare, deren Jüngerschaft schon im Frühlinge 780 erfolgte, in den Anfang des nächsten Jahres versetzt werden, beim Auftreten Jesu in Galiläa, weil damals die evangelistischen Berichte anfangen, nachdem die Taufe und die erste Reise nach Jerusalem mit dem langen Aufenthalte in der Wüste von Südjudäa nur mit wenigen Worten und gleichsam als dunkle Vorhalle angedeutet sind.

Aber diese Andeutungen fehlen auch hier nicht. Von der Kunde des Auftritts in Jerusalem auf dem Platze vor dem Tempel (Austreiben der Händler) zeugen alle drei Evangelisten, und zwar, wie wir seines Orts sehen werden, geben sie diesem Vor= falle gerade die Stelle, welche nach jenem Gesetze der Abspiegelung ihm zukommt, nämlich gleich an der Spitze der Anekdoten des (angenommenen Einen) Aufenthalts Jesu in Jerusalem.

Sollte es zufällig sein, daß das Aehrenraufen der Jünger gerade auf den Sabbath nach Ostern fällt, wo Jesus niemals in Galiläa war, damals aber, nach dem Be= richte des Augenzeugen, gerade in Jerusalem?

Im zweiten Abschnitte steht die Heilung des Sohnes des Königlichen an der Spitze des apostolischen Berichts, und sein Abbild in der evangelistischen Ueberlieferung — die Heilung des Knechts des Königlichen in demselben Kapernaum — gehört zu den ersten Zusätzen zur rein galiläischen Ueberlieferung bei Matthäus; sodaß des Marcus

Schweigen darüber ebenso berechtigt war, als des Lucas Erwähnung; daß Lucas es später anbringt, da wo er die ihm eigenthümliche Erweckung des Jünglings von Nain berichtet, wird uns auch leicht erklärlich erscheinen, wenn wir das bei ihm, wie anderwärts bei Matthäus, vorherrschende System der Zusammenstellung analoger Erzählungen berücksichtigen.

Daß Jesus Nazareth besuchte, als er aus Judäa zurückkehrte, und dort schlecht aufgenommen wurde, deutet auch Johannes an.

Welchen Anhalt endlich der erste Reisebericht des Lucas, mit welchem wir den nächsten Abschnitt zu eröffnen haben, durch den johanneischen Rahmen gewinnt, nämlich durch die Reise zum Purimfeste, werden wir bei seiner Sichtung erkennen; sowie andererseits diese Angabe des Augenzeugen von der Reise erst recht fruchtbar wird durch die höchst bedeutenden anekdotischen Geschichten jenes Reiseberichts.

Wir haben aus dieser Uebersicht die Erwähnung von der Hinrichtung des Täufers ausgeschlossen, obwol die evangelistischen Berichterstatter sie fast unmittelbar an die galiläischen Erzählungen anknüpfen. Aber schon daß Marcus und Lucas die Aussendung der Jünger ihr voranstellen, weist darauf hin, daß die Enthauptung erst stattfand, als Jesus seine Reise zum Purimfeste angetreten hatte. Denn es ist schon an sich unwahrscheinlich, daß Jesus die Jünger bereits in Galiläa unabhängig, und zwar nach Marcus je zu zwei, ins Land sendete. Aber der Reisebericht bei Lucas hat gerade diesen Zug bei Aussendung der Siebzig Jünger, auf der Reise zum Purimfeste. Fällt nun diese Aussendung erst in den nächsten Abschnitt, die Reise, so doch auch wol die darauf erst folgende Erwähnung des Enthauptens.

Man kann also gar nicht einmal erst sagen, daß sich hier eine Ungenauigkeit der Ueberlieferung kundgibt: sie kennt jene Reise nicht, weil sie in ihren Rahmen nicht paßt, und das katechetische Bild von Jesu Leben und Lehren nur zerrissen haben würde. Eine andere Stellung konnte sie jener Erwähnung der Enthauptung nicht geben, als unmittelbar vor der Speisung, dem Anfange der zweiten Hälfte des Lehramtes.

Daß nun wirklich, geschichtlich, die Enthauptung erst kurz vor oder unmittelbar nach dem Passah 781 (30. März) gefallen sein kann, folgt mit Nothwendigkeit für denjenigen, welcher mit uns annimmt, daß die fluchwürdige Feier der Genesia (Thronbesteigung) des Herodes Antipas erst in die letzten zehn Tage des März fällt, also zwei Wochen nach dem Purimfeste, zu welchem Jesus damals reiste.

Jesus erfuhr also die Hinrichtung erst bei der Rückkehr, unmittelbar vor oder nach der Speisung.

Dritter Abschnitt.

Die Reise von Galiläa zum Purimfeste nach Lucas 9, 51—13, 21.

Letztes Drittel Februar 781.

Diese Reise ist eine kurze, wahrscheinlich nur achttägige, wie überhaupt diese Unter=
brechung der Wirksamkeit Jesu am See eine kurze war, ihre nähere Veranlassung liegt
im Dunkeln; aber Zeitpunkt und Reise sind nichtsdestoweniger sehr bedeutend. Das
Wiedererscheinen Jesu am See fällt, wie wir eben gesehen, zusammen mit dem Berichte,
daß Herodes ein unbestimmtes Gerücht vernommen von dem neuen Propheten und seinen
Wunderthaten, und damals eben war der Täufer hingerichtet worden, nach denselben
Berichten. Nichts aber mußte beim Hofe des Herodes wie im Hohen Rathe Jerusalems
so ernste Bedenken hervorrufen, als daß dieser neue Prophet lehrend, heilend, auf=
regend, mit einem Jüngerhaufen von siebzig begeisterten jungen Männern, und ohne
Zweifel einem größern Gefolge im weitern Kreise, durch Dörfer und Städte nach
Jerusalem zog, und daß immer größere Haufen, selbst aus den Nachbarländern, ihm
zuströmten.

Jesus sandte nämlich damals nicht allein seine Zwölf aus, sondern ordnete auch
Siebzig ab aus der übrigen Schaar seiner Anhänger, daß sie vor ihm herzögen, ver=
kündigend, wie das Himmelreich ihnen nahe. Tausende hatten ihn geschaut und gehört.
Unerhörtes war vor den Augen der Menschen geschehen; der Täufer war gewiß in sei=
nem Gefängnisse gestärkt worden durch Jesu Bescheid auf seine Botschaft, durch die selige
Gewißheit, daß der Tag der Heimsuchung Gottes erschienen sei. Von Judäa und
Jerusalem her hatte sich der Ruhm seines Namens ausgebreitet; mit verdoppelter
Stärke kehrte der Wunderklang seiner Thaten wieder dahin zurück. Ein neues gött=
liches Leben hatte durch seine Persönlichkeit, seine Thaten und Reden begonnen; jetzt
fing es an, sich als Gotteskraft in einem größern Kreise von Jüngern zu offenbaren.
Ausgerüstet mit seiner Kraft gingen sie aus, und verkündeten die frohe Botschaft, ihre
Wahrheit durch wunderbare Wirkungen auf die Leiber und Gemüther der staunenden
Bevölkerung beurkundend.

Dieser große Moment der Weltgeschichte war ein Höhepunkt in dem irdischen
Leben des Herrn; es waren Tage göttlicher Freude über den neuen Geist, der in die
schwachen Menschenherzen eingekehrt war und armen und unwissenden Gemüthern die Ge=
heimnisse der göttlichen Gnade offenbarte. Des Täufers Thätigkeit war gelähmt; die
Kunde von seiner Einkerkerung hatte gewiß Jesu Gemüth mit bitterm Schmerze
erfüllt, aber desto größer mußte Jesu Freude sein, zu sehen, wie die Predigt vom

nahenden Gottesreiche nicht gekämpft wurde, daß vielmehr die Erweckung des Geistes im Volke und unter der großen Anzahl der Jünger, welche ihm nachfolgte, einen viel größern Schwung genommen hatte. Auf diesem Wege allein, der göttlichen Hebung und Begeisterung des Volks, lag die Erreichung des Ziels.

Unter solchen Umständen also mußte die Reise sich eröffnen. Finden wir wirklich einen Bericht, der hierauf paßt? Es scheint, daß der Anfang des Reiseberichts bei Lucas sich mit überraschender Klarheit an unsere Begrenzung des Zeitraums anschließt. Er beginnt in Samarien, bringt uns aber alsbald nach Judäa. Die Unterredung mit den jüdischen Schriftgelehrten setzt schon Eintritt in Judäa voraus; die Aussendung der Siebzig wird als eine Entfaltung des errungenen messianischen Ansehens anzusehen sein. Allerdings ist es nicht wahrscheinlich, daß Samariter sich ihm angeschlossen haben sollten, besonders nach dem ungünstigen Empfange in einem ihrer Flecken; noch unwahrscheinlicher, daß dieser seltsame Umstand nicht bemerkt sein sollte. Aber das Durchziehen konnte ebenso gut mit den Siebzig als mit den Zwölfen erfolgen. Wir müssen nun den einzelnen Erzählungen näher treten.

Eingang.

Der Zug durch Samarien und der unheilige Eifer der beiden Kinder des Zebedäus.

Gehört diese Anekdote in die erste Reise Jesu durch Samarien, also in den Durchzug Samariens, von welchem Johannes uns so herrliche Züge erhalten hat, oder muß sie in die Reise zum Purimfeste gesetzt werden? Wir wissen nicht, ob diese Reise überhaupt durch Samarien ging; der Umstand, daß Sychar gar nicht berührt wird, wo Jesus so viele Theilnahme gefunden, scheint vielmehr gegen diese Annahme zu sprechen. Entscheidend dagegen ist noch mehr der Umstand, daß jetzt erst die so ausführlichen und genauen Berichte über die Aussendung der Jünger, je zwei und zwei, folgen, mit welcher Aussendung doch die Reise, mindestens bei Ueberschreitung der Grenze Galiläas, begonnen haben wird. Wir erkennen also hier einen anekdotischen Nachhall aus dem verschollenen Jahre 780, und dafür paßt die Voranstellung vollkommen. Ein Dorf in Samarien wollte die Jünger nicht aufnehmen, welche Jesus eine Herberge bestellen sollten; darob entbrannte der fleischliche Eifer der damals noch innerlich unbekehrten Apostel Johannes und Jacobus. Jesus straft diesen Eifer, und es findet sich ein geneigtes Dorf für das Nachtlager.

Es bleibt also nur die vorjährige Rückreise durch Samarien übrig, man müßte denn annehmen, daß Jesus auf der Hinreise diesen Weg eingeschlagen habe. Allerdings paßte dafür der Wortlaut der Eingangsworte besser, wo angenommen wird, daß Jesus „das Angesicht gewandt hatte gen Jerusalem". Allein der Ausdruck kann dem Lucas oder seinem nächsten Gewährsmann zugeschrieben werden, als die chronologische Anschauung bereits verloren war.

Jedenfalls steht fest, daß die Anekdote hier nur an ihrer Stelle steht, wenn sie als Nachhall aus 780 gefaßt wird.

Aber ist dieses nicht auch der Fall mit der Erzählung von Maria und Martha, die doch wol nach Bethanien weist (10, 38—42)? Wir müssen auch hier die etwas unbescheidene Aushülfe abweisen, der Mann habe gar nichts von Bethanien und Jesu Verhältniß zur Familie gewußt. Es bleibt dann aber nichts übrig als zu sagen, dieses gastfreundliche Verhältniß müsse sich bei der ersten Reise nach Jerusalem,

Ostern 780, gebildet haben. Denn wir finden bei der Reise nach Jerusalem zum Leidensostern (782) dieses Verhältniß schon als ein bestehendes, ja im Winter vorher zeigt sich die Innigkeit des Verhältnisses in dem Herbeieilen Jesu zur Erweckung des Lazarus. Ja, die Ausdrücke von Lucas (8, 1—3) von den „vielen dienenden Weibern", die außer den von ihm namhaft gemachten für die Reisekosten beisteuerten, machen es wahrscheinlich, daß auch die beiden Schwestern des Lazarus, Maria von Bethanien und Martha, darunter waren.

Wenn nun die Bekanntschaft mit Lazarus Hause ins Jahr 780 gehört, so ist hier der natürliche Platz für die Anekdote vom Mahle, wobei Martha sich viele Geschäfte in der Küche machte. Es war eine vereinzelte ältere Geschichte, welche, hier sobald als thunlich, unter andern judäischen Anekdoten schicklich untergebracht wurde. Auch diese wird also in der geschichtlichen Anordnung in den vorjährigen Zeitraum zu versetzen sein.

Allen innern Kennzeichen nach aber gleichfalls auch die daran sich schließende Gruppe von zwei Geschichten und Sprüchen (11, 1—13), welche sich auf das Beten beziehen, voran die Mittheilung des „Gebets des Herrn", des Vaterunsers. Die Jünger gründen ihre Bitte um eine Gebetsformel darauf, daß auch Johannes seinen Jüngern Gebete gelehrt habe. Das weist uns auf die Zeit, wo Jesu Jünger und die des Täufers sich bei Salim und Enon aufhielten, und die Verschiedenheiten der Lebensweise der Einen und der Andern zur Sprache kamen, wie wir aus Johannes lernen (3, 22—26). Damals mochte den Jüngern eine gemeinsame Gebetsformel ein besonders dringendes Bedürfniß sein, da Jesus sie lange Zeit allein ließ, indem er sich in die Wüste des Gebirgs zurückzog. Beide Anekdoten finden sich auch bei Matthäus in der Bergpredigt (das Gebet des Herrn 6, 9—13; der zweite Ausspruch 7, 7—11) rein als Sprüche, ohne geschichtliche Anknüpfung, und offenbar schon etwas abgeschliffen. Wir haben aber oben bereits die Thatsache festgestellt, daß die Bergpredigt des Matthäus, namentlich in denjenigen Stellen, welche nicht auch in der Bergpredigt des Lucas sich finden, nur aus der ersten Periode des Lebens Jesu herzukommen scheine.

Nehmen wir nun die Anekdote aus Samarien, die von Bethanien und die Gebetsgruppe aus der geschichtlichen Reihe weg, was bleibt uns in diesem Reiseberichte übrig?

Gerade Erzählungen aus dem Kreise der beiden großen Ereignisse, welche in diesen Reisezug, den Triumphzug des Messias, nothwendig gehören: die Bildung, Anweisung und Aussendung einer Schaar von siebzig Jüngern und der Verkehr mit Schriftgelehrten und Pharisäern über das was jetzt zu thun sei! Und zwar stehen die Erzählungen aus jeder dieser beiden Reihen untereinander ebenso in geschichtlicher Ordnung, wie sie selbst als Ganzes. Zuerst die Aussendung und was dazu gehört, dann die Gespräche mit den Orthodoxen, vom ersten Begegnen bis zum Bruche.

Wir gehen nun über zu der Betrachtung des Einzelnen in der gesichteten Reihe.

Der Zug aus Galiläa durch Judäa zum Purimfeste 781 in Jerusalem.

I. Die Nachfolger Jesu und die siebzig Jünger.

(9, 57—10, 24.)

Die jetzt folgenden Geschichten bis 10, 24 gehören offenbar zueinander und sind in geschichtlicher Ordnung. Woher kommen auf einmal die siebzig Jünger, welche ausgewählt wurden, also aus einer bedeutendern Zahl von Nachfolgern? Wir hören nichts davon während des galiläischen Aufenthalts. Es war immer nur von den Zwölfen die Rede, welche Jesus im Januar oder Februar sich erwählt und sich allmählich herangebildet hatte; unter ihnen sieben neue. Die große Schaar von Nachfolgern, die auch Jünger werden wollten, muß sich also gebildet haben, als Jesus zum Feste aufbrach, und zwar wol schon in Galiläa oder beim Eintritte in Peräa oder Judäa. Die jetzt zunächst folgenden Anekdoten von jungen Männern, die sich Jesu anschließen wollen, gehen also der Auswahl der Siebzig voran, oder sind ihr wenigstens gleichzeitig. Die Stellung ist also eine geschichtliche, und die Gruppe gehört zusammen.

Diese Ansicht bestätigt sich bei näherer Betrachtung des Inhalts.

Jesu Antwort zu einem, der ihm folgen will (9, 58):

> Die Füchse haben Gruben, und die Vögel des Himmels haben, wo sie sich bergen,
> aber des Menschen Sohn hat nicht, da er sein Haupt hinlege

paßt offenbar ganz auf diese Reise. Nicht minder der großartige Bescheid an einen, welchen der Herr selbst aufgefordert hatte, ihm zu folgen, und der vorher, entschuldigungsweise, den Vater begraben will, und der gleichartige an Jemand, welcher vorher sein Haus bestellen möchte.

Die beiden ersten Aussprüche hatte Matthäus 8, 19—22 in die galiläischen Berichte eingeschaltet. Ihre Aneinanderreihung bei Matthäus wird also wol als Ueberlieferung angesehen werden dürfen, um so mehr, da sie auch Lucas fast mit denselben Worten und in entsprechender Stellung hat.

1. Die siebzig Jünger (10, 1—16).

„Der Herr bestellte andere (Boten nämlich) Siebzig"; wol mit Rücksicht auf des Moses siebzig Aelteste. Sie werden dem Herrn vorangesandt. Hatte sich schon von Galiläa aus ein großes Gefolge angeschlossen?

Die Weisung derselben (Vss. 3—7) ist von Matthäus der Weisung der Zwölf einverleibt. Offenbar passen die Weisungen aber ganz für die weitere Zahl. Das Verbot des Begrüßens auf dem Wege ist nach dem Zusammenhange wol in besonderer Beziehung zu verstehen auf den Aufenthalt auf dem Wege, welchen die Begrüßung verursachte (s. z. Luc. 10, 4).

Dann (8—12) folgen Verhaltungsbefehle für ihr Benehmen in den Städten, in welche sie kommen. An den Ausspruch:

> Es wird Sodom an jenem Tage erträglicher ergehen, denn solcher Stadt (die euch
> nicht aufgenommen) —

knüpft sich der Weheruf über Chorazin, Bethsaida und Kapernaum, welcher bei Matthäus 11, 20—24 einem ähnlichen Ausspruche vorhergeht. Die Erwähnung dieser Städte, zu denen der Herr doch noch zurückkehrte, verräth unleugbar, daß der Ausspruch ursprünglich vereinzelt bastand, und von dem einen wie von dem andern Evangelisten einem verwandten angefügt wurde. Nach der Einschaltung aber schließt sich Vs. 16 wieder an Vs. 12 an. Hinsichtlich des Matthäus ist noch zu bemerken, daß der Spruch auch bei ihm dem ersten Theile der galiläischen Geschichten zugetheilt und zwar einem sehr zusammengesetzten Anhange einverleibt ist.

2. Rückkehr der Siebzig von ihrem ersten Ausfluge (10, 17—24).

Groß ist ihre Freude über die Macht, welche ihnen der Herr verliehen. Ihr Bericht und ihr freudiges Bewußtsein des Geistes ist die Erfüllung dessen, was Jesus dem Nikodemus von der Gewalt des Geistes verkündigt hatte. Seine Seele ergießt sich in ein lautes Dankgebet zum Vater, woran sich anschließt ein an die Jünger ge-richteter, ganz johanneischer Ausspruch seines persönlichen Gottesbewußtseins, des Selbst-bewußtseins über das Verhältniß des Vaters zum Sohne. Der zweite Ausspruch, der nun folgt, richtet sich wol an die Zwölf insbesondere. Er preist sie glücklich, daß sie schauten und vernahmen, was vor ihnen Seher und Könige nicht geschaut und ver-nommen.

Wie verarbeitet und abgeschliffen ist dieses bei Matthäus (11, 25—27), der es mit andern ethischen Aussprüchen Jesu verknüpft (28—30). Uebrigens ist diese Stelle der Schluß des eben erwähnten größern Anhangs zum ersten großen Abschnitte des paläsit-nischen Evangeliums; ein nicht zu übersehender Umstand, weil der Spruch also auch dort dem ersten Theile der evangelischen Ueberlieferungen (vor der Speisung) zugehört.

Bis hierher weist uns nichts auf Judäa und die Nähe Jerusalems hin, wol aber das Folgende.

II. Die Pharisäer und Schriftgelehrten und der Bruch mit ihnen.
(11, 14—12.)

Auch hier haben wir eine Gruppirung, welche in dem Verhältnisse Jesu mit der geistlichen Gewalt ihre Einheit findet. Aber nach Analogie des Uebrigen müssen wir dabei nicht das Geschichtliche aus den Augen verlieren. Unverkennbar ist ein Fort-schritt in den jetzt folgenden vier überaus merkwürdigen Erzählungen, und die Kata-strophe, mit welcher sie schließen, muß in diesen Zeitpunkt fallen; wir finden eine mildere Stellung der Priesterpartei zu Jesus in dem echten Theile der galiläischen Geschichten, welche diesem Reiseberichte vorhergehen, und in den nächsten johanneischen Berichten über den Aufenthalt in Jerusalem, welcher auf diese Reise folgte, sehen wir den Kampf bereits entbrannt. Diese Katastrophe des irdischen Lebens Jesu fällt in den März 781 und in diesen großen Prophetenzug gegen das feindliche Lager.

1) a. Lästerung wider den heiligen Geist und Versuchung der Pharisäer beim Austreiben des stummen Teufels, als ob Jesus dieses durch Beelzebul verrichtet habe (vgl. Matth. 12, 22—30 und schon Marc. 3, 23—27), und Jesu strafende Ant-wort (11, 14—28). Schon die Vergleichung der Worte Jesu mit denen bei Marcus und Matthäus zeigt, daß wir hier eine viel weniger abgeschliffene Ueberlieferung vor uns haben. Angehängt, des analogen Inhalts wegen, sind die beiden nächsten Sprüche, obwol der zweite derselben geschichtlich mit dem ersten zusammenhängen mag. — b. Die Vergleichung der Rückkehr ausgetriebener böser Geister (24—26) mit Matth. 12, 43—45 zeigt dasselbe Verhältniß; bei Lucas ist die Fassung frischer. — c. Der Segens-ruf eines Weibes und Jesu Antwort (Vss. 27. 28) sind eine dem Lucas eigenthüm-liche, rührende Anekdote.

Daß der Ausspruch über die Sünde vom heiligen Geist (Matth. 12, 31; Marc. 3, 28) in jener ersten Erzählung fehlt, ist ebenfalls ein Beweis größerer Ursprünglichkeit.

2) Jesu Strafrede gegen die zeichensüchtigen Pharisäer (11, 29—32) steht in unserm Horizonte.

Sie sollen keines haben als das des Jonas, d. h. Vorhersagung ihres Untergangs; die Königin von Saba und selbst die Niniviten werden gegen sie zeugen (Matth. 12, 38—42).

Auch haben wir als Anhang einen analogen Spruch: der Ausspruch vom Lichte und Leuchter (Vs. 33; vgl. Matth. 5, 15) ist nur die Einfügung eines versprengten Spruchs bei Gelegenheit des zweiten, welcher den Zusammenhang mit dem Vor-hergehenden bildet: vom Erleuchten oder Verfinstern der Menschen durch das Auge

(Vss. 31 36; vgl. Matth. 6, 22. 23). Denn dieser Ausspruch bezieht sich gerade auf die innere Unwahrheit der Pharisäer. Sie wissen Vieles, aber nicht das Rechte, und sehen Alles mit schielendem Auge an. Auch die Trennung beider Sprüche bei Matthäus zeigt dafür, daß sie ursprünglich nicht zusammengehörten. Matthäus trennt sonst nicht, sondern verbindet; auch Sprüche, die so wenig zusammenhängen wie diese beiden.

3) Frühmahl bei dem Pharisäer und Weheruf (11, 37—54; vgl. Matth. 23). Die Pharisäer äußern ihr Befremden, daß der Herr nicht die feierliche Hände= waschung beobachte. Ernste strenge Strafrede und Weheruf des Herrn über die Phari= säer und Schriftgelehrten.

Einer der wichtigsten und ergreifendsten Abschnitte des Lebens Jesu; sie bereitet vor die Kriegserklärung gegen die Hierarchie, welche die nächste Gruppe ausspricht, und bildet mit ihr die Verwickelung seines irdischen Schicksals: das Zerwürfniß auf Leben und Tod mit der ganzen jüdischen Priesterschaft und was daranhing.

Wir halten diesen tragischen Abschnitt bis Ende von 11 für eine wesentliche Ein= heit, jedoch nicht ohne einschaltende Zusammenstellung. Bei Matthäus findet sich ein Theil der Sprüche in der Bergpredigt und in andern Abschnitten der ersten Hälfte der galiläischen Berichte; Einiges in spätern, Einiges ganz vereinzelt, Manches gar nicht. Dunkel ist allerdings Vs. 41, aber der Sinn ist doch jedenfalls dieser: statt so abergläubisch auf das Waschen des Aeußern der Schüsseln zu halten, gebt, was darinnen ist, die Speise, den Armen als Gabe der Barmherzigkeit, so wird für euere Reinigung vollständig gesorgt sein. Der entsprechende Vers bei Matthäus (23, 25) ist, damit verglichen, sehr verwaschen.

Die vielbesprochene Stelle (11, 49—54) läßt sich durchaus nicht anders erklären als durch die Annahme einer in den Text eingeschlichenen Randglosse. Sie beginnt mit dem gar nicht in den Zusammenhang des Textes gehörigen: „Darum auch", welches eine der gewöhnlichen Glossenformeln ist. Dann wird ein Spruch Jesu, den wir anderwärts (Matth. 23, 34. 35) in einer authentischen Form haben, angeführt als Ausspruch „der Weisheit Gottes": jedenfalls Misverstand des Ausdrucks in jener echten Stelle (übrigens s. z. Luc. 11, 49).

4) Bruch mit den Phärisäern. Der vorhergehende Auftritt führte unmittelbar oder mittelbar zu diesem offenen Bruche. Die so offen Angeklagten beginnen ihn zu reizen, um etwas von ihm herauszulocken, was sie zum Verklagen des Neuerers als Hochverräthers, Gottesleugners und dergleichen beim Hohen Rathe berechtigen könnte (53. 54). Das Weitere erklärt sich leicht, wenn man annimmt, daß der Herr die ganzen Folgen dieses offenen Bruchs sogleich fühlte und rücksichtslos aussprach. Was jetzt folgt, ist als etwas Analoges zu betrachten, was aber gar wol geschichtlich und unmittelbar mit dem Vorhergehenden zusammenhängen mag, als dramatische Zwischenhandlung an jenem schicksalvollen Tage.

5) Der Sauerteig der Pharisäer (12). Das Volk drängt sich zu vielen Tausen= den heran. Ein solches Gedränge war nie erlebt. Menschen wurden zu Boden getreten. Oeffentliche Warnungsrede an das Volk, die Jünger, sich vor dem Sauerteig der Pharisäer, d. h. ihrer Heuchelei zu hüten (Vs. 1; vgl. Matth. 16, 6). Unvermeidlichkeit der Folgen des offenen Redens (Vs. 2; vgl. Matth. 10, 26) und Ermahnung zur Beständig= keit und zu furchtlosem Bekennen (3—10), dem Geiste Gottes vertrauend, der mit ihnen sein würde (Vss. 11. 12). Nur Vs. 10, von der Sünde wider den heiligen Geist, ist offenbar eine ungeschickte spätere Einschaltung. Jemand bemerkte, daß er bei Lucas in der bekannten Lästerung der Pharisäer fehlte, und wollte ihn in Lucas nicht fehlen

lassen. Hätte Lucas ihn anbringen wollen, so hätte er ihn bei jener frühern Stelle eingeschaltet, nach des Marcus und Matthäus Vorgang.

6) Zwischenhandlung: Einer aus dem Volke ruft Jesus zum Schiedsrichter auf. Jesus schlägt es ab und warnt vor Habsucht. Parabel vom habsüchtigen Reichen, der plötzlich stirbt (13—21).

7) Dann aber wendet er sich wieder zu den Jüngern, die Parabel auslegend und anwendend (22—48): „Trachtet nach dem Reiche Gottes" (vgl. Bergpredigt). „Wo euer Herz, da ist euer Schatz." „Wartet des Herrn wie treue Knechte" (35—40; vgl. Matth. 24, 42). Des Petrus Frage: ob das Bild auf sie oder Alle gehe? Weitere Auslegung.

8) Die Kriegserklärung, das verzehrende Feuer des Evangeliums (49—53). Zurückkehrend zu der frühern Rede an die Jünger (also anschließend an Vs. 12) ruft er aus:

Ich bin gekommen, ein Feuer anzuzünden, und was wollte ich lieber, denn es brennete schon!

9) Schlußrede zum Haufen (54—59): „Die Zeichen des Himmels kennt ihr, aber nicht die Zeichen der Zeit" (54—56; Matth. 16, 3). Pflicht der Versöhnlichkeit (57—59; vgl. Matthäus Bergpredigt 5, 25. 26).

Schluß.
Zwei einzelne Reiseanekdoten.
(13, 1—17.)
1. Die erschlagenen Galiläer.

Anspielung auf die damals wahrscheinlich ganz frische Kunde von dem Tode mehrerer Galiläer. Es war nämlich ein Auflauf in Jerusalem entstanden, weil Pilatus eine prachtvolle Wasserleitung anlegte, deren Kosten aus dem Tempelschatze bestritten werden sollten. Die Unzufriedenen stürmten auf Pilatus ein, der auf seinem Richterstuhl (Tribunal) saß, also auf der Burg Antonia, dicht bei dem Tempel, und wurden durch Häscher, welche man verkleidet unter das Volk vertheilt hatte, mit Prügeln angegriffen und in die Flucht getrieben, wobei Mehrere schwer und tödtlich verwundet wurden. Josephus („Alterthümer", XVIII, 3, 2; vgl. „Jüd. Krieg", II, 9, 4) gibt keine genaue Zeitbestimmung; ist unsere Anordnung die richtige, so fiel das Ereigniß in den Anfang des Jahres 781, und dafür paßt auch vortrefflich die Stelle der Erzählung bei jenem Geschichtschreiber. Er führt es an, unmittelbar nachdem er den Versuch erwähnt, das Standbild des Kaisers in Jerusalem aufzustellen. Es ist durchaus kein Grund anzunehmen, diese Geschichte in das galiläische Leben Jesu zu setzen. Die Kunde kam von Jerusalem nach Galiläa und konnte Jesu auf dem Wege begegnen, oder die Rede entspann sich überhaupt über jenen noch frischen Vorfall auf der Reise. Die Parabel vom Feigenbaum, der keine Frucht bringt und für welchen der Weingärtner um Geduld bittet (6—9), ist die praktische Anwendung.

2. Heilung des blutflüssigen Weibes am Sabbath.

Die Heilung und die Zurechtweisung des tadelnden Vorstehers der Synagoge (10—16). Die Darstellung am Schluß der Erzählung (17) ist nicht ein überleitender allgemeiner Satz oder ein Abschluß, sondern eine geschichtliche Thatsache:

Und als er solches sagte, mußten sich schämen Alle, die ihm zuwider waren; und alles Volk freuete sich über alle die herrlichen Thaten, die von ihm geschahen.

Aber sie bildet einen tröstlichen Gegensatz zu jenem stürmischen Auftritte; Jesus, heißt es, predigte in einer Synagoge „an einem Sabbathe". Aber eine Fuge, ein Abschnitt wird dadurch angedeutet. Die vorhergehende Erzählung hatte gar keinen allgemeinen Schluß, denn der am Ende der Strafrede an die Pharisäer beim Mahle ist nichts als der ganz besondere Abschluß der individuellen Erzählung. Hier hingegen tritt eine allgemeine Bemerkung als abschließend hinzu. Was folgt, ist ein Anhang.

Anhang.
Vereinzelte kurze Gleichnisse vom Himmelreiche.
(13, 18—21.)

Diese Sprüche stehen da, ohne die geringste Anschließung weder an Zeit noch an Oertlichkeit, rein als „Aussprüche des Herrn". Das Himmelreich ein Senfkorn und das Himmelreich ein Sauerteig, sind offenbar bei dieser Fuge eingeschaltete Nachträge. Sie stehen in unserm Text im Zusammenhange mit dem Vorhergehenden. Lucas fand sie nicht in der echt galiläischen Ueberlieferung, und brachte sie hier an, und zwar gewiß mit richtigem Takte. Das Gleichniß vom Senfkorn fand er schon bei Marcus (4, 30—32); bei Matthäus aber (13, 31. 32) ebenfalls noch dieser Epoche zugehörig. Aber die Fassung bei Lucas ist nicht ohne Eigenthümlichkeit, insbesondere bei dem ersten Gleichnisse, obwol sich sehr eng an unsern Text anschließend.

Schon nach dem Grundsatze, daß bei einem Schlusse wir einen neuen Anfang erwarten dürfen, und folglich eine neue Reihe von Erzählungen, haben wir also hier das Ende des Reiseberichts zu vermuthen. Aber es folgt auch wirklich (22) der entschiedene Anfang eines neuen Reiseberichts, und wir werden im nächsten Buche sehen, in welch eine ganz andere Zeit uns diese neue Reihe versetzt, entsprechend der weitern Entwickelung des Schicksals Jesu und dem Fortgange der geschichtlichen Erzählung bei Johannes.

Vierter Abschnitt.

Jesus in Jerusalem am Purimfeste.

(Joh. 5. Ende Februar 781 oder erste Tage des März.)

I. Die Heilung des Lahmen am Bethesdateiche.

(5, 2—16.)

Die Wundererzählung gibt sich dem unbefangenen Kritiker als die eines Augenzeugen. Die Oertlichkeit ist eine bestimmte, genau beschriebene. Das Mythische dabei war eben gerade, was durch die alten Handschriften (wozu auch jetzt Curetons Syrer kommt) als späterer Zusatz, als unecht zu streichen oder als verdächtig zu verzeichnen ist (s. z. Joh. 5, 4). Die Beschreibung der Heilquelle führt auf die Annahme, daß sie als heilkräftig nur in den kurzen Zeiträumen betrachtet wurde, wo sich ein Aufsprudeln des Wassers in ihr bemerklich machte. Ohne Zweifel führten Stufen zu ihr hinunter, wo diese Bewegung sichtbar war, und da konnte nur Einer auf einmal eingetaucht werden. Die Zwischenräume des Aufsprudelns mochten kürzer oder länger sein. Der hier redende Lahme litt 38 Jahre an seinem Uebel — einem schwindenden Beine wahrscheinlich — und hatte auf diese Heilung seine letzte Hoffnung gesetzt.

Die Heilung ist uns die Wirkung des heilkräftigen Willens Jesu auf den willig gläubigen Kranken, ein Wegnehmen der Nervenerlähmung.

Man kann dabei allerdings scheinbar einige kritische Bedenken geltend machen zum Nachtheile des vierten Evangeliums. Der Vorfall (sagt man) ist der evangelistischen Ueberlieferung fremd; diese hat eine ähnliche Heilung in Galiläa (Matth. 9, 1 fg.; Marc. 2, 1 fg.; Luc. 5, 17 fg.), warum nicht diese? Die Antwort ist, daß die Heilungen dieser Art zahllos waren; in die Ueberlieferung wurden vorzugsweise diejenigen aufgenommen, bei welchen der Herr einen besonders merkwürdigen Ausspruch gethan hatte. Hier ist „das Wort des Herrn", welches unmittelbar zum Vorfalle am Teich Bethesda gehört, der Befehl an den Kranken, ohne auf ein Eintauchen in die Quelle zu warten, sein Polster zu nehmen und nach Hause zu gehen; dazu kommt die Warnung an den Geheilten, welcher ihn im Tempelhof aufsucht, hinfort nicht mehr zu sündigen, damit er nicht in eine noch ärgere Krankheit verfalle. Der Mann scheint hiernach in eine sträfliche Trägheit verfallen zu sein, die ihn abhielt, ernstliche Mittel zu ergreifen, um zu versuchen, ob die Heilquelle ihn von dem langwierigen Uebel befreien werde; wer weiß auch, ob der Zuruf Jesu nicht darauf deute, daß er sich seine Lahmheit durch eigene Schuld zugezogen? Kurz der Mann selbst flößt keine besondere Theilnahme ein,

das einzige Glaubenszeichen, welches er von sich gibt, ist der augenblickliche Gehorsam; er ermannt sich, steht auf, ja er trägt sein Polster weg, obwol es Sabbath
war. Der Grund, weßhalb Johannes von den Vorfällen dieser Art, welche die
Ueberlieferung nicht aufbewahrt hatte, gerade diesen in sein Gemälde des Lehrens und
Lebens Jesu aufgenommen, ist aber klar. Es knüpften sich gerade an diesen Vorfall
ernstliche Bewegungen der Priesterpartei, welche aufgebracht war über das Aergerniß
des Sabbathbrechens, und wol noch mehr über die unverhohlene, sehr ungesetzliche
Antwort auf ihren Vorwurf, seitens eines Mannes des Volks. Jesu Wort hatte
ihm also genügt, die heilige Sabbathordnung ganz offen und frei zu verletzen und offen
darüber zu reden. Welche gefährliche Macht Jesu über die Gemüther offenbarte diese
Thatsache; und das an hellem Tage, an einem besuchten Orte der heiligen Statt, und
gerade während der Festversammlung. Die Eiferer wenden sich nun erst an Jesus
selbst und machen ihm Vorwürfe über seine Verletzung der Sabbathordnung, also,
in ihren Augen, des Gesetzes Gottes. Jesu Antwort war inhaltschwer (5, 17):

<blockquote>Mein Vater wirket bis jetzt, und so wirke ich auch.</blockquote>

Gott gibt mir die Kraft des Heilens, und ich übe sie aus zu seiner Ehre; sollen mich
eure Satzungen abhalten der Gottesstimme in mir zu folgen, und Gutes zu thun,
Leiden zu mildern?

Dieses Wort nun entzündet, begreiflicherweise, einen noch größern Unwillen der
Priesterpartei, und entlockt Jesu eine seiner merkwürdigsten und tiefsten Reden über
des Sohnes Verhältniß zum Vater, und über seine Stellung zu Johannes dem Täufer
und zu Moses (5, 19—47).

Da nun die Erzählung des Vorfalls selbst, nach dem echten Texte, ebenso klar und
einfach als schlagend anschaulich ist, so ist nichts begreiflicher, als daß Johannes sie
hervorhob. Die Ueberlieferung ihrerseits verlor diesen Zug, eben weil er in die
Tiefen des Geistes Jesu und in ausführliche Auseinandersetzungen seines Gottesbewußtseins führte, welche über den Kreis der katechetischen Mittheilungen hinaus-
lagen. Sie waren zu schwer für die Anfänger, und hatten nicht das Schlagende,
Kurze, Gedrängte, welches sich dem Gedächtnisse des Katecheten wie des Katechumenen
einprägte.

II. Jesu Vertheidigung seiner That und seines ganzen Wirkens.
(5, 17—47.)

Die Rede Jesu, nachdem die Heilung des Lahmen am Teiche von Bethesda ruch-
bar geworden, ja vom Geheilten selbst dem Rathe angezeigt war, ist eine freiwillige
Vertheidigung, eine öffentliche Verantwortung auf dem Tempelplatze oder in dem an
denselben stoßenden Schulgebäude. Sie ist rein gegenständlich, von keiner Selbstbe-
trachtung des Apostels unterbrochen, sehr gedrängt und steht an Bedeutung und Tragweite, sowie an Tiefe des darin enthüllten Gottesbewußtseins selbst den Reden im
achten und zehnten Kapitel und den Reden in der Leidensnacht vollkommen ebenbürtig
zur Seite, und ihre vollständige Erklärung ist vielleicht schwieriger als irgendeine
andere. Denn sie ist durchaus nicht zu verstehen, ohne daß man sich dreierlei gegenwärtig hält. Zuvörderst die jüdische Theologie vom Messiasreiche, und insbesondere
ihr volksmäßig gewordener Ausdruck, von der ersten und zweiten Auferstehung. Zweitens, daß Jesus sie durchweg nur als Symbol der geistigen, ethischen Erweckung und
Neubelebung betrachtet. Drittens endlich, daß dieses Ewige, das seinem Wesen und
Ursprunge nach rein geistig ist, jetzt in die Welt eintritt, um die Menschheit, und

zwar von den Juden aus, in allen ihren Verhältnissen neu zu gestalten, durch die sittliche Umwandlung der zu neuem Leben erweckten Gotteskinder. Jesus hält dabei den Ausdruck des orthodoxen Systems fest, um sich verständlich zu machen — gerade wie er aramäisch sprach und nicht griechisch — aber er behandelt ihn nur als äußerlichen Ausdruck für etwas rein Geistiges, auf dem sittlichen Gebiete sich Vollziehendes, was aber bereits in die Gegenwart eingetreten ist, und zwar nicht zufällig, sondern nach Gottes Rathschluß, wie Abraham und Moses ihn verkündigt, und welches bestimmt ist, die ganze Welt neu zu gestalten. Das ewige Leben ist die Erkenntniß dieses ewigen Rathschlusses der Erlösung, und das messianische Gottesreich ist die fortschreitende Göttlichwerdung der Menschheit auf der Erde.

Wir wollen diese allgemeine Erklärung jetzt im Einzelnen begründen und zu dem Ende die Rede nach ihren vier Bestandtheilen im Zusammenhange erklären, mit Rücksicht auf die beiden andern Erklärungen. Es haben nämlich in alten wie in neuen Zeiten viele Lehrer den schwierigsten Punkt, die Worte Jesu von der Auferstehung, auf die Auferstehung der Todten zum Gericht gedeutet, einige das Ganze derselben, andere wenigstens die letzten Verse (26—30).

Jesu Rede zerfällt in vier Theile, deren Grundgedanken sich etwa folgendermaßen ausdrücken lassen:

Erstens. Ich thue den Willen meines himmlischen Vaters, Gottes, als Gottes Sohn; wie er am Sabbathe nicht feiert, sondern fortwirkt in mir, so wirke auch ich; alles was ich thue, wirke ich in Gott, und bin gedrungen das zu thun, was ich meinen Vater thun sehe; denn der Vater zeigt dem Sohne liebend alle seine Werke, ja er wird ihm noch Größeres zeigen von seiner Herrlichkeit, damit ihr darob staunet (Vss. 17—20).

Zweitens. Es zieht Gottes Gericht heran, und dem Sohne hat er es übertragen. Wer dem Sohne glaubt als dem Gottgesandten, hat bereits das ewige Leben, er ist bereits vom Tode zum Leben übergegangen, und eine Auferstehung zum Gerichte wartet seiner nicht mehr. Ja die Zeit der Auferstehung ist gekommen, die Stimme des Gottessohnes an die Todten erschallt, und die, welche auf sie hören (sich erwecken lassen), werden leben. Denn der Gottessohn hat göttliches Leben in sich, und er übt das Gericht, weil er ein Mensch ist. Staunet nicht über diese Worte; ja die Zeit zieht heran, von welcher ihr als einer zukünftigen redet; durch mich soll sich erfüllen, was ihr im messianischen Reiche erwartet, nämlich die Auferstehung der Gerechten zum Leben, und der Uebelthäter zum Gericht. Das Gute soll auf der Welt zur Herrschaft kommen, das Böse, alle Gewaltthätigkeit und Bedrückung der Mächtigen dieser Erde soll untergehen; und dieser Umschwung soll durch mich erfolgen, weil ich nicht meinen Willen thue, sondern den Willen des Vaters (Vss. 21—30).

Drittens. Ihr verlangt Zeugniß für dieses Aussprechen göttlicher Sohnschaft und Kraft. Ich könnte das Zeugniß des Johannes aufrufen, der sich, auf euere Anfrage bei ihm, mit gerechtem Zeugnisse für mich erklärt hat. Aber ich berufe mich auf das Zeugniß, welches Gott selbst für mich, als seinen Gesandten gibt, durch die Werke, welche ich thue (Vss. 31—36).

Viertens. Die Schuld liegt an euch; ihr hört nicht auf Gottes Stimme, ihr kennt ihn nicht und sein Wort ist nicht in euch. Euer Forschen in der Schrift kann euch das Leben nicht geben, wenn ihr mich darin nicht findet. Das thut ihr aber nicht, weil ihr Gott nicht liebt, von welchem ich meine Ehre nehme und nicht von mir selber; und so wird Moses euer Ankläger sein, weil ihr ihm nicht glaubt (Vss. 37—47).

Jesus geht also von der Vertheidigung (1) über zur Anklage (4) vermittelst der Ankündigung seines göttlichen Berufs der Erlösung und der Gründung des wahren

Gottesreichs durch das neue Leben, welches er der Menschheit darbietet (2), und durch den Nachweis menschlicher und göttlicher Bezeugung (3).

Unter diesen vier Sätzen ist es nun offenbar der zweite, welcher die große Schwierigkeit der Auslegung macht. Wer an die Erklärung geht mit den gäng und gebe gewordenen Begriffen von Auferstehung der Todten, wird als Jude schon irre daran, als Christ noch weit mehr. Die Juden, wie wir schon aus der Offenbarung des Johannes (20, 4—6. 12. 13) deutlich genug erkannt haben, nahmen zwei Auferstehungen an, zuerst die der Gerechten, bestimmt das Gottesreich mit dem Messias zu verwalten, dann die der Uebrigen, um das Gericht zu bestehen, welches der Messias mit seinen Reichsgenossen über die ganze Erde zu halten haben würde. Die Schrift, Gesetz und Propheten, weiß davon nichts; auch ist klar, daß die Weisen unter den Lehrern, welche jene Darstellung aus einzelnen Stellen des Gesetzes und der Propheten herausgeklügelt hatten, doch unter dieser Hülle sich etwas Geistiges gedacht haben müssen, in dem Sinne, daß nur der Geist jener Gottesmänner die ersehnte Erlösung möglich machen und zur allgemeinen Anerkennung in der Menschheit bringen könne. Deshalb eben konnte Jesus sich an diese Vorstellung anschließen, welche die aller damaligen frommen Juden war, gegenüber den Aposteln der Sinnlichkeit oder den dem Geiste abgewandten und an ein Gottesreich ungläubigen Sadducäern.

Ganz anders verhält es sich mit der Auferstehungslehre, welche sich allmählich unter den heidenchristlichen Gemeinden entwickelte, nachdem die Irrthümlichkeit der buchstäblichen Auffassung von Jesu leiblicher Wiederkunft zum Gerichte durch die Zerstörung Jerusalems und die Fortdauer der heidnischen Reiche war widerlegt worden. Diese will durchaus nicht auf jene erhabenen Worte Jesu passen. Die meisten theologischen Ausleger geben das jetzt zu, von den Vss. 24—27; Vs. 24 spricht aus, daß das „ewige Leben“, welches vor dem Gerichte rettet, ein Jeglicher besitzt, der Jesu Predigt vom Gottesreiche annimmt. Er braucht nicht zu sterben, um neu belebt Mitglied des messianischen Reichs zu werden. Er ist lebendig geworden, stirbt nicht mehr. Das Auferstehen der Todten, welche Jesu Stimme hören (Vs. 25), wird alsbald erfolgen, „ja die Stunde ist schon jetzt“: also die geistige Erweckung der jetzt todten Menschheit, soweit die rufende Stimme gehört und ins gläubige Gemüth aufgenommen wird. Die Auferstehung ist da; aber nicht im kirchlichen Sinne des Mittelalters das Ende der Welt und der Irdischen Menschheit. Denn das kann Jesus nicht gemeint haben; seine Worte schließen diesen Sinn aus.

Nicht weniger sträuben sich gegen diese Auffassung die folgenden Verse (26. 27). Der Sohn hat göttliches Leben in sich selber, des Vaters Gabe, daher kann er auch auferwecken zum Gerichte. Er ist ein Menschensohn, das heißt ein Mensch; aber Menschensohn heißt ja auch der, welcher, nach dem Buche Daniel, erscheinen wird, das Gericht zu halten, der Menschensohn; der auserwählte Mensch ist eben ein Mensch, er hat die Ebenbildlichkeit Gottes in sich.

Aber, wenn dem so ist, worauf anders können dann die jetzt (in Vs. 28) folgenden Worte sich beziehen:

> Wundert euch nicht darüber, daß die Stunde kommt, in welcher Alle, die in den Gräbern sind, werden auf seine Stimme hören, und werden hervorgehen, die da Gutes gethan haben, zur Auferstehung des Lebens, die Uebels gethan haben, zur Auferstehung des Gerichts —

als auf das eben, ja mit demselben Ausdrucke: „die Stunde kommt“, Angekündigte, also als hieße es:

Staunet nicht ob dem, was ich euch eben angekündigt, nämlich daß die Stunde kommt u. s. w.

Es verschlägt wirklich doch nichts einzuwenden, daß nicht wiederholt werde „und ist schon jetzt"; denn das ist ja nichts Neues, sondern nur etwas Erklärendes, dasselbe stärker Ausdrückendes. Die Auferstehung, welche jetzt eine kommende ist (denn es heißt ja keineswegs, sie werde kommen), ist es, deren Ankündigung die Zuhörer in Erstaunen setzen mußte. Daß bei des Messias Ankunft die Gräber sich aufthun und alle Gerechten, Abraham, Moses, die Propheten und alle gottesfürchtigen Menschen der Vorzeit wieder im jüdischen Lande umherwandeln und sich unter die Fahne des Messias schaaren würden, das wußte ja jeder Jude und jede Jüdin (wie des Lazarus Schwester, Joh. 11, 24). Darüber konnte sich Niemand wundern, wol aber über das, was Jesus eben gesagt hatte, und worauf wirklich die Worte von Vss. 28 und 29 sich beziehen können, unter dem zu Vs. 28 angedeuteten Vorbehalt.

Aber Thatsache ist, daß die meisten christlichen Leser, welche das Evangelium bekennen, so wenig dem Christus des Johannes glauben, als die Juden dem leibhaftigen, dessen Aussprüche der Augenzeuge, der treue Jünger der Liebe, aufgezeichnet, glauben wollten. Ja in mancher Hinsicht noch weniger. Denn die crasse Lehre der mittelalterlichen Kirche kann noch viel weniger etwas mit den streng ausgelegten Worten Jesu anfangen, als die rechtgläubigen Juden jener Zeit. Die strenge Auslegung ist nämlich die rein geistlich-sittliche; diese aber setzt das Göttliche, und also das größte göttliche Wunder, die Vergöttlichung des Menschen in der Wiedergeburt zu neuem Leben, auf dieser Erde, in diese Menschheit. Das Gericht ist, wie die Auferstehung, etwas Gegenwärtiges, im Innern Vorgehendes.

Aber was wird denn aus der Auferstehung am Ende dieser Erdenwelt, und aus dem jüngsten Gericht, ja aus der Unsterblichkeit der Seele? Zuvörderst das, was Christus davon lehrt, nämlich eine solche Lehre, welche der an Gott und die sittliche Weltordnung gläubig gewordenen Vernunft verständlich und wahrhaft wirksam ist für die Wiederbelebung des Lebens der Einzelnen wie der Gemeinde, ja der Staaten und der ganzen Menschheit!

Denn aus jener innern Neubelebung der Menschen, welche, Jesu Rufe und seinem Beispiele folgend, den Eigenwillen der Selbstsucht brechen und ins göttliche Leben eingehen durch thätige Bruderliebe, geht mit gleicher Nothwendigkeit, aber im Laufe der Jahrhunderte (ja Jahrtausende) die Umbildung der häuslichen, gemeinblichen, staatlichen, völkerrechtlichen Zustände hervor, welche Jesus herbeiführen wollte, und trotz der Macht des Bösen über den Menschen herbeigeführt hat.

Von diesem Standpunkte, von diesem Glauben ausgehend, kann denn auch die ungeduldige Frage nach dem Ende der menschlichen Dinge, nach Jesu Gottesbewußtsein beantwortet werden. Der Gottessohn richtet nicht nach willkürlichem Rechte, sondern nach dem, was er in Gott als Wahrheit sieht und erkennt. Also nach Gottes Stimme im Gewissen, im weiten Sinne des Gewissens als Gottesbewußtsein. Das Gewissen richtet den Menschen, welcher sich im Spiegel des Göttlichen anschaut, und deshalb sich der Selbstsucht und ihrer Täuschungen zu entäußern den redlichen Willen hat.

Dieses Gericht stellt sich jedem Menschen dar, oder kommt ihm wenigstens nahe, im Augenblicke des Todes, und die Frage nach dem Ende der Welt hat weder Räthsel noch Zweifel für den, welcher sich an die Schranken seiner Vernunft hält, und an den Sieg des Guten auf der Erde glaubt.

Also doch auch wol an den Fortschritt der sittlichen Persönlichkeit. Denn dieser, aber auch nur dieser allein, ist Unsterblichkeit von Christus zugesichert, wie die göttlichen Worte von Vs. 24 sie verkündigen.

Das Bewußtsein dieser Persönlichkeit aber ist ein Bewußtsein in Gott; also gänzlich unabhängig von dem, was gewöhnlich Persönlichkeit genannt wird, und was, bedingt wie es ist durch die Verbindung mit dem Leiblichen, Natürlichen, unter andern kosmischen Einflüssen ja gar nicht bestehen kann.

Die Seligkeit ist ein Zustand, ein Stehen des Ewigen im Weltall; sie ist die wahre, von Christus gelehrte Unsterblichkeit. Der Menschengeist, wie er auf dieser Erde geboren wird, ist unsterblich der Anlage nach; aber das ist die göttliche Bedeutung des Erdenlebens, daß er diese Anlage ebenso wol verwirklichen als vernichten kann, für Aeonen wenigstens.

Fünfter Abschnitt.

Vollständige geschichtliche Uebersicht der gesammten evangelischen Ueberlieferung von Jesu Leben und Wirken im ersten Jahre seines Lehramts.

Erste Periode.

Zeit vor dem ersten Passah.

(Wahrscheinlich vom Februar oder Anfang März des Jahres 780.)

Die Taufe und der Täufer; die nächsten Tage nach der Taufe, und die fünf ersten Jünger; die Hochzeit in Kana, und die Reise zum Passah nach Jerusalem.

I. Die Taufe in Peräa (Luc. 3, 21. 22; vgl. Marc. 1, 9—11; Matth. 3, 13—17).

II. Oeffentliches Zeugniß des Täufers von Christus nach der Taufe (Joh. 1, 19—28; Luc. 3, 1—18; vgl. Marc. 1, 1—8; Matth. 3, 1—12).

III. Vorfälle in Peräa, in den drei dem Zeugniß folgenden Tagen.
   Erster Tag nach dem Zeugniß. Ferneres Zeugniß des Täufers vor seinen Jüngern (Joh. 1, 29—34).
   Zweiter Tag: Erste Bekanntschaft von Andreas und Johannes mit Jesu (35—40); Andreas bringt seinen Bruder Simon herbei (41—43).
   Dritter Tag: Philippus (von Bethsaida) und Nathanael (von Kana); Jesus ist aus Peräa abgereist (44—52).

IV. Rückkehr von Peräa nach Galiläa; erster kurzer Aufenthalt daselbst.
   Drei Tage nachher: Hochzeit in Kana, Jesus „und seine Jünger". Erstes Zeichen (2, 1—11).
   Einige Tage Aufenthalt in Kapernaum (12). Berufung von Petrus und Andreas, Johannes und Jacobus am See (Marc. 1, 16—20; Matth. 4, 18—22; vgl. Luc. 5, 1—11 über Petrus, mit Johannes und Jacobus).

V. Erste Reise von Galiläa nach Jerusalem kurz vor Ostern, mit den Jüngern (2, 13).

Zweite Periode.

Vom ersten bis zum zweiten Passahfest.

I. Erster Aufenthalt in Jerusalem zum Feste.

Der Herr treibt die Verkäufer und Wechsler aus dem Tempel (2, 14—17; vgl. mit Marc. 11, 15—18; Matth. 21, 12. 13; Luc. 19, 45. 46).

Die Juden fordern ein Zeichen zum Ausweis über dieſe That; Zeichen verſprochen vom Tempel (2, 18—22).

Viele werden während des Feſtes gläubig wegen der Zeichen, die der Herr thut (Vs. 23; vgl. 4, 15); Nikodemus (2, 24—3, 21).

Die Jünger raufen Aehren und zerreiben Korn an einem Sabbath; Tadel der Phariſäer abgewieſen mit Davids Beiſpiele: „des Menſchen Sohn iſt auch Herr über den Sabbath" (Marc. 2, 23—28; Matth. 12, 1—8; Luc. 6, 1—5). Das Zurückziehen in die Wüſte, Faſten, Verſuchung, Sieg (Marc. 1, 12. 13; Matth. 4, 1—11; Luc. 4, 1—13).

II. Erſter Aufenthalt in Judäa.
(Wahrſcheinlich bald nach dem Feſte beginnend, die Monate Mai, Juni, Juli, Auguſt, September October, November und Anfang December.)

Der Herr predigt und ſeine Jünger taufen in Judäa (3, 22—24; vgl. mit Marc. 1, 15; Matth. 4, 17).

Das Mahl (in Bethanien) bei Maria und Martha. „Eins iſt Noth" (Luc. 10, 38—42). (Zeit bald nach Oſtern.)

Das Beten; die Jünger verlangen ein Gebet, der Herr gibt ihnen eins (vgl. Matth. 6, 9—13). Ermahnung zur Beharrlichkeit im Beten (Luc. 11, 1—13).

Die Jünger des bei Salim taufenden Johannes gerathen in Streit mit einem Juden (Phariſäer) über die Gebräuche der Reinigung (wobei ſie von Jeſu Taufen, der Vernachläſſigung jener Gebräuche von ſeinen Jüngern und dem Zulauf des Volks hören); ſie bringen die Kunde tadelnd ihrem Meiſter; des Täufers edle Antwort (3, 25—30). Des Evangeliſten weitere Ausführung (Vss. 31—36).

Die Phariſäer kommen zum Herrn und ſtellen ihn zur Rede, daß ſeine Jünger nicht die Ueberlieferungen der Väter, und insbeſondere die Sitte der Reinigung (Waſchen der Hände und Speiſen, mit Gebeten) beobachten; der Herr deckt ihre Heuchelei auf, und ſagt: Nicht was in den Mund eingeht, verunreinigt den Menſchen. Die Jünger melden betreten, daß die Phariſäer (die aus Jeruſalem gekommen waren) geärgert weggegangen ſeien; Antwort des Herrn. Petrus bittet um Erklärung des Sinnſpruchs: der Herr gibt ſie (Marc. 7, 1—23; Matth. 15, 1—20).

Der Herr verläßt Judäa um der Phariſäer willen (4, 1—3).

III. Rückreiſe durch Samaria nach Galiläa.
(Mitte December.)

Der Herr zieht durch Samaria und kommt nach Sichem; er ſetzt ſich nieder beim Brunnen; während die Jünger in die Stadt gehen, um Lebensmittel zu kaufen, kommt die Samariterin Waſſer zu ſchöpfen; Unterredung mit ihr (4, 4—26).

Die Jünger kommen zurück; der Herr ſpricht von der reifen geiſtlichen Ernte (4, 27—38).

Die Samariterin kommt mit Landsleuten zurück; ſie werden alle gläubig; der Herr verweilt bei ihnen auf ihre Bitten zwei Tage (Vss. 39—42).

Der Herr zieht weiter und kommt in Galiläa an (Marc. 1, 14; Matth. 4, 12—16; Luc. 4, 14. 15).

Anmerkung. In dieſe Zeit fällt die Gefangennehmung Johannes des Täufers durch Herodes Antipas, dem er Vorwürfe über die Verheirathung mit dem Weibe ſeines Bruders gemacht hatte.

IV. Erſtes öffentliches Auftreten Jeſu in Galiläa.
(Ende December — Januar — Theil des Februar.)

Der Herr findet in Galiläa Aufnahme bei denen, welche ſeine Zeichen in Jeruſalem am Oſterfeſte geſehen hatten (4, 43—45).

Der Herr zieht nach Kana (Vs. 46).

Der Königliche in Kapernaum geht zum Herrn, ihn zu bitten, daß er seinen Sohn heilen möge; der Herr tadelt die Wundersucht, und antwortet dem wiederholt Bittenden: dein Sohn lebt. Dieser glaubt dem Worte, kehrt heim, findet Alles wahr, und wird gläubig mit seinem Hause; das zweite Zeichen in Galiläa (4, 46—54). Der Herr bleibt in Galiläa, bis er zum Purimfeste hinaufzieht (5, 1).

Erzählungen der drei evangelischen Sammler aus diesem zweiten galiläischen Aufenthalte.

Marc. 1, 21—6, 13 (29); Matth. 4, 12—13, 58 (14); Luc. 8, 56.

Uebersicht.
(Mit Auslassung der nicht in die Reihe gehörigen Geschichten.)

Predigen und Heilungen am See (1, 21—5, 43).

1) Das Predigen in den Synagogen, und die Heilungen (1, 21—2, 12).
   Jesus heilt in der Synagoge einen Besessenen (Marc. 1, 21—28).
   Jesus heilt des Petrus Schwiegermutter (1, 29—34).
   Jesus bricht am Morgen auf in die Umgegend, predigt (1, 35—39).
   Jesus heilt den Aussätzigen (1, 40—45).
   Jesus kommt zurück in seine Wohnung, heilt dort den Gelähmten (2, 1—12).

2) Der neue Jünger; Predigen im Freien am Seeufer, bei Kapernaum (2, 13—3, 12).
   Zug zum Seeufer; Levis Berufung; Mahl bei ihm (2, 13—22).
   Die Heilung der verdorrten Hand in der Synagoge (3, 1—6).
   Zweite Predigt am Seeufer; großer Zulauf, Heilungen (3, 7—12).

3) Jesus zieht auf den Berg; wählt die Zwölf, zieht mit ihnen in sein Haus (3, 13—19).

4) Jesus im Hause bestürmt; die Verwandten und die Gemeinde (3, 20—35).
   Großes Gedränge um das Haus; die Verwandten geben Jesus für toll aus (3, 20. 21).
   Die von Jerusalem gekommenen Schriftgelehrten sagen, Jesus treibe die Teufel aus durch Beelzebul. Bescheid (3, 22—30).
   Wer sind Jesu Mutter und Verwandte? (3, 31—35).

5) Die Schiffspredigt: Gleichnisse vom Reiche Gottes (4, 1—34).
   Gleichniß vom Säemann. Licht und Leuchter. Saat und Ernte; das Senfkorn.

6) Der Zug über den See nach Gadara, und Rückkehr: 4, 35—5, 43.
   Fahrt über den See, der Sturm gestillt (4, 35—41).
   Der Tobsüchtige und die Schweineheerde; Jesus ausgewiesen (5, 1—20).
   Rückkehr; Jairus; das blutflüssige Weib und die Erweckung des Töchterleins (5, 21—43).

7) Jesus tritt in Nazareth auf und wird nicht anerkannt (6, 1—6).
   Jesus verläßt Galiläa und zieht zum Purimfest nach Jerusalem (Joh. 5, 1).

V. Reise von Galiläa nach Jerusalem zum Purimfeste.
(Ende Februar.)

Reisebericht bei Lucas (9, 51—13, 21). Eingang: Anekdote aus Samaria (780); der ungöttliche Eifer zweier Apostel gestraft (9, 51—56).

I. Jesus sammelt sich ein großes Gefolge, nimmt auf und weist zurück; wählt siebzig Jünger aus, und sendet sie aus, je zwei und zwei.

1) Die Nachfolger; der Herr antwortet Einem, der ihm folgen will: „Die Füchse haben Gruben rc." Rede zu zwei andern Jüngern (9, 57—62).

2) Der siebzig Jünger Sendung (10, 1—16). Der Herr erwählt noch andere Jünger, und sendet sie je zwei vor sich her, nachdem er ihnen die Wei=

sung für den Weg gegeben; dabei Weheruf über Chorazin, Bethsaida und Kapernaum.

3) Die Siebzig kehren zum Herrn zurück, jubelnd über die ihnen verliehene Kraft; des Herrn Warnung, Dankgebet und Rede zu den Jüngern über die Allmacht des Sohnes und die Seligkeit dieser Zeit der ersten Mittheilung derselben an die Menschen (10, 17—24).

II. Die Schriftgelehrten und die Pharisäer und der Bruch mit ihnen (Luc. 10, 25—37; 11, 14—12).

1) Des Schriftgelehrten Frage vom Nächsten: Was soll ich thun, das ewige Leben zu ererben? Wer ist mein Nächster? Die Geschichte vom barmherzigen Samariter als letzte Antwort (Luc. 10, 25—37).

2) Der besessene Stumme wird geheilt; Lästerung der Pharisäer; die Sünde wider den heiligen Geist; der ausgetriebene böse Geist, der mit sieben andern bösern zurückkehrt; Segensruf eines zuhörenden Weibes und Jesu Antwort (Luc. 11, 14—28).

3) Christi Strafrede gegen die versuchenden und ein Zeichen vom Himmel fordernden Pharisäer; Zeichen des Jonas; das Licht auf dem Leuchter; das Licht im Menschen (Luc. 11, 29—36).

4) Jesus nimmt das Frühmahl bei einem Pharisäer ein; Befremden, daß der Herr nicht die feierliche Reinigung beobachtet; ernste Strafrede des Herrn und Weheruf über die Heuchelei der Pharisäer und Schriftgelehrten; entschiedener Bruch mit den Pharisäern (Luc. 11, 37—54).

5) Oeffentliche Strafrede gegen die Pharisäer, als die Heuchler (Sauerteig); Ermahnung des Volks zu freimüthigem Bekenntnisse der Wahrheit; (Zwischenhandlung: der Herr soll Schiedsrichter sein in einer Vermögenssache; des Herrn ablehnende Antwort; Parabel vom Reichen, der plötzlich von seinen Schätzen abgerufen wird; Warnung vor dem Hängen an irdischen Gütern; Petrus fragt, ob dies auch auf die Jünger gehe; wird beschieden. Fortsetzung der Rede zum Volke: Ein Feuer bin ich gekommen anzuzünden :c.; die Zeichen der Zeit; Ermahnung zur Versöhnlichkeit gegen den Bruder (Luc. 12).

Schluß: Zwei einzelne Reiseanekdoten (Luc. 13, 1—17).

1) Nachricht, daß bei dem neulichen Auflaufe in Jerusalem (vor der Burg Antonia) mehrere Galiläer umgekommen seien; Jesus belehrt die Jünger, was von solchem (und ähnlichem) Strafgerichte zu halten sei; Parabel vom Feigenbaum (Luc. 13, 1—9).

2) Heilung eines seit achtzehn Jahren kranken Weibes am Sabbath; der tadelnde Synagogenvorsteher zurechtgewiesen (Luc. 13, 10—16; Schluß Bs. 17).

Anhang: Zwei Gleichnisse vom Reiche Gottes: Senfkorn und Sauerteig (13, 18—21).

VI. (Zweiter) Aufenthalt in Jerusalem am Purimfeste und (zweite) Rückreise zum See nach Gaulonitis.

(März 781.)

I. Der Herr kommt in Jerusalem an zum Purimfeste, gegen Anfang März, 30 Tage vor Ostern (5, 1).

II. Er heilt am Sabbath den Gichtbrüchigen am Gesundbrunnen Bethesda; dieser trägt sein Krankenbett fort, und wird deshalb von den Juden getadelt; er findet Jesum im Tempel, der sich ihm ermahnend zu erkennen gibt, und zeigt den Juden an, daß jener ihn geheilt und ihm wegzugehen befohlen. Diese wenden sich nun mit ihren Vorwürfen gegen Jesus (5, 2—16).

III. Jeſus rechtfertigt ſich zuerſt über ſein Werk mit einem Spruche. Als dieſer die Juden noch mehr erbittert, erklärt er ihnen, wie der Vater den Sohn geſandt, wie er ewiges Leben in ſich habe, und die Welt zu neuem geiſtlichen Leben rufe, und wie die Schrift von ihm zeuge, der ſie aber nicht wahrhaft glauben (5, 17—47).

IV. Jeſus verläßt Jeruſalem und Judäa, und kommt, von vielem Volk begleitet, in Gaulonitis, an dem nordöſtlichen Ufer des Sees an (6, 1. 2). Es war kurz vor Oſtern (Vs. 4).

Sechster Abschnitt.

Darstellung des Zusammenhangs der Reisen und Epochen des Lebens Jesu im ersten Jahre seines Lehramts.

Man muß gestehen, daß die bisherigen Darstellungen des Lebens Jesu die Bedenken und Schwierigkeiten der historischen Kritik nicht beseitigt haben, und namentlich nicht in dem nun von Anfang bis zu Ende zerlegten Zeitraume, der ersten Hälfte des Lehr= amts. Die Kritik des Lebens Jesu von Strauß ist einfach eine Verneinung der Möglichkeit eines solchen Lebens, wegen des Mangels geschichtlicher Nachrichten, was aber nur einer Unfähigkeitserklärung gleichkommt, sobald man diesen Mangel verneint. Niemand aber wird, bei aller Anerkennung, behaupten wollen, daß dem Leben Jesu von Neander oder Lange eine klare und folgerichtig durchgeführte Methode der Kritik der Quellen und eine darauf gegründete Anordnung zu Grunde liegt. Hase's Darstellung zeigt die Mängel beider Systeme, aber sie versucht selber keine geschichtliche Herstellung. Wir nun haben uns bemüht, denjenigen Weg, welcher sich bei vorläufiger Betrachtung als der vernünftigste ergab, streng zu verfolgen, ohne irgendeine Rücksicht weder nach rechts oder links. Zu dem Zwecke haben wir bei jedem Schritte, zu welchem unsere Grundannahmen uns zwangen, den einzelnen Bericht, sei es des Johannes oder der Evangelisten, nach seinem individuellen Gehalt gesichtet. Wir haben uns gefragt, ob er mit jenen Grundannahmen stimme oder nicht. Unsere Anordnung ist also nicht eine Frage der Wahl, sondern eine nothwendige Folge der von uns zu Grunde gelegten Methode. Es ist jetzt an der Zeit, die Hauptmomente sowol des äußern als des innern Lebens Jesu in diesem Zeitraume, in ihrem Zusammenhang zu überblicken. Der Werth oder Unwerth unserer Methode und die Richtigkeit oder Unhaltbarkeit unserer Grundannahmen wird sich alsdann bereits für unbefangene Leser und Richter klar genug herausstellen. Es ist unmöglich, daß ein falsches Princip bei seiner kritischen Anwendung auf das Gegebene nicht auf innere Widersprüche führen sollte. Es ist also auch unmöglich, in einem befriedigenden Ergebnisse nicht eine Bestätigung der Richtigkeit jener Annahmen zu finden, von denen wir ausgegangen sind.

Wir müssen nun allerdings, um das Ergebniß befriedigend zu nennen, einen Herzsatz aufstellen, den Manche — aus systematischer Befangenheit oder aus persön= licher Kleinmüthigkeit — von vornherein verneinen. Es hat uns immer ein Mißtant der bisher versuchten Darstellungen des Lebens Jesu geschienen, daß nach ihnen, außer dem Mangel an jedem innern Zusammenhang, in diesem weltgeschichtlichen Leben der höchsten sittlichen Persönlichkeit sich nirgends eine Entwickelung, ein Werden zeigt.

Denn ohne ein Element der Entwickelung in sich kundzugeben, kann dem Historiker nichts geschichtlich heißen. Wenn die Dogmatiker behaupten, daß ein Werden, also ein Fortschritt, bei Jesus, als dem vollkommenen Sohne Gottes, gar nicht angenommen werden dürfe, so scheinen sie uns damit nichts zu sagen. Wir könnten dieser Behauptung die Spitze abbrechen, indem wir unsere Forderung so stellten: es müsse sich jedenfalls eine Oekonomie des Heils nachweisen lassen (um die theologische Sprache zu führen), ein Fortschritt der Methode des Lehrens und Einwirkens auf Jünger und Nation. Denn selbst diesen weisen jene Verfasser von Lebensgeschichten Jesu entweder gar nicht nach, oder sie thun es auf eine ganz ungenügende Weise, nämlich durch Hineintragen ihrer subjectiven, oft ganz phantastischen Annahmen und durch Machtsprüche, wie sie Niemand oder nur Dogmatikern zustehen. Allerdings sagt Jesus von Anfang bis Ende, daß das Volk und seine Lehrer, oder auch die Jünger, noch nicht tragen können, mehr vom Gottesreiche und von göttlichen Dingen zu hören, als er ihnen zu einer gegebenen Zeit lehrt; er wiederholt oft, daß er in Gleichnissen und Bildern rede und verweist sie noch zuletzt auf den Geist, der sie und die Gemeinde in alle Wahrheit führen solle. Aber ist damit die Frage beantwortet, ihre Bedeutung erschöpft? Wir anerkennen die innere Gewißheit und Klarheit über den Gegenstand im Gemüthe des Sokrates, wenn wir, bei Xenophon wie bei Plato, ihn eine einzelne Gedankenreihe entwickeln, und die innern Widersprüche der gewöhnlichen Lebensansichten zur Anerkennung bringen sehen, dann aber abschließen, als wenn damit ein endgültiges Ergebniß erreicht wäre. Wir haben dabei das Gefühl der Wahrhaftigkeit, verbunden mit dem des vollständigen Wissens. Und muß es nicht so bei jedem wahren Lehrer sein? Muß er nicht, auf der einen Seite, eingehen in den Geist des Lehrlings und auf die Ausdrucksweise seines sittlich=vernünftigen Bewußtseins? Kann er aber dieses redlich und zweckmäßig durchführen, wenn er nicht beim ersten Worte schon das letzte sich im eigenen Geiste klar gemacht hat?

Wie viel mehr muß dieses also bei Jesus der Fall gewesen sein, insofern er als die vollkommenste sittliche Persönlichkeit verehrt wird, und als der beste und sicherste Lehrer, nicht allein für seine Zeitgenossen im jüdischen Volke, sondern für alle Zeiten und Völker, für das einzelne Gott suchende Gemüth und für die Menschheit? Allerdings würde uns die Ermittelung seiner Lehrmethode nicht ganz verständlich sein, wenn wir nicht, durch die Bibel und andere Quellen, die damaligen sittlich=religiösen Anschauungen der Juden kennten. Aber eine gütige Vorsehung hat uns diese Mittel des Verständnisses erhalten. Wir müssen also die Behauptung aufstellen, daß Jesus eine Entwickelung gehabt, daß er das Lehramt mit klarem Bewußtsein von Gott und der Menschheit antrat, aber die Entwickelung seiner Lehre einrichtete nach dem, was Wahrheit und Liebe forderten.

Es liegt nun offenbar nicht innerhalb des Zwecks und der Grenzen dieses Werks, eine rein darstellende Erzählung des Lebens Jesu bis ins Einzelne zu geben. Wo eine geschichtliche oder philosophische Darstellung nöthig erschien, ist sie bei der Kritik des Einzelnen versucht worden. Wir beschließen also diesen ersten großen Abschnitt des öffentlichen Lebens Jesu mit einem gedrängten Nachweise jenes innern Zusammenhangs, welchen wir als Ziel und Prüfstein der biographischen Kritik ansehen müssen.

Fassen wir zuerst mehr den äußern Zusammenhang des bisher erörterten Lebensabschnitts Jesu ins Auge.

Das Jahr 780 der Stadt, Februar bis December.

Jesus trat im vollen Mannesalter auf, dreißig Jahre alt, und wir haben den

Bericht von einem geſchichtlichen Vorgange beim Eintritte ins dreizehnte Jahr, welcher die Innigkeit und die frühe Entwickelung ſeines Gottesbewußtſeins den Zeugen klar machte. Unterdeſſen war ihm die große Kriſe der jüdiſchen und heidniſchen Welt klar geworden, und die Unmöglichkeit, das Volk und die Reiche der Heiden anders vom Untergange zu retten als durch eine ſittliche Wiedergeburt. Er hatte das göttliche Bewußtſein, daß eine ſolche Wiedergeburt beim ſittlichen Pole anfangen müſſe; er hatte den Glauben, daß dieſes der Weg des Ewigen ſei, und daß Geſetz und Prophe= ten ihn den Juden klar anzeigten; er hatte endlich die innere Gewißheit ſeines perſön= lichen Berufs, dieſe Wahrheit zur Anerkennung zu bringen, und nöthigenfalls mit dem Tode des Bekenners zu bezeugen.

Mit dieſer Ueberzeugung trat er zuerſt vor Johannes den Täufer, bekannte ſich zum Glauben an das nahende Gottesreich und anerkannte dadurch den Beruf des Täufers und die Wahrheit ſeiner Aufforderung zu innerer Bekehrung und Reinigung an.

Daß nun dieſer große jüdiſche Bußprediger nicht über die Reform des jüdiſchen Geſetzes und der beſtehenden Sitte hinauswollte, Jeſus aber ihm das höhere Ziel wies, welches ins Auge zu faſſen ſei, und daß Johannes dieſes Ziel als das höhere und höchſte anerkannte, wofür er ſelber nur den Weg anbahnte — dieſes Zeugniß des Apoſtels, welcher beider Jünger geweſen, hat ſich uns nach allen Seiten hin als ge= ſchichtlich bewährt. Und dieſe Annahme wird keineswegs dadurch entkräftet, daß, nach dem Berichte der Evangeliſten, der Täufer, als er im Kerker ſaß, die Tyrannei mächtig und Jeſus anſcheinend ganz unthätig ſah.

Unmittelbar nach der Weihe und dem Bekenntniß und Gelübde ſehen wir Jeſus ſich eine Jüngerſchaft bilden und ein Jünger des Täufers wird ſein Lieblingsjünger. Er hält ſich aber noch zu den Seinigen, mit ihnen beſucht er das Feſt in Kana, wo er zuerſt ſeine Geiſtesmacht zeigt, auch hält er ſich einige Tage in Kapernaum auf. Aber nicht allein beweiſen die wenigen Worte an die Mutter bei jenem Feſte, daß er ſich bereits ſeine Selbſtändigkeit im häuslichen Kreiſe geſichert, ſondern die geſchichtlich bezeugten Worte des Täufers zu ſeinen Jüngern wie zu den Abgeſandten von Jeruſa= lem zeigen, daß Jeſus ihm gegenüber das höchſte Gottesbewußtſein und den höchſten Entſchluß, den des Bekennens bis zum Tode, ausgeſprochen hatte.

Auf der andern Seite iſt es nicht zu verkennen, daß in dem Lehren während des erſten Jahres Jeſus eine verſchiedene Stellung zum jüdiſchen Ritualgeſetze annahm. In der Berg= predigt (Januar 781) heißt es — und das gilt alſo, wie wir gezeigt, von dieſer ganzen erſten Periode ſeiner Predigten, auch ſchon 780, bis zur Reiſe zum Purimfeſte — „das Eine thun und das Andere nicht laſſen“; das Ritualgeſetz ſoll beibehalten werden, aber es ſoll den Geiſt nicht erdrücken; das Geſetz ſoll durch das Evangelium nur vollendet, zur Wirklichkeit gemacht werden. In der letzten Rede unſers Zeitraums, der Anſprache an die Schriftgelehrten, welche ihm zur Zeit des Purimfeſtes die Hei= lung des Lahmen am Teiche Betheſda zum Verbrechen machten: Was kann euch das Leſen der heiligen Schriften helfen, wenn ihr mich nicht hört und als Gottesſohn an= nehmt, welchem das Gericht über Menſchen und Völker und Reiche übergeben iſt?'

Indem wir nun beide Punkte feſthalten, werden wir ſagen:

> Jeſus war vollkommen klar über ſeinen göttlichen Beruf und das ihm gegebene Werk der Erlöſung; er trug aber ſeine Lehre vor wie die geiſtigen Zuſtände es möglich machten, und wie die Macht der Ereigniſſe es forderte.

Wir wollen nun die großen Epochen dieſes göttlichen Werks und dieſer belehrenden und erlöſenden Wirkſamkeit als Theile einer Entwickelungsreihe betrachten.

Warum zog Jeſus ſchon wenige Wochen nach der Taufe mit ſeinen fünf erſten

Jüngern aus Galiläa weg (Ende März) und nach Jerusalem, und blieb in Judäa bis gegen Ende des Jahres, und zwar ohne eine in die Augen fallende Wirksamkeit?

Diese Frage beantwortet sich sehr leicht, wenn man den Erfolg betrachtet, und die Aeußerungen des Augenzeugen gehörig berücksichtigt. Wie in Galiläa Jesus am wenigsten Anerkennung fand in seiner eigenen Vaterstadt, so im jüdischen Lande am wenigsten in der besondern Landschaft, welcher er zugehörte. Nachdem Johannes (4, 44) auf das schmähliche Benehmen der Einwohner Nazareths angespielt, sagt er (Vs. 45): die Galiläer glaubten an Jesus, weil sie die Zeichen gesehen, die er in Jerusalem gethan.

Jerusalem stempelte die Propheten; der Galiläer, der sich verachtet und wenig gelehrt wußte, anerkannte dieses doppelt — bei einem Landeskinde. Selbst bei seinen Jüngern war die Beglaubigung in Jerusalem wichtig, innerlich und äußerlich.

Welche Zwecke aber Jesus in Jerusalem und später in der Wüste Südjudäas verfolgte, und was in den neun Monaten in ihm vorging, liegt klar vor, wenn man den johanneischen Bericht mit den evangelischen Ueberlieferungen in Verbindung bringt. Zunächst vollbrachte er eine That göttlichen Eifers und prophetischer Machtvollkommenheit, ohne allen Erfolg hinsichtlich der Fortdauer der Unsitte; aber ein großes Zeichen, daß sein Unternehmen ebenso wol national und patriotisch war, als menschheitlich und geistig. Die Jünger scheinen es anzusehen, als habe ihn der Eifer übermannt, der sein Herz verzehrte, wenn er den Jammer des Versinkens großer sittlicher Gedanken und göttlicher Fügungen ins Aeußerliche und Gemeine mit eigenen Augen sah.

Wie wenig es ihm aber darum zu thun war, eine wenn auch noch so edle politische Volksbewegung zu erregen, zeigt die nicht mehr räthselhafte Antwort an die, welche ihn nach seiner Machtvollkommenheit zu einer so auffallenden Handlung fragten. Es handelt sich, wollte er ihnen sagen, nicht um dieses prachtvolle Gebäude, es handelt sich um den wahren Tempel Gottes und seine Herstellung; denn jener ist dem Untergange geweiht. Ich habe den Beruf, dieses euch anzukündigen, aber ihr müßt die ganze Aeußerlichkeit drangeben, eine wirkliche innige Erneuerung euers ganzen Wesens mit aller Kraft der Seele wollen — dann wird sich das Uebrige finden.

So hatte er sich mit dem Volke gemessen; aber er maß sich auch während dieses ersten osterlichen Aufenthalts mit den Männern des Geistes und der geistlichen Gewalt in der Person des angesehenen Mitglieds des Hohen Rathes, Nikodemus. Er bringt ihn zum Bewußtsein, daß ihm der Gedanke der sittlichen Wiedergeburt fremd ist, trotz aller Gelehrsamkeit und Kenntniß des Gesetzes; also der Grundbegriff der subjectiven Religiosität, die Anfänge eines lebendigen Gottesbewußtseins. Dann aber deutet er ihm an, daß er über das Gegenständliche, Gott und sein Verhältniß zu den Menschen nicht eher sprechen könne, bis er in jenem psychologischen Gebiete sich heimisch gemacht. Nicht daß er Geheimnißkrämerei treibt oder liebt, er will aber (wie Sokrates in seiner Weise that), daß sich das Bedürfniß nach theoretischem Wissen aus dem Innern entwickele, also hier aus dem persönlichen sittlich=religiösen Bedürfnisse.

Der Zeichen that er manche in Jerusalem, wie Johannes behauptet, der es dabei verschmäht, sie zu berichten. Aber sie machten einen tiefen Eindruck auf die Galiläer, wie wir eben sahen, und also auch gewiß auf das ganze versammelte Volk.

Jesus hatte seine Stellung genommen; er hatte die Bosheit und Schlechtigkeit der Gegner erkannt, in denen, welche mit Tempeldienst und geistlicher Regierung in Verbindung standen; er hatte die Empfänglichkeit des Volks in großer Versunkenheit bemerkt; er hatte sich überzeugt, daß selbst bei den Besten das Verständniß sehr gering war; er hatte (dürfen wir hinzufügen, nach der oben betrachteten Anekdote aus dem gast=

freundlichen Kreiſe von Bethanien) ein Verhältniß mit einer frommen Familie ange=
knüpft, welches in ſchweren Tagen ſich aufs ſchönſte bewährte.

Sollte ſich in Judäa eine Schule und ein Kern bilden laſſen für die Fortbildung
des Werks des Täufers, aber in Jeſu Sinn?

Jeſus zog ſich in die ſtillen Gegenden des Gebirgs von Juda zurück. Seine
Jünger thaten, in ſeinem Namen, was Johannes in Galiläa begonnen hatte und
nun eben dort, in ſeiner eigenen Heimat, fortſetzte. Welches war das Zeitgemäße?
Der Erfolg entſchied bald für Jeſus. Er zog einen großen Haufen an ſich — aber
was wollte dieſer?

Offenbar Jeſus auffordern, die Römer zu vertreiben und die Prieſter wieder zur
alten Frömmigkeit des Geſetzes zurückzuführen. Das nun wollte Jeſus ganz entſchieden
nicht, und ſo erklärt es ſich, daß der ganze Haufen ſpurlos zerſtob. Wir hören weder
jetzt noch am nächſten Oſterfeſte von ihm.

Die ganze Frage einer politiſchen Auffaſſung der Meſſiasidee mußte ſich in jenen
Monaten vor Jeſu Geiſte darſtellen. Er war ſich ſeiner Macht über die Geiſter be=
wußt geworden; lag darin nicht der Beruf ſie zu führen und ein meſſianiſches Reich
aufzubauen? Er hatte Niemand gefunden, der Erlöſung und Befreiung und Herr=
ſchaft nicht verbunden hätte. Selbſt der Täufer erwartete nicht weniger, wie ſeine
Sendung aus dem Gefängniſſe beurkundet. Die Jünger faßten den meſſianiſchen Ge=
danken nicht anders noch am Tage vor dem Leiden, und recht verſtehen lernten ſie ihn
erſt ſehr allmählich nachher. Jeſus war darüber mit ſich im Klaren, aber verhehlen
konnte er ſich jene Thatſache nicht. Durch übermäßiges Faſten war ſeine körperliche
Kraft erſchöpft und der Geiſt in einen mitleidenden Zuſtand verſetzt. Noch wenige
Monate, und er mußte in Galiläa auftreten, unter dem rohen Volk, welches aber, der
Begeiſterung fähig, noch nicht ganz durch Tempeldienerei und Prieſterſchaft gebrochen
war. Er mußte Ausbrüche jener Ungeduld nach Erſcheinung des meſſianiſchen Reiches
erwarten; als Meſſias war er ihr König, wie ſollte er jenen Glauben erhalten und
ſtärken, ohne dieſer ſinnlichen Vorſtellung Raum zu geben? Je höher er in ihren
Augen ſtieg, deſto mehr erwarteten ſie eine Herſtellung des iſraelitiſchen Reichs, ja
das Aufſteigen zur Weltherrſchaft. Dieſe Hoffnung hatte die Väter in den Zeiten der
furchtbaren Verfolgung der Seleuciden aufrecht gehalten, ſie hatte ſie geſtärkt, als alle
irdiſchen Hoffnungen, welche die Makkabäer erregt, geſchwunden, und die eiſernen Arme
Roms und herodiſche Landesfürſtengewalt ſie umklammert hielten.

Was rein gegenſtändliche Vorſtellung des Zuſtandes der Welt war, mußte in
leidendem Zuſtande eine ſubjective Geſtalt annehmen! Lag denn wirklich ſelbſt das Un=
mögliche in ſeiner Gewalt? Mußte Jeſus wirklich alle weltliche Macht von ſich halten
und dem Tode des Bekenners entgegengehen, nicht verſtanden, ſelbſt nicht von den
Jüngern? Daß er es mußte, daß er es in Gott wollte, war der Entſchluß des
ſiegenden Geiſtes. Damit haben wir die Verſuchung vom Gewande der bildlichen
Ueberlieferung befreit. Das Ereigniß iſt ein wahres, und gehört in dieſen Zeitraum.
Jeſus kehrt zurück zu den Jüngern und bald nachher nach Galiläa.

Weshalb gerade damals? Johannes gibt uns einfach die Urſache an: Jeſus erfuhr,
daß die Phariſäer ihn als den Mann der Zukunft erkannten; ſein Anhang wuchs, der
des Johannes nahm ab. Dieſes läßt mehrere Erklärungen zu. Wollte er dem Täufer
aus dem Wege gehen, in deſſen Heimatlande, und Galiläa für ſich wählen? Das Erſte
iſt möglich, das Zweite gewiß. Er floh nicht vor der Prieſterſchaft, er wollte aber
ſeinem Werke Wurzeln im Volke ſchaffen, die ſie nicht zerſtören konnten.

In Galiläa auftretend, hatte er das Anſehen für ſich, welches er vor den Augen des zum Osterfeste des Jahres versammelten Volks sich angesichts der Machthaber und der Schriftgelehrten errungen hatte. Die beste Zeit war bei der Hand; die Aussaatarbeiten gingen mit dem Jahre zu Ende; die Bevölkerung hatte dann mehr Zeit seinen Lehren zu lauschen.

Das Jahr 781, Januar und Februar.

Die von uns vorgetragene Erklärung der Rückkehr Jesu nach Galiläa im December 780 war gegründet auf das Vorhergegangene und auf den Horizont des Sommers und Herbstes jenes Jahres der Stadt. Eine durchaus thatsächliche Bestätigung aber erhält sie durch die Entwickelungsreihe der Thätigkeit Jesu, wie die gesichteten Erzählungen der Ueberlieferung sie uns für Januar und Februar 781 zeigen. Die hergestellte Reihe ergibt Folgendes:

1) Jesus tritt zuerst nur in den Synagogen auf, und benutzt das Recht, über die verlesenen Schriftabschnitte eine Ansprache zu halten. Dort auch, oder auf seinen Wegen in und um Kapernaum, heilt er die, welche seine Hülfe ansprechen, durch Händeauflegen und Gebet.

Damit wird die Zeit von Ende December bis Mitte Januar hingegangen sein, wie wir oben anschaulich gemacht haben.

2) Jesus fängt an im Freien zu predigen, und zwar am Strande, also vor einem Kreise der am See wohnenden Bevölkerungen. Zugleich verschafft er sich Eingang und Vertrauen bei den jüdischen Zolleinnehmern, durch die Berufung Levis (des Matthäus) als sechsten Jüngers.

3) Es bildet sich ein Kreis von jüngern Männern, welche Schüler zu werden wünschen, im Glauben an Jesu prophetischen oder gar messianischen Beruf. Jesus entschließt sich, den engern Kreis auf zwölf Jünger auszudehnen, die Zahl der Stämme Israels. Sie waren sämmtlich aus dem niedern Stande, und bis auf Einen Galiläer oder Seeanwohner; und dieser Eine, Judas, war ein Judäer. Da Jünger und Meister eine Art häuslicher Genossenschaft bildeten, so bedurfte Jesus einen Kassenführer, für die Sammlung und Verrechnung der Einlagen und Gaben; dazu war Judas der rechte Mann. Er glaubte fest an den Messias, aber als Jude, und sah sich im Geiste schon als messianischer Finanzminister. Jesus erkannte seinen Charakter, hoffte jedoch, ihn zu bekehren. Diese Zwölfschaar mußte nun näher belehrt und für ihren künftigen Beruf ausgebildet und ermahnt werden. Dazu bot der zweigipflige Hügel Tell Hattin, in einer gewissen Entfernung von der Stadt, die beste Veranlassung. So entstehen Bergpredigten, welche allmählich das Bild des Verhältnisses der Heilsbotschaft zum Gesetze den Jüngern zum Bewußtsein bringen. Das Gottesreich kann nur (wie schon Moses ursprünglich wollte) auf das Sittengesetz gegründet sein; darin allein ist die wahre Erfüllung des Gesetzes möglich; das Weitere wird sich finden, wenn dieses Verhältniß erkannt ist.

4) Während dieser Zeit nimmt natürlich der Zulauf des Volkshaufens und der Heil und Heilung suchenden Einzelnen bedeutend zu; Jesus kann sich des Gedränges nicht erwehren, welches ihn fast im Hause und am Strande erdrückt hätte. Dieses wird die Veranlassung der Schiffpredigten, welche vom messianischen Reiche und seiner Nähe reden, aber in sinnvollen Gleichnissen.

5) Alles dieses Wirken war also auf Kapernaum und die Umgegend beschränkt. Es sollte nun das jenseitige Land, Peräa, des Philippus Gebiet, versucht

werden; Jeſus beſchloß, über den See zu ziehen. Dort bewährte ſich bald
ſeine Herrſchaft über die Gemüther, ſelbſt der von ſchweren geiſtigen Uebeln
Geplagten. Aber es fand ſich, daß die heidniſchen Schweinezüchter ebenſo
ſtarke Intereſſen gegen das Gebahren des neuen Gottesreichs verwandten
als die iſraelitiſchen Juden. Nach wenigen Tagen kehrte Jeſus von dieſem
Ausfluge zurück, und erfreute die ſeiner in der Heimat harrenden Seelen mit
ſeiner heilkräftigen Gegenwart.

Der Frühling des Jahres 781 ſtand vor der Thür. Seit Ende des
Jahres 780 ſaß der Täufer im Gefängniß, und Jeſus hatte ihn von ſeiner
Wirkſamkeit in Kenntniß geſetzt. Den edeln Anfänger des weckenden Aufrufs
nach Kräften zu ſtützen durch regſtes Fördern des nun Jeſu allein anheim-
gefallenen Werks, mußte dieſem ſtark am Herzen liegen. Der Gegenſtand der
Hamansfeier (des Purimfeſtes) konnte unmöglich Jeſus nach Jeruſalem ziehen.
Um ſo mehr die Abſicht, dort einen Verſuch zu machen, es den nicht ganz der
heiligen Sache abgewandten Menſchen ans Herz zu legen, ſich an den einzig
noch freien Prediger des Evangeliums anzuſchließen, deſſen Thaten in Galiläa
ohne Zweifel ihr Echo auch dort gefunden hatten, vermittelſt derer, welche
in Südjudäa das Gelübde abgelegt hatten. Den Schriftgelehrten und Phariſäern mußte der offene Krieg angekündigt werden, wenn ſie von Antipas nicht
die Freigebung des Täufers verlangen und ſelber an die Reform ihres Syſtems
gehen wollten. Zu dem Zwecke mußte eine viel bedeutendere Entfaltung der
meſſianiſchen Thätigkeit ſtattfinden. Die Lehrlinge mußten in des Meiſters Namen
predigen, wirken, heilen. Das Gerücht von der religiöſen Erregung der Völker-
ſchaft in Nordjudäa mußte Jeſu Auftreten an jenem Feſte vorhergehen.

In der That finden wir, daß die geſichtete Reihe der Erzählungen, welche Lucas
uns von dieſem merkwürdigſten und glänzendſten aller Züge Jeſu aufbewahrt hat,
weſentlich auf dieſe beiden Punkte zurückkommt. Der eine iſt: die Erweiterung des
Zwölfjüngerkreiſes auf Siebzig, nach dem Vorbilde der ſiebzig Aelteſten um Moſes,
ihre Weiſung, Ausſendung und Bericht; der andere iſt: die Begegnung mit den Schriftgelehrten, welche ihm aus dem Volkshaufen oder aus der eigenen Verſammlung, oder
einzeln entgegentreten.¹ Und beide Reihen von Erzählungen ſind nicht anekdotiſch,
abgeriſſen, ſondern geſchichtlich, fortſchreitend; jene von der Erwählung der Siebzig
bis zum Dankgebete Jeſu für dieſe glänzende Verherrlichung des Sohnes durch den
Geiſt in der erſten Gemeinde; dieſe von harmloſer Begegnung bis zum offenen Bruche
und zu dem ſchickſalsvollen Worte Jeſu: Ich bin gekommen, ein Feuer anzuzünden, und
was anders wünſche ich, als daß es ſchon brennt!

Und ſo fand ſich's in Jeruſalem: nur wenige Tage, eine Woche höchſtens kann Jeſus
dort geweſen ſein, und nur Ein Kapitel des Johannes gibt uns Nachricht von dem,
was dort vorging. Alles kommt zurück auf Eine Sabbathheilung und die halb ver-
theidigende, halb angreifende öffentliche Rede Jeſu, welche ſich daran knüpft. Man
ſieht, es fehlt wenig daran, daß ſie Steine aufheben, um ihn als einen Läſterer zu
tödten, oder daß die ſpähenden Häſcher des Hohen Rathes ihn verhaften und ins Gefängniß werfen.

Wir werden ſehen, wie bald dieſes geſchah. Unterdeſſen haben wir die Begebenheiten der erſten Hälfte des Lehramts Jeſu als eine innerlich und äußerlich zuſammen-
hängende Entwickelung zunehmender Thätigkeit und ſtärkerer Predigt des Evangeliums
erkannt.

Aber die Anſchauungen Jeſu über ſich und das Ziel ſeiner Predigt vom Gottesreiche zeigen sich als dieselben, von Anfang bis zu Ende. Die Mittheilung dieser Anschauungen ist bedingt durch die Stellung, welche die Menschen zum Gottesreiche nehmen. Reform wird angeboten, wenn innere Bekehrung erfolgt, aber gleichzeitig wird das Ende der bestehenden Ordnung auf der Erde angekündigt; den Lästerern wird die nicht zu sühnende Versündigung entgegengehalten, den entschiedenen Widersachern der große Weltbrand, der sie alle verzehren werde mit ihrer Heuchelei und ihrer Ungerechtigkeit.

Viertes Buch.

Jesu öffentliches Leben in Galiläa und Judäa.

Von der Speisung der Fünftausend (kurz vor Ostern 781) bis zum Einzug in Bethanien (kurz vor Ostern 782). Ein volles Jahr.

———

Einleitung.

Wir sind jetzt gerade bis zum Anfang der zweiten Hälfte des öffentlichen Lebens Jesu vor der Leidenswoche gelangt. Diese zweite Hälfte umfaßt, wie die erste, fast ganz genau ein volles Jahr, und sie übertrifft an Wichtigkeit noch die erste. Denn in diesem zweiten Jahre entfaltet Jesus mehr und mehr seinen ganzen Lebensplan, und die Jünger beginnen allmälig ihn zu erkennen, wenn auch noch wenig zu verstehen. Nicht weniger wichtig ist er auch für die Kritik der Evangelien. Ausgangspunkt und Endpunkt sind Punkte, welche sich fast bis auf den Tag abgrenzen lassen; der Zeitraum läuft von kurz vor Ostern 781 bis zum Anfang jener großen Woche, welche dem Auferstehungssonntag vorherging. Wir vertheilen diesen Stoff, indem wir ihn in zwei Hälften zur Darstellung bringen.

Die Speisung der Fünftausend, welche alle vier Berichterstatter erzählen, die drei Evangelisten und der apostolische Augenzeuge, ist nicht allein dadurch genau bestimmt, daß sie, nach ausdrücklicher Angabe, unmittelbar vor dem Osterfeste 781 stattfand. Sie steht auch in historischem Zusammenhange mit einem Ereigniß im Leben des Herodes Antipas, bei dessen Jahresfeier das Verbrechen der Hinrichtung des Täufers beschlossen ward. Die Geschichte der Enthauptung wird unmittelbar vor der Speisung erzählt, und wir nehmen nach den Jahrbüchern des Josephus über die Geschichte des herodischen Hauses an, daß jenes blutbefleckte Festmahl des üppigen Fürsten gegen das Ende März fiel, also einige Wochen vor Ostern.

Das große Ereigniß selbst, womit die Berichte von Jesu Thaten beginnen — die Geschichte der zwei Tage der Speisung und der dazugehörigen Rede Jesu — wird von allen vier Berichterstattern in demselben Zusammenhange erzählt.

Als Scheidepunkt beider Hälften gilt uns die Reise Jesu zum Laubhüttenfest, welches an den Anfang des October fällt.

Im ersten dieser beiden Theile haben wir eine unfehlbare Probe für die Richtigkeit oder Unrichtigkeit unserer Grundannahme. Ist sie richtig, so muß der zwischen beiden Grenzpunkten liegende Stoff sich nach den festgestellten Grundsätzen leicht und natürlich ordnen. Die evangelistischen Berichte müssen gerade in den johanneischen Rahmen passen, nach dem Gesetze der Abspiegelung. Dieses nun scheint unverkennbar der Fall zu sein.

Die Geschichte des ersten Zeitraums zerfällt in drei Abschnitte.

Erstens: Aufenthalt am See; Speisung; Wohnen in Kapernaum.

Zweitens: Sommerreise nach dem Libanon und in die phönizische Grenzmark.

Drittens: Stiller Zug nach Jerusalem, Ende September.

Die Speisung erzählen Alle, das Wichtigste dabei, Jesu Reden am Tage darauf, nur Johannes (6—7, 1); den Ausflug nach den Gebirgen im Nordland kennen wir durch alle drei Evangelisten (Marc. 7, 1—9, 50; Matth. 15, 1—18, 35; vgl. mit Luc. 9, 18—50). Für die stille Reise zum Laubhüttenfeste mit den Jüngern gibt Johannes den Rahmen (7, 2—10); die Vorfälle der Reise selbst, wobei Jesus einen Ausspruch that, sind nur von Lucas erzählt in einem sehr inhaltreichen Berichte (13, 22—17, 10).

Erste Hälfte.

Erster Abschnitt.

Jesus am See; die Speisung der Fünftausend und Jesu Rede am nächsten Tage.

I. Die Speisung.

Nach Johannes steigt Jesus, dem viel Volks nachfolgt, auf „den Berg" und speist mit fünf Broden und zwei Zuspeisen fünftausend Menschen. Dies ereignet sich, nach seiner ausdrücklichen Angabe, im Lande „jenseit des Sees", also in Peräa, im Gebiete des Philippus; ein Umstand, der sich uns aus dem Vorhergehenden leicht erklärt. Die eben erfolgte Hinrichtung des Täufers ließ ähnliche Gewaltthaten gegen Jesus befürchten. Zurückgestoßen vom Unglauben des jüdischen Volks in Jerusalem, beobachtet und verfolgt von der Priesterschaft und dem ganzen Sanhedrin, konnte Jesus nur in jenem Gebiete hoffen, ungestört lehren zu dürfen.

Bei den Evangelisten ist die Oertlichkeit unbestimmt durch die Worte bezeichnet: „eine Wildniß"; nach Lucas Texte: „bei der Stadt Bethsaida"; der Zusatz würde ohne Bedenken, seines ungeschickten Ausdrucks wegen, als Glosse zu verwerfen sein, wenn sich nicht in dem Namen die Möglichkeit des Restes einer wahren Ueberlieferung kundzugeben schiene. Es gab nämlich ein Bethsaida am östlichen Seeufer, an welchem, wie gesagt und wie auch das Ueberschiffen von da nach Kapernaum zeigt, die Begebenheit sich ereignete. Das Ungeschickte der Einfügung erklärt sich daraus, daß Lucas, wie die Vergleichung mit den beiden andern zeigt, den Ausdruck „eine Wildniß" vorfand. Also der Vorzug des geschichtlich Genauen ist auf der Seite des Johannes, was uns sehr begreiflich erscheint, da er Augenzeuge war.

Ebenso zeigt sich die ganze Handlung bei Johannes als geschichtlich, aber funfzig Jahre nach dem Ereigniß erzählt; die Darstellung ist mit dem Scheine eines Mirakels umgeben, aber doch so durchsichtig, daß der Thatbestand sich leicht von der subjectiven Auffassung scheiden läßt und klar aus ihr hervorleuchtet. Kein Wort des Herrn bezeugt das Mirakel eines Schaffens zubereiteter, gebackener und gesottener oder gesalzener Speise. Das große wahrhafte Wunder ist, daß Jesu aufopferndes Herbeischaffen und mit feierlichem Dankgebete Darbieten von Allem, was die Jünger käuflich an Ort und Stelle vorgefunden, und was Er aus dem Seckel frommer Liebesgaben hatte aufkaufen lassen, alle Gegenwärtigen theils beschämen, theils mit Dank erfüllen mußte. Alle wurden begeistert; die welche etwas bei sich hatten, wurden willig zur brüderlichen

Mittheilung an die Genossen. Die Tausende waren eine zusammengelaufene Menge; sie fühlten sich nun als Genossenschaft und bildeten die erste Brüdergemeinde; Alles war weise veranstaltet. Die Menschen waren auf einem geraumen Rasenplatze, Jesus und seinen Jüngern gegenüber, in funfzig Reihen, je zu hundert Personen geschart und geordnet. Wie ganz anders waren sie gekommen. Das Volk war aus der Nachbar= schaft zusammengelaufen, den Gottesmann zu sehen und zu hören; sie blieben wie ge= fesselt zu seinen Füßen, und hingen an seinen Lippen, bis der Tag sich neigte. Der arme, fast landflüchtige Lehrer bot ihnen zum brüderlichen Mahl Alles, was er hatte. Da empfanden sie sich als Kinder Eines Volks und Eines Gottes. Und als von diesem Gefühle gehoben Jeder gab was er hatte, und auch der Empfänger mehr an die Brüder gedachte, als an sich selbst — siehe da war Ueberfluß! Es fand sich, daß am Ende mehr da war, als man brauchte, sobaß jeder der zwölf Apostel noch einen Korb voll des Ueberschusses einsammeln konnte.

Wahrlich kein Mirakel, aber ein wahres Wunder, ein Beweis des göttlichen Geistes und das Vorspiel des noch viel größern Wunders, welches die Kraft des Geistes Jesu wirkte in dieser ersten christlichen Gemeinde. Es offenbarte sich das große Wunder der Gemeinschaft, das wirklich sociale Wunder. Alle haben genug und überflüssig, wenn Jeder für das Ganze erwirbt, und den dürftigen Brüdern einen Theil gibt von dem, was er entbehren kann.

Die Apostel selbst dachten sich anfangs den Vorgang auch nicht anders. Dieses geht daraus hervor, daß Marcus bald nachher sagt, ihre Herzen seien verstockt ge= wesen hinsichtlich der Speisung (Marc. 6, 52). Das hatte er wahrscheinlich von Petrus, dem er früher als Dolmetscher gedient. In seiner Darstellung zeigt sich überhaupt die größte Anschaulichkeit unter den Evangelisten; gewiß hatte er diese Erzählung oft von Petrus vortragen hören, bei den christlichen Unterweisungen, denen er beiwohnte. Die Darstellung des Lagerns der Fünftausend „nach Haufen, je hundert, und je funfzig", ist zugleich die Veranschaulichung der johanneischen Angabe der Zahl, während bei Matthäus sich schon die Ungenauigkeit findet, die Fünftausend haben nicht die Frauen und Kinder eingeschlossen. Eine andere Abtheilung der Fünftausend in viertausend Männer und eintausend Weiber und Kinder, gab sogar die Veranlassung zu der rein misver= ständlichen Erzählung einer zweiten Speisung, mit welcher Marcus und Matthäus bald nachher die ursprüngliche und geschichtlich richtige Reihe der galiläischen Erzählungen unter= brechen (Marc. 8, 1—10; Matth. 15, 32—39). Auch die ungenaue Bezeichnung der Oertlichkeit in der Ueberlieferung (Berg, Wüste, Bethsaida) mag zu dieser zweiten Erzählung veranlaßt haben. Die frühere Speisung wird dabei nicht erwähnt; auch gehen die Jünger, hier wie dort, vom östlichen Ufer nach Galiläa; wir kennen weder Dalmanutha (Marc. 8, 10) noch „die Mark von Magadan", aus welchen man Magdala gemacht hat; beide Punkte mögen unweit Kapernaum gelegen haben oder auch das Misverständniß einer andern Erzählung sein.

Dasselbe Verhältniß der Berichterstatter zeigt sich auch bei der Begebenheit, welche sich an die Speisung anschließt.

II. Jesus wandelt des Abends, den See umgehend, nach Kapernaum; die Jünger werden auf dem See von einem Sturm überfallen.

Nach Johannes zog sich Jesus allein auf den Berg zurück, um dem Andrange des Volks zu entgehen, welches ihn zum König ausrufen wollte. Es hatte in der Nacht=

erweisung Jesu jene Kraft des gemeinsamen Lebens empfunden, welche dem hirtenlos und vereinzelt einhergehenden Haufen wieder das beseligende und anregende Gefühl des Volkslebens und der Freiheit geben konnte. Aber es war ein rein irdisches Gefühl und Erregtsein; und Jesus war nicht gekommen, eine politische Umwälzung zu machen, sondern eine innerliche. Er wollte nicht eine politische Freiheit gründen, sondern jene innere Freiheit des Geistes, welche, wenn die Zeit dazu gekommen ist, mit göttlicher Gewalt alle Banden durchbricht, die verdorrten Gebeine neu belebt und ein bürgerliches Leben neu gestaltet, wenngleich auf dem Grabe des abgestorbenen. Er machte sich also von ihnen los, und zog sich auf den Berg zurück, von wo er zur Predigt gekommen war. Die Jünger aber stiegen ein und fuhren gen Kapernaum, wohin Jesus aller Wahrscheinlichkeit nach sie beschieden hatte als dem Begegnungspunkt. Ein Sturm überfiel sie; es ward finster; da, nachdem sie ungefähr drei bis vier Millien gefahren waren, erblicken sie Jesus am Strande mitten in der Brandung. Sie wollen dem Lande zusteuern, um ihn ins Schiff zu nehmen (Joh. 6, 21); und siehe da, plötzlich sind sie am Lande. Ufer und Meister waren ihnen näher als sie glaubten.

So ist die einfache Erzählung des Johannes; in der Ueberlieferung bei Marcus und Matthäus ist Alles unbestimmt; Lucas aber hat diese ganze Erzählung nicht, und überhaupt gar keinen Bericht mehr bis zur Verklärungsscene auf dem Berge. Jesus wandelt auf den Wogen des Meeres, was vielleicht erst durch eine abergläubische Uebersetzung aus dem hebräischen Texte in die Ueberlieferung gekommen. Bei Matthäus will Petrus auch, dem Meister gleich, auf dem Meere wandeln, wird aber vom Meister emporgehalten, da er gerade den Muth verliert und sinken will. Dieses führt vielleicht auf die Thatsache, daß Petrus sich in die Brandung warf, um das Schiff ans Land zu ziehen oder Jesus herüberzuführen.

So weit gehen die apostolische Erzählung und die Ueberlieferung nebeneinander her. Die Thatsachen bleiben in dieser, nur weniger genau und hier und da durch Wunderglauben entstellt. Nun aber folgt Jesu tiefe Belehrung über das Ereigniß des vorigen Tags und die Eröffnung des tiefen Sinns seiner Erscheinung; und das hat der Jünger allein in seinem tiefen Geiste bewahrt. Es ist begreiflich, daß diese Worte nicht in die Katechismuslehre der Missionare aufgenommen wurden. Aber wer deshalb hier die Ursprünglichkeit der Reden Jesu verkennen will, der nimmt etwas ganz Unerklärliches an. Wer von den Jüngern und Aposteln oder Apostelschülern hat je solche Worte geredet, harte Worte für alle, alte und neue, Juden und Kapernaiten?

III. Jesus predigt dem Haufen, der ihm nachzieht, vom Brode des Lebens und vom Genusse seines Leibes und Blutes.

Diese ewig denkwürdige Predigt hielt Jesus am folgenden Tage (Joh. 6, 22) an das Volk, welches ihm nach Galiläa über den See nachgeeilt war. Er erkannte, daß das gemeinsame Mahl, welches er ihnen verschafft, das Volk ihm nachgezogen hatte, nicht die Sehnsucht nach dem Lehrer und der Glaube an die Kraft seiner Lehre. Er sieht ein, daß er diesen rohen Haufen von sich stoßen muß, und er ist sicher dieses Erfolgs, sobald er ihrem niedrigen Sinne und fleischlichen Begehren seinen hohen Beruf und die Bedingungen der Theilhaftigkeit am Gottesreiche entgegenhält. Es ist unmöglich, in dieser ewig denkwürdigen und weltgeschichtlichen Darstellung nicht eine Beziehung zu finden auf die große Stiftung der Liebe, welche Jesus gerade ein Jahr später, am Vorabende seines Todesleidens, seinen Jüngern als tägliche Erinnerung zurück= ließ. Aber nicht, daß wir in die Einsetzungsworte und in das gottesdienstliche Symbol das hineintragen sollen, was von dem Leben in Gott und Christus hier gesagt ist. Die Beziehung ist eine rein geistige, wahrlich nicht eine verwirrte und aber= gläubische, sie ist eine Beziehung auf den göttlichen Quell der Genossenschaft der Menschen, nicht eine sakramentliche, rituelle. Und wer will, kann ja lernen, daß diese ganze Schwärmerei erst im Laufe einer tausendjährigen tragischen Verwickelung allmälig von der Seele der christgläubigen Gemeinde auf die Nahrungsstoffe übertragen ist. Man vergleiche nur Jesu Worte:

Ich bin das Brod des Lebens (48—51), und:
Wer mein Fleisch isset, und trinket mein Blut, der bleibet in mir, und ich in ihm (56, vgl. 53); und:
Der Geist ist's, der da lebendig macht, das Fleisch ist nichts nütze.
Die Worte, die ich zu euch geredet habe, die sind Geist und sind Leben (63).

Diese Worte sind der tiefe Text sowol für das erste gemeinsame Mahl wie für das letzte. Sie sind das Geheimniß der Gemeinschaft der Bielen durch die Liebe zu dem Einen, welche der Bund ist ihrer Gemeinsamkeit. Das gottgefällige gemeinsame Leben in der wirklichen Welt ist das Ziel der Lehre Jesu, aber die einzige wahre Be= gründung desselben ist in Gott und in dem Leben, nicht der Selbstsucht, sondern der Liebe, nicht des Fleisches, sondern des Geistes.

Biele Zuhörer, ja selbst Jünger, werden durch die harten, ihnen halb gotteslästerlich, halb wahnsinnig lautenden Worte zurückgeschreckt und verlassen Jesus; aber die Zwölf harren bei ihm aus. Und Petrus wird ihr Redner und spricht das Wort, dessen letzter Theil: „Du bist der Heilige Gottes", der Ueberlieferung geblieben ist, nur anders gewendet.

„Darnach" (heißt es 7, 1) „zog Jesus umher in Galiläa", also lehrend und predi= gend, antwortend und ermahnend, heilend und tröstend.

Und hier sind wir an dem großen Scheidepunkte des johanneischen Berichts und der Ueberlieferung. Denn während Johannes nun sogleich die Reise nach Jerusalem zum Laubhüttenfeste und dann die Umherzüge in Judäa und Peräa zwischen October und April erzählt, berichten die Evangelisten weiter von den galiläischen Geschichten, und knüpfen an diese unmittelbar die Reise nach Jerusalem an, und den Einzug kurz vor dem Todesostern. Erst hier also, beim Einzuge sechs Tage vor dem Leiden, am Ende unsers Buchs, treffen beide Reihen wieder zusammen. In den Reisen läßt sich jedoch eine Berichtscheide der evangelistischen Darstellung nachweisen, wie wir unten sehen werden, und wie in der Einleitung des vorigen Buchs schon angedeutet ist. Nach dem Gesetze der Verschiebung und Abspiegelung konnte die Ueberlieferung auch diesen Zeitraum gar nicht anders vortragen. Uns liegt nur ob, zu sehen, wie sich beide Reihen, die des geschichtlichen Rahmens und die der Ueberlieferung, ineinander fügen, wenn wir die ge= schichtliche Folge des Johannes an die noch übrigen Massen von Erzählungen bis zum Einzuge halten.

Zweiter Abschnitt.

Die evangelistischen Erzählungen nach der Speisung bis zum Ausfluge nach Phönizien.

(Marc. 7 — 9; Matth. 15 — 18.)

A. Schlüssel zu der scheinbaren Lücke in den Berichten des Lucas.

Jeder Leser wird sich ohne Mühe aus den von uns nach dem Urtext abgetheilten Erzählungen, und am leichtesten aus der den Evangelien vorgesetzten Uebersicht, das Verhältniß der Evangelisten in diesem Zeitpunkt veranschaulichen können.

Hinsichtlich des hier zur Frage kommenden Punktes ist im Allgemeinen dreierlei zu bemerken. Erstlich, daß die Erzählung (wie sie bei unserer Annahme muß) ohne Abschluß und neuen Anfang ununterbrochen fortschreitet. Zweitens, daß auch die spätern Geschichten dieser Masse ausdrücklich nach Galiläa gesetzt werden (Marc. 9, 30. 33). Eine wahre Unterbrechung macht nur die zweite Erzählung von der Speisung, die man aus innern Gründen für ungeschichtlich halten muß (Marc. 8, 1—10; Matth. 15, 32—39). Sie wird als am östlichen Ufer vorgefallen gedacht, wie die geschichtliche Speisung es wirklich war. Jesus und die Jünger gehen von dem Orte der Speisung über den See nach Galiläa. Sie war also keine galiläische Erzählung und wird doch an die Ereignisse in Galiläa angeknüpft, ohne daß eines Eintretens in das östliche Land gedacht wird. Angeknüpft wird sie, als eine nicht galiläische, an die Erzählung des Ausflugs nach Thyrus und Sidon, von welchem Jesus, wie Marcus ausdrücklich sagt, über die Dekapolis, d. h. über das Gebiet des Philippus, wieder nach Galiläa zurückkehrte. Daß Johannes dieses Ausflugs nicht erwähnt hat, sondern nur sagt, Jesus sei in Galiläa umhergezogen, kann nicht auffallen, da er keine Einzelheiten aus diesem Zeitraum erzählt, und da die Reise offenbar nur eine kurze Erholungsreise war, an den Grenzen erstlich Phöniziens, dann der Dekapolis entlang, wodurch Jesus sich zugleich der Zudringlichkeit des Volks und den Spähern und Häschern der Thrannen entzog. Die Ausscheidung einer auch innerlich mehr als verdächtigen, aller Eigenthümlichkeit und Anschaulichkeit entblößten Wiederholung der Speisungsgeschichte gibt uns also ganz die Reihe wieder, welche in der ursprünglichen Ueberlieferung dem „Umherziehen in Galiläa", d. h. Umherreisen in der Länge und Breite des Landes, bei Johannes entspricht.

Die dritte allgemeine Bemerkung betrifft das gänzliche Uebergehen dieses Abschnitts bei Lucas bis zu der Stelle der Ueberlieferung bei Marcus und Matthäus, wo die Geschichte von dem Bekenntnisse des Glaubens des Petrus erzählt wird. Von da an läuft seine Erzählung der des Marcus und Matthäus wieder gleich. Wir erkennen in der ersten der Geschichten unserer gegenwärtigen Reihe den Geist der großen Straf= rede bei des Lucas Pharisäermahle wieder. Der angekündigte Kampf ist entbrannt, und geht fort. Die Würfel sind gefallen. Die Stunde Jerusalems und seiner Hierar= chie hat geschlagen. Die erste Geschichte gibt Jesu Gericht über die äußern Rein= lichkeitsgebräuche der Pharisäer und ihre äußerlichen Satzungen überhaupt; und zwar wird Jesus auch hier dazu veranlaßt durch ihren Tadel darüber, daß seine Jünger (wie dort er selbst) sich nicht des förmlichen Händewaschens' vor dem Mahle befleißigen, welches die Pharisäer vorschreiben. Wir haben also hier eine nur anders zusammen= gesetzte, durch andere verwandte Aussprüche veranschaulichte und ausgebildete Dar= stellung jener ganz selbigen Geschichte wieder, welche Lucas bei der frühern Reise anbringt (Luc. 11, 37—12, 1).

Das Ergebniß unserer vergleichenden Kritik stellt sich hiernach ganz einfach so dar. Die galiläischen Berichte gingen ursprünglich von dem über die Speisung und die Rückkehr nach Kapernaum über den See und am Gestade unmittelbar über auf das Bekenntniß des Petrus und das Verklärungsgesicht auf dem Berge. Daneben bestand ein Bericht über die Reise nach Phönizien und die Rückkehr über die Dekapolis im östlichen Lande. Es gab außerdem eine andere Ausbildung der Erzählungen von jenem Mahle und der scharfen Rüge gegen das Pharisäerthum, und von der Warnung vor dem Sauerteige der Pharisäer, welche auch bei Lucas auf jene Tischrede folgt. Als man nun die Geschichten vom Ausfluge nach Phönizien in die galiläische Reihe einfügte, setzte man sie zwischen diese Darstellung der Tischrede und die Warnung vor dem Sauerteige. Dieses kann zuerst auffallen: man schnitt ja in dieser Weise zwei zusammenge= hörige Geschichten auseinander. Sieht man aber näher zu, so leuchtet die Ursache ein. Man hatte durch die Einschiebung der Anekdoten von dem Ausfluge nach Phönizien und der Dekapolis im Ostjordanlande wieder einzulenken in die unterbrochene Reihe der galiläischen Erzählungen. Dazu eignete sich die Geschichte vom Sauerteige der Pharisäer. Dergleichen Spuren und Nähte darf die Kritik nicht übersehen. Wir gehen hiernach die einzelnen Erzählungen durch.

B. Sichtung der einzelnen Erzählungen.

I. Jesus über die äußerlichen Reinigungen der Pharisäer; der Sauerteig der Pharisäer.

(Marc. 7, 1—23; Matth. 15, 1—20.)

Beide Berichterstatter bringen bei, daß die Pharisäer, welche bei diesem Mahle gegenwärtig waren, von Jerusalem gekommen seien. Es waren also Späher, und dieser Umstand erklärt die Schärfe der Reden Jesu. Diese Reden halten wir für streng geschichtlich erzählt, eben wie ihre Veranlassung; ihre Versetzung hierher aus der frühern Reise ist jedoch Folge des allgemeinen Systems der Ueberlieferung. Bei Lucas bildet sie den großen Wendepunkt des Verhältnisses der Priesterlichen zu Jesus; von da an schwören sie ihm den Tod. Die Darstellung bei Matthäus und Lucas macht dagegen nur den Gegensatz des Aeußerlichen und Innerlichen in der Religion klar, indem sie zeigt, daß es unmöglich sei, das Aeußerliche hervorzuheben, ohne das Inner= liche, Wesentliche zu verderben und in den Hintergrund zu drängen. Die starre Ver= folgung der Aeußerlichkeit führe nämlich auf den gerade entgegengesetzten Weg des Sittengebotes und also des ursprünglichen Gesetzes in den zehn Geboten. Dabei wird einer jener geistvollen Sprüche im Buche Jesaja und eins der Gebote angeführt und zum Haltpunkte gemacht.

Es folgt nun die phönizische Reise und die Rückkehr, und dann die Warnung vor dem Sauerteige der Pharisäer. Das ganze Fachwerk der Erzählung ist also bewahrt, wie folgende Uebersicht anschaulich macht.

Luc. 11, 37—12, 1 (Reiseberichte).	Marc. 7, 1—23; 8, 15; Matth. 15, 1—20; 16, 6.
a) Ein Pharisäer ladet Jesu ein zum Früh= mahle; Jesus nimmt die Einladung an. [Vorher geht (11, 29—36) die Straf= rede gegen die Zeichensucht, und An= drohung des Zeichens des Jonas.] Der Pharisäer wundert sich, daß Jesus nicht, ehe er sich zum Mahle gelagert, die Handwaschung vorgenommen. Jesus wirft den Pharisäern vor, daß sie für das Aeußere des Bechers und der Schüsseln sorgen, aber im Innern voll Raubes und Bosheit sind. Das Eine müsse man thun, das Andere nicht lassen.	a) Pharisäer und Schriftgelehrte kommen von Jerusalem. Sie sehen, daß die Jünger das Brod essen mit ungewaschenen Händen, der Ueberlieferung nicht achtend, und fragen nach der Ursache. Jesus antwortet, daß sie um ihrer Ueberlieferung willen Gottes Gebot ver= lassen und vernichten. (Dazwischen der Ausflug nach Phö= nizien und Rückkehr; eingelegte beson= dere Ueberlieferung.)
b) Jesus spricht zu den Jüngern: nehmet euch in Acht vor dem Sauerteige der Pharisäer (12, 1).	b) Jesus sagt den Jüngern: Hütet euch vor dem Sauerteige der Pharisäer und des Herodes. (Parallelstelle bei Matthäus: Hütet euch vor dem Sauerteig der Phari= säer und Sabbucäer.)

II. Der Ausflug nach Phönizien; Rückkehr und Heilung eines Taubstummen.
(Marc. 7, 24—37; Matth. 15, 21—31.)

Die Darstellung des Ausflugs ist bei Marcus genau in der Angabe der Hin= und Herreise; Matthäus dagegen hat nur eine sehr allgemeine Angabe. Statt der Geschichte der Heilung, die so scharf und eigenthümlich ist, hat Matthäus nur eine allgemeine Schlußbemerkung, welche auf den (hier sehr ausgebildeten) Spruch des Volks übergeleitet: „Die Tauben macht er hören, und die Sprachlosen reden."

III. Strafrede wider die Zeichensucht; Sinn des Ausspruchs vom Sauerteige.
(Marc. 8, 11—21; Matth. 16, 1—12.)

Was bei Marcus als Jesu Strafrede erzählt wird, ist derselbe Spruch, welcher bei Lucas der Erzählung von der Handwaschung beim Mahle vorherging. Das Schelten der Jünger, weil sie den Spruch vom Sauerteige der Pharisäer nicht ver= stehen, hat nur Matthäus. Dagegen ist die Rede vom Sauerteige bei Beiden gleich= mäßig ausgebildet. Marcus fügt den Sauerteig des Herodes hinzu, Matthäus die

Sabbucäer; beides an dieser Stelle sehr unpassend für den Zusammenhang. Dann folgt zum Schlusse bei Beiden der seltsame Misverstand der Rede vom Sauerteige, als habe Jesus sie gewarnt, den Sauerteig fürs Brodbacken nicht von den Pharisäern zu nehmen, als Anspielung darauf, daß sie nur Ein Brod mit ins Schiff genommen. Die Strafrede Jesu ist natürlich eine spät ausgebildete, da darin auf die doppelte Speisung angespielt wird.

Die Erklärung der Worte (Vs. 13): „Er trat in das Schiff, und fuhr ins jenseitige Land", wird offenbar an sich am besten verstanden vom Uebergehen nach Peräa; jedenfalls liegt darin, daß die Scene am See war. Die nächste Geschichte spielt aber nördlich und jenseit des Jordan bei Cäsarea Philippi (in der Dekapolis). Unsere Erklärung des Ursprungs dieser ganzen Reihe, als hierher verschlagen von einer frühern durch Lucas bezeichneten Stelle, hebt diese Schwierigkeit. Die nächstfolgende Geschichte schließt sich an die vorhergehende Erzählung; also an die Dekapolis und an die Zeit der Rückreise von Sidon her.

IV. Die Heilung des Blinden in Bethsaida.
(Marc. 8, 22—26.)

Diese dem Marcus eigenthümliche Geschichte trägt alle Spuren der Ursprünglichkeit an sich. Sie paßt auch ganz in diesen Zeitraum. Jesus will unerkannt und unbeachtet bleiben. Aber sie steht dem Orte wie dem Inhalte nach vereinzelt. Auch wenn Bethsaida für das östliche genommen wird (s. z. Marc. 8, 22), ist es unpassend, daß der von Phönizien durch die Dekapolis zurückreisende Jesus von Bethsaida nach Cäsarea Philippi komme. Auch als eine des Inhalts wegen hier angeschlossene vereinzelte Erzählung kann sie nicht angesehen werden. Man sieht sie also besser an als das Ende der galiläischen Reihe, welche mit der Geschichte des Ausflugs, wie wir angedeutet, in eins verwebt ist. Auf die phönizische Reise bringt uns das nächste Stück unverkennbar zurück.

Aus diesem Grunde nehmen wir Bethsaida für das galiläische.

V. Die galiläischen Geschichten von der Rückkehr Jesu aus der Dekapolis.
(Marc. 8, 27—9, 50; Luc. 9, 18—50; Matth. 16, 13—18; 35.)

Die Reise nach Phönizien war ein geheim gehaltener Ausflug zur stillen Erholung und zur Abwehrung des Volks. In der allgemeinen Ueberlieferung war davon nur die Rückreise von Cäsarea Philippi bekannt.

1. Des Petrus Bekenntniß.
(Marc. 8, 27—9, 1; Luc. 9, 18—27; Matth. 16, 13—28.)

Jesus fragt, wofür die Menschen und wofür die Jünger ihn halten; Petrus bekennt ihn als den Messias; Jesus offenbart den Jüngern sein bevorstehendes Leiden, und zürnt dem Petrus, der ihn deshalb zur Rede stellen will.

Diesen letzten Zug läßt Lucas aus, aber Marcus, des Petrus Begleiter, hat ihn ebenso wol wie Matthäus.

Die Auferstehung wird auch hier vorhergesagt. Ob geschichtlich oder Ausbildung des vom Leiden Gesagten? Bei einer bald folgenden ähnlichen Erwähnung der Auferstehung heißt es: sie wußten nicht, was das heißen sollte. Aber auch vom Leiden hatten sie keine Ahnung. Des Petrus Bemerkung bezieht sich offenbar nur darauf, daß Jesus sich dem Leiden nicht entziehen wolle, da er doch der Heilige Gottes sei.

Die Form des Bekenntniſſes iſt bei Matthäus offenbar ſpäter ausgebildet; in den einfachen Worten „Du biſt der Geſalbte Gottes" ſtimmen Lucas und Matthäus buch=ſtäblich zuſammen.

2. Die Verklärung.
(Marc. 9, 2—13; Luc. 9, 28—36; Matth. 17, 1—13.)

Sie hatte ſtatt auf einem hohen Berge; ſechs (nach Lucas acht) Tage nachher. Nur Petrus, Jacobus und Johannes waren Zeugen der Verklärung. Es war ein nächt=liches Geſicht. Es heißt ausdrücklich bei Marcus und Lucas: Petrus habe im Schlafe geſprochen, und Matthäus läßt Jeſus ſagen: „Stehet auf und fürchtet euch nicht" (7). Sie erwachten und ſahen Jeſus allein. Ein Geſicht nennt Jeſus ſelbſt weiterhin (9). Aber Jeſus hielt das Geſicht für bedeutungsvoll; nämlich als richtige Auffaſſung ſeines Verhältniſſes zum Geſetze und zur Wiederherſtellung deſſelben. Elia war dageweſen; das Geſetz war als Warnungsſtimme erſchollen, aber ohne Erfolg. Iſrael war gerichtet. Marcus und Matthäus erzählen zum Schluſſe, was Jeſus über die jüdiſche Annahme von Elias, dem Vorläufer des Meſſias, den Jüngern geſagt, und wie er Johannes den Täufer für dieſen Vorläufer erklärt. Dieſe Erklärung finden wir bald auch bei Johannes in Jeruſalem erzählt.

3. Die Heilung des beſeſſenen Knaben.
(Marc. 9, 14—29; Luc. 9, 37—43; Matth. 17, 14—21.)

Marcus malt auch hier den Vorfall anſchaulicher und ausführlicher aus als die beiden Andern. Des Herrn Wort auf die Frage der Jünger, weshalb ſie den böſen Geiſt nicht haben austreiben können, iſt der Schluß der Geſchichte bei ihm und bei Matthäus. Lucas hat in der Mitte der Erzählung einen ſehr ſtarken, ſtrafenden Aus=ruf Jeſu über der Jünger Unglauben und Verkehrtheit.

4. Weiteres Umherziehen in Galiläa; wiederholtes Vorherſagen des Leidens.
(Marc. 9, 30—32; Luc. 9, 43—45; Matth. 17, 22. 23.)

Die Jünger können durchaus ſich nicht in die Vorſtellung finden, daß der Meſſias leiden ſolle; daher die Worte des Herrn ihnen nur Furcht, Betrübniß und Befremden einflößen. Marcus iſt auch hier am deutlichſten in Raum= und Zeitangabe. Matthäus erwähnt auch des Umherziehens in Galiläa; Marcus fügt hinzu, daß Jeſus ganz un=erkannt reiſen wollte. Die Auferſtehung erwähnen nur Lucas und Matthäus.

5. Schluß: Rückkehr nach Kapernaum.
(Marc. 9, 33—50; Luc. 9, 46—50; Matth. 18.)

Jeſus zieht wieder ein in ſein Haus; er beſchämt die Jünger über ihren Rang=ſtreit durch das Hinweiſen auf ein Kind. „Wer Ein ſolches Kind wegen meines Namens aufnimmt, der nimmt mich auf."

Wie gewöhnlich, ſo iſt auch hier am Schluſſe vieles Vereinzelte, mehr oder weniger geſchichtlich und paſſend zuſammengeſtellt. Sprüche Jeſu ſind auch hier der Kern, um welchen ſich das Uebrige ſo oder ſo anſchloß.

Den tiefſinnigen Ausſpruch bei der Erzählung von Einem, der die Geiſter in Jeſu Namen austrieb, ohne zu Jeſu Sendlingen zu gehören, haben nur Lucas, der damit ſchließt, und Marcus. Bei dieſem zeigt ſich die ganze Geſchichte dadurch als einge=ſchoben, daß ſie ſich an den Spruch anſchließt: „Wer Ein ſolches Kind aufnimmt, der nimmt mich auf", und weil dann eine verallgemeinernde Rede über dieſen Spruch folgt. Allein der Spruch ſelbſt hat ganz den Charakter des wirklichen Vorgangs; ebenſo daß bei Marcus Johannes die Erzählung anbringt von dem Fremdlinge, der böſe Geiſter in Jeſu Namen austrieb.

Bei Matthäus fehlt diese Einfügung; aber an die Reden Jesu über das Kind und der Kinder Seligkeit schließt sich bei ihm die Lehre von der Pflicht der Frommen an, auch den geringsten Bruder nicht zu verachten, wobei die Parabel vom Aufsuchen des verlorenen Schafs vorkommt, welche Lucas (15, 4—7) in dem jetzt eintretenden Reiseberichte hat, wo auch der hier eingefügte Spruch vom Aergerniß und Mühlstein sich findet (17, 1. 2). Wir müssen also wol sagen, daß vom geschichtlichen Standpunkte Lucas hier den Vorzug verdient.

Dritter Abschnitt.

Ergebniß der vergleichenden Kritik der evangelistischen Erzählungen dieses Zeitraums; die Gruppen.

Wir dürfen unbedenklich sagen, daß auch hier keineswegs eine Auflösung der geschichtlichen Ueberlieferung stattgefunden hat, sondern nur eine Verdunkelung der ursprünglich genauer zusammenhängenden Reihen durch Einfügung analoger Stücke, für welche man keinen bestimmten Platz hatte.

Wir haben ferner in den meisten Fällen uns überzeugt, daß die gesichtete Reihe des Marcus sich als die ursprünglichste unter den dreien beweist.

Endlich haben wir auch kleinere Berichte gefunden, welche ein Ganzes für sich bilden; so des Lucas Reisebericht, und der Bericht bei Matthäus und Lucas über den Ausflug nach Phönizien und die Rückkehr über Cäsarea des Philippus (Paneas).

Fassen wir nun das Verhältniß des Ganzen zu dem geschichtlichen Rahmen des Johannes auf, so finden wir mehrere unverkennbare Anklänge an die johanneischen Erzählungen aus diesem Zeitraum, und Beweise, daß die evangelistischen Erzählungen, welche nach unserer Annahme in denselben gehören, vortrefflich in denselben passen.

Hält man damit die beiden Reihen des Matthäus und Lucas jede für sich zusammen, so erkennt man die Gruppen nur noch besser, welche für die evangelistische Ueberlieferung festgehalten, wenngleich durch spätere Einschaltungen oft unkenntlich gemacht worden sind.

Vierter Abschnitt.

Jesu Entschluß, nach Jerusalem zum Laubhüttenfeste zu gehen; die Reise dahin.

Johannes (7, 2—10) und der Reisebericht bei Lucas (13, 22—17, 10).

Den Entschluß berichtet Johannes, uns dadurch den Rahmen gebend. Von hier geht seine Darstellung dann gleich auf Jesu Erscheinen in Jerusalem zur Mitte des Festes über.

Wir haben oben bereits, bei der vorläufigen Uebersicht der Reiseberichte des Lucas gesehen, daß unter ihnen sich ein Bericht findet, mit eigenem Anfange und Schlusse, welcher nur für diesen Zeitraum und die Dauer und den Charakter dieser Reise paßt, welche Jesus, wie Johannes sagt, allein gemacht hat.

Zweite Hälfte.

Einleitung.

Der Charakter dieses großen Zeitraums ist eigenthümlich und die Berichterstattung über denselben bietet der Kritik eigene Schwierigkeiten dar, welche nur vermittelst Anwendung der bisher befolgten Methode beseitigt werden und die Grundannahmen unserer Anordnung erfreulich bestätigen.

Im vorigen Zeitraume war die Zusammenfügung der evangelistischen Berichte mit dem johanneischen sehr einfach. Ist aber unsere Grundannahme richtig, so muß jetzt eine große und im Anfange verwirrende Verschiebung in der Anordnung der evangelistischen Berichte eingetreten sein. Da nämlich die evangelistische Ueberlieferung jene Reise nach Jerusalem, sieben Monate vor dem Leiden, gar nicht kennt, sondern nur eine Reise von Galiläa nach Jerusalem zur Leidenswoche; so müssen bei ihr entweder alle Erinnerungen aus jenem Zeitraume fehlen (und das würde entschieden gegen unsere Annahme von der Echtheit des johanneischen Berichts zeugen), oder es müssen sich die Erinnerungen aus jenem Zeitraume wirklich nach dem oben aufgestellten Schema verschoben haben, und dieses sich noch jetzt nachweisen lassen. Das Erste wird nun wol Niemand behaupten, aber uns liegt ob nachzuweisen, daß das Zweite wirklich geschehen sei.

Wir wollen also zuvörderst hier noch näher, als oben vorläufig geschehen, angeben, in welcher Weise sich jene Geschichten nach unserer Grundannahme verschieben mußten, und dann nachweisen, daß sie sich wirklich in der daraus mit Nothwendigkeit hervorgehenden Ordnung finden, und also diese Ordnung nur aus unserer Annahme erklärt werden kann, welche alsdann dadurch eine volle Bestätigung erhalten wird.

Wir werden dieses am anschaulichsten darstellen, wenn wir zuerst die beiden Reihen der Erzählungen, die johanneische und die evangelistische, übersichtlich vor Augen führen und dann die Zurückführung sich darstellen lassen.

Erster Abschnitt.

Allgemeine Uebersicht der Berichte aus diesem Zeitraum.

(Joh. 7, 11—12, 50; Marc. 10—14, 9; Matth. 19—26, 13; Lucas Reisebericht
17, 11—18, 14 allein, dann von 18, 15—22, 2.)

A. Die Reihe bei Johannes.

I. Jesus, in der Stille von Hause aufgebrochen, trifft in Jerusalem ein, Mitte
des (siebentägigen) Laubhüttenfestes (15. bis 22. Tisri), also am 18. oder 19.
Tisri; 7, 14.
Reden an den Festtagen im Tempel (28) 19. bis 22. Tisri; 7, 14—8, 58.
Heilung des Blindgeborenen und deren Folgen; 8, 59—10, 21.
(Zwischenraum des Laubhütten= und des Tempelreinigungsfestes, zwei bis drei
Monate, October bis December.)

II. Jesus tritt wieder auf am Feste der Tempelreinigung (25. Kislev), und beschließt
nach Peräa zu gehen, um sich der Verfolgung zu entziehen; 10, 22—39.

III. Jesus in Peräa, am Jordan, da wo Johannes früher getauft hatte; Viele kommen,
hören und werden gläubig; 10, 40—42.

IV. Jesus wird zu Lazarus nach Bethanien gerufen, 11, 1; bald nach Lazarus Aufer=
stehung verläßt Jesus Bethanien und zieht an die Grenze der Wüste, ins Städtchen
Ephraim (nördlich von Jerusalem, 12 Millien entfernt); 11, 54. 55. „Das Passah
war nahe."

V. Jesus kehrt nach Bethanien zurück, sechs Tage vor Ostern (Sonntag 9. Nisan);
Mahl und Fußwaschung; Einzug von Bethanien über den Oelberg nach Jerusa=
lem, am folgenden Tage (ersten Wochentage), 10. Nisan.

Wir haben also hier zwei feste Punkte: Jesu Reden am Tempelreinigungsfeste und
sein letztes Eintreffen in Bethanien am 9. Nisan, also vier Monate Zwischenraum.
Es war aber „das Passah nahe", als Jesus nach Lazarus Erweckung nach Ephraim zog;
also frühestens zweite Hälfte März. Es bleiben also für den Aufenthalt in Peräa,
nach Abzug der Reise dorthin von Jerusalem, des Ausflugs nach Bethanien und der
wenigen Tage daselbst, wenigstens dritthalb Monate übrig.

Wir erhalten also folgende sieben Zeiträume, die annähernd so bestimmt werden können:

Abschnitt.	Zeitbestimmung	Begebenheiten.	Zeitdauer.	Gewährstelle.
I.	11.—18. Tisri 781. October.	Abreise (am Tage nach dem Versöhnungsfeste; Reise von Galiläa nach Jerusalem zum Laubhüttenfeste (15.—22. Tisri); Ankunft in der Mitte des Festes.	Eine Woche.	Joh. 7, 14. Abreise; keine Erzählung von der Reise.
II.	19.—25. Tisri October.	Reden im Tempel an den Festtagen; Heilung des Blindgeborenen und deren Wirkung.	Eine Woche.	Joh. 7, 14—10, 21.
III.	26. Tisri—25. Kislev Oct., Nov., Dec. December.	Zwischenraum zwischen den beiden Festen; Jesus in der Stadt oder (wahrscheinlicher) in Bethanien und Umgegend.	Zwei bis drei Monate.	Keine Erzählung bei Johannes.
IV.	25. Kislev—2. Thebet December.	Jesus tritt auf am Feste der Tempelreinigung.	Eine Woche.	Joh. 10, 22—33.
V.	3. Thebet—8. Nisan 782 December—April.	Unterreisen von Jerusalem nach Peräa, von da nach Bethanien, zurück von da nach Ephraim, von da nach Bethanien zum Einzuge. 1) Reisen. a. Reise nach Peräa . . . 1 Woche b. Reise nach Bethanien (Lazarus) und Zurückziehen . . . 4—5 Tage } 2 Wochen-reisen. c. Reise von Ephraim nach Bethanien . . . 2—8 Tage 2) Aufenthalt: a. in Peräa; b. bei Lazarus (Auferweckung); c. in Ephraim.	Vier Monate drei Tage; Reisen a.b.c. 2 Wochen; Aufenthalt: in Peräa 2½ Monate, in Ephraim 2 Wochen.	Joh. 10, 39—11, 57. Erzählung: nur die von Lazarus und ihrer Folge; die Auferweckung Jesu (11, 45—53). .
VI.	9. Nisan, Sonntag 11. April.	a. Ankunft in Bethanien; b. Mahl daselbst; c. Salbung.	1 Tag.	Joh. 12, 1—11.
VII.	10. Nisan, Montag 12. April.	a. Einzug in Jerusalem; b. Gespräche mit dem Volke; Jesus zieht sich zurück und verbirgt sich.	1 Tag.	Joh. 12, 12—50.

Unter dieſen ſieben Zeiträumen ſind drei, welche Johannes genau angibt, von denen er aber nichts erzählt:

I. Die Reiſe nach Jeruſalem zum Laubhüttenfeſt; eine Woche, Anfang October. Wir haben oben bereits geſehen, daß ein hierfür paſſender Abſchnitt von Erzählungen ſich in des Lucas Reiſebericht findet;

III. der Zeitraum zwiſchen dem Ende des Laubhütten= und dem Anfange des Tempelreinigungsfeſtes zwei Monate; es iſt kaum glaublich, daß aus dieſem Zeitraume, welchen Jeſus mit ſeinen Jüngern in oder bei Jeruſalem zubrachte, ſich in der Ueberlieferung nichts erhalten haben ſollte. Des Johannes Ueber= gehen deſſelben weiſt geradezu darauf hin. Daſſelbe gilt von

V. der Zeit des Aufenthalts in Peräa am Jordan: drithalb Monate, und die Reiſen dieſes Zeitraums, mit Ausnahme des Ausflugs nach Bethanien, welcher in der Ueberlieferung verſchwindet, da ſie von Lazarus Erweckung nichts weiß.

B. Rothwendige Verſchiebung der johanneiſchen Reihe bei den Evangeliſten.

Es fragt ſich nun, auf welche Weiſe die Erzählungen aus dieſen Zeiträumen ſich in der Ueberlieferung abſchatten mußten.

Die oberflächlichſte Bekanntſchaft mit den drei Evangeliſten zeigt, daß ſie nach Beendigung der galiläiſchen Geſchichten von einer Reiſe erzählen, die mit dem Einzuge vor dem Leiden in Jeruſalem endigte; daß darauf die Erzählung folgt vom Einzuge (mit Austreibung der Wechſler) und eine Menge Reden theils im Tempel, theils bei Jeruſalem, welche mit den Reden über den Untergang Jeruſalems und die letzten Dinge endigen; endlich einige Ereigniſſe, welche unmittelbar auf die Leidensgeſchichte vorbereiten: der Todesbeſchluß der Prieſterſchaft, des Judas Verrath, und ein Mahl bei Simon mit der Salbung.

Nennen wir nun dieſe drei Abſchnitte A, B, C, ſo wird die johanneiſche Erzäh= lung, wenn ſie die treue Darſtellung des geſchichtlichen Zuſammenhangs iſt, ſich in der mündlichen, ſpäter verzeichneten, katechetiſchen Ueberlieferung folgendermaßen ab= ſchatten müſſen, nach den oben entwickelten Geſetzen:

A'. Die Ueberlieferung von dem Reiſen Jeſu wird enthalten müſſen Erzählungen aus:
  I. Reiſe zum Laubüttenfeſt.
  V. 1. 2. a. c. Umherreiſen in Peräa und Judäa, und Aufenthalt daſelbſt (Peräa und Ephraim).

B'. Die Ueberlieferung von dem Einzuge wird einſchließen müſſen:
  VII. Einzug, mit auszuſcheidender Erzählung vom Austreiben der Wechſler.
  II. Auftritte beim Laubhüttenfeſte.
  III. Auftritte während des zweimonatlichen Verweilens in oder bei Jeruſalem, zwiſchen den Feſten.
  IV. Auftritte während des Aufenthalts am Feſte der Tempelreinigung.

C'. Die Ueberlieferung von den zur Leidensgeſchichte überleitenden Geſchichten:
  V, 2. b. Aechtung und Verrath.
  VI. Mahl (bei Simon) und Salbung.

Wir haben alſo nach dem Geſetze der Abſchattung die johanneiſche Reihe noth= wendig in folgender Ordnung:

$$A' \begin{cases} \text{I.} \\ \text{V, 1. 2. a. c.} \end{cases} \qquad B' \begin{cases} \text{VII, a.} \\ \text{II.} \\ \text{III.} \\ \text{IV.} \end{cases} \qquad C' \begin{cases} \text{V, 2. b.} \\ \text{VI.} \\ \text{VII, b.} \end{cases}$$

C. Ueberſicht der Folge der Erzählungen bei den drei Evan=
geliſten; die Reiſeberichte vom Zuge zum Laubhüttenfeſte 781
bis zur Reiſe nach Bethanien über Jericho, kurz vor Oſtern 782.
(Vgl. die johanneiſchen Abſchnitte von 7, 16—12, 11.)

I. Bericht der Reiſe durch Peräa nach den Bergen Judäs (Ephraim), März 782.
(Luc. 17, 11—18, 30; Marc. 10, 1—31; Matth. 19—20, 16.)

Wir haben oben ſchon nachgewieſen, daß der Reiſebericht des Lucas, welcher 17, 11
mit der Bemerkung anfängt, Jeſus ſei „zwiſchen Samaria und Galiläa hindurch"
gezogen, auf dem Wege nach Jeruſalem, eine nur etwas früher anhebende Reihe dar=
ſtellt, welche bei den beiden andern Evangeliſten (Marc. 10, 1; Matth. 19, 1) mit dem
Aufbruche von Galiläa und einer Ankunft „in den Marken Judäas" beginnt, wohin
er zog, durch das Land jenſeit des Jordan (Peräa). Beide Reihen fallen gleich bei
der zweiten Geſchichte dieſer Reihe von Marcus und Matthäus zuſammen — der Ge=
ſchichte von den kleinen Kindern, welche Jeſus ſegnet — Marc. 10, 13; Matth. 19, 13;
gleich Luc. 18, 15. Vor dieſem Zuſammentreffen beider Berichte hat Lucas (17, 11—
18, 14) nur folgende drei Geſchichten, die ihm eigenthümlich ſind:

1) Der dankbare Samariter, der Einzige unter zehn Gereinigten (17, 11—19).
2) Die Antworten Jeſu auf des Phariſäers Frage: wann kommt das Himmel=
reich? (17, 20—37.) Die größere Hälfte der Ausſprüche Jeſu über die letzten
Zeiten Jeruſalems kommen bei Matthäus in den Reden über die letzten
Dinge nach dem Einzuge in Jeruſalem vor (Matth. 24).
3) Zwei Parabeln, von der Wittwe, welche den Richter quält, und von dem
Zöllner und Phariſäer (18, 1—14). Von Beiden findet ſich keine weitere
Spur, weder bei Marcus noch bei Matthäus.

Die erſte Geſchichte im Reiſeberichte, welche dieſe Beiden, eben wie den Eingang,
gemein haben, enthält Jeſu Ausſprüche gegen Phariſäer über Ehe und Eheſcheidung mit
einem Anhange bei Matthäus über eheloſes Leben (Marc. 10, 1—12; Matth. 19, 1—12).
Des Marcus Reihe und Ordnung iſt die einfachere und urſprünglichere. Nun folgt bei
Marc. 10, 13—16 die Erzählung von den Kindlein, die man zu Jeſus bringt, ent=
ſprechend ebenſo bei Lucas (18, 15—17) und bei Matthäus (19, 13—15). Die an=
ſchauliche Erzählung, wie Jeſus ſie umarmt und ſegnet, hat Matthäus mit Marcus
gemein.

Ebenſo iſt das folgende wieder unmittelbar ſich anſchließende Stück allen Dreien
gemeinſchaftlich (Marc. 10, 17—31; Luc. 18, 18—30; Matth. 19, 16—20, 16). Es
enthält:

1) Der reiche Jüngling; Jeſu Antwort und Anforderung.
2) Geſpräch mit den Jüngern über die Schwierigkeit, ins Himmelreich einzugehen,
und den Lohn des Himmelreichs.

Im Allgemeinen ſchließt ſich Matthäus mit einigen Erweiterungen, deren bedeutendſte
ſich bei Lucas ſpäter findet (22, 28—30), am nächſten an Marcus an; dieſer iſt in
einigen anſchaulichen Zügen reicher als die beiden Andern.

Bei Matthäus schließt sich hieran die ihm eigenthümliche Parabel von dem Herrn des Weingartens und dem Lohne, welchen er seinen Arbeitern zahlt. Sie schließt mit dem Spruche: „Viele sind berufen, aber Wenige sind auserwählt." Diesem geht der= selbe Spruch voraus, welcher bei Marcus und Matthäus die vorige Erzählung schließt: „die Letzten werden die Ersten sein": ein Zusatz, der dort offenbar ein Anhängsel ist, und bei Lucas fehlt.

II. Berichte aus der Reise (von Ephraim) über Jericho nach (Bethanien und) Jerusalem. Erste Woche April 782.

(Marc. 10, 32—52; Luc. 18, 31—19, 28; Matth. 20, 17—34.)

Eine neue Folge von Berichten kündigt sich nun gleichmäßig und feierlich bei allen Dreien an: Jesus ruft die Jünger zusammen und kündigt ihnen an, daß er seinem Leiden und Tode entgegenzieht, und sie dazu nach Jerusalem führt. Bei Marcus steht dabei der anschauliche Zug: die Jünger waren bestürzt und folgten ihm nach mit Furcht.

Nach diesem Eingange kommt bei Marcus (10, 35—40) die irdisch=selbstsüchtige Bitte der Apostel Jacobus und Johannes, und entsprechend bei Matthäus die ihrer Mutter, der Herr möge ihnen bei seiner Erhöhung die Ehrenplätze zur Rechten und zur Linken zugestehen, und Jesu lehrende und liebevoll strafende Zurechtweisung.

Beim Auszug aus Jericho (nach Matthäus und Marcus) oder beim Herannahen an Jericho (Lucas) fällt die Heilung des Blinden (bei Marcus namhaft gemacht als Bar=Timäus) oder zweier Blinden nach Matthäus (Marc. 10, 46—52; Luc. 18, 35—43; Matth. 20, 29—34).

Die Abweichung bei Matthäus erklärt sich leicht durch den Rückblick auf die früher bei ihm vorkommende Erzählung (9, 27—31) von der Heilung zweier Blinden. Diese Heilung gehört in die erste Hälfte des galiläischen Aufenthalts von 781; dort behielt sie bei Matthäus ihren Platz, hier macht ihr Einfluß aus einem Blinden zwei.

Damit schließt der ursprüngliche Bericht.

Es folgt nun bei Lucas (19, 1—10) die Erzählung von dem Oberzöllner Zachäus, bei dem Jesus, nachdem er Jericho durchwandert, Obdach und Mahl nimmt.

Ein zweiter Anhang findet sich bei Lucas (19, 11—28): die Parabel von den Pfun= den, welche der Herr seinen Knechten anvertraut. Sie steht mit nicht erheblichen Eigen= thümlichkeiten bei Matthäus unter den Gleichnissen von den letzten Dingen im Berichte von Jesu letzten Reden in Jerusalem (25, 14—30). Bei Lucas fügt sich an die Parabel der Schluß: „Und als er solches gesagt hatte, zog er voran, und reisete hinauf gen Jerusalem." Hierauf folgt unmittelbar der Einzug in Jerusalem über den Oelberg.

Wie bei der ersten Reihe, so auch bei dieser, passen Oertlichkeiten und Ton der Sprüche Jesu ganz in den Charakter des Zeitraums, den wir ihnen in einfacher Verfolgung unserer Grundannahme angewiesen haben.

D. Kritisches Ergebniß.

Das Ergebniß unserer vorläufigen Sichtung und Zusammenstellung der Berichte der drei Evangelisten ist, wie es scheint, vollständig und beweist das, was es beweisen müßte, wenn unsere Grundannahme und Methode sich als die richtige bewähren sollte. Die Erzählungen aus diesem Abschnitte finden sich, die Geschichtlichkeit des johanneischen Berichts angenommen, gerade an dem Orte, wo sie sich nach den Gesetzen der Ver= schiebung finden müssen. Die vollständige Reihe, welche sich durch die Zusammenstellung des geschichtlichen Berichts und der Erzählungen der Evangelisten ergibt, ist eine innerlich zusammenhängende; also die richtige. Die Uebersicht dieser Reihe ist folgende, mit Rückbeziehung auf die obigen sieben Abschnitte der johanneischen:

A. I. II. Jesus in Jerusalem, am Laubhüttenfeste. Anfang October 781; Joh. 7, 11—10, 21.

B. III. Zeitraum zwischen Laubhütten= und Reinigungsfest. Anfang October bis An= fang December 781; Marc. 11, 11—14. 19—12; Luc. 20—21, 4; Matth. 21, 17—23.

C. IV. Jesus in Jerusalem am Feste der Tempelreinigung. Anfang December 781; Joh. 10, 22—38.

D. V. Umherreisen: nach Peräa, Ausflug nach Bethanien. December 781, Januar, Februar 782.

   1. Joh. a. nach Peräa; Joh. 10, 39—42.

      b. Ausflug nach Bethanien, zu Lazarus; Joh. 11, 1—44.

      c. Folgen der Erweckung des Lazarus: Beschluß Jesum zu tödten; Joh. 11, 45—53 (vgl. Marc. 14, 1. 2; Luc. 22, 1. 2; Matth. 26, 1—5).

      d. Zurückziehen von Bethanien nach Ephraim bis kurz vor Ostern; Joh. 11, 54—57.

   2. Ev. a. Erzählungen aus einer Reise durch Peräa nach dem Gebirge Juda; Luc. 17, 11—18, 30; Marc. 10, 1—31; Matth. 19—20, 16.

      b. Erzählungen aus einer Reise (von Ephraim) nach Jerusalem; Marc. 10, 32—52; Luc. 18, 31—19, 28; Matth. 20, 17—34; vgl. 25, 14—30.

E. VI. Ankunft in Bethanien, 6 Tage vor Ostern, Mahl und Salbung 9. Nisan (Sonntag); Joh. 12, 1—11; Marc. 14, 3—11; Luc. 22, 3—6; vgl. 7, 36—50; Matth. 26, 6—16.

F. VII. Einzug in Jerusalem; Gespräche mit dem Volke; Zurückziehen 10., 11., 12. Nisan (Montag, Dienstag, Mittwoch); Joh. 12, 12—50; Marc. 13; Luc. 21, 5—38; Matth. 24, 25.

Zweiter Abschnitt.

Zusammenhängende Darstellung; Verbindung der gesichteten evan=
gelistischen Anekdoten mit dem zusammenhängenden Berichte
des Johannes.

(7—12, 11.)

A. Erster Zeitraum: Jesu Aufenthalt in Jerusalem am
Laubhüttenfeste (18.—21. Tisri).

1. Selbstvertheidigung des Herrn.

a) Unmittelbar vor der Ankunft Jesu ist das zum Laubhüttenfest versammelte
Volk aufgeregt durch die Erwartung des seit seiner vorjährigen Erscheinung vielbe=
sprochenen Jesus; aber im doppelten Sinne: Einige sagen: „er ist ein guter Mensch",
Andere: „er verführet das Volk". Doch war die pharisäisch gesinnte, vorzugsweise
als Juden bezeichnete Partei die stärkere; die Obersten des Volks hatten sich gegen
ihn erklärt und man wagte daher nur leise und mit großer Vorsicht über ihn zu
reden (7, 11—13).

b) Jesus kommt und tritt um die Mitte des Festes auf; er geht zum Tempel und
lehrt (Vs. 14).

c) Die Juden verwundern sich, daß Jemand, der keine gelehrte Bildung gehabt,
die Schrift auszulegen verstehe (Vs. 15).

d) Jesus sucht, ohne sich als Messias ausdrücklich kundzugeben, sie auf ihre un=
gläubige und harte oder unstäte Natur aufmerksam zu machen, während sie doch selbst
den einzigen sichern Prüfstein besitzen, ob seine Lehre Wahrheit sei oder nicht. Erstens
fordert er die innerliche Veränderung des selbstsüchtigen Sinnes: wer Gottes Willen
thut, der wird inne werden, ob diese Lehre von Gott sei, oder ob ich von mir selbst
rede (Vs. 17).

Zweitens: er beobachte mein Leben, ob ich meine eigene Ehre suche, oder dessen,
der mich gesandt hat. Allein (fährt der Herr fort) ich weiß, daß ich dies von euch
nicht zu erwarten habe; Gott ist gerecht, ihr aber nicht. Moses hat euch das Gesetz
gegeben, und Keiner von euch hält es; mich aber sucht ihr zu tödten. Und weßhalb?
— so fragt er, vom Volke, das ihn besessen schilt, unterbrochen: weil ich bei meinem vor=
jährigen Aufenthalt (am Purimfeste) einen Mann am Sabbath geheilt. Das einzige
Zeichen, das ihr von mir gesehen. Die Ungerechtigkeit eurs Tadels und Hasses

solltet ihr aber schon daraus erkennen, daß ihr am Sabbath einen Menschen be=
schneidet, wenn es der vorgeschriebene Tag ist, damit Moses Gesetz nicht verletzt
werde; mir aber zürnt ihr, daß ich einen ganzen Menschen gesund gemacht am
Sabbath? Euer Gericht ist ungerecht, ihr richtet nach dem äußern Scheine, richtet
vielmehr nach dem Wesen und der wahren Bedeutung (Vs. 24).

e) Diese freimüthigen Reden Jesu von sich und seinen Werken, diese Aufforderung
zur Prüfung und Untersuchung seines Thuns und Handelns, diese furchtlose Aeußerung, daß
er die hinterlistigen Plane seiner Feinde kenne, und das Verstummen der Pharisäer, die ihn
hören (Vs. 26), macht einige Zuhörer, Einwohner Jerusalems, stutzig. Ist am Ende doch
(sagen sie) dieser der wahre Messias, und wissen es die Obersten und verhehlen es
nur dem armen Volke. Doch nein (fahren sie fort, oder entgegnen ihnen Andere); ein
Kennzeichen des Messias muß ja sein, daß Niemand weiß, woher er ist; von diesem
aber wissen wir, daß er ein Galiläer, aus dem verachteten Nazareth ist (Vs. 27).

2. Ferneres Zeugniß und Ermahnung des Herrn; Wirkung aufs Volk und die Obersten.

a) Jesus, wie er vorher von der innern und äußern Gewähr der Göttlichkeit seiner
Lehre gesprochen, wird nun veranlaßt, deutlicher sich zu erklären. Im Tempel lehrend,
also wol nicht mehr am Tage seines ersten Auftretens (Vs. 28), ruft er mit lauter Stimme
aus: ihr wißt so wenig, wer ich bin, als woher ich komme; oder vielmehr: ihr kennt
mich nur äußerlich, als Sohn der Maria von Nazareth, als einen Ungelehrten; aber
nicht innerlich: aber der mich gesandt hat, und den ihr nicht kennt, ist wahrhaftig, und
wenn ich mich für seinen Gesandten erkläre und mich als solchen zeige, als Jemand,
der Gott kennt, weil er von ihm ist, so habt ihr keine Entschuldigung für euern Leicht=
sinn und Unglauben, viel weniger für euere meuchelmörderischen Anschläge.

b) Jetzt sehen die Obersten oder feindlichen Juden überhaupt, daß eine Entscheidung
nahe ist, daß das Volk durch ihre Unthätigkeit irre gemacht werden muß in der An=
sicht, die sie zu verbreiten gesucht. Man redet davon, ihn zu greifen, aber Keiner legt
die Hand an ihn; seine Stunde war noch nicht gekommen (Vs. 30). Wirklich werden
Mehrere gläubig und rufen aus: Wenn der Messias kommen wird, wird er auch mehr
Zeichen thun als dieser! Oder am Ende ist jener der Messias selbst, oder doch ein
Prophet Gottes (Vs. 40). Durch die Benachrichtigung einiger pharisäischen Späher
von diesem Murmeln im Volk unterrichtet, beschließt der Rath, sich seiner zu bemäch=
tigen. Häscher werden ausgesandt, ihn zu greifen (Vs. 32).

c) Jesu bleibt dieses nicht verborgen, er nimmt also Gelegenheit, zu ihnen von seinem
bevorstehenden Ende, aber auch von seiner nahen Verklärung zu reden: ich bin noch
eine kleine Zeit bei euch; allein wohin ich gehe, könnt ihr mir nicht folgen, denn ich
gehe zurück zu dem, der mich gesandt hat, dann werdet ihr mich vergebens suchen,
denn ihr könnt nicht dahin kommen, wo ich bin. Diese Worte sind dem verstockten
Volke ein schwereres Räthsel als das vorige; sie wiederholen sie und sagen: was soll
das heißen? Will er etwa den Juden in der Zerstreuung unter den Griechen und diesen
selbst seine Lehre verkündigen? (Vss. 33—36.) Alles Dieses muß binnen zwei, drei
oder vier Tagen (vom 17. oder 18. bis 20. oder 21. Tisri) geschehen sein, wie das
Folgende zeigt.

Am letzten Tage, also am 22. Tisri, an welchem der Priester unter dem Jubel=
gesang des Volks: „Ihr werdet Wasser schöpfen mit Freuden aus den Quellen des
Heils" (Jes. 12, 3), Wasser aus dem Quell Siloah schöpft und aus goldenem
Becher auf den Altar goß, beginnt der Herr eine neue, vielleicht (s. z. Joh. 7, 37)
an die heilige Sitte des Tags geknüpfte Rede von den himmlischen Kräften, welche

der Gläubige durch seine Verbindung mit Christus erhält — „wen da dürstet, der komme zu mir".
Diese Rede bringt eine große Wirkung hervor. Einige sagen: er ist der Prophet, Andere gar: der Messias. Dieses Bekenntniß aber ruft gleich den Unglauben hervor: wie kann der Messias, der Sproß Davids aus Bethlehem, aus Galiläa kommen? Näher als je rückt die Gefahr, Einige sind schon entschlossen, ihn zu greifen, allein noch wagt Niemand es auszuführen. Die Diener der Obersten gehen zurück ohne ihn und antworten auf die Vorwürfe ihrer Vorgesetzten: nie hat ein Mensch also geredet (Vs. 46).

d) Die Pharisäer schellen das unwissende Volk, das sich ein Urtheil für sich er= laubt, und sagen, es ist verflucht. Eine Berathung unter ihnen selbst wird gehalten; Nikodemus macht sie aufmerksam, daß das Gesetz verbiete, irgend Jemand ungehört zu verdammen; er wird hart angefahren und verdächtigt und auf den Grund hinge= wiesen, den der Pharisäer Freunde dem Volke vorgehalten hatten: aus Galiläa ersteht kein Prophet (Vs. 52).

3. Weitere Rede Jesu zum Volke im Tempelhof am Gotteskasten.

a) Es heißt: „Er redete abermal zu ihnen." Was jetzt folgt von Christi Reden ist das Gespräch eines Tags; dann kommt die Rede am Tempelreinigungsfest, welches zwei Monate und drei Tage nach dem Ende des Laubhüttenfestes gefeiert wurde. Es fragt sich nun: ist dieser eine Tag noch mit der letzte des Laubhüttenfestes oder irgend= ein späterer? Das Erste ist wahrscheinlicher, da das Vorige gar keinen Schluß hat. Auch das „Da" scheint eher fortzuleiten mit Rückblick auf die kurzen Worte 7, 37. 38. Es ist nicht wahrscheinlich, daß Jesus, einmal an diesem heiligen Tage auftretend, nichts als die wenigen Worte gesagt haben sollte. Die Rede von Christus, dem Lichte der Welt, ist vielmehr eine Rechtfertigung und Erklärung derjenigen vom Wasser des ewigen Lebens. Auch ist die ganze Ausführung eine fortlaufende Rücksicht auf die dort angedeutete Kraft des innern Lebens in den Gläubigen, und die innige Verbindung zwischen dem Vater und dem Sohne und diesem und den Gläubigen.

> Ich bin das Licht der Welt; wer mir nachfolget, der wird nicht in der Finsterniß wandeln, sondern wird das Licht des Lebens haben.

b) Die Pharisäer kommen auf ihren ersten Einwurf zurück: beweise deinen Beruf also zu reden, du hast kein Zeugniß als dein eigenes. Der Herr antwortet ihnen: mein eigenes Zeugniß ist wahr, denn ich weiß, woher ich komme und wohin ich gehe, was ihr nicht wißt, da ihr keines Urtheils über geistige Angelegenheiten fähig seid. Allein mein Zeugniß steht nicht allein da; der Vater zeugt auch für mich, der mich gesandt hat (Vs. 16); wenn ich richte, richte ich recht.

c) Wo ist dein Vater? fragen die Pharisäer. Ihr könnt es nicht wissen, sagt der Herr, weil ihr mich nicht kennt (Vs. 19).

d) Weitere Rede (ungewiß ob an einem andern Tage): ich gehe hinweg und ihr werdet mich suchen und in eurer Sünde sterben; ihr könnt nicht dahin kommen, wo= hin ich gehe. Auf die Aeußerung der Juden, ob er sich denn umbringen wolle, wieder= holt der Herr jene Mahnung, als Folge ihres Unglaubens würden sie in ihrer Sünde sterben. Darauf fragen die Juden: wer bist denn du, daß du uns Solches bietest? Der Herr antwortet: ich habe allerdings Vieles von euch zu reden und zu urtheilen, allein ich thue es im Namen und im Auftrage dessen, der mich gesandt hat und der wahrhaftig ist. Erst, wenn ihr den Menschensohn werdet erhöhet haben, werdet ihr erkennen, daß ich es bin, und daß ich rede, was ich vom Vater gelernt habe (Vss. 21—29).

4. Jesu Rede zu den gläubig gewordenen Juden.

Als auf diese Worte hin Viele an ihn glauben (Vs. 30), wendet sich Jesus zu den Gläubigen und spricht: die Wahrheit wird euch frei machen. Diese Rede verletzt aber ihren Stolz als Abrahams freie Kinder. Bis der Sohn euch befreit, seid ihr Sklaven; ihr seid böse und sucht mich zu tödten; ihr thut, was ihr gehört habt von euerm Vater, wie ich, was ich von meinem. Sie wiederholen ihre Berufung auf Abraham, endlich berufen sie sich auf Gott, als ihren Vater, und dies führt zur offenen Erklärung, daß sie Kinder des Teufels sind (Vs. 44). Ich bin von Gott, ihr nicht, darum glaubt ihr mir nicht. Nun ist der Herr ein Besessener; als er aber sagt: „So Jemand mein Wort hält, der wird den Tod nicht schmecken ewiglich", und zur Erklärung dieses Ueberhebens über den Stammvater und die Propheten aufgefordert das große Wort sagt: „Abraham ward froh, daß er meinen Tag sehen sollte; und er sah ihn, und freuete sich", und endlich darüber geschmäht: „Ehe denn Abraham ward, bin ich" — da wollen sie ihn steinigen.

5. Die Blindenheilung.

a) Jesus verbirgt sich vor der Wuth der ungläubigen Juden und geht mit seinen Jüngern aus dem Tempel (Vs. 59). Auf dem Wege daher begegnet er einem blindgeborenen Bettler, und nachdem er der Seinigen Meinung über die Ursache dieses Leidens berichtigt, heilt er ihn mit Speichel, den er ihm befiehlt im Teiche Siloah abzuwaschen (9, 1—7).

b) Ausbreitung der Kunde dieser wunderbaren Heilung, vergebliche Versuche der Pharisäer, sie für unwahr zu erklären, und Mishandlung des freimüthig bekennenden Geheilten.

c) Als der Blinde ihn erkennt, und vor ihm niederfällt, spricht Christus (9, 39): „Zum Gericht kam ich in diese Welt, auf daß, die da nicht sehen, sehend werden, und die da sehen, blind werden." Pharisäer, die ihm folgen, fragen ihn: sind wir auch Blinde? (Vs. 40.) Christus antwortet: da ihr eure Blindheit leugnet, bleibt eure Sünde. Wer nicht durch die Thür in den Schafstall geht, ist ein Räuber (10, 1); die Schafe folgen allein dem Hirten, dessen Stimme sie kennen. Und als die Pharisäer das Gleichniß nicht fassen, setzt er hinzu: Ich bin die Thür, die vor mir kamen, waren Räuber. Ich bin der gute Hirt, die andern Miethlinge. Ich kenne meine Schafe, und lasse mein Leben für die Schafe. Ich habe auch noch andere Schafe. Ich lasse mein Leben für die Schafe; Niemand nimmt es von mir (9, 35—10, 18).

d) Eine Spaltung entsteht über diese Worte; Einige erklären ihn für besessen, Andere für einen von Gott begabten Lehrer und Wunderthäter (10, 19—21).

Die Erzählungen dieses ersten Zeitraums umfassen also eigentlich nur die vier letzten Tage des Laubhüttenfestes.

Jesus blieb in Jerusalem oder der nächsten Umgebung; denn wir finden ihn dort am Feste der Tempelweihe, zwei Monate und einige Tage nach dem Schlusse der Feier des Laubhüttenfestes.

B. Zweiter Zeitraum: Das Fest der Tempelweihe (25. Kislev bis 3. Thebet).

Jesus ging während des Festes, da es Winter war (December; ein neuer Zug, der darauf hinweist, daß der große Abschnitt von zwei Monaten zwischen dieser Stelle und der letzten Erzählung liegt) in der Halle Salomos wandeln (10, 22. 23). Die

Juden sammeln sich um ihn und sagen: „Wie lange hältst du unsere Seelen gespannt? Bist du der Christ, so sage es uns frei heraus.“ Der Herr antwortet ihnen: „Ich sagte es euch und ihr glaubet nicht. Die Werke, die ich thue in meines Vaters Namen, die zeugen von mir. Aber ihr seid nicht von meinen Schafen; meine Schafe kann Niemand aus meiner Hand reißen; ich und der Vater sind eins“ (10, 30).

Die Juden wollen ihn steinigen, der Herr stellt sich ihnen entgegen und fragt: für welches von meinen Werken steinigt ihr mich? Sie antworten: nicht um eines guten Werks steinigen wir dich, sondern um der Gotteslästerung willen, weil du, ein Mensch, dich selbst zu Gott machst. Der Herr antwortet: nennt die Schrift doch euch Götter, wie ist es eine Gotteslästerung, wenn der von Gott Geheiligte und Gesandte sagt: ich bin Gottes Sohn? Glaubt wenigstens meinen Werken.

C. Die Reisen nach dem Feste der Tempelweihe bis zur Ankunft in Bethanien vor der Leidenswoche; Fortschritt der Reden Jesu.

Die Gegner suchen Jesum wieder zu greifen; der Herr aber entgeht ihren Händen und „zieht wieder jenseit des Jordan an den Ort, wo Johannes zuerst getauft hatte, und blieb allda“.

D. Aufenthalt jenseit des Jordan bis zum Frühjahr.
(10, 40; vgl. 11, 55.)

Der Ausdruck „wieder“ bezieht sich darauf, daß er dort acht Monate gewesen war. Dies und das „zuvor“ (7, 50) beweisen ausdrücklich, daß Johannes einen chronologisch geordneten Bericht schreiben wollte.

Nun kommt die Episode von Lazarus Krankheit. Jesus kehrt zurück nach Bethanien; Ankunft und Erweckung des Lazarus (11, 1—44). Jesus bleibt nicht hier wegen der von den Juden beschlossenen äußersten Maßregeln.

Es folgt die Abreise nach Ephraim (zwei Tagereisen nördlich); es war nahe das Passah (Vs. 55). Viele von denen, die nach Jerusalem gegangen waren, vor dem Feste sich zu reinigen, sprachen: sollte er nicht zum Feste kommen? (Vs. 56.)

Am Sabbath vor Ostern — sechs Tage vor dem Feste — hat das Gastmahl in Bethanien statt, wobei Lazarus gegenwärtig ist, Martha dient und Maria ihn salbt. Der Juden Bemerkung und des Herrn Antwort zeichnen diesen Moment aus. Viele Juden kommen hin, um Lazarus zu sehen; die Hohepriester suchen auch den Letztern zu töbten (12, 1—11).

Wenn wir nun zuvörderst auf das Fortschreiten der Pläne der Hohepriester und des ganzen Verhältnisses des Herrn zum Volke, dem zum letztenmale seine Errettung angeboten wurde, in diesem sechsmonatlichen Zeitraume zurückblicken, so sind die einzelnen Momente desselben nicht zu verkennen. Unmittelbar vor des Herrn Auftreten wird nur unter dem Volke für und wider gemurmelt, Niemand spricht frei; die Pharisäer suchen aber dem Volke einzureden, daß er ein Besessener sei (7, 11—13). Sowie der Herr aber am Laubhüttenfest aufgetreten ist und zur Prüfung seiner Person und seiner Lehre auffordert, wird mit dem größern Aufsehen auch die Wuth der Feinde größer. Man redet davon, ihn zu greifen, aber Niemand legt Hand an ihn (7, 30). Allein bald darauf, noch an demselben Tage, wird es beschlossen, ihn greifen zu lassen. Häscher werden ausgesandt (Vs. 32). Als der Herr am letzten Tage das Volk einladet, zu ihm zu kommen, um Ströme des ewigen Lebens zu empfangen, soll er gegriffen werden; allein die Häscher gehen zurück zu ihren Herren ohne ihn, und erklären, es sei nicht möglich, daß ein Mensch rede wie dieser (Vs. 46). Nikodemus macht einen letzten Versuch, sie zu ruhiger Prüfung zu bewegen (Vss. 50—52).

Als die letzte Rede Einige zum Glauben an ihn als einen oder als den Pro= pheten gebracht, glaubt Christus sogleich, sie auf die nothwendige Bedingung ihres Glaubens an ihn aufmerksam machen zu müssen, und dies führt zu einer Erklärung, die heftiger wird, als die Wuth der Obersten; sie heben Steine auf, und Jesus geht aus dem Tempel. Wenn dieser Umstand den Feinden größere Zuversicht geben mußte, so zeigte ihnen die Aufsehen erregende Wunderthat des Herrn, die er beim Weggehen aus dem Tempel am Blindgeborenen erwies, die drohende Gefahr einer Begeisterung des Volks für den Propheten aus Galiläa.

Weshalb sie in den nächsten beiden Monaten nach dem Feste ihren Beschluß nicht ausführten, darüber läßt uns Johannes im Dunkeln. Entzog sich der Herr ihnen und verließ die Stadt mit den andern Fremden? Nichts berechtigt uns dies anzu= nehmen. Weiter aber führt uns auch Johannes nicht.

Gewiß ist, daß die Erzählung bei ihm nicht im Weitern wieder fortfährt (10, 22). Die Umstände erscheinen allerdings weiter fortgeführt. Die Juden klagen, daß der Herr sie in Ungewißheit lasse, indem er nicht frei heraussage, ob er der Messias sei oder nicht. Es handelt sich nicht mehr darum, ob der Herr ein Betrüger oder Besessener oder nicht vielmehr ein Prophet, ja der Prophet sei, welcher dem Messias vorher= gehen sollte. Nein, die Juden wollen nur wissen, ob er nicht wirklich der Messias sei. Der Herr seinerseits sagt ihnen jetzt zum erstenmal: daß er und der Vater, Gott, eins seien. Alle frühern Andeutungen waren nicht verstanden (8, 27; 10, 6); selbst die Aeußerung, daß Jesus vor Abraham gewesen, hatte noch nicht unmittelbar seine Gottheit ausgesprochen. Der Herr geht nun von seiner Person zu seinen Werken zurück, deren er also mehrere vor ihren Augen gethan hatte; unsere Erzählung vom Laubhüttenfeste zeigt (7, 21), daß Jesus vorher sich nur auf Eine frühere (öffentliche) That berief.

Der Unglaube siegt; das Volk steinigt ihn zwar nicht, allein es glaubt auch nicht an den galiläischen Propheten, der Gottes Sohn und Gott gleich sein will.

Nun glauben die Obersten, der Augenblick sei gekommen; selbst der Theil des Volks, der sich an ihn anschließen zu wollen schien, will ihn nicht anerkennen — ihn, der Messias sein will ohne königlichen Glanz und ohne äußerliche Befreiung des Volks, dagegen sie, das Volk Abrahams, des Teufels Kinder und des Gesetzes Sklaven schilt.

Da Jesus wußte, daß seine Stunde noch nicht gekommen war, entzog er sich ihnen und kam erst zum Feste wieder nach Jerusalem, nachdem er seine Nähe durch die Er= weckung des Lazarus angekündigt.

Fünftes Buch.

Die Leidenswoche und die Verklärung. Einzug, Leiden, Auferstehung und Abschied.

Vom 12. April bis 21. Mai des Jahres der Stadt 782.
(Jahr 29 der christlichen Zeitrechnung.)

———

Einleitung.

A. Methode für die Behandlung dieses Zeitraums.

Die Echtheit und Ursprünglichkeit des johanneischen Evangeliums und die Richtigkeit unserer Grundannahmen für dessen Verhältniß zu der evangelistischen Ueberlieferung, welche es ebenso wol voraussetzt, als ergänzt und berichtigt, erweist sich am schlagendsten und glänzendsten in diesem letzten, kurzen aber schicksals= und thatenvollen Abschnitte des Lebens Jesu. Er ist gleichsam der Prüfstein jedes Versuchs der Lösung der Evangelienfrage, denn hier allein haben wir fortlaufende parallele Texte des Johannes und der drei Evangelisten. Bis dahin hatten wir im Evangelium des Apostels nur den geschichtlichen Rahmen, mit Ausnahme der Geschichte der Taufe Jesu und der Speisung der Fünftausend; auch mußten wir uns die Einreihung der evangelistischen Erzählungen in jenen Rahmen durch mühsame Zusammenstellungen und Vergleichungen vermitteln und klar machen. Hier ist die Einheit des Zeitraums von selbst anschaulich, und Alles ist auf wenige Wochen, ja Tage beschränkt. Die Aufgabe des Johannes für diesen Gipfelpunkt des Lebens Jesu war eine ganz besonders zarte und schwierige, ebenso wol als eine vor allen andern feierliche und heilige; kein Theil der Ueberliefe=rung hatte nun seit fast achtzig Jahren die Gemüther der Gläubigen so erfaßt und durchdrungen wie dieser; in keinem hatte die evangelistische Ueberlieferung so tiefe Wurzeln bei allen Gemeinden über den Erdkreis geschlagen, als hier. Seit einem Vierteljahrhundert war das junge Geschlecht aufgewachsen mit wesentlich denselben schrift=lichen Verzeichnungen, welche wir vor uns haben. Wie konnte der Apostel ohne die höchste Noth auch nur in den Buchstaben eines Glaubens eingreifen, welcher sich also ge=bildet und festgesetzt, und das christliche Leben, ja den Gottesdienst so vielfach gestaltet und durchdrungen hatte? Und doch hatte er nicht allein manches kleine geschichtliche Misverständniß zu berichtigen und manche Anstöße und Zweifel zu heben. Sein Glaube an Jesus war ein geschichtlicher. Es lag ihm zweierlei ob vor seinem Scheiden. Einmal der katechetischen Zusammenstellung einen geschichtlichen Leitfaden zur Seite zu stellen. Dann aber insbesondere hatte er das heiligste Vermächtniß Jesu den Gemeinden zu übergeben, die letzten Gebote Jesu für alle Geschlechter der Christenheit. Jene ein=gehendsten, tiefsinnigsten und rührendsten aller Reden des Herrn zu der Schaar seiner Jünger waren begreiflicherweise gar nicht in jene katechetischen Erzählungen aufge=nommen. Sie waren höherer Art und nur ein Augenzeuge konnte würdig über sie berichten, falls der Herr nicht vorher selbst wiederkam. Jetzt, gegen Ende des Jahr=hunderts, war der letzte Zeitpunkt für den Jünger und Augenzeugen gekommen, dieses

25*

Werk anzufassen. Es war ihm klar, daß des Herrn angekündigte baldige Rückkehr eine geistige gewesen und weiterhin noch sein sollte, und daß der Geist Christi in der Gemeinde den Herrn in der Welt zu verklären bestimmt, Christi Leib aber diese Ge= meinde selbst sei. Er aber war der letzte Uebriggebliebene unter denjenigen Jüngern, welche den Gemeinden etwas Schriftliches zu hinterlassen den Beruf gefühlt hatten.

Daß dieses seine Ueberzeugung und Absicht war, bei Abfassung wie des Evange= liums überhaupt, so insbesondere dieses ersten Abschnitts, das scheint dem Historiker kaum zweifelhaft sein zu können, wenn er die Gleichheit des Verhältnisses beider Be= richte, des apostolischen und des evangelistischen, betrachtet, und bei den vorkommenden Ab= weichungen die immer klarer hervortretende Geschichtlichkeit und Innerlichkeit des Apostels würdigt. Es ist aber nicht minder klar und erfreulich, daß jene Abweichungen sich auch hinsichtlich der Evangelisten befriedigend erklären, wenn man an sie keine andern Ansprüche macht, als welche ihrer Zeit und Stellung gemäß sind. Wer will verkennen, daß auch die innerlichsten und erhabensten Aussprüche Jesu bei Johannes ihren vollen Wiederhall finden in den für Katechumenen und wißbegierige Forscher bestimmten Lebensgeschichten Jesu? Allerdings muß man jene Abweichungen nicht leugnen und nicht wähnen, daß die kateche= tische Darstellung des Ueberlieferten die ganze Tiefe des Geistes und Gottesbewußtseins Jesu erschöpfen konnte und wollte. Man muß unterscheiden den Bericht des Apostels und Lieblingsjüngers von dem der Sendboten, und darf nicht gleichstellen die anekdotischen Erzählungen zweiter und dritter Hand mit der zusammenhängenden Verkündigung des Augenzeugen und den Mittheilungen des Vertrauten und Kündigers der tiefsten Ge= danken seines Meisters von Anfang an. Aber sobald man dieses redlich und unver= zagt thut, gewinnt man das Gefühl der geschichtlichen Wahrheit unserer gesammten evangelischen Ueberlieferung, und legt den Grund zu einem Glauben besonnener und bleibender Ueberzeugung. Dann schwinden die unglückseligen Verdächtigungen des apostolischen Zeugnisses von Baur und Strauß, und es lösen sich von selbst die Zweifel und Schwierigkeiten hinsichtlich der drei ersten Evangelien, welche Lessing und Andere mit großem Ernste geltend gemacht. Man erkennt, daß das Geschichtsbild sich in der Ueberlieferung gerade so und nicht anders verschieben und abspiegeln mußte in der katechetischen Ueberlieferung, wie es sich in unsern drei ersten Evangelien findet.

Um dieses jedem Leser anschaulich zu machen, werden wir in der ersten Abthei= lung unsers Buchs die Thatsachen des Zeitraums möglichst gedrängt und übersichtlich vor Augen stellen, und sie der Reihe nach kritisch prüfen und zur geschichtlichen Her= stellung vorbereiten. Nur dadurch kann der Weg gebahnt werden zum Ziele; und dieses ist kein anderes als die Darstellung der großen Ereignisse dieses weltgeschicht= lichen Zeitraums nach ihrer ewigen Bedeutung, aus dem Mittelpunkte des Gottesbe= wußtseins Jesu, soweit es der menschlichen Unvollkommenheit und Schwäche gestattet ist, in dasselbe einzublicken. Dieses ist der Gegenstand der zweiten Abtheilung.

Auf jeder dieser Stufen zerfällt uns der Zeitraum in fünf große Handlungen oder Thaten Jesu, mit einem ernsten und rührenden Vorspiele am ersten Wochentage in Bethanien.

Erstens: Der Einzug am Morgen des 13. April 782 (Montag).

Zweitens: Die letzten Gebote des Neuen Bundes; Abend und Nacht von Donnerstag 16. April.

Drittens: Das Leiden und Sterben, Freitag 17. April.

Viertens: Die Auferstehung, Sonntagsmorgen 19. April.

Fünftens: Die vierzig Tage des Verkehrs Jesu mit den Jüngern und die Rück= kehr zum Vater.

B. Anknüpfung an die Reiseberichte.

Das Mahl in Bethanien und die Salbung: Sonntag 9. Nisan 782.

(Joh. 12, 1—11; Marc. 14, 1—11; Matth. 26, 1—16; Luc. 22, 1—5.)

Die Thatsachen bei Johannes sind folgende drei:

1) Jesus kommt sechs Tage vor Ostern in Bethanien an. Wir wissen, daß er von Ephraim kam, wohin er von Bethanien gezogen war, nach dem kurzen Aufenthalte daselbst zur Erweckung des Lazarus.

2) Die Freunde bereiten ihm dort ein Mahl, an demselben Tage; also, nach Johannes, am Sonntage, dem ersten Wochentage. Denn Jesus ward, nach Johannes, gekreuzigt am Freitag, und Freitag Abend begann die Zeit der ungesäuerten Brode; der erste Tag des Osterfestes aber war der Sonnabend, 15. Nisan und Frühlingsvollmond im Jahre der Stadt 782 (s. z. Joh. 12, 1). Das Mahl war nicht im Hause der Maria und Martha; Lazarus, ihr Bruder, war einer der Gäste, nicht Gastgeber; wer würde vom Gastgeber sagen, daß er einer der bei Tisch Sitzenden war? Und Martha diente bei Tisch. Es wird dadurch angedeutet, daß der Gastgeber ein angesehener Mann des Ortes war.

3) Die Hohepriester, welche, nach des Johannes unmittelbar vorhergehender Erzählung, bereits seit der Erweckung des Lazarus den Tod Jesu beschlossen und seine Auslieferung, als eines mit dem Banne Belegten, zur Pflicht gemacht hatten, stellten jetzt auch dem Leben des Lazarus nach, weil dessen Erweckung auf das Volk im Lande einen großen Eindruck gemacht.

Die evangelistische Erzählung hat diese drei Thatsachen, aber etwas verschoben, weil sie selbst aus den geschichtlichen Fugen gerückt ist. Die Ueberlieferung beginnt diesen Abschnitt bei allen Dreien mit Angabe der Zeit, nicht des Mahls, sondern des Beschlusses der „Schriftgelehrten" (ungenau statt des Hohen Rathes, dessen regierende Vorsitzer der Hohepriester und dessen Stellvertreter oder Vorgänger war), Jesus vor dem Feste aus dem Wege zu räumen, nicht am Feste, weil sonst leicht ein Aufruhr ausbrechen könnte. Dieser Ausdruck findet sich ganz gleich bei Marcus und bei Matthäus, und ist sehr zu beachten, um den Gesichtspunkt der Ueberlieferung zu verstehen. Nach der Vorstellung der Evangelisten ward, wie wir sehen werden, Jesus doch gerade am Festtage gekreuzigt; daß diese Vorstellung eine irrige sei, sagt uns Johannes seines Ortes ebenso zart als für jeden Unbefangenen unmisverständlich; auch findet sich kein Beispiel einer solchen Hinrichtung, welche die Feier verunreinigt haben würde, vielmehr Ueberlieferungen von einem Verbote solcher Entheiligung. Die in unserer Stelle treu wiedergegebene Ueberlieferung zeigt offenbar noch die geschichtliche Spur; die Hinrichtung soll nicht am Feste geschehen, und dieses Fest ist nach zwei Tagen. Diese Zeitbestimmung liegt dem Ausdrucke bei Matthäus zu Grunde: der Beschluß der Hohepriester sei zwei Tage vor Ostern gefaßt; Marcus fügt noch ausdrücklich hinzu: zwei Tage vor Ostern und dem ungesäuerten Brode. Das Genießen des Ungesäuerten begann aber am Abende vor dem Ostertage, dem Anfange der jüdischen Tagesberechnung. Diese Angabe ist unbedenklich als eine geschichtliche Angabe zu nehmen, denn die Ausführung des Verraths ward ja für die Nacht von Donnerstag auf Freitag verabredet, und diese Verabredung konnte jedenfalls nicht eher erfolgen, als bis Christus in Jerusalem eingetroffen war, und schwerlich ehe er seine Verfügung über den nächtlichen Aufenthalt den Jüngern mitgetheilt. Dieses geschah am Tage des Mahls, nach der Ueberliefe-

rung; dieser Tag nun war Donnerstag, aber nach Johannes fiel das jüdische Passah=
mahl und das Schlachten und Verzehren des Osterlamms erst auf den Freitag, wäh=
rend die Evangelisten annehmen, Christus habe das Mahl an dem Tage des jüdischen
Passahmahls selbst gehalten und sei also am Osterfeste hingerichtet. Zwei Tage vor
Ostern war ihnen also Mittwoch. Seit Jesus am Montag den Tempel verlassen
hatte, wußte aber die Polizei nicht, wo er sich aufhielt, denn er hatte sich, wie Jo=
hannes ausdrücklich sagt, „vor den Juden verborgen". Mittwoch muß wirklich der Tag
gewesen sein, wo der Beschluß erfolgte. Erst an diesem Tage wußten sie, daß man
Jesu Aufenthalt am Dienstage nicht habe auskundschaften können; Verrath durch einen
Jünger blieb allein übrig. Das Fest nahte heran, und am Feste ihn hinzurichten
war gegen Gesetz oder Sitte, auch würde es zu gefährlich gewesen sein wegen des zu
befürchtenden Volksauflaufs, ihn zu fassen und wegzuschleppen. Die „zwei Tage vor
Ostern" sind also richtig, aber sie gehen auf den Tag, in dessen Nacht Jesus ge=
fangen genommen wurde, auf Donnerstag.

Lucas hat die Schwierigkeit der spätern Auffassung wahrscheinlich eingesehen; er
begnügt sich zu sagen: „Es nahete das Fest der ungesäuerten Brode." Er knüpft
an den Bericht von den Nachstellungen der „Hohepriester und Schriftgelehrten" so=
gleich den vom Verrathe des Judas.

Die beiden Andern nun schalten zwischen beiden Berichten die Erzählung ein von
der Salbung Jesu durch ein Weib bei Gelegenheit des Mahls, welches Jesu in
Bethanien gegeben wurde, und zwar, wie sie ohne Zweifel nach vollkommen geschicht=
licher Ueberlieferung anführen „im Hause Simons". Dieser Simon also war der
angesehene Mann, welcher das Mahl veranstaltet, und dazu Lazarus, das lebende
Wunder des Orts, Jesu zu Ehren eingeladen hatte (s. z. Joh. 12, 2). Seinen Bei=
namen mag er dadurch erhalten haben, daß Jesus ihn früher vom Aussatze geheilt
hatte; er konnte natürlich jetzt nicht daran leiden, denn wie hätte er sonst seinem Hause
vorstehen und ein Mahl geben können?

Die Geschichte selbst ist in dem Texte der beiden Evangelien unverkennbar aus
apostolischer Quelle geflossen. Denn das Andenken der bethanischen Gastfreunde der
Maria, der Martha und des Lazarus verschwindet bald; wahrscheinlich weil Lazarus
nicht lange mehr lebte und das gastliche Haus der beiden Schwestern sich auflöste.
In der Auferstehungszeit kommt Bethanien nur vor in Beziehung auf den Oelberg.
Die Unmittelbarkeit jener Ueberlieferung beweist nicht allein die Kenntniß des Namens
des Gastgebers, sondern auch die treue Bewahrung der Worte des Herrn und des
Vorfalls, welcher dazu die Veranlassung gab. Aus dem Judas sind nun „einige"
geworden, und zwar „einige Jünger", welche sich über die Verschwendung so kostbarer
Waare ärgern; Marcus hat auch noch die dreihundert Denare mit einer kleinen Ueber=
treibung: „um mehr denn dreihundert Denare", während Matthäus sich begnügt zu
sagen „theuer".

Also der Kern, „das Wort des Herrn", und die veranlassende tadelnde Bemerkung ist
mit buchstäblicher Treue bewahrt. Die Handlung des Weibes aber ist schon etwas unge=
nau, übertrieben erzählt. Sie gießt, nach den Evangelisten, den kostbaren Inhalt des
Gefäßes über Jesu Haupt aus; man salbte wol das Haupt, aber man goß nicht flüssige
Salbe auf dasselbe, wodurch ja die Gewänder befleckt werden mußten. Salben dieser Art
waren nur für die Haut bestimmt; das Fußwaschen vor dem Mahle war allgemeine Sitte
der Juden, und auf dasselbe eine Salbung folgen zu lassen, eine schöne Zugabe die=
nender Liebe und ein Zeichen höchster Verehrung, wegen der Kostbarkeit flüssiger Narde.

Auch die ernste, rührende Hinweisung auf den nahen Tod „zum Begräbnisse" fehlt nicht. Der Spruch ist nur ein wenig verschoben. Jesus sagt bei Johannes (nach der überlieferten Lesart):

Laß sie mit Frieden, auf daß sie solches behalte zum Tage meines Begräbnisses.

Die Salbe, will Jesus sagen, hat sie für mich bestimmt, laß sie dabei nur gewähren; den Rest wird sie aufbewahren für die Salbung meines Leichnams; ihr werdet mich nicht mehr lange unter euch sehen. Ein Wort des tiefsten Ernstes, dem unwürdigen Jünger und bald Verräther mit einem doppelten Stachel ins Gewissen geworfen. Dabei zugleich ein Wort der größten Sanftmuth; denn gewiß nicht ungerecht wird des Mitapostels Urtheil sein, daß Judas mürrisch war aus diebischer Habsucht; er hätte die Flasche lieber von ihr als Gabe gehabt, um von dem Erlös seinen Theil wegzunehmen. Bei den Evangelisten hat der Spruch die Wendung erhalten, das Weib habe die Salbe über ihn ausgegossen, als sinnbildlich für seine nahe bevorstehende Salbung beim Begräbniß; der Gedanke Jesu in seiner ursprünglichen Form geht aber tiefer. Sie hat nur ihre Liebe erzeigt; den Rest der Salbe wird sie bald brauchen können und wollen bei meinem Begräbnisse.

Lucas hat diese Erzählung gar nicht aufgenommen, weil er sie bereits früher in einer bedeutend fortgeschrittenen Zersetzung aufgenommen. Es ist nämlich klar, daß die Erzählung (7, 36—50) aus zwei Geschichten zusammengesetzt ist. Die eine ist die unserige und zu ihr gehören folgende Züge: das Weib tritt bei einem Mahle im Hause des Pharisäers Simon zu Jesus, und wäscht Jesu Füße mit einer Salbe aus einer Alabasterflasche und trocknet sie mit ihren Haaren.

Einer ganz andern, für die Zeit jenes frühen Berichts passenden Geschichte aber sind folgende Züge entnommen: Ein sündhaftes Weib nahet unvermerkt Jesu, benetzt unter vielen Thränen seine Füße und trocknet sie mit ihrem Haar. Hierüber wird der Gastgeber bestürzt, weil Jesus, als Prophet, hätte wissen sollen, daß das Weib einen schlechten Lebenswandel führte. Hierauf nun allein bezieht sich Jesu Antwort, und durchaus nicht auf das, was aus unserer Geschichte in die Ueberlieferung der frühern hineingeflossen ist. Der Herr ermahnt ihn nun, zuerst durch die Parabel von den zwei Schuldnern, dann durch deren beredte Erklärung und Anwendung, in sein Gewissen zu gehen, um zu erkennen, daß die aufrichtige Reue auch bei einer großen Schuld der Vergebung Gottes gewiß ist, und dann eine viel größere Dankbarkeit und Liebe zu Gott hervorzubringen pflegt, als derjenige zu empfinden pflegt, welcher sich viel geringerer Uebertretungen schuldig weiß.

Also die handelnde Person nicht allein ist eine andere, und gehört einer ganz andern Klasse zu, als die ehrbaren und geachteten Schwestern des Lazarus, sondern (was die Hauptsache) das Wort des Herrn, der Spruch, ist ein durchaus anderer, hat eine ganz andere Spitze. Dieser geht auf die Sündenvergebung und den Glauben, welcher sie erwirbt, jener auf die sinnbildliche Todesweihe in der Huldigung der sinnigen Maria, deren Bruder eben den Seinigen wiedergegeben ist.

Weder diese noch jene Geschichte kann durch dichtende Ueberlieferung aus der andern entstanden sein. Die frühe Vermischung jener Geschichte mit der Salbung in Bethanien zeugt aber für den tiefen Eindruck des Vorfalls, selbst da wo der stille Kreis in Bethanien unbekannt geblieben oder die genaue Kunde jenes Ruheorts Jesu in der Nähe von Jerusalem verschollen war.

So finden sich denn die beiden ersten Thatsachen des johanneischen Abschnitts in den Evangelisten wieder, und zwar mit den Abweichungen, welche aus dem katechetischen Vortrage des Lebens Jesu nach dem Rahmen der ältesten volksmäßigen Missionsüberlieferung mit Nothwendigkeit folgen oder aus der Naturgeschichte aller vereinzelten

Erzählungen fließen; aber das Thatsächliche ist richtig und, soweit als möglich, an der rechten Stelle.

Die dritte johanneische Thatsache, von den Anschlägen auf das Leben des Lazarus, ist natürlich den Evangelisten fremd, weil die Ueberlieferung von Lazarus in Bethanien und seiner Erweckung nichts weiß. Statt dessen haben sie alle drei die Angabe von der Meldung des Judas bei den Hohepriestern, um Jesus zu verrathen. Da Lucas die Erzählung vom Mahle nicht hat, so schließt sich die Angabe bei ihm unmittelbar an die erste Thatsache an, nämlich die Anschläge der Hohepriester auf Jesu Leben. In der That kann diese Verbindung eine ursprüngliche, geschichtliche zu sein scheinen, denn die Späher des Raths werden allerdings wol nichts unversucht gelassen haben, um Einen aus der nächsten Umgebung Jesu zu gewinnen.

Erste Abtheilung.

Sichtung der Thatsachen.

Erster Abschnitt.

Der Einzug und die zwei nächsten Tage.

A. Der Einzug.

(Joh. 12, 12—50; Marc. 11, 15—17; Matth. 21, 12. 13; Luc. 19, 45. 46.)

I. Johannes.

Der Bericht des Johannes ist unmisverständlich, wenn man ihn nach seinem Wort=
laute und in seinem eigenen Zusammenhange betrachtet. Jesus ist in den Bann ge=
than; Späher umgeben ihn; sie waren schon vor seiner Rückkehr auf Bethanien auf=
merksam geworden; des Lazarus Erweckung und Erscheinen im Volke hatte allgemeines
Aufsehen nicht allein im Orte, sondern auch in der Hauptstadt und im Lande erregt.
Einheimische und Fremde zogen schon aufs Fest; Viele erkundigten sich nach dem großen
Propheten von Nazareth. Mehrere nun, die in Bethanien selbst gehört hatten, daß
Jesus vorhabe, am nächsten Tage von da aus in Jerusalem einzuziehen, gingen ihm
entgegen mit Palmzweigen und mit dem messianischen Psalmgesange:

Hosianna, gesegnet sei der da kommt im Namen des Herrn, der König von Israel!
Jesus bestieg unterwegs (vielleicht bei Bethphage) einen Esel, und setzte sich auf den=
selben, welches später die Jünger an den Spruch des Sacharja erinnerte. Die Schaar
umgab ihn und pries laut das von ihm an Lazarus verrichtete Wunder; die Phari=
säer waren entsetzt über den Zulauf des Volks, der sich mehrte, wie der Zug der
Stadt nahte.

Unter dem Volke befanden sich auch Hellenen. Solche griechische Proselyten des
Thors pflegten zu den großen Festen nach Jerusalem zu pilgern, um dort im Vor=
hofe des Tempels anzubeten. Diese wünschten Jesus zu sehen, welches zwei seiner
Jünger vermittelten. Die nun folgende erhabene Rede Jesu ist zu denken als zu
diesen Jüngern gesprochen, sodaß die dahinterstehenden Griechen die Worte verneh=
men konnten. Jesus hatte nämlich stillgehalten, und einen Kreis um sich gesammelt.
Und wo konnte dieses anders sein als im Vorhof des Tempels, wo Jesus zu predigen
pflegte? Nach Jerusalem ziehen heißt ja zum Tempel gehen. So auch die ganze kate=
chetische Ueberlieferung. Wäre Jesus nicht bis zum Tempel gekommen, oder gar nicht
bis in die Stadt, sondern wäre unterwegs umgekehrt, so hätte dieses ausdrücklich gesagt

werden müssen. Auch gelangen wir nur bei jener Annahme zur Erklärung der Schluß=
worte Jesu. Nachdem der vollkommene Unverstand der Umstehenden, ihre Blindheit
für das Geistige, ihr Haften an der Herstellung der jüdischen Herrschaft, zur Aussprache
gekommen war, heißt es: Jesus ging weg und verbarg sich vor ihnen (Joh. 12, 36).
Das Volk ließ ihn ziehen.

Hier endigt die erste Abtheilung des evangelischen Berichts des Apostels; das
öffentliche Predigen Jesu ist zu Ende, und wie Johannes den Bericht mit Betrach=
tungen über die wesentliche Natur Jesu und des von ihm verkündigten Reichs be=
gonnen und hier und da mit kürzern Betrachtungen und Ergießungen seines vollen
Herzens unterbrochen; so beschließt er ihn hier mit einer Zusammenfassung des nament=
lich vom achten Kapitel an Gesagten über die Gründe jenes Unverstandes und jenes
Unglaubens.

Die zweite Abtheilung oder der Schlußtheil des Evangeliums beginnt mit dem
Mahle am vorletzten Abende vor dem ersten Tage des Passah und am letzten seines
Lebens.

Geben uns die katechetischen Evangelisten nicht ein Licht über die beiden Zwischen=
tage, Dienstag und Mittwoch, und was sagen sie über den Einzug selbst?

II. Die Evangelisten.

Wir haben schon mehrfach gesehen, daß die evangelische Ueberlieferung nur Einen
Einzug in Jerusalem kennt, und also die Geschichte des letzten Einzugs von Betha=
nien mit dem des ersten, der Austreibung der Wechsler zugleich vorbringen mußte.
Wir haben ferner gefunden, wie der Umstand, daß Jesus von Jericho aus einzieht,
fern davon eine Schwierigkeit zu machen, vielmehr die Geschichtlichkeit der Ueberliefe=
rung bezeugt. Denn die unverkennbar geschichtlichen Erzählungen von Jericho auf dem
Wege nach Jerusalem, müssen, nach ihrer Stellung im Reiseberichte, in die letzte der
vier historischen Reisen Jesu gehören, und dahin allein passen sie auch. Bei allen
drei Evangelisten zieht Jesus von Jericho nach Bethanien. Dort nun war er in jener
letzten Epoche der Landflüchtigkeit zweimal. Zuerst als er sich nach Peräa zurückge=
zogen hatte, wo Johannes zuerst getauft hatte, und von dort durch die Kunde, daß
Lazarus gestorben sei, in aller Eile zurückkehrte; dann aber, als er von der Stadt
Ephraim (Ephron, 20 Millien nördlich von Jerusalem) am 9. Nisan dort einkehrte.
Die Evangelisten wissen nichts von jenem Zurückeilen um des Lazarus willen, sie
kennen nur Eine Ankunft in Bethanien und das ist die unmittelbar vor dem Leiden.
Von dieser zweiten Einkehr kann nun offenbar keine Rede sein, da !Jericho westlich,
Ephron rein nördlich von Jerusalem liegt; Johannes würde, hätte eine solche Reise
nach Jericho (denn auf dem Wege liegt es doch wahrscheinlich nicht) in der That statt=
gefunden, geradezu haben sagen müssen, daß er von Jericho gekommen sei. Aber bei
jener Rückreise von Peräa war es der natürliche Weg, die Furt etwas nördlich von
Jericho zum Uebergange über den Jordan zu benutzen; auch wenn Jesus schon bei
Bethsean (Scythopolis) übersetzte, führte der Weg über Jericho, den Knotenpunkt aller
Straßen von Peräa nach Jerusalem.

Die Erzählung der Evangelisten von unserm Einzuge aus Bethanien in Jerusalem,
ist im Anfang, Mittel und Ende geschichtlich, sobald man nur bei Matthäus und Lucas
das von ihnen hier einverleibte Ereigniß des ersten Einzugs, die Vertreibung der
Wechsler, ausscheidet. Eine solche Einverleibung in die Erzählung des großen Einzugs
vor dem Leiden war allerdings eine sehr natürliche Methode, nach den Gesetzen der

Verschiebung der geschichtlichen Reihe in der katechetischen. Aber diese Einschiebung hat auf die Hauptdarstellung nicht den geringsten Einfluß.

Die Selbständigkeit jenes Vorgangs zeigt sich aber bei Marcus, welcher die Geschichte des letzten Einzugs vor dem Leiden ohne alle Unterbrechung erzählt. Dadurch wird er nun allerdings genöthigt, die Geschichte vom Austreiben der Wechsler als am folgenden Tage vorgefallen, bei einem zweiten Einzuge aus Bethanien anzubringen. Der geschichtliche Zug ist hierbei die Kunde von mehr als Einem Einzuge in Jerusalem; wenigstens von zweien, deren jede durch besondere Thaten und Worte Jesu bezeichnet waren; der frühere Einzug aber gehörte nicht in den Tag vorher, sondern in die dunkle Periode der fünf Jünger; er stand chronologisch in der Luft, weil Jesus erst im folgenden Jahre in Galiläa auftrat, wo die evangelistischen Erzählungen ihren Ausgangspunkt haben. Sowie man die mündliche Ueberlieferung ordnete, blieb nichts übrig, als die Wahl zwischen zweien: man mußte jenes Frühere anhangsweise erzählen — und so entstand die Form einer Wiederholung des Einzugs von Bethanien — oder dasselbe einverleiben. Lucas fand dieses doch am Ende das Räthlichste, und schloß sich also dem aramäischen Evangelium an.

Ein hervorstechender Zug bei allen Dreien ist die Beschaffung des Esels, wegen des prophetischen Spruchs bei Sacharja. Johannes schließt die deshalb gegebene Anordnung Jesu nicht aus; offenbar aber legt er keinen besondern Werth darauf, sondern übergeht sie als allgemein bekannt; hinsichtlich jener Stelle des Propheten bemerkt er, daß sie damals den Jüngern nicht einfiel.

Marcus hat auch hier einen eigenthümlichen, individuellen Zug, gewiß aus petrinischer Ueberlieferung, nämlich daß das Eselsfüllen noch nie vorher geritten, also für diesen heiligen Gebrauch gleichsam aufbewahrt war; als junges Füllen bezeichnet es auch Johannes ausdrücklich.

Der Zug von Bethanien nach Jerusalem wird noch näher bestimmt bei Marcus und Lucas durch die Angabe: bei Bethphage, dem östlich von Bethanien liegenden Dörfchen. Huldigungen seitens der Begleiter, als der Herr das Thier bestiegen hatte, durch Bestreuen des Wegs mit Gewändern, um als Teppiche zu dienen, und mit grünen Schößlingen, sowie der erweiterte Hosianna- oder Heilgesang, sind die nie fehlenden Ausbildungen lebendiger Ueberlieferung; am eigenthümlichsten ist die Wendung bei Lucas, anklingend an den Engelgesang bei der Geburt in demselben Evangelium:

Friede sei im Himmel, und Ehre in der Höhe!

Derselbe Evangelist hat noch Jesu rechtfertigende Antwort auf die Rüge der Pharisäer, daß er seinen Anhängern nicht verwehre, solche messianische Sprüche vor ihm auszurufen, und die rührende Anrede an Jerusalem, als er, den Oelberg hinabsteigend, der Stadt ansichtig wurde. Bei Matthäus sind es Kinder, deren Jauchzen den Zorn der Partei der Hohepriester erregt, worauf denn Jesus ihnen den bekannten Psalmvers vom Preise Gottes durch die Unmündigen vorhält.

Alle diese Züge, eben wie der Zusatz bei Matthäus, daß ganz Jerusalem erregt wurde, passen offenbar nur auf den letzten Einzug; am allerwenigsten auf den ersten.

Die Angabe, daß Jesus gegen Abend nach Bethanien zurückkehrte, hat nicht allein Marcus, welcher ihn am nächsten Tage von dort wieder nach Jerusalem und in den Tempel ziehen läßt, sondern auch Matthäus. Der Ausdruck (21, 17) „er übernachtete daselbst" (eigentlich im Freien) verräth einen Nachhall der wahren Ueberlieferung, daß er sich an einem nur den Jüngern bekannten Orte verbarg, sicherlich nicht zum Hause des Lazarus zurückkehrte, wo man ihn gar leicht hätte entdecken und fassen können.

B. Die Aussprüche Jesu über die bevorstehende Zerstörung Jerusalems und die letzten Dinge.

(Marc. 13; Matth. 24, 1—36; Luc. 21, 5—38.)

Wir haben bereits anschaulich gemacht, daß die Aussprüche über Jerusalems und der Welt Schicksale, welche unmittelbar vor der Erwähnung der Anschläge auf Jesu Leben und des Verraths von Judas hergehen, und die Reihe der Reden Jesu in oder bei Jerusalem beschließen, ebenso wol dieser ihrer Stelle wegen, als um ihres Inhaltes willen, hierher gehören müssen. Wir werden dieses nun näher ausführen.

Jesus sprach nach den Vorfällen beim Einzuge nicht mehr öffentlich. Unsere Reden nun sind offenbar nur zu den Jüngern gesprochen und in großer Heimlichkeit. Mat=thäus sagt ausdrücklich, die Jünger hätten ihn gefragt, wann das Ende kommen würde, mit Beziehung auf ein Wort von ihm gegen sie, als sie auf die Herrlichkeit des Tempels hinwiesen: kein Stein werde auf dem andern bleiben. Marcus läßt die Bewun=derung des Prachtbaues von „einem der Jünger" herrühren. Es ist möglich, daß dieser vorangestellte Spruch ein früherer sei, und daß die Jünger jetzt sich dessen er=innerten, als sie angesichts der Stadt von einer Stelle am Oelberg (wo wir den Herrn am Donnerstage finden) auf jenes Wunderwerk hinblickten.

Denn daß der Herr die nun folgende Verkündigung von jener Stelle aus geredet, nachdem er sich hingesetzt und auf die Stadt schaute, sagt Matthäus ausdrücklich (24, 3) und Marcus weiß sogar (wahrscheinlich durch Petrus), daß es die beiden Stammpaare der Jüngerschaar waren, Petrus und Andreas, Jacobus und Johannes, welche die Frage nach dem Zeitpunkte des Endes an Jesus richteten (13, 3).

Die wunderbaren Reden Jesu, welche nun folgen, sind also jedenfalls in die nächsten Tage, Dienstag, Mittwoch und Donnerstag Vormittag zu setzen, und also wol alle in die beiden ersten, da der Donnerstag der Tag des Mahls war. Sie athmen in jedem Worte das Gefühl der nahenden Krise für das Leben Jesu, für Jerusalem und für die Welt.

Sie bestehen aus zwei Massen, welche man genau unterscheiden muß.

Die erste ist allen drei Evangelisten gemeinschaftlich, und zwar mit sehr großer Uebereinstimmung, besonders zwischen Marcus und Matthäus. Marcus erscheint auch hier als Vertreter der strenger zusammengehaltenen ältesten aramäischen Ueberlieferung, während Matthäus einen schon breitern Text hat. Lucas endlich hat offenbar in einigen Wendungen schon die Zerstörung Jerusalems hinter sich, und seine Darstellung ist etwas hellenisirt.

Diese Masse nun (Marc. 13; Matth. 24, 1—36; Luc. 21, 5—38) handelt ent=schieden nur von den irdischen Schicksalen, und zwar anscheinend über die Zerstörung Jerusalems hinaus; Lucas nur bringt ausdrücklich den zukünftigen Untergang des römischen Weltreichs zur Sprache.

Die zweite Masse ist dem Matthäus eigenthümlich (24, 37— Ende 25) und ent=hält eine Reihe von Parabeln, deren erste, die vom getreuen und ungetreuen Knechte, sich bei Lucas viel ausgeprägter am Ende seines zweiten {Reiseberichts (12, 35—48; 17, 26—35; 19, 11—28) findet, also geschichtlich nicht hierher gehört. Bei Lucas ist sie nun durchaus nicht der Erde entrückt; es ist die Rückkehr des Herrn zu den Jüngern. Bei Matthäus wird die Rede aber bereits als Weltgericht aufs Ende gewendet. Dieser Sinn nun herrscht durchaus in den beiden andern Parabeln von den zehn Jung=frauen und von der Scheidung der Völker beim Weltgerichte nach ihrem Verhalten gegen die Schüler des Herrn. Matthäus geht nun von diesen Parabeln sogleich über zur Leidensgeschichte, zu den Vorgängen zwei Tage vor dem Passah.

Lucas aber hat für jene gemeinschaftlichen Erzählungen der ersten Masse einen besondern Schluß (21, 37. 38), welcher voraussetzt, daß Jesus alle diese Worte im Tempel geredet, in einer Folge von Vorträgen, zu denen das Volk sich drängte. Das nun ist natürlich nicht Ueberlieferung, sondern eigene und zwar ungeschichtliche Verknüpfung zweier Abschnitte, nämlich der Reden von den letzten Dingen und den Ereignissen der beiden letzten Tage vor dem Passahfeste (22, 1).

Zweiter Abschnitt.

Das letzte Mahl und die letzten Gebote; die Todeswoche und das Verhör.

(Abend und Nacht von Donnerstag.)

I. Der Tag des Mahls.

Der Apostel bestätigt die Ueberlieferung der Evangelisten, daß Christus am siebenten Wochentage der Juden, unserm Freitag, gelitten, indem er sagt: „es war Rüsttag"; denn dieses ist nach jüdischem Sprachgebrauch gerade als wenn wir sagen würden: „es war Ostersonnabend", nämlich der Tag vor dem Feste. Ebenso entschieden berichtigt aber Johannes durch diese Aeußerung die Angabe oder Annahme der Evangelisten, daß das letzte Mahl Jesu mit den Jüngern am Tage des jüdischen Passahmahls gehalten wurde. Allerdings war es ein Passahmahl, wie wir sehen werden, aber es war nicht das Passahmahl, denn dieses konnte nur an des Festtags Vorabend stattfinden, an welchem nach jüdischer Rechnung der natürliche Tag des ersten Osterfestes begann. Alle theologischen und scholastischen Künste vermögen nicht die ungenaue Unterscheidung dieser Zeitbestimmung bei den Evangelisten wegzuräumen. Die unermüdliche Heftigkeit, mit welcher dieser gelehrte Streit immer wieder von neuem geführt wird, ist offenbar in der irrigen Annahme begründet, als würde durch das Zugeben dieser Ungenauigkeit die Geschichtlichkeit der ganzen Erzählung angegriffen, und das Ansehen der heiligen Schrift, als einer Eingebung des göttlichen Geistes gefährdet. Es ist wol an der Zeit und dieses Ortes, die Gemeinden über beide Punkte zu beruhigen und zu zeigen, wie jener Umstand umgekehrt geeignet ist, unsern Glauben zu stärken. Das kann nun wol kaum anders geschehen, als daß man die Sachen beim rechten Namen nennt, und sich damit an das Gewissen der Gemeinden wendet. Sollte wol (fragen wir) die Geschichtlichkeit dadurch gesichert werden können, daß man Augenzeugen und Jünger Jesu, das Licht und Herz des Kreises der apostolischen Zeugen, Lügen straft? Denn wer nicht Augenzeuge der Ereignisse gewesen, welche mündlich überliefert werden und aus zweiter Hand größtentheils, kann leicht für chronologische Bestimmung nehmen, was nur Bezeichnung des Charakters des Mahls war; aber ein Augenzeuge kann nicht das Falsche berichten über solche Punkte, weil er die Wahrheit damit sagen will. Aber die Evangelisten fanden die Ueberlieferung schon in das Leben der Gemeinden eingedrungen. Es wäre nun doch schwer zu glauben, daß die Leitung des Geistes, unter welcher die Evangelisten die Geschichten niederschrieben, sich habe dadurch bezeugen und bewähren müssen, daß, als nach vierzig Jahren die Apostel und Zeugen in Palästina, Syrien und Rom verschwunden waren, sie um eines solchen rein äußerlichen Umstandes willen die volksmäßige Ueberlieferung der Gemeinden gestört hätten? Die volksmäßige Auffassung ist wesentlich richtig; Christi Mahl war ein Paffahmahl; es war das Paffahmahl der Christen, ja es war damals schon recht eigentlich Mittelpunkt der christlichen Anbetung im Geiste und in der Wahrheit geworden. Das ist der Punkt, auf den es ankam, nicht auf die Frage des jüdischen Kalenders, ob es die Nacht des Vollmondes in Jerusalem war oder die Nacht vorher. Es war Jesu letzter Lebenstag vor dem Leiden, und Christus starb an dem Tage, dessen Abend den festlichen Tag begann. Man bedenke doch nur, mit welcher Vorsicht Johannes selbst diese Frage behandelt, als er einige und zwanzig Jahre später, nachdem die Annahme einer nahen leibhaftigen Wiederkehr Jesu mehr und mehr in den Hintergrund getreten war, es unternahm, einen chronologischen Rahmen des öffentlichen Lebens zu geben, dessen früher die Gemeinden nicht bedurften, weil Aller Gedanken nur auf Christi Wiederkunft gerichtet waren.

Wir haben oben ausgeführt, daß in dem Ausdrucke der beiden ersten Evangelisten, wo sie den Beschluß der Verhaftung vor dem Feste melden: „zwei Tage vor Paffah", vielleicht ein Rest ältester Ueberlieferung zu suchen sein möchte. Der Beschluß wurde in der Nacht nachher ausgeführt, und der Tag selbst (Donnerstag) entspricht gerade jener Bezeichnung. Wir werden unten die Frage erörtern, ob wir genöthigt sind, anzunehmen, daß Jesus bei jenem Mahle ungesäuertes Brod genossen. Dieses heißt regelmäßig nur: „das Ungesäuerte", nicht: ungesäuertes Brod. In der evangelistischen Erzählung kommt dieser Ausdruck nun gar nicht vor, sondern es ist nur vom „Brode" die Rede. Es bleibt also noch zu untersuchen, inwiefern darin ein Wink liegen könnte, daß in der ältesten Ueberlieferung jenes Misverständniß noch nicht obwaltete. Wir wollen hier nur bemerken, daß die älteste urkundliche Darstellung der Einsetzung des Abendmahls — die des Apostels Paulus im ersten Briefe an die Korinther — auch nicht die geringste Anspielung darauf bietet, daß das Mahl das jüdische Paffahmahl gewesen, obgleich der Apostel die Idee des Paffahlamms anderwärts auf Christus anwendet, was ihn also wol hätte bewegen können, den Umstand zu betonen. Endlich ist es auch jüdische Tradition im Talmud, Christus sei am Tage vor dem Feste hingerichtet; und eine Hinrichtung am Feste ist auch entschieden ordnungswidrig, nach zahlreichen Zeugnissen. Auch hier ist Alles für den Apostel, den Augenzeugen, als den Mann der geschichtlichen Darstellung, auch in Nebensachen.

II. Das Stillschweigen des Johannes über die Einsetzung des Mahls.

Johannes erzählt von Allem, was bei und unmittelbar nach dem Mahle vorfiel und gesagt ward, und zwar ebenso ausführlich als die evangelistischen Berichte darüber karg sind; nur von dem, was wir Einsetzung des Abendmahls nennen, sagt er nichts, und es ist rein willkürlich zu sagen, daß er zu Anfang darauf anspiele. Allerdings ist dieses bei der gewöhnlichen Auffassung der evangelistischen Erzählung nicht leicht zu erklären. Denn hierbei wird gewöhnlich Alles, auch die bei jedem Mahle übliche Danksagung (Segnung) beim Austheilen von Brod und Wein, als etwas ganz Unerhörtes, Specifisches, angeführt, und diese Ansicht ist nicht ohne Einfluß auf die Erklärung der darauffolgenden Einsetzungsworte. Befreien wir uns aber von allen vorgefaßten Annahmen, die großentheils nur scholastisch sind, und gehen wir dem Geschichtlichen und

Urkundlichen gebulbig nach), so erklärt sich nicht allein des Apostels Uebergehen dieser Erzählung, sondern auch der ursprüngliche Sinn der Einsetzungsworte im Geiste der Evangelien und der Apostel.

Wir haben eine zuverlässige Nachricht über die Sitte, welche die Juden befolgten bei jedem gemeinsamen Mahle. Der Hausvater oder der Vorsitzende des Mahls sprach ein Tischgebet zu Anfang des Mahls, und ein anderes nach dem eigentlichen Essen, wenn der mit Wasser gemischte Wein vertheilt wurde; und beide Gebete waren Danksagungen für die Gaben Gottes oder Segnungsgebete für die Genießenden.

Natürlich war Niemand an diese kurzen Formeln gebunden, und der Hausherr durfte also die Danksagung für die Gaben der Früchte des Feldes und des Gewächses des Weinstocks vortragen wie der Geist es ihm eingab, oder wie es gerade in seinem Hause Sitte war. Was nun Jesus betrifft, so haben wir ein unwiderlegliches Zeugniß, daß er hier, wie allenthalben, dem Nachbeten abgebrauchter Formeln feind, seinen Geist frei walten ließ und die Worte der Segnung lebendig und innig vortrug. Wie hätten ihn sonst die beiden Jünger von Emmaus, die nicht beim Passahmahle gewesen waren, „am Brod=brechen" erkennen können? Daß er das Gebet der Segnung bei der Speisung vor den Fünftausenden aussprach, die Augen zum Himmel emporgehoben — also mit aufgehobenen Händen, der allgemeinen Geberde des Betens zur waltenden Gottheit in der alten Welt — gibt uns einen Wink, wie wir uns die Ursprünglichkeit seines inbrünstigen und glaubensvollen Gebets bei der Tischdanksagung vorzustellen haben. Die Worte werden also immer mehr oder weniger der besondern Veranlassung gemäß und von schlagender Kürze gewesen sein. Die gegenwärtige aber war die feierlichste aller; es war sein Abschiedsmahl vor dem Leiden; es war das Mahl, an welchem Jesus beschlossen hatte, den Jüngern und damit der Christenheit das neue Gesetz, die letzten Gebote zu geben. Ueber diese Gebote wird uns jedoch nichts berichtet, und sie enthielten also wol nichts Specifisches. Aber die Einsetzungsworte thun es. Sie bringen nicht allein dieses Mahl in Verbindung mit seinem nahe bevorstehenden Tod, sondern sie enthalten ein Gebot, sich ihrer bei jedem gemeinsamen Mahle, insbesondere bei jedem Brudermahle zu erinnern, also seines erlösenden Todes. In der That sehen wir daraus das Liebes=mahl (die Agape) entstehen, mit Anwendung der Danksagung auf die Erlösung durch Christus; dann aber wird allmälig ein symbolisches Mahl Theil des Morgengottes=dienstes, wobei Brod und Wein vertheilt werden, als Sinnbilder des hingegebenen Leibes und Blutes Christi. Der Genuß beider erscheint dabei in der innigsten Verbindung mit dem Gelübde der Hingebung des eigenen Willens an den Willen Gottes. Diese Hingebung, dieses wahre Opfer der Christen, tritt nach der Zerstörung Jerusalems, bewußt, als bleibend, an die Stelle der Opfer des Tempeldienstes. Dabei wurden die Gemeinden auf jene Worte Christi beim Vertheilen hingewiesen, und diese Worte selbst wurden auch wol oft mehr oder weniger vollständig und genau angeführt, als Begründung, Rechtfertigung und Norm der gottesdienstlichen Feier, welche sich daraus entwickelt hatte.

Diese Entwickelung muß gewürdigt werden als eine aus dem Geiste Christi hervor-gangene. An diesen waren ja Apostel und Gemeinden gewiesen, und ihre Entscheidung ist eine ganz allgemeine gewesen. Auch hat sie ihre Begründung in dem Geiste der Worte, obwol sie keineswegs aus ihrem Wortlaute mit zwingender Gewißheit hergeleitet werden konnte. Also wenigstens 20 Jahre vor unserm Evangelium war diese Entschei-dung in Fleisch und Blut der Gemeinden eingegangen. Wozu und wie sollte nun Johannes die Geschichte der Einsetzung in seinem Evangelium wiederholen? Die Ueber-lieferung darüber stand nicht allein durch alle drei Evangelien fest, sondern war die Basis einer neuen geistigen Entwickelung geworden, und in das Mysterium des

Verkehrs der anbetenden Seele und Gemeinde mit ihrem Gotte, mit dem Ewigen, verwoben. Sie war ja im Weſentlichen richtig, und weſentlich übereinſtimmend erhalten und niedergeſchrieben. Aber je rein geſchichtlicher die Einſetzung vorgetragen, deſto weniger war ſie. den Heidenchriſten verſtändlich, für welche Johannes ſo ſpät noch ſein Evangelium niederſchrieb. Es war etwas Anderes daraus geworden, als ein bloßes] Mahl, und doch war urſprünglich das gemeinſchaftliche Mahl im gewöhnlichen Leben damit gemeint, und nicht eine gottesdienſtliche Feier. Das Hervorheben dieſes Umſtandes würde nur geſtört haben, es genügte, zur Berichtigung den Irrthum angedeutet zu haben, als ob das Mahl am Tage des Paſſahmahles (am 14. Niſan Abends, alſo zu Anfang des 15. nach jüdiſcher Berechnung des natürlichen Tags von 24 Stunden) ſtattgefunden habe.

Ehe wir verſuchen, weiter in den evangeliſchen Sinn der Einſetzungsworte einzugehen, müſſen wir zuvor ermitteln, ob das Mahl, obwol nicht am Tage des jüdiſchen Paſſahmahls gehalten, doch als Paſſahmahl gedacht und eingerichtet war oder nicht.

III. Paſſahmahl oder nicht?

Wenn wir die Texte der drei Evangeliſten miteinander vergleichen, ſo ſpringt es in die Augen, daß nach Marcus und Matthäus die ſchmerzlichen Worte über den Verräther während des Eſſens geſprochen werden, aber vor der Einſetzung des Mahles des Gedächtniſſes oder des Neuen Bundes; bei Lucas aber kommt dieſe Erwähnung des Todes und des Verräthers nach den Worten der Einſetzung. Außerdem hat Lucas vor den Worten der Einſetzung noch die Erwähnung eines Bechers Wein, welchen der Herr den Jüngern gegeben, um ihn unter ſich zu vertheilen, alſo ſelbſt nicht davon trinkend. Dieſen Umſtand hat man durch ein Misverſtändniß der Worte Jeſu in Vs. 16 erklären wollen:

Ich werde nicht mehr das Paſſah eſſen, bis es vollendet ſein wird im Reiche Gottes.

Lucas oder ſeine Gewähren hätten geglaubt, dieſen Satz vom Brode durch den Parallelismus vom Becher ergänzen zu müſſen (Vs. 18):

Ich werde nicht trinken vom Gewächſe des Weinſtocks, bis das Reich Gottes gekommen iſt.

Um dieſe beiden Sätze nun zu verbinden, habe Lucas Vs. 17 herübergenommen aus der Einſetzung:

Und er nahm einen Kelch, dankſagete und ſprach: Nehmet dieſen und theilet ihn unter euch.

Man muß geſtehen, daß dieſes Herübernehmen doch eine unerhörte Gedankenloſigkeit des Evangeliſten ſein würde, da er nachher die Darreichung des Bechers „deſſelbigen gleichen‟ (d. h. nachdem er die Dankſagung geſprochen) ganz wie die andern erzählt. Man wird alſo ſagen müſſen, dieſe Erzählung erkläre ſich durchaus nicht bei der Annahme, es ſei dieſes Mahl nur ein gewöhnliches geweſen, und nicht als Paſſahmahl anzuſehen. Denn bei dieſem Mahle kommt allerdings die Dankſagung beim Becher nicht allein nach der Darreichung des Brodes, ſondern auch erſt nachdem die Speiſe verzehrt war. Aber verhielt es ſich ebenſo beim Paſſahmahle? Ueber die Ordnung der Feier haben wir nun eine ausführliche rabbiniſche Ueberlieferung, welche unzweifelhaft in allen weſentlichen Stücken über die Zeit Jeſu hinausgeht, und deshalb auch von allen chriſtlichen Forſchern für die Erklärung der evangeliſtiſchen Berichte benutzt iſt. Wüßten wir nicht durch die ſchwer misverſtändliche Verſicherung der Evangeliſten, daß Jeſus das Mahl als ein Paſſahmahl gefeiert, ſo würden uns die jüdiſchen Vorſchriften für das Abhalten deſſelben davon überzeugen müſſen. Unſere Leſer werden ſich davon durch folgende Uebersicht leicht überzeugen können, welche wir nach Meyers Auszug aus den betreffenden Stellen des Talmud geben.

Das Verzehren des Passahlammes fand erst statt nach manchen Vorbereitungen und nachdem die beiden ersten Becher (nach vorhergehender Danksagung) dargereicht und getrunken waren. Es folgte alsdann der „Becher der Danksagung", der dritte, und nach dem Singen von Lobpsalmen der vierte, bisweilen auch noch ein fünfter; das Ganze schloß immer mit Lobpsalmen. Das Nähere ist Folgendes:

1) Dankgebet des Hausvaters wegen des heiligen Tags und des Weins des ersten Bechers, auf dessen Trinken die Händewaschung folgte, nach besonderer Danksagung.
2) Vorsetzen des Tisches mit den bittern Kräutern und Kosten von denselben.
3) Auftragen des ungesäuerten Brodes, des gewürzhaften Breies Charoseth, des Lammes und des Opferfleisches vom Feste (Chagiga).
4) Jeder taucht etwas von den bittern Kräutern in den Brei und ißt es.
5) Mischung des zweiten Bechers, während dessen der Vater seinen Sohn belehrt über das Passahmahl und seine Bedeutung.
6) Singen des ersten Theils des Hallel (der Halleluja-Psalmen 113, 114) und Lobgebet des zweiten Bechers, der hierauf getrunken wird.
7) Der Hausvater wäscht wieder die Hände, nimmt zwei Brode, bricht eins und legt es auf das andere. Darauf spricht er das Gebet der Danksagung:
   Gelobt sei der das Brod aus der Erde herauswachsen läßt,
   taucht ein mit bittern Kräutern umwickeltes Stück desselben in den Brei, danksagt und ißt etwas davon, sowie von dem Opferfleische und dem Lamme.
8) Eigentliches Mahl, beschlossen dadurch, daß der Hausvater das letzte Stückchen des Lammes selbst ißt.
9) Der Hausvater wäscht wieder die Hände, und es wird, nach Danksagung der dritte Becher getrunken, welcher „Becher der Danksagung" heißt, worauf der zweite Theil des Hallel (Pf. 115—118) gesungen wird.
10) Dann kann noch der fünfte Becher getrunken werden; dann wird als Schluß Psalm 120—137 gesungen.

Legt man dieses bei der Erklärung der evangelistischen Berichte zu Grunde, so beginnt erst mit (7) das, was wir die Einsetzung des Mahls des Gedächtnisses und des Neuen Bundes, also das Bundesmahl nennen können. Nach jenen Berichten geht die Danksagung über das Brod dem Becher vorher; dieser Unterschied ist aber ein ganz unbedeutender, denn die beiden Handlungen, das Brechen und Vertheilen, fließen ineinander, und natürlich muß die Danksagung dem Vertheilen vorangehen. Eine peinliche Ordnung können wir uns dabei von Christus wenigstens bei einer solchen Feier nicht wol vorstellen, falls überhaupt damals schon das Einzelne vorgeschrieben war.

Hierauf folgte das eigentliche Mahl Jesu und der Jünger (8), und dann der Becher der Danksagung, der dritte (9). Daß dieses Umherreichen des Bechers geschah, nachdem das Mahl vorüber war, sagt Lucas ausdrücklich; bei Matthäus und Marcus ist diese Bemerkung, als den judenchristlichen Hörern und Lesern von selbst verständlich, weggelassen, aber nichts berechtigt uns zu sagen, daß sie es anders gemeint hätten. „Becher der Segnung" oder Danksagung nennt aber Paulus den Kelch des Abendmahls in demselben ersten Sendschreiben an die Korinther, worin wir die älteste uns aufbewahrte Fassung der Worte Christi haben.

Der fünfte Becher (10) mag den Jüngern zum Vertheilen gegeben worden sein, während Christus nichts davon kostete. Darauf führt die Ueberlieferung bei Matthäus und Marcus, daß Chriſtus zuletzt noch geſagt: er werde nicht mehr von dem Gewächſe des Weinſtocks trinken, bis der neue Bund vollſtändig da ſei. Die Vorwegnahme dieſes Spruchs bei Lucas iſt gewiß inſofern nicht geſchichtlich, als hiernach Chriſtus ſich überhaupt bei dem Mahle des Weins enthalten haben würde, deſſen Koſten dem Hausvater doch vorgeſchrieben war. Der Vorgang war alſo, wie die beiden erſten Evangelien ihn erzählen. Jeſus erklärte, nachdem er den Becher der Dankſagung genommen und umhergereicht, er werde „nicht mehr" im Alten Bund von dem Gewächſe des Weinſtocks trinken. Doch iſt die Erwähnung des Bechers, worüber er die Dank=ſagung ſprach vor dem Vertheilen des Brodes, weder eine Gedankenloſigkeit des Lucas, noch auch ein Irrthum; es iſt damit das Darreichen des erſten Bechers (1), oder des zweiten (6) gemeint, und das war gewiß Ueberlieferung, nicht Erfindung. Daß das Mahl mit einem Lobgeſang beendigt wurde, ſagt Marcus ausdrücklich; das iſt alſo der Schluß der Hallelujapſalmen (9).

Wir ſprechen alſo die erſte Antwort auf die vorangeſtellte Frage ſo aus:

Das neue Bundesmahl war ein Paſſahmahl ſeiner ganzen äußern Anordnung nach, obwol am Tage vor dem jüdiſchen Paſſahmahle abgehalten.

Damit iſt aber unſere Frage noch nicht ganz beantwortet. Es folgt aus unſerer Annahme nicht mit Nothwendigkeit, daß das Mahl ein Mahl des Ungeſäuerten war. Geſäuertes, gewöhnliches Brod am Abende des anbrechenden Oſterfeſtes zu genießen, war verboten; aber keinesweges ungeſäuertes Brod beim Mahle zu irgendeiner andern Zeit zu gebrauchen. Man kann für eine ſolche Annahme zweierlei anführen: einmal, wie ſchon oben angedeutet, daß die Ueberlieferung bei Paulus und den drei Evangeliſten nur „Brod" nennt, und nirgends „das Ungeſäuerte" oder „die ungeſäuerten Kuchen" (Mazzoth) erwähnt wird; zweitens, daß Chriſtus gerade den Unterſchied der Er=innerung an den Alten Bund und der Einſetzung des Neuen Bundes habe hervorheben wollen. Beweiſend iſt aber weder das Eine noch das Andere. Dagegen erklärt ſich die durchgehende Ueberlieferung, daß das Mahl ein Paſſahmahl war, am leichteſten bei der Annahme des Gebrauchens vom Ungeſäuerten. Denn ſtand es einmal feſt, ſo war es faſt unvermeidlich, daß dagegen der weitere Umſtand in den Hintergrund trat, daß der Tag des Mahls doch nicht der Tag des jüdiſchen Paſſahmahls war.

Indem wir uns alſo eines beſtimmten Urtheils enthalten, haben wir doch kein Bedenken, zu erklären, daß das dabei genoſſene Brod wol das Ungeſäuerte war.

Unſere bisherige Erörterung betrifft nur Aeußerliches und hat nur dadurch für uns eine größere Wichtigkeit, daß die geſchichtliche Glaubwürdigkeit der drei Berichte dabei betheiligt iſt. Sie hat uns aber auch den Boden geebnet für die hochwichtige Unterſuchung über den innern Sinn und die Bedeutung dieſer ganzen Handlung, und insbeſondere der Worte, durch welche Jeſus nach der allgemeinen Annahme der Chriſten=heit das Mahl des Neuen Bundes für alle Zeiten eingeſetzt und geſtiftet hat.

IV. Die Einſetzungsworte und ihr Sinn.

Wir beginnen damit, die vier Texte nebeneinander zu ſtellen. Der Text des Apoſtels Paulus iſt ungefähr zwanzig Jahre vor dem Niederſchreiben unſerer evange=liſchen Berichte abgefaßt, und zwar in jener Zeit des erſten Uebergangs der Bruder=oder Liebesmahle in eine gottesdienſtliche Handlung. Das Mahl war noch ein Abend=mahl, und galt als das gemeinſchaftliche Hauptmahl, wozu Jeder, ſoviel er vermochte und wollte, von dem Seinigen beitrug. Doch hatte der Gebetstheil ſchon eine gottes=

dienstliche Ausdehnung erhalten. Das Gebet der Danksagung war zu einer Lobpreisung Gottes geworden für die Sendung des Sohnes und die Erlösung durch ihn; aber es knüpften sich nach allen Anzeichen andere gottesdienstliche Reden daran. Das Unpassende der bisherigen Form mußte vielfach empfunden sein, wie ja auch Paulus die daraus sich ergebenden Uebelstände rügt und ihre Abstellung in baldigster Frist nothwendig erachtet. Dabei kann wol auch die Frage nicht unerörtert geblieben sein: ob Christus denn wirklich einen bleibenden, einen gottesdienstlichen Gebrauch des Mahls vorgeschrieben? Oder ob die Brudermahle nicht als solche einfache Mahlzeiten seien, welche nur durch eine Erinnerung an Jesu Tod beim Tischgebet sich von andern Mahlzeiten unterscheiden. Schon in dem berühmten Berichte des jüngern Plinius an Trajan erscheint das gottesdienstliche Mahl als eine gottesdienstliche Handlung bei den sonntäglichen Vormittagsversammlungen der Christen; des Abends haben sie auch ein Mahl, allein das ist ein unschuldiges, während jenes strafwürdig und sogar arger Gräuel verdächtig ist. Die von Paulus angeregte Form trat also wol noch bei seinen Lebzeiten in manchen Gemeinden ein; als allgemeines Bedürfniß mußte sie erscheinen, als mit der Zerstörung Jerusalems im Jahre 70 das Gottesbewußtsein der Christen die Gemeinden belehrte, daß sie den Beruf hatten, Gott durch eine vom Judenthum unabhängige Anbetung zu verehren, bis Christus wiederkomme.

Hiernach dürfte die natürlichste Auslegung des einleitenden Ausspruchs des Paulus in unserer Stelle:

Ich habe es von dem Herrn empfangen; was ich euch auch überliefert habe —

keine andere sein, als daß ihm die sichere Ueberzeugung, die Gewißheit geworden, Christus habe in jener Nacht ein Mahl des Neuen Bundes, als ununterbrochenes Gedächtniß an seinen Tod bis zu seiner Wiederkunft gestiftet, und zwar mit den Worten der Ueberlieferung und mit der Sitte, welche in den Gemeinden bestand. Diese Gewißheit war auf ein Doppeltes gegründet: ein Geschichtliches und ein Innerliches. Das Geschichtliche hatte er nicht von Evangelisten vernommen, sondern von den Aposteln selbst; daß aber Christus damit wirklich eine bleibende Stiftung habe begründen wollen, das ist ihm auch außerdem durch ein innerliches Zeugniß des Geistes Christi klar, den er sich bewußt ist zu haben. Wir stellen dem Berichte des Paulus die Darstellung des Lucas zur Seite, und ebenso stellen wir Marcus und Matthäus nebeneinander.

1 Kor. 11, 23—25.	Luc. 22, 19. 20.
Denn ich habe es von dem Herrn empfangen, was ich euch auch überliefert habe, daß der Herr Jesus in der Nacht, da er verrathen ward, Brod nahm und die Danksagung sprach, es brach und sagte, Das ist mein Leib, der für euch gegeben wird; das thut zu meinem Gedächtniß.	Und er nahm Brod, sprach die Danksagung, brach es und gab es ihnen, und sagte, Das ist mein Leib, der für euch gegeben wird; das thut zu meinem Gedächtniß.
Desselbigen gleichen auch den Kelch, nach dem Mahle, und sagte, Dieser Kelch ist der Neue Bund in meinem Blute; das thut, so oft ihr es trinket, zu meinem Gedächtniß.	Desselbigen gleichen auch den Kelch, nach dem Mahl, und sagte, Dieser Kelch ist der Neue Bund in meinem Blute, das für euch vergossen wird.
[Denn so oft ihr dieses Brod esset, und diesen Kelch trinket, so verkündiget ihr des Herrn Tod, bis daß er kommt.]	

Marc. 14, 22—24.

Und indem sie aßen, nahm er Brod, sprach den Segensspruch, brach's und gab's ihnen und sprach, Nehmet, das ist mein Leib.

Und er nahm einen Kelch, danksagte, und gab ihnen den; und sie tranken Alle daraus. Und er sprach zu ihnen, Das ist mein Blut, das Bundesblut, das für Viele vergossen wird.

Matth. 26, 26—28.

Da sie aber aßen, nahm Jesus Brod, sprach den Segensspruch, brach es und gab's den Jüngern, und sprach, Nehmet, esset; das ist mein Leib.

Und er nahm den Kelch, danksagete, gab ihnen den und sprach, Trinket Alle daraus; denn das ist mein Blut, das Blut des Bundes, welches vergossen wird für Viele zur Vergebung der Sünden.

Die Ueberlieferung bei Marcus und Matthäus ist ebenso fast wörtlich übereinstimmend, wie der Text des Lucas mit dem des Paulus stimmt. Die geringen Wortunterschiede erklären sich durch die unvermeidliche Einwirkung des liturgischen Textes in den geschichtlichen. Dahin gehört der liturgische Zusatz am Schlusse des Matthäus: „zur Vergebung der Sünden". Ebenso sind die Worte beim Matthäus: „Trinket Alle daraus", eine verstärkende Erweiterung. Der echte Text des Paulus gibt uns aber noch eine andere Spur jenes Uebergangs des geschichtlichen Textes in den liturgischen. Christus konnte nur gesagt haben: Der Leib, der für euch gegeben wird — Das Blut, welches für euch vergossen wird; liturgisch mußte es dagegen natürlich lauten: Der Leib, der für euch gegeben ist — Das Blut, welches für euch vergossen ist. Der überlieferte Text des Paulus läßt das Participium ganz aus, um weder etwas Unliturgisches noch etwas Ungeschichtliches zu sagen.

Aber alle diese geringen Unterschiede sind nur ein desto größeres Zeugniß für die Treue und Geschichtlichkeit der Ueberlieferung. Die aramäischen Worte wurden ja auch natürlich von Anfang an verschieden ins Griechische übertragen.

Zu dieser durch die einstimmige Ueberlieferung bewahrten Geschichtlichkeit gehört nun auch das Wort Jesu: „der Neue Bund in meinem Blute". Paulus und alle drei Evangelisten (72—80) haben diesen großen Ausdruck, und im Jahre 66 oder 67 finden wir ihn schon als einen gebräuchlichen und den Gemeinden bekannten im Hebräerbriefe angewandt. Der Bund setzt eine Gemeinde voraus; das Gebot der fortwährenden Erinnerung an Christus, zugleich des lauten Bekenntnisses des Glaubens an seinen erlösenden Tod, setzt voraus, daß diese Gemeinde Christi fortdauern wird bis zum Ende der Welt. Eine solche neue Gemeinde der Menschheit, ein solches Volk Gottes, über den ganzen Erdkreis verbreitet, mußte seinen Glauben unmittelbar an Gott anknüpfen, ohne alle Vermittelung jüdischer Offenbarung; das war der Neue Bund. Die Gläubigen empfingen diesen Neuen Bund vom Ewigen durch Christus, den Gottessohn, bei seinem Scheiden. Durch das Aussprechen dieser Worte war der Alte Bund nicht gebrochen, sondern erfüllt; das Mosaische Gesetz war auf Abrahams opferwilliges Gottesbewußtsein zurückgeführt. Jesus stellt die neue Stiftung, das neue Gebot, offenbar dem Bunde bei Uebergabe und Annahme des Gesetzes vom Sinai gleich. Der Neue Bund setzt den Alten Bund voraus. Die Stellen, welche Jesus hierbei unmittelbar im Auge hat, sind folgende:

Und Moses nahm das Buch des Bundes, und las es vor den Ohren des Volks. Und sie sprachen, Alles, was der Ewige geredet hat, wollen wir thun, und darauf hören. Da nahm Moses das Blut, und besprengte das Volk damit und sprach, Sehet, das ist das Blut des Bundes, den der Ewige mit euch schließt, auf alle diese Worte hin (Er. 24, 7. 8; vgl. 34, 27. 28).

Der Ewige, unser Gott, hat einen Bund mit uns geschlossen am Horeb: nicht mit unsern Vätern hat der Ewige diesen Bund geschlossen, sondern mit uns selbst. (Einleitung zu dem Zehngebot Deut. 5, 2. 3.)

Aber weiter zu gehen sind wir durch die Worte Christi nicht berechtigt. Es ist mit ihnen eine Vergleichung Christi mit dem Passahlamm, also seines Opfertodes mit dem Schlachten jenes Lammes der Juden weder ausgesprochen noch angedeutet; der Ausdruck des Paulus: „Christus, unser Passahlamm, ist geschlachtet", hat nach dem unmittelbar Vorhergehenden und dem ganzen Zusammenhang der Stelle (1 Kor. 5, 7) nur den Zweck, zu zeigen, daß Christi Opfertod eine viel größere Aufforderung sein soll, den alten Sauerteig wegzuwerfen und ein neues Leben zu beginnen, als das Schlachten des Osterlamms den Juden eine äußerliche Erneuerung vorschrieb. Es ist also einer der vielen Ausdrücke des Apostels für den Gedanken, daß die geistige Wirklichkeit an die Stelle des natürlichen Sinnbildes getreten, dieses also dadurch aufgehoben, aber durch diese Aufhebung des Aeußern eine nur desto größere sittliche Verpflichtung an dessen Stelle getreten ist. Wol aber liegt es nahe, bei dem Neuen Bunde an den Spruch des Täufers zu denken: „Das ist Gottes Lamm, welches die Sünden der Welt hinwegnimmt." Wir haben oben gesehen, daß der Täufer damit die Ausdrücke über den Dulder im 53. Kapitel des Jesaja auf Jesus bezieht. Das Blut Jesu ist also auch hiernach das Sterben des Erlösers für die Menschheit; der Leib das freiwillig hingegebene leibliche Leben. Wenn nun Jesus sagt: Esset mein Fleisch, trinket mein Blut, so haben wir für ihre Erklärung gerade keinen geringern Führer und Ausleger als Christus selbst; wie denn auch diese Worte sich durchaus sträuben an irgendein alttestamentliches Sinnbild sich anzureihen. Wir meinen jene Worte, welche Jedem entsetzlich oder wahnsinnig scheinen müssen, der, wie die Kapernaiten, sie nicht geistig zu fassen vermag. Aber ebenso unmöglich ist es, die räthselhaften, kurzen Worte der Einsetzung nicht auf diese großen und starken Worte zu beziehen, welche Jesus am Tage nach der Speisung zu dem sich um der Speisung willen herandrängenden Volke sprach:

Wenn ihr nicht esset das Fleisch des Menschensohnes und trinket sein Blut, so habt ihr kein Leben in euch. Wer mein Fleisch isset und trinket mein Blut, der hat ewiges Leben, und ich werde ihn am jüngsten Tage auferwecken. Denn mein Fleisch ist wahre Speise, und mein Blut ist wahrer Trank. Wer mein Fleisch isset und trinket mein Blut, der bleibet in mir und ich in ihm. Wie mich gesandt hat der lebendige Vater, und wie ich um des Vaters willen lebe, also wer mich isset, derselbige wird auch leben um meinetwillen. Dies ist das Brod, das vom Himmel herniederkam: nicht wie die Väter das Manna aßen, und starben. Wer dies Brod isset, der wird leben in Ewigkeit (Vss. 53—58).

Diese Rede führt aus, was die unmittelbar vorhergehende Ansprache kürzer so ausspricht (Vss. 47—51):

Wahrlich, wahrlich, ich sage euch: Wer an mich glaubet, der hat ewiges Leben. Ich bin das Brod des Lebens (vgl. Vs. 35). Eure Väter aßen das Manna in der Wüste, und starben. Dies ist das Brod, das vom Himmel herniederkommt, auf daß, wer davon isset, nicht sterbe. Ich bin das lebendige Brod, vom Himmel herniedergekommen. Wer von diesem Brode essen wird, der wird leben in Ewigkeit. Und das Brod, das ich geben werde, ist mein Fleisch, welches ich geben werde für das Leben der Welt.

Die letzten Worte vertreiben jeden Zweifel daran, daß Christus bei der Einsetzung des Mahls des Neuen Bundes an jene Worte gedacht, sowie auch, daß Gedanke und Bild schon lange ihm gegenwärtig waren. Dabei ist es auch immer zu bedenken, daß jene Worte am See gerade ein Jahr vorher, ein Jahr vor der Leidenswoche, gesprochen wurden.

Was denn folgt aus dieser unabweisbaren Zusammengehörigkeit? Gewiß wird jeder unbefangene Leser des Evangeliums Johannes mit uns sagen: daß beide Reden gleichmäßig verstanden werden müssen. Da es nun doch unmöglich ist, die frühern, so klar in ihrem rein geistigen Sinne ausgeführten Reden fleischlich oder überhaupt anders als nur geistig zu fassen, so bleibt nichts übrig als die drei Worte: Das (ist) mein Leib; Das (ist) mein Blut — die Copula fehlt im Aramäischen, wo das Fürwort der dritten Person steht — nach jener unmisverständlichen Darstellung auszulegen.

Dahin nun zielen auch die Worte des Apostels Paulus, welche unmittelbar auf den Bericht von der Einsetzung des Bundesmahls folgen, und welche in der lutherischen Uebersetzung unrichtig als Gebot statt als einfacher Ausspruch gefaßt sind. Bei jeder Feier des Mahls (sagt er) verkündigt ihr den Tod des Herrn, bis daß er kommt; ihr sprecht euern Glauben aus an seinen Erlösungstod, ebenso wol als an seine Wiederkunft; es ist dadurch also eine bis zum Ende der Welt nicht aufhörende Erinnerung an seinen Tod gegeben.

Die entgegengesetzte Fassung, als hätten die Reden Christi nach der Speisung erst ihren wahren Sinn erhalten durch die Einsetzungsworte, ist vom rein exegetischen Standpunkte kaum begreiflich, so fern liegt sie den Worten und ihrem Zusammenhange. Ein Geheimniß wahrlich, ein großes und heiliges, liegt in jenen Worten; nämlich, daß die Seele durch Vollziehung jener sinnbildlichen Handlung und die Erfüllung des mit der Erinnerung an Jesu Tod verbundenen, dankbaren Gelübdes der Kraft des Leidens und Sterbens Jesu theilhaftig und fähig gemacht werde, sich durch gläubige Nachfolge Christi in seiner hingebenden, dienenden Liebe das Bewußtsein der Gottesvereinigung anzueignen. Dieses setzt also ein Absterben des Selbstischen und das Geborenwerden oder die Förderung eines göttlichen Lebens voraus; also eine Verwandlung des gesammten Lebensprincips. Nur durch diese Verwandlung wird jede einzelne gläubige Seele ein lebendiges Glied an dem Leibe Christi, und es wird die Gemeinde geboren, in welcher Gottes und Jesu Geist herrscht. Jene Kraft der Aneigung des Wesens Christi ist das Essen von seinem Fleische und das Trinken von seinem Blute, und diese Verwandlung ist das große Wunder der geistigen Schöpfung. Daraus endlich geht hervor jene innere Beruhigung, der göttliche Friede, welchen jedes erweckte, menschliche Herz sucht. Dieses Geheimniß des geistigen Lebens aufzudecken und den Jüngern ans Herz zu legen, ist der Hauptgegenstand aller jetzt folgenden Reden des Herrn, sodaß dasjenige Evangelium, welches am wenigsten vom Abendmahle zu sagen schien, am meisten davon lehrt. Denn jene Reden ruhen alle auf der Grundidee des Neuen Bundes, daß die Seele aus einer selbstischen eine Gott und die Brüder liebende und fähig wird, das Köstlichste, was sie hat, ihren Willen zu trennen von der Eigenheit der Selbstsucht, in welcher er befangen ist. Dann erst erkennt sie, daß dieser Wille gefangen war in der Knechtschaft unter den Begierden und Leidenschaften, und daß die Seele erhoben werden muß zu der göttlichen Freiheit, welcher sie als selbstsüchtiges Wesen verlustig gegangen war, und eingeführt, schon in der Zeit, in das ewige, göttliche Leben. Diese Verwandlung ist wie das Wunder der Menschheit und das Ziel der Schöpfung, so auch der innerste Lebenstrieb des wahren Menschen; und das höchste Geheimniß, im Sinne der blinden Selbstsucht, ist offenkundig auch der einfältigsten Menschenseele.

Von diesem Geheimniß ist hier die Rede, wie dort nach der Speisung, und nur von diesem. Die Worte rechtfertigen sowenig eine materialistisch-magische Deutung, als die Ausdrücke: Ich bin die Thür, durch welche ihr eingeht zum ewigen Leben, und

ähnliche. Aber wir müssen weiter gehen. Wir müssen vom Standpunkte des Evan=
geliums Johannes sagen, jede andere Deutung verdunkelt die Klarheit des göttlichen
Gedankens Jesu und verringert die Heiligkeit seines Bundes, wenn sie auch beide nicht
geradezu aufhebt. Unberechtigt und unverträglich mit dem evangelischen Sinne ist jede
Auffassung, als gehe irgendeine Verwandlung in den Elementen vor, welche Leib
und Blut versinnbildlichen, ja schon die Annahme, als gehöre die Frage nach den Ele=
menten überhaupt hierher. Gewiß ist die Rede von der Gegenwart Gottes und Christi,
aber nicht in den Elementen, sondern in den gläubigen Seelen und der aus ihnen
gebildeten Gemeinde. Die Elemente sind nichts für die Genießenden, als die Zeichen,
und für alle Andern gar. Alles, was dahin gehört, widerstreitet dem klaren und
sichern Worte des Evangeliums und steht der ausschließlichen Anwendung auf die
innige Gemeinschaft der Gläubigen mit Gott durch Christus im Wege.

Es gehört eine geschichtliche Kenntniß der größten Tragödie des Menschengeschlechts,
der pathologischen Entwickelung der Ideen von Opfer und Priesterthum infolge des
Untergangs der evangelischen Gemeinde und ihres Glaubensbewußtseins dazu, um sich
die Möglichkeit zu erklären, wie die lutherische Kirche nicht im Stande war, sich ganz
und gar aus diesem magischen Kreise zu retten. Ja, es bedarf der Ergründung des
Geheimnisses des ewigen Lebens in der Menschenseele und der Kraft dieses innersten
Sehnens und Strebens der Menschheit nach der Wiedervereinigung mit Gott, um jene
magische Erscheinung historisch und philosophisch zu erklären.

Wer wirklich an das Gottesbewußtsein Jesu glaubt, und annimmt, daß dieses sich
in den evangelischen Berichten, am klarsten und tiefsten aber im Evangelium des Jo=
hannes abspiegelt, kann nur mit tiefem Schmerze auf jene Verirrung des menschlichen
Geistes blicken. Der Nachweis über das Geschichtliche ist anderwärts urkundlich und
Jedem verständlich geführt. Auf die Ideen der Vereinigung mit Gott, der Erlösung
und Versöhnung werden wir aber am Schlusse unserer Betrachtung wieder einzugehen
Gelegenheit finden.

V. Die Vorhersagung der Verleugnung des Petrus.

Johannes und Lucas haben die vorhersagenden Worte beim Mahle (Joh. 13, 36—38;
Luc. 22, 31—34), Matthäus und Marcus auf dem Rückwege nach dem Oelberge, vor
der Ankunft in Gethsemane (Marc. 14, 26—31; Matth. 26, 30—35). Die Ueberliefe=
rung ist also einstimmig. Den wirklichen geschichtlichen Zusammenhang entdeckte Lucas.
Die andere Stellung machte sich von selbst als Uebergang zu dem Auftritte bei der
Gefangennehmung und dann im Richthause.

VI. Der Seelenkampf in Gethsemane.

Der einzige Punkt, welcher hinsichtlich des Folgenden an diesem Orte noch einer
Erörterung bedarf, ist das Verhältniß der Berichte der drei Evangelisten in der Er=
zählung des Seelenkampfes Jesu unmittelbar vor der Gefangennehmung. Denn daß
die Fußwaschung bei Johannes mit der Erzählung bei Lucas vom Rangstreit der
Jünger beim Niedersetzen unmittelbar zusammenhänge, bedarf ja wol keiner nähern
Ausführung. Lucas Bericht erklärt, wie Jesus dazukam, die Fußwaschung vorzu=
nehmen, nachdem man sich schon zu Tische gesetzt hatte.

Ebenso ist es unnöthig, den klaren innern Zusammenhang, sei es der Reden Jesu selbst, bei Johannes, sei es der äußern Folge der Vorgänge beim Mahle und nach demselben, ausführlich noch nachzuweisen. Jesus sendet den Verräther weg — dann erst beginnen die Reden der höhern Weihe. Nach dem Essen (und nach der daran sich schließenden Einsetzung des Gedächtnißmahls des Neuen Bundes) tritt Jesus in den anstoßenden Weingarten und beginnt die mit Beziehung auf den Weinstock anhebende Rede (Kpp. 15, 16): dann das sogenannte hohepriesterliche Gebet, die Weihung zum Tode und die Weihung der Jünger und aller Anhänger zur Gemeinde des Geistes. Erst hierauf verläßt Jesus die Stadt und geht über den Bach Kidron nach seiner Zufluchtsstätte am Oelberg. Keine Geschichte ist durchsichtiger und zusammenhängender.

Die Evangelisten, von diesen höhern Mittheilungen sich fernhaltend, ihrem kate= chetischen Zwecke gemäß, treten erst wieder ein mit der Erzählung von Gethsemane. Von da an gehen sie mit Johannes Schritt für Schritt weiter, aber allenthalben kann nur eine systematische Verirrung es verkennen, daß des Johannes Bericht der geschicht= liche, daß die Ueberlieferung treu, aber nicht Zeugniß aus erster Hand, aus eigener Anschauung ist.

Wenige Züge sind so scharf ausgeprägt, als Jesu Seelenkampf in Gethsemane. Die Jünger, welche Jesus mit sich nahm, als er nahte, werden bei Marcus und Matthäus ausdrücklich genannt, und sie waren ihm während des Ringens im Gebete so nahe, daß sie das Gebet und Stöhnen vernehmen konnten; daß sie dazwischen immer wieder in Schlaf versanken, vor Müdigkeit und Niedergeschlagenheit, hindert nicht, daß sie Jesu erste Worte vernahmen.

Marcus und Matthäus stimmen fast wörtlich überein. Eigenthümlich ist dem Lucas die Stelle über den Engel, welcher Jesu himmlischen Trost brachte, und die blutigen Schweißtropfen. Hierbei ist zweierlei festzuhalten: einmal, daß die Stelle selbst echt ist; die Katholiken ließen sie zum Theil in ihren Handschriften aus als Jesu nicht würdig; wogegen schon Justin sie kennt. Zweitens, die Erzählung selbst ist nicht geschichtlich, sondern alte dichterische Darstellung des innern Kampfs, welche Lucas vor= fand und aufnahm.

VII. Der Judaskuß.
(Luc. 22, 47. 48.)

Johannes weiß nichts davon, und es ist auch nicht möglich, diese Erzählung in seine ebenso anschauliche als eng sich zusammenschließende Darstellung einzufügen. Die Lösung ist aber nicht schwer, wenn man auf den Anfang jener Erzählung zurückgeht. Denn es heißt dort, daß dieser Kuß eine Verabredung des Verräthers mit den Häschern war. Jesu großartiges Hervortreten mit den Worten: „Ich bin es", kam der Ausfüh= rung zuvor; die Verabredung selbst kam aber zur Sprache seitens der bewaffneten Schaar,[1] welche selbst darüber entrüstet gewesen sein wird, und die Ueberlieferung brachte den Vorgang in die Form einer wirklichen Ausführung, mit dem strafenden Worte Jesu an den Verräther.

Dritter Abschnitt.

Kritik der Geschichte des Gerichts, der Hinrichtung und des Begräbnisses.

(Freitag.)

I. Die Zeitdauer der Handlung.

Der Rahmen des Johannes ist für diesen großen Tag der Menschheit so scharf gezeichnet, daß sich in dieser bis ins Einzelne gehenden Genauigkeit die Absicht kundgibt, etwas Verwirrtes mit vollkommener Geschichtlichkeit vorzutragen.

1) Jesus ward in das Richthaus geführt, das heißt in das Prätorium, auf der Burg Antonia, wo der Landpfleger in Jerusalem seinen Sitz hatte, in der Frühstunde (18, 28), d. h. bei Tagesanbruch. Die römischen Gerichtsverhandlungen begannen aber erst am vollen Tage, also frühestens, um sechs Uhr nach unserer Berechnung von Mitternacht, oder in der ersten der zwölf herkömmlichen Tagesstunden. Und wir bemerken gleich bei dieser Gelegenheit, daß es, trotz aller Bemühungen der Theologen, nicht gelungen ist, im Neuen Testamente irgendeine andere Zeitrechnung zu entdecken, als die damals übliche, wonach der Tag, im Gegensatz der Nacht, in zwölf Stunden getheilt wurde, die also im Winter kürzer, im Sommer länger waren als unsere Stunden, zur Zeit der Tag= und Nachtgleiche aber ganz damit zusammenfielen. Wie früh es aber Pilatus gefällig war, von der Anklage Kenntniß zu nehmen, wird nicht gesagt.

2) Die Handlung endigt mit dem Bergen des Leichnams Jesu in einem frischen Grabgewölbe, vor dem Anbruche des Sabbaths, also im gegenwärtigen Falle des Passahabends; also spätestens vor halb sechs Uhr.

3) Zwischen dem Ende der Kreuzigung (durch Beinbrechung und Lanzenstich in diesem Falle) und dem vorläufigen Bestatten liegen also, nach Johannes, folgende Vorgänge:

a) Die Juden lassen Pilatus ersuchen, daß, gegen die römische Sitte, die Leichname nicht am Kreuze hängen bleiben mögen, was überhaupt gegen ihr Gesetz war, wegen des nahenden Festes aber ein noch zwingenderer Grund gewesen sein würde.

b) Pilatus gewährt die Bitte und gibt Befehl, den Gekreuzigten die Beine zu brechen, um ihren Tod schleunig herbeizuführen.

c) Dieses geschieht; bei Jesus wird eine Ausnahme gemacht, weil er schon verschieden war; um sich jedoch hiervon zu überzeugen, gibt ihm der dazu befehligte Soldat einen Stich „in seine Seite".

d) „Darnach" erbittet sich ein angesehener Mann, Joseph von Arimathäa, die Gunst, den Leichnam Jesu „hinwegnehmen" zu dürfen, also entweder geradezu vom Kreuze abnehmen, oder den bereits abgenommenen Leichnam zur Bestattung wegtragen zu lassen.

e) Die Erlaubniß wird ertheilt.

f) Nikodemus, der angesehene Lehrer, nimmt nun die vorläufige Besorgung der Leiche vor, welche in der Umwickelung des Leichnams in Tücher und Umgebung der Leiche mit Gewürzen bestand. Hier geschah Alles mit größter Pracht; denn Nikodemus verwandte darauf einen Centner des kostbarsten, starkriechenden und gewürzhaften Pulvers von Myrrhen und Aloë.

g) Nun wird der Leichnam in dem neuen Grabe des neuen Gartens vorläufig niedergelegt, und der Eingang durch einen davorgewälzten großen Stein verwahrt.

4) Da nun Jesus um die „neunte Stunde", also um drei Uhr Nachmittags verschied, so haben wir drittehalb Stunden, um den frommen Leidtragenden Zeit zu geben, vor Anbruch des großen Passahabends in ihren Häusern und in Ruhe zu sein.

5) Die Kreuzigung begann auf Golgatha um die sechste Stunde (19, 14), also um Mittag. Das Zeugniß des Johannes ist über allen Zweifel erhaben. Einige haben nun geglaubt, es liege nicht Handlung genug vor, um die sechs oder siebentehalb Stunden von dem Eintreffen der Ankläger und Zeugen mit Jesus, von der Frühstunde bis zum Mittag auszufüllen. Aber erstlich steht es nirgends geschrieben, daß Pilatus gleich bei Tagesanbruch die Verhandlung begann. Außerdem aber geschah bis zwölf Uhr sehr Vieles in und vor dem Gerichtshofe.

a) Pilatus kommt aus seinen Gemächern in den innern Vorhof (Vs. 29), um die Anklage zu hören. Da man ohne ihn nichts vornehmen konnte, er aber vorher sich einen Plan für die Behandlung des einen der drei vorliegenden peinlichen Fälle machen mußte, welcher so ganz eigener Natur war, so muß doch gewiß angenommen werden, daß, sobald er von dem Anzuge und dem Ansinnen vernommen hatte, er Alles that, um vorher sich vom Stande der Sache Jesu unterrichten zu lassen. Ja es folgt aus dem Stillschweigen der Berichte keineswegs, daß die Verurtheilung der beiden Räuber schon an einem andern Tage stattgefunden.

b) Pilatus sucht die Verurtheilung und Hinrichtung Jesu von sich ganz abzuschütteln und die ganze Verantwortlichkeit dem Hohen Rathe zuzuschieben; dieser aber weiß nur zu gut, daß ihm die höchste Gerichtsbarkeit über Leben und Tod nicht zusteht; später noch ist Ananus wegen einer solchen Ueberschreitung seiner Gewalt vom Statthalter Albinus abgesetzt worden (Josephus, „Alterth.", XX, 9, 1). Die jüdischen Behörden lehnten also die Zumuthung ab, indem sie die Sache zu einer politischen machten, und Jesus des Hochverraths anklagten, als der sich zum Könige der Juden machen wolle.

c) Pilatus zieht sich aus dem Vorhofe in seine Wohnung zurück und läßt Jesus vor sich führen. Er fordert ihn auf, sich zu erklären, ob er König der Juden, und dann ob er ein König überhaupt sei; dieses bejaht Jesus feierlich (Vss. 33—37). Johannes erzählt als Ohrenzeuge: er ließ sich gewiß nicht von der Rücksicht auf die Gefahr der Verunreinigung abhalten, Jesu in die Gerichtsstube zu folgen; eine andere Quelle läßt sich auch nicht denken.

d) Pilatus tritt nun wieder zu den wegen der Verunreinigung im Vorhofe zurückgebliebenen Juden heraus, und erklärt ihnen, er finde keine Schuld an ihm. Dann aber schlägt er vor, ihnen bei Veranlassung des Festes diesen

„König der Juden" freizugeben. Offenbar liegt hier etwas dazwischen. Denn schroff gegenübergestellt, widersprechen sich die beiden Sätze. Man muß ihm also in der Zwischenzeit zu verstehen gegeben haben, daß das Volk nicht die Loslassung, sondern die Hinrichtung des Gotteslästerers und Aufrührers fordere, und daß des Kaisers Statthalter eine solche Anklage wegen ihrer politischen Seite nicht könne unbeachtet lassen. Nun war Pilatus in seinen eigenen Netzen gefangen, da er ihn doch gewissermaßen als schuldig anerkannt hatte. Also auch dieser Auftritt kann nicht in wenigen Minuten zu Stande gekommen sein. In denselben Zeitabschnitt gehört nun auch die dem Lucas eigenthümliche Erzählung (23, 6—12), wie Pilatus ihn, als Galiläer, zu Herodes geschickt, der damals in Jerusalem gewesen; Johannes kann sie, da kein Ausspruch Jesu dabei vorkam, als Nebensache übergangen haben; es ist nicht wol abzusehen, wie sie erfunden sein sollte, spricht Johannes ja nicht einmal von Jesu Bekenntniß, daß er Gottes Sohn sei, obwol er im Verlauf der Erzählung dasselbe voraussetzt.

e) Pilatus verurtheilt ihn nun zur Geißelung. Die ganze freche Mishandlung und Schmähung, welche die Soldaten sich dabei erlauben, zeigt, daß Pilatus eigentlich schon nachgegeben hatte, wenn er auch, wegen der Bitten der Gemahlin, seine Verurtheilung als von ihm durch Gewalt erzwungen und zur Abwehr eines Aufruhrs zugegeben darzustellen suchte. Er fürchtete die heimlichen oder öffentlichen Anklagen vor Tiber, welcher schon damals seinem Argwohn und seiner Härte keine Schranken setzte. Außerdem hatte er auch wol ein böses Gewissen wegen Erpressungen und anderer Ungerechtigkeiten. Die römische Geißelung selbst war nämlich regelmäßig ein Theil der Verurtheilung zum Kreuzigen; die Strafe selbst, eine der schimpflichsten und an die Todesstrafe grenzend, ging der Kreuzigung vorher, als ein Theil der Bestrafung (s. z. Matth. 27, 26). Dieser Punkt ist für das Verständniß der Angabe des Marcus von unmittelbarer Wichtigkeit. Dieser sagt nämlich (15, 25) in einem vereinzelt dastehenden Satze:

Es war aber die dritte Stunde, da sie ihn kreuzigten.

Den Zeitpunkt, neun Uhr Vormittags, in dem zunächstliegenden Sinne zu verstehen, ist offenbar unvereinbar mit der Angabe des Augenzeugen. Auch ist die dreistündige Todespein Jesu am Kreuz von der sechsten zur neunten Stunde — von Mittag bis drei Uhr — in allen drei Evangelien bezeichnet. Es ist aber auch schwer anzunehmen, daß die Angabe der dritten Stunde rein erfunden sei, weil ein dreistündiges Hängen am Kreuze den Tod Jesu nicht schien herbeigeführt haben zu können. Je mehr wir hingegen die Ereignisse des verhängnißvollen Vormittags betrachten, desto mehr erscheint die Geißelung als die Mitte der sechs Stunden bis zum Anheften an das Kreuz. Die weitere Betrachtung wird dieses noch anschaulicher und überzeugender machen. Es war also allerdings ungenau ausgedrückt, aber doch in einem gewissen Sinne wahr, daß die Vollziehung des Urtheils der Kreuzigung um neun Uhr anfing. Die Geißelung selbst war an sich mit allen ihren Vorbereitungen eine langwierige Strafe, und hier wurde sie geradezu eine Scene der Verspottung und rohesten Schmach (19, 1—3).

f) Die Geißelung fand in einem Hofe statt. Nun führte Pilatus den Geschmähten heraus, damit das Volk ihn sehe, und schlug den Priestern vor, die Vervollständigung der Strafe, die Kreuzigung, selbst zu übernehmen.

Natürlich durften und wollten sie dieses nicht thun, sie bestanden aber stärker noch als vorher auf Jesu Tod, weil er, der angebliche König der Juden, sich zugleich auch zu Gottes Sohn gemacht und Gottes Sohn genannt habe (Vss. 4—7).

g) Pilatus, schon beunruhigt durch die Träume und Warnungen seiner Gemahlin, sowie durch die Stimme des Gewissens, welche ihm sagte, Jesus habe kein todeswürdiges Verbrechen begangen, erschrickt über diese Worte. Er fordert also Jesus auf, ihm in die Gerichtsstube zu folgen. Die großartige Antwort Jesu stimmt ihn um; er will ihn losgeben. Da beginnen die Drohungen mit den Klagen und Angaben beim Kaiser, weil es sich um die nicht abge= leugnete Anmaßung des Königstitels handle. Er faßt den Entschluß der feier= lichen Verurtheilung vom Tribunal, d. h. der auf einer Erhöhung aufgerichteten Richterbühne (Vss. 8—12).

h) Pilatus besteigt die Richterbühne, um das Todesurtheil auszusprechen (Vs. 13). Das war um die sechste Stunde (Vs. 14). Die Verurtheilung und Uebergabe zur Kreuzigung erfolgt nun (Vss. 15. 16).

Aus dieser Kette von Angaben und Handlungen folgt unwidersprechlich, daß wenn Christus erst nach zwölf Uhr abgeführt ward und um drei Uhr verschied, er bereits nach höchstens drittehalb Stunden verschieden ist; dann blieb er noch höchstens ein bis anderthalb Stunden am Kreuze, bis der Lanzenstich erfolgte, und die Leichname abge= nommen wurden.

II. Die Art der Kreuzigung und der Lanzenstich.

Der nach dem Vorgange von Clericus durch Paulus sehr gründliche Untersuchungen (besonders im „Exeget. Handbuch", III, 669—754) erzeugte Streit über das Annageln der Füße ward durch das „Leben Jesu" von Strauß neu angefacht. Eine Uebersicht gibt Tholucks „Theologischer Anzeiger" (1834, Nr. 53—55; 1835, Nr. 1—6) und abschließend dürfte Winers Programm von 1845 sein. Vielleicht läßt sich das Ergeb= niß noch näher dahin bestimmen, daß weder das Durchbohren noch das freie Hinab= hängen der Füße die richtige Annahme sei.[1]

Zunächst steht fest, daß der eigentliche Kreuzespfahl nur ein wenig emporragte über den für das Annageln der Hände bestimmten Querbalken, und daß weiter unten aus dem Pfahl ein Pflock hervorragte, auf welchem der zu Kreuzigende ritt. Aber man streitet darüber, ob die Füße eben wie die Hände durchbohrt, angenagelt wurden. Bei Jo= hannes beruft sich Jesus auf die Wundenmale in den Händen, und die offene Wunde in der Seite, aber nicht auf die Male der Füße. Auch bei der Kreuzerfindung durch die Kaiserin Helena werden nur die zwei Nägel für die Hände erwähnt. Allerdings behaupten Justin (wider Tryphon, c. 97) und Tertullian (wider Marcion, 3, 19), die Worte des Psalms 22, 17 seien bei der Kreuzigung recht eigentlich in Anwendung gekommen; aber wir wissen ja, daß jene Väter es mit der Anwendung prophetischer Stellen nicht so genau nehmen. Das allerdings aber geht auch aus einer Stelle des Plautus („Mostellaria", II, 1, 13) hervor, daß die Füße nicht in der Luft hingen, sondern befestigt waren; das Wort, was er braucht (anheften), ist jedoch ein allgemeines, und beweist nichts für das Durchbohren der Füße. Dagegen werden bei der Kreuzigung Seile gebraucht zum Festbinden (Plinius, „Hist. nat.", 28, 11; Lucan, „Phars.", VI, 543; vgl. 547). Es ist nun doch wol am natürlichsten anzunehmen, daß diese Seile vorzugsweise zum Festbinden der Füße gebraucht wurden; wie derselbe Zweck ja auch durch einen

ehernen oder eisernen Ring erreicht werden sonnte, der offen angelegt und hinten ge=
schlossen wurde. Auf ähnliche Weise wird auch wol der Oberleib gesichert worden sein,
denn wir hören nichts von Vorrichtungen vorn am Pflocke, auf welchem der Gekreu=
zigte saß, um zu verhindern, daß die krampfhaften Zuckungen den Leib losrissen. Mit
dieser Annahme lösen sich alle Schwierigkeiten, und man kann wol behaupten, daß
nicht allein die wichtigsten Gründe gegen das Annageln der Füße sind, sondern daß
keine einzige Stelle dafür spricht. Ja selbst die Annahme, daß die Evangelisten für
das Annageln der Füße zeugten, ist eine sehr gewagte, wenn man bedenkt, daß Matthäus
und Marcus nichts davon sagen, Lucas aber allein sagt (24, 39), daß Jesus den
Jüngern die Hände und die Füße zeigte, damit sie selbst sähen, er sei, wie sie meinten,
kein Geist, sondern der wirkliche, leibliche Jesus, und daß er sie aufforderte, ihn zu
betasten, um sich zu überzeugen, er habe Knochen, was doch mit ihrer Annahme nicht
vereinbar sei. Spuren der Kreuzigung mußten ja die Füße wol tragen von den straff
angezogenen Seilen; aber daß sie von Nägeln durchbohrt waren, liegt wahrlich nicht
in den Worten. Allerdings ist auch hier die Darstellung des Johannes die genauere,
und gewiß hatte sich ihm das Bild des Kreuzes mit dem Gekreuzigten fürs Leben ein=
geprägt, während außer Jerusalem, vor dem jüdischen Kriege, ein Jude nicht leicht
Gelegenheit hatte, eine Kreuzigung zu sehen. Nicht in den Evangelien, sondern in den
Gemüthern der spätern Christen setzte sich die Darstellung fest, welche wir bekämpfen,
und zwar zuerst vielleicht unbewußt aus dem Ausdrucke in Ps. 22, 17: „Sie haben
meine Hände und Füße durchgraben" (nach der griechischen und lateinischen Uebersetzung,
das hebräische Wort ist nicht so entschieden); hätten die Evangelisten diese Durchgrabung
angenommen, so würden sie gewiß diesen Psalmvers dafür angeführt haben. Also
die ganze Annahme ist kein evangelistischer Mythus, sondern ein kirchlicher.

Jeder Gekreuzigte blieb am Kreuze hängen, mindestens bis der Tod erfolgt war;
hierfür nahm man zwölf Stunden als den kürzesten Zeitraum an; aber man hatte
Beispiele, daß die Unglücklichen bis zum dritten Tage lebten, und eher an Starrkrampf
der Muskeln starben, als an der Verblutung, weil das Blut an der Luft bald gerann
und die Wunde sich verstopfte. Sehr merkwürdig ist hierfür die Erzählung des Jo=
sephus in seinem Leben (§. 75), daß er sich als Gnade von Vespasian das Leben
dreier gekreuzigter Juden ausbat, die er beim Marsche an der Landstraße hatte hängen
sehen, und die dort schon mehrere Tage gehangen hatten. Vespasian gewährte seine
Bitte, und es gelang dem Josephus, durch die größte Pflege einen derselben wirk=
lich am Leben zu erhalten, die andern lebten allerdings noch, starben aber bei oder
gleich nach der Abnahme.

Jesus nun war schon todt, als der Soldat die Lanzenspitze in seine Seite
stieß, um zu sehen, ob er wirklich gestorben sei. Daß er nun wirklich gestorben
war, entnahm er wie der Jünger, der Augenzeuge, nothwendig daraus, daß auf den
Stoß der Lanze keine Zuckung erfolgte. Johannes aber bezeugt noch außerdem, daß
der Stich wirklich in den Leib gedrungen war, und nicht etwa, aus Barmherzigkeit
oder Absicht, nur die Haut geritzt hatte. Denn er sagt, es sei auf den Stich sogleich
Blut geflossen und Wasser dazu.

Man hat die Behauptung aufgeben müssen, es sei dieses ein physiologischer Be=
weis der eingetretenen Auflösung des Leibes; denn die Zersetzung des Lebensblutes in
eine Blutmasse und einen wässerigen Stoff findet nie unmittelbar nach dem Tode statt.

Die Frage ist aber, ob das Wasser aus dem Herzbentel (Pericardium) kam, also das
Herz tödtlich getroffen, also auch der ganze Organismus des Lebens zerstört, oder
ob es Muskelwasser war, welches sich bei übermäßiger Spannung der Muskeln bildet.

Alles hängt davon ab, wohin der Stich der Lanze traf. Darüber nun haben wir ein sehr bestimmtes Zeugniß aus der römischen Zeit, nämlich des Origenes aus Alexandrien, wo Kreuzigungen (welche erst Constantin abschaffte) gewiß sehr häufig waren. In seiner Erklärung dieser Stelle des Matthäus sagt er, nach römischer Sitte habe der Lanzenstoß „unter den Achselhöhlen" (sub alas corporis) stattgefunden. Wir lernen daraus zweierlei: erstlich, daß der Lanzenstoß ein gewöhnliches Verfahren bei gerichtlichen Kreuzigungen war; zweitens, daß man nicht nach dem Herzen stieß, sondern dahin, wo die obersten Rippen anfangen. Der Stich traf also gerade die gespanntesten Muskeln und eine Ergießung von Muskelwasser war das Natürliche. Jedenfalls erscheint hiernach die Behauptung durchaus unberechtigt, es sei der Herzbeutel durchstochen und das Herz getroffen worden.

Fassen wir das Zeugniß des Johannes also scharf zusammen, so sagt es uns, daß Jesus nicht durch den Lanzenstich getödtet wurde, vielmehr vorher verschieden war.

III. Die letzten Worte Jesu, oder die sieben Worte, und die Nebenumstände.

Johannes hat von den sieben Worten nur drei: das Wort zur Maria und zu Johannes; den Ruf: „Mich dürstet!" und den letzten Ausruf, ebenfalls nur Ein Wort: „Es ist vollbracht."

Jenes Wort muß als das erste von allen betrachtet werden, die beiden andern gehören an den Schluß des Leidens.

Die Evangelisten führen keines dieser Worte an, doch liegt das zweite in der Erzählung bei Marcus (15, 36) und Matthäus (27, 48) vom Darreichen des Schwammes, welche diesem Spruche parallel läuft, d. h. es wird das Thatsächliche von Beiden berichtet.

Lucas aber hat drei andere Sprüche: „Vater, vergib ihnen", „Heute wirst du mit mir im Paradiese sein"; jenes beim Annageln ans Kreuz, dieses am Kreuze selbst; wir werden sie also zweites und drittes Wort nennen. Das Wort: „Vater, in deine Hände befehle ich meinen Geist", kann entweder nur als Erweiterung des „Vollbracht!" angesehen werden, oder als erster Theil des mit diesem Rufe endigenden Spruchs; nicht umgekehrt, denn des Johannes Ausdruck ist sehr bestimmt: Jesus neigte sein Haupt und verschied, als er das Wort: „Es ist vollbracht", gesprochen hatte.

In der Nähe des zweiten dieser Worte bei Lucas läßt sich eine passende Stelle finden für den von Marcus und Matthäus angeführten Ausruf des ersten Verses des wunderbaren Psalms 22.

Also von den sieben Worten hat Johannes drei, Lucas andere drei, Marcus und Matthäus das siebente.

Hier finden wir uns nun allerdings in einer schwierigen Lage. Der einzige Augen- und Ohrenzeuge von den Aposteln war Johannes; wenn er drei anführt, warum nicht die andern? Wiederum: wie läßt sich die Entstehung der vier andern erklären?

Die geschichtliche Kritik kann nur etwas Bestimmtes anführen gegen die Geschichtlichkeit des Gesprächs mit dem Schächer. Einmal, daß Matthäus geradezu meldet, beide Schächer hätten Jesus gelästert (27, 44). Dann, daß die Worte selbst zwar in Jesu und der Apostel Geist gedacht sind, aber schwerlich so gesprochen. Der Schächer soll an die Ankunft des Herrn in seiner königlichen Messiaswürde glauben, also zur Aufrichtung des messianischen Gottesreichs, woran selbst die Jünger damals allen Glauben aufgegeben hatten. Zweitens, Jesus soll sich so ganz bestimmt in den durchaus unbiblischen Ausdrücken der jüdischen Volksansicht jener Zeit ausgesprochen haben, wonach mit Paradies der Aufenthalt der Frommen bis zur Auferstehung bezeichnet wurde, im Gegensatz der Gehenna, als dem Aufenthaltsorte der Bösen. Auch ist das Stillschweigen des Marcus und Matthäus zu beachten. Die älteste aramäische Ueberlieferung muß ihn doch wol nicht gekannt haben.

Was die Anführung des Ausrufs der Anfangsworte des 22. Psalms betrifft, so empfiehlt sich die Geschichtlichkeit dieser Erzählung des Marcus nicht gerade dadurch, daß unser Matthäus noch weiter meldet, Einige hätten jene Worte von einem Anrufen des Elias mißverstanden. Ein Aramäer konnte nicht leicht eines solchen Mißverständnisses sich schuldig machen, da die Worte Elôi und Elijahu doch nicht sehr gleich klingen.

Allerdings muß aber jener Psalm von Anfang bei den Aposteln und den Aposteljüngern vor allen andern Schriftstellen das Bild des leidenden und dann mit Ruhm gekrönten Erlösers hervorgerufen haben. Es gibt keinen Psalm, welcher, als ein Ganzes genommen, so ideal und doch persönlich messianisch ist wie dieser. Das höchste Leiden verschwindet am Schlusse in dem höchsten Jubel. Möglich, daß Jesus später den Jüngern mittheilte, wie er dieses Psalms am Kreuze gedachte. Freilich, wie konnte Johannes alsdann den Ausruf am Kreuze auslassen? Des Marcus Anführung kann aus einer Erwähnung des Petrus in jenem Sinne entstanden sein. Es ist also doch wol als das Wahrscheinliche anzunehmen, daß das Geschichtliche zurückzuführen sei auf einen solchen frühen christlichen Gedanken über die damalige, den Jüngern nach der Auferstehung und der Ausgießung des Geistes erst recht verständlich gewordene Stimmung Jesu. Dieses könnte auch wol hinsichtlich des ersten Spruchs bei Lucas (unserm zweiten) der Fall sein, den Johannes so gut gehört haben müßte wie irgendeiner, und den er schwerlich ausgelassen hätte. Hinsichtlich dieser Aussprüche läßt sich demnach nichts Sicheres festhalten.

Hinsichtlich des einzigen uns als Jesu eigene Worte überlieferten Psalmverses ist noch zu bemerken, daß die Worte nicht die des hebräischen Textes sind, sondern die der aramäischen Uebersetzung. Man zog die dem Volke verständliche Fassung dem Texte der veralteten heiligen Sprache vor.

Was die andern Nebenumstände bei der Kreuzigung betrifft, so ist zuvörderst die von allen Evangelisten berichtete Thatsache, daß Simon von Kyrene von den Soldaten genöthigt worden, das Kreuz Jesu nachzutragen, als geschichtlich anzuerkennen. Marcus weiß sogar, daß dieser Simon der Vater zweier Bekehrten war, welche die Gemeinde wol kannte. Da wir nun aus Johannes wissen (19, 17), daß Jesus zuerst das Kreuz selbst trug, so ergibt sich daraus, daß er unter der Last niedersank vor Ermattung und Kraftlosigkeit. Auf diesem schweren Gange mag er dann auch wol die rührenden Worte zu den Töchtern Jerusalems gesprochen haben, welche an die Rede anklingen, die er eben in den letzten Tagen vom Oelberge auf die Stadt schauend zu den Jüngern gesprochen. Noch näher aber gehören sie zu dem Ausrufe über Jerusalem beim Einzuge, welchen ebenfalls nur Lucas hat (19, 41—44).

Ganz entschieden muß aber der Ueberlieferung zugewiesen werden, was von der Finsterniß in den drei Stunden des Leidens und vom Zerreißen des Vorhangs des Tempels bei den Evangelisten erzählt wird. Sie haben die Erzählung als den Anfang einer der schönsten Reste christlicher Begeisterung bezüglich der großen Weltepoche, welche mit Jesu Tod eintrat, und des darauf beginnenden neuen Lebens des Geistes Gottes unter den Menschen, nach Besiegung des Todes. Man verdirbt alles Herrliche dieses Gedankens, wenn man ihn zur Geschichte machen will, also zum Unsinn. Dasselbe gilt aber auch von dem, was Matthäus über die Auferstehung und Erscheinung der todten Heiligen erzählt.

In eine ganz andere Klasse des Ungeschichtlichen endlich gehört die dem Matthäus eigenthümliche Erzählung von dem Aufstellen der Wächter und dem Versiegeln des Grabes, und darauf gegründeter Lüge nach der Auferstehung (Matth. 27, 62—66; 28, 11—15). Die Quelle ist eben die jüdische Erdichtung selbst, welche widerlegt werden soll. Es ward davon der erste Theil als wahr angenommen, und das Ende geleugnet, während das Ganze eine mit allen Berichten in Widerstreit stehende Legende ist.

Vierter Abschnitt.

Kritik der Auferstehungsgeschichte.

Wer die Kritik der evangelischen Geschichte bis zu diesem Abschnitt verfolgt hat, in dem Streben, der geschichtlichen Wahrheit gründlich nachzuspüren, wird für seine eigene Belehrung gewiß weder die Angriffe des 1777 von Lessing herausgegebenen wolfenbütteler Fragmentisten (Reimarus) noch Lessings eigene Kritik übergehen, noch endlich den entsprechenden Abschnitt des „Leben Jesu" von Strauß. Lessings Kritik ist allerdings jetzt großentheils überlebt, mit dem starren Dogmatismus einer übereinkömmlichen kirchlichen Auslegung, welcher sie scharf entgegentrat, mehr anregend als durchführend, und noch weniger herstellend. In der That beginnt erst mit Lessing die zusammenhängende Kritik der Evangelien in jener von nun an ununterbrochen fortgehenden philologischhistorischen Schule. Der Geschichtschreiber Jesu wird dankbar anerkennen, daß unter den Händen jener, durch Lessing großentheils angeregten ernsten Kritik allmälig die Zweifel verschwunden sind, welche Lessing mit vollem Rechte vom damaligen Standpunkte vorbrachte. Die Kritik ist durch redliches Verfahren zu Lösungen geführt, welche sich der unredlichen, weil unfreien und ein äußeres Ziel verfolgenden, apologetischen Behandlung der Theologen verschlossen hatten. Als einen jetzt überwundenen Abweg von der streng historischen Kritik müssen wir allerdings das System der natürlichen Auslegung des Paulus vom Anfang des Jahrhunderts betrachten, ja auch die bereits seit einem Vierteljahrhundert vorliegende mythische Erklärung von Strauß und Baur und ihrer Schule. Das System der sogenannten natürlichen Wegerklärung der evangelischen Wunderberichte ist jetzt gänzlich aufgegeben, und Strauß hat ihm den letzten Stoß gegeben. Aber wer kann leugnen, daß Paulus viel Wahres gesehen und gesagt hat? Auch Straußens eigene Kritik können wir allerdings keineswegs der Lessingschen gleichstellen. Denn sie geht nicht wie dieser ebenso umsichtige als scharfsinnige Forscher von der unbefangenen Auffassung des Einzelnen aus, sondern von einer Hypothese über den ganz späten Ursprung des Johannes-Evangeliums, welche weder von Philologen von Fach hat gebilligt werden, noch sich den Beifall der größten Historiker des Jahrhunderts hat erwerben können. Allein, wer will leugnen, daß sie viele Lücken und Einseitigkeiten der bis dahin herrschenden Auslegung aufgedeckt hat? Und wenn auch die bisherigen Widerlegungen nicht allenthalben zur Herstellung und dem wirklichen Wiederaufbau des Geschichtlichen geführt haben, so ist doch der Weg dazu gebahnt, und es wird denjenigen, welche einen Zweck außerhalb des Auffindens der geschichtlichen Wahrheit verfolgen, schwerer als vorher werden, die frühere Unkritik anders als durch Machtsprüche oder Träume herzustellen. Das Ziel aller Forschung aber muß auch hier der geschichtliche Wiederaufbau sein; aber dazu wird man nimmer gelangen, wenn man (wie hier und da versucht wird) sich hinter Stichworte von objectiver Wahrheit für anerkannt subjective Zeitvorstellungen verstecken will. Der Gemeinde soll man die volle Wahrheit sagen, und zwar so, daß sie selber aus den Quellen urtheilen kann; dazu gehört aber auch, daß man den Streit im Einzelnen den Schulen überlasse, und der Geschichte, welche das Meiste der Vergessenheit übergeben wird.

Wir verweisen hinsichtlich des Einzelnen auf die Texterklärung, und hinsichtlich der synoptischen Zusammenordnung auf unsere Evangelienharmonie und die sie begleitende Geschichte der evangelischen Ueberlieferung. Unserer Kritik aber legen wir eine übersichtliche Darstellung der Erzählung des Augenzeugen zu Grunde, nach sechs Paragraphen, welche wir bei den drei Uebrigen, in derselben oder in anderer Folge, wiederfinden. Nachdem wir nun so die Grundeinheit der Ueberlieferung mit dem unmittelbaren Berichte des Augenzeugen nachgewiesen, werden wir die Abweichungen ins Auge fassen, und zuletzt das Ergebniß kurz zusammenfassen.

I. Uebersichtliche Feststellung des

Darstellung der Auferstehungsgeschichte bei
Johannes (20, 1—18).

1) Maria von Magdala kommt in der Morgendämmerung des ersten Wochentags zum Grabe.

2) Sie findet den Stein vom Eingange des Grabes weggenommen.

3) a. Sie läuft zu Simon und Johannes und sagt: der Leichnam ist gestohlen, und wir wissen nicht, wohin er gebracht worden.

b. Beide Jünger eilen zum Grabe; Johannes langt zuerst an, begnügt sich aber in das Grab zu schauen, wo er die Leibtücher liegen sieht. Petrus, der nach ihm ankommt, geht hinein ins Grab, und sieht die Leibtücher und, besonders gelegt, das Schweißtuch. Nun geht auch Johannes herein, und überzeugt sich, daß das Grab leer ist, von der erfolgten Auferstehung aber ahnen sie nichts.

c. Sie gehen nach ihrer Wohnung zurück.

d. Maria (die also mit ihnen zurückgekommen war) bleibt allein beim Grabe und weint.

4) Maria sieht in das Grab, und erblickt dort zwei Engel in weißen Kleidern, einen zu Häupten, und einen zu Füßen, wo der Leichnam gelegen. Die Engel fragen, warum sie weine. Sie antwortet: weil sie den Herrn weggenommen, und dann wendet sie sich vom Grabe weg.

5) Da erblickt sie Jesus — erkennt ihn erst an der Stimme, als er sie beim Namen ruft; sie will ihn anfassen, um sich zu überzeugen, ob es nicht bloß eine Erscheinung, ein Engel, sei; sie wird aber von Jesus belehrt, daß er es leibhaftig selbst sei, und aufgefordert, den Jüngern die Botschaft zu bringen, daß er zu seinem und ihrem Vater und Gott zurückkehre.

6) Sie richtet eilends die Botschaft an die Jünger aus, und versichert sie, daß er leibhaftig zu ihr gesprochen habe. (Die Jünger glauben es aber nicht, oder wenigstens sie gehen nicht wieder zum Grabe; am Abende aber kommen sie zusammen.)

Thatsächlichen von der Auferstehung.

Darstellung der Ueberlieferung, nach

Marcus, Matthäus, Lucas.

1) Maria von Magdala [und die andern Frauen] kommen ganz früh am Morgen des ersten Wochentags zum Grabe [um den Leichnam zu salben].
2) Sie finden den Stein vom Eingange des Grabes abgewälzt.

4) Sie gehn ins Grab hinein, und sehen einen Jüngling in weißem Gewande zur Rechten sitzen. Er beruhigt sie und verkündigt ihnen, daß Jesus auferstanden sei. Er trägt ihnen auf, den Jüngern zu verkündigen, daß er ihnen nach Galiläa vorangegangen. Sie machen sich eilends auf den Weg, ohne Jemand zu sprechen. (Hier bricht der alte Text ab.)

4) Sie finden auf dem abgewälzten Steine einen Engel sitzen in leuchtendem, weißem Gewande, welcher den Stein weggewälzt hatte. Er beruhigt sie, und ermahnt sie, selbst ins Grab einzutreten, und sich zu überzeugen, daß Jesus auferstanden sei, wie er ihnen gesagt. Er trägt ihnen auf, dieses den Jüngern zu verkündigen, und ihnen zu sagen, daß Jesus ihnen voranzieht nach Galiäa, wo sie ihn sehen sollen.
5) Auf dem Wege zu den Jüngern begegnet ihnen Jesus, und begrüßt sie; sie aber treten heran und umfassen seine Füße. Jesus sagt ihnen darauf: Fürchtet euch nicht, sagt meinen Brüdern, sie sollen nach Galiläa gehen, dort werden sie mich finden. Folgt die Geschichte von den Wächtern und deren Bestechung (11—15). Dann aber wird berichtet, wie die Jünger wirklich in Galiläa den Herrn finden (auf einem Berge, wohin er sie bestellt).

4) Sie finden das Grab leer, und erschrecken. Zwei Männer in leuchtenden Kleidern beruhigen sie, und sagen ihnen, Jesus lebe und sei auferstanden, wie er ihnen in Galiläa gesagt, und erinnern sie an seine Worte.
6) Sie verkündigen den Elf und allen Uebrigen, was sie gesehen und gehört; diese aber glauben nichts davon (Vss. 9—11).
3)b. Simon läuft zum Grabe, sieht die Schweißtücher allein im Grabe liegen, und geht voll Staunen über das Geschehene zurück (Vs. 12).

Das nun stellt sich sogleich heraus; statt der Magdalena sind hier mehrere Weiber. Dieser Umstand erklärt sich jedoch ohne Schwierigkeit. Da die vorzunehmende feierliche Leichensalbung der einzige Zweck ihres Kommens in jener Frühstunde sein konnte, so ist es wahrscheinlich, daß die andern Frauen, der Verabredung gemäß, sich bald nach= her an Maria Magdalena anschlossen, in der Absicht, jene Handlung vorzunehmen, welche mehr als Eine Frau erforderte. Am Grabe also war Magdalena allein, sie zuerst sah auch den Herrn; später, als sie die Andern getroffen, begegnete ihnen Jesus und grüßte sie, oder diese sahen ihn nach ihr und eilten ihr nach.

Johannes erzählt das, worauf es ankommt, die Erscheinung, welche Magdalena am Grabe gehabt, und ihre Meldung. Dann kommt die eigene Anschauung, mit einer ausdrücklichen Berichtigung der aramäischen Ueberlieferung (Matthäus und viel= leicht der verlorene ursprüngliche Schluß des Marcus), als habe Petrus zuerst oder er allein, das leere Grab gesehen. Allerdings ging Petrus zuerst hinein; aber Johannes war vor ihm herbeigeeilt und hatte ins Grab hineingeschaut. Dort hatte er bemerkt, daß die Leintücher zusammengelegt waren. Petrus sah sich genauer um, und bemerkte nun auch das Schweißtuch, womit das Haupt und Gesicht bedeckt gewesen war. Also einen Haufen weißer Tücher bemerkte Johannes; einen kleinern zweiten noch Petrus.

Dieser berichtigende Bericht des Vorgangs gibt uns nun auch den Schlüssel zu der Erzählung der Magdalena und der übrigen Weiber. Wer ins Grab hineinschaute, erblickte rechts im Morgenstrahle die neuen, weißen Leintücher, in welche des Nikodemus Liebe die theure Leiche eingehüllt hatte; wer sich genauer umsah, erblickte, besonders gelegt, also links, das zusammengefaltete Schweißtuch. Die Leiche lag also im Hinter= grunde des Grabgewölbes, längs der Hinterwand; so wenigstens erklärt sich am leich= testen die Weibererzählung von zwei Engeln in leuchtendem Gewande, den einen zu Häupten, den andern zu Füßen, wo die Leiche gelegen hatte. Aus den zuerst in die Augen fallenden erglänzenden Leintüchern aber, für sich betrachtet, wurde also der in leuchtendes Gewand gekleidete sitzende Engel, wie aus den Leintüchern und dem Schweiß= tuche zusammen das Gesicht der zwei Engel hervorging, wovon der eine zu Häupten, der andere zu Füßen saß, rechts und links. Was die Stimme innerer frommer Berah= nung und Erinnerung an verklungene Worte des Herrn ihnen sagte, ward nun in ihrer aufgeregten Frauenseele eine Rede der Engel. Hätten wir nicht des Johannes genauen Bericht, mit der besondern Angabe, daß die Leintücher rechts lagen, das Schweißtuch aber für sich (also doch wol links, wo das Haupt gelegen hatte), so würden wir eine solche Erklärung nicht als geschichtliche Thatsache aufstellen dürfen. Allein wer unbe= fangen die beiden Berichte vergleicht, wird ein solches Zusammentreffen doch nicht wol zufällig finden, mag er nun (wie der Historiker) in solchen Engelerscheinungen eine subjective Verbindung von etwas innerlich Geschautem mit einer innerlichen Anschauung erkennen, oder (als Theolog) sich geneigt oder verpflichtet fühlen, das Ungeschichtliche dem Geschichtlichen selbst auf geschichtlichem Boden vorzuziehen.

Die bedeutendere Verschiedenheit, welche sich bei Vergleichung der beiden Berichte hinsichtlich der Folge der Begebenheit herausstellt, ist, daß (nach Johannes) Maria beim ersten Schrecken sogleich in die Stadt eilt, um Petrus und Johannes (nicht allen Aposteln) zu verkündigen, das Grab sei leer, dann mit ihnen zurückgeht, und erst als Beide in das leere Grab hineingeschaut haben, Petrus auch hineingegangen ist, Muth faßt. Sie hat die Grabstätte nicht verlassen, sondern weint dort. Auf einmal aber fühlt sie sich stark genug, sieht selbst ins Grab hinein, wie Johannes gethan. Da nun erblickt sie, was Petrus so wenig wie Johannes gesehen, die zwei Engel, welche sie fragen, warum sie weine. Aber eine weitere Kunde geben sie ihr nicht. Als sie nun vom Grabe zurückblickt, steht vor ihr ein Mann, den sie zuerst (wol also nach seinem Anzuge) für den Gärtner hält; als Jesus erkennt sie ihn erst, da er sie beim Namen ruft. Er selbst gibt ihr die Versicherung, daß er lebe, und ertheilt ihr den Auftrag für die Jünger.

Bei Marcus und Matthäus wird Beides den Engeln zugetheilt. Was nun bei Marcus weiter gestanden, wissen wir nicht; wir werden unten die Gründe anführen, weßhalb wir glauben, daß sein Text mit dem ältesten Matthäus-Evangelium fortging bis auf die letzte Frage, und natürlich ohne die später eingelegte Anekdote von den Wächtern. Matthäus nun läßt die Frauen auf dem Wege nach der Stadt (also wol noch im Garten) Jesus finden und von ihm selber die Versicherung seiner leibhaftigen Gegenwart und den Auftrag an die Jünger erhalten.

Bei Johannes also sagen ihr die Engel nichts. Lassen wir also die Engelerscheinung auf sich beruhen, als den subjectiven Eindruck, welchen die glänzenden Leintücher im dunkeln, leeren Grabe auf sie machten, und fassen die Engelbotschaft als die weitere Ausbildung der Vision, so bleibt die Reihe der wahrhaft geschichtlichen Thatsachen dieselbe bei dem Augenzeugen und bei dem Berichterstatter der palästinischen Ueberlieferung. Es bleibt somit nur der eben besprochene Unterschied von der einen Frau am Grabe und von den mehreren. Maria (allein oder mit den andern Frauen) ist die Erste, welche den Heiland sieht und von ihm den Auftrag erhält; die Jünger, mit Ausnahme der beiden (in der Ueberlieferung des Petrus allein), gehen gar nicht einmal zum Grabe, weil sie nicht zu Hause waren, oder weil sie der ganzen Erzählung nicht trauten, und keiner von ihnen sieht Jesus, außer Petrus, wie wir anderwärts erfahren; erst am späten Abende tritt Jesus unter die Jünger bei ihrer geheimen Versammlung.

Bei Lucas nun hat das ideale Element der Engelerscheinungen bereits die Erscheinung Christi und seine Botschaft an die Jünger verdrängt. Allerdings mußte es befremden, daß nach der aramäischen Erzählung der Auftrag doppelt gegeben wird, von den Engeln und von Jesus selbst. Das Zurückführen dieser Beauftragung auf Eine Botschaft ist also jedenfalls eine richtige kritische Auffassung. Allein bei der Wahl zwischen Engeln und Christus greift jene prüfende und sichtende Ueberlieferung fehl, deren Organ Lucas ist. Auch bei der unzweifelhaft geschichtlichen Erzählung von den Jüngern in Emmaus wird diese Auffassung durchgeführt. Einige Frauen, so läßt Lucas (24, 22—24) sie Jesu erzählen, sind zum Grabe gegangen, haben dort ein Gesicht von Engeln gehabt, aber ihn selbst haben sie nicht gesehen; auch einige von uns sind zum Grabe gegangen, haben es leer gefunden, ihn aber nicht gesehen. Aber spät am Abende, als sie nach dem Mahle gen Jerusalem eilen zum Vereinigungsorte und dort vor Christus ankommen, vernehmen sie, daß Petrus ihn gesehen habe (Vs. 34).

Diesen letzten Punkt werden wir im nächsten Abschnitte untersuchen. Unser Zweck ist hier nur, die Geschichten am Grabe zu beleuchten.

II. Geschichtliches Ergebniß der Vergleichung.

Wir können das geschichtliche Zeugniß für die Thatsache der Auferstehung so zusammenfassen: Die Frauen, oder wenigstens Magdalena, bemerken zuerst, daß das Grab leer sei; so ist die klare Ueberlieferung. Aber dieser Umstand beruht auch auf dem ausdrücklichsten und genauesten Zeugnisse des Apostels, welcher noch vor Petrus die zusammengewickelten Grabtücher gesehen hatte, und dann unmittelbar, nachdem Petrus aus dem Grabe hervortrat, selbst hineingegangen war.

Das leibhaftige Erscheinen Jesu aber, welches Magdalena den Jüngern mittheilte, nebst Jesu Botschaft, wurde von diesen nicht geglaubt, bis gegen Mittag, um welche Zeit Jesus den Gang nach Emmaus unternahm, wie wir bald sehen werden. Wie es sich auch mit Petrus verhalte, den Andern wurde jedenfalls erst am Abende desselben Tags der Bericht von der Auferstehung auf die feierlichste Weise bestätigt, indem Jesus selbst mitten unter sie trat und jene mächtigen und trostreichen Worte sprach, welche seitdem die Menschheit bewegen.

III. Das Gespräch Jesu mit Magdalena.

Es bleibt nun noch die Frage zu beantworten: Wie verhält sich der Auftrag an die Jünger, welchen Jesus der Magdalena am Auferstehungsmorgen gibt (von der nahen Auffahrt zum Vater), zu der durchgängigen, einstimmigen Ueberlieferung der Evangelisten: „Ich gehe vor euch her nach Galiläa, dort werdet ihr mich sehen?"

Daß Jesus den Jüngern kundgethan, er werde vorangehen nach Galiläa, kann nicht bezweifelt werden, schon vom Standpunkte des Johannes-Evangeliums. Denn gerade dieses Evangelium schließt mit dem „dritten" Gespräche des leibhaftigen Jesus mit seinen vertrautesten Jüngern. Dieses dritte Gespräch war also das erste in Galiläa, weil nach dem Apostel die beiden ersten in Jerusalem stattfanden. Aber gerade dieser Umstand, daß am Abende des Auferstehungstags, und acht Tage darauf, Jesus die Jünger in Jerusalem getroffen, beweist, daß jene Weisung wegen Galiläa nicht den Inhalt der geschichtlichen Botschaft durch Magdalena am Auferstehungsmorgen bilden konnte.

Wir werden im folgenden Abschnitte Alles erörtern, was sich auf den Verkehr Jesu mit seinen Jüngern bezieht; wir können aber hier schon die Thatsache geltend machen, daß die bestimmte Weisung wegen Galiläa frühestens am Sonntagabend nach dem Auferstehungssonntag gegeben sein muß. Auch wenn man eine Abänderung des ursprünglichen Plans annehmen wollte, sodaß Jesus zwar am Auferstehungsmorgen, wie (nach Marcus) schon vor dem Leiden, den Jüngern jene Weisung gegeben, statt dessen aber die ganze Schaar nur in Jerusalem gesehen, nach Galiläa hingegen sich nur sieben bestellt habe, so müßte doch Johannes die bezügliche Botschaft durch Magdalena erwähnt haben, wenn sie geschichtlich wäre.

IV. Stand Christus auf mit seinem alten Körper, oder mit einem neuen Leibe?

Hätte die christliche Kirche sich mehr an Johannes gehalten, so würden über diesen Punkt nicht so viele unnöthige und ärgerliche Streitigkeiten entstanden sein. Man hätte dann so wenig von einem Scheintode gesprochen, als von einem nur geistigen, unleiblichen Auferstehen. Es wären überhaupt die ärgerlichsten Zweifel durch den gesunden Verstand und das Gewissen der Menschen ausgeschlossen geblieben. Wie die Geschichte vor uns liegt, muß man sagen:

die Christenheit hat bis auf den heutigen Tag den Doketismus, die Annahme einer nicht wesenhaften Menschlichkeit Jesu, nicht überwunden.

Um dahin zu gelangen, müssen wir vor allem einen der Grundgedanken des vierten Evangeliums festhalten:

Jesu Opfertod ist nicht ein Leiden, sondern die höchste That seines Lebens und der Geschichte.

Freiwillig erfüllt er des Vaters Willen, freiwillig, bewußt und entschlossen geht er in den Tod, aber auch mit dem festen Bewußtsein, daß wie er dieses Leben aus freiem Entschlusse hingibt, so wird er es auch aus freiem Entschlusse wiedernehmen, und dann werden die Seinigen ihn noch sehen, und zwar „über ein Kleines", und darnach erst wird die Weihe des Geistes über sie ausgegossen werden. Dieser zweite Theil des Ideenganges ist so stark und wiederholt in den letzten Reden ausgesprochen (Kpp. 15—17), daß es nicht nöthig ist, daraus Einzelnes hier hervorzuheben. Jesu Bewußtsein war vor seinem Leiden:

> er werde, nachdem er in_den Tod gegangen ist und das Sterben vollendet hat, das hingeopferte Leben wieder an sich nehmen, aus eigenem, freien Entschlusse, in derselben Kraft des Vaters, welche ihn durch die Schatten des Todes geführt; das heißt also im ganzen Ideenzusammenhange, er werde leiblich wieder auferstehen.

Das und nicht weniger ist ausgesprochen in der großen Stelle des zehnten Kapitels (Vss. 15—18):

> Ich lasse mein Leben für die Schafe. Auch andere Schafe habe ich, die sind nicht aus diesem Stalle. Auch sie muß ich führen, und sie werden auf meine Stimme hören, und wird werden Eine Heerde und Ein Hirte. Darum liebet mich der Vater, weil ich mein Leben lasse, auf daß ich es wiedernehme. Niemand nimmt es von mir, sondern ich lasse es von mir selbst. Ich habe Macht, es zu lassen, und habe Macht, es wiederzunehmen. Solches Gebot empfing ich von meinem Vater.

Hier haben wir uns nun klar zu machen, welche Voraussetzungen durch diesen auf Jesu Aussprüche gegründeten Glauben ausgeschlossen werden.

Erstlich wird ausgeschlossen die Annahme, Christus sei durch eine geheime Verabre= dung, sei es des Joseph von Arimathäa mit Nikodemus, oder unmittelbar mit den Jüngern und den galiläischen Weibern, nicht ohne Einverständniß vielleicht des Pilatus, jeden= falls in früherer oder späterer Mitwissenschaft der Jünger, oder der beiden Vormänner, Petrus und Johannes, scheintod ins Grab gelegt, und dann wieder herausgeholt, ge= pflegt und die ersten acht Tage in Jerusalem verborgen gehalten.

Nicht weniger bleibt ausgeschlossen die Vorstellung, als habe Jesus selbst den Tod nur geheuchelt, und sei Anstifter oder Mitwisser des Betrugs gewesen.

Man muß diese Voraussetzungen offen aussprechen, weil das Gewissen der Menschen darob nicht weniger scharf richtet, als das Zeugniß des ehrwürdigen Apostels.

Aber man sollte sich ebenso wenig auch die Folgerung verhehlen, daß durch jenes wohlbezeugte Bewußtsein Christi und durch das Zeugniß des Apostels und der Ueber= lieferung nicht allein eine unleibliche Auferstehung ausgeschlossen wird, sondern auch das Auferstehen mit einem neuen Körper. Diese zweite Annahme aber ist, nach unserer jetzigen physiologischen Kenntniß den Gesetzen zuwider, welche Gott in die organische Natur gelegt hat, und ist ebenso undenkbar für die Vernunft. Aber wir wollen hier zuerst uns auf den Standpunkt der geschichtlichen Bezeugung von den offenen Wundenmalen stellen, indem wir den Gedanken so aussprechen:

> Wenn der Leib des auferstandenen Jesus der frühere war, so war er auch nicht in Verwesung oder Auflösung übergegangen, sondern der Tod Jesu war eine jener vollen Bewußtlosigkeiten, wobei sogar die Muskelreizbarkeit und Empfindlichkeit aufhört (wie bei Starrkrämpfen) und wo also das Leben wieder erwachen oder erweckt werden kann.

Wenn man diese Ansicht, um sie den Gläubigen zu verleiden, einen Scheintod nennen will (mors simulata), so thue das Jeder auf sein Gewissen. Die Hauptsache ist der Glaube, daß Jesus freiwillig, aus eigenem Entschlusse, in den Tod ging, und ebenso das Leben wieder an sich nahm und auferstand.

Wer es nun für diesen Glauben für sicherer hält, anzunehmen, Christi verwester Leib sei wieder neu geschaffen, und er also mit einem neuen, verklärten Leib aus Licht gekommen, der mag dabei ruhig bleiben. Aber er wird sowenig die andere Ansicht als unevangelischen Unglauben verketzern dürfen, daß es ihm vielmehr umgekehrt schwer werden wird, seinen Glauben mit den evangelischen Urkunden in Einklang zu bringen.

Indessen können wir leicht nachweisen, wie alle Apostel — Paulus sowol als Petrus — die Erlösungsthat in das opferwillige Sterben Jesu setzen, so hohen Werth sie auch auf diesen Trumpf der göttlichen Vorsehung legen, und so sehr sie selbst dadurch in ihrer Todestrauer getröstet und zum Treiben des Gottesreichs ermuthigt und fähig gemacht wurden, den göttlichen Geist des lebendigen Glaubens zu empfangen und zu bewahren.

Welche Mühe sich aber Jesus selbst gegeben, um den doketischen Unglauben der Jünger zu überwinden, welche ihn für ein Gespenst hielten, nicht für den leiblichen Jesus, das werden wir zur Anschauung zu bringen suchen in der Sichtung der evan= gelischen Erzählungen von dem Verkehre Jesu und seiner Jünger, zu welcher wir jetzt übergehen.

Fünfter Abschnitt.

Kritik der Geschichten Jesu nach der Auferstehung.

I. Johannes, Matthäus, Lucas.

Wir bemerkten, daß zu Anfang des öffentlichen Lebens Jesu, unmittelbar nach der Taufe, Johannes sehr stark die Folge der Begebenheiten und die Zeit betonte. Nach Erzählung der Taufe heißt es: „Des andern Tages", dann „am dritten Tage". Die ersten Zeichen, welche Jesus that, werden als eine geschichtliche Reihe dargestellt: erstes, zweites, drittes. Der Grund wurde uns durch den Blick auf die katechetische Ueberlieferung klar. Gerade über diesen Zeitpunkt des Anfangs hatten die Evangelisten nichts oder nur Verworrenes. Ebenso finden wir es hier. Der Herr zeigte sich den Jüngern leibhaftig zweimal in Jerusalem, und zwar beidemal am späten Abend, in dem geheimen Versammlungsraume. Das erstemal (20, 19) war es am Abend (nach 7 Uhr) jenes ersten Wochentags (des Auferstehungstags); das zweitemal (Vs. 26) „über acht Tage", als die Jünger „abermal" dort versammelt waren. Die Begegnung am Galiläischen See aber, mit deren Erzählung das Evangelium schließt, war die dritte seit der Auferstehung (21, 1. 14).

Blicken wir zurück auf die aramäische Erzählung, so finden wir bei Matthäus (Marcus fällt hier aus) scheinbar die galiläische Begegnung anerkannt. Denn es heißt, daß sie stattfindet „auf dem Berge, dahin Jesus sie beschieden hatte" (28, 16).

Allein, näher besehen, bewährt sich uns diese Ansicht nicht. Wir werden hier, wie bei allen Erzählungen der Evangelisten, das Wort des Herrn als den thatsächlichen Kern anzusehen haben, und das hier als Jesu Worte Ueberlieferte entspricht durchaus den Berichten des Johannes von den beiden Gesprächen, welche Jesus in Jerusalem mit den Elfen hatte, am Auferstehungstage und acht Tage darauf. Die Jünger erkennen ihn an als Gottes Sohn; Einige jedoch zweifeln. Das war bei der ersten Erscheinung der Zustand, nicht zwar des Petrus, welcher den Herrn schon gesehen, aber noch einiger der andern Jünger, insofern sie an die Leibhaftigkeit der Erscheinung nicht glauben konnten; bei der zweiten aber war es der Fall mit Thomas. Es ist nicht zu verwundern, daß der geschichtliche Vorfall diese ungenügende Form in einer Ueberlieferung erhalten, welche anfänglich offenbar als unvollständig und ihre baldige Vervollständigung durch Jesu Rückkunft erwartend ganz kurz behandelt wurde.

Des Herrn Worte aber beim Eintreten in den Kreis der Jünger, nach Johannes Erzählung, sagen dasselbe, was die drei Schlußverse unsers Textes des Matthäus

sagen: Weihung und Sendung der Jünger, und Zusicherung des ununterbrochenen Bei=
standes des Geistes Christi.

Also die Identität des Inhalts kann nicht verkannt werden; Matthäus schließt, was
den Inhalt betrifft, mit den Begegnungen in Jerusalem, bis acht Tage nach dem Auf=
erstehungsabend. Dabei ist es allerdings zweifelhaft, ob die älteste Ueberlieferung die
Worte der drei Schlußverse derselben Ansprache Jesu an die Jünger zutheilte. Aber
Matthäus hat sie gewiß so angesehen. Denn er versetzt die ganze Begegnung auf den
Berg, wohin er sie beschieden. Das kann bei ihm nur Galiläa sein; also der Schluß
für die Sieben, wie die Erscheinung an dem geheimen Versammlungsorte der Jünger
der Schluß für die Elf war, am 23. Nisan. Aber wo war denn dieser Versamm=
lungsort? Gewiß nicht in der Stadt, sondern außerhalb, wo auch Jesu Begräbniß
war. Doch wol gewiß nicht in Josephs Garten, sondern am Abhange des Oelbergs,
wo Jesus sich immer aufgehalten hatte. So also kam „der Berg" und „der Oelberg"
auch in die Ueberlieferung der jerusalemischen Erscheinungen des Herrn, im Gegensatz
der galiläischen. Nichts lag näher als die Vermischung eines Bergs bei Jerusalem
mit einem Berge in Galiläa. Wir wissen, daß die Unterredung in Galiläa am Ufer
des Sees stattfand, also nicht auf, sondern nahe bei einem Berge. Wenden wir uns nun zu Lucas. Dieser kennt offenbar nur die Begegnungen in und
um Jerusalem. Er erzählt (24, 13—43), wie Jesus sich am Auferstehungstage den
Jüngern zeigte, und zwar am Nachmittage den beiden, von Jerusalem nach dem Hei=
matsorte (Emmaus, 60 Stadien nach Josephus von Jerusalem, also 1¼ deutsche
Meilen von dort) zurückkehrenden Jüngern des weitern Kreises, bei denen er das
Abendbrod einnimmt; dann spät am Abend den Aposteln, und zwar erst nachdem jene
beiden Jünger bereits nach dem Versammlungsorte gegangen waren, um den Aposteln
ihr Erlebniß mitzutheilen und Weiteres zu hören. Wir bemerkten schon oben, daß es
unmöglich sei, die Erzählung von den beiden Jüngern nicht als geschichtlich zu nehmen.
Ein Weg, hin und her von vier guten Wegstunden, mit Rast und Mahl dazwischen,
vom Mittag oder frühen Nachmittage an bis spät am Abend, hat für Jesus nichts
Unwahrscheinliches, da seine Füße bei der Kreuzigung nicht durchbohrt, sondern nur
angebunden waren. Der einzige Punkt, welcher beim ersten Anblick verdächtig erscheinen
kann, ist, daß die Apostel den Jüngern von Emmaus erzählen, Jesus sei bereits von
Petrus gesehen (Vs. 34), wovon Johannes nicht spricht. Die Thatsache folgt aber selbst=
verständlich aus der Botschaft der Magdalena. Diese Botschaft war für die Jünger
im Allgemeinen, aber namentlich und insbesondere an den Petrus gerichtet. Dieser
konnte also doch nicht zu Hause bleiben; da, wo Magdalena ihn gesprochen, würde
Jesus auch für Petrus sichtbar sein. Daß dieses nun wirklich geschehen sei, dafür ist
das Zeugniß des Paulus entscheidend, welches wir unten besonders beleuchten werden;
keineswegs dagegen die Aufzählung der drei Erscheinungen bei Johannes, denn diese
drei sind die Erscheinungen vor der Jüngerschaar, zum erstenmale vor zehn, dann vor
den Elf mit den Jüngern von Emmaus, zuletzt vor den Sieben am See.

Am Morgen, wo Magdalena ihn sah, fand die Zusammenkunft offenbar nicht
statt, denn Lucas schließt die Erzählung vom Auferstehungsmorgen mit den Worten
(24, 12) ab:

Er ging nach Hause, und verwunderte sich über das was geschehen war.

Es bleibt aber der ganze weitere Vormittag übrig, von neun bis zwölf Uhr, nach
unserer Weise zu zählen.

Bei jenem nächtlichen Besuche nun sendet und weiht Jesus die Jünger, und gibt
ihnen zum Schlusse die Weisung, stillzusitzen in Jerusalem, bis sie die Kraft aus

der Höhe empfangen haben würden (Vss. 44—49). Das Erste ist wieder die Ueberlieferung vom ersten Eintreten Jesu unter die Jünger am Auferstehungsabend. Das
Zweite, verbunden mit der Weisung wegen Galiläa, erklärt uns vielleicht, weshalb
nur sieben der.Elf dorthingingen. Also die vier Uebrigen, mit den mehr als hundert
andern Anhängern, blieben ruhig in oder bei Jerusalem.

Der Schluß des Evangeliums (Vss. 50—53) erzählt, wie Jesus die Jünger aus
der Stadt nach Bethanien führt, und als er die Hände erhebt, sie zu segnen, in den
Himmel aufgenommen wurde. Bethanien steht für den Oelberg, als Bezeichnung des
Versammlungsorts am Abende des Auferstehungstags.

Also die ersten Erscheinungen, wie die letzten, nur in und um Jerusalem! Lucas
selbst fand diesen Schluß nicht genügend und beginnt deßhalb die Apostelgeschichte
(1, 1—12) mit einer ausführlichern und etwas abweichenden Darstellung des Vorgangs.
Dieser wird genauer auf einen Berg verlegt, und zwar auf den Oelberg (Vs. 12),
über welchen bekanntlich der Weg von Jerusalem nach Bethanien führte. Zwei Männer
in weißen Kleidern erscheinen den Aposteln nach der Auffahrt, und belehren sie, daß
Jesus in den Himmel aufgenommen und von dort wiederkehren werde in gleicher
Weise (Vs. 11). Vorher aber heißt es, Jesus habe nach der Auferstehung 40 Tage,
das heißt eine geraume Zeit der sieben Wochen zwischen Passah und Pfingsten, unter
ihnen gewandelt, und mit ihnen von dem Himmelreiche gesprochen, an jenem Tage
aber sei er vor ihren Augen gen Himmel gefahren.

Daß dieser Ueberlieferung etwas Thatsächliches zu Grunde liege, kann Niemand
bezweifeln; aber geschichtlich kann sie nicht sein, nicht blos wegen des Eintretens der
Engel, sondern auch wegen des Johannes-Evangeliums. Sie kann nicht zwischen dem
zweiten Auftreten Jesu am Versammlungsorte in Jerusalem und der Begegnung am
See vorgefallen sein, denn diese war ja die dritte Erscheinung vor den Jüngern.
Aber auch nicht nachher, denn Johannes hätte sonst nicht am galiläischen Ufer abschließen
können. Johannes sah ihn nicht wieder seit jenem Gespräche Jesu mit Petrus: er
solle bleiben, bis Jesus wiederkomme. Wäre jener Abschied von den elf Aposteln
am Oelberg geschichtlich, so müßte Johannes gegenwärtig gewesen sein, und dann hätte
er ja Jesus gesehen. Die herrschende Ansicht war (Joh. 21, 23), Johannes werde nicht
sterben, nämlich bis die Wiederkunft des Herrn erfolgt sei. Aber Johannes weiß
nichts davon, daß der Herr dieses gesagt. Erst die Zukunft (nach 97 unserer Zeitrechnung also) könne darüber Gewißheit bringen.

Glauben wir aber wirklich an die Geschichtlichkeit des Evangeliums des Apostels,
so erklärt sich der Vorgang und die evangelistische Erzählung gleichermaßen.

Jene Begegnung am See kann nicht früher als vierzehn Tage nach der Auferstehung
stattgefunden haben; denn acht Tage nachher war Jesus noch mit den Jüngern in
Jerusalem. Damals nun frühestens konnte er ihnen den Befehl geben, ihm nach
Galiläa zu folgen, wobei ihm doch die Zeit zu lassen, vor ihnen anzukommen. Dann
finden wir zweitens die sieben Jünger am See lebend, nicht als wären sie eben dort angekommen. Wir werden also drei bis vier Wochen verfließen lassen müssen, ehe die
Begegnung stattfindet. Sie war zugleich der Abschied vom engern Kreise. Geweiht
und gesegnet hatte er sie ja bereits in der feierlichen ersten Versammlung (20, 19—23).
Nichts der Art kommt aber bei jener Begegnung vor. Die Ueberlieferung weiß davon
nichts; es war eben ein ganz geheimes Begegnen gewesen.

Die sieben Jünger kommen also etwa in der fünften oder sechsten Woche zurück,
und Petrus bringt die letzte Weisung mit. Diese konnte, nach dem Verlaufe der Begebenheiten bis zum Pfingstfeste, am Ende der sechsten Woche, keine andere sein, als

was wir wissen: ruhig in Jerusalem abzuwarten, was der Geist ihnen gebieten würde zu thun.

Unterdessen mußte das Herz der Anhänger Jesu (wir finden 120 Jünger am Pfingsttage versammelt) voller Erwartung der Dinge sein, die da geschehen sollten. Die meisten von ihnen erwarteten gewiß, die ihnen angekündigte Offenbarung werde entweder die verheißene Wiederkunft sein, oder doch sich daran schließen; denn das Gottesreich sollte ja beginnen.

Viele von ihnen hatten also ohne Zweifel Gesichte und Träume. So fand sich vielleicht auch die Schaar einmal bewogen, nach dem Oelberg hinaufzuziehen, wo die Elf ihn zuletzt gesehen; dort mag auch irgendeine Naturerscheinung sie überrascht haben, also wol ein Gewitter. Aber die Erzählung bei Matthäus ist doch nur die Ueberlieferung vom ersten Erscheinen daselbst. Viele glaubten, Jesus selbst zu sehen.

Das Ereigniß am Pfingsttage setzt voraus, daß die Anhänger sich eng in Jerusalem zusammenhielten; dieses übte natürlich eine Anziehungskraft aus auf die letzte Wendung der Erzählungen aus jenen 40 Tagen des Verkehrs und der Erscheinung.

Niemand darf uns über diesen Versuch der natürlichen Erklärung der letzten evangelistischen Berichte zürnen oder tadeln; denn das Evangelium des Johannes, an welches wir glauben, und das wir bis hierher durchweg als Zeugniß des Augenzeugen befunden haben, nöthigt uns, eine Ausgleichung zu suchen, und nicht leichtfertig sind die Gründe für die Annahme, daß jenes Evangelium uns auch berechtigt, eine Lösung wie die eben angegebene der Gemeinde vorzulegen. Sie hat durchaus nichts mit der theoretischen Frage der Theologen zu thun, ob Engelerscheinungen und Verschwinden in den Wolken als objective Thatsachen zu nehmen seien, oder als subjective, ob die Offenbarung Jesu durch die Mirakel erhellt oder verdunkelt werde, ob es richtiger sei, an ihn zu glauben wegen der Mirakel, als trotz der Annahme derselben? Wir haben jene Angaben, mit welchen der Historiker nichts anzufangen weiß, ohne auf historische Wahrheit Verzicht zu leisten, allerdings uns unter den Händen verschwinden gesehen; aber nur auf dem Wege, welchen uns der Apostel und unmittelbare Berichterstatter wies, und auf welchem er selbst unser Führer war. Die Mirakel widersprachen sich untereinander, und sie widersprachen sämmtlich dem Johannes, also der geschichtlichen Darstellung; als Vermischung von subjectiver Vorstellung mit etwas Gegenständlichem, geschichtlich Wahrem aufgefaßt, konnten wir die Ueberlieferung vollkommen rechtfertigen. Niemand hat mehr zu bezeugen, als was er weiß, und von dem, welcher Vergangenes von Hörensagen berichtet, kann nur gefordert werden, daß er die beste, ihm zugängliche Ueberlieferung sich aneigne wie er kann.

Bei der gewöhnlichen, unkritischen, theologischen Auffassung verlieren wir Apostel und Evangelisten alle zusammen; bei der kritischen Sichtung und Vergleichung gewinnen wir beide, und zwar als das, was sie sind und sein wollen; jenen als den berichterstattenden Augenzeugen, diese als die aus apostolischen Kreisen hervorgegangenen Missionare und Katecheten.

Wir treten dem kindlichen Glauben nicht entgegen, aber wol dem jüdischen; und wenn auch der Mirakelglaube, falls die Ehrfurcht vor der Schrift dahin führt, seine volle Berechtigung hat, so glauben wir doch, daß der wahre Christenglaube erst sich vollkommen entwickeln kann, wenn er sich dem besonnenen Gemüth ebenso wol bewährt als dem aufgeregten und schwärmerischen.

In diesem Glauben werden wir denn auch an die Untersuchung der zweiten Frage gehen: welches, nach dem johanneischen Berichte, das Ende Christi gewesen? Woran sich dann Betrachtungen über die letzten Dinge schließen, die der zweiten Abtheilung aufbewahrt bleiben.

Vorher aber müssen wir die bekannte Aufzählung der Erscheinungen Christi bei Paulus mit dem Ergebnisse unserer bisherigen Forschung zusammenhalten.

II. Die Aufzählung der Erscheinungen Jesu bei Paulus.
(1 Kor. 15, 5—7.)

In der bekannten Stelle des ersten Korintherbriefs führt Paulus als die Hauptpunkte der von ihm der Gemeinde übergebenen Geschichte Christi auf, daß er gestorben sei für unsere Sünden, gemäß der Schrift, und daß er begraben worden und auferweckt sei am dritten Tage, gemäß der Schrift, und fährt dann fort:

Und daß er erschienen ist dem Kephas, darnach den Zwölfen; darnach ist er erschienen mehr als 500 Brüdern auf einmal, deren die Meisten noch leben, Etliche aber auch entschlafen sind. Darnach ist er erschienen dem Jacobus, darnach allen Aposteln. Zuletzt aber unter Allen ist er auch mir, als der unzeitigen Geburt, erschienen.

Wir müssen nun vor allem darauf merken, daß die leibhaftigen, körperlichen Erscheinungen Jesu, wie ohne Zweifel die drei von Johannes aufgezählten waren, und die geistigen, in einer Ekstase geschauten, wie die des Paulus nach 1 Kor. 9, 1; 15, 8. 9; Gal. 1, 16 (s. z. Apg. 9, 3) war, ohne Unterscheidung aufgeführt worden. Irgendwo in der Reihe muß also die Grenze sein zwischen jenen und diesen. Nun gehören die Vs. 5 erwähnten Erscheinungen (s. z. d. St.) jedenfalls in die erste Reihe. Von den beiden folgenden Erscheinungen wissen wir nichts; aber daß Jacobus, der Bruder des Herrn, nach der Auferstehung bekehrt worden sei, ist sicher; denn bei der letzten Reise Jesu von Galiläa nach Jerusalem waren die Brüder noch ungläubig (Joh. 7, 5), bei dem Leiden ist wol von der Mutter Jesu die Rede, aber nicht von den Brüdern; als Sohn wird Johannes dargestellt. Aber am ersten Pfingsttage erscheint Jacobus als Mitglied der Gemeinde (Apg. 1, 14). Wir dürfen also wol auf Grund der paulinischen Stelle annehmen, daß Jacobus durch eine Erscheinung des Herrn entschieden wurde. Da sie nun in keinem Evangelium gemeldet wird, so müssen wir wol annehmen, daß sie nach dem Verschwinden Jesu stattfand, also ein Gesicht war; und dann möchten leicht die Vss. 6. 7 berichteten Erscheinungen ebenfalls dahin gehören.

III. Der ursprüngliche Schluß des Marcus-Evangeliums.

Die Rede Jesu zur Magdalena haben wir im Texte erklärt. Die Worte:

Rühre mich nicht an, denn ich bin noch nicht aufgefahren zu dem Vater. Gehe aber hin zu meinen Brüdern —

können nur dann unter sich und mit dem Folgenden zusammenhängen, wenn Magdalena dadurch versichert werden soll, daß sie wirklich, wie das Herz ihr sagt, nicht eine Geistererscheinung vor sich habe, sondern den leibhaftigen Jesus; sie soll aber zugleich eilends auch die Jünger beruhigen.

Der Sinn der Botschaft ist folglich dieser: Ich lebe und bin im Begriffe, zu meinem und euerm Gott und Vater zurückzukehren, also in die Herrlichkeit einzugehen. Alles Uebrige haben die Jünger in Glauben und Geduld zu erwarten. Es war also mit der Beruhigung zugleich eine Glaubensprüfung verbunden. Jedenfalls hatte Jesus beschlossen, sich ihnen bald selbst leibhaftig zu zeigen.

Also auch hier ist die Ueberlieferung thatsächlich wahr; Johannes aber gibt nicht allein thatsächliche Wahrheit, sondern auch geschichtliche, zusammenhängende. Die Weisung ist ertheilt, aber nicht am Auferstehungsmorgen; Jesus ist den Jüngern vorangegangen nach Galiläa, und sieben sind ihm dorthin gefolgt; so viele wenigstens haben ihn dort gesehen. Aber dieses ist später angeordnet; erst nachdem die Jünger zweimal ihren Meister und Herrn in Jerusalem gesehen hatten, frühestens also am neunten Tage nach der Auferstehung kann Jesus nach Galiläa aufgebrochen sein.

Was würde bei dieser Annahme der Text des Marcus dem Inhalte nach gewesen sein?

Machen wir uns zuerst deutlich, wie der letzte Vers des echten Marcus sich zu dem entsprechenden Punkte der bis dahin parallelen Darstellung bei Matthäus verhält. Marcus also sagt:

> Und sie gingen hinaus und flohen von dem Grabe; denn es war sie Zittern und Entsetzen angekommen, und sagten Niemand nichts, denn sie fürchteten sich.

Allerdings als Schluß ist dieses unmöglich, denn es ist ja gerade die treue und rasche Ueberbringung ihrer Botschaft, welche Petrus und Johannes in Bewegung setzt und zum Grabe ruft. Aber dem widerspricht der Vers des Marcus keineswegs. Die Engelbotschaft sagten sie Niemand; daraus folgt nicht, daß sie auf der Flucht vom Grabe nicht eine Erscheinung des Herrn selbst hatten und von diesem die Botschaft empfingen. Daß in der That Jesus der Magdalena entgegentrat, als sie aus dem Grabe hervorschritt, wissen wir aus Johannes. Sehen wir nun von den oben bereits besprochenen Nebenumständen ab, so haben wir die Hauptsache, die Erscheinung und die Botschaft Jesu auch bei Matthäus. Ehe er aber diese erzählt, heißt es bei ihm (Vs. 8):

> Und sie gingen eilend vom Grabe hinweg mit Furcht und großer Freude.

Hier haben wir den jetzigen Schluß des Marcus, nur daß neben der Furcht auch noch die innerliche Freude erwähnt wird. Hierauf fährt Matthäus fort:

> Und sie liefen, daß sie es seinen Jüngern verkündigten.

Die letzten Worte werden also doch wahrscheinlich den Inhalt des bei Marcus ursprünglich folgenden Satzgliedes gebildet haben, wenn wir nicht annehmen wollen, daß ihn bei den Worten: „denn sie fürchteten sich", der Schlag gerührt.

Aber die Botschaft selbst und deren Ausrichtung, die wir bei Matthäus nun lesen, kann doch auch nicht gefehlt haben, noch kann Marcus mit dieser Erzählung geschlossen haben. Christus erschien den Jüngern, und wie wir aus Johannes und Lucas wissen, noch am Abende des Auferstehungstags. So viel mußte Marcus berichten.

Und berichtete die älteste Ueberlieferung der Evangelisten wirklich mehr? Betrachten wir zunächst den Fortgang der Erzählung bei Matthäus.

Die beiden nächsten Verse (9. 10) berichten, wie Jesus die Frauen begrüßte und ihnen den Auftrag an die Jünger gab.

Vss. 11—15 unterbrechen die Folge durch die Fortsetzung der Erzählung von den Wächtern am Grabe, welche ganz allein steht und nicht für geschichtlich gelten kann. Wir haben also, um die älteste Ueberlieferung uns vor Augen zu stellen, von Vs. 10 sogleich zu Vss. 16 und 17 überzugehen. Da heißt es:

> Aber die elf Jünger gingen gen Galiläa auf den Berg, dahin sie Jesus beschieden hatte. Und da sie ihn sahen, fielen sie nieder, Etliche aber zweifelten.

Was nun noch folgt, erweist sich als ein neuer Anfang. Es sind Jesu Worte der Sendung und Weihe. Wir wissen durch Johannes, daß sie am Auferstehungsabende gesprochen wurden. In der Ueberlieferung aber sind es (wie wir sahen) die letzten Worte unmittelbar vor Jesu Verschwinden. Dieses nun wurde fast 40 Tage später angenommen; sicherlich war es wenigstens mehrere Wochen später. Nach jenen Worten des Vs. 17 befindet sich also eine Fuge. Hier ist ein möglicher Abschluß. Wenn nun der verlorene Schluß des Marcus im Wesentlichen diesem ältesten Stamme der palä-stinischen Ueberlieferung entsprach, so wird er ungefähr so gelautet haben:

> Und da sie nun gingen, den Jüngern zu verkündigen, siehe, da begegnete ihnen Jesus und sprach, Seid gegrüßet. Und sie traten zu ihm und umfaßten seine Füße und fielen vor ihm nieder. Da sprach Jesus zu ihnen, Gehet hin und verkündiget es meinen Brüdern, daß sie gehen nach Galiläa auf einen Berg, dahin ich sie beschieden hatte. Und da sie ihn sahen, fielen sie vor ihm nieder; Etliche aber zweifelten.

Auch nach Matthäus also schloß die katechetische Ueberlieferung mit den Erschei-nungen am Auferstehungsabende, und eine Woche nachher; beide fanden in Jerusalem statt, aber die Ueberlieferung mußte sie nach Galiläa versetzen, weil Jesus dorthin gegangen war und auch mehreren Jüngern sich dort leibhaftig gezeigt hatte. Die Schlußworte bei Matthäus sind also Jesu letzte Abschiedsworte. Sie müssen also ans Ende der leiblichen Gegenwart fallen.

Warum sollte aber die älteste evangelistische Katechetik nicht mit der Angabe von dem Stande der Jünger beim Erscheinen Jesu endigen? Was nun folgte, war der Anfang der Geschichte der Gemeinde; die Worte Jesu von der Weihe und Sendung der Jünger konnte man, auch noch zwischen 70 und 80, ebenso gut als Anfang dieser neuen Ge-schichte fassen, als damit die Geschichte von Jesu leiblichen Erscheinungen schließen. Lucas hat in der That beides gethan; das letzte zum Schlusse seines Evangeliums, jenes zu Anfang seiner Apostelgeschichte. Daß es der Eigenthümlichkeit des Marcus ent-spricht, beim Eintreten des Geistigen kurz abzubrechen, macht insbesondere seine kurze Abfertigung der Versuchungsgeschichte anschaulich:

> Er war bei den Thieren, und die Engel dieneten ihm.

Die weitere Ausführung ist dabei dem mündlichen Vortrage und den Erläuterungen des Evangelisten überlassen. Die Worte „die Engel dieneten ihm" verhalten sich zu der Geschichte der Versuchung selbst, wie hier die Schlußworte: „Etliche aber zweifel-ten", zu der Geschichte und dem Thatbestand der Erscheinung Jesu. Es steckt darin entweder eine Fabel oder die Thatsache, daß einige Jünger zweifelten an der Leiblich-keit Jesu, als sie den Herrn vor sich sahen, und da auch ergab sich der Unglaube erst allmälig, beim abwesenden Thomas erst am nächsten Sonntage.

Nur bei einer solchen Annahme können wir aber auch das Verschwinden des echten Schlusses des zweiten Evangeliums erklären. Es leuchtet ein, daß das gemeindliche Bewußtsein, je mehr es an die schriftliche Verkündigung der Heilsbotschaft gewiesen war, desto weniger sich bei jenem Schlusse beruhigen konnte: „Etliche aber zweifelten." Aber warum fügte man denn nicht den Schluß des Matthäus bei Marcus hinzu? Weil seitdem, besonders seit der Erscheinung des Lucas=Evangeliums, das christliche Bewußtsein eine sichtbare Schlußerscheinung Jesu verlangte, woraus dann die sogenannte Himmelfahrt Jesu ward, als geschichtlich=dichterischer Ausdruck für die Idee der Rück-kehr Jesu zum Vater. Eine solche Abschließung setzte nun auch voraus, daß man eine genügende Aufzählung der Begegnungen Jesu mit allen oder einigen der Jünger gebe; dazu forderte ebenfalls des Lucas Evangelium auf. Endlich war es für die Zeit zweckmäßig, statt diesseit der letzten Erscheinungen zu bleiben, vielmehr zum Schlusse etwas jenseits, in die ersten Anfänge des gemeindlichen Lebens zu gehen, um die Be-weisung der den Jüngern verheißenen Gnadengegenwart im Geiste geltend zu machen.

Ein solcher Schluß nun konnte nicht besser anknüpfen als da, wo die Begegnung Jesu und der Frauen (oder vielmehr der Magdalena allein) eingeleitet wird. Die letzten Worte des uns erhaltenen echten Marcus=Textes geben noch etwas Eigenthümliches; was zunächst folgte, war wahrscheinlich ganz der palästinischen Ueberlieferung entnommen, also auch mit dem Irrthum behaftet, den erst das Johannes-Evangelium beseitigte. Lucas läßt die Erzählung des Matthäus weg, daß Jesus den heimkehrenden Frauen erschienen sei; ohne Zweifel, weil er fand, daß andere Ueberlieferungen aus- sagten, sie hätten nur von der Engelerscheinung am Grabe eine Meldung gemacht. Erst Johannes sagte das Geschichtliche; es war Magdalena, die am Grabe blieb, und dort zwei Engel schaute, welche ihr den Trost gaben, daß Christus noch lebe; dann aber von Jesus selbst angeredet ward.

Unser Zusatz nun hat diese Verbesserung des Johannes, wie jene dem Lucas eigen- thümlichen Erzählungen; er ist also frühestens aus dem Anfange des 2. Jahrhunderts, 20 oder 25 Jahre nach der Schrift des Marcus.

Nun sehen wir auch, daß es unmöglich war, den wirklichen Schluß des Marcus, nach den Worten: „denn sie fürchteten sich", bis zum Ende, zu den Worten: „Etliche aber zweifelten", beizubehalten; denn er berichtete etwas nun authentisch Verbessertes. Nicht die drei Frauen sahen Jesus, sondern nur Magdalena. Die beiden andern mögen nachher am Grabe gewesen sein und dort auch das Engelgesicht gesehen, aber Jesus erschien ihnen nicht und gab ihnen keine Botschaft. Man wollte jedoch die Eigenthümlichkeit des Marcus hinsichtlich des Eindrucks des verlassenen Grabes auf die drei Frauen nicht verwischen, und so ließ man diesen Theil stehen, setzte ihn aber nicht fort, sondern hob ganz von vorn an, nach der Berichtigung des Johannes. So verschwand also das, was auf die Worte „sie fürchteten sich" bei Marcus ursprünglich folgte. Man schloß entweder mit: „denn sie fürchteten sich", oder man gab nach ihnen den Zusatz vom Anfange des 2. Jahrhunderts.

Wir glauben in dieser Weise das Problem der Kritik gelöst zu haben, welches uns entgegentrat, sobald wir erkennen, daß der jetzige Schluß des Marcus von 9—20 ein Zusatz ist. Ueber diesen Punkt selbst sollte es eigentlich nicht mehr nöthig sein, ein Wort zu verlieren (s. z. Marc. 16, 8).

IV. Das Ende Jesu.

Wir haben S. 425 bereits die Aeußerungen Jesu im 10. Kapitel des Johannes, über seine Zukunft und sein Ende, näher geprüft hinsichtlich der darin enthaltenen authen- tischen Weissagung von seiner aus eigener, göttlicher Kraft hervorgegangenen Wieder- belebung nach der Grabesruhe.

Wir müssen jetzt den ersten Theil dieser höchst merkwürdigen Stelle weiter betrachten. Jesus selbst ist die handelnde Person; er wird den Tod leiden; er wird wieder auf- erstehen; er wird wiederkommen. Aber vorher wird er erst in die Heidenländer gehen, sei es um den Juden in der Zerstreuung zu predigen, oder auch den Heiden selbst.

Wenn nun alles Andere eingetroffen ist, sollte dieses nicht auch eingetroffen sein?

Die persönliche Sendung Jesu an das jüdische Volk als solches war zu Ende. Das Verhängniß war da; der Untergang des Volks war entschieden. Auch die Wirk- samkeit mit den Jüngern war vorbei. Sie waren ermuthigt und gläubig geworden durch die Auferstehung, und verstanden nun die ihnen bis dahin unverständlich ge- bliebenen Worte, Sprüche, Weissagungen. Aber sie sollten nun ganz auf sich selbst angewiesen, sie sollten mündig werden, und in ihrem eigenen Geiste die Leitung suchen und finden, welche sie bis jetzt in der Person ihres Meisters gehabt hatten.

Dieses setzte Entfernung aus Judäa voraus. Die Worte des 10. Kapitels deuten auf das Ziehen in die Fremde. Nach Phönizien hatte Jesus beim letzten Aufenthalte in Galiläa und Peräa eine merkwürdige Reise von der Grenze aus unternommen und mit Phöniziern verkehrt.

Dieses ist also eine nicht ganz unberechtigte Vermuthung.

Nicht weniger berechtigt aber scheint die Annahme, daß Jesus bald darauf unerkannt heimging zum Vater. Auch dieses nicht nach bloßer Vermuthung, sondern auf Grund der urkundlichen Worte, welche er den Jüngern am frühen Auferstehungsmorgen durch Magdalena zusagte:

Ich fahre auf (gehe zurück) zu meinem Vater, und zu eurem Vater; zu meinem Gott, und zu eurem Gott.

Das Präsens ist hier, wie oft, unbestimmt zu fassen, im Sinne von: ich bin im Begriff heimzugehen, ich werde bald auffahren.

Die entsetzlichen Anstrengungen der beiden letzten Tage waren durch des Geistes Kraft überwunden; aber die Natur forderte ihre Rechte. Der Geist war reif zum Heimgange, der Leib war es auch.

Zweite Abtheilung.
Darstellung der fünf Handlungen.

Einleitung. Die Zurüstung. Das Mahl der Todessalbung.

Die Zeit der stillen Zurückgezogenheit war vorbei; das Passahfest war vor der Thür, und Jerusalem und der Tempel riefen mit starkem Rufe den großen Propheten, den Sohn Gottes, in ihre Nähe. Schon bedeckten sich die Landstraßen Galiläas und Judas mit Schaaren, die zum Feste nach Jerusalem hinaufzogen, aus Palästina und zum Theil aus fernen Ländern; unter ihnen gottesfürchtige Griechen und Römer, welche als „Proselyten des Thors" den Ewigen anzubeten kamen. Viele von ihnen kannten Jesus, hatten ihn gehört, seine Zeichen gesehen, oder wenigstens die Kunde des großen Propheten von Nazareth vernommen. Diese Alle hofften ihn dort zu treffen. Aber mehr als das: die stillen frommen Seelen in und außer Jerusalem, welche gläubig auf das Reich Gottes harrten und in Jesus den verheißenen Heiland erkannt, hatten ihre Hoffnungen auf ihn gesetzt, der dieses Reich und seine Zukunft in sich trug. Er wollte und sollte es bringen, aber Niemand konnte über seinen Plan und sein Verfahren recht ins Klare kommen. Denn Niemand außer Jesus vermochte das Jüdische vom Ewigen zu trennen, aus dem Judenthume sich in Gott zur Menschheit zu erheben.

Doch was Jesus stärker als alles Andere nach Jerusalem trieb, war seine eigene Lebensaufgabe, sein innerer Opferentschluß. Das Schicksal der Welt hatte sich in Jerusalem wie in Rom und Antiochien entschieden; die alte Welt, des Judenthums wie des Heidenthums, hatte sich selbst gerichtet. Die Lösung lag jenseit des allgemeinen Untergangs. Nichts Geringeres als seinen Tod verlangten Feinde und Verfolger, nicht ahnend, daß sie dadurch nach den Gesetzen der Weltordnung ihr eigenes Todesurtheil besiegelten und Stadt und Land dem Verderben weihten, mit unbewußter, aber nicht unverschuldeter Schicksalsthat. Wenn das Göttliche im Menschen von der Zeit zurückgestoßen wird als wäre es das Böse, Ungöttliche, dann bleibt ihm, der Welt gegenüber, nichts übrig als das Bekenntniß der Wahrheit, ohne Rücksicht auf die Vermittelung mit den Zuständen der Gegenwart. Es gilt dann Zeugniß abzulegen wider die Welt. Aber nur wer unselbstisch und unverbittert der Welt entsagt, darf sie vor Gott und der Nachwelt verklagen; nur wer aus reiner Liebe zur Menschheit sich opfert, führt einen neuen Tag der Menschheit herauf. Dies hatte noch nie ein Mensch der Geschichte außer Jesus thatkräftig und mit klarem Bewußtsein der innern Reinheit empfunden, und wer hat es seitdem bis auf den heutigen Tag? In Jesus aber war es Natur geworden, der lebende Gottesgeist war in ihm verkörpert. Er nur erkannte, daß jetzt der Tag des

Zeugnisses und des Gerichts gekommen sei, daß zur Lösung der verhängnißvollen Verwickelung und zur welterneuernden Verherrlichung Gottes in der Menschheit nichts Geringeres gefordert werde, als daß er muthigen und klaren Geistes sofort in den Tod gehe. Durch den Tod ins Leben! Das war sein Glaube, wie für sich, so für die Menschheit. Nur dadurch konnte die Bosheit der Welt und die unergründliche Liebe und Barmherzigkeit Gottes sich vollkommen offenbaren; jene Bosheit durch die Erkenntniß, daß Schlechtigkeit, Feigheit, Unentschlossenheit sich mit planmäßiger Verruchtheit, wenngleich unwillig, verbinden muß, damit das Aergste geschehe; diese Liebe, damit der Wahn verschwinde, als beweise die Gottheit sie nur durch die Gaben des Glücks und irdischen Gedeihens. Es war die Zeit gekommen, daß nach dem Ableben der drei großen Bildungen des Göttlichen, des Judenthums, des Griechenthums und des Römerthums, der Glaube aufkeime an die höchste Offenbarung der ewigen Liebe im Leiden und ihre Verklärung im Sterben, jener Glaube an den Anfang eines neuen höhern Lebens im Untergange der Reiche, ja der Gesittung, Kunst und Wissenschaft einer stolzen entarteten Welt.

Wie weit die damalige Welt von diesem Glauben war, zeigt der Stoicismus der alten Welt, ebenso sehr als der Epikuräismus und ihre zusammengestoppelte akademische Philosophie. Denn wenn der Epikuräismus jede höhere Regung lähmte durch die Verneinung des in Gott freien Geistes, so verbarg sich im Stoicismus der Haß gegen die göttliche Weltordnung mit dumpfem Trotze. Es war die Unfähigkeit zur lebendigen thatkräftigen Weltanschauung, welche zu dem Gemische von platonischen und aristotelischen Sätzen führte, welches die Akademiker für das Kleinod der Weisheit hielten.

Aber wie sah es bei den auserwählten Jüngern, bei den Zeugen des heiligen Lebens Jesu selbst aus? Kein eigentlicher Glaube war in ihnen, also keine wahre Einsicht in das Wesen des Reiches Gottes. Sie hingen noch alle an der irdischen Herrlichkeit und suchten sich eine Stelle in derselben. Nur der Sieg über die Welt im Tode, und über den Tod im Leben Christi, konnte ihre Gemüther erwecken, sie befähigen, die stolze und verwirrte Menschheit mit ihrer Verkündigung zu ergreifen, die Heilsbedürftigen zur Vereinigung mit Gott zu führen und ihnen den von Jesus zurückgelassenen Frieden zu geben, mitten in der untergehenden Herrlichkeit Asiens und Europas und unter den Trümmern des Heiligsten, was die Erde noch gesehen hatte.

Es gibt im Leben jedes ernsten Menschen einen Zeitpunkt, wo er empfindet, daß, nachdem die Kunst des würdigen Lebens geübt ist, nur Eins noch übrig bleibt: nämlich die Kunst des würdigen Sterbens zu erlernen oder zu bewähren; dem Tode zu begegnen nicht als einem Leiden, sondern das Sterben zu üben als die höchste That dankbarer, wenngleich mit Schmerz und Leiden verknüpfter Ergebung. Das ist der große Scheidepunkt des irdischen Daseins und der Ewigkeit; jenes hat den Untergang zu leiten, diese, die Ewigkeit, hat sich zu erheben aus der Knechtsgestalt, welche bisher ihre Herrlichkeit verhüllte. Der Geist des Menschen tritt an diesem Punkte vor das Angesicht des Ewigen, dessen Geist in ihm unsterblich selig lebt oder leben will.

In welch unendlich höherm Grade mußte dieser Scheideweg des Daseins sich damals, als der 14. Nisan des Jahres der Stadt 782 heranzog, in Jesu Geist als eine Hinwendung zum Ewigen darstellen! Er hatte nicht für sich, sondern nur für sein Volk, und in ihm für die Menschheit gelebt, nicht um dieses oder jenes Gute in ihr zu fördern, sondern um mit göttlicher Kraft ihre Erlösung zu wirken aus dem Jammer, in welchem sie seufzte, um sie durch die Erkenntniß der eigenen Sünde zur wahren Liebe zu den Brüdern zu führen im Lichte des Glaubens an die ewige Liebe Gottes zu dem Menschen, Gottes Ebenbilde. Jerusalem hätte, menschlicherweise, noch jetzt durch eine solche Erhebung vom Aeußerlichen zur Quelle des jüdischen Gesetzes und aller Ordnungen, wenngleich auf dem Wege harter Prüfungen, gerettet werden können. Aber der Schicksalstag, der Tag der Entscheidung über Leben und Tod war da; wenn die Erhebung Israels nicht mehr möglich war, so sollte sein Untergang der ganzen Welt einen Umschwung geben, welcher im Laufe der Jahrhunderte oder Jahrtausende alles Ungöttliche, wie ein Sturmwind Gottes, von der Erde wegkehren und unter Trümmern begraben sollte. Nicht durch Unrecht sollte Unrecht getilgt, nicht durch Gewalt Gewalt bezwungen werden. Auch sollte nicht eine bessere Hierarchie gesetzt werden an die Stelle der jüdischen, nicht ein milderes Weltreich an den Platz des römischen; überhaupt nicht eine Form die andere verdrängen, eine neue Gesetzlichkeit die alte. Nein, auf eine tiefere Umwälzung, auf die größte aller Revolutionen war es abgesehen. Es sollte alles bestehende Hohe und Große verschwinden, wie der evangelisirende Prophet es vorhergesagt hatte. Damit das Göttliche regiere auf dieser Erde, unter diesem gottesebenbildlichen Geschlechte; regiere als Geist, und zwar als Geist der Demuth und jener Liebe, welche durch Dienen herrscht, die nicht das Ihre sucht, sondern das der Gemeinde, die nichts sich aneignet, sondern Alles dankbar von Gott herleitet und auf ihn, den Ewigen, zurückführt.

Nur so konnte die Menschheit sich wieder ebenbildlich empfinden, ohne dem Wahnsinne der Selbstvergötterung zu verfallen, welche Lästerung ist. Nur so folglich konnte sie erlöst werden: nämlich zuerst von ihrem innern Elend, und dann erst von ihrem äußern, von der Tyrannei der Cäsaren und der Hohenpriester, von dem Verfalle aller Grundverhältnisse des gemeinsamen Lebens. Als Erlöser der Menschheit nun wußte sich Jesus mit innerlichstem Gottesbewußtsein; auch darüber war ihm kein Zweifel, daß er Zeugniß ablegen sollte für diesen göttlichen Beruf durch den Tod als Gotteslästerer, indem er frei sein Bekenntniß ablegte vor Aarons Nachfolger, daß er die endliche Erscheinung des Ewigen selbst sei, als Sohn des Vaters gesandt ihn zu verherrlichen und von ihm verherrlicht zu werden.

Er hatte das Marterthum sowenig gesucht als vermieden. Er hatte öffentlich gelehrt, geprebigt, gearbeitet, gewirkt, mit aller weisen Vorsicht wie mit allem Muthe. Er hatte der Priesterschaft geschont, solange er es vermochte, ohne die Wahrheit zu verleugnen; er hatte die gesetzlichen Ordnungen beobachtet, soweit er es vermochte, ohne Verrath der Wesenheit, welche sich in ihnen abspiegeln sollte. Aber er hatte damit endigen müssen, ihr den Krieg zu erklären. Was Herodes Antipas mit ihm beabsichtigte, nachdem er den Johannes aus dem Wege geräumt und ihn mehr als wiederaufleben sah in Jesus, das war ihm und Niemand verborgen. Das Volk in Galiläa endlich lief ihm nach, solange er die Hungrigen speiste, und die von Jerusalem gingen mit ihm, soweit sie durch ihn befreit zu werden hofften von der Römerherrschaft und die Befriedigung ihrer eigenen Herrschergelüste und ihres beispiellosen Hochmuths im Hintergrunde sahen. Jedesmal hatte er ihnen dieses Götzenbild gewaltiger zerschlagen, und also auch die Erhabenheit seiner eigenen göttlichen Stellung stärker hervorheben müssen, um sie womöglich zum ernsten Aufmerken auf die Zeichen der Zeit zu bringen. Alles vergebens! Das Geschick Jerusalems und der ganzen alten Welt erfüllte sich, oder, besser zu reden, der Rathschluß der ewigen Liebe ward offenbar in der Verfinsterung der äußern Welt bei der Kreuzigung. Von seinen Gegnern hatte Jesus nichts als Feindschaft und Todesverfolgung zu erwarten; von seinen Anhängern nichts als bedingte und also furchtsame Unterstützung; selbst seine Jünger waren wol des Gedankens einer todesmuthigen Hingebung schon fähig, aber noch nicht der That: sie hatten die Weihe der Kraft noch nicht empfangen.

Auch ohne göttliche Voraussicht zu besitzen, konnte also Jesus sich keine Täuschung machen über sein Schicksal. Aber er war nie weiter davon entfernt als in diesem Augenblicke. Er sah mit voller Klarheit vor sich, was seiner wartete, als er in dem traulichen Dörfchen am östlichen Abhange des Oelbergs einkehrte am ersten jüdischen Wochentage. Wie ganz anders noch standen die Sachen, als er vor wenigen Wochen, aus Peräa heranziehend auf die Kunde von Lazarus tödtlicher Krankheit, den beiden anhänglichen Schwestern ihren Bruder wiederschenkte. Die Woche war angebrochen, deren Ende das Passah seines Todes sein mußte.

Da drängte sich noch einmal um ihn die innigste Dankbarkeit und reinste Liebe. Wir können uns die Ehrfurcht und Freude denken, mit welcher der befreundete und fromme Simon den Lazarus an seinem Tische sah, und den, welcher ihn der Gruft entrissen hatte. Und nun die beiden Schwestern! Die geschäftige Martha hatte es sich nicht nehmen lassen, ihn und die Gäste selbst zu bedienen im befreundeten Hause, wie ja die Töchter des Hauses thaten und thun; die sinnige Maria aber hielt die köstlichste aller Salben bereit, um die Füße des verehrten Lehrers und hülfreichen Messias mit königlicher Pracht zum Mahle zu salben. Man salbte sonst wol die Haupthaare mit duftendem Oele; die Füße statt mit Wasser, in Narden zu baden, war die Huldigung gegen die Höchsten der Erde. Das nun mag wol manchen, selbst unter den gutgesinnten Jüngern, als ein Uebermaß von Verschwendung erschienen sein, und so etwas deutet die Ueberlieferung an; Johannes aber spricht bestimmter darüber. Es liegt ihm offenbar etwas an der Berichtigung der landläufigen Erzählung von dieser Salbung schon deshalb, weil die Ueberlieferung, wie wir aus Lucas sehen, die Geschichte mit einer frühern Salbung vermischt und dadurch Veranlassung gegeben hatte zu einer wirklich noch jetzt nicht ganz gehobenen doppelten Verwechselung.

Der Herr hatte die feierliche Salbung offenbar als eine unbewußte Todesweihe empfunden, denn der Sinn seines Spruchs ist doch dieser: Lasset ihr den ganzen Schatz, den sie mir als Huldigung am heutigen Tage zugedacht und geweiht hat; sie wird den Rest aufbewahren zum Salben meines Leichnams bei der Bestattung. Welcher Schmerz, welche schwere Ahnung mag bei diesen Worten die Anwesenden durchzuckt haben. Wie hoch die tödtliche Feindschaft der hohepriesterlichen Partei gestiegen war, wußte man wol auch schon in Bethanien; denn Johannes erwähnt bei dieser Erzählung vom Mahle, daß man auch dem Leben des Lazarus nachstellte, weil, wie der Apostel schon vorher erwähnt, viele Juden durch die wunderbare That gläubig wurden, deren lebendiges Zeugniß er war.

Bethanien sah Jesus, so scheint es, nicht wieder. Schlossen sich Lazarus und seine Schwestern dem Zuge nach Jerusalem am nächsten Tage an? Gewiß nicht. Johannes erzählt, daß Jesu Jünger beim Einzuge gerade die Erweckung des Lazarus aus dem Grabe priesen. Würde er nicht gesagt haben, daß sie dabei auf den Lazarus selbst, das redende Zeugniß, hinzeigten? Den Grund seiner Abwesenheit deutet aber auch der Apostel selbst an: die Hohepriester stellten ihm nach dem Leben; wenn sie auch Jesus selbst nicht zu greifen wagten, würden sie sich doch leicht der Person des Lazarus haben bemächtigen können, um ihn vor ihr Gericht zu ziehen. So blieben auch die Schwestern daheim, und so erklärt es sich, daß sie auch nicht bei der Kreuzigung gegenwärtig waren. Lazarus selbst scheint bald nachher gestorben zu sein, da er ganz aus der Ueberlieferung verschwindet und Bethanien überhaupt in den Hintergrund tritt.

Erste Handlung.

Der Einzug, die Todesweihe und die Zukunft der Menschheit.

Die Kunde von dem bevorstehenden Einzuge Jesu am nächsten Tage (dem zweiten jüdischen Wochentage, Montag 10. Nisan) war nach Jerusalem gedrungen, und seine Verehrer beschlossen, ihm in feierlichem Zuge entgegenzugehen und als den Messias mit den Hosiannaworten des 118. Psalms zu empfangen und den Ruf hinzuzufügen: „der König Israels". Seinerseits begnügte sich Jesus, ein Eselsfüllen von einem ihm bekannten Eigenthümer in der Nachbarschaft (vielleicht in Bethphage) zu verlangen und dasselbe zu besteigen. Wer nach messianischen Sprüchen sucht, erinnert sich dabei sogleich der Stelle in Sacharja: so thaten auch die Jünger späterhin, nach Jesu Verklärung; aber Johannes sagt ausdrücklich, daß sie damals nicht daran dachten, die Begebenheit damit in Verbindung zu bringen. Darin liegt jedenfalls, daß Jesus selbst entweder nicht daran dachte, oder keinen Werth darauf legte, und daß er vielmehr diesen Einzug als den anspruchlosesten und am wenigsten Aufsehen erregenden erwählte.

Bei dem Allen nun, und bei dem Zujauchzen der Jünger und Verehrer, beobachtete Jesus ein sinnendes Schweigen. Als aber die Hellenen erschienen, welche zum Feste gekommen waren, um anzubeten, und zwei der Apostel sie auf ihr Bitten ihm vorstellten, da hielt er stille im Zuge und sein Geist ward ergriffen. Vor seinem schauenden Blicke stand schon das Eingehen des hochbegnadigten Volks unter den Heiden ins neue allgemeine Gottesreich, mit der Zerstörung Jerusalems und der Zerstreuung der jüdischen Gemeinden dazwischen. Nicht neu war ihm dieser Gedanke, wie wir oben bei der Erwähnung des überaus denkwürdigen Ausspruchs Jesu im zehnten Kapitel gesehen haben, wo er seine Absicht, auch die Schafe aus einem andern Stalle herbeizuholen und aus allen Eine Heerde zu bilden, unverhohlen ausspricht. Aber in diesem Augenblicke drängte sich die ganze kommende Weltgeschichte vor ihm zusammen, des Todes Nähe und des geliebten Volkes blutiger Untergang, und der Griechen und Römer Eintreten auf den Trümmern des zusammensinkenden Heidenthums.

Seine Rede wendet sich zuvörderst an die Umstehenden, einschließlich der Hellenen. Ja, die Zeit der Verklärung des Sohnes (sagt er) ist gekommen, sie geht aber durch den Tod. Das Weizenkorn muß sterben, damit es Frucht bringe. Das gilt auch allen denen, welche mir nachfolgen. Sie alle müssen meinen Weg gehen: durch Leiden zur Herrlichkeit.

Dann aber wendet sein Geist sich aufwärts und ruft die Hörer mit empor. Er verbirgt ihnen die innere Bewegung nicht. Meine Seele, sagt er, ist erschüttert in diesem Augenblicke, der nahe Tod steht vor meinen Augen. Soll ich nun beten: Vater, rette mich aus dieser Stunde? Nein, denn um den Tod zu leiden bin ich hierhergezogen. Er, der mich in sie gesandt hat, wird mich durch· sie hindurchführen in die Herrlichkeit. Mein Gebet also sei nur dieses: Vater, verherrliche deinen Namen, verkläre deine Macht.

Als Jesus diese Worte sprach, ertönte ein Donnerschlag; der Haufen ward von Schrecken ergriffen; Einige glaubten, im Donner habe ein Engel mit ihm geredet. Aber die Jünger vernahmen in ihren Herzen die Antwort auf jenen letzten Spruch: „Ich habe verklärt, und will ihn abermal verklären" — nämlich ihn, der die Erscheinung meiner Herrlichkeit ist, der meinen „Namen" darstellt. Sie hörten im Donner ein solches „Amen" zu jenem Gebete, oder vielmehr das göttliche Echo, welches die Bitte erfüllte, den Gedanken bestätigte. Daß es aber eine Geistesvernehmung war, und nicht eine physische Rede vom Himmel, geht doch dem Historiker wol schon aus dem Umstande hervor, daß der große Haufen nur einen Donnerschlag vernahm. Man kann eine innere Stimme, welche gleichzeitig in vielen gleichgestimmten Herzen ertönt und dann wie unwillkürlich sich die Worte findet, für eine Naturstimme halten, aber über einen Donnerschlag kann man sich nicht täuschen. Dadurch wird so wenig die innere Wahrheit jener göttlichen Genehmhaltung des Gebets Jesu angefochten, daß sie viel= mehr in dieser Gestalt auch denjenigen annehmbar wird, welche sich die andere Form nicht anzueignen vermögen.

Jesus selbst nimmt auf die Worte keine Rücksicht, sondern nur auf den allgemein vernommenen Schlag; die Stimme (sagt er), die ihr gehört, ist nicht meinetwegen erfolgt, sondern euretwegen, nämlich um euch zu verkünden, daß der gegenwärtige Augenblick ein verhängnißvoller für euch und eure Kinder, das Land und die Welt ist. Meine That, die freie und kindliche Hingebung meines Lebens in den Willen des himmlischen Vaters für das Heil der Welt, ist eine That Gottes, göttlicher Kraft; damit ist die Macht des bösen Princips auf der Erde gebrochen; die menschlichen Ord= nungen in Staat und Kirche müssen und sollen und werden hinfort nicht mehr auf Gewalt und Ungerechtigkeit beruhen können, sondern auf Gerechtigkeit und Gesetzlichkeit, welche aus der Liebe zu Gott fließt und als Bruderliebe sich bethätigt. Ich allerdings werde vom Schauplatze abtreten, aber die an mich gläubig Gewordenen werde ich durch die Kraft des göttlichen Geistes in ihren Seelen zu mir emporheben. Denn mein scheinbares Verschwinden ist ein Eingehen zur Herrlichkeit, und dieser Herrlichkeit wird die gläubige Menschheit theilhaftig werden.

Das war der Menge zu viel. Was? dachten sie, dieser Messias will nicht bei uns bleiben, also sein Reich nicht dauerhaft unter uns aufrichten? Das stimmt nicht mit dem, was die Propheten uns von seiner unzerstörbaren Herrschaft sagen!

Das war das Zeichen, welches Jesus abwarten mußte, um es als erwiesen anzu= nehmen, daß selbst in der wohlgesinnten und scheinbar gläubigen Masse kein Geist der sittlichen Erhebung und des wahren Verständnisses wohnte, und um den Untergang Jerusalems als unabwendbaren göttlichen Rathschluß anzusehen. Es fehlte nur noch die Hinrichtung des Gerechten, nach allen Erweisungen göttlicher Liebe und Macht, um das Maß der Schuld vollzumachen und das Verhängniß heranzuführen.

Er beschloß also auf immer von ihnen zu scheiden und ihnen nur eine ernste Mah= nung zurückzulassen.

Ihr steht in dunkler Nacht (sagt er), gleichsam am Rande eines entsetzlichen Ab= grundes; noch leuchtet euch das von Gott zur Rettung gesandte Licht, sehr bald aber wird es auch verschwinden, wenn ihr es nicht in eure Seelen aufnehmt, euch innerlich aneignet; denn nicht mehr leiblich, sondern nur im Geiste wird es euch leuchten können. Doch bedenkt zur rechten Zeit, daß ihr im Finstern wandelt und euern Weg selbst nicht kennt. Das göttliche Licht kann nicht in Finsterniß wohnen, und das von der Selbstsucht befangene Gemüth kann mit ihm keine Gemeinschaft haben. Die Zeit des Gerichts, der Sonderung der Guten von den Bösen ist gekommen.

So sprach Jesus, ging weg und verbarg sich vor ihnen, um hinfüro ihnen nicht wieder zu predigen. Seine Sendung an das jüdische Volk war beschlossen.

Der sinnige und gotterleuchtete Apostel, bei solch einem entscheidenden Augenblicke angelangt, kann diesen ersten Abschnitt nicht beschließen, ohne kurz zusammenzufassen, wie Jesus und das Volk damals zueinander standen. Es war nicht ein willkürliches Gericht, welches über Jerusalem und das Volk kam, und mit der Zerstörung des Tempels und der Zerstreuung der Juden endigte. Es nahte Gottes Gericht, denn ihre Verschuldung war aufs höchste gestiegen. Sie hatten die warnende Stimme nicht gehört, und den Gesandten Gottes verachtet, ja am Ende ihn dem Gerichte überliefert zum Tode. Und doch (fügt der Apostel hinzu) viele angesehene Männer, selbst Mitglieder des Hohen Raths, glaubten an Jesus, aber sie wagten es nicht, der Drohung des Bannfluchs zu widerstehen, welche die Eiferer wider ihn und jeden seiner Anhänger geschleudert. Also die ihn nicht verfolgten und verurtheilten, wagten es nicht, der Wahrheit die Ehre zu geben, den Angeschuldeten durch muthiges Bekenntniß zu vertheidigen. Der Geist der Zeugenschaft hatte sie verlassen; damit hatten sie sich selbst gerichtet; sie konnten nichts vorschützen, denn Jesus hatte ihnen offen und im Namen Gottes und mit göttlicher Kraft gepredigt bis ans Ende.

Nun folgt eine heilige Pause in der Erzählung. Wohin zog sich Jesus zurück? Die Worte des Johannes schließen Bethanien aus; er konnte sich da nicht „verbergen vor den Juden". Von Bethanien war er am Morgen ausgezogen, nachdem er am Tage vorher mit feierlichem Mahle war empfangen worden; der Hohe Rath ließ Lazarus überwachen. Wir finden Jesus am Abende vor dem Leidenstage am westlichen Abhange des Oelbergs; denn erst nach dem Mahle und nach den Reden, welche auf dasselbe folgten, geht er über den Bach Kidron, welcher am Fuße der Höhe von Jerusalem und des Oelbergs floß. Wir müssen also wol annehmen, daß er irgendwo an demselben Abhange auch die vorhergehenden Tage zugebracht, und daß er dorthin sich in der Stille des Abends zurückgezogen. Wir müßten sonst Bethphage für den Zufluchtsort annehmen, allein auch das war ein bewohnter Flecken, und Jesus war dort bekannt.

Jene Annahme wird auch dadurch bestätigt, daß die evangelistische Ueberlieferung am Schlusse der Erzählungen, welche der Leidensgeschichte unmittelbar vorhergehen, einstimmig jene großen und wunderbaren Reden von der Zerstörung Jerusalems und dem Ende der alten Welt vorbringt. Wenn wir davon nun vorerst die dem Matthäus eigenthümlichen Parabeln vom Weltgericht ausscheiden, welche er jenen gemeinsamen Erzählungen anhängt, so erhalten wir Aussprüche Jesu, welche weder in Jerusalem selbst gesprochen sein können, noch anders als im Angesicht der Stadt und ihres Wunderbaues. Das aber führt uns ja gerade auf jenen Abhang des Oelbergs. Ja die am besten beglaubigte Form der Ueberlieferung, die des Marcus, sagt uns geradezu, daß die beiden Stammpaare der Jüngerschaar Jesu die Frage: wann die Aussprüche von dem Untergange Jerusalems sich erfüllen würden? gerade in einem Augenblicke stellten, da er „auf dem Oelberge saß", und zwar offenbar auf dem Abhange nach der Stadt zu, denn die Erzählung verliert sonst alle Anschaulichkeit.

Jene Aussprüche selbst hatte Jesus schon früher ihnen gethan. Die Worte Luc. 19, 41—44 gehören nach der Sichtung der Reiseberichte an das Ende der zweiten Reise mit den Zwölfen nach Jerusalem, wie die Ueberlieferung sie auffaßt, nämlich als schließend mit dem Einzuge von Bethanien (zum Laubhüttenfeste 781), und sie sind gleichsam der Text zu der Ausführung in den Reden unmittelbar vor dem Leiden.

Was nun diese ewig denkwürdigen prophetischen Reden betrifft, so haben wir im Bibelwerke die drei evangelistischen Berichte nach ihren natürlichen Absätzen gesondert, und in der Harmonie der Texte nebeneinander abdrucken lassen, damit man sich überzeuge, wie genau die Uebereinstimmung ist. Wir haben ferner in der kritischen Sichtung nachgewiesen, daß wir in allen dreien wirklich nur einen und denselben Text haben; den urkundlichsten und einfachsten bei Marcus, von welchem Matthäus sich nur durch eine ausführlichere Fassung unterscheidet, während Lucas das ihm und seinen hellenisch-römischen Lesern weniger verständliche Jüdische verallgemeinert, auch wol nach den Eindrücken des jüdischen Kriegs genauer ausgeführt hat.

Wir können hiernach vor allem zwei Punkte feststellen: einmal, daß Jesus den Anfang der Ereignisse, welche seine Rückkehr bezeichnen würden, in die nächsten drei Jahrzehnte setzt: die Kriege in Asien unter Claudius und Nero, dann die bürgerlichen Kriege unmittelbar nach Neros Tode, und der mit ihnen zusammenhängende jüdische Krieg. Dieses füllt also die Jahre eben von 50—68 aus. Dann aber kommt die zweite Periode, die Belagerung und herannahende Zerstörung Jerusalems und des Tempels. Die Christen sollen fliehen aus Judäa', wenn sie die heidnischen Feldzeichen und Altäre auf heiliger Stätte errichtet sehen. Die Noth wird entsetzlich sein; Gott wird sie verkürzen um seiner Gläubigen willen.

Die Zerstörung Jerusalems ist das Zeichen, daß des Herrn Rückkehr zur Abhaltung des Weltgerichts nicht fern sei. Welches Gericht kann dieses sein, als das über die Heiden, also über das römische Weltreich und dessen Sitz? Das, sagt Jesus, wird das Ende sein, aber Zeit und Stunde weiß Niemand, nicht einmal der Sohn. Wie es aber auch beschieden sein mag, nur stete Wachsamkeit im geistlichen Leben kann die Gläubigen sichern, die Jünger und alle Christen nach ihnen.

In dem folgenden Spruche muß man festhalten, daß das gegenwärtige Geschlecht noch die Erfüllung sehen werde. Dieser Ausspruch wird aber beschränkt durch den andern, daß selbst der Sohn den Tag des Endes und der Rückkehr zum Gerichte nicht weiß. Man wird also die Worte:

Dies Geschlecht wird nicht vergehen, bis daß dieses Alles geschehe,

von dem Anfange der Erfüllung, den Ereignissen in Jerusalem verstehen müssen. Auch dieser Theil ist, wie alle wahre Weissagung vom Reiche Gottes, im Geiste aufgefaßt und in großartiger Bildlichkeit vorgetragen, angelehnt an einen, jedem Juden verständlichen Ausdruck des Buches Daniel. Man kann jedoch nicht irren, wie in diesem dunkeln Ausdrucke des prophetischen Buchs, so in der Weissagung Jesu, nicht allein die blutige Einnahme Jerusalems, sondern auch die Zerstörung des Tempels zu erkennen. Denn der sehr starke Ausdruck „Greuel der Verwüstung" setzt nichts Geringeres voraus, als die Aufrichtung unheiliger Zeichen, wo nicht abgöttischer Bilder, auf der Höhe des Tempels; und von der Zerstörung des Tempels durch Kriegsgewalt war ja von Anfang an die Rede gewesen zwischen Jesus und den Jüngern. Bei dieser Auffassung ist kein Widerspruch da; so viel war Jesus klar, daß mehrere der Jünger und ihres Geschlechts die Zerstörung erleben würden. In der Ausführung ist alles noch in jüdischen Bildern gehalten; es wird noch vorausgesetzt das Halten des jüdischen Sabbaths, also die judenchristliche Gemeinde; denn erst die heidenchristliche machte sich davon frei und feierte, mit christlicher Freiheit, statt des Sonnabends den Sonntag, als den Tag des Herrn, während der alte Sabbath als ein Wochentag gehalten wurde. Aber von da bis zum Ende der Entwickelung des vollen Gottesreichs war noch lange hin, und keine bestimmte Zeit war Jesu selbst dafür offenbart, ein Umstand, der von ihm mit so großer Klarheit ausgesprochen und mit größtem Nachdrucke betont wird. Auch Lucas hat die jüdischen Ausdrücke so gedeutet; nicht von einer Flucht von Jerusa= lem ist bei ihm die Rede, welche ja eben nur bei der ersten Umzingelung noch einiger= maßen möglich war, sondern von einer Flucht aus Judäa.

Und welche Weltschau tritt da vor unsern Geist! Der Mittelpunkt der Weltge= schichte, d. h. die Entwickelung des Reiches Gottes auf der Erde, wird von Jesus an= geschaut in drei großen Epochen:

Die erste Epoche ist die nahe; sie zieht unabwendbar heran während des Lebens derer, die jetzt im ersten Mannesalter stehen (20—25 Jahre); die Zerstörung Jerusa= lems mit dem Tempel des Ewigen und die Zerstreuung des Volks. Dabei steht vor seinen Augen der unerhörte und beispiellose Jammer der Bewohner Jerusalems und aller beim Feste in ihr versammelten Hunderttausende, und das unbeschreibliche Elend, welches Männer, Frauen und Kinder dort zu erdulden hatten. Ein Augenzeuge, der bei der Belagerung war, ein jüdischer Kriegführer, priesterlichen Geschlechts, ein großer Beobachter und der größte schriftstellerische Künstler seines Volks, Josephus, hat uns ein genaues Bild und gleichsam ein Tagebuch jener furchtbaren acht Monate gegeben, welches die urkundliche Erklärung zu unserm Texte bildet. Als diese, gewiß mit großem Ernste vernommene und mit Treue mündlich überlieferte Weissagung zuerst von ara= mäischen Judenchristen aufgezeichnet wurde, konnte der Schreiber sich nicht enthalten, am Rande zu bemerken, was später, als ursprünglich, in den Text aufgenommen wurde: „Wer es liefet, der merke auf!" Marcus hat sie ebenso wol als Matthäus. Diese Bemerkung will den Leser in einer sehr gefährlichen Zeit auf die danielische Stelle aufmerksam machen, worüber die Juden so viel schon nachgedacht hatten. Sie setzt keineswegs die ebenerwartete oder ebenerfolgte Einnahme voraus, aber sie führt uns wieder, wie jene Anspielung auf die Sabbathfeier, zu dem Standpunkte der palä= stinischen judenchristlichen Gemeinden. Lucas, welcher auf dem der hellenistischen Ge= meinden steht, hat weder Bild noch Randbemerkung, wol aber eine getreue Auslegung der bildlichen Worte. Es ist also klar, daß wir keine Bildung der Weissagung nach dem Erfolge haben; das Ereigniß ist rein prophetisch geschildert, nicht geschichtlich. Die jerusalemische Gemeinde flüchtet sich noch aus Jerusalem selbst, nach Pella im nördlichen Grenzlande.

Die zweite Epoche beginnt mit der Flucht der palästinischen Gemeinden aus Judäa; ein weltgeschichtlicher Wendepunkt! Das judenchristliche Element tritt von nun an in den Hintergrund, und das griechisch=römische Element wird der herrschende und weltbildende Theil des Christenthums. Die nationalen Ideen vom Messias, vom messianischen Reiche in Jerusalem, von gesetzlich bildenden Ordnungen, nehmen mehr die Form der allgemeinen Ideen der Völker und der Menschheit an; vom Heilande und Erlöser der Welt, vom geistigen Reiche und von der Freiheit des Geistes Christi in der Liebe, welche da ist des Gesetzes Erfüllung. Das Angesicht der Gemeinde ist nicht mehr nach dem Jenseits gekehrt, sondern nach dem Diesseits, nicht mehr rückwärts, sondern nach der Zukunft sich ausstreckend in dieser Wirklichkeit; und diese Zukunft wird im Laufe der Weltgeschichte mehr und mehr verstanden als eine in lange Jahrhunderte der Menschheit hineinreichende. Wer nun dieses glaubte, konnte auf eine Erneuerung des bestehenden Weltreichs hoffen. Warum (dachten viele weise Männer) sollte das

Chriſtenthum, von der jüdiſchen Hülle entkleidet, und von Griechen und Römern als Grundlage aller menſchlichen Geſittung angenommen, hinfüro nicht feſter als je das Weltreich zuſammenhalten? Dieſes Reich hatte von Conſtantin bis Theodoſius die Religion des Geiſtes als Reichsreligion aufgenommen. Aber Chriſtus ſchneidet alle dieſe Vorausſicht ab ſchon durch ſeinen Ausſpruch: man ſolle neuen Wein nicht in alte Schläuche faſſen. Aber es heißt auch bei Lucas ausdrücklich, Jeruſalem wird von den Heiden unter die Füße getreten werden, bis die Zeiten der Heiden erfüllt ſind. Dieſes nöthigt uns alſo, in der Deutung noch zu fernern Zeiten zu gehen.

Die dritte Epoche beginnt nach dem Vorhergehenden, in Jeſu Geiſt mit dem Untergange des heidniſchen Rom, alſo mit der Errichtung ſolcher chriſtlichen Reiche, in welchen das ihrerſeits erneute Jeruſalem hoffen darf, die Aufnahme der Schweſter zu finden. Aber es kommen in dem chriſtlichen Weltreiche der Griechen und Römer keine Tage der Freude mehr. Jetzt erſt beginnen die großen Weltbewegungen, ſinn- bildlich dargeſtellt in Erſcheinungen am ſichtbaren Himmel; keine Macht bleibt uner- ſchüttert, kein natürliches Licht erhellt ſich; Finſterniß ſcheint die Erde bedecken zu ſollen. Aber gerade in dieſer Verfinſterung wird der göttliche Menſchenſohn ſichtbar werden und erſcheinen und Gericht halten; aber ob perſönlich, leibhaftig oder im Geiſte ſeiner Gemeinde, das hat er nicht geſagt, und die Apoſtel wußten es ſo wenig, als ſie die Zeit wiſſen konnten, welche ſelbſt dem Sohne nicht war offenbart worden.

Bedenken wir nun einmal die ungeheure Bedeutung und Tragweite dieſer welt- geſchichtlichen Schauung, wie man auch Einzelnes faſſen möge. Wo iſt je eine ähnliche Weiſſagung und Schauung auch nur entfernt ausgeſprochen, als dieſe, welche nach faſt zweitauſend Jahren noch nicht erſchöpft iſt, wol aber gerade in dieſem Jahrhunderte als eine immer mehr und mehr ſich entwickelnde und offen- barende ſich kundthut? Und wann ward ſie von Jeſus gegeben? Wann ward ſie ausgeſprochen und eingeprägt? Sie ward vor zwölf noch faſt ganz im Verſtändniſſe un- mündigen Jüngern geſprochen, in den ſchweren Stunden des nahenden Verraths und Todes; nach einem Tage großer innerer Erhebung und höchſter Weihe, aber auch bitterer Enttäuſchung. Nur die unzerſtörbare Liebe zum Stammesvolk und göttliche Langmuth konnte bis dahin noch hoffen, daß der Geiſt des Beſſern ſich in den Maſſen regen würde. Dieſer höchſte Augenblick war vorübergegangen ohne Wirkung. Scheinbar war nie ein Menſch ſo gottverlaſſen geweſen, ſo auf ſich ſelbſt zurückgeworfen. Ge- ächtet und landflüchtig, von den furchtſamen Freunden geſchieden, war Jeſus nur von einer kleinen, noch geiſtlich unmündigen Schaar umgeben — unter ihr der Verräther, deſſen Namen ſeitdem der Abſcheu der Welt, das Sinnbild alles Verruchten iſt! Und gerade da eröffnet ſich Jeſu der Blick in die Zukunft der Menſchheit, ſein Mund thut ſich auf in ernſter, ſchauender Betrachtung, und es quellen hervor die erhebendſten Offenbarungen; es ſind nicht die weltlichen Verhältniſſe, die politiſche Beziehung, aber es iſt doch die Wirklichkeit der damals keimenden Zuſtände vom Mittelpunkte der Welt- geſchichte geſchaut, als Entwickelung des Gottesreichs auf der Erde. Und jetzt, nach bald zwei Jahrtauſenden, ſehen wir wie die angedeuteten Ereigniſſe eingetreten ſind und immerfort ſich entwickeln.

In dieſen Betrachtungen vergingen Dienſtag und Mittwoch, und der Vorabend des Todestags rückte heran.

Zweite Handlung.

Die große Nacht, oder Abendmahl und Seelenkampf.

Gegen Abend zog Jesus zu einem andern stillen Hause am Oelberg, wo er sich ein Mahl hatte bereiten lassen. Wie trübe sahen Stadt und ihre Umgebungen jetzt aus, verglichen mit dem Mittage des Einzugs. Das Getümmel war verrauscht. Die Tausende des Volks, Juden und Judengenossen, welche am 10. Nisan, unserm Montage, damals am zweiten jüdischen Wochentage, im Thor und Tempel Jerusalems einherwogten, mehr oder weniger jeden Augenblick einer großen Entwickelung gewärtig, waren, bis auf ein kleines Häuflein gläubiger Seelen, enttäuscht oder hohnlachend auseinander gestoben. Während sie nur daran dachten, Stadt und Tempel zu besehen und Alles zur Feier der großen Erinnerung des Auszugs vorzubereiten, verabredeten Priester und Pharisäer Mittel und Wege, Zeit und Stunde, um der Person des wunderbaren Galiläers habhaft zu werden, und ihn selbst für immer zu beseitigen. In den Augen der Welt war Alles vollständig zu Ende; jener Galiläer, der als davidischer König unter dem Jubel eines Volkshaufens eingezogen war, hatte sich nach verfehlter Unternehmung entfernt und war spurlos verschwunden; die gefürchtete Volksbewegung war, allem Anscheine nach, in sich selbst zusammengesunken.

Und was that Jesus jetzt? Er zog zu dem Todesmahl, welches er sich und seinen Jüngern an dem von ihm auserwählten Orte in der Stadt selbst hatte bereiten lassen. Das Passahmahl und doch nicht das Passahmahl! Denn der Juden Mahl, das Denkzeichen an die große Nacht des Frühlings-Vollmonds, als Moses, mit dem ewigen Sittengesetze im Geiste, das erwählte Volk über den Meeresgrund aus Aegypten führte, — dieses Mahl sollte ja im Jahre der Stadt 782 von den Juden an dem Todestage dessen gefeiert werden, welcher bestimmt war, aller irdischen Opfer und vorbildlichen Gottesdienste Ende und Erfüllung zu sein. Jesus sah das voraus in jenem schauenden Geiste, in welchem er schon seit Monaten Verrath und Tod geahnt und den schauernden Jüngern vorherverkündigt hatte. Auch mit dem bewußten Verstande mochte Jesus wissen, daß sein Tod herannahte. Die Priesterherrschaft hatte beschlossen, ihn noch vor dem Feste tödten zu lassen. Geächtet war er schon seit Monaten. Dieser Aechtung zum Trotze war er feierlich in Jerusalem eingezogen, aber Nachstellung und Verrath wirkten seitdem nur noch thätiger und tückischer im Dunkeln. Der Verräther war in der Zwölf Mitte, von Keinem durchschaut als von seinem Meister. Die übrigen Jünger waren treu, aber ohne Muth; gläubig, aber ohne Verständniß. Welch ein trostloser

Anblick für den, welcher diese Schwachheit kannte. Nie schien eine große Sache rettungslofer verloren. Denn alle Hoffnung der Welt konnte doch nur auf diesen elf schwachen, unmündigen Jüngern ruhen. Sie, die Verzagten, mußten muthig werden bis zum Tode, und ein Geist mußte in die Schwachen fahren, der sie fähig machte, nicht allein ohne ihren Meister das Richtige für sich zu finden in den göttlichen Dingen, sondern auf den Trümmern des Judenthums das geistige Leben der stolzen Hellenen und Römer zu entzünden. Jesu persönliche irdische Laufbahn war zu Ende. Entweder war sein Leben eine Täuschung gewesen und sein Gottesbewußtsein ein leerer Traum, oder jene elf Jünger waren bestimmt, den Grund zu legen für die Religion des Geistes, Zeugniß ablegend im Leben und Sterben von dem, in dessen erhabenen Geiste Anfang und Ende der Weltreligion sich offenbart hatte. Aber im Vordergrunde stand, auch im günstigsten Falle, nur Zerstörung. Der Tempel des Einen wahren Gottes sollte untergehen, der Heiden glänzende Heiligthümer sollten in Schutt versinken; und doch war den Trägern der Zukunft kein Gottesdienst offenbart, keine Ordnung des Priesterthums gegeben und keine Regel des Glaubens vorgezeichnet. Ja der geistige Sinn ihrer eigenen heiligen Urkunden und Ueberlieferungen mußte ihnen erst erschlossen werden.

Dieses war die Lage der Dinge und dieses die Stimmung der Gemüther, als Jesus beschloß, in der letzten Nacht die neue Genossenschaft der Menschheit zu weihen. Ein neues gemeinsames Gottesbewußtsein sollte gegründet werden für den gemeinsamen Verkehr der unsterblichen Menschenseele mit ihrem ewigen Urfein, in der Weihe jener Anbetung in Geist und Wahrheit, welche das gottesdienstliche Gelübde und Bekenntniß nicht trennt von der Bethätigung im Leben. Aus diesem Gottesbewußtsein sollte dann eine neue gesellige und bürgerliche Gemeinschaft der Menschen untereinander hervorgehen, von welcher weder das Volk der Juden, noch Griechen und Römer einen Begriff gehabt, den unter allen nur wenige gottbegeisterte Seher und Denker geahnt. Das aus dem Geist geflossene Wort Gottes war der Same, und das Ackerfeld war die Welt, jene gottergebene Wirklichkeit in Haus und Hof und Stadt und Land, welche so ganz im Argen lag. Beides aber, die neue Anbetung und das neue Gemeinwesen, sollten ruhen auf dem Gefühle und auf der Erkenntniß, daß des göttlichen Wesens tiefster Grund die ewige Liebe sei.

Dieses und nichts Geringeres war der Zweck der Einsetzung des Gedächtnißmahls der Liebe. Das tägliche Mahl des Hausvaters oder der Genossenschaft sollte eine menschlich = göttliche Weihe erhalten, zum Gedächtnisse des freien Opfertodes Jesu werden und zur Grundlage des künftigen Gesammtlebens, sowol in Familie, Gemeinde und Volk, als in der gemeinsamen gottesdienstlichen Anbetung. Es sollte verbunden werden mit dem Gelübde der dankbaren Gemeinde, und dadurch erhoben werden zum Sinnbilde und zur Bekräftigung des nicht mehr zu unterbrechenden Pulsschlags jenes neuen geistigen Lebens, welches von Jesu Leben, Lehren und Tode auf die Menschheit ausströmte. Das Reich der Selbstsucht und der Gewalt sollte dem Reiche der Gerechtigkeit und der Liebe den Platz räumen, die Reiche des Bösen sollten Reiche Gottes werden.

Nur von diesem Gesichtspunkte betrachtet, nur aus diesem Mittelpunkte angeschaut, erklären sich die Worte Jesu und werden alle Theile der großen Handlung durchsichtig, welche jene heilige Nacht einschloß, und die Uebergehung dessen, was wir die Einsetzung des Mahles des Herrn nennen, bei Johannes. Die Feier war ein Mahl; die Weihe, das allgemeine Gebet des jüdischen Hausvaters; aber dieses Mahl sollte mit Hinweisung auf die Todesweihe und dessen Frucht gefeiert werden, und dieses Gebet war bei Jesus aus einer Danksagungsformel für Brot und Wein, ein allgemeines freies

Dankgebet, wol auch mit Ermahnung, geworden. An der geistigen Fassung und dem begeisternden Vortrage dieses Gebets erkannten ihn die Jünger von Emmaus, welche nicht bei dem Passahmahle gegenwärtig waren und die bei demselben gesprochenen Worte nicht gehört hatten. Die Augen und Hände emporhebend zum Vater mußte er also, wie bei jenem ersten Mahle der Gemeinschaft zu den Fünftausend, so auch später beim gemeinsamen Mahle, Worte der Weihe und der Ermahnung geredet haben. Also die besondern Worte des Mahls des Gedächtnisses abgerechnet, war das Mahl wie jene andern; und diese Worte kommen auf zwei feierliche zurück. Einmal die Beziehung des vertheilten Brodes und Weines auf seinen Tod, Sinnbilder seines willig von ihm hingegebenen Leibes und seines zur Erweckung des göttlichen Lebens in der Menschheit vergossenen Blutes. Zweitens das Gebot, diesen Tod zu verkündigen bis zur Wiederkunft des Herrn. Diese besondere Beziehung nun wußte jeder zur Gemeinschaft der Gläubigen zugelassene Christ; es war also nicht nöthig, dieselbe ausdrücklich hier anzuführen. Hatte ja doch Lucas schon den Bericht vollständiger und geschichtlicher gegeben, als die beiden ersten Evangelien! Es war aber auch wol eine besondere Rücksicht, welche Johannes davon abhielt. Die Feier des Mahls war damals schon lange in den Gottesdienst der Christen aufgenommen, und das Mahl selbst verschwand hinter den Geboten und Gelübden, die sich daran knüpften zur Erfüllung jener Gebote. Das Tischgebet war eben wieder die gewöhnliche Danksagung geworden (obwol gewiß nicht ohne eine Erwähnung des Erlösers) und das Liebesmahl der Genossenschaft war nur eine feierlichere Form eines christlichen Mahls, wobei die Gemeinschaft der Gläubigen besonders hervorgehoben ward, ein Brudermahl. Alles das war das Werk des Geistes Christi; aber die Worte, welche wir die Worte der Einsetzung nennen, drückten dieses nicht aus. Es wäre also nur störend gewesen, dieses Geschichtliche hier näher zu erörtern. Statt dessen berichtet aber der apostolische Augenzeuge, was nur er noch berichten konnte. Er führt uns in das Herz Jesu selbst. Jesu Herz war tief bewegt. Die Stunden waren gezählt. Um ihn her war Alles Nacht. Er lagerte sich zum Mahl, mit dem Verräther im Angesicht. Da erhob sich beim Niederlagern ein Rangstreit unter den Jüngern, ein Streit der Liebe, der aber nicht frei war von Selbstsucht und Ehrgeiz. Und Jesus stand wieder auf vom Lager und verrichtete an den Jüngern ein niedriges Amt der dienenden Liebe. Die That war Lehre und die Lehre war That; der Meister dient den Jüngern aus Liebe, weil er sie liebt im Leben und im Sterben und bis zum Tode. Also sollen auch die Jünger und alle Genossen und Brüder des neuen göttlichen Reichs dienend sich lieben und liebend wetteifern, indem einer dem andern dient. Zwei Gestalten treten bei dieser ersten Handlung und Lehre hervor: Petrus mit seinem unbedachten Weigern und seiner überwallenden Inbrunst, und Judas Ischarioth mit dem zu fluchwürdiger That reifenden Verrathe im Herzen. Jenem ruft Jesus Worte zu, deren Sinn er erst später verstehen lernte; daß der Gläubige Alles nur durch die Gemeinschaft mit dem Geiste Christi ist. Dazu bedarf es keiner weitern Sühne, keiner Reinigung als durch den lebendigen Glauben. Der Gläubige ist rein trotz des Schmutzes der Welt, welcher beim Wandeln durch das dunkle Thal der Zeitlichkeit sich an seine Füße ansetzt. Das göttliche Leben im Innern muß ihn aber fortdauernd reinigen, damit er sich in seinem Bewußtsein als einen vor der ewigen Heiligkeit Gerechtfertigten erkenne und empfinde. Wie der gebadete Pilger nur des Abwaschens des Staubes an seinen Füßen bedarf, um rein zu sein und am Mahle theilzunehmen, so bedarf der Gläubige nur des Abschüttelns des Staubes vom irdischen Kampfe, um Gott wohlgefällig das Vollkommene darzustellen im Unvollkommenen, das Sein im Werden, das Unendliche im Endlichen. Aber der Weg dazu ist die dienende Liebe, in Demuth und Treue, und kein anderer, also fortdauerndes Opfer des Selbst im Leben.

Von dem Allen zeigt sich das Gegentheil im Judas. Sein Anblick stört das bewegte Herz des Meisters. Mitten unter seinen Reden an die treuen Jünger tritt ihm der Verräther vor den Geist, und ein Spruch der Schrift, der da sagt: „Der das Brod mit mir isset, hat seine Ferse wider mich erhoben." Er will fortfahren in der begonnenen Lehre und Herzensergießung und den Jüngern Muth einsprechen, wenn er sie nun bald allein läßt, ohne Meister und Lehrer, und sie mitten unter die feindliche Welt sendet. Aber des Verräthers Anblick stört ihn. Er ergrimmt im Geist über den unerhörten Verrath. Er beschließt ihn wegzusenden, ehe er das feierliche Abschiedsmahl beginnt mit dem weihenden Gebete. Er gibt ihm einen Bissen und befiehlt ihm zu gehen.

Judas ging hinaus. „Es war aber Nacht." Aber jetzt gerade brach die Sonne der Liebe aus Jesu Geist und Mund stärker hervor als je. Es war die zweite Todesweihe. Die erste war vollzogen vor vier Tagen, als Jesus über den Oelberg in Jerusalem einzog und die Stadt mit Thränen anblickte, und dem Tode in die Augen schaute, der seiner dort wartete. Damals hatte er ausgerufen: „Jetzt ist meine Seele betrübt. Und was soll ich sagen? Vater, rette mich aus dieser Stunde! Doch darum kam ich in diese Stunde. Vater, verkläre deinen Namen!" Die zweite Todesweihe tritt jetzt ein. Der Tod naht unaufhaltsam heran, schon ist der Verräther hingegangen, die Häscher zu holen. Und Jesus spricht: „Nun ist des Menschen Sohn verkläret, und Gott ist verkläret in ihm, und Gott wird ihn verklären in sich selbst, und wird ihn bald verklären."

Jetzt begann das feierliche Mahl des Gedächtnisses. Der Verräther war weggeschickt; nur die Getreuen, wenn auch Schwachen, waren um den Herrn versammelt. Wir haben gesehen, wie es sich erklärt, daß Johannes in der Erzählung übergeht, was den Gemeinden als Einsetzung des heiligen Mahls aus den Evangelisten bekannt und in der Ueberlieferung fest geworden war. Aber er setzt voraus, was Jeder wußte, und wie das vorhergehende Gebot der dienenden Liebe, so erklärt sich, was jetzt folgt von Ermahnung, Trost und Lehre nur, wenn die eigenthümliche Weihe des dazwischenliegenden Mahls berücksichtigt wird. In dieser Feier lag die Veranlassung zum täglichen Gedächtnisse an Jesus und seine erlösende That. Es war merkwürdigerweise gerade ein Jahr, seit Jesus in der Einöde am See, die Augen zum Himmel emporhebend, vor den gelagerten Fünftausenden Brod und Fische gesegnet und in der zusammengelaufenen Menge jenen wunderthuenden Geist hervorgerufen hatte, welcher Nahrung zum Ueberflusse für Alle zum Vorschein brachte. Wie ganz anders mußte jetzt das Segensgebet über die kleine Schaar, bei Vertheilung von Brod und Kelch die Jünger mit Ehrfurcht und dem Gefühle der Gottesnähe erfüllen. Noch konnten sie den Gedanken an Jesu Tod und ihr Alleinstehen in Noth und Verfolgung nicht fassen. Aber er hatte ihnen unvergeßliche Worte gesagt, zum täglichen Gedächtniß. Er hatte Worte höherer Weihe gesprochen. Wol lag in denselben eine weltgeschichtliche Entwickelung und Zukunft; aber Jesu Tod und ihre Dankbarkeit waren ein für allemal in ihre Herzen eingeprägt. Sie erkannten bald in der Gemeinde, als Gottes Geist über sie gekommen war, daß von nun an jedes gemeinsame Mahl der Gläubigen eine Erinnerung sein sollte dieses Mahls, also ein Andenken des freiwilligen Opfertodes Jesu und eine Aufforderung zur Dankbarkeit und Nachfolge. Wie er das Brod brach und unter Alle vertheilte, damit sie davon sich nährten, so sollten sie bei ihren Mahlzeiten gedenken, daß sein Leib für sie gebrochen worden, damit sie durch diese aufopfernde Liebe zum Glauben an das werdende und wachsende Gottesreich gestärkt und in der Liebe zu Gott und den Brüdern erhalten würden. Und wie der Wein ausgegossen wurde in den Kelch zur Stärkung des leiblichen Lebens, also sollte die Vergießung des Blutes Jesu ihr geistiges Leben mitten im Kampfe gegen die Welt stärken und kräftigen. Jesu Tod besiegelte den Neuen Bund Gottes mit der Menschheit; deshalb sollen sie immerdar dieses Todes gedenken. Dahin gehen die Einsetzungsworte, und wir dürfen zu ihrer Erklärung die tiefsinnigen und schweren Worte des Geistes herbeiziehen, welche Jesus vor einem Jahre, am Tage jener Speisung, zum Aergerniß des Haufens ausgesprochen hatte: „Ich bin das Brod des Lebens, das vom Himmel herniederkommt, und das Brod, das ich geben werde, ist mein Fleisch, welches ich geben werde für das Leben der Welt" (Joh. 6, 48—51).

Jesu Leben und Tod ist Jesus leibhaftig: die Mittheilung seines Geistes. Es ist Jesus, nicht sinnbildlich, sondern wahrhaftig, und der wahre Leib des Herrn ist die aus diesem Geiste hervorgehende Einleibung der Menschheit in Gott. Sie ist die im Laufe der Jahrtausende sich vollziehende Verwirklichung des Sohnes, des wahren Menschen in der Menschheit, gerade ebenso, wie des Sohnes irdisches Leben die Verwirklichung des ewigen Vaters in der irdischen Persönlichkeit ist.

Hierauf also zurückblickend, spricht Jesus jenes große Wort:

Nun ist Gott verklärt in des Menschen Sohn.

Darauf hinblickend gibt er ihnen das neue Gebot. Nicht neue Gesetzestafeln, nicht neue Bräuche und Formeln; nein, das neue Gebot der Liebe, als der wahren Jüngerschaft einzig sicheres Kennzeichen. Aber ehe er tiefer eingeht in das große offenkundige Geheimniß der göttlichen Liebe, zieht ihn des Petrus Frage wieder zurück zum Schmerze der Erde. „Wo ich hingehe, da könnt ihr nicht hinkommen; aber liebet euch untereinander." So hatte der Herr gesagt, seinen nahen Tod andeutend. „Ich will dir folgen bis in den Tod", ruft Petrus ihm entgegen. Aber Jesus warnt ihn, ein solches Gelöbniß zu thun, denn er wußte wol, daß dem unerfahrenen Jünger die Kraft dazu fehlte und daß es auch nicht im Gange der Weltordnung lag, daß seine Jünger für ihn den Kampf mit der Obrigkeit und Gewalt unternähmen. Wol mag es bei dieser Gelegenheit gewesen sein, daß er den Jüngern sagte, was Lucas hier berichtet: Nehmet den Beutel, Tasche und Schwert, denn ihr werdet hinfort für euch selbst sorgen und euch wehren müssen; denn ich werde als ein Uebelthäter abgeführt und hingerichtet werden. Als sie ihm nun zwei Schwerter zeigen, mit denen sie sich bereits, ohne ihm etwas zu sagen, versehen hatten, macht er ihrem Misverständniß ein Ende und sagt: „Es ist genug"; nämlich daß ihr euern guten Willen zeigt, mich zu vertheidigen, und daß ihr später euers Unvermögens, wie euers Unverstandes euch erinnert.

Und daran schließt sich ganz natürlich, was bei Johannes weiter folgt und was wir so zusammenfassen können: Habet Glauben an mich, wie ihr an Gott glaubt; mein Weggehen ist ein Hingang zum Leben, die Bedingung des Lebens, welches in euch bereitet werden soll, und der geistigen Kraft, durch welche ihr ein neues Leben in der Menschheit zu erwecken berufen seid. Aus meinem Tode wird euch, wenn ihr mich liebt und meine Gebote haltet, die göttliche Kraft und der Geist der Wahrheit hervorgehen und bei und in euch bleiben. Wenn ihr erkennt nach meinem Hingange, daß ich im Vater lebe, so werdet ihr auch empfinden, daß ihr in mir lebet, und ich in euch, und daß das Wort, das ihr höret, nicht mein ist, sondern des Vaters, der mich gesandt hat. Im Geiste komme ich wieder zu euch, komme mit des Vaters Kraft; denn er ist größer als ich. Ich unterliege nicht der Macht dieser Welt, sondern ich erfülle ein göttliches Geschick; ich thue wie mir der Vater geboten hat, um den Rathschluß seiner ewigen Liebe zu erfüllen. Nur wenige Stunden sind noch übrig; lasset uns den üblichen Lobgesang singen zum Schlusse des Mahls (Pf. 115—118) und aufstehen und von hinnen gehen. Und nun trat Jesus mit seinen Jüngern aus dem Speisesaale in die Vollmondsnacht hinaus, und redete, was man weiter von Johannes erzählt wird: Worte, welche wir uns sogleich (wie bei ähnlichen Gelegenheiten) anschaulich machen können, wenn wir die umgebende Natur hinzudenken: hier also die an das Haus stoßende Weinlaube oder den Weingarten, welchen der volle Mond erleuchtet. Die an Gottes ewige Liebe gläubige Menschheit gewinnt ihre Kraft nur dadurch, daß sie an das große Werk der Liebe anknüpft, welches sich ihr in Jesus geoffenbart hat. Aber in dieser Lebensverbindung ist sie nicht allein im Stande, das Werk der ewigen Liebe fortzuführen, sie ist auch berufen es zu thun. Und sie wird es thun. Das neue Gottesbewußtsein, dessen Tempel die Gemeinde, dessen Opfer die Hingabe des Herzens, dessen Priester der kindlich gewordene Mensch ist, wird die Welt überwinden, alle jetzt bestehende, auf Selbstsucht und Gewalt gegründete bürgerliche Ordnung umstürzen, das Reich der römischen Unterdrückung sprengen, und allmälig alle Reiche dieser Welt umgestalten in die Reiche Gottes; nicht in einem fernen Jenseits, sondern hier auf dieser Erde, in dieser Zeitlichkeit. Ich gehe von euch, ich kehre wieder auf kurze Zeit, und dann gehe ich zum Vater für immer, und der Geist der Kraft wird in euch kommen, wenn ich zum Vater gegangen bin. Diese Stunde ist die Geburtsstunde der neuen Welt; ihr empfindet jetzt ihre Wehen, aber ihr werdet bald die Freude der Gebärerin empfinden, und diese wird bei euch bleiben immerdar. Ich gehe zum Vater, aber ihr werdet den Vater erkennen, nicht im Gleichniß, sondern in der Wahrheit. Die Stunde ist nahe, daß ihr mich allein lassen müßt, aber der Vater ist bei mir; ich habe die Welt überwunden, nicht die Welt mich. — Das ist ungefähr der Grundgedanke der Reden in der Weinlaube, welche Johannes aufbewahrt hat.

Nun folgt das hohepriesterliche Gebet, oder die Spitze der eigensten Todesweihe und der Weihung der Jünger und der ganzen in die Gottesgemeinschaft aufgenommenen Menschheit. Durch das Opfer, das Hingeben eines endlichen Seins, wird dieses Endliche aufgenommen in das Unendliche, das zeitlich Gewordene in das Ewige, und so die Vereinigung des Göttlichen und Menschlichen vermittelt, sei es durch Aufhebung der Trennung (des Fluchs), sei es durch Belebung der Vereinigung, durch Dank für den empfundenen Segen. Wie nun der Hohepriester des Alten Bundes und die priesterlichen Männer der Heiden in sinnbildlichen Reden und Thaten das Opfer weihen, welches diese Vereinigung des Menschlichen und Göttlichen vermitteln soll, so weiht Jesus sich selbst und die Jünger: sich selbst zum Tode und durch diesen freiwilligen Opfertod zur Verklärung; die Jünger zu Werkzeugen des Geistes in dem neuen Gottesreiche der Erde. Jeder Jünger ist ein Bürger jenes Reichs, alle zusammen eröffnen die Reihe der zu ihrem Ursprung sich wendenden Menschheit. Und also wird das wahre Opfer vollzogen. Aller Opferbegriff wurzelt in dem Verhältnisse des Seins zum Werden, des Unendlichen zum Endlichen. Und so ist es das Geheimniß der Einheit des Vaters, des Sohnes und des Geistes, auf welchem Jesu hohepriesterliches Gebet ruht. Der ewige Vater, alles Werdens wahres Sein und uranfänglicher Grund, ist eins mit dem über die Erde wie ein Schatten hinziehenden Sohne, mit der menschlichen Persönlichkeit in ihrer sittlich vollkommenen Erscheinung. Es ist diese menschliche Persönlichkeit, in welcher das Unendliche endlich, das ewige schaffende Wort Fleisch geworden ist durch das heiligende Wirken der Liebe in ihr. Und diese Persönlichkeit, welche in wenigen Tagen von der Erde verschwindet, nach dem Gesetze alles Zeitlichen, ist wiederum eins mit dem Geiste Gottes in der Menschheit, mit jenem in Vielen lebenden Geiste, welcher die Vereinzelten zu Gliedern des Ganzen macht, welcher die Geschlechter der Menschen darstellt als Gemeinde, als in Gott eingeleibte Menschheit. Dieser Geist soll nun bald die Jünger erfüllen, welche er jetzt im Geiste voraus dem Vater weiht. Er soll unaufhaltbar wirksam übergehen von diesen elf armen und verzagten Jüngern auf Hunderte und Tausende, und dann in Stämmen und Völkern die Weltgeschichte treiben. Wie dieser Geist Gottes zuerst vereinzelte Menschen verbindet mit Menschen in der persönlichen Lebensgemeinschaft mit Jesus, so wird er allmälig Familien ver= einigen zu Gemeinden, Geschlechter zu Völkern, und endlich alle Gläubigen zur Brüder= schaft des großen Reichs, in welchem die ewige Liebe verklärt, d. h. verwirklicht werden soll unter den Menschenkindern. Wie der Sohn den Vater, so verklärt der Geist den Sohn, und wie die geheiligte menschliche Persönlichkeit gleich werden soll dem Unend= lichen, ohne aufzuhören des Endlichen Geschick zu theilen, also soll auch das Viele unter den Menschen eins werden, ohne daß die menschliche Persönlichkeit untergehe, vielmehr soll diese erst recht freigemacht und der Vollendung zugeführt werden. In diesem Sinne allein sind Vater, Sohn und Geist eins, und wer den Sohn leugnet, der kann nicht an den Vater glauben; wer aber den Geist lästert, als das Böse, der ist allem göttlichen Leben für immer entfremdet. Wer nicht glaubt, daß ewige göttliche Wahr= heit, Weisheit und Liebe sich offenbart in der Endlichkeit, im Sohne, trotz der Be= schränkung, die seiner Erscheinung anklebt, trotz der Versuchung, die ihn anfällt, und trotz der ganzen Knechtsgestalt, die ihn verhüllt, der glaubt auch nicht wahrhaft an Gott, das heißt an die vor aller Zeit seiende ewige Gottheit. Und wer die Macht anerkennt und nicht die Güte, nicht glaubt, daß es der Geist des Guten und nicht des Bösen sei, welcher sich in der Weltgeschichte offenbare, der glaubt auch nicht wahr= haft an die Offenbarung des Göttlichen in dem Einen, selbst wenn er ihn auch äußerlich zum Gotte machte und anbetete. Oder mit andern Worten: Wer das Göttliche leugnet in dem vollendeten, sittlichen Menschensohn, in welchem das Göttliche Natur geworden, in dem geheiligten Verkündiger und Darsteller dieser Göttlichkeit, in welchem das Göttliche alles Selbstische vertilgt und ihn zum Bewußtsein der Gottesgleichheit erhoben bei tiefster Demuth und Erniedrigung, der glaubt auch nicht vernünftig und wirksam an den über und außer aller Zeitlichkeit und allem Werden seienden Einen, unveränderlichen, leiblosen Gott. Und wer leugnet, daß das Gute der Grund sei alles Werdens, und daß die sittliche Weltordnung ebenso unbesiegbar die Welt des Geistes beherrsche und zusammenhalte, wie (um modern zu reden) die Schwerkraft Grundgesetz des Stoffs ist, welches unser Planeten= und Sonnensystem und alle Himmelskörper zusammen und im Umschwunge erhält, der glaubt auch nicht wahrhaft, daß der ewige Gott sich wirklich und wesentlich in Jesus von Nazareth geoffenbart hat. Wer aber in dieses Geheimniß mit Sittlichkeit und Ernst und in Demuth eingeht, der findet, daß, sowie der Mensch nicht einmal sein gegenwärtiges Bewußtsein aufbauen kann, ohne das Unendliche zu Grunde zu legen, also der endliche Geist auch keine andere Endbestimmung haben kann, als ver= klärt zu werden in dem unendlichen; der erfährt, daß er das ewige Leben gerade dadurch gewinnt, daß er das endliche Wesen, als verneinendes Selbst, freiwillig und in dankbarer Liebe aufgibt. Denn daß Gott die Menschen zuerst geliebt hat, heißt nichts anders, als daß die ewige, über alles Werden erhabene, im Selbstbewußtsein selige Gottheit vor aller Zeiten Anfang sich hingegeben hat in die Zeitlichkeit, in die Wehen des Werdens, und so alles endliche Sein theilhaftig macht des ewigen Seins. Und gerade wie bei der Einsetzung des Mahls der Liebe, so steht auch hier dieser höchsten Auffassung des Gedankens gegenüber die einfachste und natürlichste Grundlage des menschlichen Gemeinwesens, die Gemeinde. Der Geist, der Gottheit Höchstes, hat seine, obwol unvollkommene, weil in der Endlichkeit noch befangene Darstellung, nicht in dem Gedanken des größten und tiefsten Denkers, sondern in dem Gewissen der Gemeinde. Es ist die Gemeinde, welche den Geist hat, nicht der ihr vereinzelt gegen= überstehende Lehrer und Apostel; denn was er von ihm hat, hat er in der Gemeinde. Dieses Alles sagt Jesus mehrmals in jenem einzigen hohepriesterlichen Gebete, und insbesondere zusammenfassend in den Worten:

> Ich heilige mich selbst für sie, auf daß auch sie in Wahrheit geheiligt seien; ich bitte
> aber nicht für diese allein, sondern auch für die so durch ihr Wort an mich glauben,
> auf daß sie Alle eins seien, gleichwie du, Vater, in mir, und ich in dir; daß auch
> sie in uns seien, damit die Welt glaube, du habest mich gesandt.

Dritte Handlung.

Der große Tag, oder der Opfertod.

Die Geschichte des großen Tags zerfällt in drei Abtheilungen, mit bestimmten Zeit=
schranken. Den Mittelpunkt bildet die Kreuzigung, beginnend bald nach der sechsten
Stunde (Mittag) und dauernd bis in die zehnte Stunde hinein, also etwa von halb
ein Uhr bis halb fünf. Gericht und Verurtheilung, mit der Geißelung in der Mitte,
gehören in die Zeit von etwa sieben Uhr Morgens bis gegen Mittag; Kreuzesabnahme,
Zurüstung der Leiche und Grablegung füllen den Rest des Tags aus, so jedoch, daß
vor Eintritt des Sabbaths (sechs Uhr) Alles beendigt war.

Zwei gleich verwerfliche Richtungen kämpften gegeneinander; der rücksichtslose, wohl=
berechnete Fanatismus der hohepriesterlichen Partei, und die rücksichtsvolle, aber voll=
kommen grundsatzlose Schwäche des römischen Weltmanns Pilatus. Nur durch ein
Streiflicht zeigt sich im Hintergrunde auf der einen Seite der unsittliche und herzlose
Herodes Agrippa, welcher Jesus mit Neugier empfängt, und, da er ihn so ganz hülf=
los sieht, mit Spott und Hohn entläßt. Auf der andern Seite erscheint im Dämmer=
lichte ein römischer Unterbefehlshaber der Cohorte einer damals in Palästina stehenden
Legion, möglicherweise einer germanischen. Menschliches Mitgefühl zeigt sich aber nicht
allein bei jenem Hauptmanne, sondern auch bei zwei edeln Juden, von welchen einer
der uns von früher her bekannte Nikodemus war, Mitglied des Hohen Rathes. Unter
den Jüngern ragt Johannes hervor, durch thätige Theilnahme an Allem, was dem
geliebten Meister begegnet, und als treuer Begleiter der Mutter; die dienenden Frauen,
von welchen nur die galiläischen namhaft gemacht werden, stehen, wol mit Jüngern und
Freunden, im Hintergrunde des entsetzlichen Leidensauftritts.

Aber nicht ein Leiden haben wir hier zu betrachten, sondern vorzugsweise ein Han=
deln, ein schweres und leidensvolles, aber auch von göttlicher Hoheit und Würde ge=
tragenes. Die größte That der Weltgeschichte ging hervor aus der größten und reinsten
Hingebung des persönlichen Willens in den Gotteswillen, allein sie offenbarte zugleich
die höchste Energie des Geistes und die höchste sittliche Kraft des Gemüths.

Das zeigt sich sogleich in dem ersten Abschnitte der Handlung. Nachdem Pilatus,
dem jüdischen Fanatismus abhold und zugleich von der gottesfürchtigen Gemahlin
gewarnt und günstig gestimmt, vergebens versucht hat, den Priestern die ganze Verant=
wortlichkeit zuzuschieben, wohl wissend, daß sie ohne seine Zustimmung nicht zum Aeußersten
schreiten können, läßt er Jesus selbst vor sich kommen. Die Frage: „Du bist der
Juden König?" beantwortete Jesus mit einer Gegenfrage, welche die Antwort einschloß,

zugleich aber auch dem Pilatus ins Gewissen gedrungen wäre, wenn er eins gehabt hätte. So zeigte sie ihm nur, daß er keinen um Erbarmen flehenden Schuldigen oder Halbschuldigen vor sich hatte, wol aber einen vollen Mann, der im Bewußtsein seiner Unschuld, bei aller Demuth frei, entschlossen, rücksichtslos zu ihm redete. Willst du (sagt Jesus) von mir eine Antwort haben auf eine Frage, zu welcher du berechtigt bist durch deine eigene Kenntniß der Thatsachen, so zeige mir deine Thatsachen an, damit ich mich darüber verantworten könne. Sagst du aber nur, was du von den Juden gehört hast, so wirst du ja doch vorher die Sache selbst prüfen wollen, da du mich zu dir vorgefordert hast. Als nun Pilatus ihm, gleichsam verweisend, sagt, er frage nicht gehässig oder aus eigenem Verdachte, aber Obrigkeit und Volk der Juden haben ja ihren Landsmann selbst so hart angeklagt und verlangen seinen Tod, da macht er ihn aufmerksam auf die Thatsache, daß seine Verhaftung ohne Widerstand stattgefunden. Wäre das Reich, von welchem er gepredigt, irdischer Art, so würde er sich doch einen mächtigen Anhang verschafft haben, statt einer kleinen, der Waffen unkundigen Jünger- schaar. „Mein Reich ist nicht von dieser Welt." Pilatus greift dieses Wort und das darin liegende Zugeständniß begierig auf, und fragt: „Also ein König bist du, denn du redest von einem Reiche?" „Ja, ich bin es", spricht nun Jesus unverhohlen aus, „und zwar ein geborener König; ich bin darum in die Welt gekommen, daß ich der Wahrheit Zeugniß leiste." „Was ist Wahrheit?" ruft Pilatus aus, das Musterbild einer unter- gehenden Welt, welche die Fähigkeit an Wahrheit zu glauben, und für eine sittliche Ueberzeugung zu leben und zu sterben, in ihren Leitern und in den Massen verloren hatte. „Was ist Wahrheit?" Wissen es in jener Zeit die Herren der Welt doch selber nicht, und haben aufgehört, sich darum zu bekümmern, seitdem sie sich überzeugt, daß die angeblich Weisesten der Menschen, die griechischen Philosophen, sich darüber gestritten haben, und ihre Nachfolger nur Schulgezänk über leere Worte treiben! Wahrheit! Zeugen für die Wahrheit? Und zeugen durch ein Lehren vor diesem Volke, welches Göttern und Menschen verhaßt ist, welches auf die Burg Antonia stürmt, um den Tod dessen von mir zu fordern, der als Zeuge für das Gottesreich auftritt! Dieser Mensch ist kein Verbrecher, kein Uebelthäter, kein Verräther, wol aber ein redlicher, mitleids- werther Schwärmer!

Mit solchen Gedanken läßt er Jesus stehen und geht wieder hinaus zu den Juden, die trotz ihrer Neugier doch um keinen Preis in das Richthaus hatten eintreten wollen, damit sie sich nicht für die Passahfeier des Abends verunreinigten. Seine Stellung zu ihnen war vom Rechtsstandpunkte insofern schwieriger geworden, als Jesus seinen Anspruch auf die messianische Würde eingestanden hatte, wovon Pilatus so viel verstehen mochte, daß die Sache vom jüdischen Gesichtspunkte eine ebenso bedeutende war, als sie politisch, bei einer solchen Persönlichkeit, der Römerherrschaft nicht die geringste Gefahr drohte. Er besteht also nicht mehr auf gänzlicher Straflosigkeit; er geht auf ein Abkommen aus, wonach das Leben Jesu sichergestellt würde, und doch dem jüdischen Rechte und der Würde der Priesterschaft Genüge geschähe. Er bedachte nicht, daß das Halbe und Unhaltbare seines gewissenlosen Vorschlags, ihm als Ruhestörer die Geißelung geben zu lassen und dann freizugeben, auf ihn und Jesus mit verdoppelter Schwere zurückfallen müsse. Sowie er zugab, daß Jesus nicht ganz unschuldig sei und daß seine Anmaßung messianischer Würde eine Bestrafung erheische, war Jesus verloren. Er war gar nicht schuldig, oder er war, nach jüdischen Begriffen, des Todes schuldig.

So erfolgte, als Schluß dieser Verhandlung, gleichsam als polizeiliche Strafe, die römische Geißelung.

Diese Strafart war nicht allein schmerzlich, sondern auch schimpflich im höchsten Grade; ja sie war bei Verurtheilung zum Kreuzestode der erste Theil der Strafe, der Anfang der Hinrichtung. Und die Ueberlieferung bei Marcus, von der „dritten Stunde" — neun Uhr — als der Zeit des Anfangs der Kreuzigung hat hier ihren thatsächlichen Haltpunkt.

Die Strafe ward nicht allein mit Strenge, sondern auch mit Hohn und Spott vollzogen. Vorher sandte ihn — nach des Lucas Bericht — Pilatus zu dem damals in Jerusalem anwesenden Herodes Agrippa, als Zeichen seiner Rücksicht auf das Unter= thanenverhältniß Jesu zu dem Fürsten Galiläas, dem „angestammten" Landesherrn, dem edomitischen Fürsten, des Usurpators Sohn, dem Mörder des Täufers. Es war der Purpurmantel, welchen der boshafte Fürst dem angemaßten „Könige" umwerfen ließ, als Zeichen, wie wenig er sich aus der Verurtheilung eines solchen Menschen mache; die Soldaten verstanden den Wink; sie drückten, zur grausamen Vervollstän= digung der Bosheit des Herodes, eine Dornenkrone auf sein Haupt.

In diesem Aufzuge führte nun Pilatus Jesus dem Volke und dem Hohen Rathe vor, um ihr Mitleiden zu erregen, und ihnen die Unmenschlichkeit zu zeigen, einen so hülflosen und gänzlich vernichteten Menschen, auf den doch kein politisches Verbrechen gebracht werden könne, als einen Hochverräther ans Kreuz zu schlagen. Das offenbar ist Sinn und Zweck seines Vorführens und der weltberühmten Worte: „Sehet, welch ein Mensch!" Die nie absterbende geheime Kraft dieser Worte (s. z. Joh. 19, 5), das grauenhaft Er= habene derselben, liegt eben in dem unbeabsichtigten Gegensatze des Sinnes, worin Pilatus die Worte Ecce homo! aussprach, und der weltgeschichtlichen Bedeutung, welche sie tragen. Der Gegenstand des tiefsten Mitleids, der Mensch der jammervollsten Erniedrigung ist derselbe, welcher seitdem, selbst in den Augen der Ungläubigen, die Umwandlung der Welt mehr als alle Kaiser und Eroberer bewirkt; welcher nicht allein den Untergang Jerusalems und seines Tempels und seiner Priesterschaft beschleu= nigt, wo nicht herbeigeführt, und dessen Kreuz über den Trümmern des Kaiserpalastes aufgerichtet ist. Ein Mensch! Ja wohl, ein Mensch! Der Mensch, das göttliche Urbild des Menschen in niedrigster Knechtsgestalt! Nur ein Mensch? Ja nur ein Mensch, weder ein Priester, noch ein König, ja in diesem Augenblicke den Juden sowenig ange= hörig als den Griechen und Römern; aber gerade deswegen, weil er ganz der Mensch, der Menschensohn war, der Gottmensch, der Sohn Gottes! Das ist die erhabene Ironie der göttlichen Weltordnung, welche Hohe und Gewaltige der Erde niederstürzt. Das ist der Gipfel des Tragischen der alten Welt und zugleich sein Gegensatz. Die menschliche Tragödie ist uns nur dadurch erträglich und erhebend, weil sie den Untergang der selbstverschuldeten Größe uns darstellt; die göttliche Tragödie führt uns den scheinbaren Untergang des Unschuldigen und Gerechten vor und lehrt uns ihn ertragen, ja erhebt uns durch ihn über uns selbst, indem sie uns die Herrlichkeit fühlbar macht in der Erniedrigung, die Güte der Gottheit uns begreifen lehrt in dem scheinbar Uner= träglichen, den Trost und den Triumph der Ewigkeit uns in der bittern Schale unver= dienten Todesleidens reicht.

Die hohepriesterliche Partei ließ sich weder erweichen, noch irre machen. Sie erkannte, daß Pilatus sich in ihre Gewalt begeben hatte. War Christus nicht schuldig, so durfte er ihn nicht geißeln lassen; wenn nicht unschuldig, war er als Gotteslästerer und Hochverräther des Todes schuldig. Sie fordern seinen Tod zuerst als Lästerer; er hat sich Sohn Gottes genannt, sagen sie, das ist Lästerung, und du trittst unser Gesetz und unser Gewissen mit Füßen, wenn du die von jenem verhängte, von diesem geforderte Todesstrafe nicht vollziehst; wir müßten es selbst thun, aber wir dürfen ja nicht!

Bei den Worten „Sohn Gottes" ergreift den Römer ein ungewohnter Schauer der unsichtbaren Welt. Hatte er vorher eine innerliche Furcht empfunden, so ergreift ihn jetzt ein seltsames Grauen. Söhne Gottes hatte es ja unzweifelhaft unter Hellenen und Römern gegeben, und die Welt war durch sie umgestaltet, sie selbst genossen göttlicher Ehre. Lange hatten sie dort aufgehört; wie wenn der Gott jetzt ein anderes Volk gewählt, um sich den Menschen zu offenbaren, wie einst Zeus durch Dionysos, dessen Mysterien die gebildete Welt ja jetzt wieder mehr als lange Zeit hindurch ehrte und feierte mit heiligen Weihen!

Er zieht sich wieder in seinen Palast zurück und läßt sich Jesus ein zweitesmal vorführen. „Woher bist du?" fragt er ihn. Jesus schweigt in gerechtem Stolze des Unwillens über den ungerechten Richter, der zuerst ihn zur Geißelung verurtheilt hat, und nun erst weiter verhören will, aus Neugier, aus abergläubischer Furcht, aus jämmerlicher Schwäche und Gesinnungslosigkeit. Dieses Schweigen reizt den Zorn des stolzen Römers. Weißt du nicht, daß ich, dem du so trotzig schweigst, Macht habe dich loszulassen, und Macht dich zu kreuzigen? Jesus antwortet ihm: Du selbst wirst nichts thun als was der Wille Gottes ist, welcher dir die Gewalt über mich gegeben hat. Um so größer ist die Verantwortlichkeit, um so schwerer die Versündigung derjenigen, welche mich dir überantwortet haben. Darin liegt zugleich der Ausdruck verdienter Verachtung. Werkzeug Gottes hättest du sein sollen und können, indem du das ungerechte Ansinnen meiner Ankläger abwiesest, und den Unschuldigen schütztest; denn dazu allein gibt Gott Gewalt, das ist allein die Gewalt von Gottes Gnaden. Werkzeug der Ungerechten bist du geworden, willig, wissend, du, trotz deiner Würde und deines Amtes, namenlos Erbärmlicher! Das hebt zwar die Schuld meiner grausamen und unversöhnlichen Verfolger nicht auf, aber ihre Bosheit ist dir keine Entschuldigung. Es ist dir kein Ernst; weshalb soll ich dir sagen, woher ich stamme? Nicht einmal, sondern hundertmal, nicht im Verborgenen, sondern vor meinem ganzen Volke öffentlich habe ich es gesagt, und du hättest das erforschen sollen und können, ehe du dich an mir vergriffest.

Jesu würdevolles und scharfes Auftreten, der Ton der Wahrheit und göttlichen Heiligkeit, welche sich darin aussprach, verfehlten ihren Eindruck nicht auf den offenbar ernster gewordenen, und im Innern ergriffenen Mann. Er faßte von neuem den Entschluß, ihn zu retten, und sucht die Priester und das unterdessen mehr und mehr fanatisch aufgeregte Volk zu beschwichtigen. Aber wie sie vorher Barabbas! Barabbas! gerufen hatten, um lieber den Mörder freigelassen zu haben als den Unschuldigen und Gerechten, so schrien sie jetzt noch heftiger. Dem hätte wol ein Mann widerstehen können, der sein Gewissen, dem Volke und dem Kaiser gegenüber, rein gehabt; nicht ein Pilatus. Schwere Worte ließen sich vernehmen: Ist der des Kaisers treuer Diener und Statthalter, welcher so kalt bleibt, wo es sich um die Anmaßung des Königstitels handelt! Der Hochverrath wurde nun hervorgehoben, mit der unverhohlenen Drohung, ihn beim Kaiser zu verklagen, wenn er ihrem Verlangen sich nicht fügte. Und der Kaiser war Tiberius, ein Herrscher, der keinen Scherz verstand in Sachen der Herrschaft; vor dessen Argwohn selbst der Senator nicht sicher war. Ja, konnte nicht ein Aufstand jetzt erfolgen? Er würde mit seiner Legion ihn in jüdischem Blute erstickt haben, aber die Nation war zähe und voll nachhaltigen Ingrimms, wie er selbst schon erfahren hatte. Ihre Mittel waren nicht gering; Geld hatten sie die Fülle im Tempelschatze, trotz seiner Eingriffe, und Freunde und Glaubensgenossen allenthalben, in Cäsarea und Antiochien, in Rom und in des Kaisers Palaste. Schwerlich hatte er ein gutes Gewissen hinsichtlich der Verwaltung; alte Klagen konnten wieder hervorgezogen werden — es blieb nichts übrig als nachzugeben. Er bestieg den erhabenen Richtersitz vor allem Volke, und hielt das Hochgericht. Jesus wurde nun in aller Form zum Kreuze verurtheilt und den Nachrichtern übergeben. Es war gegen Mittag. Es war Sitte, daß der zum Kreuz Verurtheilte das Marterwerkzeug selbst zur Gerichtsstätte tragen mußte. Dieses war berechnet auf die körperliche Kraft derjenigen, welche gewöhnlich zu dieser grausamen Strafe verurtheilt wurden. Aber Jesus erlag der Last, noch ehe der Zug am Gerichtsplatze angekommen war; die Soldaten hielten, nach soldatischem Rechte, einen vom Felde in die Stadt kommenden Mann auf, und zwangen ihn, Jesu das Kreuz nachzutragen. Es fügte sich so, daß der Name dieses jüdischen Mannes, Simon, eines geborenen Cyrenäers, späterhin der Gemeinde theuer wurde, als der des Vaters zweier geehrten Christen, Alexander und Rufus. Daß er aber erst hinzugerufen wurde, als Jesus unter der Last des Kreuzes zusammengesunken war, erhellt aus des Augenzeugen Darstellung.

An der Richtstätte angelangt, wurde Jesus, nach der Sitte, auf das Kreuz gelegt, seine Hände angenagelt, ihm die Füße mit Stricken angebunden und er selbst auf den Pflock gesetzt. Dann ward dieser Kreuzespfahl aufgerichtet, und der Leib ebenfalls mit Seilen festgebunden. So hing Jesus in namenloser Qual fast drei volle Stunden, bis gegen drei Uhr; und die drei Leidensstunden, von der sechsten bis zur neunten, sind ein tief eingegrabener Zug der gesammten Ueberlieferung, und von Johannes sehr scharf bezeichnet.

Die weitere Erzählung der Ueberlieferung wird noch rührender und lebendiger, wenn wir im Ausmalen der weltgeschichtlichen Bedeutung jenes schwarzen und doch von göttlicher Liebe durchleuchteten und in die Unendlichkeit ausstrahlenden Tags, die Töne urchristlicher Begeisterung erkennen, statt sie (wogegen so vieles streitet) als geschichtliche Thatsache jenes Augenblicks zu fassen. Ihre unnachahmliche Erhabenheit, ihre uner= schöpfliche Tiefe erschließt sich uns erst recht, wenn man die geistige Bedeutung und den Sinn versteht, aus welchem sie hervorgegangen und um dessentwillen sie in die evangelistische Ueberlieferung aufgenommen sind. Ja, wohl ist der Vorhang des Aller= heiligsten zerrissen und zwar mitten hinturch, ja für alle Zeiten, unwiederbringlich, nicht wieder zu heilen mit allen Künsten der Hölle. Zerrissen ist der Vorhang, nieder= gestürzt die Mauer zwischen Gott und Menschheit, heiße sie Natur oder Gesetz! Ohne alle Gewalt, ja ohne menschliches Zuthun ist das Wunder geschehen; die Hülle ist hin= weggenommen von unsern Augen, in Erhörung einer alten prophetischen Bitte (Jesaja 25, 7) und das volle Himmelslicht ist wieder eingedrungen in der Erde dunkle Thäler. Der Leidenskampf Jesu während jener drei Stunden war in der That ein Kampf und ein Leiden der Schöpfung; denn das leibhaftige Ebenbild Gottes, der wahre Mensch, wie Gott ihn gedacht vor aller Schöpfung, war von seinen Brüdern, deren Heil allein er im Auge hatte, aus ehrlose Marterkreuz geschlagen. In diesem Menschen ist die volle reine Menschheit verhöhnt, aller Schöpfung Ziel und Endzweck ist gelästert. Aber gleichzeitig erschien auch schon das neue, göttliche Leben; es eröffneten sich die Gräber und neue Menschen erstanden aus ihnen; die Gläubigen, welche in Jerusalem der Wiederkehr des Auferstandenen harrten, schauten in nächtlichen Gesichten vollendete Gerechte, leuchtend von Herrlichkeit. Einen nicht unwürdigen Päan oder Lobgesang der Schöpfung haben wir von einem Schüler des Johannes, Ignatius von Antiochien, der anderthalb Jahrzehnte nach des Apostels Tode damit dem Tode entgegenging. Denn ganz in diesem Sinne und vielleicht mit Hinblick auf diese Ueberlieferung, ob= wol unmittelbar vom Sterne bei der Geburt redend, sagt der neue Zeuge am Schlusse seines Sendschreibens an die Epheser:

.... Drei Mysterien, welche in der Sanftmuth Gottes durch den Stern verkündet wurden. Von da an verschwand alle Magie, und jede Fessel wurde gelöst, die Un= wissenheit der Bosheit vernichtet und die alte Herrschaft zerstört, indem der Sohn als Mensch offenbar ward.

Auch hinsichtlich der letzten Worte des Herrn mag diese älteste christliche Begeiste= rung sich dem geschichtlich Thatsächlichen angeschlossen haben. Geschichtlich fest stehen uns die drei der sieben Worte bei Johannes, und von ihnen ist das erhabenste, trost= reichste das letzte: „Es ist vollbracht!" Der Kampf des Todes ist durchgekämpft; das Werk ist vollendet, welches der Vater mir aufgetragen; sein Name ist verkündet; sein Reich kommt; jenseit des Grabes dämmert der Auferstehungsmorgen. Mit diesem Worte empfahl Jesus seinen Geist in die Hände des Vaters, neigte das Haupt und verschied. Ein heidnischer Hauptmann war der Erstling der Zeugen der griechisch= römischen Welt.

Es war drei Uhr, als Jesus verschied. Als der Vorabend des heiligen Tags herannahte, betrieben die Juden bei Pilatus, daß man der Kreuzigung ein Ende mache, und durch Zerschlagen der Schenkel den Tod ohne längeres Warten herbeiführe. Dieses ward zugestanden, fand aber bei Jesus keine Anwendung, da er schon verschieden war. Diese Thatsache ward aber, zur größern Verherrlichung Gottes, offenbar und nach= weisbar gemacht durch den Lanzenstoß, welcher, nach Origenes oben gegebenem Zeug= nisse, in die Achselhöhle versetzt zu werden pflegte, damit man sehe, ob der Gekreuzigte noch zucke. So konnte also die Beinbrechung unterbleiben; daß sie unterblieb, war eine Vergünstigung des Pilatus. Der Stoß mit der Lanze traf einen wirklichen Körper, berichtet der Augenzeuge, denn (sagt er) ich sah Blut und Wasser sogleich aus der Wunde hervorbringen; der Stoß traf zugleich einen bereits Verschiedenen, denn wäre noch Leben in Jesus gewesen, so würde es sich bei einer solchen Verwundung gezeigt haben. Jesus war schon vor mehr als einer Stunde verschieden, das sahen die Sol= daten und ihr Hauptmann, und das bewährte sich durch den Lanzenstich. Zugleich aber war jenes Ausfließen von Blut und Wasser ein schlagender Beweis der wahrhaften Leiblichkeit der Person; Jesus war nicht ein Phantom, ein Scheinmensch, sondern eine wirkliche, leibhafte Persönlichkeit, als welche er sich ja auch nach der Auferstehung selber auswies. Daß diese zweite Beziehung aber auch wirklich im Bewußtsein des Apostels gelegen, wird dadurch noch wahrscheinlicher, daß Kerinth bereits bei des Johannes Leb= zeiten mit seiner Leugnung der Leiblichkeit Jesu auftrat.

Aber nun kamen auch die angesehenen Freunde und Verehrer Jesu herbei, Männer wie Nikodemus, welche sich vergebens im Hohen Rathe und in den einflußreichen hierar= chischen Kreisen der Ungerechtigkeit, der Priesterherrschaft und dem Fanatismus des Volks entgegengesetzt hatten. Ein solcher war auch jener Joseph von Arimathäa (s. z. Matth. 27, 57). Er hatte sich von Pilatus die Erlaubniß erbeten, den Leichnam Jesu vom Kreuze herabzunehmen; ein reicher Mann, nach Matthäus, und ein Mit= glied des Hohen Raths, nach den beiden andern Evangelisten. Er nun trug Sorge, daß der Leichnam Jesu vom Kreuze abgenommen wurde; Ehrfurcht und Liebe verrich= teten so das Werk, welches sonst von den rohen Soldaten und Henkersknechten wäre verrichtet worden. Der Jünger und die Mutter, und gewiß auch andere Verehrer, werden ihm darin beigestanden haben. So faßt die christliche Kunst diesen Vorgang auf. Unterdessen hat auch Nikodemus alle Anstalten getroffen zur Vorbereitung der ehrenvollsten Bestattung. Diese jetzt nach dem, was die Sitte heischte, vollständig vor= zunehmen, also namentlich auch den Leichnam zu salben, erlaubte die bis zum Beginne des hohen Ruhetags noch übrige kurze Zeit nicht. Aber gegen hundert Pfund der köstlichsten Gewürze, Myrrhen und Aloe, hatte er herbeischaffen lassen, theils um die Leiche daraufzulegen im Grabe, theils um sie einzustreuen zwischen die feinen Leintücher, in welche der Todte eingewickelt wurde. So mit aller liebenden und ehrenden Fürsorge umgeben, ward er in einem nahen Garten beigesetzt, in ein neues reines Felsengrab, welches noch nie gebraucht und also noch nicht verschlossen war. Die Leiche war sicher und wohlgeschützt im Garten des befreundeten Eigenthümers, doch ward, nach den Evangelisten, ein Stein herangewälzt vor den Eingang. Marcus und Matthäus erwähnen dieses ausdrücklich bei der Bestattung; Lucas setzt voraus, daß es geschehen, denn er erwähnt bei der Auferstehungsgeschichte, daß die Frauen den Stein weggewälzt fanden.

„Und der Sabbath brach an." Mit diesen Worten beschließt Lucas seine Erzählung der Geschichten des großen Freitags. Es war der Anbruch des heiligen Ruhetags; das Fest brach an zum Gedächtniß jenes Auszugs, als die Kinder Israel, nach dem gemeinsamen Bundesmahle, in der Nacht des Vollmondes aus dem Diensthause Aegyptens ausgingen, um in die Freiheit und das Land der Väter einzugehen durch die Wüste. Aber welch größere That war heute gethan! Welch schwerere Ketten waren zerbrochen! Welch göttlicher Freiheitsmorgen leuchtete auf für die Menschheit!

Bei solchen ins Unendliche eingreifenden Ereignissen ist Vieles bedeutsam, dem vom Erlebnisse Ergriffenen aber erscheint Alles so. Der Geist der Jünger und Evangelisten und ihrer gläubigen Zeitgenossen unter dem jüdischen Volke wandte sich vor allem zu den noch nicht erfüllten dunkeln Sprüchen der Weissagung. So führt Johannes beim Schlusse des Berichts vom Tode des Herrn und dem darauffolgenden Lanzenstiche zwei prophetische Stellen an. Die erste ist das dunkle Wort des alten Propheten Sacharja (12, 10), auf welches Johannes bereits in der Apokalypse (1, 7) angespielt hatte. Seine Anführung ist nicht nach der alexandrinischen Uebersetzung, auch nicht nach unserm gegenwärtigen masoretischen Texte gemacht. Denn darin lautete sie:

Sie blicken auf mich (statt auf ihn), den sie durchbohrt haben (die Alexandriner nach geistiger Auffassung der hebräischen Worte: dafür daß sie mich verhöhnt).

In beiden Auffassungen ist der Sinn: sie, die Juden, die Ungläubigen, werden aufschauen zu dem von ihnen Erstochenen. Diese Auslegung ruht also auf der allgemeinen apostolischen Anschauung, daß jede nicht bereits erfüllte Weissagung, von einem freventlich gemordeten, dann aber verherrlichten Gerechten, in Jesus ihre letzte, volle Erfüllung erhalten müsse. Sie knüpft sich nicht an eine allgemeine Idee des Gottesbewußtseins an. Die zweite Stelle dagegen bezieht sich nicht allein auf eins der größten Ereignisse der geschichtlichen Offenbarung, sondern wurzelt wesentlich in der Idee der Erlösung oder Versöhnung. Denn die Worte beziehen sich auf das mosaische Gebot, daß dem Osterlamme, welches verzehrt werden soll, die Knochen nicht zerbrochen werden sollen (Ex. 12, 46; Num. 9, 12), und dieses Osterlamm war das jüdische Opfer und Mahl des Todestags Jesu, des Vorabends vom Passahtage.

Wer will in Abrede stellen, daß mehr als einmal in der Entwicklungsgeschichte der Menschheit sich ein Anklang neuer Tage an alte zu erkennen gibt? Jerusalem ist zweimal an demselben Tage desselben Monats zerstört von Nebukadnezar und von Titus. Am Abende des Vollmondes der Frühlingsnachtgleiche gegen das Jahr 1320 v. Chr. ward das erste Passahlamm gegessen, als Heilsopfer; von Sühnopfern durfte ja nichts verzehrt werden. Was ist nun der Punkt des Zusammentreffens: das neue Bundesmahl des Jahres 29 n. Chr., oder Christus selbst, der am Tage darauf starb, und welchen Paulus „unser Passah" nennt? Welches Gewicht wir auch auf den vom Apostel hervorgehobenen äußern Umstand legen wollen, wir werden doch immer die Erklärung in erster Linie bestimmen müssen nach dem Begriffe des Ganzen, wozu jener äußere Umstand — das Nichtzerbrechen der Knochen — gehört. Da werden wir denn leicht die zweite Beziehung der ersten vorziehen. Weder geschichtlich noch im Gedanken läßt sich eine Parallele ziehen zwischen dem alten Bundesmahle und dem Tode Jesu. Nirgends deuten weder Jesus noch seine Apostel darauf hin. Am allerwenigsten die beiden Stellen, unsere und die schon oben betrachtete des Paulus, welche Christus und Passah geistig zusammenstellen. — Johannes der Täufer bezeichnete Jesus als „das Lamm Gottes, welches (nach dem Ausdrucke im 53. Kapitel des Jesaja) die Sünden der Welt hinwegnimmt". Dieses wäre ein Sühnopfer, dessen weitern Sinn man alsdann zu erörtern haben würde. Auch Paulus bringt das Passahopfer in Verbindung mit Christus, also mit seinem Tode. Es wurde damit entweder die Vertilgung der Sünde, also auch ihrer Strafe gemeint, oder die Heilsbringung, Erlösung. Der Anführung des Johannes liegt demnach die Idee zu Grunde, daß in Christi Tod die wesenhafte Erlösung, das Gefühl des Friedens, der Wiedervereinigung mit Gott gegeben ist, oder die Gewißheit der Versöhnung der Welt mit Gott. Paulus geht davon aus, daß, wie nach jüdischem Gesetze beim Passahopfer der alte Sauerteig entfernt, weggeräumt wird, so auch der Gläubigen Leben mit und in Christus ein neues werden muß. Das Passahopfer hat für uns aufgehört, aber Christus ist für unsere Sünden in den Tod gegeben und hat den Anfang eines neuen Lebens gemacht.

Beiderseits ist also weder das Mahl des Neuen Bundes, noch der Tod Christi mit der aufgehobenen mosaischen Ordnung in eine innere Verbindung gebracht.

Wir finden aber auch hier, was wir schon früher zuweilen gefunden: die wesentliche Vermittelung des erlösenden Lebens und Thuns Jesu mit dem Vorhergehenden, namentlich mit der jüdischen Ordnung, ist eine unmittelbare, durch das innere Gottesbewußtsein, durch den Geist Gottes im Menschen. Aber ist sie hier, im göttlichen Wesen selbst, durch den Geist Gottes im Menschen und in der Christenheit einmal gefunden, so eröffnen sich allenthalben Lichtblicke in den Zusammenhang der Gottes- und Selbstoffenbarung in Jesus. Diese zu ermitteln, darzustellen, ans Herz zu legen, ist die Aufgabe einer jeden Zeit, nach dem Maße ihrer geschichtlichen Erkenntniß, und nach der Stellung des philosophischen Bewußtseins zu der Schrift. Die Apostel und Evangelisten mußten den Beruf fühlen, ihren Zeitgenossen diese Zusammenstimmung der alten und neuen Offenbarung anzudeuten, da sie von Jesus wußten, daß alle Schriften von ihm zeugten und zwar namentlich von seinem Sterben, wie von seiner Auferstehung. Es ist dies das prophetische Wort der Geschichte, an welches man wohl thut, wie es im zweiten Briefe des Petrus heißt (1, 19), in der Dunkelheit sich zu halten als an eine Leuchte in der Nacht, bis der Tag angebrochen ist und der Morgenstern aufgegangen im Herzen.

Vierte Handlung.

Der große Morgen, oder die Auferstehung.

I.

Die Auferstehung Jesu ist eine That, und eine von Jesus vorherverkündigte. Das ist es, was wir auf Grund der gesichteten Erzählung der Evangelisten uns jetzt anschicken zu beweisen.

> Darum liebet mich der Vater, weil ich mein Leben lasse, auf daß ich es wieder nehme. Niemand nimmt es von mir, sondern ich lasse es von mir selbst. Ich habe Macht es zu lassen, und habe Macht es wieder zu nehmen. Solches Gebot empfing ich von meinem Vater (Joh. 10, 17. 18).

Diese Worte sind der Schlüssel zur ganzen Auferstehungsgeschichte; ihre Weissagung ist ihre weltgeschichtliche und ewige Bedeutung.

Und wahrlich nicht vereinzelt steht jener Ausspruch aus dem Winter des letzten Lebensjahres Jesu. Alle drei Evangelisten stellen an die Spitze des Abschnitts, welcher unmittelbar dem Einzuge in Jerusalem von Bethanien vorhergeht, die Erklärung Jesu, daß er in Jerusalem werde zum Tode verurtheilt werden und am dritten Tage aufer-stehen (Matth. 20, 19; Marc. 10, 34; Luc. 18, 33; vgl. mit 24, 21). Was die Form der Ueberlieferung betrifft, so ist sie, neben dem Berichte des apostolischen Augenzeugen, weniger genau, eben wie die dem Ausspruch in ihr angewiesene Zeitbe-stimmung zwar im Allgemeinen richtig, aber doch nicht die streng geschichtliche ist. Hätte Christus so genau ihnen das Ereigniß ausgesprochen, so konnten die Jünger nicht so ganz unwissend über das Schicksal Jesu sein, wie wir sie noch wenige Wochen nachher, kurz vor der Erweckung des Lazarus, ja noch wenige Stunden vor dem Leiden finden. Aber das Zeugniß der Ueberlieferung ist deshalb nicht schwächer, sondern stärker für die Auslegung jenes Ausspruchs bei Johannes. Dazu kommt nun, daß er keineswegs der einzige bei ihm sein dürfte. Ist nicht dieselbe Weissagung der Ausgangspunkt der letzten Reden Jesu in der Nacht des Bundesmahls, und bildet ihre Erklärung nicht den Mittelpunkt alles Weitern? Die hier in Betracht kommenden Sprüche sind fol-gende. Zuerst gleich zu Anfang der letzten Reden (14, 18—25):

> Ich will euch nicht Waisen lassen, ich komme zu euch. Es ist noch ein Kleines, so siehet die Welt mich nicht mehr. Ihr aber sehet mich, denn ich lebe, und ihr sollt leben. An demselben Tage werdet ihr erkennen, daß ich in meinem Vater bin, und ihr in mir, und ich in euch.

Dann aber, im Fortgange der Reden, die unverkennbare Parallelstelle (16, 16):

> Ueber ein Kleines, so sehet ihr mich nicht mehr; und wieder über ein Kleines, so werdet ihr mich sehen (denn ich gehe zum Vater).

Die eingeklammerten Worte fehlen in den meisten alten Handschriften; allein jedenfalls ist der Gedanke, mit fast denselben Worten in den unmittelbar vorhergehenden Versen ausgesprochen:

> Nun aber gehe ich hin zu dem, der mich gesandt hat (5).
> Es ist euch gut, daß ich hingehe. Denn so ich nicht hingehe, so wird der Für-sprecher nicht zu euch kommen. So ich aber hingehe, will ich ihn zu euch senden (7).

Und in dem, was jenem Spruche folgt, bis zum Ende der Ansprache an die Jünger:

> Darüber fraget ihr untereinander, daß ich sagte, Ueber ein Kleines, so sehet ihr mich nicht, und wieder über ein Kleines, so werdet ihr mich sehen? Wahrlich, wahrlich, ich sage euch, Ihr werdet weinen und klagen, aber die Welt wird sich freuen, doch eure Traurigkeit soll zur Freude werden. . . . . Ihr werdet nun Traurigkeit haben, aber ich will euch wiedersehen, und euer Herz soll sich freuen, und eure Freude soll Niemand von euch nehmen. Und an demselbigen Tage werdet ihr mich nichts fragen. . . . . Solches habe ich zu euch durch Gleichnisse geredet. Es kommt eine Stunde, da ich nicht mehr durch Gleichniß mit euch reden werde, sondern euch frei heraus verkündigen von dem Vater. An demselbigen Tage werdet ihr bitten in meinem Namen. . . . . Vom Vater ging ich aus und bin gekommen in die Welt; wiederum verlasse ich die Welt, und gehe zum Vater (19—28).

Wer sieht nicht, daß das Endziel der Verheißung die Ausgießung des Geistes ist, die völlige, selbständige, unmittelbare Gemeinschaft eines Jeden von ihnen mit dem Vater, vermittelst des Geistes, welchen Christus ihnen vom Vater senden will, des Geistes des Vaters, welcher das, was er ihnen sagt, aus dem Eigenthum Jesu nimmt? Aber ist es nicht ebenso klar, daß der Ausgangspunkt der Zeitpunkt ist, wo die Jünger Jesu ihn sehen, während die Welt ihn nicht sieht? Dieses paßt nicht auf die Ausgießung des Geistes, sondern nur auf die von Jesus persönlich gegebene Mitthei-lung desselben am Abende des Auferstehungstags. Es heißt (20, 20):

> Da wurden die Jünger froh, da sie den Herrn sahen.

Da hauchte er sie an und gab ihnen den heiligen Geist; sie aber fragten ihn nichts, und ihre Glaubensfreudigkeit nahm Niemand von ihnen; denn einen größern Beweis seiner göttlichen Sendung konnten sie nie erhalten als die Erfüllung jener Weissagung in der Nacht des Bundesmahls. Aber wollen wir jene Worte auf die Pfingstergie-ßung des Geistes beziehen, nach erfolgtem Heimgange des Herrn, so paßt nichts. Dort, in jenen bangen Tagen vor dem Heimgange, sahen ihn die Jünger leibhaftig, obwol die Welt ihn nicht sah; am Pfingstfeste sahen ihn die Jünger so wenig als die Welt. Von nun an erwarteten sie nur seine Rückkehr zum Ende der Welt. Dort sah ihn nur ein enger Kreis von Jüngern: bei der Ausgießung des Geistes zu Pfingsten waren nicht blos die Apostel, sondern mehr denn hundert andere Gläubige betheiligt, die in den nächsten Tagen Tausende wurden. Diese Ausgießung erging über die Gemeinde; Petrus ward ihr Sprecher, die Apostel sämmtlich standen in der Gemeinde und faßten Beschlüsse in ihr mit den Brüdern (Apg. 2, 42—47; 15, 22. 28).

Also in keiner Beziehung konnte man vom Pfingstfeste sagen (Joh. 14, 19):

> Die Welt sieht mich nicht mehr, ihr aber sehet mich.

Denn leiblich sahen ihn auch die Jünger zu Pfingsten nicht; was sie empfanden, war die Gegenwart des Geistes Gottes und Jesu. Das Sehen aber zu verflüchtigen in ein Schauen im Glauben, also im Geiste, dazu sind wir nicht berechtigt.

So müssen wir schon deshalb als einseitig und ungenügend die zwei sich entgegen-stehenden Auslegungen jenes ersten Spruchs abweisen, sowol die von der Zeit nach dem Heimgange Jeſu zum Vater, als die von der Auferſtehung. Dagegen werden wir uns denjenigen angeſehenen Auslegern anſchließen, welche die Worte auf beide beziehen. Wir möchten jedoch nicht mit Bengel und Andern ſagen, daß ſich ein dop= pelter Sinn in jenen Worten finde, ſondern vielmehr, daß Jeſus den Jüngern einen Zeitraum, von denen er ihnen noch keinen klaren Begriff geben konnte (die funfzig Tage) in der Weiſe andeutete, daß er Anfang und Ende in Ein Bild weiſſagend zu= ſammenfaßte. Ihnen war noch immer unverſtändlich, wie der wahre Meſſias durch den Tod in die Herrlichkeit eingehen könne; dagegen ſchien ihnen klar, daß die Herr= lichkeit mit nichts anderm beginnen könne als mit der Aufrichtung der meſſianiſchen Herrſchaft in Jeruſalem. Zuerſt ein leidensvoller Tod, dann eine Verklärung und zuletzt ein Heimgang zum Vater, welchem die Mittheilung des göttlichen Geiſtes folgen ſoll, während Jeſus beim Vater bleibt — das ſchienen ihnen vollkommene Widerſprüche. Wie ſich deshalb auch Chriſti innere, bewußte Vorſtellung von den ſich folgenden Er= eigniſſen bis zur Ausgießung des Geiſtes nach dem Heimgange geſtaltet hatte, den Jüngern konnte er in dieſem Augenblicke den Troſt, welchen er ihnen zudenkt und zu= ſpricht, nicht anders geben, als indem er ihnen Anfang und Ende in geiſtigen Umriſſen vorzeichnete.

Mit andern Worten, wir werden durch die vergleichende Betrachtung jener Worte dahin geführt, zu ſagen, daß der Sinn der Reden Jeſu dieſer ſein müſſe:

> Jeſu Tod iſt die Bedingung der von ihm wiederholt angekündigten Verklärung des Sohnes, das heißt des Heimgangs zum Vater; dieſe Verklärung beginnt mit einer leiblichen, obwol vor der Welt verborgenen Erſcheinung und Ge= genwart, und endigt mit einer Gegenwart im Geiſte, nach Jeſu Heimgang. Dieſe geiſtige Gegenwart aber iſt eine endloſe und beſeligende.

Und ſprechen dieſe Anſichten nicht gerade die erſten urkundlichen Worte Jeſu zur Maria Magdalena aus am Auferſtehungsmorgen (20, 17), deren Verſtändniß den Aus= legern ſo große Schwierigkeiten gemacht hat?

> Rühre mich nicht an, denn ich bin noch nicht aufgefahren zu dem Vater. Gehe aber hin zu meinen Brüdern, und ſage ihnen, Ich fahre auf zu meinem Vater, und zu euerm Vater, zu meinem Gott, und zu euerm Gott.

Der Hauptgedanke geht fort in den Worten: Ich bin noch nicht heimgegangen zum Vater; aber ich gehe zu ihm heim, ich bin in dem Heimgange zu ihm begriffen. Der Sinn des Uebrigen iſt: ich bin weder ein Geiſt, noch bin ich hier, um wieder in das vorige Leben zurückzutreten und zu predigen wie vorher; alſo halte dich nicht auf, ſondern bringe die Botſchaft den Jüngern. Vor drei Tagen hatte er den Jüngern geſagt: „Ich gehe heim zum Vater"; das iſt dieſelbe Verkündigung, welche er jetzt den Jüngern als Botſchaft ſendet.

Sie ſollten daraus entnehmen, daß jene Vorherverkündigung jetzt in Erfüllung gehe. Magdalena aber ſollte verſtehen lernen, weshalb er ihre Berührung ablehnte: aus dem Grunde, daß er noch nicht heimgegangen ſei. Sie wird in ihrer Annahme beſtärkt, daß er leiblich vor ihr ſtehe, aber ſie wird auch erinnert, daß er nicht zu verweilen gedenkt auf dieſer Erde, und das iſt die Botſchaft, welche ſie den zweifelnden und harrenden Jüngern überbringen ſoll ohne alles Zaudern.

II.

Die Auferstehung Jesu aus dem Grabe ist die zweite Thatsache, welche wir in der einfachsten, geschichtlichen Form hier vorzutragen haben.

Die Thatsächlichkeit dieser Erscheinung, die Richtigkeit der Aussage Magdalenas wird aufs unwidersprechlichste bezeugt durch die Erfahrung der Jünger und deren un= mittelbaren Bericht durch Johannes, in Uebereinstimmung mit dem Zeugnisse des Pau= lus, der bereits zwanzig Jahre nach dem Ereignisse danach bei allen Aposteln sich erkundigte, und der gesammten evangelistischen Ueberlieferung. Diese Uebereinstimmung haben wir in der ersten Abtheilung des gegenwärtigen Buchs kritisch nachgewiesen und alle obwaltenden und vermeintlichen Schwierigkeiten gelöst.

Die große Thatsache der Christenheit steht fest. Sechsunddreißig Stunden nach der vorläufigen Bestattung wird das Grab leer gefunden von der Magdalena (die übrigen Frauen kommen etwas später); dann von den beiden herbeigerufenen Aposteln Johannes und Petrus.

Es ist wiederum Magdalena zuerst, welcher Jesus sich zeigt, und zwar in einer ländlichen Tracht, welche ihn zuerst der Freundin unkenntlich macht; aber auf die Botschaft an „Jesu Brüder" kommt Petrus im Laufe des Tags und sieht den Herrn. Jene Botschaft fällt in den Frühmorgen; schwerlich wird Petrus später als gegen Mitte des Vormittags dort gewesen sein, von woher die Botschaft ihm zugekommen war. Er verstand sie, er erkannte in der Selbigkeit der Worte die Anknüpfung an die Rede in der Nacht des Bundesmahls; der Herr war im Begriff des Heimgangs — wie? wann? wohin? Unmöglich kann er lange gezaudert haben. Daß er ihn im Laufe des Tags gesehen, wird dadurch bewiesen, daß bereits am Abend der Herr in den Kreis der Jünger tritt; am Nachmittage war er auf dem Wege nach Emmaus. Also ist eine frühere Zeit mit Nothwendigkeit anzunehmen. Johannes ging über die allgemein bekannte Thatsache hinweg, welche Paulus von den Jüngern selbst erfuhr. Es ist mehr als wahrscheinlich, daß er ihm die Botschaft mitgab, welche nach einstim= migem Zeugnisse der Evangelisten ihnen alsbald zukam. Und zwar muß sie ihnen noch an demselben Tage zugekommen sein, denn sie steht als die erste da: daß er nämlich ihnen vorausgehen werde nach Galiläa, wohin sie ihm nachfolgen sollten. Wirklich war es die erste Botschaft, welcher sie Glauben schenkten; so sagt es auch Lucas in der Erzäh= lung von den Jüngern von Emmaus, daß die Jünger an die Auferstehung erst glaubten, seitdem Petrus ihn gesehen.

Ist also die Thatsächlichkeit der Auferstehung vollgültig bezeugt, so liegt darin eigentlich auch schon die Bezeugung der Leiblichkeit, also daß der Herr mit seinem eigenen, irdischen Leibe auferstanden sei. In der That sollte man glauben, diese voll= kommene Selbigkeit des auferstandenen Leibes mit dem des Leidenden sei außerdem so stark, wo nicht stärker bezeugt, als irgendeine Thatsache aus Jesu Leben. Was kann stärker sein als die Aufforderung Jesu an Thomas, am nächsten Sonntag Abend: „lege deine Hand dahin, wo die Nägelmale der Hände sind und lege sie in die Seite, wo der Lanzenstich ist", des Jüngers begeisterter Ausruf, und des Herrn Zuruf zu ihm — und zu uns:

Selig die nicht sahen und doch glaubten (20, 29) —

nämlich den wohlbezeugten Thatsachen.

Beim dritten Zusammentreffen der Jünger frühstückt der Herr am galiläischen See mit den sieben Jüngern Brod und Fische als Zuspeise. Lucas erzählt uns ebenfalls, wie Jesus, nachdem er das Abendmahl mit den beiden Jüngern von Emmaus genossen und dann zu den Jüngern trat an jenem Auferstehungstage, er sich etwas von einem Fische vorlegen ließ; damit sie sich überzeugten, er sei kein Geist. Aber die Bezeugung dieser geschichtlichen Leiblichkeit und die Bestätigung der Aus= legung vom Ausspruche Jesu im zehnten Kapitel des Johannes, welchen wir oben erörtert, geht auch durch die ganze Reihe der apostolischen Sendschreiben durch); und zwar nicht blos als nothwendige Voraussetzung der Wirklichkeit und Wahrhaftigkeit der Auferstehung, sondern auch ausdrücklich. Man hat kein Recht, die Anspielung des Petrus im ersten Sendschreiben auf das Herabsteigen des Herrn zu den einst unge= horsamen Geistern vor der Flut uns entgegenzustellen, wo es von Christus heißt (3, 18. 19), daß er sei getödtet dem Fleische, aber lebendig gemacht dem Geiste nach; in welchem er auch hinging und den Geistern im Gefängnisse predigte. Denn die ganze Sache ist bildlich gestellt, und auf keine Aussage des Herrn gegründet; daß aber der Leib der Verwesung anheimgegeben sei, während jenes Hinabsteigens, ist daraus nicht zu entnehmen. Es liegt darin vielmehr, daß der Geist Christi, auch während er bewußtlos war, für dieses irdische Leben doch wirksam blieb für die Menschheit; er löste ja die Räthsel der Urwelt, wie er Trost hat für alle künftigen Geschlechter. Die Aeußerung, welche Lucas in der Apostelgeschichte (2, 27) dem Petrus in seiner Pfingst= predigt in den Mund legt, führt für die Thatsache der Auferstehung den bekannten Psalmvers an:

Du wirst nicht zugeben, daß dein Heiliger die Verwesung sehe; —

also kann man am allerwenigsten hierauf die Annahme des Gegentheils stützen, daß der Leib Jesu in der Verwesung begriffen sei. Die paulinische Stelle werden wir so= gleich betrachten. Die Wahrheit ist, daß es keinem Apostel einfiel, medicinische Unter= suchungen anzustellen über den Unterschied des Todes als Anfangs der Verwesung, und des Todes als Aufhörens aller Lebensthätigkeit und Lebenswärme, sowie alles Bewußtseins. Er war gestorben, er war auferstanden. Das sind die beiden großen zusammengehörigen Thatsachen für sie und für uns.

Wenn die gesammte Bezeugung für die Leiblichkeit der Erscheinung Jesu am Aufer= stehungstage ist, so ist sie es auch für die geschichtliche Leiblichkeit. Derselbe Leib erstand, der ins Grab gelegt wurde, denselben Gesetzen des menschlichen Daseins unter= worfen, wie Essen und Trinken. Dagegen Ausdrücke, wie daß er unter die Jünger eintrat an jenem Abende „bei verschlossenen Thüren", oder daß es heißt, als er, erkannt und doch nicht kundgegeben, die Jünger von Emmaus verließ: „er verschwand vor ihnen" (sie waren im Hause und im Speisezimmer), kann doch wol nur systematischer Doketismus oder Mangel an allem Nachdenken ernsthaft als Beweis anführen, daß er, unbeschadet jener Beweise seiner geschichtlichen Leiblichkeit, ein Gespenst gewesen sei, denn darauf kommt es hinaus, wenn man die Sache beim rechten Namen nennen will.

Gestorben war Jesus, nicht scheintodt in dem Sinne einer Ohnmacht, das beweist der Lanzenstich; aber daß wirklich die Auflösung eingetreten sei, der Anfang der Ver= wesung, wird dadurch nicht im Geringsten mit Nothwendigkeit vorausgesetzt von den Zeugen.

III.

Die Auferstehung Jesu war nicht allein eine Thatsache höchster Bedeutung für die Apostel, sondern hat eine bleibende große Wichtigkeit für uns.

Gott und Christus sind Lügner, wenn Christus nicht auferstanden ist; denn Christus hatte es vorhergesagt, daß er sterben und auferstehen werde, und zwar hatte er es als die ihm von Gott unmittelbar gewordene Aufgabe verkündigt, das Leben wieder an sich zu nehmen.

Die Jünger glaubten noch in der Nacht vor dem Leidenstage nicht an seinen bevorstehenden Tod; von seiner Auferstehung aus dem Grabe hatten sie keinen Begriff. Die Auferstehung, welche sie glaubten, war die jüdische, die Auferstehung der Gerechten im messianischen Reiche, unmittelbar nach der Erscheinung des Messias zur Begründung seines ewigen Reichs. Die wirkliche, leibhaftige Erfüllung jener Weissagung war also für sie der Umschwung; vorher dachten sie, Alles sei verloren, jetzt glaubten sie, daß Alles gewonnen sei und das messianische Reich nun in nächster Aussicht stehe.

Dieser Umschwung in ihrer Gemüthsstimmung war auch der Anfang ihres selbständigen Glaubens an Alles, was Christus gelehrt und verkündigt, und ihres Verständnisses der Erlösung durch Christus als des Mittelpunktes der Schrift.

Das ist die große subjective Bedeutung der Auferstehung für die Apostel und in einem gewissen Grade für alle Gläubigen. Was nun die gegenständliche Bedeutung der Auferstehung betrifft, so gehen weder Petrus noch Johannes darauf ein. Denn selbst 1 Petr. 4, 21 (s. z. d. St.) wird die Taufe, welcher eine rettende Wirksamkeit „durch die Auferstehung Jesu Christi" zugeschrieben ist, nur erwähnt als Fortführung des Gegensatzes, welcher an die Spitze gestellt ist: Christus getödtet nach dem Fleische, lebendig gemacht nach dem Geiste. Wir sind der Sünde abgestorben, indem wir mit Christus in den Tod der Selbstsucht eingehen, so werden wir gerettet durch die Auferstehung, indem wir uns dieselbe aneignen. Dieses Aneignen geschieht durch jenes „Verlangen zu Gott", wobei das Wasser wieder als rettendes Mittel erscheint, wie Noah und die Seinigen durch das Wasser gerettet wurden. Das Zeitwort „retten" ist dasselbe, wie das, wozu die Worte gehören: durch die Auferstehung Jesu Christi.

Aber die Anhänger des Restes der doketischen Ansicht, welche wir bestreiten, werden gegen uns die sehr starken Aussprüche des Paulus in jenem (15) Kapitel des ersten Korintherbriefs anführen, worin Paulus die Thatsachen der vielfachen Erscheinungen Christi aufzählt. Ist Christus nicht auferstanden (heißt es im Vs. 14), so ist unsere Predigt und euer Glaube leer; und Christus ist nicht auferstanden, wenn die Todten nicht auferstehen (Vs. 15). Aber Christus ist der Erstling der Auferstehung, und wie in Adam Alle sterben, so werden auch Alle in Christus lebendig gemacht werden, nämlich bei seiner Rückkehr (Vss. 22. 23); das Ende ist, daß Christus (mit seinen Gläubigen) alle Mächte überwindet, den Tod eingeschlossen, und das Reich dem Vater übergibt (Vss. 24—28).

Wir haben hier zuvörderst die Anerkennung der Auferstehung Christi als des Anfangs seiner Verklärung. Diese Herrlichkeit Christi wird sich dann weiter zeigen durch seine Rückkehr zur Begründung seines Reichs. Die Gerechten, welche dann leben, werden ihm darin zur Seite stehen, und die vollendeten Gläubigen werden vom Tode erweckt werden, und das ist, nach jüdischem Sprachgebrauche, die erste Auferstehung. Das Ende der Verklärung wird aber sein, daß Alles Gott unterthänig gemacht und Sünde und Tod (der Sünde Sold) überwunden, unkräftig gemacht werden.

In diesem Zusammenhange also konnte Paulus sagen, daß die Auferstehung der Gläubigen bedingt ist durch die Auferstehung Christi, und wiederum, wenn es überhaupt keine Auferstehung gäbe, auch Christus nicht auferstanden sein konnte, denn nur der verklärte Christus kann die Auferstehung bewirken. Inwiefern aber ein objectiver Zusammenhang stattfinde zwischen dem Auferstehen Christi aus dem Grabe, und dem Wiederbeleben der Leiber der vollendeten Gerechten und Gläubigen — das wird dabei nicht in

Betracht gezogen. Wir kommen damit nur auf das Gottesbewußtsein Jesu über die beiden Hauptpunkte zurück:

Christi Einheit mit dem Vater, dem Ewigen, und
Christi Einheit mit seinen Gläubigen.

„Ich lebe, und ihr sollt auch leben." Die sicherste äußere Gewähr liegt dafür in der Thatsache der Auferstehung, als der Erfüllung seiner größten Weissagung; die innerliche aber in Jesu Selbstoffenbarung, im Aussprechen seines Bewußtseins von der Unzer= störbarkeit der sittlichen Persönlichkeit, des wiedergeborenen Menschen. Denn darin besteht die Wahrheit dessen, was Christus über die Unsterblichkeit der Seele gelehrt hat. Das ewige Leben ist ihm die Unsterblichkeit, und dieses ewige Leben beginnt schon hier, denn es besteht, nach Johannes, darin, daß die Menschen den Ewigen als den einzigen Gott erkennen, und Jesus Christus, seinen Sohn, als den, welchen Er ge= sandt hat.

Die erlösende That Christi, die Erfüllung des ewigen Rathschlusses der Liebe Gottes zu dem Menschengeschlechte, ist nicht seine Auferstehung, sondern sein freiwilliges, gottergebenes Sterben, die Besiegelung eines gottgeweihten Lebens. Und zwar dem Paulus ebenso gut als dem Petrus und dem Johannes. Denn wenn er in der viel mißbrauchten Stelle des Römerbriefs (4, 25) von Christus sagt:

welcher um unserer Fehle willen dahingegeben, und um unserer Rechtfertigung willen auferweckt wurde; —

so ist der Sinn nach dem ganzen Zusammenhange doch nur der: Christus ist gestorben, damit wir von der Sünde erlöst würden, und Christus ist auferstanden, damit wir Muth und Freudigkeit gewännen, als Gerechtfertigte ein neues Leben zu führen.

Denn nirgends stärker als in diesem Sendschreiben ist es ausgesprochen, daß wir durch Christi Blut, das heißt durch sein freiwilliges Sterben mit Gott versöhnt sind. So heißt es kurz vor jener Stelle (3, 25) von Christus:

Welchen Gott zum Sühnopfer zuvor bestimmt hat, durch den Glauben, in seinem Blute, zum Erweis seiner Gerechtigkeit, wegen des Erlasses der Sünden, welche zu= vor geschehen waren.

Und nicht weniger deutlich bald nach jener Stelle (5, 9):

Um so mehr nun werden wir, da wir jetzt durch sein Blut gerechtfertigt sind, durch ihn gerettet werden vom Zorne.

Also ganz was Paulus in der berühmten Stelle des zweiten Korintherbriefs (5, 19) sagt:

Weil ja Gott in Christus die Welt mit sich selbst versöhnet hat, da er ihnen ihre Fehle nicht zurechnet und in uns das Wort der Versöhnung niedergelegt hat.

Das Versöhnungswerk ist im Gedanken Gottes, von aller Ewigkeit; es ist aber wirklich geworden, zur vollen Ausführung gediehen durch Christus. Sein freiwilliges Hingeben in den Willen Gottes, zur Bezeugung der Wahrheit, ist so ganz eins mit jenem ewigen Rathschlusse, daß das Versöhnungswerk, im Endlichen, in der Wirklichkeit, auch als That Christi angesehen werden kann.

So lehrt also Paulus nichts Wesentliches, was wir nicht als Gottesbewußtsein und Selbstoffenbarung in Jesu klaren Aussprüchen finden. Und was ist dieses anders, als was wir, durch sein Licht erleuchtet, auch in unser Selbstbewußtsein aufnehmen, mit der Vernunft als Begriff vollziehen und durch das Zeugniß des Geistes, das erleuch= tete Gewissen, im Leben bewährt finden?

Wir haben also sicherlich das Zeugniß Christi und seiner Apostel nicht wider, sondern für uns, wenn wir der üblichen kirchlichen Ansicht von der Verwesung und

Verwandlung des Leibes Jesu, welcher so viele Bedenken entgegenstehen, die geschicht=
liche und begrifflich vollziehbare entgegenstellen. Christus nahm, durch die göttliche
Kraft des Geistes, das scheinbar in Todesschlummer versunkene Leben wieder an sich,
und sprengte die Pforte des Grabes, ein neues Leben anzündend in seinen Jüngern
und durch sie in der Menschheit.

Das war der Anfang seiner Verklärung. Es bleibt uns nur noch übrig, den
Fortgang und das Ende derselben zu betrachten.

Fünfte Handlung.
Weihe und Sendung, Abschied und Heimgang.

Der Fortgang der Verklärung steht, wie wir in der ersten Abtheilung nachgewiesen und eben kurz erwähnt haben, thatsächlich und geschichtlich so fest:

Jesus stellte sich leiblich zuerst der Magdalena dar, dann dem Petrus; am Abende den versammelten Jüngern. Am nächsten Sonntag wieder denselben, mit Einschluß des Thomas; dann, also zum drittenmale, am See, sieben namhaft gemachten Jüngern. Jede von diesen Erscheinungen hat ihre besondere Wichtigkeit.

Als Jesus am Auferstehungsabend mitten unter seine Jünger getreten war, erfüllte er zuerst, was er im Weihegebete der großen Bundesnacht als Gebet ausgesprochen (17, 18):

> Gleichwie du mich gesandt hast in die Welt, so habe ich sie auch in die Welt gesandt.

Wörtlich hieran anknüpfend sagt er jetzt (20, 21):

> Gleichwie mich der Vater gesandt hat, so sende ich euch.

Und wie er dort nicht allein für die Jünger, sondern für die ganze zukünftige Christenheit gebetet hatte, daß sie ein Gott wohlgefälliges Opfer hingebender Bruderliebe sein möchten, wie er selbst sich Gott geweiht für sie (17, 19. 20), so ist auch hier ihre Sendung der Anfang der großen göttlichen Sendung der gläubigen Menschheit.

Nach Wiederholung des Friedensgrußes, mit welchem er unter sie trat, hauchte er sie an und gab ihnen die Weihe zur Sendung mit den großen Worten:

> Nehmet hin heiligen Geist. Welchen ihr die Sünden erlasset, denen sind sie erlassen, und welchen ihr sie behaltet, denen sind sie behalten.

Wenn also am Schlusse des Matthäus-Evangeliums (28, 19. 20) dieselbe Weihung, Sendung, Verheißung, aber im Widerscheine der bereits bestehenden gemeindlichen Einrichtungen, als das Abschiedswort bei der letzten Erscheinung Christi angeführt wird, so muß das allerdings als eine geschichtliche Thatsache auf sich beruhen. Denn der Parallelismus des Inhalts ist zu groß, und das Verhältniß des Zeugen und des Missionars das gewöhnliche in solchen Fällen.

Das Ereigniß des zweiten Besuchs der Apostel ist das Augen- und Betastungszeugniß der geschichtlichen Leiblichkeit und das Annehmen des Bekenntnisses des Thomas.

Die dritte Begegnung, die am See, womit das Evangelium schließt, ist offenbar ein leiblicher Abschied. Jesus spricht und ißt mit den Sieben; vor ihren Augen läßt er dreimal Petrus seine Liebe zu ihm aussprechen, wie er ihn dreimal verleugnet hatte.

Und dreimal trägt er ihm auf, die Gemeinde der Gläubigen zusammenzuhalten, für sie zu sorgen, also an ihre Spitze zu treten, natürlich im Sinne des neuen Gebotes beim Bundesmahle. Petrus hatte die Gabe des Regierens, und war der erste Zeuge der Gottmenschheit Jesu. Persönlich war sein Glaube, persönlich ist sein Amt. Auf seinen Glauben hatte Christus die Gemeinde gegründet, welche, die Pforten der Hölle nicht überwinden werden. Auf denselben Glauben hin, und zwar noch näher auf die Liebe zu Christus und die liebevolle, dienende Sorge für die Brüder, überträgt ihm der Herr jetzt die Leitung der sichtbar vereinsamten, scheinbar verwaisten gläubigen Schaar.

Dann aber spricht er zu ihm: Folge mir nach! Petrus sieht den Johannes zu= rückbleiben, und fragt, ob er sie nicht begleiten solle. Da spricht er das dunkle und gewiß doch bedeutungsvolle Wort:

> So ich will, daß er bleibe, bis ich komme, was gehet es dich an? Du folge mir.

Petrus allein empfing also die letzte Weisung des Meisters. Was ihr Inhalt war, können wir aus dem, was nun geschieht, entnehmen. Die sieben Jünger kehren nach Jerusalem zurück — also etwa drei bis vier Wochen nach jenem Abschiede — mit der Weisung, daß die kleine Gemeinde sich in Jerusalem zusammenhalten und dort erwarten solle, was der Geist ihnen anzeigen wird. Auch hat die Ueberlieferung dieses ausdrücklich bewahrt in dem von Lucas (24, 49) überlieferten Spruche:

> Ihr aber sollt in der Stadt bleiben, bis daß ihr angethan werdet mit Kraft aus der Höhe.

Mit diesem Spruche ist dasjenige parallel, was zu Anfang der Apostelgeschichte (Vs. 8) gesagt wird:

> Ihr werdet Kraft empfangen, wenn der heilige Geist auf euch kommen wird, und werdet meine Zeugen sein in Jerusalem und in ganz Judäa und Samaria und bis an das Ende der Erde.

Alles dieses hat seinen Angelpunkt in der großen Weihung und Sendung der Jünger am Abende des Auferstehungstages selbst, nach dem Berichte des apostolischen Augen= zeugen. Und hier ist der Ort, den Sinn der Worte jener Bestätigung der Weissagung vom Wiedersehen und seiner Freude und von dem innern Frieden, nach Kräften zu ergründen:

> Nehmet hin heiligen Geist. Welchen ihr die Sünden erlasset, denen sind sie erlassen, und welchen ihr sie behaltet, denen sind sie behalten.

Die Parallele zu diesen Worten bilden die Worte Jesu zu Petrus, nachdem er ihn als den Messias, den Sohn des lebendigen Gottes erkannt hatte (Matth. 16, 17—19):

> Selig bist du, Simon, Jonas Sohn; denn Fleisch und Blut hat dir das nicht ge= offenbaret, sondern mein Vater im Himmel. Aber ich sage dir auch: du bist ein Fels, und auf diesen Felsen will ich bauen meine Gemeinde, und die Pforten der Hölle sollen nicht stärker sein als sie. Und ich will dir des Himmelreichs Schlüssel geben; und was du auf Erden binden wirst, soll auch im Himmel gebunden sein, und was du auf Erden lösen wirst, soll auch im Himmel los sein.

Diese Worte erhalten wieder ihre Erklärung durch die entsprechenden zu den Jüngern, welche nach derselben Ueberlieferung Jesus kurz darauf zu allen Jüngern redete, da wo er die Bruderliebe und Versöhnlichkeit als die erste Bedingung des Eingangs in das Gottesreich schildert (Matth. 18, 15.—18.). Versöhnliche Ansprache an den Bruder, seitens dessen, dem er Unrecht gethan, dann Hinzuziehung von einem Bruder oder zweien, endlich Vorbringen der Sache vor die Gemeinde. Wer dem Ausspruche der Gemeinde, sagt Christus, nicht Folge leistet, der sei ausgeschlossen. Hieran anknüpfend er die Rede mit den Worten (Vs. 18):

Wahrlich, ich sage euch, Was ihr auf Erden binden werdet, soll auch im Himmel gebunden sein; und was ihr auf Erden lösen werdet, soll auch im Himmel los sein.

Hier ist die Gemeinde die Trägerin der Schlüsselgewalt; die Theilnahme an dem Reiche Gottes oder das Aufschließen von demselben, sei es beim Verlangen der Aufnahme, sei es späterhin, gehört ihr.

Jetzt nun haben alle Jünger ihn als den Sohn Gottes erkannt und bekannt, und was früher zu Petrus gesagt war, wird nun zu allen gesagt, als der ersten Gemeinde. Wir wissen ja durch Lucas, daß wirklich auch an jenem großen Abend die zwei Jünger von Emmaus gegenwärtig waren; warum nicht auch andere Jünger des weitern Kreises? Eine Gemeinde war da, und der Stamm und Kern der großen Gemeinde der Christenheit. Und wie dort die Christenheit als der vollendete Ausdruck der weltrichtenden Menschheit erscheint, so tritt nach Christi Verklärung und seinem Heimgang zum Vater die Pfingst= gemeinde geschichtlich, leibhaftig auf; und das ist die volle Ausgießung des Geistes, die volle Erfüllung der verheißenen Weihe durch den Geist nach dem Heimgange.

Binden und Lösen sind die üblichen jüdischen Ausdrücke für verurtheilen und lossprechen; und die ertheilte Gewalt und göttliche Genehmigung des Gewissens= urtheils' der Gemeinde bezieht sich, hier wie dort, auf die Frage der Theilnahme an dem Reiche Gottes.

Es ist also hier den Aposteln sowenig als dort dem Petrus eine übermenschliche Begabung und Gewalt für die Gott, dem Herzenskundigen, allein zustehende Vergebung der Sünden ertheilt. Die Apostel konnten sowenig den Menschen ins Herz sehen als die Diener Christi zu unserer Zeit. Aber sie konnten an der Spitze ihrer Gemeinden, bei Anwendung der von Gott gegebenen Mittel, die Wahrheit der Thatsachen erkennen, besonders durch Prüfung der Zeugnisse, und hiernach den Unwürdigen abweisen oder ausschließen, den Aufrichtigen aufnehmen oder bestätigen.

Ebenso wenig hier als bei Petrus ist das Wort an die Apostel das letzte; dieses gehört der Gemeinde, der gläubigen Brüderschaft, der Trägerin des Geistes Gottes, als Tempel Gottes.

Thomas wird jener Weihe theilhaftig durch sein spätes, aber desto inbrünstigeres Bekenntniß Jesu als seines Herrn und Gottes. Der große Sinn der letzten Weisung endlich, beim dritten Erscheinen unter den Jüngern, ist, daß sie zur Bethätigung des Gemeindelebens in seiner ganzen Fülle die Kraft des Geistes von oben in Jerusalem erwarten sollen.

Alles was jetzt noch folgt in der Aufzählung der Erscheinungen bei Paulus, welche wir in der ersten Abtheilung untersucht haben, sind offenbar Gesichte. Hinsichtlich des letzten Erscheinens der Ueberlieferung bezieht es Matthäus auf den „Berg in Gali= läa", wohin Jesus sie beschieden hatte, Lucas dagegen versetzt es auf den Oelberg, also in die Zeit nach der Rückkehr der Sieben vom See. Matthäus nun berichtet (28, 17) ausdrücklich, daß einige der Apostel selbst an der Leiblichkeit der Erscheinung Jesu zweifelten. Wir haben S. 433 die Gründe geltend gemacht, welche uns auf die Annahme führen, daß der echte Schluß des Marcus mit diesen Worten geendigt haben müsse, der ältesten palästinischen Ueberlieferung gemäß.

Das vorletzte Gesicht ist das der fünfhundert Brüder. Da es vor Pfingsten fällt, und doch am Pfingsttage nur einhundertundzwanzig Brüder auf dem Söller des Hauses versammelt waren, nach dem ersten Kapitel der Apostelgeschichte, so kann jene Zahl beim ersten Anblicke auffallend erscheinen. Aber etwas anders ist es mit einer Ver= sammlung im Freien, anders mit einer geschlossenen Versammlung in einem Zimmer, einem beschränkten Raume.

Das Ende des Lebens Jesu ist mit einem heiligen Schleier bedeckt, welchen er selbst darübergezogen hat, an dem Tage, wo er Petrus allein zu sich nahm am See, und ihm die letzten Weisungen ertheilte.

Wir dürfen uns also nicht anmaßen, diesen Schleier mit unheiliger Neugier zu lüften. Nicht aber haben wir zu fürchten, es sei uns etwas verborgen, was nicht mit dem heiligsten Leben und der innigsten Gottesgemeinschaft übereinstimmte, oder gar den Worten und Verheißungen Jesu entgegenliefe.

Das Wesentliche ist, daß Jesus zum Vater heimging in die ewige Herrlichkeit, daß er den verheißenen Geist sandte, und daß dieser nicht allein die Jünger und die um sie versammelte kleine Schaar in Jerusalem ergriff, sondern allmälig die ganze Welt umgestaltete, und nicht am undeutlichsten und schwächsten jetzt wieder durch die Reihen der Menschen zieht.

Dieses also ist nicht allein geschichtlich, sondern der Mittelpunkt der geistigen Ge= schichte unsers Geschlechts seit achtzehn Jahrhunderten. Davon gibt das im Anhang Gesagte nähern Beweis.

Ueber das Leibliche liegen zwei Ansichten vor. Die eine, kirchlich gewordene, nimmt an, daß Jesus mit seinem verklärten Leibe gen Himmel gefahren sei. Die Unhaltbarkeit dieser doketischen Grundlage haben wir bereits nachgewiesen, und zwar rein vom Standpunkte der Bezeugung. Aber von jenem zum Himmel Fahren weiß Johannes nichts, Matthäus nichts, und ohne Zweifel sagte auch der echte Schluß des Marcus nichts davon. Es bleibt also nur Lucas übrig, der letzte der Evangelisten, und dieser hat, was bei dichterischen Ueberlieferungen sehr begreiflich ist, nicht Eine Ueberlieferung, sondern zwei; eine kürzere Darstellung am Schlusse des Evangeliums, und eine nicht ganz genau damit stimmende ausgebildetere zu Anfang der Apostelgeschichte. Weder Petrus noch Paulus noch Johannes sprechen von einer Himmelfahrt als einer geschicht= lichen, in Zeit und Raum fallenden, sichtbaren Thatsache. Als geschichtliche Thatsache ist sie also ebenso unbezeugt als die Verwesung und Verwandlung des Leibes Jesu im Grabe.

Allein die Andeutungen der mißverstandenen geistigen Ausdrücke, welche wir beson= ders bei Johannes finden, sind ebenso viele Zeugnisse dagegen.

Sehen wir uns nun nach einer andern, einer geschichtlichen Annahme um, so zwingt uns nicht allein das Gewissen, sondern auch die Bezeugung der Schrift selbst, einfach zu sagen: der Leib, mit welchem Jesus geboren war, gehört als irdische Hülle des Geistes, nach Gottes ewigem Gedanken, dem Tode und der Erde.

Wir sehen es jetzt klarer ein, als die Apostel und Jünger es lange Zeit erkannten, daß der Geist, wie Jesus so wiederholt betheuert, auf die Jünger nicht kommen konnte, wenn Er jetzt nicht vom Schauplatze zurücktrat.

Aber wir fassen hohen Grund. Uns sagt die oben bereits erörterte Stelle des zehnten Kapitels, daß Jesus sich vorgenommen hatte, nicht in Judäa zu sterben. Der Geist hatte ihm offenbart, daß er vorher noch zu den fernen Schafen gehen werde, welche bestimmt waren, Eine Heerde zu bilden unter Einem Hirten, Christus. Unter den Juden war er geboren und lebte er, ermahnend, lehrend, warnend; auferstanden aus dem Grabe, in welches die Juden ihn gebracht, zog er sich zu den heidnischen Nachbarn seines Heimatlandes Galiläa.

Warum sollte er dieses nicht ausgeführt haben, sodaß er nach jenem Abschiede über die Grenze nach dem Galiläa der Heiden oder nach Phönizien gegangen? Das jedoch werden wir daneben festhalten müssen: er überlebte den Abschied nicht lange. Die übermenschliche Anstrengung der letzten Wochen und Tage forderte ihr Recht. Die schon beim Gange zur Richtstätte sich zeigende Abschwächung der leiblichen Kräfte mußte bald dem Leben auf der Erde ein Ende machen.

Er schied mit der Zusage, daß er wiederkommen werde, um ewig bei den Jüngern zu bleiben, und allenthalben unter ihnen gegenwärtig zu sein, und das hat er gehalten, nicht allein bei den Jüngern, vor und nach der Zerstörung Jerusalems, sondern bis auf den heutigen Tag.

Anhang.

Christus als Persönlichkeit und als Geist in der Gemeinde und in der Weltgeschichte.

(Unvollendeter Entwurf des seligen Verfassers, niedergeschrieben zu Cannes, den 6. Mai 1859.)

————————

Einleitung.

Der Geist Jesu ist seit der Auferstehung und der Sendung tausendfältig wirksam gewesen; so sehr, daß das Meiste davon unbewußt in der christlichen Menschheit fortlebt. Alle christlichen Sprachen, besonders die der evangelischen Völker, sind davon durchdrungen, in Volks- und Schriftsprache.

Die Bitten des Vater-Unser.

„Der Nächste."

Gott lieben von ganzem Herzen.

Das Kreuz (auf der Stirn des Kaisers, auf den Kirchen, — besser im Herzen der Menschen, — der Kreuzfahrer).

Volksredeweisen.

Grundton: Gott der Vater der Menschen — Schöpfer Himmels und der Erde.

Die zehn Gebote.

Stellen aus den Psalmen (wenige).

Evangelische Sprüche, mehr als alle andern zusammen: Gott anbeten in Geist und Wahrheit.

Einzelne Sprüche haben große Bewegungen eingeleitet, und sind als ihr Schild vorangetragen:

Man faßt nicht neuen Wein in alte Schläuche (Marcion).

„Wo das Aas ist, da sammeln sich die Adler." Kreuzzüge.

„Nöthigt sie hereinzukommen" (Inquisition).

Wer nicht mit mir sammelt, der zerstreut.

(Vgl. wer nicht wider mich ist, der ist für mich.)

Aber es gibt tiefergehende Ideen, welche sich an das Ewige in Jesu Persönlichkeit anschließen.

Die Entwickelung dieser Ideen bildet den innern Zusammenhang der Weltgeschichte des Geistes — jetzt bereits in mehr als achtzehn Jahrhunderten. Und die Zukunft erscheint immer voller und schwangerer, je mehr das bereits in der Menschheit Verwirklichte mit dem verglichen wird, was in Jesu Gottesbewußtsein ausgesprochen ist, durch Wort und durch That.

In dieser Idee ist also Jesu Persönlichkeit ebenso gut das Leitende, Regierende, wie im Leben, ja mit erneuernder großer Kraft.

„Ich bin Er."

A. Gott in Christus. „Das Wort war Fleisch." Die Idee der Menschwerdung und Erlösung.

B. Christus in der Gemeinde. Die Idee der Christwerdung. Das ist mein Leib. — Die Gemeinde in der Menschheit. Was ihr auf Erden lösen werdet, soll auch im Himmel los sein.

Einer ist euer Meister.

C. Die Idee der Regierung und der Wiederbringung.

Erster Abschnitt.

Christus das Wort und die Gotteskindschaft der Menschheit im Allgemeinen, oder die Idee der Menschwerdung.

Einleitung: Die Idee der Menschwerdung Gottes in Christus als dem Erlöser.

Der Text des großen Gedichts der Menschheit von der Menschwerdung und Erlösung sind die beiden Worte des Apostels:

> Das Wort ward Fleisch und wohnete unter uns und
>
> Also hat Gott die Welt geliebet, daß er seinen einigen Sohn gab, auf daß ein Jeglicher, der an ihn glaubet, nicht verloren gehe, sondern ewiges Leben habe.

Beide Aussprüche aber wurzeln in der Persönlichkeit Jesu selbst und in dem Worte seines großen Weihungsgebets:

> Das ist das ewige Leben, daß sie dich, den allein wahrhaften Gott, und den du gesandt hast, Jesus Christus erkennen.

Wir haben die Entwickelung dieses Lebens des menschgewordenen Gottes in der Menschheit zuerst anzuschauen in der unbewußten Entwickelung der Gemeinde; also anzufangen mit den Erstlingen der Menschheit, den apostolischen Gemeinden, und ihren ältesten Propheten, als Andeutung des großen göttlichen Verlaufs der Einleibung der Menschheit in Christus durch das Verständniß der Menschwerdung und Erlösung; dann aber in der weitern volksmäßigen Entwickelung dieser Erde. Den zweiten Theil der Geschichte bildet, was die Theologen mit ihren Formeln davon scheinen ergriffen zu haben. Den dritten aber, was die Christenheit selber in ihren Verhältnissen von der Ehe bis zum Staate verwirklicht hat.

Die Zusammenstellung von Menschwerdung und Erlösung beruht auf der Einheit der beiden Pole von Gottes Wesen; das ewige Sein selbst, als die Quelle alles endlichen Seins, des Werdens, und sein Ziel und inwohnender Zweck, das Gute.

Wir werden dabei, mit Verweisung auf das schon früher Gesagte, die drei großen Factoren der Entwickelung festhalten:

> Gott, den ewig wollenden Gedanken des Weltalls, als der Verherrlichung des Guten, seiner Güte;
>
> Jesus, als die einzige, entsprechende, persönliche Erscheinung Gottes als der ewigen Güte und Liebe;

die Menschheit, als die Gesammtheit der gottverwandten und zum gött=
lichen Leben berufenen Seelen.

Christus ist nicht in der Christologie, welche das Göttliche im Menschen und den
ewigen Rathschluß der Erlösung in dem Einen, ewigen Gotte nicht anerkennt.
Christus ist aber noch weniger in der Anthropologie, welche die Erscheinung Jesu
begreifen will aus dem gebrochenen Lichte der mit Sünde ringenden Menschheit.

Die Menschwerdung in Christus, dem Erlöser, offenbart in Poesie und Kunst.

1. Die Menschwerdung in der Poesie der ältesten Christenheit vor Constantin und ihren Propheten.

Als die Christenheit, welche in Palästina sich um die Apostel gesammelt, im Jahre
70 aus Jerusalem floh, und das judenchristliche Element die Leitung des Geistes abgab
an die Gemeinden der Heidenchristen oder die gemischten, hatte der Geist in ihr bereits
aus der Idee der Menschwerdung und den Ueberlieferungen von der Geburt Jesu sich
ein schönes geistiges Epos gewoben, und die psalmodischen Blüten der ältesten christlichen
Lyrik hatten sich darum hergerankt. Ihr Grundgedanke ist das Reich Gottes erschienen
mit Jesus und in Jesus vom Anfang, und ihr Grundton klingt in dem Gesange der
Engel:

> Ehre sei Gott in der Höhe:
> Und Friede auf der Erde bei den Menschen des Wohlgefallens!

Himmel und Erde vereinigt zum Preise Gottes, weil die Menschheit sich mit Gott ver=
söhnt fühlt. Aber es mischen sich doch sehr starke Züge rein jüdischer Vorstellung ein:
es ist der Messias mehr noch als der Heiland, welcher verherrlicht wird. Da ward
denn Vieles und Schönes herbeigebracht von davidischem Sprosse und von der neuen
Herrlichkeit seines Volks. Das nun ging mit dem Tempel in Rauch und Feuer auf
im Jahre 70, und noch gründlicher unter Hadrian, 60 Jahre später.

Bald nach jener ersten Erfüllung der Weissagungen Jesu faßten zwei Evangelisten
das Schönste und Reichste aus jenen Betrachtungen und Schöpfungen zusammen; zum
Theil schon mit verändertem Bewußtsein hinsichtlich der Verbindung der Idee von der
Menschwerdung Gottes in Christus mit den Anfängen des physischen Lebens.

Die tiefern Töne, welche Paulus in seinen Gemeindebriefen, besonders in den letzten,
angeschlagen, von Christus und seinem Geiste in uns, und von seiner Geburt in
unserer Seele, in welcher er wachsen will bis zur vollkommenen, männlichen Reife der
Fülle Christi, fanden aber bald ihr Echo in den Gemeinden der Heidenwelt und ihren
Propheten. Von ihr redet um das Jahr 140 in einfacher Darstellung das Buch des
Hirten oder der Hermas, wenn er den Bekehrten zuletzt vom Geiste Jesu selbst, welcher
da ist der Geist Gottes, besuchen und unterrichten läßt: er macht Wohnung bei ihm.

Ein begeisterter Mann jener Zeit oder etwas später ruft in dem Bruchstücke aus,
welches jetzt den Schluß des herrlichen Briefs an Diognet (den Lehrer Marc Aurels)
bildet:

> Wer die Last seines Nächsten auf sich nimmt — wer bereit ist mit seinem
> Ueberflusse dem Bedürftigen Gutes zu erweisen — wer durch Vertheilung der
> von Gott erhaltenen Güter an die Armen, diesen ein Gott wird — dieser
> Mensch ist ein Nachfolger Gottes. Dann wirst du gewahr werden, daß, ob=
> schon du auf dieser Erde verweilst, Gott im Himmel herrscht; dann wirst du
> anfangen die Geheimnisse Gottes zu reden; dann wirst du diejenigen, welche
> Strafen erleiden, weil sie Gott nicht verleugnen wollen, beides lieben und

bewundern; — wenn du wissen wirst, wie man wahrhaft im Himmel zu leben hat — wenn du das verachten kannst, was hier dem Tode anheimgefallen erscheint — wenn du dich vor dem fürchtest, was wirklich der Tod ist, dann wirst du die Betrügereien und Irrthümer der Welt verdammen.

(Aus dem ersten Bande von: „Christianity and Mankind.")

Den beiden großen christlichen Philosophen, Basilides und Valentinus, war diese Idee nichts weniger als fremd, wie wir anderwärts, und noch neulich in „Gott in der Geschichte" nachgewiesen haben. Aber sie verwickelten sich in theosophische Specu=lationen, und entfernten sich vom Gemeindebewußtsein. Die Väter der alexandrinischen Schule dagegen, besonders Clemens von Alexandrien, hielten sich bei ihrem Philoso=phiren über die Menschwerdung und die Einwohnung des göttlichen Geistes im Menschen enger an das Evangelium und die Apostel.

Aber die größte Geburt des Geistes Christi in der Menschheit war die christliche Familie und die brüderliche Genossenschaft und Gemeinde der Christen. Während die alte Welt sich in selbstsüchtige Vereinzelung und dumpfe Verzweiflung auflöste, umschlang ein geistiges Band der Bruderliebe, wurzelnd im Glauben an die ewige Liebe Gottes und an das Gottesreich der erlösten Menschheit, Hunderte und Tausende und bald Millionen aller Stände und aller Nationen. Gott wurde Mensch in Haus und in Genossenschaft, durch den Geist Christi. Die gottesdienstliche Gemeinde stellte sich dar als dankbares Opfer und weihte sich dem Herrn; sie legte das feierliche Gelübde (Sacra=mentum) ab, ihm in den Brüdern zu dienen und das Gottesreich zu verkündigen. In=dem sie dieses that, handelte sie also im Vollgefühle der Gegenwart Gottes in ihr, und erkannte, daß Christus in ihr lebte und wirksam war. Aber sie stellte dasselbe thatsächlich dar als Genossenschaft; Christus wurde Gemeinde in den Verhältnissen der Genossen in der Welt und zur Welt.

2. Die Poesie der Menschwerdung in den zwölf Jahrhunderten der Geistlichkeitskirche.

Auch hier sind die Anfänge scheinbar gering. Welch begeisternde Dichtungen hatte die griechische Poesie von Homer an in Epos, Lyrik und Drama hervorgebracht, die sämmtlich auf dem Glauben ruhen, daß Gott Mensch wird oder werden will, und daß die menschliche Natur nicht wesentlich verschieden ist von der göttlichen! In der christlichen Poesie beginnt dieser Glaube sich auszusprechen in den einfachsten Hym=nen, den Lobgesängen unscheinbarer Gemeinden, ja zuerst von ganz namenlosen Ver=fassern. Und doch, auf welch höherer Stufe stehen sie, weil sie nicht einen Mythus, noch weniger eine speculative Abstraction verkündigen, sondern den geschichtlich erschie=nenen Gottmenschen und das kündlich große Geheimniß des Glaubens an die durch ihn erworbene Gotteskindschaft der Menschen, und ihrer dadurch gestifteten wahren und heiligen Brüderschaft.

Diese Klänge dauern fort bis ins fünfte Jahrhundert. Sie klingen nach in manchen begeisterten Betrachtungen und Sprüchen Augustins. Als das großartigste Lied zum gemeindlichen Preise der Menschwerdung muß jedoch das Adventslied (Veni Re-demptor gentium) seines großen Lehrers, Ambrosius von Mailand, genannt werden, welches in alter deutscher Uebertragung also lautet:

Komm Heidenheiland, Lösegeld,
Komm schönste Sonne dieser Welt,
Laß abwärts flammen deinen Schein,
Denn so will Gott geboren sein.

Du kommst von deinem Ehrenthron,
O Gottes und der Jungfrau Sohn:
Du kommst, du zweigestammter Held,
Gehst muthig durch dies Thal der Welt.

31 *

Du nahmeſt erdwärts deinen Lauf,
Und ſtiegſt auch wieder himmelauf;
Dein' Abfahrt war zum Höllenthal,
Die Rückfahrt in den Sternenſaal.

' O höchſter Fürſt, dem Vater gleich,
Preiſt' hier dieſes Fleiſches Reich,
Denn unſers ſiechen Leibes Haſt
Sehnt ſich nach deiner Himmelskraft.

Es glänzet deiner Krippe Strahl,
Ein Licht leucht't durch dies finſtre Thal,
Es gibt die Nacht ſo hellen Schein,
Der da wird unverlöſchlich ſein.

Nun wollte Chriſtus Volk werden, aber es gab kein Volk mehr; Griechen und Römer waren verbraucht, und die neuen Völkerſchaften mußten erſt vorbereitet werden. Die Gemeinde trat zurück hinter den Vorhängen des Palaſtes und des prieſterlichen Heiligthums. Aus der Gegenwart Chriſti in der Seele ward die Gegenwart in Brod und Wein, welches jetzt das Sakrament hieß; die größte uns bekannte Tragödie der Menſchheit, der größte Gegenſatz zu dem Evangelium und den verfolgten Gemeinden. Unterdeſſen hatte die Malerei ſich des Gedankens bemächtigt, auch hier von ſchwachen Anfängen beginnend. Aber Leben gießend in byzantiniſche Formen, ſchuf ſie im 14. Jahrhundert bereits das Ideal des göttlichen Kindes und der jungfräulichen Mutter, mit den Symbolen der Engelsgeſtalten und den Gottesmännern der Vorzeit und Nachzeit um ſie her. Dieſe Ideale ſind Errungenſchaft der Menſchheit und hatten ihre höchſte Vollendung erhalten, als die Chriſtenheit ſich ſpaltete. Man darf ſich jedoch bei aller Bewunderung dieſer Herrlichkeit nicht verhehlen, daß es eine höchſt bedenkliche Seite hat, und einen krankhaften Zuſtand des religiöſen Geiſtes verräth, wenn der Heiland als Kind dargeſtellt wird ſtatt als der volle Mann; die Mutter wird dadurch, wie man ſich auch wende, die Hauptperſon; der Begriff der Menſch-werdung Gottes in der Seele tritt zurück. Je mehr man nun dieſe Menſchwerdung in die Mutterſeele legt, deſto mehr tritt die That der Erlöſung und der Erlöſer zu-rück, und Maria wird zur Gottheit.

3. Die Menſchwerdungspoeſie in der Zeit der erneuerten Gemeinden des Evangeliums.

Es war daher ein richtiges Gefühl, welches anderthalb Jahrhunderte ſpäter von neuem die Nationen des Evangeliums aus der Marienpoeſie und der dramatiſchen Darſtellung der geſammten Geburtsgeſchichte in das häusliche Heiligthum trieb. Hin-ſichtlich der kirchlichen Feier wäre noch Manches zu thun, um die Chriſtzeit im johan-neiſchen Sinne aufzufaſſen und zu behandeln und das Feſt der Erſcheinung (Gottes in Chriſtus) mit der alten Chriſtenheit wieder in ſein Recht einzuſetzen, als Feſt der Taufe Chriſti, der äußern Weihe und des Anfangs des Lehramtes. Die Gemeinde wird dieſes thun, wenn man den Geiſt in ihr gewähren läßt.

Das geiſtige Lied iſt dabei vorausgegangen in den ſchönſten unſerer Advent- und Chriſtgeſänge. So hat, während des dreißigjährigen Kriegs, der begeiſterte Johann Franck (Bürgermeiſter von Magdeburg) den Verſen des Jeſaja:

Träufelt ihr Himmel von oben und die Wolken ſollen Segen rieſeln:
Die Erde öffne ſich und trage Heil —

das wunderbare Lied von der Menſchwerdung im Sinne der Worte Jeſu an Niko-demus und des ganzen Johannes-Evangeliums entlockt:

Ihr Himmel träufelt Thau in Eil',
Ihr Wolken regnet lauter Heil,
Nimm Erde wahr der Gnadenzeit,
Und blühe von Gerechtigkeit.

Brich Lebensſonne durch die Luft,
Leucht' freudig durch die Erdenkluft,
Die Berge ſtürzen ſchon ins Grab,
Und ſchmelzen wie ein Wachs herab.

Komm, komm der Kirche edler Thau,
Besuchte diese Trübsalsau;
Herr, sieh die Noth der Deinen an,
Und nimm das Fleisch der Menschen an.

Benetze unser dürr Gemüth,
Verbinde das verrenkte Glied,
Erlaß uns Sündern unsere Schuld
Und schenk' uns deine Himmelshuld.

Wie kommt's? Die Nacht ist ohne Nacht,
Vielleicht weil sich der Tag hernacht?
Ja, ja, die wahre Sonne scheint,
Indem sich Gott mit uns vereint!

Die neue Predigt des Evangeliums schuf auch eine neue Kunstform, wie für die heilige Geschichte überhaupt, so insbesondere auch für die Menschwerdung, im Oratorium, oder dem geistlichen Drama. Der erste Theil des Messias von Händel und das eben jetzt der Vergessenheit wieder erstehende Weihnachts-Oratorium von Sebastian Bach sind Denkmäler des im Geiste des Künstlers Fleisch und Blut gewordenen Gedankens der ewigen Menschwerdung Gottes in der Menschheit. Ja, wer will dieses Bewußtsein nicht im Drama der christlichen Welt erkennen, obwol dasselbe nur begonnen hat, zum Durchbruch zu gelangen? Endlich aber, was ist die neue Philosophie anders als ein Versuch, jene Menschwerdung Gottes zu erforschen und darzustellen.

Wie wäre das möglich gewesen, wenn nicht die christlichen Völker selbst, trotz aller Mängel ihrer Einrichtungen, von jener Kindschaft Gottes wären durchdrungen gewesen?

Und in der That Christus ist als Volk geboren unter uns, als große allumfassende Gemeinde im Staate, und strebt immer mehr als solche geboren zu werden. Immer offenkundiger wird das große Geheimniß der Weltgeschichte; keine staatliche Freiheit ohne die Grundlage sittlicher Persönlichkeit und des gemeinsamen Glaubens an das Göttliche in der aufopfernden Liebe und Brüderlichkeit. Die innere Freiheit gebiert die äußere, nicht umgekehrt.

„Die Reiche dieser Welt sollen die Reiche Gottes und seines Gesalbten werden", ist das weissagende Wort des Jüngers der Liebe, gesprochen, als die letzte Stunde Jerusalems und seines Tempels geschlagen hatte. Es gibt aber keine Gott wohlgefällige Form des staatlichen Lebens als die der gesetzlichen Freiheit der Gemeinde. Die Anerkennung der göttlichen Berechtigung, der höchsten Oberherrlichkeit des Gesetzes ist die Anerkennung der Menschwerdung Gottes auf diesem höchsten Gebiete.

Alle Gegensätze des gemeinsamen weltlichen Lebens müssen mehr und mehr überwunden werden. Und steht die Erfüllung nicht vor unsern Augen? In einzelnen Städten beginnend, hat die bürgerliche Freiheit allmälig sich zu weltgeschichtlichen Staaten und Staatenbünden erhoben, und auf ihrem dornenvollen Wege mehr und mehr die starren Gegensätze der alten Welt von Demokratie und Aristokratie und Monarchie überwunden. Und wo anders als wo das Evangelium, die frohe Botschaft der ewigen Liebe Gottes und der Menschwerdung gepredigt und geglaubt wird?

Zweiter Abschnitt.

Christus als werdend in der Menschheit (Seele, Gemeinde, Abend= mahl) oder die Einleibung der Menschheit in Christus.

Die Feier des Gedächtnißmahls ist die zweite Handlung des großen göttlichen Schau= spiels jener Tage, die zweite große That des Erlösers der Menschheit, eine That gött= licher Liebe und Fürsorge. Es hängt an ihr eine weltgeschichtliche Entwickelung sowol von Ideen als von Einrichtungen während achtzehn Jahrhunderten; eine Entwickelung, von der wir bisher vielleicht nur die ersten Anfänge gesehen haben. Der in die Mensch= heit gepflanzte Keim ging erst recht auf, bald nachdem die leibliche Gegenwart des Pflanzers verschwunden war; aber er gestaltete sich erst zu weltgeschichtlicher Entfaltung, nachdem die Gemeinden ihn in den Mittelpunkt der selbständigen, vom Tempeldienst unabhängigen Anbetung aufgenommen hatten. Dadurch erst wurde das Mahl der Liebe der Vereinigungspunkt des gemeindlichen Lebens und des Gottesdienstes. Schon vor der Zerstörung Jerusalems wurden die bei jenem Mahle gesprochenen Segensgebete des Herrn der Text dankerfüllter Gebetsergießungen in den täglichen Versammlungen der Gemeinden; das in diesen Zusammenkünften gehaltene Mahl selbst war ein gemein= schaftliches durch die Beiträge der Einzelnen, wobei der Reiche dem Armen von dem Seinen mittheilte. An dieses gemeinsame Mahl knüpften sich die Gaben der Wohl= habenden und alle Sorge für die Gemeinde, der Anfang des christlichen Staatslebens. Ebenso knüpfte an das Dankgebet sich Psalmodie, die Verkündigung des Worts und die darauf sich erbauende begeisterte Lehre. Bald mußten sich beide Elemente trennen, Speisung und Anbetung. Schon Paulus fühlte das. Das leibliche Mahl drückte die Anbetung. So ward Liebesmahl (Agape) und Abendmahlsfeier geschieden. Das war eine wichtige That des Geistes in den Gemeinden; das Element der Anbetung bedurfte seiner eigenen Entwickelung. Aber es ist unredlich zu leugnen, daß Liebesmahl und Abendmahl ursprünglich eins waren, und daß die Jünger das Gebot des Herrn so verstanden, wie noch jetzt wol jeder unbefangene Leser die Worte des Herrn verstehen muß, die uns überliefert sind, wenn er nicht mit den kirchlichen Annahmen und Ge= bräuchen an sie herantritt, nämlich als Gebet für das tägliche Mahl der Genossen. Wir wollen versuchen, die Entwickelung bis auf unsere Tage in ihren Hauptzügen an= schaulich zu machen, um dann uns ein Urtheil erlauben zu können, wie viel oder wie wenig von den beiden großen Ideen Christi, das Gedächtniß an seinen Tod als das Siegel seines Lebens und die Brüdergemeinschaft, bereits zur Entwickelung gekommen sei.

Am ersten Wochentage versammelten sich die Brüder zum Liebesmahle der Christen, dem Gedächtnißmahle des Herrn. Das Gebet bei Vertheilung von Brod und Wein ward das Weihegebet der Gemeinde und die Verkündigung seines Todes war der Mittelpunkt des Preises der Wohlthaten Gottes. Es war und blieb ein Mahl und eine abendliche Feier, aber indem so das Tischgebet ein Gemeindegebet und ein Preis der Erlösung durch Christi Tod wurde, empfing es gottesdienstliche Weihe im höchsten Sinne. Die Erinnerung an Jesu Opfer für die Menschheit bildete ja überhaupt den Gipfel der christlichen Erbauung in den täglichen gottesdienstlichen Versammlungen der Brüder; aber hier trat, wenn auch zuerst unbewußt, eine That der Anbetung in Geist und Wahrheit hinzu: die Danksagung der Gemeinde vor dem Genusse des Brodes und Weines. Losgerissen von den gewöhnlichen Mahlen, entwickelte die gottesdienstliche Feier des Abendmahls alle in der Handlung liegenden idealen Keime, obzwar nie rein ausgeschieden von der noch beibehaltenen, fast nur symbolischen Handlung des Essens und Trinkens. So ward die Feier des Abendmahls eine heilige Gemeindehandlung in einem höhern Sinne als es irgendeine andere Handlung des christlichen Lebens und der christlichen Gemeinschaft ist. Die Idee der Anbetung, als des Selbstopfers, aller Religionen Innerstes, fand in dieser Feier ihre zusagende Form. Die sinnbildlichen Opfer der Vorzeit waren theils die des ungeschiedenen Hingebens des Endlichen an das Unendliche, theils gingen sie aus dem geschiedenen Gottesbewußtsein hervor, je nachdem im Opfer mehr der Pol der Abhängigkeit oder der Geschiedenheit der Seele von Gott vorherrschte. Dieser Polarität entspricht in der Geschichte der Gegensatz des Sühnopfers und des Dankopfers. Der Geist Christi lehrte nun die Gemeinden, daß Jesu Tod aller Sühnopfer Verwirklichung und also Ende wäre für alle Zeiten; der Wahn des Zornes Gottes verschwand vor dem Gefühle der göttlichen Liebe, welches der dem Tode freiwillig sich opfernde Jesus bekannt und bewährt hatte. Die von ihm gebotene Handlung des gemeinsamen Dankgebets aber machte sich mehr und mehr kund als eine nicht blos persönlich-geistige, sondern weltgeschichtliche Handlung, als die eigentliche Anbetung in Geist und Wahrheit, welche Jesus vorherverkündigt hatte. Wie das Brod die äußerliche Darstellung des Leibes Christi war, und der Kelch die seines Blutes und blutigen Todes, so erkannte sich die Gemeinde als der geistliche Leib des Herrn, geistig gespeist und getränkt mit seinem Blut. Und so wie der Herr seinen Leib für die Brüder geopfert und sein Blut vergossen hatte für sie, dem Vater sich dadurch heiligend und weihend, also empfand die Gemeinde den Beruf, sich auf dem Grunde jenes Opfertodes und jenes Gebotes dem Vater zu weihen, absterbend dem sündigen Selbst und der Welt, und gelobend dem göttlichen Willen zu folgen und für die Brüder zu leben und zu sterben. Und indem sie dieses that, fühlte sie, daß ihr Thun eine Wahrheit sei, daß sie ebenso wahrhaftig der Leib des Herrn sei im geistigen Sinne, wie die leibliche Erscheinung Jesu eine wahre Verwirklichung und Fleischwerdung des ewigen Wortes gewesen. Als nun, vierzig Jahre nach dem Tode Jesu, der Tempel in Flammen zusammenstürzte, da wurde der Christenheit noch mehr bewußt als früher, daß ihr Thun und das Thun der Väter des Christenthums den weltgeschichtlichen Beruf habe, den göttlichen Mittelpunkt der weitern Entwickelung der Menschheit zu bilden. Aber wie das irdische Leben sich in immer vollern Strömen in das Christenthum ergoß und die Gemeinde berauscht ward von dem Drange des Irdischen, da verdunkelten sich die Grundbegriffe der geistigen Anbetung; dabei wurde

Göttliches vom Menschlichen falsch geschieden und deshalb Form und Wesen vermischt und verwechselt. Mehr und mehr verschwand das Wesentliche der Handlung, die Gemeinschaft des Genusses, der gemeindlichen Gemeinschaft geheiligtes Sinnbild. Der Abendmahlsgottesdienst war bereits zur Zeit des Theodosius liturgisch zu einem großen Theile fest geworden, und stand als heilige Form da; er ward nach alter Sitte bei allen Gemeindeversammlungen abgehalten, aber die Gemeinde genoß nicht mehr das Abendmahl; nur Einzelne nahten dem zum Altare gewordenen Abendmahlstische, an welchem die Priesterschaft den Dienst verrichtete, gerade als ob die sämmtliche Gemeinde am Mahle theilnähme, also die Gemeinde darstellend. Bald thut es der einzelne Priester mit einem Ministranten. Also ward der Gemeindevorsteher zum Priester und seine Handlung des Segensgebets erschien als das Vorherrschende und Wesentliche, das allein Nothwendige. In dieser Weise ward allmälig die Abendmahlsfeier thatsächlich ein priesterlicher Opferdienst; die Elemente wurden das Opfer, statt der Gemeinde; ein priesterliches Amt trat an die Stelle des heiligen Gemeindemahls; was ursprünglich Gegenstand dankbarer Erinnerung war und sein sollte, der Sühnungstod Christi, erschien und trat mehr und mehr hervor als die gottesdienstliche That, und diese That war eine mit magischen Wirkungen begleitete Wiederholung des Opfertodes. Unterdessen war die griechische und römische Bildung untergegangen in ihrer eigenen Abgelebtheit; das Weltreich der Römer war zerstört durch lebensfrische aber unwissende Barbaren, welche bald gläubige Jünger der romanischen Priesterschaft wurden. So stand es mit dem Bewußtsein der Christenheit um die That der großen Nacht zu Alcuins Zeit unter Karl dem Großen. Als nun allmälig in der neuen romanisch-germanischen Menschheit ein speculatives System auf übereinkömmlicher Grundlage jüdischer Begriffe und kirchlicher Ueberlieferung sich bildete, da machte die Scholastik das zur Lehre, was das Ritual und die kirchliche Sitte als Thatsache dargestellt hatte. Es entstand die Lehre von der Umwandlung der Elemente in Leib und Blut Christi. Das einzige Wahre bei dieser Abendmahlsphilosophie war der dunkle Glaube an die vollkommene Wesenhaftigkeit der Handlung der anbetenden Gemeinde und der Gleichheit der geistigen Gegenwart des Herrn bei seiner Gemeinde bis an das Ende der Tage mit der leiblichen bei seinen Jüngern. Aus diesem Glauben und seiner durchaus mißverständlichen Anwendung entstand eine weltgeschichtliche tragische Verwickelung. In ähnlicher Weise wie das Festhalten an dem Glauben der wesenhaften Einheit und Gleichheit der erlösenden Kraft Jesu und seiner heiligenden Kraft in der Gemeinde, die Theologen einige Jahrhunderte früher zu einem der Schrift wie der Vernunft hohnsprechenden System über die Dreieinigkeit geführt hatte, so verleitete im 11. und 12. Jahrhunderte jener Glaube an die Wesenhaftigkeit der christlichen Anbetung und der geistigen Gegenwart Christi die Scholastiker und Hierarchen der romanischen Schule zu der blutigen Theorie der Transsubstantiation der Elemente. Als nun endlich nach funfzehn Jahrhunderten christlicher Entwickelung die Sehnsucht des germanischen Geistes nach Innerlichkeit und Freiheit diese Lehre bekämpfte, fand sie richtig ihren Stützpunkt beim Angriff in den Worten der Schrift und den Aussprüchen der ältern Väter. Aber wie durch ein feindseliges Geschick blieb sie selbst hangen in dem Netze conventioneller Theologie, welches sie zerreißen wollte. Die ganze Frage: was wird aus den Elementen? war ein Irrthum. Sie ruhte auf der völligen Umsetzung und Metastase des Grundbegriffs der christlichen Anbetung; aber diese Umsetzung war allmälig aus wenngleich unschuldigen, doch nur übereinkömmlichen Annahmen und aus einer nicht von klarer Erkenntniß geleiteten Sitte hervorgegangen. Sowol bei Luther als bei Calvin war es das tiefere Gottesbewußtsein, verbunden mit größerer Gelehrsamkeit in der alten Kirchengeschichte, welches sie abhielt, bei Zwinglis Auffassung zu bleiben. Das Gefühl, daß eine innerliche gemeindliche That des Gemüths, die That der Anbetung, und die Vereinigung der Seele mit Gott, über allem Dogma und allem Glaubensbekenntniß liege, hätte sie zu einer tiefern und also freiern Auffassung dieser Handlung getrieben, wenn sie sich ermächtigt geglaubt hätten, die Darstellung der innerlichen That der An= betung vom Objectiven der Abendmahlsfeier im eigentlichen Sinne zu trennen.

Ihre Nachfolger verstanden dieses Grundgefühl der Meister nicht mehr, sondern führten Alles auf begriffliche Dogmatik und Bibliolatrie zurück.

Ein neuer Bildungsgang mußte eingeleitet werden; aber dies setzte nicht allein eine positive Umbildung des Gemeindebewußtseins von Kirche, Anbetung und Sakrament, sondern auch eine weltgeschichtliche Stärke und Bedeutung desselben voraus. Und diese wieder setzte die Bildung protestantischer Weltstaaten voraus: also freier. Und so ist die Thatsache zu erklären, daß die protestantische Kirche nun schon volle dreihundert Jahre, soweit die kirchlich bekannte Lehre und ihre Macht reicht, gebannt geblieben in den Zauberkreis magischer Begriffe und philosophischer Widersprüche, welche die Refor= mation zu sprengen berufen war.

So kleben denn in der achtzehnhundertjährigen Geschichte des von Jesus in der Früh= lingsnacht des neunundzwanzigsten Jahres unserer Zeitrechnung eingesetzten Mahles der Bruderliebe und der geistigen Anbetung nicht allein Täuschungen und Mißverständnisse, nicht allein Trug und Lug jüdischen und heidnischen Aberglaubens, sondern auch der Fluch des Hasses und das Blut der Verfolgung, Mord und Bürgerkrieg. Danebenher geht eine dürftige Philosophie von Liebesdenkmal und sokratischer Erinnerung, oder von frei= maurerischer Geistesgemeinschaft im Glauben, und dergleichen, wobei jeder fühlt, daß es so wenig dem Bewußtsein Jesu und der apostolischen Gemeinde entspricht als dem kirchlichen Dogma. Schleiermachers großes Verdienst ist es, den Gesammtbegriff der Sakramente indifferenzirt zu haben. Er behandelt Taufe und Abendmahl einzeln mit bloßer Nebeneinanderstellung und Folge. Ihre Darstellung knüpft er an das christliche Bewußtsein an durch rein psychologische Vermittlung, wobei die Annahme von der Mittheilung Christi im Genusse als Thatsache des Gemüths an der Spitze steht, als Postulat, nicht als erwiesener Grund.

Schon dieses führt dahin anzunehmen, daß das Werden, welches jener großen und einzigen Nacht entkeimte, noch in der Entwickelung seiner ersten Gegensätze befangen ist, die nur da sind, damit sie untergehen nach geförderter Entwickelung und damit aus diesem Untergange ein neues Leben hervorsprießen könne. Wie die Erkenntniß, so ist die Wirkung jener großen That der heiligen Frühlingsnacht in den ersten Anfängen stehen geblieben. Es war das Leben der Gemeinschaft mit Gott und der Welt, welchem Jesus in jenem Mahle eine neue himmelskräftige Weihe und Besiegelung geben wollte. Aber wie die Erkenntniß in den ersten Gegensätzen stehen geblieben, so ist die Wirkung kaum über die christliche Weihe der Familie hinausgegangen, und nur erst in die äußerste Rinde des Nationallebens eingedrungen, da sie doch berufen ist, das Band der Mensch= heit zu werden und alle Verhältnisse derselben in das Gebiet der Freiheit durch die Liebe zu erheben.

Fragen wir uns nun zuvörderst: ist durch die unserer Darstellung zu Grunde liegende kritisch=historische Annahme etwas weggeleugnet oder zerstört, was einer solchen Belebung fähig oder dazu nöthig und nützlich wäre? Wir antworten dreist: umge= kehrt, es ist der Schutt weggeräumt, welcher dem gegenwärtigen Bewußtsein der denkenden und gläubigen Christenheit den Weg zum Heiligthume versperrt, und es ist eine Scheidewand niedergerissen, welche das Leben der Gegenwart und Zukunft von der That und dem Heiligthume der Vergangenheit trennt. Wir haben die Freiheit gewonnen uns zu fragen: Was ist denn Jesu eigene Ansicht vom Opfer? was die ewige Idee der christlichen Anbetung, geschieden von der Feier des Abendmahls? was ist die Stellung dieser Feier zu jener Idee? Die Antwort auf diese Fragen aber kann uns erst die Betrachtung geben, zu welcher die dritte heilige Handlung jener Tage uns auffordert.

Schluß.

Auszug aus einem Briefe an Dr. Friedrich Lücke, vom December 1847.

Mit Dir möchte ich mich nun gern über die Christologie besprechen. Ich denke, unsere Standpunkte sind nicht sehr verschieden. Ich bin ferner überzeugt, der streng rationelle Gesichtspunkt (von Lessing und Kant bis zum Kern von Schleiermachers historischem Glauben) verlangt sein Recht — nicht allein auf dem Katheder, sondern auch im Leben der Gemeinde. Sollte eine redliche Formel der wahren Eintracht für diesen und den geschichtlich=kirchlichen Standpunkt nicht möglich sein, so muß die Welt unchristlich werden, oder römisch=katholisch. Aber ich halte das Eine für so lästerlich anzunehmen als das Andere. Meine eigene persönliche Bestrebung ist dahin gegangen, und geht mehr als je dahin, drei Punkte festzustellen:

1) Vermittelung für das Gemeindeleben, nicht durch Formeln des discur= siven Verstandes, durch sogenannte Dogmen, sondern durch die lebendige That der Anbetung, wodurch (subjectiv) alle Religion erst entsteht. Darüber kann ich speculativ und geschichtlich gute Rechenschaft geben, halte aber damit zurück, bis Gott mir zeigt, daß es Zeit sei, und mein Gewissen mir sagt, daß ich mir über alle Punkte klar bin. Ich lerne aber täglich so viel wenigstens, daß ich sehe, wie wenig ich weiß.

2) Vermittelung des Glaubens an geschichtliche Offenbarung mit dem reinen vernünftigen Denken, durch die Nachweisung der Uebereinstimmung beider als eines Wesens unter ganz verschiedenen Formen. Weder Kant, noch Schelling, noch Hegel genügen mir.

3) Hervorheben des christlichen Elements, nicht allein wissenschaftlich, son= dern auch praktisch:

a) wissenschaftlich,
b) staatlich, durch geförderte Entwickelung politischer Freiheit,
c) kirchlich, durch Ausbildung der christlichen Diakonie oder des kirchlichen Socia= lismus.

In der wenngleich schwachen doch aber redlichen, und in der Hauptsache bewußten Verfolgung dieser drei Punkte finde ich, am Rande der sechziger Jahre, nach 40 Lehr= und Wanderjahren die Einheit meines Lebens, und stärke mich in ihrem Anschauen mitten unter den Stürmen, Zerstreuungen und Abhaltungen meines Berufs= lebens, und den Anfechtungen des Innern, wie Antäus an seiner Mutter Erde Um= armung.

Inhaltsübersicht
der Bibelgeschichte.

- - - - - - -

Zweite Abtheilung.

Die Bibel in der Weltgeschichte, oder Jesus von Nazareth. Ein Lebensbild,
in fünf Büchern kritisch geordnet und betrachtet nach evangelischen Berichten.

Erstes Buch.

Kritik der Berichte von der Menschwerdung Gottes in Jesus und von Jesu
Kindheit und Jugend.

Zweites Buch.

Das erste Jahr des Lehramtes Jesu. Von der Taufe bis zur Einkerkerung des Täufers.

Berichtigung.

S. 398 in der Ueberschrift statt: die Todeswoche, lies: die neue Todesweihe.

Druck von F. A. Brockhaus in Leipzig.